DORSCH/KALTENBACH/SCHÜTZE

Strafrecht für Polizeistudium und -praxis
Besonderer Teil

Strafrecht für Polizeistudium und -praxis

Besonderer Teil

von

Prof. Dr. Claudia Dorsch
Hochschule für Polizei Baden-Württemberg

Prof. Dr. Sven Kaltenbach
Hochschule für Polizei Baden-Württemberg

Prof. Dr. Hinner Schütze
Hochschule für Polizei Baden-Württemberg

BOORBERG

Bibliografische Information der Deutschen Nationalbibliothek

Die Deutsche Nationalbibliothek verzeichnet diese Publikation in der Deutschen Nationalbibliografie; detaillierte bibliografische Daten sind im Internet über http://dnb.d-nb.de abrufbar.

ISBN 978-3-415-07752-2

Scharrstraße 2 70563 Stuttgart
www.boorberg.de

Titelfoto: © sdecoret – stock.adobe.com | Satz: abavo GmbH, Nebelhornstraße 8, 86807 Buchloe | Druck und Bindung: Laupp & Göbel GmbH, Robert-Bosch-Straße 42, 72810 Gomaringen

Richard Boorberg Verlag GmbH & Co KG |
Scharrstraße 2 | 70563 Stuttgart
Stuttgart | München

Vorwort

Der Besondere Teil des Strafrechts befasst sich mit den Voraussetzungen und Rechtsfolgen einzelner Straftaten. Ziel dieses Lehrbuchs ist eine Darstellung, die das Verständnis und die notwendigen wissenschaftlichen Grundlagen für ein erfolgreiches Polizeistudium vermittelt. Die einzelnen Tatbestände wurden hierbei mit vielen Beispielen und besonders geeigneten Fällen, zumeist aus der Rechtsprechung, unterlegt. Zudem soll die Darstellung Hilfestellungen für die tägliche Polizeiarbeit bieten, weshalb an geeigneten Stellen auch praktische Hinweise erfolgen.

Bei der Darstellung wird der Fokus auf die obergerichtliche Rechtsprechung gelegt, wobei sich der Text nicht auf eine schlichte Wiedergabe beschränkt, sondern – gerade für ein Studium unverzichtbar – die Rechtslage an einzelnen Stellen kritisch reflektiert.

Dem Werk ist zu entnehmen, welche/r Autor/in die jeweiligen Abschnitte verfasste. Die hierbei in Teilen verschiedenen Herangehensweisen sollen gerade Studierenden vermitteln, dass es verschiedene Wege gibt, sich das komplexe Strafrecht zu erschließen.

Rechtsprechung und Literatur konnten bis März 2025 berücksichtigt werden.

Über Hinweise, Kritik oder Ergänzungsvorschläge sowie Äußerungen aus dem Leserkreis freuen wir uns. Diese können gerne an claudiadorsch@hfpol-bw.de, svenkaltenbach@hfpol-bw.de sowie hinnerschuetze@hfpol-bw.de gerichtet werden.

Hinweis:

Paragrafenangaben ohne konkrete Bezeichnung sind solche des Strafgesetzbuches.

Villingen-Schwenningen,
April 2025

Claudia Dorsch,
Sven Kaltenbach,
Hinner Schütze

Inhaltsverzeichnis

Abkürzungsverzeichnis

Paragrafen ohne Gesetzesbezeichnung sind solche des StGB

a. A.	andere(r) Ansicht
a. a. O.	am angegebenen Ort
Abb.	Abbildung
abl.	ablehnend(e/er)
Abs.	Absatz
abw.	abweichend(e)
a. F.	alte Fassung
AG	Amtsgericht
AGG	Allgemeines Gleichbehandlungsgesetz
ähnl.	ähnlich
Aids	acquired immune deficiency syndrome
allg.	allgemein(e/en)
Alt.	Alternative
Anm.	Anmerkung
Art.	Artikel
AT	Allgemeiner Teil des StGB
Auff.	Auffassung(en)
Aufl.	Auflage
ausf.	ausführlich
BAK	Blutalkoholkonzentration
BayDG	Bayerisches Disziplinargesetz
BayObLG	Bayerisches Oberstes Landesgericht
BayObLGSt	Entscheidungen des Bayerischen Obersten Landesgerichts in Strafsachen
BDG	Bundesdisziplinargesetz
BeamtStG	Beamtenstatusgesetz
BeamtVwV	Verwaltungsvorschrift des Innenministeriums zur Durchführung beamtenrechtlicher Vorschriften
Begr.	Begründung

BGB	Bürgerliches Gesetzbuch
BGH	Bundesgerichtshof
BGHSt	Entscheidungen des Bundesgerichtshofs in Strafsachen
BJagdG	Bundesjagdgesetz
BKA	Bundeskriminalamt
BNotO	Bundesnotarordnung
Bsp.	Beispiel/e
bspw.	beispielsweise
BT	Besonderer Teil des StGB
BT-Drs.	Bundestagsdrucksache
BtM	Betäubungsmittel
BtMG	Gesetz über den Verkehr mit Betäubungsmitteln (Betäubungsmittelgesetz)
BVerfG	Bundesverfassungsgericht
BVerfGE	Entscheidungen des Bundesverfassungsgerichts
bzgl.	bezüglich
bzw.	beziehungsweise
cm	Zentimeter
CoVuR	Covid und Recht (Zeitschrift)
d.	den, der, des
d.h.	das heißt
diesbzgl.	diesbezüglich(e)
Ed.	Edition
eKFV	Verordnung über die Teilnahme von Elektrokleinstfahrzeugen am Straßenverkehr
entspr.	entsprechend(e/en)
ESchG	Embryonenschutzgesetz
etc.	et cetera (und so weiter)
evtl.	eventuell(e/r)
f.	folgend(e)
FEV	Verordnung über die Zulassung von Personen zum Straßenverkehr
ff.	fortfolgend(e)

Fn.	Fußnote
FZV	Verordnung über die Zulassung von Fahrzeugen zum Straßenverkehr
GA	Goltdammer's Archiv für Strafrecht (Zeitschrift)
GastG	Gaststättengesetz
gem.	gemäß
GG	Grundgesetz für die Bundesrepublik Deutschland
ggf.	gegebenenfalls
ggü.	gegenüber
gr	Gramm
grds.	grundsätzlich
GS	Großer Senat beim Bundesgerichtshof
GSSt	Großer Senat beim Bundesgerichtshof für Strafsachen
GVG	Gerichtsverfassungsgesetz
h. A.	herrschende Ansicht
h. L.	herrschende Lehre
h. M.	herrschende Meinung
HansOLG	Hanseatisches Oberlandesgericht Hamburg
HIV	Humanes Immundefizienz-Virus
HRRS	Höchstrichterliche Rechtsprechung zum Strafrecht (Online-Zeitschrift, hrrs.de)
HS	Halbsatz
i. H. v.	in Höhe von
i. S.	im Sinne
i. S. d.	im Sinne des/der
i. S. v.	im Sinne von
i. Ü.	im Übrigen
i. V. m.	in Verbindung mit
i. d. R.	in der Regel
insbes.	insbesondere
JA	Juristische Arbeitsblätter
jew.	jeweils

JR	Juristische Rundschau
jurisPR-StrafR	juris PraxisReport Strafrecht
JuS	Juristische Schulung
JVA	Justizvollzugsanstalt
JZ	Juristenzeitung
Kfz	Kraftfahrzeug
KG	Kammergericht
KKG	Gesetz zur Kooperation und Information im Kinderschutz
KlimR	Klima und Recht
km	Kilometer
Konst.	Konstellation(en)
KRiPoZ	Kriminalpolitische Zeitschrift
krit.	kritisch
KrWaffG	Gesetz über die Kontrolle von Kriegswaffen
KunstUrhG	Gesetz betreffend das Urheberrecht an Werken der bildenden Künste und der Fotografie
LDG BW	Landesdisziplinargesetz Baden-Württemberg
LDG NRW	Disziplinargesetz für das Land Nordrhein-Westfalen
LG	Landgericht
Lit.	Literatur
LKA	Landeskriminalamt
Lkw	Lastkraftwagen
LSK	Leitsatzkartei
m	Meter
m.	mit
m. Nachw.	mit Nachweis/en
m. w. N.	mit weiteren Nachweisen
MDR	Monatsschrift für Deutsches Recht
mind.	mindestens
nachf.	nachfolgend(e/en/em)
Nachw.	Nachweis(e/en)
NJW	Neue Juristische Wochenschrift

NJW-RR	Neue Juristische Wochenschrift Rechtsprechungs-Report Zivilrecht (Zeitschrift)
Nr.	Nummer/n
NStZ	Neue Zeitschrift für Strafrecht
NStZ-RR	Neue Zeitschrift für Strafrecht Rechtsprechungsreport
NZV	Neue Zeitschrift für Verkehrsrecht
NZWiSt	Neue Zeitschrift für Wirtschafts-, Steuer- und Unternehmensstrafrecht
o. g.	oben genannt(e/er/es)
obj.	objektiv(er/en)
öffentl.	öffentlich
OLG	Oberlandesgericht
PartG	Gesetz über die politischen Parteien
PBefG	Personenbeförderungsgesetz
PIN	Personal Identification Number, Persönliche Identifikationsnummer
PKS	Polizeiliche Kriminalstatistik (Herausgeber: BKA)
Pkw	Personenkraftwagen
PSP	Polizei Studium Praxis (Zeitschrift)
RBeitrStV	Rundfunkbeitragsstaatsvertrag
RG	Reichsgericht
RGBl.	Reichsgesetzblatt
RGSt	Entscheidungen des Reichsgerichts in Strafsachen
RiStBV	Richtlinien für das Strafverfahren und das Bußgeldverfahren
Rn.	Randnummer
Rspr.	Rechtsprechung
RStGB	Reichsstrafgesetzbuch
Rz.	Randziffer
s./S.	siehe/Seite
SGB	Sozialgesetzbuch
sog.	sogenannt(e/er)
SoldG	Soldatengesetz

SpuRT	Zeitschrift für Sport und Recht
st. Rspr.	ständige Rechtsprechung
StGB	Strafgesetzbuch
StPO	Strafprozessordnung
str.	strittig/streitig
StrRG	Gesetz zur Reform des Strafrechts
StS	Strafsenat
StV	Strafverteidiger (Zeitschrift)
StVG	Straßenverkehrsgesetz
StVO	Straßenverkehrsordnung
StVollzG	Strafvollzugsgesetz
subj.	subjektiv(er/en)
Tab.	Tabelle
TAN	Transaktionsnummer(n)
THW	Technisches Hilfswerk
TPG	Gesetz über die Spende, Entnahme und Übertragung von Organen und Geweben (Transplantationsgesetz)
tw.	teilweise
u. U.	unter Umständen
u. a.	unter anderem/und andere
Umstr.	Umstritten
unterschiedl.	unterschiedlich(e/en)
v. a.	vor allem
Var.	Variante
Vert.	vertiefend
vgl.	vergleiche
VVG	Versicherungsvertragsgesetz
VwV	Verwaltungsvorschrift
WaffG	Waffengesetz
weiterf.	weiterführend
wg.	wegen
wistra	Zeitschrift für Wirtschafts- und Steuerstrafrecht

WStG	Wehrstrafgesetz
z. T.	zum Teil
z. B.	zum Beispiel
z. N.	zum Nachteil
ZEVIS	Zentrales Verkehrsinformationssystem
zit.	zitiert
ZJS	Zeitschrift für das Juristische Studium, zjs-online.com
zust.	zustimmend
zutr.	zutreffend(e/er)
zw.	zweifelhaft
ZWH	Zeitschrift für Wirtschaftsstrafrecht, Steuerstrafrecht und Unternehmensrecht

Literaturverzeichnis

A/W/H/H	Arzt/Weber/Heinrich/Hilgendorf, Strafrecht Besonderer Teil, 4. Aufl. 2021
Beck OK BGB/*Bearbeiter*	Beck'scher Online-Kommentar zum BGB, Hau und Poseck (Hg.), 73. Ed. 2025
BeckOK StVR/*Bearbeiter*	Beck'scher Online-Kommentar zum Straßenverkehrsrecht, Dötsch u.a. (Hg.), 26. Ed. 2025
BeckOK/*Bearbeiter*	Beck'scher Online-Kommentar zum StGB, v. Heintschel-Heinegg und Kudlich (Hg.), 64. Ed. 2025
Blum/Hofmann/Kohler	Fälle zum Strafrecht für Polizeibeamte, 3. Aufl. 2023
Brodag, BT	Strafrecht Besonderer Teil, 10. Aufl. 2010
Eisele, BT I	Strafrecht – Besonderer Teil I, 6. Aufl. 2021
Eisele, BT II	Strafrecht – Besonderer Teil II, 6. Aufl. 2021
Eisele/Heinrich	Besonderer Teil, 2. Aufl. 2024
Erhardt	Strafrecht für Polizeibeamte, 8. Aufl. 2023
Fischer	Fischer/Anstötz/Lutz, Strafgesetzbuch, 72. Aufl. 2025
Hilgendorf/Valerius, BT I	Strafrecht, Besonderer Teil I, 2. Aufl. 2025
Hilgendorf/Valerius, BT II	Strafrecht Besonderer Teil II, 3. Aufl. 2024
HK-GS/*Bearbeiter*	Handkommentar Gesamtes Strafrecht, Dölling u. a. (Hg.), 5. Aufl. 2022
Hohmann/Sander	Strafrecht Besonderer Teil, 4. Aufl. 2021
Holzberg/Reichelt	Hauptstudium Strafrecht, 3. Aufl. 2022
K/H/H, BT 1	Krey/Hellmann/Heinrich, Strafrecht Besonderer Teil, Band 1, 18. Aufl. 2024
K/H/H, BT 2	Krey/Hellmann/Heinrich, Strafrecht Besonderer Teil, Band 2, 19. Aufl. 2024
Kindhäuser/Böse, BT II	Strafrecht Besonderer Teil II, 13. Aufl. 2025
Kindhäuser/Hilgendorf	Strafgesetzbuch, 10. Aufl. 2025
Kindhäuser/Schramm, BT I	Strafrecht Besonderer Teil I, 11. Aufl. 2023

Krebs/Nitschke/Noak/Steinhorst/Zenger	Chatgruppen und öffentlicher Dienst, 2024
Küpper/Börner, BT I	Strafrecht Besonderer Teil I, 4. Aufl. 2017
Lackner/Kühl/Heger	Kommentar zum Strafgesetzbuch, 30. Aufl. 2023
L/T/Z/*Bearbeiter*	Leipold/Tsambikakis/Zöller (Hg.), Anwaltkommentar StGB, 3. Aufl. 2020
LK/*Bearbeiter*	Leipziger Kommentar zum StGB, Cirener u. a. (Hg.), 13. Aufl. 2020 ff.
M/R/*Bearbeiter*	Matt/Renzikowski (Hg.), Kommentar zum StGB, 2. Aufl. 2020
MüKo/*Bearbeiter*	Münchener Kommentar zum Strafgesetzbuch, Erb und Schäfer (Hg.), 4. Aufl. 2021 f.
MüKo/BGB/*Bearbeiter*	Münchener Kommentar zum Bürgerlichen Gesetzbuch, Säcker u. a. (Hg.) 10. Aufl. 2025
MüKo SVR/*Bearbeiter*	Münchener Kommentar zum Straßenverkehrsrecht, Bender und König (Hg.) 1. Aufl., 2016
Müller, StPO	Müller, Strafverfahrensrecht für Polizeistudium und -praxis, 2023
Nimtz, Strafrecht II	Strafrecht für Polizeibeamte, Bd. 2, 6. Aufl. 2021
NK/*Bearbeiter*	Nomos Kommentar Strafgesetzbuch, Kindhäuser u. a. (Hg.), 6. Aufl. 2023
NK-GVR	Gesamtes Verkehrsrecht, Haus, Krumm, Quarch (Hg.), 3. Aufl., 2021
Nolden/Palkovits/Dittert/Pichocki	Grundstudium Strafrecht, 6. Aufl. 2023
Nowrousian/Bahne	Strafrecht für die Polizei, 2022
Rengier, BT I	Strafrecht Besonderer Teil I, 26. Aufl. 2024
Rengier, BT II	Strafrecht Besonderer Teil II, 25. Aufl. 2024
Sch/Sch/*Bearbeiter*	Schönke/Schröder, Strafgesetzbuch, 30. Aufl. 2019
Schütze, AT	Strafrecht für Polizeistudium und -praxis, Allgemeiner Teil, 2024

SK/*Bearbeiter*	Systematischer Kommentar zum Strafgesetzbuch, Wolter, Hoyer (Hg.) 10. Aufl. 2024
S/S/W/*Bearbeiter*	Satzger/Schluckebier/Werner (Hg.), StGB, 6. Aufl. 2024
Weber	Rechtswörterbuch, 33. Ed., 2024
Wessels/Hettinger/Engländer, BT 1	Strafrecht Besonderer Teil 1, 47. Aufl. 2023
Wessels/Hillenkamp/Schuhr, BT 2	Strafrecht Besonderer Teil 2, 46. Aufl. 2023

1. KAPITEL Straftaten gegen die öffentliche Ordnung

A. § 123 Hausfriedensbruch

I. Einführung

Geschütztes Rechtsgut ist das Interesse des Hausrechtsinhabers, darüber zu bestimmen, wer sich an den vom Tatbestand erfassten Orten aufhalten darf (Hausrecht).[1] Im Hinblick darauf, dass der Tatbestand Privatinteressen schützt, erscheint die systematische Stellung der Norm im 7. Abschnitt „Straftaten gegen die öffentliche Ordnung" verfehlt.[2] § 124 ist ein Qualifikationstatbestand zu § 123 Abs. 1 Var. 1 und erfasst Fälle, in denen nicht nur das Hausrecht verletzt, sondern zugleich die öffentliche Sicherheit abstrakt gefährdet ist. Hausfriedensbruch ist ein absolutes Antragsdelikt (§ 123 Abs. 2). Ohne wirksamen **Strafantrag** (§§ 77 ff.) des Hausrechtsinhabers als Verletzten besteht ein Verfahrenshindernis; die Straftat kann deshalb nicht verfolgt werden. Ermittlungen sollten daher – soweit keine Gefahr im Verzug besteht – erst getätigt werden, wenn ein wirksamer Strafantrag vorliegt (vgl. Nr. 6 Abs. 1 RiStBV). 1

II. Prüfungsaufbau 2

I. Tatbestandsmäßigkeit
  1. Objektiver Tatbestand
     - Geschützter Ort (§ 123 Abs. 1)
     - Eindringen (Var. 1), unbefugtes Verweilen (Var. 2) oder Nicht-Entfernen trotz Aufforderung (Var. 3)
  2. Subjektiver Tatbestand: Vorsatz (§ 15)

II. Rechtswidrigkeit

III. Schuld

1 OLG Frankfurt a.M. 16.3.2006 – 1 Ss 189/05, NJW 2006, 1746, 1749.
2 Kritisch und ausführlich zur systematischen Stellung etwa MüKo/Feilcke, § 123 Rn. 1.

III. Tatbestand

1. Geschützte Orte

3 **Wohnung** ist eine baulich oder sonst abgeschlossene zumindest teilweise überdachte Räumlichkeit, die dem Zweck dient, einem oder mehreren Menschen Unterkunft zu gewähren.[3] Der Aufenthalt von Menschen muss nicht auf Dauer angelegt sein, sodass auch ein Hotel- oder Krankenzimmer Wohnung sein kann.[4] Es ist nicht erforderlich, dass die Räumlichkeit zum Tatzeitpunkt auch tatsächlich zu Wohnzwecken genutzt wird. Lediglich dauerhaft leer stehende Gebäude verlieren ihre Eigenschaft als Wohnung.[5] Die Wohnung muss weder verschlossen noch unbeweglich sein. Tatobjekt kann daher ein Zelt auf einem Campingplatz sein.[6] Auch Nebenräume wie Speicher oder Keller sind Teil der Wohnung, sofern sie in gewisser Weise baulich abgeschlossen sind und die Zugehörigkeit zur Wohnung erkennbar ist.[7] **Geschäftsräume** (Var. 2) sind im Unterschied zur Wohnung zu gewerblichen, künstlerischen oder wissenschaftlichen Zwecken bestimmt. **Abgeschlossene Räume, die zum öffentlichen Dienst oder Verkehr bestimmt sind** (Var. 4), können etwa Polizeidienststellen und Bahnhofshallen sein.

4 **Befriedetes Besitztum** (Var. 3) umfasst entsprechend des Wortsinns lediglich unbewegliche Sachen, also insbesondere Grundstücke.[8] Diese sind in **zwei Fällen** befriedet[9]: Eine Befriedung liegt einerseits vor, wenn das Besitztum in äußerlich erkennbarer Weise mittels Schutzvorrichtungen (Mauern, Hecken etc.) gegen das willkürliche Betreten durch andere gesichert ist (**1. Fall**). Hierbei ist nicht erforderlich, dass die Schutzvorrichtungen unüberwindbar oder lückenlos sind. Entscheidend ist, dass durch die Unterbrechungen (Beispiel: Löcher in einem Zaun) der Charakter einer physischen Schutzwehr nicht verloren geht und der Wille des Berechtigten, das Betreten nicht zu gestatten, zutage tritt.[10] Indes verlangen weder der Wortsinn „befriedet" noch der von dem Tatbestand beabsichtigte Schutz des Hausrechts zwingend solche äußeren Vorrichtungen. Auch ohne Schutzwehren ist das Besitztum nach zutreffender Auffassung daher auch befriedet, wenn dieses wegen seines engen räumlichen

---

3 Zum Wohnungsbegriff OLG Hamm 27.7.1982 – 5 Ss 644/82, NJW 1982, 2676; OLG Bremen 20.4.1966 – Ss 27/66, NJW 1966, 1766.
4 NK/Eschelbach, § 123 Rn. 13.
5 NK/Eschelbach, § 123 Rn. 13. Diese können aber befriedetes Besitztum darstellen.
6 Lackner/Kühl/Heger, § 123 Rn. 3.
7 MüKo/Feilcke, § 123 Rn. 12; OLG Düsseldorf 29.8.1997 – 22 U 17/97, NJW 1997, 3383, 3384.
8 OLG Hamburg 3.6.2020 – 2 Rev 13/20.
9 Vgl. hierzu nur OLG Hamburg 3.6.2020 – 2 Rev 13/20.
10 Sch/Sch/Sternberg-Lieben/Schlittenhelm, § 123 Rn. 6.

und funktionalen Zusammenhangs für jedermann sofort erkennbar zu einer der in § 123 genannten Örtlichkeiten gehört (**2. Fall**).[11]

Aufgrund einer äußeren Einfriedung ist der eingezäunte Fußballplatz befriedetes Besitztum. Bei zum Abbruch stehenden Häusern ohne Fenster und Türen kommt es im Einzelfall darauf an, ob noch eine den Willen des Berechtigten ausreichend erkennbar machende Einfriedung besteht.[12] Der mit einem englischen Rasen versehene Garten eines Wohnhauses, der ohne jeglichen Zaun o. ä. an den öffentlichen Gehweg angrenzt, ist nach überzeugender Auffassung ebenso wegen seines offensichtlichen räumlichen und funktionalen Zusammenhangs zur Wohnung befriedetes Besitztum.

2. Berechtigter

Berechtigter ist der **Inhaber des Hausrechts**. Dieses steht im Grundsatz dem zu, der die tatsächliche Sachherrschaft über die geschützte Örtlichkeit hat.[13] Etwas anders gilt lediglich in Fällen, in denen die Sachherrschaft mittels verbotener Eigenmacht, also durch (teilweise) Entziehung des Besitzes, erlangt wurde.[14] **5**

Bei Wohnungen ist daher im Ausgangspunkt der Mieter und nicht der Eigentümer Hausrechtsinhaber, sodass der Mieter grundsätzlich dem Eigentümer verwehren kann, die Wohnung zu betreten.[15] Dies gilt auch, wenn der Mieter etwa trotz gekündigten Mietvertrags in der Wohnung verbleibt. Demgegenüber hat der Hausbesetzer kein Hausrecht an der vereinnahmten Örtlichkeit, da dieser die Sachherrschaft durch Besitzentziehung und daher verbotene Eigenmacht erlangt hat.

Besitzen mehrere Personen eine Wohnung gemeinsam (**Mitbesitz**), kann jeder sein Hausrecht grundsätzlich alleine ausüben. Daher kann das (alle Tathandlungen ausschließende) Einverständnis durch jeden Hausrechts- **6**

11 So etwa OLG Hamburg 3.6.2020 – 2 Rev 13/20 m. w. N.; Müller-Christmann JuS 1987, 21 f.; MüKo/Feilcke, § 123 Rn. 15; nach anderer Aufassung sei eine solche Auslegung schwer mit dem Wortlaut vereinbar, sodass diese offenen Zubehörflächen unter den Begriff der Wohnung/Geschäftsraum zu fassen seien, so etwa Rengier, BT II § 30 Rn. 5 m. w. N.; die Einordnung offen lassend hingegen OLG Oldenburg 21.1.1985 – Ss 566/84, NJW 1985, 1352.

12 OLG Stuttgart 29.10.1982 – 1 Ss 411/82, NStZ 1983, 123.

13 BeckOK/Rackow, § 123 Rn. 16.

14 OLG Braunschweig 2.2.1962 – Vs 5/61.

15 KG 3.8.2015 – (2) 161 Ss 160/15 (44/15), NJW 2015, 3527, 3528. Zu den Grenzen der Ausübung des Hausrechts des Mieters gegenüber dem Vermieter und den verbleibenden Dispositionsbefugnissen des Vermieters vgl. etwa anschaulich MüKo/Feilcke, § 123 Rn. 36.

inhaber alleine erteilt werden. Grenze der alleinigen Ausübung ist indes die Zumutbarkeit für andere Hausrechtsinhaber.[16]

> Ehegatten, die gemeinsam eine Wohnung bewohnen, steht das Hausrecht – unabhängig davon, wer den Mietvertrag unterzeichnet hat – jeweils zur alleinigen Ausübung zu. Lädt der Ehemann einen Bekannten in die Ehewohnung ein und untersagt die Ehefrau dem Bekannten das Betreten der Wohnung, um ihren Ehemann für sich zu haben, macht sich dieser mit dem Besuch nicht nach § 123 Abs. 1 strafbar. Untersagt die Ehefrau indes den Besuch, weil der Bekannte in der Vergangenheit bereits in der Wohnung gewalttätig wurde, ist der Ehefrau das Dulden des Besuchs nicht zumutbar. Der Ehemann kann sein Hausrecht dann nicht alleine ausüben. Der Bekannte würde mit dem Betreten der Ehewohnung zumindest den objektiven Tatbestand des § 123 Abs. 1 verwirklichen.

7 Bei den Räumlichkeiten von Behörden, Gerichten o.ä. steht – vorbehaltlich einer anderweitigen gesetzlichen Zuweisung (vgl. etwa § 176 GVG) – dem Leiter dieser Einrichtungen das Hausrecht zu.

3. Tathandlungen

8 **Eindringen** meint das Gelangen in eine geschützte Örtlichkeit gegen oder ohne den Willen des Berechtigten.[17] Ausreichend ist, wenn der Täter die Räumlichkeiten mit einem Teil seines Körpers – etwa einem in die Wohnungstür gesetzten Fuß – erreicht, wenn dieses Verhalten auf ein Betreten ausgerichtet ist.[18]

9 Das Einverständnis des Berechtigten schließt ein Eindringen und daher den objektiven Tatbestand aus. Dieses **tatbestandsausschließende Einverständnis** kann an eine oder mehrere Personen oder einen unbestimmten Personenkreis gerichtet sein. Es muss nicht ausdrücklich erklärt werden, sondern kann sich aus den Umständen ergeben. Ein solches konkludentes, an die Allgemeinheit gerichtetes Einverständnis ist bei Kaufhäusern während der Öffnungszeiten anzunehmen. Indes kann der Berechtigte einzelne Personen – etwa Ladendiebe – von seiner generellen Erlaubnis ausnehmen (sog. Hausverbot).[19] Hausverbote im Bereich öffentlicher Ein-

16 Fischer, § 123 Rn. 4.
17 OLG Jena 13.1.2006 – 1 Ss 296/05, NJW 2006, 1892; OLG Frankfurt a.M. 21.3.2016 – 4 UF 26/16, NJW-RR 2016, 1228.
18 OLG Frankfurt a.M. 21.3.2016 – 4 UF 26/16, NJW-RR 2016, 1228.
19 Das private Hausrecht ermöglicht es, grundsätzlich frei darüber zu entscheiden, wem der Berechtigte den Zutritt zu seiner Einrichtung gestattet oder verwehrt. Ausnahmen gelten jedoch etwa bei Massengeschäften – etwa Supermärkten – im Anwendungsbereich der §§ 19, 20 AGG, vgl. hierzu Weller/Schulz/Smela, JuS 2021, 722.

richtungen bedürfen eines berechtigten sachlichen Grundes – regelmäßig die Sicherstellung der Zweckerfüllung der Einrichtung.[20]

> So ist es der Polizeipräsidentin untersagt, einer Person, die fortlaufend lästige Strafanzeigen im Rahmen eines Nachbarschaftsstreits (sog. „Querulant") anbringt, das Betreten des Dienstgebäudes zu untersagen, um weiteren Arbeitsanfall zu vermeiden. Das folgende Betreten des Anzeigeerstatters dieser insoweit für den allgemeinen Publikumsverkehr geöffneten Räumlichkeit (vgl. § 158 Abs. 1 StPO) würde nicht unter § 123 Abs. 1 fallen.

Ein durch **Täuschung erschlichenes Einverständnis** – etwa im Falle eines 10
Diebs, der vorgibt zum Ablesen von Stromzählern als Mitarbeiter der Stadtwerke die Wohnung betreten zu wollen – ist wirksam, da bei § 123 alleine der tatsächliche Wille maßgeblich ist – auch wenn dieser etwa auf Grundlage eines Personenirrtums gebildet wird.[21] Sind Räumlichkeiten generell für den Publikumsverkehr geöffnet, steht dem Einverständnis des Berechtigten gleichermaßen nicht entgegen, wenn der Betretende einen nicht nach außen erkennbaren widerrechtlichen Zweck verfolgt. Man denke insoweit an eine Person, die einen Supermarkt ohne Kaufabsicht, sondern lediglich mit der Intention, einen Diebstahl zu begehen, betritt. Das Einverständnis mit dem Betreten der Räumlichkeiten würde der Berechtigte – selbst wenn er den späteren Dieb beim Betreten des Supermarkts wahrnehmen würde – erteilen; dieses wäre lediglich durch eine (konkludente) Täuschung über den Besuchszweck erschlichen. Anders zu beurteilen ist der Fall indes, wenn der spätere bewaffnete Dieb beim Betreten eine Sturmhaube trägt, da sich das generelle Einverständnis des Berechtigten nach allgemeiner Lebenserfahrung nicht auf Personen bezieht, die ihre kriminelle Absicht nach außen kundtun.[22]

Von einem durch Täuschung erschlichenen Einverständnis zu unter- 11
scheiden sind Fälle, in denen der Berechtigte durch Drohung oder gar Gewalt genötigt wird, das Betreten zu dulden. Das Einverständnis entspringt dann nicht dem freien Willen des Berechtigten und ist daher unbeachtlich.[23]

20 Michl/Roos, LKRZ 2012, 50.
21 BGH 6.2.1997 – 1 StR 527/96, NStZ 1997, 448, 448; Kuhli, JuS 2013, 211, 212.
22 Kuhli JuS 2013, 211, 212.
23 Rengier, BT II § 30 Rn. 10; Kuhli JuS 2013, 211, 212.

12 Das Merkmal **„widerrechtlich“** ist als allgemeiner deklaratorischer Verweis auf das Deliktsmerkmal der Rechtswidrigkeit zu verstehen[24], sodass dieses in der Prüfung keine besondere Beachtung verdient.

13 Den Tatbestand verwirklicht auch, wer sich auf **Aufforderung des Berechtigten nicht aus den geschützten Örtlichkeiten entfernt** (§ 123 Abs. 1 Var. 2). Diese Tathandlung ist im Vergleich zum Eindringen subsidiär, also nachrangig. Es handelt sich um ein echtes Unterlassungsdelikt, da das vorwerfbare Verhalten das schlichte Untätigbleiben in Form des Verweilens an dem Ort ist. Erfasst werden insbesondere Fälle, in denen der Täter zunächst mit Einverständnis des Inhabers eine Örtlichkeit betritt und dann dem Appell, diese zu verlassen, nicht nachkommt.

> A betritt die Verkaufsräume des Supermarkts und entfernt sich auf die Durchsage zum Ladenschluss, alle Kunden mögen die Verkaufsräume verlassen, nicht, sondern bleibt über Nacht in den Verkaufsräumen.
>
> B ist auf die Geburtstagsfeier des G in dessen Wohnung eingeladen. Kurz nach seiner Ankunft kommt es zu einer politischen Diskussion zwischen B und G, woraufhin G den B auffordert, seine Wohnung zu verlassen. B kommt dem nicht nach, sondern erläutert seinen Standpunkt nochmals ausführlich.

Diese Aufforderung kann – wie auch das Einverständnis mit dem Betreten – ausdrücklich oder konkludent und an einzelne Personen oder die Allgemeinheit gerichtet sein. Der Betretende hat sich auf eine Aufforderung unverzüglich zu entfernen, also ohne schuldhaftes Zögern.[25]

14 Das für die Prüfung bedeutungslose Merkmal **„ohne Befugnis“** entspricht dem Begriff „widerrechtlich“ beim Eindringen und weist lediglich auf das allgemeine Deliktsmerkmal der Rechtswidrigkeit hin.[26]

24 OLG Hamburg 16.5.1977 – 1 Ss 13/77, NJW 1977, 1831; MüKo/Feilcke, § 123 Rn. 48.
25 H. M., vgl. nur MüKo/Feilcke, § 123 Rn. 50 m.w.N.
26 OLG Hamburg 16.5.1977 – 1 Ss 13/77, NJW 1977, 1831; MüKo/Feilcke, § 123 Rn. 53.

IV. Übungsfall

Sachverhalt:[27]

A, ein erfahrener Stadiongänger, besucht ein Bundesliga-Fußballspiel, wobei er ein Ticket für einen Stehplatz im Fanblock der Gastmannschaft erworben hat. Dieser Bereich ist durch einen zwei Meter hohen Zaun von den übrigen Bereichen des Stadions getrennt. Nachdem A sein Ticket am Eingang eingescannt hatte, wurde ihm Zutritt zum Gästebereich gewährt. Da A das Spiel gemütlich im Sitzen genießen möchte, klettert er noch vor Spielbeginn – wie bereits beim Erwerb des Tickets geplant – vom Stehplatzbereich über diesen Zaun in den angrenzenden Bereich (Gegengerade), der wiederum von anderen Bereichen des Stadions abgetrennt ist. Dort nimmt A einen Sitzplatz ein und verfolgt das Spiel. Strafbarkeit des A nach § 123?

Lösungshinweise:

A könnte sich bereits durch das Betreten des Stadions nach § 123 Abs. 1 strafbar gemacht haben. Ob man Fußballstadien aufgrund ihres kommerziellen Hintergrunds als Geschäftsräume qualifiziert[28] oder diese befriedetes Besitztum darstellen, kann dahinstehen. Jedenfalls fehlt es an einem Eindringen durch A, da der Veranstalter dem über ein gültiges Ticket verfügenden A willentlich Zutritt in das Stadion gewährte. Daher liegt ein tatbestandsausschließendes Einverständnis vor. Zwar mag dieses durch eine konkludente Täuschung des A, lediglich den Bereich der Gästefans zu betreten, erschlichen sein. Diese den üblichen Stadionordnungen widersprechende Absicht des A ist indes nach außen beim Betreten des Stadions jedenfalls nicht erkennbar, sodass das Einverständnis trotz Täuschung des A wirksam ist. Weiterer Ansatzpunkt einer Strafbarkeit nach § 123 Abs. 1 ist das Überklettern des Zauns und das Betreten des Sitzplatzbereichs. Der Sitzplatzbereich ist durch den Zaun als bautechnische Vorrichtung vom Stehplatzbereich der Gästefans getrennt. Er ist daher – wie auch der Bereich der Gästefans – als befriedetes Besitztum innerhalb des Stadions einzuordnen. A ist in den Sitzplatzbereich eingedrungen, da er diesen gegen den Willen des Hausrechtsinhabers betreten hat. Der Veranstalter des Spiels war – wie er etwa regelmäßig durch die Stadionordnung bzw. allgemeine Ticketbedingungen sowie entsprechende bauliche Vorrichtungen zum Ausdruck bringt – damit nicht einverstanden. Das äußere Verhalten des A, ein erfahrener Stadiongänger, belegt dessen Vorsatz. Mithin ist eine Strafbarkeit nach § 123 Abs. 1 anzunehmen. Zur Verfolgung der Tat wäre nach § 123 Abs. 2 ein Strafantrag erforderlich.

27 Zu einer ähnlichen Konstellation (Betreten des VIP-Bereichs im Stadion): AG Bielefeld 5.12.2011 – 39 Cs-46 Js 153/11-1113/11. Wenn sich die Aufgabenstellung nicht auf die Prüfung einer Strafbarkeit nach § 123 beschränkt hätte, hätte bei Vorliegen eines detaillierteren Sachverhalts eine Strafbarkeit des A wegen eines Eingehungsbetrugs (§§ 263, 263a) sowie Erschleichens von Leistungen (§ 265a) erwogen werden können.

28 Vgl. zum Meinungsstand Pörner, SpuRt 2021, 334, 335.

B. § 125 Landfriedensbruch

I. Einführung

15 Der Tatbestand schützt – wofür bereits die systematische Stellung im 7. Abschnitt des StGB spricht – die **öffentliche Sicherheit**.[29] Darüber hinaus bezweckt § 125 den Schutz der durch die Tatbestandserfüllung bedrohten Individualrechtsgüter Leben, Körper und Eigentum.[30] Dies unterstreichen die Regelbeispiele in § 125a S. 2. Den dort genannten Begehungsweisen wohnt eine erhöhte abstrakte Gefährdung (etwa: Nr. 1: Mitsichführen einer Schusswaffe) oder gar Verletzung (Nr. 4: Anrichten eines bedeutenden Schadens an fremden Sachen) der geschützten Individualrechtsgüter inne. Der Tatbestand bildet mit den Strafvorschriften des Versammlungsgesetzes (§§ 21 ff. VersG) den Kern des Demonstrationsstrafrechts.[31] § 125 erscheint **verfassungsrechtlich unbedenklich**.[32] Der grundrechtliche Schutz der in Art. 8 GG garantierten Versammlungsfreiheit ist auf friedliche Versammlungen beschränkt. Da der Tatbestand gewalttätiges oder bedrohendes Handeln voraussetzt, ist er mit diesem Grundrecht vereinbar.[33] Ist Anknüpfungspunkt strafbaren Verhaltens eine bloße Äußerung, ist im Einzelfall zu prüfen, ob diese von der Meinungsfreiheit (Art. 5 Abs. 1 GG) gedeckt ist.[34] Die Norm hat eine überschaubare praktische Bedeutung.[35] Neben Ausschreitungen bei Demonstrationen dürften gerade Gewalthandlungen bei dem Aufeinandertreffen verschiedener Gruppierungen bei Fußballspielen („Dritte Halbzeit") Hauptanwendungsfälle sein.[36]

16 Sodann ist die **Struktur** der nicht leicht zugänglichen Norm zu betrachten. Jeder strafbare Landfriedensbruch setzt im Ausgangspunkt voraus, dass aus einer Menschenmenge mit vereinten Kräften in einer die öffentliche Sicherheit gefährdenden Weise Gewalttätigkeiten gegen Menschen oder Sachen verübt (§ 125 Abs. 1 Nr. 1) oder Menschen mit Gewalttätigkeiten bedroht werden (§ 125 Abs. 1 Nr. 2). Bereits aus dem Gesetzeswortlaut ergibt sich, dass diese Ausschreitungen nicht zwingend vom Täter

29 BGH 29.4.2004 – 4 StR 43/04, NStZ 2004, 610, BGH 13.5.1993 – 4 StR 187/93, NStZ 1993, 538.

30 OLG Düsseldorf 6.3.1990 – 5 Ss 11/90–7/90 I, NJW 1990, 2699, 2700; OLG Celle 27.6.2001 – 33 Ss 131/00, NJW 2001, 2734, 2735.

31 MüKo/Feilcke, § 125 Rn. 1.

32 Ganz h.M., vgl. etwa Fischer, § 125 Rn. 2; MüKo/Feilcke, Rn. 1.

33 Ausführlich dazu: LK/Krauß, § 125 Rn. 11 ff.

34 Vgl. hierzu BVerfG 26.6.1990 – 1 BvR 776/84, NStZ 1990, 487.

35 Vgl. zur Polizeilichen Kriminalstatistik sowie der Verurteiltenstatistik des Statistischen Bundesamts LK/Krauß, § 125 Rn. 7 ff.

36 Ausführlich zu den Erscheinungsformen mit zahlreichen Beispielen: LK/Krauß, § 125 Rn. 20 ff.

des § 125 selbst verübt werden müssen. Die einfache Anwesenheit in einer Menschenmenge oder das schlichte „Mitspazieren“ kann indes bereits nach dem Schuldprinzip keine Strafbarkeit begründen. Strafgrund ist also nicht der bloße Anschluss an die Menschenmenge, sondern die Beteiligung des Einzelnen an den Ausschreitungen.[37] Daher sieht der Landfriedensbruch zwei Tathandlungen[38] vor: die Beteiligung als Täter oder Teilnehmer an den konkreten Ausschreitungen (1. Var., sog. gewalttätiger oder bedrohender Landfriedensbruch) und das Einwirken auf die Menschenmenge (2. Var., sog. aufwieglerischer Landfriedensbruch).

II. Prüfungsaufbau 17

I. Tatbestandsmäßigkeit
   1. Objektiver Tatbestand
      - Gewalttätigkeiten gegen Menschen oder Sachen (§ 125 Abs. 1 Nr. 1) oder Bedrohungen von Menschen mit einer Gewalttätigkeit (§ 125 Abs. 1 Nr. 2)
      - Begehung dieser Gewalttätigkeiten oder Bedrohungen aus einer Menschenmenge mit vereinten Kräften
      - Gefährdung der öffentlichen Sicherheit
      - Tathandlung: Beteiligung an diesen Gewalttätigkeiten/Bedrohungen als Täter oder Teilnehmer (Var. 1) oder Einwirken auf die Menschenmenge (Var. 2)
   2. Subjektiver Tatbestand
      - Vorsatz (§ 15)
      - bei dem aufwieglerischen Landfriedensbruch (Var. 2): Absicht, die Bereitschaft der Menschenmenge zu Handlungen nach § 125 Abs. 1 Nr. 1/ Nr. 2 zu fördern

II. Rechtswidrigkeit

III. Schuld

IV. Strafzumessung: Regelbeispiele gemäß § 125a S. 2

---

37 BT-Drs VI/139, 4; BT-Drs. VI/502, 9; BGH 9.9.2008 – 4 StR 368/08, NStZ 2008, 28.

38 Ebenso denkbar ist es, von drei in Betracht kommenden Tathandlungen auszugehen, sofern man die Beteiligung als Täter und Teilnehmer an den Ausschreitungen als zwei Tathandlungen begreift.

III. Tatbestand

1. Ausgangssituationen

18 **Gewalttätigkeit (§ 125 Abs. 1 Nr. 1)** ist jeder aggressive, physische Krafteinsatz von einiger Erheblichkeit gegen Menschen oder Sachen.[39] In Abweichung zum Gewaltbegriff bei § 240, bei dem die körperliche Zwangswirkung gegenüber dem Opfer im Vordergrund steht, ist vorliegend die abstrakte Gefährlichkeit der Handlung maßgeblich. Bereits der Gesetzeswortlaut („Gewalt*tätigkeit*") belegt, dass es nicht auf den Erfolg ankommt. Ausreichend ist, dass der Gewalttätige eine Rechtsgutbeeinträchtigung von einiger Erheblichkeit anstrebt und seine Handlung hierzu abstrakt geeignet ist.[40]

> In Betracht kommen daher das Wegdrängen von Polizeibeamten und Steinwürfe, auch wenn diese ihr Ziel verfehlen. Keine Gewalttätigkeit ist indes ein bloßer Sitzstreik, da die bloße passive Resistenz kein aggressives Verhalten darstellt.[41]

19 Die **Bedrohung (§ 125 Abs. 1 Nr. 2)** entspricht im Grundsatz der Drohung bei § 240.[42] Es kann daher auf die dortigen Ausführungen verwiesen werden. Das Übel, das der Drohende ankündigt, muss eine Gewalttätigkeit sein. Nach herrschender Auffassung bezieht sich die Formulierung „von Menschen" nicht auf die Gewalttätigkeit, sondern auf die Bedrohung als solche.[43] Danach soll die Bedrohung eines Menschen mit der Ausübung von Gewalt gegen eine Sache genügen – etwa die Ankündigung, das Fahrzeug einer Person zu demolieren. Gegen diese Auffassung spricht, dass ohnehin lediglich Menschen Adressaten von Bedrohungen sein können und daher dem Tatbestandsmerkmal „von Menschen" nach der herrschenden Auffassung keine eigenständige Bedeutung zukommt.[44]

20 Vorgenannte Ausschreitungen müssen aus einer **Menschenmenge** heraus verübt werden. Menschenmenge bezeichnet hierbei eine ihrer Zahl nach nicht sofort überschaubare Personenmehrheit, die sich für Außenstehende aufgrund ihres räumlichen Zusammenhangs als verbundenes Ganzes

39 BGH 8.8.1969 – 2 StR 171/69, BGHSt 23, 46, 52, NJW 1969, 1770.
40 OLG Düsseldorf 1.12.1992 – 2 Ss 267/92 – 87/92 II, NJW 1993, 869; OLG Köln 12.11.1996 – Ss 491/96, NStZ-RR 1997, 234.
41 Zu diesen und weiteren Beispielen mit Nachweisen zur Rechtsprechung: LK/Krauß, § 125 Rn. 34 f.
42 Lackner/Kühl/Heger, § 125 Rn. 5.
43 MüKo/Feilcke § 125 Rn. 27, Lackner/Kühl/Heger, § 125 Rn. 5; LK/Krauß, § 125 Rn. 82; a. A. wohl: Fischer, § 125 Rn. 6.
44 Dies erscheint gerade im Hinblick auf das Verschleifungsverbot (hierzu BVerfG 1.11.2012 – 2 BvR 1235/11, NJW 2013, 365, 366.) bedenklich.

darstellt.[45] Der Begriff kennzeichnet sich daher durch ein quantitatives und ein qualitatives Element. In quantitativer Hinsicht verlangt die Unüberschaubarkeit, dass es für Außenstehende auf das Hinzukommen oder Weggehen eines einzelnen Menschen nicht ankommt.[46] Maßgeblich sind also die Umstände des Einzelfalls, etwa die örtlichen Gegebenheiten und die Frequentierung des Ortes zum Tatzeitpunkt. Daher hat die Rechtsprechung keine allgemein geltende Mindestanzahl an Personen bestimmt. Während mehr als 20 Personen regelmäßig genügen[47], sollen zehn Personen nur bei besonders unübersichtlichen Orten oder anderen besonderen Umständen ausreichen.[48] In qualitativer Hinsicht verlangt die Menschenmenge eine räumliche Geschlossenheit, die den Eindruck der Verbundenheit der einzelnen Personen erweckt.[49] Hierfür ist eine Lückenlosigkeit nicht zwingend.[50] An der notwendigen Verbundenheit fehlt es etwa bei großem Publikumsverkehr in belebten Fußgängerzonen in Innenstädten.[51] Auf den Zweck der Zusammenkunft kommt es nicht an, sodass neben Demonstrationen und Versammlungen auch bloße Ansammlungen ohne übergreifende Zielrichtung erfasst werden.[52]

Die Ausschreitungen müssen **aus der Menschenmenge heraus** begangen werden. Erforderlich sind danach Handlungen von Mitgliedern der Menge gegen außenstehende Personen oder deren Sachen.[53] Nicht erfasst werden also etwa Handgreiflichkeiten innerhalb der Menge. Weiter verlangt der Tatbestand, dass die Gewalttätigkeiten oder Bedrohungen **mit vereinten Kräften** begangen werden. An dieser Stelle sind Einzelaktionen eines Täters, der die Menschenmenge lediglich als „Vorhang“ oder „Kulisse“ nutzt, die das Vorgehen erleichtern oder die Identifizierung des Täters erschweren sollen, auszuscheiden. In diesen Fällen handelt es sich um Gewalttätigkeiten, die zwar durch eine besondere Tatörtlichkeit gekennzeichnet sind, aber den notwendigen Bezug zur öffentlichen Sicherheit nicht aufweisen.[54] Die konkrete Ausschreitung ist deshalb nur mit vereinten Kräften begangen, wenn sie von der in der Menge vorhandenen Grundstimmung und überwiegenden zustimmenden Haltung getragen **21**

45 BGH 31.5.1994 – 5 StR 154/94, NStZ 1994, 483; BGH 29.8.1985 – 4 StR 397/85, NJW 1986, 1116, 1116.
46 BGH 31.5.1994 – 5 StR 154/94, NStZ 1994, 483.
47 Zur Rechtsprechung etwa mit zahlreichen Nachweisen MüKo/Feilcke, § 125 Rn. 11.
48 BGH 29.5.2002 – 5 StR 199/02, NStZ 2002, 538.
49 BGH 29.8.1985 – 4 StR 397/85, BGHSt 33, 306, NStZ 1986, 70.
50 MüKo/Feilcke, § 125 Rn. 10.
51 AG Berlin-Tiergarten 3.7.1987 – (269) 2 P Js 243/87 Ls, NJW 1988, 3218.
52 LK/Krauß, § 125 Rn. 47.
53 BGH 29.8.1985 – 4 StR 397/85, BGHSt 33, 306, NStZ 1986, 70.
54 Sch/Sch/Sternberg-Lieben/Schittenhelm, § 125 Rn. 10.

wird.[55] Dem Rückhalt kann etwa durch Abschirmung der Täter, einer Vermummung der Menge oder dem Skandieren entsprechender Parolen Ausdruck verliehen werden.[56]

22 Die Gewalttätigkeiten oder Bedrohungen müssen **die öffentliche Sicherheit gefährden**. Die öffentliche Sicherheit in diesem Sinne umfasst auch das allgemeine Rechtssicherheitsgefühl.[57] Zu verlangen ist daher, dass eine unbestimmte Anzahl an Personen um ihre körperliche Integrität oder ihr Eigentum fürchten muss. Sind die Ausschreitungen gegen eine bestimmte Person gerichtet, genügt es, wenn diese entweder als Repräsentant eines Personenkreises angegriffen wird[58] oder das Opfer zufällig ausgewählt wurde[59]. Diese Handlungen beeinträchtigen dann nicht nur das Sicherheitsgefühl der Betroffenen, sondern einer unbestimmten Personengruppe oder gar der Allgemeinheit. Hat eine Auseinandersetzung indes überwiegend privaten Charakter, ist die öffentliche Sicherheit nicht gefährdet.[60]

> Die öffentliche Sicherheit ist gefährdet, wenn eine Gruppe Angriffe auf „Asylbewerber" verüben will und daher ein Asylbewerber, der zufällig vor einer entsprechenden Wohneinrichtung steht, aus der Menschenmenge heraus angegriffen wird. Diffiziler ist etwa die Beurteilung eines gegen einen Richter gerichteten Angriffs, der vor dem Gerichtsgebäude stehend aufgrund eines von ihm gesprochenen (Fehl-)Urteils attackiert wird.[61] Im ersten Fall ist der Asylbewerber zweifelsfrei ein auswechselbarer Repräsentant der Personengruppe „Asylbewerber", sodass die Tat zumindest das allgemeine Sicherheitsgefühl der Personengruppe „Asylbewerber" beeinträchtigt. Im letzteren Fall kommt es richtigerweise darauf an, ob sich der unbestimmte Personenkreis der Richter durch den Angriff auf einen anderen Berufsträger berechtigterweise in ihrem Sicherheitsgefühl beeinträchtigt fühlen darf oder nicht. Dies dürfte von den Umständen des Einzelfalls abhängen.

2. Tathandlungen

23 Bei der Prüfung der Tathandlungen ist der Blick auf die konkret beschuldigte Person zu richten. Für die Prüfung der zuvor genannten tatbestandlichen Voraussetzungen ist das Verhalten des Beschuldigten irrelevant, da es auf Ausschreitungen der Menschenmenge ankam. Um den Beschul-

55 BGH 9.10.2013 – 2 StR 119/13, NStZ 2014, 512.
56 Fischer, § 125 Rn. 8.
57 MüKo/Feilcke, § 125 Rn. 19.
58 BGH 29.4.2004 – 4 StR 43/04, NStZ 2004, 618.
59 OLG Karlsruhe 20.4.1979 – 2 Ss 40/79, NJW 1979, 2415, 2416.
60 MüKo/Feilcke, § 125 Rn. 19.
61 Die Beurteilung dieser Konstellation ist umstritten. Kritisch zu letztgenannter Konstellation etwa Sch/Sch/Sternberg-Lieben/Schittenhelm, § 125 Rn. 11.

digten bestrafen zu können, ist diesem selbst ein Verhalten zur Last zu legen. Es kommen zwei Tathandlungen in Betracht: Der Beschuldigte ist als Täter oder Teilnehmer an den konkreten Gewalttätigkeiten oder Bedrohungen im Sinne von § 125 Abs. 1 Nr. 1, 2 beteiligt (**Var. 1**). Der Täter hat auf die Menschenmenge eingewirkt, um ihre Bereitschaft zu solchen Ausschreitungen zu fördern (**Var. 2**).

a) Beteiligung als Täter/Teilnehmer (Var. 1) 24

Bei dem sogenannten **gewalttätigen oder bedrohenden Landfriedensbruch** ist abweichend von den §§ 25 ff. hinsichtlich der Beteiligung an den Ausschreitungen nicht zwischen Tätern (§ 25) und Teilnehmern, also Anstifter und Gehilfen (vgl. § 28 Abs. 1) zu differenzieren. Es gilt das Prinzip der **Einheitstäterschaft**. Auch die Person, die bezüglich einer aus der Menschenmenge verübten Körperverletzung lediglich als Anstifter (§ 26) oder Gehilfe (§ 27) agierte, ist Täter des § 125. Zur Einordnung, ob das Verhalten als Beteiligung an einer konkreten Ausschreitung zu bewerten ist, gelten die aus dem Allgemeinen Teil bekannten Grundsätze (§§ 25 ff.).[62]

> Die bloße Zugehörigkeit zu einer unfriedlichen Menschenmenge ist grundsätzlich keine taugliche Beihilfehandlung und genügt daher nicht. Als psychische Beihilfe können indes Fälle zu bewerten sein, bei denen der Täter durch Vermummung oder Schutzbewaffnung seiner Solidarität mit der unfriedlichen Menschenmenge Ausdruck verleiht.[63]

Umstritten ist, ob die **Anwesenheit in der Menschenmenge** Voraussetzung einer Strafbarkeit ist oder auch etwa der Täter sein kann, der das Geschehen bei einer Ortsabwesenheit planvoll lenkt.[64] Nach der Rechtsprechung ist in Fällen, in denen sich der Beschuldigte als Mittäter (§ 25 Abs. 2) oder mittelbarer Täter (§ 25 Abs. 1 Var. 2) an den Ausschreitungen beteiligt, nicht zwingend, dass er sich am Ort der Ausschreitungen aufhält.[65] Dies überzeugt, da Strafgrund nicht der Anschluss an die Menschenmenge, sondern die Beteiligung an der konkreten Gewalttätigkeit oder Bedrohung ist. Ob dies auch für Teilnehmer an den Ausschreitungen, also Anstifter (§ 26) und Gehilfen (§ 27), gilt, hat die höchstrichterliche Rechtsprechung bisher offen gelassen.[66] Nach vorzugswürdiger Auf- 25

62 BGH 9.9.2008 – 4 StR 368/08, NStZ 2009, 28.
63 Vgl. zu diesen Beispielen etwa Fischer, § 125 Rn. 13a m. w. N.
64 Siehe zum Streitstand MüKo/Feilcke, § 125 Rn. 29.
65 BGH 23.11.1983 – 3 StR 256/83, NJW 1984, 931, 934; BVerfG 26.6.1990 – 1 BvR 776/84, NJW 1991, 91, 94.
66 BGH 23.11.1983 – 3 StR 256/83, NJW 1984, 931, 934; BGH 24.5.2017 – 2 StR 414/16, NStZ 2017, 696, 697.

fassung ist auch in diesen Fällen eine Anwesenheit nicht zwingend, da auch durch Handlungen von außerhalb das besondere Gefahrenpotenzial der Ausschreitungen erhöht werden kann.[67]

b) Aufwieglerischer Landfriedensbruch (Var. 2)

26 Wegen **aufwieglerischen Landfriedensbruchs** (Alt. 2) macht sich strafbar, wer „auf die Menschenmenge einwirkt, um ihre Bereitschaft zu solchen Handlungen [gemeint sind solche nach § 125 Abs. 1 Nr. 1, 2] zu fördern". Tathandlung ist also das Einwirken auf die Menschenmenge, worunter entsprechend des allgemeinen Wortsinns jede psychische Beeinflussung der Menge zu verstehen ist.[68] Eine verbale Einwirkung auf die Menschenmenge ist typisch, aber nicht zwingend.[69] Erfasst werden sollen insbesondere Agitatoren von Ausschreitung, also Anheizer und Aufwiegler.[70] Das kriminalpolitische Bedürfnis dieser Tathandlung ergibt sich insbesondere daraus, dass die Aufforderungen solcher „Anheizer" häufig nicht bestimmt genug sind, um hierin bereits eine Beteiligung (§§ 25 ff.) an einer konkreten Gewalttätigkeit oder Bedrohung im Sinne der 1. Alternative zu sehen.

27 Indes kann nicht jede Einflussnahme auf den Willen der Menschenmenge strafbar sein. Dies wird offensichtlich, wenn man an Personen – etwa Versammlungsleiter – denkt, die deeskalierend einwirken. Daher verlangt der Tatbestand die Absicht des Täters, also zielgerichtetes Wollen[71], mit seinem Einwirken die Bereitschaft der Menge zu Ausschreitungen zu fördern. Es handelt sich um ein **besonderes subjektives Tatbestandsmerkmal,** was durch die Formulierung „um" deutlich wird. Daher kommt es nicht darauf an, ob die Einflussnahme tatsächlich zu einer Steigerung der Gewaltbereitschaft der Menge oder gar zu einer konkreten Gewalttätigkeit geführt hat. Entscheidend ist alleine die Intention des Täters. Auf diese kann nach den allgemeinen Regeln anhand des äußeren Geschehensablaufs geschlossen werden.

28 Es ist auch für den aufwieglerischen Landfriedensbruch nicht zwingend, dass der Täter selbst Teil der Menschenmenge ist. So soll sich auch der strafbar machen, der von außen auf die Menschenmenge – etwa mithilfe eines Megaphons – einwirkt.[72] Aus dem Gesetzeswortlaut („auf eine Menschenmenge einwirkt") folgt, dass die Menschenmenge zum Zeitpunkt der

67 LK/Krauß, § 125 Rn. 66; MüKo/Feilcke, § 125 Rn. 29; a. A.: Fischer, § 125 Rn. 12a, Lackner/Kühl/Heger, § 125 Rn. 10.
68 Vgl. hierzu BT-Drs. VI/502, 9.
69 BT-Drs. VI/502, 9.
70 Sch/Sch/Sternberg-Lieben/Schittenhelm, § 125 Rn. 19.
71 Allgemeine Meinung, vgl. etwa Fischer, § 125 Rn. 15; MüKo/Feilcke, § 125 Rn. 34.
72 MüKo/Feilcke, § 125 Rn. 34.

Tathandlung bereits vorhanden sein muss.[73] Es genügt also nicht, wenn sich die Menge erst durch die Aufforderung des Täters bildet.[74] Wie insbesondere aus Sinn und Zweck des Tatbestands zu folgern ist, ist nach zutreffender Auffassung nicht erforderlich, dass die Menge zum Zeitpunkt des Einwirkens bereits unfriedlich ist.[75] „Erst recht" ist derjenige zu bestrafen, der bei einer friedlichen Menschenmenge die Gewaltbereitschaft hervorruft.

IV. § 125 Abs. 2

Nach **§ 125 Abs. 2 S. 1** gelten § 113 Abs. 3, 4 sinngemäß. Relevant werden diese Regelungen insbesondere, wenn die Gewalttätigkeiten oder Bedrohungen nach § 125 Abs. 1 Nr. 1, 2 zugleich **Widerstandshandlungen gegen Vollstreckungsbeamte** nach § 113 sind und die zugrunde liegenden Vollstreckungshandlungen nicht rechtmäßig sind. Entsprechend § 113 Abs. 3 S. 1 ist der Täter dann (auch) nicht nach § 125 strafbar. Zur umstrittenen dogmatischen Einordnung dieses Rechtmäßigkeitskriteriums wie auch der maßgeblichen Kriterien (sog. strafrechtlicher Rechtmäßigkeitsbegriff) kann auf die Ausführungen zu § 113 verwiesen werden. Bei der Bearbeitung entsprechender Fälle ist anzuraten, zunächst die Strafbarkeit der Person, die Widerstand geleistet hat, nach § 113 Abs. 1 zu prüfen. Steht der Strafbarkeit § 113 Abs. 3 S. 1 entgegen, führt diese Bewertung dann auch zur Straflosigkeit nach § 125. Einer Strafbarkeit nach § 125 Abs. 1 Var. 2 (aufwieglerischer Landfriedensbruch) einer dritten Person, die die Menschenmenge zu Gewalttätigkeiten gegen die nicht rechtmäßige Vollstreckungshandlung „anheizte", würden §§ 125 Abs. 2 S. 1, 113 Abs. 3 S. 1 gleichermaßen entgegen stehen.[76] 29

V. Regelbeispiele des § 125a

§ 125a S. 2 nennt **Regelbeispiele des besonders schweren Falls des Landfriedensbruchs**. Während die ersten drei Ziffern Tatbegehungen beschreiben, denen eine erhöhte Begehungsgefahr innewohnt, verlangt Nr. 4 einen Verletzungserfolg in Form einer erheblichen Eigentumsbeeinträchtigung. Nach dem Wortlaut der Norm („wenn der Täter") ist für alle Regelbeispiele erforderlich, dass der Täter diese selbst erfüllt. Es handelt sich daher nach obergerichtlicher Rechtsprechung um **eigenhändige Delikte**, bei 30

73 Sch/Sch/Sternberg/Schittenhelm § 125 Rn. 20; MüKo/Feilcke, § 125 Rn. 35.
74 Sch/Sch/Sternberg/Schittenhelm § 125 Rn. 20; MüKo/Feilck, § 125 Rn. 35.
75 H. M., vgl. etwa Fischer, § 125 Rn. 14; MüKo/Feilcke, § 125 Rn. 35; Sch/Sch/Sternberg-Lieben/Schittenhelm, § 125 Rn. 20.
76 Sch/Sch-Sternberg-Schlittenhelm, § 125 Rn. 28.

denen eine Zurechnung nach § 25 ausscheidet.[77] Daher genügt es nicht, wenn nicht der Täter selbst, sondern dessen Mittäter oder andere Personen aus der Menschenmenge Waffen führen oder bedeutenden Schaden anrichten. In diesen Fällen kann aber ein unbenannter besonders schwerer Fall in Betracht kommen.[78]

31 VI. Übungsfall

Sachverhalt:[79]

A und B besuchen ein Fußball-Bundesligaspiel. Sie halten sich gemeinsam mit etwa 1500 anderen Fans im Stehplatzbereich der Gästefans auf. Zeitgleich mit 200 anderen, um ihn herum stehenden Fans maskiert sich A fünf Minuten nach Spielbeginn, um anderen Fans zu ermöglichen, Pyrotechnik anzuzünden, ohne identifiziert werden zu können. Dies sorgt für eine immense Rauchentwicklung. A hatte – wie auch die anderen Fans – darauf vertraut, dass sich die mit dem Entzünden innewohnende Gefahren (etwa Knalltraumata für Zuschauer oder Verbrennungen der umstehenden Fans) nicht realisieren. B, der unmaskiert neben den maskierten Fans steht, freut sich als „stiller Genießer" über die durch die Rauchentwicklung entstandene „tolle Atmosphäre". Das bengalische Feuer hatte zuvor Sicherheitsmann C nach Absprache mit Verantwortlichen der Fanszene in das Stadion gebracht und bereits vor der Öffnung des Stadions in der Toilette des Gästefanblocks versteckt. Während des Spiels befindet sich C nicht mehr im Stadion. Strafbarkeit von A, B und C nach § 125?

Lösungshinweise:

A hat sich nach § 125 Abs. 1 strafbar gemacht. Das Entzünden der Pyrotechnik in beengten Verhältnissen ist insbesondere geeignet, Menschen erheblich zu verletzen und daher eine Gewalttätigkeit im Sinne von § 125 Abs. 1 Nr. 1. Es ist unerheblich, dass keine konkrete Gefährdung oder gar Schädigung anderer Personen eingetreten ist. Die Zuschauer im Gästebereich stellen eine Menschenmenge dar. Die Gewalttätigkeit wird mit vereinten Kräften aus dieser Menge heraus begangen, da zumindest all die Zuschauer, die sich maskierten, die Gewalttätigkeit unterstützen und die Menschenmenge die Basis der Ausschreitungen darstellt. Zudem richteten sich die Ausschreitungen auch gegen Personen, die nicht zur Menge gehörten, sodass diese „aus der Menschenmenge" be-

77 BGH 2.12.2015 – 2 StR 310/15, NStZ 2016, 403; BGH 9.9.1997 – 1 StR 730/96, BGHSt 43, 237, 240.

78 BGH 2.12.2015 – 2 StR 310/15, NStZ 2016, 403.

79 Hierzu im weiteren Sinne und zur Strafbarkeit beim Anzünden von Pyrotechnik im Stadion Pörner, SPuRT 2021, 125.

gangen sind. Da A wusste, dass nach seiner Maskierung Pyrotechnik gezündet wird, und er hiermit die Identifizierung der Handelnden erschweren wollte, war er als Gehilfe (§ 27) und daher Teilnehmer an der konkreten Gewalttätigkeit beteiligt. Da das Prinzip der Einheitstäterschaft Anwendung findet, ist er Täter eines gewalttätigen Landfriedensbruchs (§ 125 Abs. 1 Var. 1). **B** war zwar Teil der Menschenmenge, jedoch ist ihm keine Tathandlung des § 125 zur Last zu legen. Der unmaskierte B war an der Gewalttätigkeit nicht als Täter oder Teilnehmer beteiligt. Seine innere Freude über die Stimmung kann sich nicht auf den Willen der Menschenmenge auswirken, sodass er auch nicht auf die Menschenmenge einwirkte. B hat sich daher nicht strafbar gemacht. Indes hat **C** durch das Verbringen der Pyrotechnik in das Stadion Hilfe im Sinne von § 27 zur Gewalttätigkeit geleistet. Er könnte daher Täter nach § 125 Abs. 1 Var. 1 sein. Fraglich ist aber, ob seine Anwesenheit in der Menge Voraussetzung einer Strafbarkeit nach § 125 ist. Sofern man die Anwesenheit nicht verlangt, wofür gewichtige Argumente sprechen, hätte sich C nach § 125 Abs. 1 Var. 1 strafbar gemacht. Würde man die Anwesenheit nach der anderen Auffassung verlangen, wäre C kein Täter des Landfriedensbruchs. Seine Handlung wäre dann lediglich als Beihilfe zum Landfriedensbruch (§ 125 Abs. 1, 27) strafbar, da er mit dem abgesprochenen Verbringen der Pyrotechnik in das Stadion die Begehung des § 125 durch die Verantwortlichen der Fanszene förderte.

C. § 129 Bildung krimineller Vereinigungen

I. Einführung

Geschütztes Rechtsgut ist nach herrschender Auffassung die öffentliche Sicherheit und Ordnung in Form des öffentlichen Friedens.[80] § 129 stellt einen sogenannten Vorfeldtatbestand[81] dar. Dies bedeutet, dass bereits Handlungen (etwa das Gründen oder Unterstützen einer entsprechenden Vereinigung) weit im Vorfeld der Rechtsgutverletzungen (und des Versuchsbeginns im Sinne von § 22), die durch die Gruppierung begangen werden sollen, unter Strafe gestellt werden. Grund hierfür ist die sich aus einer vereinigungsspezifischen Dynamik ergebende besondere Gefährlichkeit.[82] Hieran anknüpfend wird vereinzelt vertreten, der Tatbestand schütze kein eigenes spezifisches Rechtsgut, sondern bezwecke den Schutz der Rechtsgüter der Straftaten, auf welche die Vereinigung angelegt ist.[83] § 129 ist ein sogenanntes **Organisationsdelikt**, da dessen Unrechtsgehalt in der schlichten Anteilnahme an der Vereinigung liegt.[84] 32

80 OLG Düsseldorf 18.10.1993 – 4 Ws 244/93, NJW 1994, 398, 399; Lackner/Kühl/Heger § 129 Rn. 1 m. w. N.
81 BGH 10.8.2023 – 3 StR 36/23 Rn. 27; BT-Drs. 18/11275, 10.
82 BGH 2.6.2021 – 3 StR 21/21 Rn. 32, NStZ 2022, 606, 609.
83 So etwa Hefendehl, StV 2005, 156, 160.
84 BeckOK/Kulhanek, § 129 Rn. 5.

33 **Zum Überblick**: Abs. 1 enthält die Tatbestandsmerkmale. In Abs. 2 findet sich die Legaldefinition einer Vereinigung, deren Vorliegen der Tatbestand verlangt. Abs. 3 schließt bestimmte Gruppen – etwa nicht verbotene politische Parteien (Nr. 1) – vom Tatbestand aus. Abs. 4 ordnet eine Versuchsstrafbarkeit (§ 23 Abs. 1 Alt. 2) für das Gründen krimineller Vereinigungen an. Abs. 5 S. 3 ist eine Qualifikation zu Abs. 1 S. 1, wenn die kriminelle Vereinigung auf besonders schwere Straftaten ausgerichtet ist. Mit den Rechtsfolgen beschäftigen sich (mit Ausnahme des vorerwähnten § 129 Abs. 5 S. 3) die Absätze 5–7.

II. Prüfungsaufbau

34 I. Tatbestandsmäßigkeit
   1. Objektiver Tatbestand
      - Vorliegen einer Vereinigung (§ 129 Abs. 2)
      - Zweck der Vereinigung: Begehung von Straftaten, die im Höchstmaß mit Freiheitsstrafe von mindestens zwei Jahren bedroht sind (§ 129 Abs. 1 S. 1) und eine erhebliche Gefahr für die öffentliche Sicherheit bedeuten
      - bei Vereinigungen außerhalb der Europäischen Union: Vorliegen eines Inlandsbezugs nach § 129b Abs. 1 S. 2
      - kein Tatbestandsausschluss nach § 129 Abs. 3
      - Tathandlungen:
        Gründen einer solchen Vereinigung (§ 129 Abs. 1 S. 1 Var. 1), Beteiligung als Mitglied (§ 129 Abs. 1 S. 1 Var. 2), Unterstützen einer Vereinigung (§ 129 Abs. 1 S. 2 Var. 1), Werben um Mitglieder oder Unterstützer dieser Vereinigung (§ 129 Abs. 1 S. 2 Var. 2)
   2. Subjektiver Tatbestand
      - Vorsatz (§ 15)

II. Rechtswidrigkeit

III. Schuld

IV. Strafzumessung:
   - Regelbeispiele zu § 129 Abs. 1 S. 1: § 129 Abs. 5 S. 2
   - Absehen von Strafe, § 129 Abs. 6
   - Tätige Reue, § 129 Abs. 7

V. Qualifikation gemäß § 129 Abs. 5 S. 3 zu § 129 Abs. 1 S. 1: Vorliegen einer auf besonders schwere Straftaten ausgerichteten kriminellen Vereinigung

III. Tatbestand

1. Kriminelle Vereinigung

Eine **Vereinigung** ist nach der Legaldefinition des § 129 Abs. 2 „ein auf längere Dauer angelegter, von einer Festlegung von Rollen der Mitglieder, der Kontinuität der Mitgliedschaft und der Ausprägung der Struktur unabhängiger organisierter Zusammenschluss von mehr als zwei Personen zur Verfolgung eines übergeordneten gemeinsamen Interesses." Zu fordern ist daher ein personelles, organisatorisches, zeitliches und ein interessenbezogenes Element.[85] Erfasst werden Zusammenschlüsse von mindestens drei Personen, wobei nicht erforderlich ist, dass die Mitglieder untereinander persönlich bekannt sind. Ein Zusammenschluss über eine Internet-Plattform kann daher genügen (**persönliches Element**[86]). Der Zusammenschluss muss auf längere Dauer angelegt sein (§ 129 Abs. 2), sodass gerade einmalige Aktionen nicht genügen (**zeitliches Element**). Das **organisatorische Element** verlangt eine gewisse Struktur sowie eine instrumentelle Vorausplanung und Koordinierung.[87] Das zu fordernde übergeordnete Interesse muss insbesondere in einem Zweck, der über die Begehung der konkreten Straftaten und das Erzielen persönlichen materieller Vorteile hinaus geht, liegen (**interessenbezogenes Element**).[88] Insoweit unterscheidet sich die Vereinigung von einer Bande im Sinne der §§ 244 Abs. 1 Nr. 1, 244a, 250 Abs. 1 Nr. 2, 260 Abs. 1 Nr. 2, die gerade kein übergeordnetes Interesse verlangt.[89] Ein solcher weitergehender Zweck liegt gerade bei Zusammenschlüssen zur Verfolgung weltanschaulich-ideologischer, religiöser oder politischer Ziele regelmäßig vor.[90] Eine Teilorganisation eines größeren Zusammenschlusses ist als eigenständige Vereinigung anzusehen, wenn sie für sich genommen die vorgenannten Elemente der Legaldefinition des § 129 Abs. 2 aufweist.[91] 35

So können etwa regionale Teilorganisationen oder gar einzelne „Chapter" eines Motorradclubs eigenständige Vereinigungen sein.[92]

85 BGH 2.6.2021 – 3 StR 21/21, NStZ 2022, 606, 607.
86 Hierzu OLG München 19.8.2022 – 2 Ws 463/22.
87 BGH 2.6.2021 – 3 StR 21/21, NStZ 2022, 606, 607.
88 BGH 2.6.2021 – 3 StR 61/21, NStZ 2022, 35.
89 BT-Drs. 18/11275, 11.
90 BGH 2.6.2021 – 3 StR 21/21, NStZ 2022, 606.
91 BGH 10.8.2023 – 3 StR 36/23, NStZ 2024, 280.
92 BGH 10.8.2023 – 3 StR 36/23, NStZ 2024, 280.

36 Die Vereinigung ist **kriminell**, wenn sie auf die Begehung von Straftaten ausgelegt ist, die im Höchstmaß mit Freiheitsstrafe von mindestens zwei Jahren bedroht sind (§ 129 Abs. 1 S. 1). Die Begehung dieser Straftaten muss nicht das alleinige (End-)Ziel oder die alleinige Tätigkeit der Vereinigung sein. Ausreichend und auch typisch ist, dass die Begehung von Straftaten ein, nicht notwendigerweise alleiniges, Mittel darstellt, um das übergeordnete Interesse zu erreichen.[93] Maßgeblich für die genannte Untergrenze von zwei Jahren ist der gesetzliche Strafrahmen, der den einzelnen Tatbeständen zu entnehmen ist.[94] Dieser Einschränkung kommt kaum begrenzende Wirkung zu, da die große Mehrzahl der Straftatbestände höhere Strafobergrenzen vorsieht. Daher verlangt die Rechtsprechung über den Gesetzeswortlaut hinaus, dass die bezweckten Straftaten eine erhebliche Gefahr für die öffentliche Sicherheit bedeuten und daher von einigem Gewicht sind.[95] Mit diesem Kriterium wird der Ausschluss von Vereinigungen, die nur auf die Begehung von Bagatellstraftaten ausgelegt sind, bezweckt.[96]

So waren die Betreiber des aus der überregionalen Berichterstattung bekannten Traben-Trarbacher „Cyberbunkers" eine kriminelle Vereinigung.[97] Acht Personen betrieben gemeinsam ein hochgesichertes Rechen- und Datenverarbeitungszentrum und vermieteten Serverkapazitäten. Sie warben damit, gegen Entgelt jeden Inhalt zu hosten und diesen als „Bulletproof-Hoster" vor staatlichem Zugriff zu schützen. Die meisten Kunden nutzten die angemieteten Server zur Begehung oder Förderung von Straftaten, indem sie etwa Phishing-Seiten betrieben, kinder- und jugendpornografische Inhalte verbreiteten oder Online-Handelsplattformen zum illegalen Handeltreiben mit Betäubungsmitteln bereitstellten. Mit dem geschäftsmäßigen und arbeitsteiligen Betrieb des Cyberbunkers unter Einschaltung verschiedener juristischer Personen war der Zusammenschluss in hohem Maße organisiert und strukturiert (organisatorisches Element). Neben dem eigenen Gewinnstreben beabsichtigten die Betreiber unter anderem, einen vor staatlicher Kontrolle sicheren Internetzugang zu gewähren, sodass auch das geforderte übergeordnete gemeinsame Interesse vorliegt. Da die acht Personen (persönliches Element) den Betrieb unbefristet anlegten (zeitliches Element), waren alle

93 BGH 22.2.2023 – AK 2/23, AK 3/23, AK 4/23, AK 5/23, BeckRS 2022, 33055; OLG München 19.8.2022 – 2 Ws 463/22, BeckRS 2022, 31775.

94 Milderungen nach dem Allgemeinen Teil (etwa § 27 Abs. 2) bleiben bei für die Einordnung außer Betracht, BGH 12.9.2023 – 3 StR 306/22, GSZ 2024, 39, 42.

95 BGH 31.5.2016 – 3 StR 86/16, StV 2018, 95; BGH 10.8.2023 – 3 StR 36/23, BeckRS 2023, 34106 Rn. 26; BT-Drs. 18/11275, 10.

96 Kuhli/Papenfuß, KriPoZ 2023, 71, 74.

97 Vgl. hierzu BGH 12.9.2023 – 3 StR 306/22, GSZ 2024, 39.

Merkmale einer Vereinigung im Sinne von § 129 Abs. 2 erfüllt. Vereinigungsbezogene Straftaten waren die Beihilfehandlungen (§ 27) der Betreiber durch die Bereitstellung des Servers zu den verschiedenartigen Straftaten (Verstöße gegen das BtMG, Pornografiedelikte, Vermögensdelikte). Diese Delikte sehen entsprechend des Erfordernisses aus § 129 Abs. 1 S. 1 eine Strafobergrenze von über zwei Jahren vor, wobei Strafrahmenverschiebungen nach dem Allgemeinen Teil – hier § 27 Abs. 2 – außen vor bleiben. Da die Straftaten entsprechend dem durch die Rechtsprechung entwickelten Erfordernis eine erhebliche Gefahr für die öffentliche Sicherheit bedeuteten und daher von einigem Gewicht waren, war die Vereinigung kriminell.

§ 129b S. 1, 2 erstreckt den Anwendungsbereich des Tatbestands zur Bekämpfung des internationalen Terrorismus auf **Vereinigungen im Ausland.**[98] Für die Frage, ob eine Vereinigung im Inland oder Ausland vorliegt, ist der Schwerpunkt der Organisationsstruktur wesentliches Zuordnungskriterium.[99] Für Vereinigungen außerhalb der Europäischen Union erfordert § 129b Abs. 1 S. 2 für die Anwendung des Tatbestands einen spezifischen, in der Norm näher beschriebenen Inlandsbezug. Nach § 129b Abs. 1 S. 3–5 ist in diesen Fällen zudem eine Verfolgungsermächtigung (§ 77e Alt. 1) durch das Bundesministerium der Justiz und für Verbraucherschutz notwendig (Prozessvoraussetzung). 37

§ 129 Abs. 3 schließt die Anwendung des Tatbestands bei bestimmten Gruppen, die in Nr. 1–3 genannt sind, aus. **Nr. 1** enthält das sogenannte **Parteienprivileg**. Solange eine inländische Partei (§ 2 PartG) nicht vom Bundesverfassungsgericht für verfassungswidrig erklärt ist, ist die Partei keine kriminelle Vereinigung im Sinne von § 129. **Nr. 2** erfasst Vereinigungen, bei denen die Begehung von Straftaten im Hinblick auf den Gesamtzweck der Vereinigung nur ein Zweck oder eine Tätigkeit von **untergeordneter Bedeutung** ist. Dieser Tatbestandsausschluss ist zu unterscheiden von der zuvor dargestellten Rechtsprechung, die verlangt, dass die beabsichtigten Straftaten einer kriminellen Vereinigung eine erhebliche Gefahr für die öffentliche Sicherheit darstellen. Bei Nr. 2 geht es indes um das Verhältnis der legalen und illegalen Zwecke der Organisationsstruktur selbst.[100] Damit scheiden gelegentliche und eher beiläufige kriminelle Handlungen ebenso aus dem Anwendungsbereich aus wie solche 38

98 BT-Drs. 14/8893, 1.
99 BGH 13.9.2011 – 3 StR 231/11, NStZ 2012, 565, 566.
100 Fischer, § 129 Rn. 27.

kriminelle Aktivitäten, die im Vergleich zum Gesamtzweck und der Gesamttätigkeit der Vereinigung nebensächlich sind.[101] **Nr. 3** schließt die Anwendung des Tatbestands aus, wenn die Vereinigung lediglich auf die **Begehung eines anderen Organisationsdelikts** nach § 84–87 ausgerichtet ist. Über den Gesetzeswortlaut hinaus zählen die Rechtsprechung und herrschende Auffassung auch Organisationsdelikte nach § 20 Abs. 1 Nr. 1–4 VereinsG hierzu.[102]

2. Tathandlungen

39 Die Tathandlungen des § 129 Abs. 1 lassen sich im Wesentlichen aus ihrem Wortsinn interpretieren. **Gründen einer Vereinigung** (Abs. 1 S. 1 Var. 1) meint deren Neubildung, wobei der Täter diese Gründung wesentlich fördern, also einen weiterführenden oder richtungsweisenden Beitrag leisten muss.[103] Eine **Beteiligung als Mitglied** (Abs. 1 S. 1 Var. 2) verlangt eine Eingliederung des Täters in eine bestehende Vereinigung und eine auf Dauer ausgerichtete Tätigkeit zur Förderung ihrer Ziele.[104] Nicht ausreichend ist die schlichte (passive) Mitgliedschaft, da es sodann am Merkmal der Beteiligung fehlt. Zu unterscheiden ist die Beteiligung als Mitglied von einer Förderung der Zwecke der Vereinigung durch einen Außenstehenden.[105] In diesen Fällen kann ein **Unterstützen** einer Vereinigung vorliegen (Abs. 1 S. 2 Var. 1). Dieses liegt vor, wenn ein Nichtmitglied den Fortbestand oder die Verwirklichung der Ziele der Vereinigung fördert.[106] Unterstützung ist daher eine zur Täterschaft verselbstständigte Beihilfehandlung (§ 27).[107] **Werben um Mitglieder oder Unterstützer** (Abs. 1 S. 2 Var. 2) meint jedes planmäßige Vorgehen mit dem Ziel, Personen durch Beitritt als Mitglied oder Unterstützer für die Vereinigung zu gewinnen.[108] Reine Sympathiewerbung ist daher gerade vor dem Hintergrund von Art. 5 Abs. 1 GG vom Tatbestand ausgenommen.[109]

101 BGH 21.10.2004 – 3 StR 94/04, BGHSt 49, 268, NJW 2005, 80, 83.
102 BGH 21.10.2004 – 3 StR 94/04, BGHSt 49, 268, NJW 2005, 80, 83; Fischer, § 129 Rn. 28, NK/Eschelbach, § 129 Rn. 56a m. w. N.
103 BGH 10.1.2006 – 3 StR 263/05, NJW 2006, 1603, 1604.
104 BGH 21.4.2022 – AK 14/22 Rn. 4.
105 BGH 22.3.2018 – StB 32/17, NStZ-RR 2018, 206, 207.
106 BGH 3.10.1979 – 3 StR 264/79 (S), NJW 1980, 64.
107 BGH 3.10.1979 – 3 StR 264/79 (S), NJW 1980, 64.
108 Bader NStZ 2007, 618, 622.
109 BGH 16.5.2007 – AK 6/07, StB 3/07, NStZ 2007, 635, 636.

IV. Regelbeispiele/Qualifikationen

§ 129 Abs. 5 S. 1, 2 enthält **Strafzumessungsregeln**, die sich auf die in § 129 Abs. 1 S. 1 genannten Tathandlungen des Gründens einer Vereinigung oder des Beteiligens als Mitglied beziehen. Es werden in § 129 Abs. 5 S. 2 zwei Regelbeispiele (Rädelsführer und Hintermänner) genannt. Beiden ist gemeinsam, dass die erfassten Personen für die Vereinigungen von maßgeblicher Bedeutung sind. Der Unterschied liegt indes in der Form der Einflussnahme. **Rädelsführer** ist, wer in der Vereinigung dadurch eine führende Rolle spielt, dass er sich in besonders maßgebender Weise für sie betätigt, wobei das Gewicht, das der geleistete Beitrag für die Vereinigung hat, maßgeblich ist.[110] Der **Hintermann** ist in Abweichung zum Rädelsführer kein Mitglied der Vereinigung, fördert diese aber als Außenstehender, indem er intellektuell oder finanziell wesentlichen Einfluss auf die Führung der Vereinigung hat.[111] **40**

§ 129 Abs. 5 S. 3 qualifiziert die Fälle des Abs. 1 S. 1 (Gründen einer Vereinigung und die Beteiligung als Mitglied), wenn die Vereinigung auf besonders schwere Straftaten ausgelegt ist. Insoweit wird auf einzelne Straftaten aus dem Katalog des § 100b Abs. 2 StPO (Online-Durchsuchung) Bezug genommen. Es handelt sich insoweit um einen **Qualifikationstatbestand** und nicht um Strafzumessungsregeln. Dies folgt aus dem Gesetzeswortlaut. Nach S. 3 *ist* in den dort genannten Fällen auf eine erhöhte Freiheitsstrafe zu erkennen.[112] **41**

D. § 129a Bildung terroristischer Vereinigungen

I. Einführung

§ 129a ist in weiten Teilen eine Qualifikation zu § 129. Die **parallelen Strukturen zu § 129** folgen bereits aus dem Studium des Gesetzestexts: Auch § 129a ist ein Vorfeldtatbestand und ein Organisationsdelikt, der nach herrschender Auffassung die öffentliche Sicherheit und Ordnung in Form des öffentlichen Friedens schützt.[113] Da sich die Absätze 6–9 mit den Rechtsfolgen befassen und daher für Polizeistudium und -praxis von untergeordneter Bedeutung sind, soll der Blick auf die Absätze 1–5 gerichtet werden. **42**

110 BGH 21.2.2023 – 3 StR 394/22 Rn. 5 m.w.N.
111 BGH 16.2.2012 – 3 StR 243/11, NStZ 2012, 568, 568.
112 Demgegenüber folgen die S. 1 und 2 der Regelbeispielstechnik, wobei das Vorliegen der Regelbeispiele nach S. 2 lediglich die Anwendung des erhöhten Strafrahmens indiziert („in der Regel").
113 MüKo/Schäfer/Anstötz, § 129a Rn. 1, 5.

II. Tatbestand

1. Terroristische Vereinigungen nach § 129a Abs. 1–3

43 § 129a Abs. 1–3 regeln bestimmte Konstellationen, in denen Vereinigungen nach § 129 Abs. 2 terroristisch sind. In Abweichung zur kriminellen Vereinigung genügen Straftaten, die eine Strafobergrenze von zwei Jahren vorsehen, nicht. Die sogenannten **Bezugsstraftaten** sind also entscheidendes Kriterium zur Unterscheidung der terroristischen von der (nur) kriminellen Vereinigung.

a) Vereinigung zur Begehung von Schwerverbrechen (§ 129a Abs. 1)

44 Bei **§ 129a Abs. 1** muss es sich bei den Bezugstaten um die in den Ziff. 1 und 2 genannten Schwerbrechen (Mord, Totschlag etc.) handeln. Das terroristische Element der Vereinigung wird im Gesetzestext nicht hervorgehoben, da dieses dem Tatbestand aufgrund des hohen Unrechtsgehalts der genannten Delikte immanent ist.[114]

b) Vereinigung zur Begehung schwerwiegender terroristischer Straftaten (§ 129a Abs. 2)

45 **§ 129a Abs. 2** nennt als Bezugsstraftaten in seinen Ziff. 1–5 schwerwiegende Delikte, die indes von ihrem Unrechtsgehalt deutlich hinter den Schwerverbrechen des § 129a Abs. 1 zurückbleiben. Daher bedarf es bei Vereinigungen, die (nur) auf schwerwiegende Delikte im Sinne des § 129a Abs. 2 angelegt sind, zweier weiterer besonderer Voraussetzungen, um diese als terroristisch einzustufen. Zunächst müssen die Taten eine **besondere subjektive Bestimmung** aufweisen. Die Norm nennt drei Varianten. Zumindest eine der Bezugstaten oder mehrere Taten in ihrer Gesamtschau[115] müssen bestimmt sein, die Bevölkerung auf erhebliche Weise einzuschüchtern (Var. 1), eine Behörde oder internationale (öffentliche, nicht privatwirtschaftliche[116]) Organisation rechtswidrig mit Gewalt oder Drohung mit Gewalt zu nötigen (Var. 2) oder die politischen, verfassungsrechtlichen, wirtschaftlichen oder sozialen Grundstrukturen eines Staates oder einer internationalen Organisation zumindest erheblich zu beeinträchtigen (Var. 3). Die Aufzählung zielt primär auf politisch motivierte Vereinigungen ab, ist aber hierauf nicht beschränkt.[117] Zudem muss die bezweckte Tat eine objektive Schädigungseignung aufweisen. Erforderlich ist, dass die Art der Begehung oder die Folgen der Tat geeignet sind, einen Staat oder eine internationale Organisation erheblich zu schädigen (**besondere Schädigungs-**

114 NK/Eschelbach, § 129a Rn. 1.
115 BGH 10.1.2006 – 3 StR 263/05, NJW 2006, 1603, 1603.
116 BT-Drs. 16/12428, 14.
117 Fischer, § 129a Rn. 14.

eignung). Es ist nicht zwingend, dass ein solcher Schaden tatsächlich eintritt („schädigen kann").[118] Es reicht – obgleich der Gesetzeswortlaut auf eine Tat Bezug nimmt – wenn sich diese Eignung erst aus einer Gesamtschau der bezweckten Taten („Nadelstichtaktik") ergibt.[119] Mit dem Merkmal der Erheblichkeit sollen geringfügige Schädigungen ausgeschieden werden, wobei stets eine Betrachtung der Umstände des Einzelfalls zu erfolgen hat.[120] Nach der obergerichtlichen Rechtsprechung müssen sie nach der Art ihrer Begehung oder ihren Auswirkungen gerade solche Nachteile herbeiführen können, die die gesetzlich geforderte subjektive Zweckbestimmung verlangt.[121] Daher handelt es sich bei der Schädigungseignung um das objektive Gegenstück zur subjektiven Zweckbestimmung.

> Die Rechtsprechung[122] bewertete eine Vereinigung als terroristisch nach § 129a Abs. 2, deren Ziel es war, mithilfe systematischer und wiederholter Brandanschläge gegen Geschäftsobjekte von Ausländern diese aus der Region („ausländerfreies Havelland") und letztlich Deutschland zu vertreiben. Demgegenüber wurde die Eignung, den Staat erheblich zu schädigen, bei Brandanschlägen auf Gebäude und Kraftfahrzeuge, darunter Fahrzeuge staatlicher Einrichtungen (Polizeibehörden, Ordnungsämter, Gerichte, Landesministerium, Bundeswehr), verneint.[123]

c) Drohende terroristische Vereinigung (§ 129a Abs. 3)

In Abweichung zu § 129a Abs. 1, Abs. 2 sind die Vereinigungen nach **46**
§ 129a Abs. 3 nicht auf die Begehung terroristischer Straftaten, sondern lediglich auf deren Androhung gerichtet. Dies rechtfertigt den gemilderten Strafrahmen. Der **Begriff des Androhens** entspricht dem der Drohung im Sinne von § 240.[124] Obgleich die Norm nur auf die in den vorherigen Absätzen „bezeichneten Straftaten" Bezug nimmt, ist die Bestimmungs- und Eignungsklausel im Sinne von § 129a Abs. 2 nach überzeugender herrschender Auffassung Strafbarkeitsvoraussetzung, wenn Taten im Sinne von § 129a Abs. 2 angedroht werden sollen.[125] Regelmäßig dürfte eine Vereinigung, die lediglich mit der Begehung einer solchen Katalogtat im Sinne von § 129a Abs. 2 drohen will, die Eignungsklausel indes nicht erfüllen, da schlichte Drohungen mit diesen Taten kaum geeignet sind,

118 BGH 28.11.2007 – StB 43/07, BGHSt 52, 98, NJW 2008, 86, 88.
119 BGH 10.1.2006 – 3 StR 263/05, NJW 2006, 1603, 1603; BGH 28.11.2007 – StB 43/07, BGHSt 52, 98, NJW 2008, 86, 88.
120 BGH 28.11.2007 – StB 43/07, BGHSt 52, 98, NJW 2008, 86, 88.
121 BGH 28.11.2007 – StB 43/07, NJW 2008, 86, 88.
122 BGH 10.01.2006 – 3 StR 263/05, NJW 2006, 1603.
123 BGH 28.11.2007 – StB 43/07, NJW 2008, 86.
124 Lackner/Kühl/Heger, § 129a Rn. 2, § 126 Rn. 2.
125 NK/Eschelbach, § 129a Rn. 72.

die Bevölkerung auf erhebliche Weise einzuschüchtern.[126] Der praktische Anwendungsbereich dürfte sich somit auf Fälle beschränken, bei denen Taten im Sinne von § 129a Abs. 1 angekündigt werden.

d) Vereinigungen im Ausland (§ 129b)/Einschränkungen des § 129 Abs. 3

47 Bei terroristischen Vereinigungen im Ausland ist – wie auch bei § 129 – § 129b nach den bereits dargestellten Grundsätzen[127] zu beachten.

48 Die in § 129 Abs. 3 enthaltenen Einschränkungen gelten für terroristische Vereinigungen im Sinne von § 129a Abs. 1, Abs. 2, Abs. 3 nicht. Jedoch gebietet Art. 21 GG eine Auslegung dahin, dass nicht verbotene **politische Parteien** keine Vereinigungen im Sinne von § 129a sind.[128] Die praktische Relevanz dieser Thematik dürfte indes gering sein, da terroristische Vereinigungen als Parteien nicht infrage kommen dürften.[129]

2. Tathandlungen

49 **Die Tathandlungen des § 129a Abs. 1** und **§ 129a Abs. 2** (Gründen einer Vereinigung oder Beteiligung als Mitglied) entsprechen denen des § 129 Abs. 1 S. 1, sodass insoweit auf die dortigen Ausführungen verwiesen werden kann.[130] Qualifizierendes Merkmal sind indes wie aufgezeigt die Straftaten, auf die der Zusammenschluss angelegt ist (Bezugsstraftaten).

50 **§ 129a Abs. 3** pönalisiert das Gründen und Sich-Beteiligen an drohenden Vereinigungen. Es handelt sich um einen selbstständigen Tatbestand und keine Qualifikation zu § 129, da die nur drohende Vereinigung nicht von § 129 umfasst wird.

51 **§ 129a Abs. 4** enthält eine Qualifikation zu den vorherigen drei Absätzen. Voraussetzung ist, dass der Täter zu den Rädelsführern oder Hintermännern der terroristischen Vereinigung zählt. Insoweit kann auf die Ausführungen zu § 129 Abs. 5 S. 2 verwiesen werden.[131]

52 § 129a Abs. 1–3 bestraft wie aufgezeigt nur das Gründen einer terroristischen Vereinigung und die Beteiligung als Mitglied. Diese Tathandlungen werden – bei jeweils gemilderter Mindeststrafandrohung – über **§ 129a Abs. 5** erweitert. Nach Satz 1 wird der erfasst, der eine terroristische Vereinigung im Sinne der Absätze 1–3 unterstützt. Satz 2 der Norm ist indes auf die Absätze 1–2 beschränkt und pönalisiert das Werben um Mitglieder und Unterstützer solcher Vereinigungen. Die beiden Tathandlungen

126 Ähnlich: NK/Eschelbach, § 129a Rn. 72; LK/Krauß, § 129a Rn. 73.
127 Rn. 37.
128 BVerfG 30.10.1963 – 2 BvL 7/61, 2, 9/63, BVerfGE 17, 155, NJW 1964, 539.
129 Lackner/Kühl/Heger, § 129a Rn. 2.
130 Rn. 39.
131 Rn. 40.

entsprechen § 129 Abs. 1 S. 2. Es kann daher auf das dort Geschriebene zurückgegriffen werden.[132]

E. § 89a Im Überblick: Vorbereitung einer schweren staatsgefährdenden Gewalttat

I. Einführung

Mit dem im Jahr 2009 eingeführten Tatbestand reagierte der Gesetzgeber auf die Gefahren des internationalen Terrorismus.[133] Es handelt sich – wie auch §§ 129a, b – um einen sogenannten **Vorfeldtatbestand**, der bereits bestimmte Vorbereitungshandlungen zu schweren Straftaten unter Strafe stellt. Hiermit beabsichtigte der Gesetzgeber ausweislich der Gesetzesbegründung ein „frühzeitiges Eingreifen des Strafrechts", da es schwer vermittelbar sei, wenn Strafverfolgungsbehörden zunächst von der Festnahme einer Person, die bereits konkrete Anschlagsvorbereitungen getroffen hat, absehen müssten, da das strafbare Versuchsstadium noch nicht erreicht sei.[134] Diese Erwägungen verdeutlichen, dass es bei dem Tatbestand im Kern nicht um die Verfolgung von Unrecht, sondern in erster Linie um dessen Verhinderung geht. Dies spricht für ein kritikwürdiges Verständnis der Grenzen zwischen strafrechtlicher Repression und polizeirechtlicher Prävention.[135] Die praktische Bedeutung des Tatbestands dürfte weniger in der Aburteilung überführter Täter liegen, sondern vielmehr darin, Strafverfolgungsbehörden zu einem frühestmöglichen Zeitpunkt (heimliche) strafprozessuale Ermittlungsmaßnahmen zu ermöglichen (vgl. etwa §§ 98a Abs. 1 Nr. 2, 100a Abs. 2 Nr. 1, 100b Abs. 2 Nr. 1a, 100c Abs. 1 Nr. 1, 100g Abs. 1 S. 1 Nr. 1 StPO).[136] 53

Der Tatbestand soll den Bestand und die Sicherheit von Staaten und internationalen Organisationen sichern, wofür die systematische Stellung des Tatbestands unter dem Titel „Gefährdung des demokratischen Rechtsstaats" spricht.[137] Nach anderer Auffassung schütze der Tatbestand primär mögliche Opfer der Straftaten, die vorbereitet werden.[138] Es handelt sich um ein **abstraktes Gefährdungsdelikt.** 54

132 Rn. 39.
133 MüKo/Schäfer/Anstötz, § 89a Rn. 1.
134 BT-Drs. 16/12428, 12.
135 Ebenso: Fischer, § 89a Rn. 8; deutlicher NK/Paeffgen, § 89a Rn. 1: Der Tatbestand sei ein „neuer Höhepunkt in dem Wahn zahlreicher Sicherheitspolitiker, am ‚strafrechtlichen Wesen die Welt genesen' lassen zu wollen".
136 NK/Paeffgen, § 89a Rn. 3; Fischer, § 89a Rn. 6; BT-Drs. 16/12428, 13: „angemessenes Ermittlungsinstrumentarium".
137 Fischer, § 89a Rn. 5, vgl. hierzu ebenso BT-Drs. 16/12428, 2.
138 Bader, NJW 2009, 2853, 2855; Lackner/Kühl/Heger, § 89a Rn. 2.

55 Zum **Aufbau der Norm: § 89a Abs. 1, Abs. 2** enthalten die nachfolgend darzustellenden Regelungen zur Strafbarkeit. **§ 89a Abs. 3,** eine an § 129b angelehnte Regelung,[139] beschäftigt sich mit der Frage, ob das deutsche Strafrecht Anwendung findet. Die in § 7 enthaltenen Erfordernisse der Tatortstrafbarkeit bzw. des Fehlens einer Strafgewalt werden hierdurch eingeschränkt. **§ 89a Abs. 4** enthält für bestimmte Auslandssachverhalte einen Ermächtigungsvorbehalt, um die Strafverfolgung zur Schonung inländischer Ressourcen auf strafwürdige Fälle zu begrenzen.[140] **§ 89a Abs. 5–7** beschäftigen sich mit den Rechtsfolgen dieser Taten.

II. Tatbestand im Überblick

56 **§ 89a Abs. 1 S. 1** stellt das Vorbereiten einer schweren staatsgefährdenden Gewalttat unter Strafe. Diese unspezifische Beschreibung der Tathandlung wird durch die nachfolgenden Regelungen präzisiert: Eine **schwere Gewalttat** ist nach § 89a Abs. 1 S. 2 eine Straftat gegen das Leben nach §§ 211, 212 oder gegen die persönliche Freiheit nach §§ 239a, 239b.[141] Zudem müssen diese Straftaten **staatsgefährdend** sein. Dies ist nach § 89a Abs. 1 S. 2 Hs. 2 der Fall, wenn die Taten bestimmt und geeignet sind, Bestand oder Sicherheit des Staates oder einer internationalen Organisation zu beeinträchtigen oder Verfassungsgrundsätze der Bundesrepublik Deutschland zu beseitigen, außer Geltung zu setzen oder zu untergraben. Die Formulierung erinnert an § 129a Abs. 2.[142] Während dort eine Eignung zur erheblichen Schädigung verlangt wird, genügt für § 89a Abs. 1 indes die Eignung zur bloßen Beeinträchtigung. Die in § 89a Abs. 1 S. 1 abstrakt umschriebene **Tathandlung** („Vorbereiten“) wird durch die in § 89a Abs. 2, Abs. 2a genannten Handlungen konkretisiert.

Zu den strafbaren Vorbereitungshandlungen zählt etwa das Ausbilden bzw. Sich-Ausbilden-Lassen in sogenannten „Terrorcamps“ (§ 89a Abs. 2 Nr. 1), das Aufbewahren von Sprengstoffen (§ 89a Abs. 1 Nr. 2), das Verlassen der Bundesrepublik, um sich im Ausland an einer schweren staatsgefährdenden Gewalttat zu beteiligen oder sich dort hierfür ausbilden zu lassen (§ 89a Abs. 2a).[143]

139 BT-Drs. 16/12428, 15 f.
140 BT-Drs. 16/12428, 16.
141 Kritikwürdig in semantischer Sicht ist, dass die Straftaten nach §§ 239a, b entgegen § 89a Abs. 1 S. 1 keine Gewalttaten, sondern Freiheitsdelikte (vgl. deren Stellung im 18. Abschnitt des) sind.
142 Zu § 129a Abs. 2 StGB vgl. Rn. 45.
143 Beispiele nach Lackner/Kühl/Heger, § 89a Rn. 4 f.

2. KAPITEL Straftaten gegen die Rechtspflege

A. Überblick über die Aussagedelikte

I. Einführung

57 Die Aussagedelikte (§ 153–162) schützen nach herrschender Auffassung die **inländische staatliche Rechtspflege.**[144] Richtigerweise ist der Schutz nicht hierauf beschränkt, da auch das öffentliche Interesse an anderen Verfahren geschützt wird.[145] Dies folgt daraus, dass §§ 153, 154 nach ihrem Wortlaut nicht nur falsche Aussagen vor Gerichten, sondern auch vor sonstigen zur eidlichen Vernehmung zuständigen Stellen bestrafen. Es soll sichergestellt werden, dass eine zutreffende tatsächliche Entscheidungsgrundlage, die Grundlage der Legitimität und Autorität staatlicher Entscheidungen ist, gewonnen wird. Es handelt sich um **abstrakte Gefährdungsdelikte**. Diese knüpfen an den Erfahrungssatz, wonach der Wahrheit widersprechende Angaben in solchen Verfahren zu „fehlerhaften" Entscheidungen führen können, an. Einen tatbestandlichen Erfolg – etwa die Täuschung eines Gerichts oder eine auf unzutreffender Tatsachengrundlage beruhende Entscheidung – verlangen diese Gefährdungsdelikte gerade nicht.

II. Überblick über die Tatbestände

58 **§ 153** bestraft die vorsätzlich falsche uneidliche Aussage von Zeugen und Sachverständigen gegenüber den zuständigen Stellen, insbesondere Gerichten. Sagen diese Personen unter Eid falsch aus, ist der Qualifikationstatbestand des **§ 154** einschlägig. Da der Täterkreis bei § 154 (ggf. i. V. m. § 155) indes nicht auf Zeugen und Sachverständige beschränkt ist, stellt der Meineid bei Tätern, die keine Zeugen oder Sachverständige (etwa: Dolmetscher, Parteien im Zivilprozess) sind, einen selbstständigen Tatbestand dar. Die praktische Bedeutung dieses Verbrechenstatbestands ist verschwindend gering. So erfolgten im Jahr 2019 in der Bundesrepublik Deutschland lediglich 67 Verurteilungen nach § 154,[146] was insbesondere darauf zurückzuführen sein dürfte, dass Zeugen entsprechend der vor-

144 BGH 21.5.1951 – 3 StR 103/51, NJW 1951, 610; BGH 15.2.1957 – 1 StR 471/56, BGHSt 10, 142, NJW 1957, 756; Fischer, vor § 153 Rn. 2; NK/Vormbaum, vor § 153 Rn. 1.

145 Ebenso: Sch/Sch/Bosch/Schittenhelm, vor § 153 Rn. 2.

146 Zum Vergleich: Im Jahr 2019 erfolgten demgegenüber 3125 Verurteilungen nach § 153. Vgl. jeweils Statistisches Bundesamt, Fachserie 10/Reihe 3 Rechtspflege Strafverfolgung 2019, S. 26.

herrschenden Auslegung der maßgeblichen prozessualen Regeln (vgl. etwa §§ 59 StPO, 391 ZPO) in der Praxis selten vereidigt werden. **§ 156** pönalisiert die falsche Versicherung an Eides statt.

59 **§ 159** erweitert § 30 und ordnet die Strafbarkeit des Versuchs der Anstiftung zu § 153 an, obgleich es sich lediglich um ein Vergehen handelt. Während also der Versuch der Falschaussage nicht strafbar ist (vgl. § 22 Abs. 1), ist dies der Versuch der Anstiftung hierzu. Kriminalpolitisch soll die Regelung mit der besonderen Gefährlichkeit unlauterer Einflüsse auf Zeugen zu rechtfertigen sein.[147]

> Wegen Versuchs der Anstiftung zur Falschaussage (§ 159) macht sich also der strafbar, der einen Zeugen bittet, vor Gericht eine unzutreffende Tatsache zu berichten, was der Zeuge indes sofort ablehnt und sodann – wie von Anfang an geplant – die Wahrheit berichtet. Demgegenüber bleibt der gerichtliche Zeuge, der eine unwahre Tatsache berichtet und sodann auf Hinweis des Gerichts, sein Bericht könne nicht zutreffen, die Wahrheit aussagt, straflos, da der Versuch der Falschaussage nicht unter Strafe gestellt ist.[148]

60 Die **Verleitung zur falschen Aussage (§ 160)** ist eine Sonderregelung, die auf die Eigenhändigkeit der §§ 153–156 zurückzuführen ist und kaum erträgliche Strafbarkeitslücken vermeidet. Die Notwendigkeit des Tatbestands kann anhand folgenden Beispiels verdeutlicht werden:

> Hintermann H gelingt es, den Zeugen Z vor seiner Aussage entsprechend seinem Tatplan davon zu überzeugen, H sei bei einem Discobesuch vor einem Jahr mit gemeinsamen Freunden anwesend gewesen, wobei H weiß, dass dies nicht zutrifft. Z berichtet die unwahre Tatsache sodann vor Gericht. Einer Strafbarkeit des Z nach § 153 steht sein Tatbestandsirrtum (§ 16 Abs. 1) entgegen, da er annahm, eine wahre Tatsache auszusagen. Die fahrlässige Falschaussage ist nicht unter Strafe gestellt. Z ist straflos. H setzt den Z aufgrund seines überlegenen Wissens als menschliches Werkzeug ein. Eine Strafbarkeit des H als mittelbarer Täter einer Falschaussage (§§ 153, 25 Abs. 1 Var. 2) scheidet aus, da Täter ausweislich des Gesetzeswortlauts nur ein Zeuge oder Sachverständiger sein kann, also nicht H. Eine Strafbarkeit wegen Anstiftung des Z zur falschen Aussage (§§ 153, 26 Abs. 1) kommt nicht in Betracht, da es bereits an einer vorsätzlichen Haupttat des Z fehlt (vgl. oben). Diese Strafbarkeitslücke schließt § 160 Abs. 1: H hat Z vorsätzlich zu einer falschen Aussage verleitet und sich daher strafbar gemacht.

147 Kritisch hierzu NK/Vormbaum, § 159 Rn. 5 f.
148 Zur fehlenden Vollendung sogleich unter Rn. 71.

§ 161 ist ein auf §§ 154–156, nicht aber auf die falsche uneidliche Aussage (§ 153) bezogenes Fahrlässigkeitsdelikt.

Entgegen den sonstigen Üblichkeiten ist zu sehen, dass Ermittlungsverfahren wegen des Verdachts eines Aussagedelikts nicht nur selten (weitestgehend) ohne Beteiligung der Polizei geführt werden. Ergibt sich etwa der Verdacht einer falschen Aussage eines gerichtlichen (Polizei-)Zeugen im Strafverfahren, ist in der Regel ein Staatsanwalt anwesend und zur Einleitung eines Ermittlungsverfahrens (§ 160 Abs. 1 StPO) verpflichtet. Im Ausgangsverfahren, also dem Verfahren, in dem der Beschuldige als Zeuge ausgesagt hat, wird der Sachverhalt (gerichtlich) aufgeklärt, also häufig auch darüber befunden, ob die Aussagen des damaligen Zeugen falsch waren. Da auf diese Feststellungen zur Begründung des hinreichenden Tatverdachts zurückgegriffen werden kann, ist häufig mit Ausnahme der Beschuldigtenvernehmung keine weitere Ermittlungstätigkeit zum Tatvorwurf notwendig. **61**

III. Strafmilderungs-/Strafaufhebungsgründe

§ 157 und § 158 enthalten besondere Fallgestaltungen, in denen trotz schuldhafter Verwirklichung eines Aussagedelikts die Strafe gemildert oder gar von Strafe abgesehen kann. § 157 beschreibt zwei voneinander unabhängige Konstellationen, die ihren Ursprung in einer besonderen persönlichen Situation des Täters haben. Abs. 1 betrifft Fälle, in denen der Täter die Unwahrheit sagt, um die Gefahr strafgerichtlicher Sanktionen von sich oder einen Angehörigen (§ 11 Abs. 1 Nr. 1) abzuwenden. Abs. 2 beschreibt Situationen, in denen sich ein „noch nicht Eidesmündiger" nach § 153 strafbar macht. Hierunter fallen aus Altersgründen eidesunmündige Personen, also solche, die das sechzehnte Lebensjahr noch nicht vollendet haben (vgl. §§ 393 ZPO bzw. 60 Nr. 1 StPO). Die praktische Bedeutung dieser Regelung ist dadurch eingeschränkt, dass noch nicht 14 Jahre alte Täter schuldunfähig (§ 19) und Täter zwischen 14 und 16 Jahren nur bedingt strafrechtlich verantwortlich (vgl. §§ 1 Abs. 1 JGG, 3 JGG) sind.[149] § 157 Abs. 2 soll indes nach wohl überwiegender Auffassung darüber hinaus auch auf Personen analog angewendet werden, die aus den anderen in §§ 60 Nr. 1 Alt. 2 StPO bzw. § 393 ZPO genannten Gründen – etwa mangelnder Verstandesreife – eidesunfähig sind.[150] **62**

149 BeckOK/Kudlich, § 157 Rn. 15. Überdies: Ist der Jugendliche im Einzelfall strafrechtlich verantwortlich, richten sich die Rechtsfolgen nach dem JGG und die Strafrahmen des StGB kommen nicht zur Anwendung.

150 MüKo/Müller, § 157 Rn. 34 m.w.N.; Sch/Sch/Bosch/Schittenhelm, § 157 Rn. 14, jeweils m.w.N.

63 **§ 158** regelt die **tätige Reue**. Die Norm, die auf §§ 153, 154, 156 Anwendung findet, soll bei § 153 unter Rn. 73 erläutert werden.

B. § 153 Falsche uneidliche Aussage

I. Prüfungsaufbau

64
- I. Tatbestandsmäßigkeit
  - 1. Objektiver Tatbestand
    - – Täter als Zeuge oder Sachverständiger
    - – Aussageadressat: Gericht oder eine andere zur eidlichen Vernehmung zuständige Stelle
    - – Tathandlung: Falsche uneidliche Aussage
  - 2. Subjektiver Tatbestand: Vorsatz (§ 15)
- II. Rechtswidrigkeit
- III. Schuld
- IV. Strafzumessung: Aussagenotstand (§ 157), Berichtigung einer falschen Angabe (§ 158)

II. Tatbestand

65 Täter können ausweislich des Gesetzeswortlauts nur Zeugen oder Sachverständige sein. Es handelt sich daher um ein **Sonderdelikt**, da der Anwendungsbereich auf einen bestimmten Personenkreis beschränkt ist. Andere Personen kommen indes als Teilnehmer (Anstifter oder Gehilfe, §§ 26, 27) in Betracht. Nicht unter den Tatbestand fällt also Parteivortrag im Zivilprozess oder Angaben des Angeklagten in der Hauptverhandlung.[151]

66 Der Täter muss vor einer **zur eidlichen Vernehmung zuständigen Stelle** aussagen. Gerichte, also mit Richtern besetzte staatliche Organe der Rechtsprechung (Art. 92 GG),[152] sind als Hauptanwendungsfall im Gesetz hervorgehoben. Andere solchen Stellen können deutsche Konsularbeamte (vgl. § 12 Nr. 3 KonsG) oder Notare unter den in § 22 Abs. 1 BNotarO genannten Voraussetzungen sein. Nicht unter den Tatbestand fallen hin-

151 Sch/Sch/Bosch/Schittenhelm, § 153 Rn. 4.
152 BeckOK/Kudlich, § 153 Rn. 16.

gegen Aussagen gegenüber Polizei und Staatsanwaltschaft, da diese nicht zur Eidesabnahme befugt sind. § 162 erweitert die Anwendung der Norm auf Verfahren vor internationalen Gerichten (Abs. 1) und parlamentarische Untersuchungsausschüsse des Bundes und der Länder (Abs. 2).

Tathandlung ist die falsche uneidliche Aussage. **Aussage** ist der Bericht des Vernommenen oder seine Antwort auf bestimmte Fragen im Rahmen einer Vernehmung.[153] Die Wahrheitspflicht umfasst alle Angaben bei der Vernehmung. Dazu zählen auch die Angaben zur Person (vgl. §§ 69 Abs. 1 StPO, 395 Abs. 2 ZPO).[154] Die Aussage des Zeugen kann sich auf (innere und äußere) Tatsachen beziehen. Angaben eines Sachverständigen nehmen ergänzend Bezug auf Erfahrungssätze und (sachkundige) Schlussfolgerungen. **67**

Der Täter muss **falsch** aussagen. Nach einer Ansicht (**subjektive Theorie**) ist eine Aussage falsch, wenn sie vom Vorstellungsbild der Aussageperson abweicht. Nach der **Pflichttheorie** liegt eine falsche Aussage vor, wenn die Aussageperson die prozessuale Wahrheitspflicht verletzt, also nicht das beste ihm erreichbare Wissen preisgibt. Demgegenüber vertritt die Rechtsprechung und herrschende Meinung einen **objektiven Wahrheitsbegriff**[155], wonach die Aussage falsch ist, wenn sie nicht mit dem tatsächlichen Geschehensablauf übereinstimmt (Widerspruch zwischen Wort und Wirklichkeit). Dies überzeugt, da eine Gefährdung der staatlichen Rechtspflege alleine von objektiv unzutreffenden Aussagen ausgeht. Auf die Entscheidungsrelevanz der falschen Aussage kommt es indes nicht an, da der Gesetzeswortlaut keinen Anhaltspunkt für eine derartige Einschränkung des abstrakten Gefährdungsdelikts gibt.[156] **68**

Ein **Verschweigen von Tatsachen** kann den Vorwurf einer falschen Aussage in Form der unvollständigen Aussage begründen, wenn die Unvollständigkeit nicht offenbart wird und die getätigte Aussage daher wahrheitswidrig als vollständig ausgegeben wird. Der Zeuge hat auch ohne ausdrückliches Befragen für den Vernehmungsgegenstand wesentliche Tatsachen mitzuteilen.[157] Der Schwerpunkt des vorwerfbaren Handelns liegt hierbei in der wahrheitswidrigen konkludenten Angabe der Vollständigkeit der Aussage und daher in einem aktiven Tun. **69**

153 BeckOK/Kudlich, § 153 Rn. 5.
154 BGH 21.5.1953 – 4 StR 241/53, BGHSt 4, 214, NJW 1953, 1113.
155 Vgl. zum objektiven Ansatz BGH 16.12.1954 – 3 StR 493/54, BGHSt 7, 14, NJW 1955, 430; kritisch hierzu MüKo/Müller, § 153 Rn. 42. Zu den verschiedenen Theorien sowie den hierfür bzw. hiergegen sprechenden Argumenten übersichtlich: Sch/Sch/Bosch/Schittenhelm, vor § 153 Rn. 4 ff.
156 BGH 7.9.1982 – 5 StR 557/82, NStZ 1982, 464.
157 Vgl. hierzu die prozessualen Regelungen, etwa § 138 Abs. 1 ZPO. Zudem: Fischer, § 153 Rn. 6.

Berichtet die Zeugin auf Frage nach ihr bekannten Gewalttätigkeiten des Angeklagten in der Vergangenheit von zwei Körperverletzungshandlungen, obgleich ihr überdies eine dritte Handlung bekannt ist, gibt sie zugleich (konkludent) an, es habe nur zwei Gewalthandlungen gegeben. Es liegt daher eine falsche Aussage durch aktives Tun vor.

70 Umstritten sind die Konsequenzen der **Verletzung prozessualer Vorschriften** beim Zustandekommen der Aussage.

Beispiele: Unterbliebene Belehrung des Zeugen über sein Zeugnisverweigerungsrecht nach § 52 Abs. 3 StPO oder über sein Auskunftsverweigerungsrecht nach § 55 Abs. 2 StPO.

Nach der Rechtsprechung[158] sind derartige Verfahrensverstöße für die Verwirklichung des Tatbestands bedeutungslos. Verfahrensfehler können lediglich bei der Ahndung der Tat als Strafmilderungsgründe berücksichtigt werden (sog. Strafzumessungslösung). Hierfür spricht, dass gerade Zeugnis- oder Auskunftsverweigerungsrechte lediglich zum Schweigen, nicht aber zur Lüge berechtigen. Nach teilweise vertretener Auffassung sind nur Aussagen vom Tatbestand umfasst, die nach den prozessualen Regeln verwertbar sind (Verwertbarkeitslösung).[159] Dies überzeugt nicht, da auch Aussagen, die bei zutreffender Rechtsanwendung unverwertbar sind, die abstrakte Gefahr innewohnt, in die Wahrheitsfindung einzufließen.

71 Die Tat ist mit Abschluss der Vernehmung **vollendet**.[160] Bei gerichtlichen Vernehmungen ist dies spätestens der Fall, wenn das Gericht die Entlassung der Vernehmungsperson verfügt.

Gibt der Zeuge dem Angeklagten auf Nachfrage des Gerichts ein unzutreffendes Alibi und berichtigt sodann nach kritischer Befragung der Staatsanwältin seine unzutreffende Angabe, macht er sich nicht nach § 153 strafbar, da die Aussage, die einheitlich zu bewerten ist, nach der Korrektur dem tatsächlichen Geschehensablauf entsprach, sodass keine falsche Aussage vorliegt. Dies gilt auch dann, wenn die Vernehmung unterbrochen und an einem späteren Verhandlungstag fortgesetzt wird. Überdies ist der Versuch der falschen uneidlichen Aussage als Vergehen nicht unter Strafe gestellt (vgl. § 22 Abs. 1).

158 BGH 5.7.1961 – 2 StR 157/61, BGHSt 16, 232, NJW 1961, 2168.
159 So etwa Hettinger/Bender, JuS 2015, 577, 580.
160 BGH 24.10.1955 – GSSt 1/55, BGHSt 8, 301, NJW 1956, 191.

Der subjektive Tatbestand verlangt vorsätzliches Handeln (§ 15). Der Vorsatz muss sich auch darauf beziehen, dass die Vernehmungsperson die Unwahrheit berichtet. 72

III. Tätige Reue, § 158

§ 158 regelt die **tätige Reue**. Die Norm gibt die Möglichkeit, nach Vollendung einer Tat nach §§ 153 ff. von der Strafe abzusehen oder diese zu mildern, wenn der Täter die falsche Angabe rechtzeitig (§ 158 Abs. 2) berichtigt. Der Sache nach handelt es sich um eine Art „Rücktritt von der vollendeten Tat".[161] Sinn und Zweck ist es, der Aussageperson die Rückkehr zur Wahrheit zu erleichtern.[162] Erforderlich ist eine Erklärung, durch die der Täter die unrichtige Aussage durch die Mitteilung der Wahrheit ersetzt.[163] § 158 Abs. 2 bestimmt, wann die Berichtigung rechtzeitig ist. 73

> Der Zeuge Z berichtet in einem Strafverfahren vor dem Amtsgericht wissentlich unwahr, dass nicht der Angeklagte A, sondern X die angeklagte Straftat begangen habe. Er wird unvereidigt entlassen. Unmittelbar nach dem Schlussvortrag des Staatsanwalts meldet sich der im Zuhörersaal sitzende Z und gibt an, soeben die Unwahrheit gesprochen zu haben, und korrigiert seine Aussage daraufhin. Z hat sich nach § 153 strafbar gemacht. Die Tat ist spätestens mit der Entlassung des Z aus dem Zeugenstand vollendet. Indes kann aufgrund der vor dem Urteilsspruch und daher rechtzeitig erfolgten Berichtigung die Strafe nach § 158 gemildert oder gar von Bestrafung abgesehen werden.

IV. Übungsfall

Sachverhalt: 74

A verletzt O durch mehrere Messerstiche in Berlin schwer, weswegen er vor dem Landgericht angeklagt wird. In der Hauptverhandlung wird zunächst die Ehefrau E des A vernommen. Nachdem sie im weiteren Verlauf nicht über das ihr zustehende Zeugnisverweigerungsrecht belehrt wird (§ 52 Abs. 1 Nr. 2 StPO), offenbart E zunächst ihr Wissen zur Tatbegehung. Sodann wird E zu den persönlichen Verhältnissen des A gehört, wobei sie auf Nachfrage ihre Beziehung zu A zutreffend beschreibt. Sie verschweigt jedoch, dass A sich vor etwa zwei Jahren von ihr ge-

161 BeckOK/Kudlich, § 158 Rn. 1; MüKo/Müller, § 158 Rn. 1.
162 BGH 25.9.1962 – 1 StR 328/62, NJW 1962, 2164.
163 BGH 25.9.1962 – 1 StR 328/62, NJW 1962, 2164.

trennt hatte, da ihr dies vor all den Zuhörern im Gerichtssaal unangenehm ist. E hatte aufgrund der Fragestellung erkannt, dass diese Information für das Gericht relevant ist.

Hat sich E nach § 153 strafbar gemacht?

Lösungshinweise:

Fraglich ist, ob das Verschweigen der Trennung von A durch E eine falsche Aussage gegenüber dem Landgericht als zuständige Stelle darstellt. Ein Verschweigen von Tatsachen kann nur dann den Vorwurf einer falschen Aussage in Form der unvollständigen Aussage begründen, wenn die Unvollständigkeit nicht offenbart wird und die getätigte Aussage daher wahrheitswidrig als vollständig ausgegeben wird.[164] Der Zeuge hat auch ohne ausdrückliches Befragen für den Vernehmungsgegenstand wesentliche Tatsachen mitzuteilen. Der Schwerpunkt des vorwerfbaren Handelns liegt hierbei in der wahrheitswidrigen konkludenten Angabe der Vollständigkeit der Aussage und daher in einem aktiven Tun. Vorliegend schilderte E ihre Beziehung zu A, wobei sie die Trennung als wesentlichen Aspekt der gerichtlichen Fragestellung verschwieg. Ein Hinweis auf die nur unvollständige Beantwortung dieser Frage erfolgte seitens der E nicht. In der Folge ist das Verschweigen der Trennung – genauer: die konkludente Angabe, die Frage nach der Beziehung zu A vollständig beantwortet zu haben – nach der herrschenden objektiven Theorie als falsche Aussage zu bewerten.

E wurde nicht über das ihr als Ehefrau aus § 52 Abs. 1 Nr. 2 StPO zustehende Zeugnisverweigerungsrecht belehrt. Fraglich ist, ob dies dem Tatvorwurf der falschen Aussage entgegensteht. Die obergerichtliche Rechtsprechung und herrschende Meinung geht davon aus, dass derartige Verfahrensverstöße für die Verwirklichung des Tatbestands bedeutungslos sind. E hat daher den objektiven Tatbestand verwirklicht. Sie erkannte, dass die verschwiegene Trennung von der Fragestellung umfasst und für das Gericht von Relevanz war, sodass sie vorsätzlich handelte. E hat sich daher nach § 153 strafbar gemacht.

C. § 164 Falsche Verdächtigung

I. Einführung

75 Der Tatbestand schützt einerseits die inländische staatliche Rechtspflege vor ungerechtfertigter Inanspruchnahme, bezweckt also den **Schutz staatlicher Ressourcen**. Zugleich aber soll die Norm den Einzelnen vor unbegründeten staatlichen Zwangsmaßnahmen bewahren.[165] Aus dieser doppelten Schutzrichtung des Tatbestands ergibt sich folgende praktische Konsequenz: Der zu Unrecht Bezichtigte kann nicht rechtfertigend in die

164 OLG Zweibrücken 13.1.1993 – 1 Ss 214/92, BeckRS 1993, 09801.
165 Zu diesen beiden Rechtsgütern BGH 13.4.1960 – 2 StR 593/59, BGHSt 14, 240, 244, NJW 1960, 1678, 1679.

Tat einwilligen, da seine Einwilligung den Angriff auf die Rechtspflege nicht legitimieren kann.[166] Der Tatbestand verdrängt § 145d wegen der dort ausdrücklich angeordneten Subsidiarität (vgl. § 145d Abs. 1: „wenn die Tat nicht in § 164 (…) mit Strafe bedroht ist“).

II. Prüfungsaufbau

Prüfungsaufbau § 164 Abs. 1, Abs. 2 76

I. Tatbestandsmäßigkeit

1. Objektiver Tatbestand
   - Tathandlung: Verdächtigen eines anderen wegen einer rechtswidrigen Tat oder einer Dienstpflichtverletzung (§ 164 Abs. 1) oder Aufstellen einer sonstigen, über Abs. 1 hinausgehenden Behauptung tatsächlicher Art über einen anderen, die geeignet ist, ein behördliches Verfahren herbeizuführen oder andauern zu lassen (§ 164 Abs. 2)
   - Adressat der Verdächtigung: Behörde, eine zur Entgegennahme von Anzeigen zuständige Stelle, militärische Vorgesetzte oder die Öffentlichkeit
2. Subjektiver Tatbestand:
   - Vorsatz (§ 15)
   - wider besseres Wissen bezüglich des geäußerten unwahren Verdachts
   - Absicht, ein behördliches Verfahren oder andere behördliche Maßnahmen herbeizuführen oder fortdauern zu lassen

II. Rechtswidrigkeit

III. Schuld

III. Tatbestand

1. Tatbestand des § 164 Abs. 1

Gegenstand der Verdächtigung ist bei § 164 Abs. 1 eine rechtswidrige Straftat (§ 11 Abs. 1 Nr. 5) oder die Verletzung einer Dienstpflicht, die sich nur aus öffentlich-rechtlichen Dienstverhältnissen[167] ergeben kann. **Verdächtigen** meint hierbei jedes Verhalten, das einen Verdacht gegen eine Person hervorruft oder diesen verstärkt.[168] 77

166 Rengier, BT II § 50 Rn. 1.
167 Sch/Sch/Bosch/Schittenhelm, § 164 Rn. 10 m. w. N.
168 BGH 13.4.1960 – 2 StR 593/59, BGHSt 14, 240, 246; Rengier, BT II § 50 Rn. 6.

> Beispiele: (Anonyme) Anzeige strafbaren Verhaltens; unzutreffende Behauptungen bei Zeugen- oder Beschuldigtenvernehmungen.

Im Hinblick auf den vom Tatbestand bezweckten Schutz der Rechtspflege ist der Begriff des Verdächtigens anhand der jeweiligen Prozessordnungen zu bestimmen. Das Verhalten des Täters muss **geeignet sein, ein Ermittlungsverfahren oder Disziplinarverfahren auszulösen oder aufrechtzuerhalten.**[169] Dies ist der Fall, wenn die unterbreiteten Tatsachen nach den maßgeblichen Verfahrensvorschriften den für das behördliche Eingreifen maßgeblichen Verdachtsgrad erreichen.[170] Für das strafrechtliche Ermittlungsverfahren ist daher ein Anfangsverdacht im Sinne von § 152 Abs. 2 StPO Voraussetzung. An dieser Eignung fehlt es also etwa, wenn auf den ersten Blick erkennbare Verfahrenshindernisse vorliegen.[171] Auch die Einleitung eines Disziplinarverfahrens gegen Beamte wegen einer Dienstpflichtverletzung erfordert regelmäßig „zureichende tatsächliche Anhaltspunkte“.[172]

78 Nach der Rechtsprechung genügt die Begründung einer Verdacht erregenden Situation ohne jegliche Behauptung des Täters (**isolierte Beweismittelfiktion**).[173]

> Beispiele[174]: Übergabe manipulierten Beweismaterials an die Polizei; Platzieren eines volltrunken-bewusstlosen Beifahrers auf dem Fahrersitz durch den Fahrer nach einem selbst verschuldeten Unfall.

79 Besondere Beachtung verdienen Konstellationen, in denen von zwei einer Straftat verdächtigen Personen notwendigerweise eine Person der Täter ist.[175]

> Der Pkw des A gerät auf die Gegenfahrbahn, wodurch der sich im Gegenverkehr befindliche C getötet wird. A und B steigen unverzüglich aus dem Fahrzeug aus, wobei A gegenüber den anwesenden Polizeibeamten unzutreffend angibt, nicht er, sondern B habe das Fahrzeug geführt.

169 Fischer, § 164 Rn 5a.
170 MüKo/Zopfs, § 164 Rn. 23.
171 Krell, NStZ 2011, 671, 672 f.
172 Vgl. etwa §§ 17 Abs. 1 S. 1 BDG, 8 Abs. 1 LDG BW, 19 Abs. 1 Abs. 1 S. 1 BayDG, 17 Abs. 1 S. 1 LDG NRW.
173 BGH 3.5.1956 – 3 StR 77/56, NJW 1956, 1448; ebenso: Fischer § 164 Rn. 3; Sch/Sch/Bosch/Schittenhelm, § 164 Rn. 8, a. A.: BeckOK/Valerius, § 164 Rn. 4.
174 Nach NK/Vormbaum, § 164 Rn. 20.
175 BayObLG 21.5.1985 – RReg. 1 St 73/85, NJW 1986, 441, zur subsidiären Vorschrift des § 145d: OLG Hamm 13.10.1964 – 3 Ss 965/64, NJW 1965, 62.

Bei der Bewertung dieser Konstellationen können sich Schwierigkeiten bei der Abgrenzung strafbaren Verhaltens zur **straflosen Selbstbegünstigung** ergeben. Vor dem Hintergrund der Selbstbelastungsfreiheit ist das schlichte Abstreiten der eigenen Tatbegehung stets straflos. Dies gilt auch, wenn hierdurch zwangsläufig der Verdacht auf eine andere Person gelenkt wird. Spricht der Verdächtigende in einer solchen Konstellation die sich aus dem verfahrensrechtlich zulässigen Leugnen der eigenen Tatbegehung zwingende Folge – Tatbegehung durch die dritte Person – aus und bezichtigt diesen der Straftat, ist § 164 Abs. 1 gleichermaßen nicht erfüllt. Durch die Bezichtigung wird die aus dem prozessual zulässigen Verhalten (Bestreiten der eigenen Tatbegehung) geschaffene Verdachtslage gegen die unschuldige Person nicht weiter verstärkt. Die Grenze materiell-rechtlich zulässigen Verteidigungsverhaltens zur Selbstbegünstigung ist indes überschritten, wenn der Verdächtigende zusätzliche, auf die Täterschaft des anderen hinweisende Tatsachen behauptet oder die Beweislage zu dessen Nachteil verfälscht.[176]

Eine vergleichbare Problematik, die praktisch von größerer Bedeutung sein dürfte, indes im Schrifttum weniger Beachtung findet, stellt sich in folgender Konstellation: Der Täter bestreitet bei seiner Beschuldigtenvernehmung seine Tatbegehung, wobei dieses Leugnen zwangsläufig die Verdächtigung enthält, ein Belastungszeuge habe den Beschuldigten falsch verdächtigt. **80**

> Die Beschuldigte (zugleich Täterin) eines sexuellen Übergriffs behauptet im Rahmen ihrer Beschuldigtenvernehmung wider besseres Wissen, der Anzeigeerstatter habe die Tat frei erfunden.

Auch hier sind die Grenzen der straflosen Selbstbegünstigung nur überschritten, wenn mit dem wahrheitswidrigen Bestreiten zugleich die Beweislage verfälscht oder aber eine Strafanzeige nach § 158 Abs. 1 StPO gegen den Zeugen erstattet wird.[177]

Die Verdächtigung muss sich auf eine **andere Person** beziehen. Im Hinblick auf den Schutzzweck der Norm ist zu fordern, dass diese Person lebt und hinreichend individualisiert sein muss, sodass staatliche Zwangsmaßnahmen überhaupt möglich erscheinen.[178] Eine namentliche Bezeichnung des Verdächtigten ist daher nicht zwingend. Die Selbstbezichtigung **81**

176 Sch/Sch/Bosch/Schittenhelm, § 164 Rn. 5.
177 Details str., vgl. etwa BayObLG 21.5.1985 – RReg. 1 St 73/85, NJW 1986, 441.
178 BGH 1.7.1959 – 2 StR 220/59, BGHSt 13, 219, NJW 1959, 2172.

fällt, wie die Verdächtigung einer fiktiven Person, nicht unter den Tatbestand.

82 Die Verdächtigung muss **unwahr**, also falsch, sein. Dieses Erfordernis ergibt sich nicht ausdrücklich aus dem Gesetzeswortlaut des § 164 Abs. 1, aber neben der Überschrift des Tatbestands insbesondere mittelbar aus der Vorsatzumschreibung „wider besseres Wissen".[179] Nach überzeugender Ansicht der Rechtsprechung erfasst der Tatbestand nur die Verdächtigung von Unschuldigen, sodass es neben der Unwahrheit der Verdachtsmomente zusätzlich darauf ankommt, dass der Bezichtigte die Tat oder die Dienstpflichtverletzung, die ihm angelastet wird, nicht begangen hat.[180]

> Daher ist der Tatbestand des § 164 Abs. 1 (nach dem Zweifelsgrundsatz) nicht erfüllt, wenn der Kaufhausdetektiv im Rahmen der polizeilichen Vernehmung wahrheitswidrig vorbringt, gesehen zu haben, dass ein Kunde auf Waren aufgeklebte Preisschilder überklebte, und es sich letztlich nicht mehr aufklären lässt, ob der Verdächtige oder ein Dritter diese Handlungen vornahm. Die bei der Verdächtigung geäußerten Wahrnehmung ist unwahr. Indes ist offen, ob der Kunde die Tat (nicht) begangen hat, was nach der von der Rechtsprechung vertretenen Auffassung Voraussetzung einer falschen Verdächtigung ist.

83 Der Täter muss den Verdacht gegenüber einem der im Tatbestand genannten **Adressaten** äußern. Amtsträger (§ 11 Abs. 1 Nr. 2), die für die Entgegennahme von Anzeigen zuständig sind, sind insbesondere Beamte des Polizeidienstes, Staatsanwälte (vgl. § 158 Abs. 1 StPO) und Disziplinarvorgesetzte. Die Verdächtigung erfolgt öffentlich, wenn sie von einem größeren, nicht durch persönliche Beziehungen verbundenen Personenkreis wahrgenommen werden kann.[181] Mit der Möglichkeit der Kenntnisnahme für den Adressaten (häufig: Zugang bei der Behörde) ist der Tatbestand vollendet.[182]

84 Der **subjektive Tatbestand** verlangt zunächst Vorsatz (§ 15) nach allgemeinen Regeln. Überdies muss der Täter wider besseres Wissen, also mit sicherer Kenntnis der Unwahrheit der Verdächtigung, handeln.[183] Zudem setzt der Tatbestand als besonderes subjektives Tatbestandsmerkmal die Absicht des Täters, ein behördliches Verfahren gegen den anderen herbeizuführen oder fortdauern zu lassen, voraus. Diese Absicht liegt vor, wenn der Täter mit seinem Handeln ein solches Einschreiten entweder be-

179 NK/Vormbaum, § 164 Rn. 46.
180 BGH 1.9.1987 – 5 StR 310/00, BGHSt 35, 50.
181 BGH 13.3.1958 – 4 StR 27/58, BGHSt 11, 282, 284 ff.; MüKo/Zopfs, § 164 Rn. 14.
182 NK/Vormbaum, § 164 Rn. 68 m. w. N.
183 BVerfG 11.12.1990 – 2 BvR 1892/89, NJW 1991, 1285, 1285.

zweckt (dolus directus ersten Grades) oder sicher weiß, dass dieses Folge seiner unrichtigen Behauptung ist (dolus directus zweiten Grades).[184]

2. Tatbestand des § 164 Abs. 2

§ 164 Abs. 2 unterscheidet sich von § 164 Abs. 1 im Hinblick auf die Tathandlung: Tathandlung ist nicht das Verdächtigen, sondern das Aufstellen einer „sonstigen", also nicht bereits von Abs. 1 erfassten Behauptung tatsächlicher Art. Der Anwendungsbereich umfasst also Tatsachenbehauptungen, die keine Bezichtigung einer rechtswidrigen Straftat oder Dienstpflichtverletzung darstellen.[185] In Abweichung zu § 164 Abs. 1 genügt es nach dem insoweit eindeutigen Gesetzeswortlaut nicht, wenn der Täter eine **falsche Beweislage** schafft. Es muss stets eine menschliche Gedankenerklärung vorliegen, die unwahr sein muss. Auch diese Tatsachenbehauptung muss geeignet sein, ein behördliches Verfahren oder andere behördliche Maßnahmen, also dienstliches Vorgehen, gegen eine andere Person herbeizuführen. **85**

Beispiele: Einleitung eines Ordnungswidrigkeitenverfahrens[186], Insolvenzverfahrens[187], Verfahrens zur Entziehung einer Konzession, Approbation oder akademischer Grade[188]

Während bei Abs. 1 im Hinblick auf die genannten Verfahrensarten ohnehin per se nur natürliche Personen als Denunzierte infrage kommen, können „andere" bei § 164 Abs. 2 auch **juristische Personen** – etwa eine GmbH im Rahmen eines Insolvenzverfahrens – sein.[189] **86**

3. Qualifikationstatbestand, § 164 Abs. 3

§ 164 Abs. 3 ist eine Qualifikation zu § 164 Abs. 1, 2. Als straferhöhender Umstand wird die **Absicht des Täters, eine Strafmilderung oder Absehen von Strafe nach den dort genannten „Kronzeugenregelungen"** zu erreichen, verlangt. Es handelt sich also um eine falsche Verdächtigung zur Selbstbegünstigung, die mit der Absicht, den falsch Bezichtigten zu schädigen, einhergeht, was besonders verwerflich erscheint.[190] **87**

184 OLG Düsseldorf 9.2.1996 – 5 Ss 460/95 – 5/96 I, NStZ-RR 1996, 198, vgl. zur subjektiven Tatseite auch BGH 1.7.1959 – 2 StR 220/59, BGHSt 13, 219.
185 OLG Koblenz 15.10.2012 – 2 Ss 68/12, NZWiSt 2013, 65, 65 f.
186 Vgl. Huber, NStZ 2018, 248, 248 ff.
187 OLG Koblenz 15.10.2012 – 2 Ss 68/12, NZWiSt 2013, 65, 65 f.
188 MüKo/Zopfs, § 164 Rn. 38.
189 OLG Koblenz 15.10.2012 – 2 Ss 68/12, NZWiSt 2013, 65, 66 f.; Lackner/Kühl/Heger, § 164 Rn. 6.
190 Fischer, § 164 Rn. 15; vgl. zudem BT-Drs. 16/6268, 15 f.

IV. Analoge Anwendung § 158

88 Wie bereits dargelegt kann bei rechtzeitiger Berichtigung einer falschen Angabe bei einem Aussagedelikt nach §§ 153–156 gemäß § 158 von Strafe abgesehen oder diese zumindest gemildert werden. Es stellt sich die Frage, ob diese Norm auch auf die falsche Verdächtigung entsprechende Anwendung findet. Nach herrschender Auffassung ist dies zu bejahen, da die Grundgedanken von § 157 auch auf § 164 Anwendung finden.[191] Rechtzeitig ist die Berichtigung im Hinblick auf das geschützte Rechtsgut, wenn die Berichtigung erfolgt, bevor Maßnahmen gegen den zu Unrecht Bezichtigten getroffen werden können.

> In dem Beispielsfall, der in Rn. 73 genannt ist, hat Z durch die unrichtige Bezichtigung des X zudem den Tatbestand des § 164 Abs. 1 erfüllt. Nach der herrschenden Auffassung kann § 158 wegen der Korrektur seiner falschen Angabe analog angewandt und daher auch insoweit von Strafe abgesehen werden. Hätte der Z den X bereits im Ermittlungsverfahren im Rahmen einer polizeilichen Vernehmung zu Unrecht belastet, wäre die Berichtung nicht mehr rechtzeitig, wenn in der Folge bereits belastende Maßnahmen gegen X (Anklageerhebung etc.) getroffen wurden.

89 Demgegenüber kommt eine analoge Anwendung von § 258 Abs. 5, Abs. 6 (Angehörigen-/Selbstbegünstigungsprivileg) auf die falsche Verdächtigung (§ 164) nicht in Betracht, da die falsche Verdächtigung in Abweichung zu §§ 258, 258a zugleich die zu Unrecht bezichtigte Person schützt und daher die Grundgedanken dieser Regelungen nicht auf § 164 übertragbar sind.[192]

D. § 145d Vortäuschen einer Straftat

I. Einführung

90 Der Tatbestand schützt weitestgehend die **inländische Strafrechtspflege.** Ermittlungsbehörden und Strafgerichte sollen vor unnützer Mehrarbeit bei der Verfolgung von Straftaten bewahrt werden.[193] § 145d Abs. 1 Nr. 2, Abs. 2 Nr. 2 nehmen indes Bezug auf (scheinbar) bevorstehende Straftaten. Insoweit dient die Norm dem Schutz der **inländischen Präventivorgane** – insbesondere der Polizei – vor unberechtigter Inanspruchnahme.[194] Es

191 Sch/Sch/Bosch/Schittenhelm, § 164 Rn. 35 m. w. N.
192 Rengier, BT II § 50 Rn. 26a.
193 BGH 20.3.1984 – 1 StR 662/83, NStZ 1984, 360, 361; BT-Drs. 7/3030, 8.
194 BeckOK/Valerius, § 145d Rn. 2 m. w. N.

handelt sich um ein **abstraktes Gefährdungsdelikt**[195]. Für die Vollendung des Tatbestands ist daher nicht erforderlich, dass Täuschungen Erfolg haben und tatsächlich staatliche Ressourcen verschwendet werden.

Nach § 145d Abs. 1 Hs. 2 steht die Strafandrohung unter dem Vorbehalt, dass die Tat nicht nach §§ 164, 258, 258a strafbar ist. Aus dieser **Subsidiaritätsklausel** folgt, dass diese Delikte, sofern sie in Betracht kommen, stets vor § 145d Abs. 1, Abs. 2 zu erörtern sind. **91**

§ 145d Abs. 1 ist dadurch gekennzeichnet, dass eine rechtswidrige Tat wahrheitswidrig als tatsächlich begangen (Nr. 1) oder unmittelbar bevorstehend (Nr. 2) vorgetäuscht wird. Bei **§ 145d Abs. 2** geht es um tatsächlich begangene oder tatsächlich bevorstehende Taten. Indes wird über die beteiligten Personen getäuscht. **§ 145d Abs. 3** sanktioniert Konstellationen der vorgetäuschten Aufklärungshilfe mit im Vergleich zu Abs. 1, Abs. 2 erhöhter Strafandrohung. **§ 145d Abs. 4** ist Strafzumessungsregel („minder schwere Fälle") zu § 145d Abs. 3. **92**

II. Prüfungsaufbau § 145d Abs. 1, Abs. 2

I. Tatbestandsmäßigkeit **93**
   1. Objektiver Tatbestand
      a. Tathandlung
         - Abs. 1 Nr. 1: Vortäuschen einer begangenen rechtswidrigen Tat
         - Abs. 1 Nr. 2: Vortäuschen des unmittelbaren Bevorstehens einer in § 126 Abs. 1 genannten rechtswidrigen Tat
         - Abs. 2 Nr. 1: Täuschung über Beteiligten einer begangenen rechtswidrigen Tat
         - Abs. 2 Nr. 2: Täuschung über Beteiligten einer unmittelbar bevorstehenden, in § 126 Abs. 1 genannten rechtswidrigen Tat
      b. Täuschungsadressat: Behörde oder eine zur Entgegennahme von Anzeigen zuständige Stelle
   2. Subjektiver Tatbestand:
      - wider besseres Wissen bezüglich des Nichtvorliegens der angeblichen rechtswidrigen Tat (Abs. 1) bzw. der Beteiligung (Abs. 2)
      - im Übrigen: Vorsatz (§ 15)

195 BGH 15.4.2015 – 1 StR 337/14, NStZ 2015, 514.

II. Rechtswidrigkeit

III. Schuld

IV. Subsidiarität gegenüber §§ 164, 258, 258a

III. Gemeinsame Merkmale § 145d Abs. 1 und § 145d Abs. 2

94 **Täuschungsgegenstand** der Absätze 1 und 2 ist stets eine **rechtswidrige, nicht notwendig schuldhafte Straftat** im Sinne von § 11 Abs. 1 Nr. 5.

95 **Adressat der Täuschungshandlungen** sind Behörden (§ 11 Abs. 1 Nr. 7) oder andere zur Entgegennahme von Strafanzeigen zuständige Stellen.[196] Praktisch relevante Empfänger entsprechender Anzeigen sind daher Gerichte, Staatsanwaltschaften und Polizeidienststellen (§ 158 Abs. 1 StPO).

IV. Objektiver Tatbestand des § 145d Abs. 1

96 **§ 145d Abs. 1 Nr. 1** erfasst das Verdächtigen einer Person, eine **rechtswidrige Straftat begangen** zu haben. „Begangen" meint, dass die Tat entsprechend der Verdächtigung vollendet oder in strafbarer Weise versucht ist. Voraussetzung einer Strafbarkeit ist stets, dass die angezeigte Tat nicht begangen wurde.

97 Problematisch sind Konstellationen, in denen eine tatsächlich begangene Tat „**aufgebauscht**" wird, also Tatumstände hinzugedichtet, übertrieben, vergrößert oder weggelassen werden. Im Hinblick auf das geschützte Rechtsgut des Tatbestands – Schutz staatlicher Organe vor deren unnützer Inanspruchnahme – ist entscheidend, ob die begangene Tat in ihrem Charakter grundlegend verändert wird, also im Kern ein anderes Gepräge erhält.[197] Nur dann ist die angezeigte „aufgebauschte" Tat Anlass nutzloser Ermittlungstätigkeit.

Keine Strafbarkeit nach § 145d Abs. 1 Nr. 1 ist daher in der Regel gegeben, wenn bei der Anzeige eines tatsächlich erfolgten Diebstahls zusätzlich einzelne Gegenstände als Diebesgut bezeichnet werden, die nicht entwendet wurden; der Betrugsschaden verdoppelt wird oder eine Körperverletzung nach § 223 als gefährliche Körperverletzung (§ 224) dargestellt wird.[198] Anders hingegen: An-

---

196 Sonstige Stellen, die keine Behörden sind, können etwa Untersuchungsausschüsse der Parlamente sein, vgl. Lackner/Kühl/Heger, § 145d Rn. 2.

197 BGH 15.4.2015 – 1 StR 337/14, NStZ 2015, 514, 514 f.

198 OLG Hamm 4.6.1981 – 7 Ss 848/81.

zeige einer Körperverletzung als schwerer Raub durch die unzutreffende Angabe, es sei zu einer Wegnahme von Bargeld gekommen, da insoweit der Unrechtsgehalt (Angriff auf das Eigentum und die Willensfreiheit statt bloßer Angriff auf die körperliche Unversehrtheit) vollständig verändert wird.[199]

§ 145d Abs. 1 Nr. 2 bezieht sich hingegen auf eine unmittelbar bevorstehende Tat aus dem Katalog des § 126 Abs. 1. Die Beschränkung des Tatbestands auf diese schweren Gewalttaten stützt sich auf die Erwägung, dass die Polizei jedenfalls bei deren Ankündigung aus Präventivgründen sofort tätig werden muss, um schwere Schädigungen zu verhindern.[200] Die angebliche Tat steht unmittelbar bevor, wenn sie in Kürze zu erwarten ist.[201] Die Tat muss zwar nicht in allen Einzelheiten beschrieben, aber hinreichend konkretisiert sein.[202] Im Mindestmaß muss die Schilderung die Subsumption der Tat unter § 126 Abs. 1 sowie die zeitliche Beurteilung des unmittelbaren Bevorstehens zulassen. **98**

Tathandlung ist das **Vortäuschen**. Es muss also eine objektiv unrichtige Verdachtslage geschaffen werden, die geeignet ist, behördliches Einschreiten auszulösen.[203] Entsprechend den Ausführungen zu § 164 ist es unerheblich, ob die Verdachtslage durch falsche Angaben oder eine Manipulation von Beweismitteln geschaffen wird.[204] Nicht erforderlich ist (in Abweichung zu § 164) indes, dass ein individualisierbarer Täter benannt wird, sodass auch eine „Anzeige gegen Unbekannt" genügt. **99**

Wird eine rechtswidrige Tat, die letztlich nicht strafrechtlich verfolgbar ist, geschildert, kann es an der für ein Vortäuschen notwendigen Eignung, behördliches Einschreiten zu veranlassen, fehlen. Insoweit ist zu unterscheiden: **100**

Der Beschuldigte schildert bewusst wahrheitswidrig, vorgestern habe das 10-jährige Kind K seines Nachbarn (§ 19) einen schweren Raub begangen. Abwandlung: Der Beschuldigte schildert bewusst wahrheitswidrig, K habe ihm soeben berichtet, morgen mit einer Waffe eine nahe gelegene Tankstelle überfallen zu wollen.

199 OLG Hamm 22.1.1971 – 3 Ss 1074/70, NJW 1971, 1324.
200 BT-Drs. 7/3030, 9.
201 BeckOK/Valerius, § 145d Rn. 11; MüKo/Zopfs, § 145d Rn. 28.
202 BeckOK/Valerius, § 145d Rn. 11.
203 Rengier, BT II § 50 Rn. 2.
204 Rn. 78.

Werden solche Taten als bereits begangene Taten (§ 145d Abs. 1 Nr. 1, Abs. 2 Nr. 1) dargestellt, besteht die abstrakte Gefahr sinnloser repressiver Strafverfolgungstätigkeit nicht, sofern offensichtlich keine verfolgbare Straftat vorliegt und die Verhängung von Maßnahmen (§ 11 Abs. 1 Nr. 8) nicht in Betracht kommt. Ein Vortäuschen ist daher nicht gegeben. Anderes gilt bei § 145d Abs. 1 Nr. 2 (und § 145d Abs. 2 Nr. 2). Präventiv würden Polizeibehörden ungeachtet etwaiger Strafverfolgungshindernisse tätig werden, um bevorstehende Straftaten (hier: bevorstehender schwerer Raub) zu verhindern, sodass insoweit die abstrakte Gefahr der unnützen Verschwendung staatlicher Ressourcen besteht. Eine Strafbarkeit nach § 145d Abs. 1 Nr. 2 (und Abs. 2 Nr. 2) kann daher auch in diesen Fällen anzunehmen sein.[205]

V. Objektiver Tatbestand des § 145d Abs. 2

101 § 145d Abs. 2 bestraft das Täuschen über Beteiligte an (bevorstehenden) rechtswidrigen Straftaten. **Täuschen** meint das Lenken des Verdachts auf einen Unbeteiligten, also eine Person, die weder Täter noch Teilnehmer (§ 28 Abs. 2) ist bzw. sein wird. Die rechtswidrige Tat muss nach herrschender Auffassung tatsächlich begangen worden sein bzw. tatsächlich bevorstehen, wofür der Gesetzeswortlaut („rechtswidrige Tat") spricht.[206]

102 Von praktischer Relevanz ist gerade vor dem Hintergrund der Subsidiarität des Tatbestands zu § 164 insbesondere folgende Konstellationn des § 145 Abs. 2 Nr. 1[207]: Der Täuschende bezichtigt sich selbst zu Unrecht einer Tat, um den Verdacht von dem eigentlichen Täter abzulenken (falsche Selbstbezichtigung).

103 Das **wahrheitswidrige Bestreiten der eigenen Tatbeteiligung** fällt auch dann nicht unter § 145 Abs. 2 Nr. 1, wenn dies dazu führt, dass in der Folge Ermittlungen gegen eine andere (unschuldige) Person geführt werden, da anderenfalls eine dem Strafverfahrensrecht fremde Wahrheitspflicht eines Tatverdächtigen geschaffen würde.[208] Benennt der Täter aber überdies die unschuldige Person ausdrücklich als Verdächtigen, stellt sich die aus § 164 bekannte Problematik. Es kann auf die dort unter Rn. 80 dargestellten Grundsätze verwiesen werden.

205 Vgl. zu dieser Problematik anschaulich NK/Kretschmer, § 145d Rn. 12.
206 Vgl. Fischer, § 145d Rn. 7 m. w. N.; a. A. hingegen OLG Hamm 20.6.1963 – 2 Ss 1642/62, NJW 1963, 2138.
207 Hierzu Rengier, BT II Rn. 15 f.
208 Hohmann/Sander, § 24 Rn. 16.

VI. Subjektiver Tatbestand

Neben dem nach allgemeinen Regeln (§ 15) zu verlangenden Vorsatz setzen die Tatbestände ein Handeln „**wider besseres Wissen**" voraus. Dies bedeutet, dass der Täter bei Abs. 1 sichere Kenntnis vom Nichtvorliegen bzw. dem unmittelbaren Bevorstehen der Straftat haben muss. Bei Abs. 2 muss sich die sichere Kenntnis darauf beziehen, dass die bezichtigten Personen nicht Beteiligte sind bzw. sein werden. Im Vergleich zu § 164 wird bei § 145d die Absicht, ein Strafverfahren gegen die zu Unrecht bezichtigte Person herbeizuführen oder fortdauern zu lassen, nicht verlangt. Fehlt es an dieser subjektiven Voraussetzung, scheidet § 164 Abs. 1 aus, woraus sich ein eigenständiger Anwendungsbereich von § 145d Abs. 2 Nr. 1 ergeben kann. **104**

VII. § 145d Abs. 3

§ 145d Abs. 3 enthält drei Tatbestände, wobei die jeweils vorausgesetzte Absicht des Täters zur ungerechtfertigten Selbstbegünstigung in Form des Absehens von Strafe oder Strafmilderung nach den im Tatbestand genannten Regelungen straferhöhend wirkt (**vorgetäuschte Aufklärungshilfe**). § 145d Abs. 3 Nr. 1 ist Qualifikationstatbestand zu § 145d Abs. 1 Nr. 1 sowie § 145d Abs. 2 Nr. 1, wobei alleine die Selbstbegünstigungsabsicht straferhöhend wirkt. Demgegenüber stellen § 145d Abs. 3 Nr. 2 und Nr. 3 eigenständige Tatbestände dar, die sich an § 145d Abs. 1 Nr. 2 beziehungsweise § 145d Abs. 2 anlehnen.[209] **105**

VIII. Subsidiaritätsklausel

Nach § 145d Abs. 1 Hs. 2 ist der Tatbestand gegenüber §§ 164, 258, 258a subsidiär, also nachrangig. Da der Täter des § 145d Abs. 2 „ebenso" bestraft wird und damit auf § 145d Abs. 1 Bezug genommen wird, findet die **Subsidiaritätsklausel auch auf § 145d Abs. 2 Anwendung**. Für § 145d Abs. 3 gilt sie hingegen nicht. **106**

Die Subsidiaritätsklausel ist nach herrschender Auffassung nicht einschlägig, wenn der Täter den Tatbestand der Strafvereitelung verwirklicht hat, aber wegen § 258 Abs. 5, Abs. 6 (**Selbstbegünstigungs- bzw. Angehörigenprivileg**) nicht bestraft werden kann.[210] Hierfür wird der Sinn und Zweck der Nachrangigkeit angeführt. Danach soll § 145d nur zurücktreten, wenn **107**

209 Fischer, § 145d Rn. 14.

210 BayObLG 20.7.1978 – RReg. 5 St 118/78, NJW 1978, 2563; OLG Celle 11.3.1980 – 1 Ss 34/80, NJW 1980, 2205, NJW 1980, 2205.

der Täter aus den genannten, schwereren Delikten tatsächlich belangt werden kann. Bleibt der Täter indes wegen § 258 Abs. 5, Abs. 6 straflos, bedeutet dies nicht zugleich, dass das Strafbedürfnis auch aus dem Gesichtspunkt des § 145d (Schutz staatlicher Ressourcen) entfällt.[211]

IX. Übungsfall

108 ***Sachverhalt:***[212]

V hat sich einer Geschwindigkeitsüberschreitung im Straßenverkehr schuldig gemacht. Zur Abwendung eines weiteren Punktes „in Flensburg" findet er über das Internet den B, der sich gegen Zahlung eines Entgelts bereit erklärt, die „Punkte" zu übernehmen (sogenannter Punktehandel). B füllt daher eigenhändig den von der Bußgeldstelle übersandten Anhörbogen aus und gibt wahrheitswidrig an, selbst das Fahrzeug geführt zu haben. Anschließend ergeht ein Bußgeldbescheid gegen B, der dieses bezahlt. Die Punkte werden auf dem „Flensburger Konto" des B verbucht. Strafbarkeit des B?

Lösungshinweise:

Eine Strafbarkeit des B nach § 153 Abs. 1 kommt nicht in Betracht, da die Bußgeldstelle nicht zur eidlichen Zeugenvernehmung befugt und daher keine zuständige Stelle im Sinne der Norm ist. Indes ist eine Strafbarkeit nach § 164 Abs. 2 zu erwägen. Die Behauptung des B, selbst gefahren zu sein, war indes nicht geeignet, ein behördliches Verfahren gegen eine *andere* Person, sondern lediglich gegen ihn selbst, herbeizuführen. B hat über den Beteiligten einer Verkehrsordnungswidrigkeit getäuscht, weshalb § 145d Abs. 2 Nr. 1 eingreifen könnte. Jedoch bezieht sich die Täuschung nicht auf eine rechtswidrige Straftat (§§ 126 Abs. 2 Nr. 1, 11 Abs. 1 Nr. 5), sondern auf eine Ordnungswidrigkeit. Daher kommt auch § 145d Abs. 2 Nr. 1 nicht zur Anwendung. Aus dem gleichen Grund kommt eine Strafvereitelung (§ 258) nicht in Betracht. Zwar will B die Sanktionierung des V verhindern, die jedoch nicht auf einer rechtswidrigen Straftat beruht. § 271 (Mittelbare Falschbeurkundung) ist ebenso nicht einschlägig, da das Fahreignungsregister, in dem die Ordnungswidrigkeit unzutreffend verzeichnet wird, kein öffentliches Register ist. Weiter kommen Strafbarkeiten wegen Vermögensdelikten (§§ 263, 263a) nicht in Betracht, da die Vereitelung einer Geldbuße keinen Vermögensschaden darstellt. Nach zutreffender Auffassung kommt eine Strafbarkeit des B wegen Beihilfe zur falschen Verdächtigung in mittelbarer Täterschaft (§§ 164 Abs. 1, 25 Abs. 1 Var. 2) nicht in Betracht, da keine rechtswidrige Haupttat des V vorliegt. B ist straflos.

211 OLG Celle 11.3.1980 – 1 Ss 34/80, NJW 1980, 2205; MüKo/Zopfs, § 145d Rn. 46 m. w. N.
212 Vgl. zur Strafbarkeit (genauer: Straflosigkeit) des sogenannten Punktehandels Meyer, NZV 2024, 28, 28.

E. § 138 Nichtanzeige geplanter Straftaten

I. Einführung

Es besteht grundsätzlich keine Pflicht des Bürgers, bevorstehende oder begangene Straftaten zur Anzeige zu bringen. Eine Ausnahme hiervon stellt § 138 dar: Die Norm legt dem Einzelnen die strafbewehrte Pflicht auf, sich um die Verhinderung von den im Gesetz genannten schweren Straftaten durch eine rechtzeitige Anzeige bei der Behörde oder dem Bedrohten zu bemühen. Der Tatbestand statuiert als **echtes Unterlassungsdelikt** keine Verhinderungs-, aber eine Warnungspflicht.[213] Diese besteht nur, wenn der Betreffende zu einem Zeitpunkt von der Tatausführung erfährt, zu dem durch die Anzeige die Tatbegehung oder der Taterfolg noch verhindert werden kann (vgl. Abs. 1 S. 1 2. Hs.). **109**

Die Norm dient dem **Schutz der Rechtsgüter, die durch die anzeigepflichtigen Straftaten verletzt** werden könnten.[214] Die praktische Bedeutung des Tatbestands ist gering.[215] Im Jahr 2019 erfolgten lediglich 20 Verurteilungen in der Bundesrepublik wegen dieses Delikts.[216] **110**

II. Tatbestand

Voraussetzung einer Strafbarkeit nach § 138 ist das **glaubhafte Erfahren von dem Vorhaben oder der Ausführung** einer Straftat. Ein Vorhaben ist jeder ernstliche Plan einer hinreichend konkretisierten Straftat.[217] Demgegenüber beginnt die Ausführung der Tat mit dem unmittelbaren Ansetzen im Sinne von § 22.[218] Dies verdeutlicht, dass eine Anzeigepflicht bis zur Beendigung der Tat bestehen kann. Die Tatausführung oder das Vorhaben müssen sich stets auf eine **Katalogtat nach § 138 Abs. 1, Abs. 2** beziehen. Der Täter muss hiervon **glaubhaft erfahren**, sodass bloße Gerüchte ohne Tatsachengrundlage nicht genügen. **111**

Grundsätzlich ist jedermann zur Anzeige verpflichtet. Auf eine Garantenstellung o. ä. kommt es beim echten Unterlassungsdelikt nicht an. Indes gibt es zwei **praktisch relevante Ausnahmen** von diesem Grundsatz: **112**

213 BeckOK/Heuchemer, § 138 Rn. 1.1.
214 BGH 19.3.1996 – 1 StR 497/95, BGHSt 42, 86; NStZ 1996, 595; Fischer, § 138 Rn. 3.
215 MüKo/Hohmann, § 138 Rn. 4; NK/Ostendorf/Kuhli, § 139 Rn. 4.
216 Vgl. Statistisches Bundesamt, Fachserie 10/Reihe 3 Rechtspflege Strafverfolgung 2019, S. 28.
217 Fischer, § 138 Rn. 6.
218 Lackner/Kühl/Heger, § 138 Rn. 2.

113 Nach Auffassung der Rechtsprechung trifft **den an der Tat Beteiligten (§ 28 Abs. 2) keine Anzeigepflicht**.[219] Dies folgt neben der grundsätzlichen Straflosigkeit der Selbstbegünstigung aus dem Gesetzeswortlaut:[220] Derjenige, der sich an der Straftat beteiligt, ist bereits infolge seiner Mitwirkung informiert und „erfährt“ hiervon nicht.

114 Darüber hinaus ist **der Bedrohte nicht zur Anzeige verpflichtet**, wenn sich die Tat ausschließlich gegen ihn bzw. seine Rechtsgüter richtet.[221] Hierfür spricht, dass die übrigen Personen ihrer Anzeigepflicht bei § 138 Abs. 1 durch ihre Anzeige gegenüber dem Bedrohten genügen und der Tatbestand gerade den Schutz der Rechtsgüter der Personen, die durch die angezeigten Straften verletzt werden sollen, bezweckt.

115 Erforderlich ist nach **§ 138 Abs. 1 die rechtzeitige Anzeige**. Daher verlangt der Tatbestand kein unverzügliches oder sofortiges Handeln. Es genügt jede Mitteilung, die geeignet ist, die Ausführung oder den Erfolg der geplanten Tat zu verhindern.[222] **§ 138 Abs. 2** verlangt hingegen bezüglich der dort genannten Straftaten eine **unverzügliche Anzeige**. Eine bestimmte Form ist hierbei nicht vorgeschrieben. Empfänger der Anzeige ist die „Behörde“ und daher insbesondere die Polizei.[223] Bei § 138 Abs. 1 erfüllt der Betroffene seine Anzeigepflicht ebenso durch eine Mitteilung gegenüber dem Bedrohten, also der Person, gegen die sich die Straftat richtet.

116 Der **subjektive Tatbestand** erfordert vorsätzliches Handeln (§ 15). Nach **§ 138 Abs. 3** genügt im Hinblick auf das Unterlassen der Anzeige **Leichtfertigkeit** als gesteigerte Form der Fahrlässigkeit. Bezüglich der weiteren objektiven Tatbestandsmerkmale – also insbesondere dem Vorhaben oder der Ausführung der Straftat – ist auch bei § 138 Abs. 3 Vorsatz erforderlich.[224]

> So dürfte der Täter, der vergisst, die angefertigte schriftliche Anzeige abzusenden, leichtfertig im Sinne von § 138 Abs. 3 handeln.[225]

117 In den Fällen des § 138 Abs. 2 S. 1 Nr. 2 ist bei Taten, die sich auf terroristische Vereinigungen außerhalb der Europäischen Union beziehen, der Verweis in § 138 Abs. 2 S. 2 auf § 129b Abs. 1 S. 3–5 zu beachten. Hier-

219 BGH 19.5.2010 – 5 StR 464/09, NJW 2010, 2291, 2292; Kindhäuser/Hilgendorf, § 138 Rn. 4.
220 Sch/Sch/Sternberg-Lieben, § 138 Rn. 20/21.
221 Sch/Sch/Sternberg-Lieben, § 138 Rn. 19; Fischer, § 138 Rn. 17.
222 BGH 19.3.1996 – 1 StR 497/95, BGHSt 42, 86.
223 MüKo/Hohmann, § 138 Rn. 17.
224 MüKo/Hohmann, § 138 Rn. 21; Fischer, § 138 Rn. 33.
225 Sch/Sch/Sternberg-Lieben, § 138 Rn. 23.

nach ist für die Strafverfolgung eine Ermächtigung durch das Bundesministerium der Justiz und für Verbraucherschutz Strafverfolgungsvoraussetzung.

C. Straflosigkeit nach § 139

§ 139 enthält Regelungen, die sich weitestgehend durch ein sorgfältiges **118**
Studium des Gesetzestextes erschließen lassen: Nach § 139 Abs. 1 kann von Strafe abgesehen werden, wenn die nicht entsprechend § 138 angezeigte Straftat nicht begangen bzw. versucht wird und es daher letztlich zu keiner Rechtsgutverletzung kommt. Ist das Ausbleiben eines Schadens indes auf das Verhalten des Täters zurückzuführen, greift gar der zwingende Strafausschließungsgrund des § 139 Abs. 4 S. 1. Sind die entsprechenden ernsthaften Bemühungen des Täters nicht kausal für das Ausbleiben der Tat, ist auf § 139 Abs. 4 S. 2 abzustellen. § 139 Abs. 4 ist in seiner Struktur an § 24 Abs. 1 S. 1, 2 angelehnt.

§ 139 Abs. 2 ist ein Rechtfertigungsgrund[226] für Geistliche. § 139 Abs. 3 **119**
S. 1 löst einen Interessenkonflikt zwischen der Pflicht zur Anzeige und dem Interesse, einen Angehörigen (§ 11 Abs. 1 Nr. 2) nicht zu belasten.[227] Es handelt sich nach herrschender Auffassung um einen Einzelfall der Unzumutbarkeit normgemäßen Verhaltens und daher um einen Entschuldigungsgrund.[228] § 139 Abs. 3 S. 2, 3 stellt durch einen besonderen Rechtfertigungsgrund die im Gesetz genannten Berufsgeheimnisträger sowie deren Berufshelfer von ihrer Anzeigepflicht frei.[229]

226 So die h.M., vgl. Fischer, § 139 Rn. 4 m. w. N. Nach anderer Auffassung soll es sich um einen Tatbestandsausschluss handeln.
227 MüKo/Hohmann, § 139 Rn. 10.
228 MüKo/Hohmann, § 139 Rn. 10; Sch/Sch/Sternberg-Lieben, § 139 Rn. 3/4; a.A. (persönlicher Strafaufhebungsgrund): Fischer, § 139 Rn. 5; Lackner/Kühl/Heger, § 139 Rn. 3.
229 Vgl. etwa MüKo/Hohmann, § 139 Rn. 10; Fischer, § 139 Rn. 7 m. w. N.

3. KAPITEL Straftaten gegen die Ehre

A. Grundsätzliches

Der 14. Abschnitt umfasst die Beleidigungsdelikte[230]. Geschütztes **Rechtsgut** ist die **Ehre**; eine Besonderheit stellen § 187, 2. Var., der das Vermögen schützt,[231] sowie die verhetzende Beleidigung (§ 192a) dar, wo man überwiegend das Interesse der Allgemeinheit am friedlichen Zusammenleben als geschützt ansieht.[232] 120

Die h.M. geht von einem **normativ-faktischen Ehrbegriff** aus, wonach sowohl der personale, unverfügbare Würdeaspekt (innere Ehre) als auch die faktisch verdiente Geltung der Person (äußere Ehre) erfasst werden.[233] Dabei kommt es nicht darauf an, ob der Einzelne subjektiv ein (gesteigertes) Ehrgefühl hat.

§ 185 ist ein **Auffangtatbestand**, aber nicht der Grundtatbestand gegenüber den spezielleren § 186 und § 187. **§ 186** und dessen Qualifikation in **§ 187** beziehen sich nur auf **Tatsachenbehauptungen** gegenüber **Dritten**. § 185 kann neben Tatsachenbehauptungen gegenüber dem Verletzten auch Werturteile erfassen.[234] 121

Systematik § 185 – § 187 122

	Werturteil	Tatsachenbehauptung
Adressat: Verletzter	§ 185	§ 185
Adressat: Dritte	§ 185	*§ 186 (nicht erweisliche)* *§ 187 (unwahre Tatsache)*

Die **Abgrenzung** von **Tatsachenbehauptungen** und **Werturteilen** kann im Einzelfall schwierig sein, es ist dann auf das überwiegende Element abzustellen.[235] Grundsätzlich sind Tatsachen dem Beweis zugänglich, Werturtei- 123

230 Vert. zur Wortbedeutung NK/Kargl, Vor § 185 Rn. 3ff.
231 BeckOK/Valerius, § 185 Rn. 1.
232 Die Norm soll Schutzlücken schließen, wenn weder eine Beleidigung noch eine Volksverhetzung vorliegen, näher: Fischer, § 192a Rn. 2; NK/Kargl, § 192a Rn. 6 m.w.N.
233 BGH 15.3.1989 – 2 StR 662/88, NStZ 1989, 528 m. Anm. Hillenkamp; 18.11.1957 – GSSt 2/57, NJW 1958, 228 zu einer Beleidigung durch unverlangt zugesandte Erotikwerbung, was den Wandel der Anschauungen zeigt; OLG Düsseldorf 29.5.2001 – 2a Ss 50/01 – 16/01 II, NJW 2001, 3562, 3563; BeckOK/Valerius, StGB, § 185 Rn. 2f.; NK/Kargl, StGB, § 185 Rn. 28ff. m.w.N.
234 Instruktiv: Börger, PSP 2025, 36 – 40.
235 Hohmann/Sander, BT § 15 Rn. 2.

le von einer Überzeugung, einem Für-Richtig-Halten geprägt.[236] Werturteile sind durch die in Art. 5 Abs. 1 GG gewährleistete Meinungsfreiheit besonders geschützt,[237] deshalb ist im Zweifel ein Werturteil anzunehmen.[238]

Scheinbare Tatsachenbehauptungen können im Kern ein Werturteil umfassen und umgekehrt.[239]

Fallbeispiel:

T sagt zu D: „Dein Vater hat im Supermarkt geklaut und deine Mutter ist eine betrügische Hure!"

Die Behauptung von Tatsachen, wonach jemand einen Diebstahl (§ 242) begangen hat, kann z. B. durch Zeugenaussagen verifiziert oder falsifiziert werden. Dieser Teil der Aussage kann § 186 oder bei entsprechendem Vorsatz sogar § 187 unterfallen.

Bei der Bezeichnung als „betrügerisch" steht dagegen häufig nicht eine Tatsachenbehauptung, sondern das nachteilige Werturteil im Vordergrund. Auch der Ausdruck „Hure" soll nicht (allein) zum Ausdruck bringen, dass jemand der Prostitution nachgeht (Tatsache), sondern vielmehr durch die pejorative Formulierung vorwiegend ein Werturteil zum Ausdruck bringen, das sich zugleich auf die Mutter als auch auf deren Sohn bezieht. Es ist für letzteren Teil der Aussage nur § 185 einschlägig.

B. Beleidigung

I. Aufbau

124 **Aufbauschema § 185**

I. Tatbestand
   1. Objektiv
      a) Rechtsgutsträger
      b) Tathandlung: Kundgabe der Miss- oder Nichtachtung

236 LG Verden 7.2.2022 – 4 Qs 101/21, BeckRS 2022, 13851 Rn. 12 m. w. N.

237 BVerfG 13.4.1994 – 1 BvR 23/94, BVerfGE 90, 241, 247; 26.2.2015 – 1 BvR 1036/14, NJW 2015, 2022 f.; 24.1.2018 – 1 BvR 2465/13, NJW 2018, 770.

238 BVerfG 4.4.2024 – 1 BvR 820/24, NStZ-RR 2024, 168, 169.

239 BVerfG 29.2.2012 – 1 BvR 2883/11, NJW-RR 2012, 1002 Rn. 11 ff.; BGH 22.6.1982 – VI ZR 255/80, NJW 1982, 2248 f. zur Abgrenzung bei der Formulierung „betrügt".

c) Taterfolg: Kenntnisnahme

d) Ggf. Qualifikation

- gem. § 185, 2. Halbsatz (öffentlich, in Versammlung, Inhaltsverbreitung oder mittels Tätlichkeit)
- gem. § 188 (gegen im politischen Leben des Volkes stehende Person)

2. Subjektiv: Vorsatz

II. Rechtswidrigkeit: insbes. § 193

III. Schuld

IV. Verfolgungsvoraussetzungen gem. § 194, insbes. Antrag

II. Tatbestand

1. Rechtsgutsträger

Zunächst muss ein Rechtsgutsträger vorhanden sein, also **Beleidigungsfähigkeit** vorliegen. **125**

a) Natürliche Personen

Träger von Ehre sind alle **lebenden Menschen**. Da die normative Ehre geschützt wird (s. Rn. 120), sind auch **Kinder** oder (geistig) **Behinderte** taugliche Opfer einer Beleidigung, unabhängig davon, ob sie die Bedeutung der Aussage selbst verstehen können.[240] Davon zu unterscheiden ist die Kenntnisnahme (s. Rn. 142).[241] **126**

§ 189 erweitert den Schutz auf **Verstorbene**, bei einer Verunglimpfung als besonders grobe und schwerwiegende Herabsetzung durch die Begehung einer Verleumdung, einer üblen Nachrede oder einer Beleidigung. Nach h. M. sollen das Pietätsempfinden der Angehörigen[242] bzw. der Allgemeinheit[243] sowie die über den Tod hinauswirkenden Persönlichkeitsrechte geschützt werden.[244] **127**

b) Kollektivbezeichnungen

Besondere Probleme stellen sich bei **Sammel- oder Kollektivbezeichnungen**. Es können **Einzelpersonen** unter einer solchen Bezeichnung **zusam-** **128**

240 BGH 16.12.1954 – 3 StR 384/54, NJW 1955, 471 f.; 13.5.1969 – 2 StR 616/68, NJW 1969, 1582; Fischer, Vor §§ 185 – 200 Rn. 8a.

241 BeckOK/Valerius, Vor § 185 Rn. 6.

242 BayOblG 27.6.1951 – Rev.Reg. Nr. III 170/51, BayObLGSt 1949, 455, 456.

243 OLG Düsseldorf 16.3.1967 – (1) Ss 840/66, NJW 1967, 1142 f.; LG Meiningen 5.8.2022 – 6 Qs 146/22, MMR 2022, 1089 zum strafbaren Liken eines gegen ermordete Polizisten gerichteten Hassposts.

244 LG Bonn 9.9.2013 – 25 Ns 555 Js 94/12 – 113/13, NStZ-RR 2014, 79; Fischer, § 189 Rn. 2.

men beleidigt werden; es wird schon als ausreichend angesehen, wenn nicht alle Personen eines **Gremiums** beleidigt werden, sondern einzelne oder mehrere aus einem zahlenmäßig überschaubaren Gremium. Ob man aussagt, alle Bundesminister, drei Bundesminister oder ein Bundesminister sind korrupt, kann entweder alle Mitglieder des Kabinetts oder individualisierbare Einzelpersonen betreffen, was durch Auslegung zu ermitteln ist.[245]

129 Dagegen liegt keine Beleidigung vor, wenn sich nicht **abgrenzen** lässt, welche Personen mit der Kollektivbezeichnung gemeint sind und welche nicht gemeint sind. Dies kann wegen der Unklarheit bei der Bezeichnung oder der großen Anzahl der darunter erfassten Personen der Fall sein.[246] Bei einer zu großen oder unabgrenzbaren Anzahl verliert sich der individuelle Ehranspruch.[247] Es muss bei mehreren **Deutungsmöglichkeiten** diejenige ausgeschlossen werden, die eine straflose Äußerung darstellt, um zu verurteilen.[248]

Beispiele:

„A.C.A.B." (all cops are bastards) oder „Polizisten sind Mörder" kann dann eine Beleidigung sein, wenn sie auf eine überschaubare Zahl von Polizisten gemünzt ist, etwa eine solche Äußerung gegenüber diensttuenden Mitgliedern einer Einheit oder im Bezug auf ein konkretes Einsatzverhalten gezielt ausgesprochen wird.[249]

Die Beamten einer Beschlagnahme- und Festnahmeeinheit (BFE) sind mit dem Button „fck bfe" individualisierbar und können deshalb unter dieser Bezeichnung beleidigt werden.[250]

Die im dritten Reich verfolgten Juden sind, da abgrenzbare Schicksalsgemeinschaft, als ausreichend individualisierbar angesehen worden.[251]

245 BGH 18.2.1964 – 1 StR 572/63, NJW 1964, 1148; BayObLG 30.06.1989 – RReg. 3 St 66/89, NJW 1990, 921 f.

246 BVerfG 10.10.1995 – 1 BvR 1476/91, NJW 1995, 3303, 3306.

247 BVerfG 26.2.2015 – 1 BvR 1036/14, NJW 2015, 2022 f.

248 BVerfG 17.5.2016 – 1 BvR 2150/14, NStZ-RR 2016, 277 f.

249 OLG Frankfurt/M. 23.5.2018 – 2 Ss-OWi 506/17, NStZ 2020, 39 Rn. 18 f.; OLG Stuttgart 23.6.2008 – 1 Ss 329/08, NStZ-RR 2009, 50.

250 BVerfG 8.12.2020 – 1 BvR 842/19, BeckRS 2020, 38103, sofern ein Ortsbezug und damit zu einer bestimmten BFE hergestellt werden kann; OLG Frankfurt/M. 23.11.1976 – 2 Ss 549/76, NJW 1977, 1353 zur Individualisierbarkeit von zwei Zivilbeamten der „Mannheimer Polizei" nach deren Schusswaffeneinsatz, was (beleidigend) als Mord kritisiert wurde.

251 BGH 28.2.1958 – 1 StR 387/57, NJW 1958, 599.

Gegenbeispiele:

Die Bezeichnung „Polizei" lässt sich nicht auf bestimmte Personen beziehen, sondern ist unabgegrenzt, weil die Landes- oder Bundespolizei, in- oder ausländische Polizeibehörden usw. gemeint sein können.[252] Es reicht daher nicht ohne zusätzliche Individualisierung aus, wenn Anstecker, Hosen oder Transparente mit entsprechendem Aufdruck (A.C.A.B., fck cps) sowie Tattoos getragen werden, selbst wenn Polizeibeamte dies wahrnehmen.[253]

Die „Robenknechte (= Richter) des Amtsgerichts Köln" sind so zahlreich (über 150) und wechseln durch Fluktuation häufig, dass sich keine ausreichende Individualisierung ergeben soll.[254]

c) Juristische Personen und Personenverbände

Neben den natürlichen Personen gibt es auch **juristische Personen**, bspw. **130** Aktiengesellschaften, eingetragene Vereine, Bundesländer oder Universitäten als Körperschaften des öffentlichen Rechts; daneben gibt es auch Verbände, wie Gewerkschaften, politische Parteien oder Bündnisse. Überwiegend hält man auch juristische Personen, **Behörden**, **Verbände** oder **Personenverbände** für beleidigungsfähig, was man § 194 Abs. 3 S. 2, 3, Abs. 4 entnehmen will;[255] dagegen lässt sich überzeugend einwenden, dass Ehre nur natürlichen Personen zukommt und eine Antragsbefugnis daran nichts ändert.[256]

Die h.M. will über den Kreis der in § 194 genannten Behörden, kirchli- **131** chen Einrichtungen und politischen Verbänden allen Personenverbänden eine **Verbandsehre** zubilligen, wenn diese abgrenzbar sind, eine rechtlich anerkannte Funktion erfüllen und einen einheitlichen Willen bilden können.[257] Statt einer Personenehre ziele die Verbandsehre darauf, ein Mindestmaß an öffentlicher Anerkennung zur Erfüllung ihrer Funktion zu

252 BayObLG 30.6.1989 – RReg. 3 St 66/89, NJW 1990, 921 f.; OLG Düsseldorf 14.5.1980 – 2 Ss 129/80 – 77/80 III, NJW 1981, 1522.

253 BVerfG 17.5.2016 – 1 BvR 2150/14, NStZ-RR 2016, 277 f.; 26.2.2015 – 1 BvR 1036/14, NJW 2015, 2022 f.; OLG Nürnberg 1.10.2012 – 1 St (OLG Ss 211/12), NStZ 2013, 593 (zum fehlenden Vorsatz); anders: OLG Karlsruhe 20.5.2014 – 1 (8) Ss 678/13 – AK 15/14, BeckRS 2014, 11644.

254 KG 30.3.1978 – (2) Ss 54/78 (13/78), JR 1978, 422 f.; dagegen zu weitgehend für alle aktiven Soldaten der Bundeswehr: BGH 19.1.1989 – 1 StR 641/88, NJW 1989, 1365; diff. BVerfG 10.10.1995 – 1 BvR 1476/91, NJW 1995, 3303 („Soldaten sind Mörder").

255 BVerfG 24.5.2006 – 1 BvR 49/00, NJW 2006, 3769, 3771; BGH 8.1.1954 – 1 StR 260/53, NJW 1954, 1412 f.; 19.1.1989 – 1 StR 641/88, NJW 1989, 1365, 1366; Sch/Sch/Eisele/Schittenhelm, Vor § 185 Rn. 3; Eisele/Heinrich, BT Rn. 344; Lackner/Kühl/Heger, Vor § 185 Rn. 5 m.w.N.

256 Fischer, Vor §§ 185–200 Rn. 12a; M/R/Gaede, Vor § 185 Rn. 20 m.w.N.

257 Sch/Sch/Eisele/Schittenhelm, Vor § 185 Rn. 3.

gewährleisten.[258] Abgelehnt wird deshalb die Ehre eines Kegelclubs oder der „Familienehre",[259] allerdings können einzelne Mitglieder unter der Kollektivbezeichnung beleidigt werden (s. Rn. 128).

2. Tathandlung: Kundgabe

132 Der abstrakte Begriff „Beleidigung" ist dahin auszulegen, dass neben einer Handlung (**Kundgabe**) auch ein Erfolg durch eine **Kenntnisnahme** erforderlich ist. Die h. M. hält die Norm durch jahrzehntelange Rechtsprechung für **hinreichend bestimmt**.[260]

133 **Definition:**

Beleidigung ist die **Kundgabe** der Miss- oder Nichtachtung des Achtungsanspruchs eines Rechtsgutsträgers gegenüber einer Person.[261]

Dies kann durch die Ehre **herabsetzende Werturteile oder Tatsachenbehauptungen** geschehen (s. Rn. 123).

134 Die Aussage muss eine Missachtung des Achtungsanspruches eines **erkennbaren Rechtsgutsträgers** zum Ausdruck bringen. Für die Erkennbarkeit reicht es aus, dass er umschrieben wird oder auf einem Foto identifizierbar ist.[262] Bei einer Beleidigung unter einer Kollektivbezeichnung (s. Rn. 128) muss feststehen, dass der Sinn der Äußerung auf die individuelle Ehre abzielt, insbesondere bei der Beleidigung von Polizeibeamten im Kontext **hoheitlicher Maßnahmen** ist in Betracht zu ziehen, dass Machtkritik (s. Rn. 152) geübt wird und nicht die konkreten Personen gemeint sind.

Beispiele:

Die Bezeichnung einschreitender Polizeibeamter als abkassierende Bullen[263], Wegelagerer[264] oder Nervzwerge[265] ist nicht ohne Weiteres auf die Personen bezogen, sondern kann auch eine Kritik am staatlichen Vorgehen darstellen.

258 BVerfG 24.5.2006 – 1 BvR 49/00, NJW 2006, 3769, 3771; BGH 30.5.2000 – VI ZR 276/99, NJW 2000, 3421.
259 BGH 26.4.1951 – 4 StR 99/51, NJW 1951, 531.
260 BVerfG 10.10.1995 – 1 BvR 1476/91, BVerfGE 93, 266, 291 f.
261 BGH 29.5.1951 – 2 StR 153/51, NJW 1951, 929.
262 BGH 12.1.1956 – 4 StR 470/55, NJW 1956, 679.
263 BVerfG 23.9.1993 – 1 BvR 584/93, NZV 1994, 486.
264 BayObLG 20.10.2004 – 1 St RR 153/04, NJW 2005, 1291, 1292 f.
265 BayObLG 18.3.2024 – 206 StRR 63/24, BeckRS 2024, 4969 Rn. 13 ff.

Der **Täter** muss dagegen nicht erkennbar sein, die Kundgabe kann **anonym**, unter Namen eines anderen erfolgen[266] oder unter einem Nickname im Internet.[267] Es kann ausreichen, sich die Aussage eines Dritten zu eigen zu machen.[268] 135

Die Äußerung ist ***nicht*** an eine **bestimmte Form** gebunden und kann in direkter Kommunikation verbal oder durch Gesten, aber auch durch Äußerungen in Textform oder mittels Übertragung erfolgen, muss aber an irgendeine andere Person gerichtet sein;[269] keine Kundgabe liegt bei persönlichen Notizen, Tagebüchern oder Selbstgesprächen vor, selbst wenn andere diese wahrnehmen.[270] 136

Beispiele:

Bezeichnung als Arschloch, einen „Vogel"[271] zeigen, Montage eines Politikergesichts in ein Foto eines NS-Kriegsverbrechers[272], Verweigerung des Zugangs zu einem öffentlichen Lokal aus rassistischen Gründen[273].

Es muss der Inhalt der Aussage **eindeutig** zur Ehrverletzung geeignet sein; andere Deutungsmöglichkeiten müssen ausgeschlossen werden. Dabei ist aus der **Perspektive eines Dritten** auszulegen; auf eine individuell empfundene Kränkung kommt es nicht an (s. Rn. 120): zunächst ist der **objektive (Wort-)Sinn**, es sind aber auch der **Kontext** der Äußerung, **Kenntnisse** und **Anschauungen** der potenziellen Erklärungsempfänger, die örtlichen und zeitlichen Verhältnisse sowie die sprachliche und gesellschaftliche Ebene in den Blick zu nehmen.[274] Zu § 193 s. Rn. 149. 137

266 BGH 3.11.1983 – 1 StR 515/83, NStZ 1984, 216 zur Schaltung einer Hostessenanzeige unter Angabe der Telefonnummer der Ex-Frau.

267 LK/Hilgendorf, § 185 Rn. 10.

268 OLG Köln 19.3.1996 – Ss 32/96, NJW 1996, 2878 f.

269 BayObLG 1.3.2023 – 203 StRR 38/23, BeckRS 2023, 13711 Rn. 4; BeckOK/Valerius, StGB, § 185 Rn. 18. Abweichend soll eine Kundgabe nur an den Beleidigten ausreichen: LG Regensburg 2.1.2008 – 6 KLs 153 Js 12773/05, NJW 2008, 1094, 1095 m. zurecht abl. Anm. Nierwetberg.

270 Zudem fehlt es regelmäßig am Vorsatz.

271 OLG Düsseldorf 18.3.1996 – 5 Ss 383/95, NJW 1996, 2245, was für die nicht eindeutige Geste des beiderseitigen Tippens an die Stirn verneint wurde.

272 OLG Karlsruhe 8.1.2023 – 2 Rv 34 Ss 589/22, BeckRS 2023, 916.

273 BayObLG 7.3.1983 – RReg. 2 St 140/82, NJW 1983, 2040 f.

274 BVerfG 10.10.1995 – 1 BvR 1476/91, BVerfGE 93, 266, 292; BayObLG 14.10.2024 – 206 StRR 343/24, BeckRS 2024, 27460 Rn. 10; 18.3.2024 – 206 StRR 63/24, BeckRS 2024, 4969 Rn. 13, 16 zur Bezeichnung der Polizei als „Nervzwerge"; OLG Zweibrücken 16.10.2018 – 1 OLG 2 Ss 46/18, NStZ-RR 2019, 246, 248.

Beispiel:

„Bulle“ kann je nach Sozialisation des Äußernden eine mundartlich bzw. umgangssprachlich geprägte neutrale Bezeichnung für Polizeibeamte sein.[275]

„Flitzpiepen“ als Bezeichnung für kontrollierende Polizeibeamte ist mehrdeutig.[276]

Dagegen erfüllt die Bezeichnung als „Scheiß-Bullenschwuchtel“ den Tatbestand unabhängig davon, wie dies der so bezeichnete Beamte empfindet.[277]

138 Nicht ausreichend sind taktlose, unangemessene oder unhöfliche Äußerungen,[278] bspw. Verweigerung des Grußes oder – nach aktueller Rechtsprechung – das **Duzen**.[279]

139 Da der Achtungsanspruch herabgewürdigt werden muss, verlangt die h. M., dass gegenüber dem Beleidigten behauptete **Tatsachen nachweislich unwahr** sein müssen;[280] ein Wahrheitsbeweis kann gem. § 190 durch ein Strafurteil geführt werden – ein Freispruch schließt diesen Beweis aus. Durch eine wahre Tatsachenbehauptung kann ausnahmsweise eine **Formalbeleidigung** (§ 192) verwirklicht werden.

Beispiel:

Wer im Zwiegespräch einen anderen als Dieb bezeichnet, beleidigt nur, wenn der andere nachweislich keinen Diebstahl begangen hat.

Eine strafbare Formalbeleidigung (§ 185, § 192) läge vor, wenn durch einen Aushang oder ein Posting tatsächlich verurteilte Ladendiebe quasi „an den Pranger“ gestellt werden.

3. Kundgabe in engen Vertrauensverhältnissen

140 Ehrverletzende Äußerungen im Rahmen eines **engen Vertrauensverhältnisses** über Dritte sind aus dem Tatbestand ausgenommen; es fehlt dann an einer Kundgabe.[281] Man will so dem Umstand Rechnung tragen, dass

275 KG 18.8.1983 – (4) Ss 100/83 (45/83), JR 1984, 165 m. zus. Anm. Otto; LG Regensburg 6.10.2005 – 3 Ns 134 Js 97458/04, NJW 2006, 629; AG Bremen 2.2.2018 – 81b Cs 690 Js 20621/17 (354/17), BeckRS 2018, 13906; anders noch: LG Essen 17.4.1980 – 23 Qs 151/79, NJW 1980, 1639.

276 OLG Karlsruhe 22.5.2018 – 2 Rv 4 Ss 193/18, BeckRS 2018, 62931 Rn. 8.

277 OLG Oldenburg 31.7.1989 – Ss 226/89 (juris), da durch die Voranstellung „Scheiß“ der abwertende Charakter deutlich ist; Lackner/Kühl/Heger § 185 Rn. 5.

278 Brodag, BT 8. Teil Rn. 14.

279 OLG Bremen 13.4.2018 – 1 Ss 49/17 (2 Ss 49/17 GenStA), BeckRS 2018, 31424 Rn. 24, konkret zum Duzen von Polizeibeamten; OLG Düsseldorf 10.8.1989 – 2 Ss 281/89 – 49/89 III, JR 1990, 345 m. zust. Anm. Keller, wobei man auf den Kontext der Äußerung abstellt.

280 OLG Koblenz 23.12.1976 – 1 Vs 2/76, juris-Rn. 11 m. w. N.

281 BeckOK/Valerius, § 185 Rn. 34 m. w. N.; teilweise will man auf § 193 abstellen, LK/Hilgendorf, § 185 StGB Rn. 14.

im **engsten Familienkreis** bspw. Gespräche mit (Ehe-)Partnern vertrauensvoll und in der Privatsphäre (Art. 2 Abs. 1 i.V.m. Art. 1 Abs. 1 GG) geführt werden können. Dies betrifft aber nur Äußerungen in Bezug auf **Dritte**; Beleidigungen des Ehegatten bleiben tatbestandlich erfasst.

Die Grenzen sind aber im Einzelfall umstritten: Werden daneben auch (enge) Freunde oder von Gesetzes wegen zu Verschwiegenheit Verpflichtete (Anwälte, Ärzte) eingeschlossen? Die Rechtsprechung ist zurückhaltend[282] und verlangt eine vergleichbare Nähe wie zu Eltern bzw. Ehepartnern, was bei Geschwistern vorliegen kann.[283] Ebenfalls ist dies bei einem Vertrauensverhältnis im Rahmen einer tiefen Freundschaft anzuerkennen.[284]

Es muss jedenfalls eine Situation vorliegen, in der die **Verschwiegenheit** des Dialogpartners erwartet werden kann. Die Unterhaltung muss vor der Wahrnehmung durch andere abgeschirmt sein; daran fehlt es bspw. bei einer mit normaler Lautstärke geführten Unterhaltung in der **Öffentlichkeit**.[285] **141**

Dagegen ergibt sich allein aus dem Umstand eines staatlichen Eingriffs im Rahmen der Kontrolle von Post (§§ 29, 31 StVollzG) bei einem **Inhaftierten** im Rahmen der Kommunikation mit Familienangehörigen oder Vertrauten nur in Sonderfällen eine Aufhebung des Schutzes der Privatsphäre.[286]

4. Taterfolg: Kenntnisnahme

Die Kundgabe allein reicht nicht aus, vielmehr muss es auch zu einem **Taterfolg** durch **Kenntnisnahme** seitens einer anderen Person kommen, erst dann tritt Vollendung der Tat ein.[287] Dazu muss der Sinn der Aussage erfasst werden, woran es bei fremdsprachlichen Äußerungen oder unbekannten Gesten fehlen kann.[288] **142**

Beispiel:

Der Täter fuhr an einer Videokamera vorbei und erkannte, dass eine Verkehrsüberwachungsmaßnahme von für ihn nicht sichtbaren Polizeibeamten durchgeführt wurde. Er hielt den ausgestreckten Mittelfinger („Stinkefinger") in Richtung der Kamera.

282 HansOLG 23.1.1990 – 2 Ss 103/89, NStZ 1990, 237 für Mandatsbeziehung.
283 BVerfG 26.4.1994 – 1 BvR 1689/88, BVerfGE Band 90, 255, 262; KG 14.7.2020 – 4 Ss 43/20, NStZ 2021, 430, 431 m.w.N.
284 BVerfG 23.11.2006 – 1 BvR 285/06, NJW 2007, 1194, 1195.
285 BayObLG 1.3.2023 – 203 StRR 38/23, BeckRS 2023, 13711 Rn. 5; KG 14.7.2020 – 4 Ss 43/20, NStZ 2021, 430, 431.
286 BVerfG 26.4.1994 – 1 BvR 1689/88, BVerfGE 90, 255, 260ff.
287 OLG Karlsruhe 8.1.2023 – 2 Rv 34 Ss 589/22, BeckRS 2023, 916 Rn. 14.
288 OLG Zweibrücken 16.10.2018 – 1 OLG 2 Ss 46/18, NStZ-RR 2019, 246, 248.

Durch die Geste wurde eine Beleidigung in Form eines herabsetzenden Werturteils geäußert und mittels der Kameraübertragung den Beamten zur Kenntnis gebracht.[289]

Dagegen würde es an einer Vollendung[290] fehlen, wenn keine andere Person (Beamter, Verkehrsteilnehmer) die Geste wahrnimmt.

5. Verhältnis zu den Sexualdelikten

143 Bei **sexuellen Übergriffigkeiten** ist die Beleidigung nach inzwischen h. M. kein Auffangtatbestand, sondern die **Sexualdelikte** sind grundsätzlich **abschließend**, sodass etwa das Ansinnen intimer Kontakte[291] oder eine Vergewaltigung nicht zugleich eine Beleidigung darstellen; eine Beleidigung kann allenfalls vorliegen, wenn eine gewollte Herabsetzung des Opfers zum Ausdruck gebracht wird.[292]

6. Qualifikation (§ 185, 2. HS)

a) Öffentlich, in Versammlungen oder durch Verbreitung von Inhalten (§ 185, 2. Var.)

144 Neu eingefügt wurde die **öffentliche Begehung**, in **Versammlungen** oder durch das **Verbreiten** von **Inhalten** (§ 11 Abs. 3), was entsprechend wie in § 186 bzw. § 187 ausgestaltet wurde. Bei nicht nur flüchtig oder vor vielen Rezipienten getätigten Äußerungen wird das Unrecht vertieft. Insbesondere im Internet (sog. hate speech) lassen sich dort einmal zugänglich gemachte Inhalte praktisch nicht beseitigen.

Beispiele:

Beleidigende Äußerung in einer Zeitung, Rundfunksendung oder sozialen Netzwerken und auf Webseiten.[293]

b) Mittels Tätlichkeit (§ 185, 3. Var.)

145 Nach h. M. ist wegen der Verdoppelung der Strafandrohung unter Tätlichkeit eine unmittelbare körperliche Einwirkung zu verstehen,[294] eine ledig-

289 BayObLG 23.2.2000 – 5 St RR 30/00, NJW 2000, 1584.
290 Eine Versuchsstrafbarkeit der Beleidigung ist nicht vorgesehen.
291 BGH 2.11.2017 – 2 StR 415/17, NStZ 2018, 603, 604.
292 BGH 22.11.2006 – 2 StR 382/06, NStZ 2007, 218; OLG Karlsruhe 6.6.2002 – 1 Ss 13/02, NJW 2003, 1263, 1264; OLG Bamberg 28.9.2006 – 3 Ss 48/06, NStZ 2007, 96.
293 Fischer, § 186 Rn. 17 ff.
294 BGH 5.3.2009 – 4 StR 594/08, NStZ-RR 2009, 172 f.

lich auf den Körper *zielende* Einwirkung hält dagegen eine M.M. für ausreichend.[295]

Beispiele:

Anspucken[296], Bewerfen mit Fäkalien oder Zigarettenstummel[297], „Respekt-Schelle“[298], Abtasten im Intimbereich unter bewusst fingiertem Tatverdacht[299].

7. Subjektiver Tatbestand

146 Es ist **Vorsatz** erforderlich;[300] eine Beleidigungsabsicht wird nicht verlangt.[301] Soweit falsche Tatsachenbehauptungen gegenüber dem Verletzten erfasst sind (s. Rn. 139), muss sich zumindest bedingter Vorsatz auch auf deren Unwahrheit beziehen.[302]

147 Die Einordnung von **Irrtümern** richtet sich nach allgemeinen Regelungen.[303] **Unerheblich** sind Irrtümer, wenn bspw. dem Täter eine Identitätsverwechslung unterläuft oder er bei der Kundgabe nur mit der Wahrnehmung durch Dritte, aber nicht durch die beleidigte Person rechnet.[304] Dagegen fehlt es am Vorsatz der Kundgabe, wenn der Täter an einer Videokamera beleidigende Gesten vollführt, aber annimmt, dass diese nicht in Betrieb ist.[305]

III. Rechtswidrigkeit

1. Allgemeine Rechtfertigungsgründe

148 Erst wenn Äußerung als tatbestandsmäßiges Verhalten von §§ 185 ff. erfasst ist, können zunächst die allgemeinen **Rechtfertigungsgründe**, bspw. Einwilligung[306] oder praktisch selten Notwehr[307], eingreifen.

295 Fischer, § 185 Rn. 18a.
296 BGH 5.3.2009 – 4 StR 594/08, NStZ-RR 2009, 172 f.; OLG Zweibrücken 18.6.1990 – 1 Ss 238/89, NStZ 1990, 541.
297 OLG Zweibrücken 13.1.2022 – 1 OLG 2 Ss 66/21, NStZ-RR 2022, 111, 112 m. Anm. Ziegler.
298 Mansouri/Schirl, JA 2023, 177, 178 f., 180; BeckOK/Valerius, § 185 Rn. 42.
299 BGH 15.10.1987 – 4 StR 420/87, NStZ 1988, 69.
300 § 15, vgl. Schütze, AT Rn. 125 ff.
301 BayObLG 15.2.2002 – 1 St RR 173/01, NStZ-RR 2002, 210, 212.
302 OLG Köln 28.7.1964 – 1 Vs 7/64, NJW 1964, 2121, 2122; OLG Koblenz 23.12.1976 – 1 Vs 2/76, juris-Rn. 12.
303 Schütze, AT Rn. 153 ff.
304 BayObLG 1.3.2023 – 203 StRR 38/23, BeckRS 2023, 13711 Rn. 4.
305 LG Kassel 30.11.2007 – 9012 Js 44909/06 7 Ns, NZV 2008, 310, 311.
306 Dabei ist umstritten, ob ein Einverständnis schon den Tatbestand ausschließt oder eine Einwilligung rechtfertigend wirkt, Sch/Sch/Eisele/Schittenhelm, § 185 Rn. 15 m. w. N.
307 BGH 14.2.1952 – 5 StR 1/52, BeckRS 1952, 31192437; BeckOK/Valerius, § 185 Rn. 39, da der Angriff gegenwärtig sein muss.

2. Wahrnehmung berechtigter Interessen (§ 193)

149 Besondere Bedeutung als Rechtfertigungsgrund[308] hat die **Wahrnehmung berechtigter Interessen** (§ 193), der nach h.M. ausschließlich auf Delikte des 14. Abschnitts angewendet werden kann.[309]

150 a) Aufbau

Aufbauschema § 193

I. Tatbestand §§ 185 ff.
II. Rechtswidrigkeit
  1. Objektive Elemente
    a) Rechtfertigungslage: Berechtigtes Interesse
    b) Rechtfertigungshandlung: Geeignete, erforderliche und angemessene Wahrnehmung des Interesses
  2. Subjektives Element: Absicht der Interessenwahrnehmung
III. Schuld
IV. Strafe: Antrag

b) Voraussetzungen

151 § 193 nennt mehrere sich überschneidende **Fallgruppen**.

Tadelnde Urteile können bspw. eine negative Musik- oder Literaturkritik, eine kritische Beurteilung eines Unternehmens oder die ehrverletzende Aussage eines Reporters zu sportlichen Leistungen sein.[310]

Äußerungen zur Ausführung oder **Verteidigung von Rechten** können bspw. Strafanzeigen sein, mit denen einer konkreten Person ein strafbares Verhalten nachgesagt wird, ohne dass dies nachgewiesen werden kann (§ 186, s. Rn. 158),[311] oder der Kampf ums Recht[312].

152 Zudem werden in der Norm „**berechtigte Interessen**" genannt. Das können **individuelle**, eigene oder bei einem Auftrag auch fremde Interessen sein. Besonders bedeutsam sind **allgemeine Interessen:** Insbesondere die Wahr-

308 BGH 15.1.1963 – 1 StR 478/62, NJW 1963, 665, 666.
309 OLG Düsseldorf 25.10.2005 – III-5 Ss 63/05 – 33/05 I, NStZ 2006, 243, Rn. 11; 5.12.1986 – 1 Ss 551/86, NStZ 1987, 121, 122; BeckOK/Valerius, § 193 Rn. 7 m.w.N.; Hohmann/Sander, BT § 8 Rn. 19.
310 Eisele/Heinrich, BT Rn. 391 zur Aussage des Fußballexperten Mehmet Scholl über die Spielweise von Mario Gomez: „Hatte zwischendrin Angst, dass er sich wundgelegen hat, dass man ihn wenden muss."
311 OLG Köln 21.1.1997 – Ss 10/97, NJW 1997, 1247 f.
312 BVerfG 29.2.2012 – 1 BvR 2883/11, NJW-RR 2012, 1002 Rn. 15.

nehmung von in **Art. 5 GG** geschützten Rechten ist hier einschlägig, also die Meinungsäußerung, Kunst- und Wissenschaftsfreiheit oder journalistische Tätigkeit. Dazu gehört auch der gesellschaftliche Diskurs, die politische und weltanschauliche Auseinandersetzung oder die Machtkritik.[313]

Fallbeispiel:

T wird von der Polizei wegen seines auffälligen Fahrverhaltens einer Kontrolle unterzogen und reagiert uneinsichtig. Er zeigt sich bei der Aufforderung, noch Warndreieck und Verbandskasten vorzuzeigen, wenig kooperativ. Er äußert zum Beamten B: „Ihr habt doch nur Langeweile. Ihr seid doch nur Wichtigtuer!"

Weder das Duzen als bloße Unhöflichkeit (s. Rn. 138) noch die Herabwürdigung als Wichtigtuer stellen strafbare Beleidigungen dar. T wollte die seiner Ansicht nach falsche Ermessensausübung mit einer pointierten Äußerung anprangern. Sofern dies aus dem Kontext heraus (s. Rn. 137) überhaupt ausschließlich als ehrverletzendes Werturteil des Amtsmissbrauchs interpretiert werden kann,[314] überwiegt im Rahmen der Abwägung gem. § 193 sein Recht, eine Machtkritik äußern zu können.[315]

Das BVerfG verlangt eine **Abwägung** der widerstreitenden Interessen im Rahmen einer Verhältnismäßigkeitsprüfung. Konkret wird nach der Prüfung der Geeignetheit und Erforderlichkeit einer Äußerung bei der Angemessenheit das Recht auf Schutz der Ehre einerseits mit dem Recht sich frei zu äußern andererseits unter Berücksichtigung des Einzelfalls abgewogen.[316] Es kann eine Rolle spielen, in welchem Kontext und in welcher Form die Äußerung getätigt wird.[317] **153**

Daraus ergibt sich in (seltenen) Fällen, dass bei einer Formalbeleidigung oder sog. **Schmähkritik**, d.h. einer Äußerung, die ganz vorrangig die Diffamierung verfolgt, das Interesse an der Äußerung zurücktritt.[318] Die Freiheit von Kunst umfasst bspw. **Karikaturen** oder **Satire** bis zur Grenze der Schmähkritik oder der Menschenwürde.[319]

313 BVerfG 9.2.2022 – 1 BvR 2588/20, NJW 2022, 1523 Rn. 22 m.w.N.
314 OLG Bremen 13.4.2018 – 1 Ss 49/17 (2 Ss 49/17 GenStA), BeckRS 2018, 31424 Rn. 9ff.
315 OLG Bremen 13.4.2018 – 1 Ss 49/17 (2 Ss 49/17 GenStA), BeckRS 2018, 31424 Rn. 13ff.
316 BVerfG 29.2.2012 – 1 BvR 2883/11, NJW-RR 2012, 1002 Rn. 15.
317 BVerfG 16.10.2020 – 1 BvR 2805/19, NJW 2021, 298 Rn. 21; zur Bezeichnung von Beamten wegen einer länger dauernden Kontrolle als „completely crazy" OLG München, 6.11.2014 – 5 OLG 13 Ss 535/14, juris-Rn. 8.
318 BVerfG 28.7.2014 – 1 BvR 482/13, NJW 2014, 3357 Rn. 11ff.
319 Zum Erdogan-Schmähgedicht von Jan Böhmermann mit Einstellung des Strafverfahrens GenStA Koblenz 13.10.2016 – 4 Zs 831/16, aber zivilrechtlicher Untersagung: OLG Hamburg 15.5.2018 – 7 U 34/17, BeckRS 2018, 8374; BVerfG 26.1.2022 – 1 BvR 2026/19, BeckRS 2022, 1484; zusammenfassend: Vasel NJW 2022, 740; OLG Hamburg 17.1.1985 – 1 Ss 168/84, NJW 1985, 1654; BVerfG 3.6.1987 – 1 BvR 313/85, BVerfGE Band 75, 369, 376ff. zur Darstellung eines Politikers als kopulierendes Schwein.

Umgekehrt ist bei Verfolgung öffentlicher Interessen, insbesondere beim **politischen Diskurs,** die Freiheit der Meinungsäußerung meist vorrangig und es kann dann zum Ausgleich für den Verletzten ein Recht auf **Gegenschlag** geben.[320]

Journalisten dürfen im Interesse der Öffentlichkeit berichten, selbst wenn nur ein Verdacht[321] vorhanden ist, allerdings müssen sie dabei Standards beachten, also die Richtigkeit vor der Veröffentlichung prüfen.[322] Hierzu gibt es eine umfangreiche Kasuistik.[323]

154 Die h.M. verlangt in **subjektiver** Hinsicht ein Handeln zur Wahrung der Interessen; unschädlich ist, wenn bei einem Motivbündel dieser Aspekt nicht ganz in den Hintergrund tritt.[324]

IV. Strafantrag (§ 194)

155 § 194 statuiert als Grundsatz für die Strafverfolgung ein **Antragserfordernis** für die Delikte des 14. Abschnitts.[325] Sonderregelungen gelten für Taten in der **erweiterten Öffentlichkeit** bei **verfolgten Gruppen** einer Willkürherrschaft (Abs. 1 S. 2). Bei § 188 und § 192a handelt es sich um **relative Antragsdelikte** (§ 194 Abs. 1 S. 3) mit einer Widerspruchsmöglichkeit der Verletzten.

156 Bei einer Tat *gegen* einen **Amtsträger**, die **in Beziehung auf seinen Dienst** begangen wird, tritt neben das Antragsrecht des betroffenen Beamten ein *selbstständiges* Strafantragsrecht des **Dienstvorgesetzten** (§ 194 Abs. 3 S. 1). Dadurch soll er seiner Fürsorgepflicht nachkommen, aber auch eine mittelbare Beeinträchtigung des Ansehens der Behörde verfolgen können.[326] Dienstvorgesetzter ist, wer ein Weisungsrecht hat und für Personal- und Disziplinarangelegenheiten zuständig ist, sowie dessen Vorgesetzter (§ 77a).[327] Zudem hat der **Behördenleiter** das Antragsrecht bei einer **gegen die Behörde** gerichteten Tat (§ 194 Abs. 3 S. 2).

---

320 BVerfG 22.6.1982 – 1 BvR 1376/79, BVerfGE 61, 1; 5.12.2008 – 1 BvR 1318/07, NJW 2009, 749, 750; Fischer, § 193 Rn. 21 m.w.N.; zu den Grenzen für Regierungsmitglieder: BVerfG 27.2.2018 – 2 BvE 1/16, BVerfGE Band 148, 11, 30.

321 Vert. Claßen, NJW 2023, 3392.

322 BVerfG 25.10.2005 – 1 BvR 1696/98, NJW 2006, 207, 210; OLG Oldenburg 24.1.2011 – 1 Ss 69/10, BeckRS 2011, 2707.

323 Fischer, § 193 Rn. 22 f.

324 BeckOK/Valerius, § 193 Rn. 46; Fischer, § 193 Rn. 42 jew. m.w.N.

325 Fischer, § 194 Rn. 2.

326 BGH 1.3.1955 – 5 StR 53/55, NJW 1955, 838, 839.

327 Fischer, § 194 Rn. 7.

Praxishinweise:

Wenn der Verletzte und dessen Vorgesetzter von der Äußerung zu unterschiedlichen Zeitpunkten erfahren, beginnt die Strafantragsfrist von drei Monaten zu unterschiedlichen Zeitpunkten (§ 77b).

Es handelt sich gem. § 374 Abs. 1 Nr. 2 StPO um **Privatklagedelikte**; jeder Antragsberechtigte kann Privatklage erheben, was aber wegen des Kostenrisikos selten zu empfehlen ist; stattdessen ist ein zivilrechtliches Vorgehen in Betracht zu ziehen.

V. Wechselseitige Beleidigung (§ 199)

§ 199 gilt für alle Tatbestände des 14. Abschnitts und ermöglicht es dem **157**
Gericht bei **wechselseitigen Beleidigungen** von Strafe für einen oder beide Täter abzusehen, wenn eine Beleidigung auf der Stelle erwidert wird (**Kompensationsgrundsatz**).[328]

C. Üble Nachrede

I. Aufbau

Aufbauschema § 186 **158**

I. Tatbestand
  1. Objektiv
    a) Rechtsgutsträger
    b) Ehrenrührige Tatsache
    c) Tathandlung: Behaupten oder verbreiten gegenüber Dritten
    d) Taterfolg: Kenntnisnahme durch Dritte
    e) ggf. Qualifikation:
      – Öffentlich, Versammlung, Schriften verbreitet (§ 186, 2. HS)
      – gegen Person des öffentlichen Lebens (§ 188)
  2. Subjektiv: Vorsatz
II. Rechtswidrigkeit insbes. § 193

328 Ein Strafbedürfnis entfällt, weil die erste Beleidigung durch die Erwiderung bereits ausgeglichen wird, BeckOK/Valerius, § 199 Rn. 1.

III. Schuld

IV. Strafe

- Obj. Bedingung der Strafbarkeit: Nichterweislichkeit der Tatsache
- Strafverfolgungsvoraussetzung: Strafantrag gem. § 194

II. Tatbestand

159 Die Norm erfasst nur **Tatsachenbehauptungen** gegenüber Dritten (s. Rn. 121 ff.). § 186 hat deswegen einen gegenüber § 185 erhöhten Strafrahmen.

Die Tatsache muss aus Sicht eines größeren Teils der Bevölkerung dazu *geeignet* sein, einen Rechtsgutsträger (s. Rn. 125) verächtlich zu machen oder in der öffentlichen Meinung herabzuwürdigen, also **ehrenrührig** sein;[329] ein Erfolg muss nicht eintreten.[330] An dieser Eignung zur Ehrverletzung soll es etwa fehlen, wenn über einen Gynäkologen behauptet wird, er nehme zwar rechtswidrige, aber straflose Abtreibungen vor.[331] Dagegen ist die Bezichtigung der Begehung einer Straftat[332] herabwürdigend, bspw. durch die Behauptung, ein Schlachthof verarbeite Gammelfleisch.[333]

160 Die **Tathandlungen** unterscheiden sich dadurch, ob die Tatsache nach *eigener* oder nach *fremder* Überzeugung als zutreffend dargestellt wird:

Behaupten bedeutet, eine Tatsache als nach eigener Überzeugung richtig hinzustellen.[334]

Verbreiten ist die Weitergabe einer von anderen[335] gehörten Tatsache (Gerücht).[336]

161 Nicht entscheidend ist die Einkleidung als Frage, Bezeichnung als Verdacht[337] oder Wendungen wie „ich glaube“, „wahrscheinlich“.[338] Umstrit-

329 Fischer, § 186 Rn. 4.

330 Es ist umstritten, ob es sich um ein abstraktes oder konkretes Gefährdungsdelikt handelt, M/R/Gaede, § 186 Rn. 1; Fischer, § 186 Rn. 1.

331 OLG Karlsruhe 25.11.2004 – 3 Ss 81/04, NJW 2005, 612, 613 f.

332 Zur Tatbestandsmäßigkeit einer in der Öffentlichkeit durchgeführten Kontrolle auf gestohlene Ware OLG Hamm 30.06.1986 – 4 Ss 271/86, NJW 1987, 1034 f.

333 OLG Oldenburg 24.1.2011 – 1 Ss 69/10, BeckRS 2011, 2707.

334 OLG Köln 7.6.1963 – Ss 85/63, NJW 1963, 1634; OLG Hamm 15.1.1971 – 3 Ss 972/70, NJW 1971, 853.

335 Die Wiedergabe einer vom Täter selbst stammenden Tatsachenbehauptung wird nach h. M. nicht erfasst, KG 14.7.1955 – 2 Vs 5/55, NJW 1955, 1368.

336 Fischer, § 186 Rn. 9; zur Wiedergabe eines Gerüchts: BGH 15.1.1963 – 1 StR 478/62, NJW 1963, 665, 666; OLG Hamm 2.2.1953 – 2 Vs 37/52, NJW 1953, 596 f.

337 Fischer, § 186 Rn. 8.

338 M/R/Gaede, § 186 Rn. 8.

ten ist, ob durch ein „Liken" in sozialen Medien die fremde Aussage sich zu eigen gemacht wird.[339] Dagegen reicht es *nicht* aus, wenn eine **kompromittierende Faktenlage** geschaffen wird,[340] bspw. das Verstecken eines Kondoms, um so beim Betrachter den Verdacht eines Ehebruchs hervorzurufen.

Die Tatsache ist **in Beziehung auf einen anderen** geäußert, wenn der Verletzte und zumindest ein Empfänger personenverschieden sind.[341] **162**

Fallbeispiel:

T will seine Ex-Frau E demütigen. Er schaltet ein Sexinserat mit der Telefonnummer der E. Es lässt sich nicht aufklären, ob die E sich prostituiert. Hat T § 186 verwirklicht?

Das Inserat erweckt den Eindruck, die E betätige sich als Prostituierte, was eine ehrverletzende Tatsachenbehauptung ist. Es soll nach h. M. aber kein Drittbezug und damit nicht § 186 vorliegen, weil beim Leser der Eindruck erweckt wird, das Inserat stamme von E selbst.[342]

Zur Qualifikation gem. § 186, 2. HS s. Rn. 144. **163**

Im subjektiven Tatbestand muss sich der zumindest bedingte Vorsatz nur auf die Merkmale des objektiven Tatbestands beziehen, aber nicht auf die Wahrheit der Tatsache, s. Rn. 166.[343] **164**

III. Rechtswidrigkeit

Zur Rechtswidrigkeit gelten die Ausführungen zu § 185 entsprechend, s. Rn. 148. **165**

IV. Objektive Bedingung der Strafbarkeit

§ 186 setzt voraus, dass die Tatsache nicht erweislich wahr ist. Darin sieht man verbreitet eine objektive Bedingung der Strafbarkeit.[344] Zwar ist von Amts wegen aufzuklären, ob die Tatsache im Kern wahr ist,[345] allerdings trägt der Äußernde das Risiko, ob der Wahrheitsbeweis gelingt. Woran **166**

339 LG Meiningen 5.8.2022 – 6 Qs 146/22, MMR 2022, 1089 m. krit. Anm. Nussbaum.
340 BGH 3.11.1983 – 1 StR 515/83, NStZ 1984, 216.
341 Fischer, § 186 Rn. 10.
342 BGH 3.11.1983 – 1 StR 515/83, NStZ 1984, 216; 16.8.1984 – 1 StR 406/84, juris-Rn. 8; a. A. Streng GA 1985, 214, 230.
343 BGH 12.2.1958 – 4 StR 189/57, NJW 1958, 797, 798; Fischer, § 186 Rn. 13 m. w. N.
344 BGH 12.2.1958 – 4 StR 189/57, NJW 1958, 797, 798; allgemein dazu: Schütze, AT Rn. 378.
345 BGH 15.1.1963 – 1 StR 478/62, NJW 1963, 665, 666.

dieser Nachweis scheitert, bspw. Tod des Zeugen, Verlust eines Dokuments, ist nach h.M. unerheblich.[346] Die Aufklärung obliegt dem Gericht und ist vorrangig, selbst wenn eine Formalbeleidigung (§ 186, § 192) oder Rechtfertigung nach § 193 feststeht, um den Ruf des Verletzten wiederherzustellen.[347]

D. Verleumdung

167 § 187 unterscheidet sich von § 186 dadurch, dass eine nachweislich **unwahre Tatsache** behauptet wird.[348] Es handelt sich bei der Unwahrheit der Tatsache um ein Merkmal des objektiven Tatbestands. Der Täter muss im subjektiven Tatbestand bezüglich der Unwahrheit **wider besseres Wissen**[349] handeln, sonst reicht bedingter Vorsatz.[350]

168 Beim Qualifikationsmerkmal der Kreditgefährdung handelt es sich um Vertrauen in die Fähigkeit, vermögensrechtliche Verbindlichkeiten erfüllen zu können, s. Rn. 120.[351]

E. Abschlussfall

169 **Ärgerliche Polizeikontrolle**

Sachverhalt:

T wurde von den Polizeibeamten B und C wegen des Verdachts, ohne Fahrerlaubnis mit dem Auto gefahren zu sein, vor seinem Haus kontrolliert. T reagiert darauf mit der Aussage: „Seid's ihr noch ganz dicht?" und dem zweimaligen Zeigen des sog. „Scheibenwischers".

Aufgabenstellung: Hat sich T nach den §§ 185–187 strafbar gemacht? Prüfen Sie ggf. hilfsgutachterlich alle aufgeworfenen Fragen.

Lösungshinweise:

T könnte sich gem. § 185 zum Nachteil von B und C strafbar gemacht haben durch seine Frage und die Geste.

346 BeckOK/Valerius, § 185 Rn. 21.
347 BGH 21.10.1977 – 4 StR 686/76, NJW 1978, 834; 12.2.1958 – 4 StR 189/57, NJW 1958, 797, 798.
348 Fischer, § 187 Rn. 2.
349 Zur Wissentlichkeit Schütze, AT Rn. 147.
350 Fischer, § 187 Rn. 2.
351 Fischer, § 187 Rn. 3a.

I. Tatbestand

1. Objektiv:

Als Rechtsgutsträger kommen B und C in Betracht, da sie natürliche Personen sind.

Als Tathandlung gem. § 185 kommt eine Beleidigung als Kundgabe der Miss- oder Nichtachtung des Achtungsanspruchs eines anderen in Betracht. Dies erfasst die Äußerung von Werturteilen, gegenüber Dritten und gegenüber dem Betroffenen. § 186 und § 187 beziehen sich dagegen auf Tatsachenbehauptungen mit Drittbezug. Sowohl die in eine rhetorische Frage eingekleidete Behauptung, dass jemand nicht ganz dicht ist, als auch die Geste (s. Rn. 136) des Scheibenwischers als Bewegen des Armes vor dem Gesicht haben vom Standpunkt eines verständigen Beobachters die Bedeutung, dass jemand unvernünftig ist, nicht über ausreichende Verstandeskraft verfügt. Dies ist von einer Wertung geprägt, nicht aber als dem Beweis zugängliche Tatsachenbehauptung einzuordnen (s. Rn. 123). Irrelevant ist dagegen, wie die Beteiligten subjektiv die Äußerungen gemeint oder verstanden haben.[352] Soweit die Äußerung ein Duzen enthält, wäre dies keine Ehrverletzung (s. Rn. 138).

Es kam zu einem Taterfolg, als die Äußerung von B und C auch zur Kenntnis genommen wurde (s. Rn. 142).

Fraglich ist, ob sich die Äußerung auf einen Rechtsgutsträger bezogen hat. Bei Äußerungen mit Bezug auf Polizeibeamte ist zumindest die Möglichkeit in Betracht zu ziehen, dass nicht B und C persönlich gemeint waren, sondern „die Polizei". Letztere wäre nicht abgrenzbar und deshalb nicht beleidigungsfähig (s. Rn. 129). Sofern diese Deutung nicht sicher ausgeschlossen werden kann, ist eine Beleidigung mit der h. M. zu verneinen; T ist nicht strafbar.[353]

Die Vorinstanzen haben eine andere Wertung damit begründet, dass T sich gezielt an B und C mit seinen Aussagen wendet.[354]

Hilfsgutachten: Sofern man nicht schon den objektiven Tatbestand ablehnt, stellen sich weitere Fragen auf die nachfolgend eingegangen wird.

2. Subjektiv: T handelt vorsätzlich.

II. Rechtswidrigkeit: In Betracht kommt eine Rechtfertigung gem. § 193.

352 BayObLG 14.10.2024 – 206 StRR 343/24, BeckRS 2024, 27460, Rn. 8.
353 BayObLG 14.10.2024 – 206 StRR 343/24, BeckRS 2024, 27460, Rn. 9f.
354 LG Landshut 27.5.2024 – 5 NBs 407 Js 30611/23, BeckRS 2024, 27472.

Objektive Elemente:

Dazu müsste zunächst eine Rechtfertigungslage vorliegen: Das berechtigte Interesse schützt insbesondere das Recht von Bürgern, ihre Meinung frei zu äußern (Art. 5 GG). Davon ist auch das Recht umfasst, sogar an rechtmäßiger Machtausübung des Staates Kritik zu üben (s. Rn. 152).

Es müsste weiter eine Rechtfertigungshandlung vorliegen, also die Äußerungen des T geeignet, erforderlich und angemessen zur Interessenwahrung sein. Die Äußerungen sind zwar drastisch und pointiert, sind aber geeignet und erforderlich, um eine Kritik zum Ausdruck bringen zu können. Im Rahmen der Angemessenheit muss der Anspruch auf Schutz der Ehre von B und C gegenüber dem Recht auf freie Meinungsäußerung des T abgewogen werden. Vorliegend ist dem Interesse an Machtkritik Vorrang einzuräumen, weil nicht nur ein individuelles Interesse vorhanden ist, sondern auch ein öffentliches Interesse an kritischer Auseinandersetzung.

Subjektive Elemente: T handelte mit dem Ziel, seine Interessen zu wahren.

Daher wäre das Verhalten des T gem. § 193 gerechtfertigt. Er bleibt straflos.

4. KAPITEL Straftaten gegen den persönlichen Lebens- und Geheimbereich

A. Grundsätzliches

Im 15. Abschnitt sind Tatbestände zusammengefasst, die überwiegend dem Schutz der **Privatsphäre** dienen.[355] Die Normen schützen die aus Art. 2 Abs. 1 i.V.m. Art. 1 Abs. 1 GG abgeleiteten Fallgruppen des **Allgemeinen Persönlichkeitsrechts** vor besonders gravierenden Beeinträchtigungen, bspw. das Recht am nichtöffentlich gesprochenen **Wort**, am eigenen **Bild**[356] oder an (höchstpersönlichen) **Daten**[357] sowie das Brief-[358] Post- und Fernmeldegeheimnis (Art. 10 GG). Auf Normen zum Sozial- und Datenschutz in Nebengesetzen[359] oder die Verwertung fremder Geheimnisse (§ 204) wird nicht eingegangen. **170**

355 Daneben werden partiell auch Betriebs- und Geschäftsgeheimnisse sowie Behördenkommunikation geschützt, näher: MüKo/Graf, vor § 201 Rn. 7.
356 BGH 1.10.2024 – 1 StR 299/24, NStZ-RR 2025, 20 Rn. 14.
357 LK/Hilgendorf/Schünemann, Vorbem. §§ 201 ff. Rn. 1 ff.
358 § 202 geht über den Schutzbereich von Art. 10 GG hinaus, Fischer, § 202 Rn. 2.
359 LK/Hilgendorf/Schünemann, Vorbem. §§ 201 ff. Rn. 9.

B. Verletzung der Vertraulichkeit des Wortes (§ 201)

I. Aufbau

171 **Aufbauschema § 201**

I. Tatbestand
   1. Objektiv
      a) Nichtöffentlich gesprochenes Wort eines anderen
      b) Tathandlung:
         – Aufnehmen auf Tonträger (Abs. 1 Nr. 1),
         – Gebrauchen oder Zugänglichmachen der Aufnahme (Abs. 1 Nr. 2),
         – Abhören mit einem Abhörgerät (Abs. 2 Nr. 1) oder
         – Öffentliches Mitteilen mit Beeinträchtigung berechtigter Interessen (Abs. 2 Nr. 2)
      c) Ggf. Qualifikation gem. Abs. 3: Amtsträger/für den öffentlichen Dienst besonders Verpflichteter
   2. Subjektiv: Vorsatz
II. Rechtswidrigkeit: Allgemeine Rechtfertigungsgründe, nur für Abs. 2 Nr. 2: Wahrnehmung überragender öffentlicher Interessen
III. Schuld
IV. Strafverfolgungsvoraussetzung: Antrag gem. § 205

II. Voraussetzungen

172 Die Norm schützt die Vertraulichkeit des flüchtigen, **gesprochenen Wortes** bei nichtöffentlicher Äußerung. **Nichtöffentlich** ist eine Äußerung, die an einen **begrenzten Personenkreis** gerichtet ist, also nicht an die Allgemeinheit oder Außenstehende. Der Personenkreis ist begrenzt, wenn er eine gewisse Abgeschlossenheit durch persönliche oder sachliche Beziehungen aufweist und die Reichweite der Äußerung kontrollierbar ist.[360] Das ist der Fall, wenn nur bestimmte Personen eingelassen werden, bspw.

360 OLG Zweibrücken 30.6.2022 – 1 OLG 2 Ss 62/21, NJW 2022, 3300 m. Anm. Reuschel; OLG Düsseldorf 4.11.2022 – 3 RVs 28/22, BeckRS 2022, 31267 Rn. 7; Fischer, § 201 Rn. 4; Hilgendorf/Valerius, BT I § 6 Rn. 30.

Gesellschafter- oder Vereinsversammlungen.[361] Daran fehlt es dagegen bei einer Pressekonferenz, einem Hilferuf oder Äußerungen im Rahmen eines Notrufs.[362] Umstritten ist, ob durch die Audioaufnahme mit einer polizeilichen **Bodycam** Öffentlichkeit hergestellt wird, da es sich nicht mehr um ein flüchtiges, sondern reproduzierbares Wort handelt.[363]

Nach h. M. fehlt es daran auch bei **faktischer Öffentlichkeit**. Damit ist gemeint, dass jederzeit Außenstehende die Äußerung wahrnehmen könnten, unabhängig davon, ob sie dies tatsächlich machen.[364] Zwar sind der Inhalt der Äußerung und der **Wille** des Sprechenden von Bedeutung, ob er sich an die Öffentlichkeit wendet,[365] allerdings kann er nicht subjektiv die faktische Öffentlichkeit ausschließen.[366] Besondere polizeipraktische Bedeutung hat in diesem Kontext eine Audioaufzeichnung, die regelmäßig mit dem Filmen polizeilicher Maßnahmen verbunden ist; Vorschläge, die dienstlichen Äußerungen von Polizeibeamten bei Maßnahmen gegenüber Bürgern aus dem Schutzbereich auszunehmen, haben sich bislang nicht durchgesetzt.[367] 173

Beispiele:

Die laute Nutzung von Sprechfunk auf einem frequentierten Platz, die gut vernehmbare Unterhaltung im Café oder in der U-Bahn sowie Durchsagen bei einer Versammlung sind *öffentlich*, weil jederzeit andere Personen hinzutreten und mithören können.

Nichtöffentlich ist dagegen eine Unterhaltung mit gedämpfter Stimme, eine Beschuldigtenvernehmung in einem geschlossenen Raum[368] oder ein vom Büro geführtes Telefonat[369].

361 MüKo/Graf, § 201 Rn. 15a.

362 Fischer, § 201 Rn. 4.

363 LG Hanau 20.4.2023 – 1 Qs 23/22, juris-Rn. 13 ff.; BeckOK/Heuchemer, § 201 Rn. 13; a. A. Fischer, § 201 Rn. 3a.

364 OLG Düsseldorf 4.11.2022 – 3 RVs 28/22, BeckRS 2022, 31267 Rn. 7; OLG Zweibrücken 30.6.2022 – 1 OLG 2 Ss 62/21, NJW 2022, 3300 Rn. 9; Fischer, § 201 Rn. 4.

365 BGH 17.3.1983 – 4 StR 640/82, NJW 1983, 1570, 1571; OLG Zweibrücken 30.6.2022 – 1 OLG 2 Ss 62/21, NJW 2022, 3300 Rn. 9.

366 OLG Celle 22.11.2023 – 1 ORs 7/23, NStZ 2024, 501 Rn. 10 ff.; LG Osnabrück 24.9.2021 – 10 Qs/120 Js 32757/21–49/21 –, juris-Rn. 10; Fischer, § 201 Rn. 4; a. A. LG München I 11.2.2019 – 25 Ns 116 Js 165870/17, BeckRS 2019, 22586.

367 LG Aachen 19.8.2020 – 60 Qs 34/20, juris-Rn. 36; LG Osnabrück 24.9.2021 – 10 Qs/120 Js 32757/21–49/21 –, juris-Rn. 11; Roggan StV 2020, 328, 330, 332.

368 OLG Frankfurt/M. 28.3.1977 – 2 Ss 2/77, NJW 1977, 1547.

369 OLG Karlsruhe 9.11.1978 – 2 Ss 241/78, NJW 1979, 1513.

174 Es gibt vier Varianten der Tathandlungen:

- Aufzeichnen auf Tonträger (Abs. 1 Nr. 1) ist das technische Speichern auf einem (auch digitalen) Gerät mit Wiedergabemöglichkeit, bspw. ein Audiofile im Handy.[370]
- Gebrauchen oder Zugänglichmachen von unbefugt hergestellten[371] Aufzeichnungen (Abs. 1 Nr. 2), also das Abspielen der Aufnahme oder die Weitergabe der Aufnahme an Dritte.[372]
- Abhören mit einem Abhörgerät (Abs. 2 Nr. 1), als dem verbotenen Einsatz einer technischen Einrichtung, die das Wort über den natürlich wahrnehmbaren Bereich hinaus vernehmbar macht (bspw. Mikrofone).[373] Nach h.M. gilt dies *nicht* für die Verwendung von üblichen Einrichtungen zum Mithören (Konferenzschaltung, Lautsprecher, Freisprecheinrichtung) bei Telefonen, weil damit allgemein zu rechnen sei;[374] anders aber, wenn das Gerät zum Mitschneiden des Gesprächs dient.[375]
- Öffentliches Mitteilen (vgl. § 353d) unbefugter Aufnahmen oder unbefugten Abhörens mit Beeinträchtigung berechtigter Interessen (Abs. 2 Nr. 2).[376] Hier geht es nur noch mittelbar um die Vertraulichkeit des gesprochenen Wortes, vielmehr um ein Indiskretionsdelikt, quasi eine Informationshehlerei.[377] Dies kann bspw. bei Verbreitung in Medien erfüllt sein,[378] weshalb es den besonderen Rechtfertigungsgrund der Wahrnehmung überragender öffentlicher Interessen (Abs. 2 S. 3) gibt.

175 Das Merkmal **unbefugt** ist nach h.M. ein Hinweis auf **Rechtfertigungsgründe**, bspw. die Einwilligung, seltener Notwehr oder Notstand gegenüber einem Erpresser bei aktueller Entführung[379].

Praxishinweis:

Von besonderer Bedeutung bei der heimlichen Aufzeichnung von Gesprächen sind für die Polizei hoheitliche Eingriffsgrundlagen als abschließende Rechtfertigungsgründe, bspw. § 100a, § 100f StPO.[380] Deren Voraussetzungen sind zu beachten, um verwertbare Beweise zu gewinnen und eigene Strafbarkeit zu vermeiden, zumal § 201 Abs. 3 für Amtsträger (s. § 11 Nr. 2) als Qualifikation ausgestaltet ist.

370 BeckOK/Heuchemer, § 201 Rn. 5.
371 Rengier, BT II, § 31 Rn. 4 m.w.N.; a.A. Sch/Sch/Eisele, § 201 Rn. 19.
372 Fischer, § 201 Rn. 6.
373 Rengier BT II, § 31 Rn. 5.
374 BGH 8.10.1993 – 2 StR 400/93, NJW 1994, 596, 597 f.; 17.2.1982 – VIII ZR 29/81, NJW 1982, 1397, 1398; OLG Hamm 13.01.1988 – 1 Ss 811/87, NStZ 1988, 515 m. krit. Anm. Amelung.
375 Küpper/Börner, BT I § 5 Rn. 22.
376 Fischer, § 201 Rn. 8.
377 MüKo/Graf, § 201 Rn. 34; Hilgendorf/Valerius, BT I, § 6 Rn. 34.
378 MüKo/Graf, § 201 Rn. 37.
379 BGH 9.4.1986 – 3 StR 551/85, NJW 1986, 2261, 2264; KG 20.9.1979 – (4) Ss 152/79 (66/79), JR 1981, 254; Küpper/Börner, BT I § 5 Rn. 25.
380 BGH 17.3.1983 – 4 StR 640/82, NJW 1983, 1570, 1571; 24.4.2008 – 1 StR 169/08, NStZ 2008, 473 f.

C. Verletzung des höchstpersönlichen Lebensbereichs durch Bildaufnahmen (§ 201a)

I. Aufbau

Aufbauschema § 201a Abs. 1, Abs. 2 176

I. Tatbestand

1. Objektiv

a) Tatobjekt: Bildaufnahme

b) Schutzbereiche:

- Räumlich: Wohnung/gegen Einblick besonders geschützter Raum (Abs. 1 Nr. 1) oder
- Persönlich: Zur-Schau-Stellen der Hilflosigkeit eines anderen (Abs. 1 Nr. 2)/eines Verstorbenen in grob anstößiger Weise (Abs. 1 Nr. 3)
- Bildaufnahme gem. Abs. 1 Nr. 1–3 (Abs. 1 Nr. 4, Nr. 5)
- Bildaufnahme mit Eignung, dem Ansehen des Abgebildeten erheblich zu schaden

c) Tathandlungen:

- Herstellen, übertragen (Abs. 1 Nr. 1, Nr. 2, Nr. 3)
- Gebrauchen (Abs. 1 Nr. 4) oder
- Dritten zugänglich machen (Abs. 1 Nr. 4, Nr. 5, Abs. 2)

d) Taterfolg: dadurch Verletzung des höchstpersönlichen Lebensbereichs (Abs. 1 Nr. 1, 2, 5)

2. Subjektiv: Vorsatz

II. Rechtswidrigkeit: Allgemeine Rechtfertigungsgründe, nur für Abs. 1 Nr. 2–5, Abs. 2, Abs. 3: Wahrnehmung überwiegender berechtigter Interessen gem. Abs. 4

III. Schuld

IV. Strafverfolgungsvoraussetzung: Strafantrag/öffentliches Interesse gem. § 205

II. Voraussetzungen

1. Bild einer anderen Person

177 Die Norm schützt das **Recht am eigenen Bild** (Art. 2 Abs. 1, Art. 1 Abs. 1 GG), vgl. auch § 33 KunstUrhG.[381] Die aufgenommene Person muss zumindest als Mensch **erkennbar**, [382] aber nach h. M. nicht für Dritte identifizierbar sein, bspw. wenn nur Körperteile aufgenommen werden.[383] *Nicht* als Bildaufnahme mangels Darstellung eines realen Geschehens werden Gemälde oder computergestützte Animationen angesehen.[384]

2. Schutzbereiche

a) Situationsabhängige Bildaufnahmen § 201a Abs. 1

178 Der Schutz gem. § 201a Abs. 1 ist abhängig von der räumlichen oder persönlichen **Situation** der aufgenommenen Person:

179 Zunächst ist in § 201a Abs. 1 Nr. 1 erfasst, Bildaufnahmen von anderen Personen in Wohnungen oder gegen Einblick besonders geschützten Räumen unbefugt herzustellen oder zu übertragen. **Wohnungen** sind das Zentrum des höchstpersönlichen Lebensbereichs, bspw. ein Einfamilienhaus, Hotelzimmer, aber *nicht* eine Tiefgarage, Treppenhäuser in Mehrparteienhäusern oder Geschäftsräume, Schul- und Behördenräume;[385] überwiegend wird dies für Balkone oder Terrassen abgelehnt.[386] Auf einen Sichtschutz kommt es bei der Wohnung *nicht* an, sodass auch durch Fenster sichtbare Personen geschützt sind.[387] Dies verlangt eine restriktive Auslegung; überwiegend will man sich deshalb am Wohnungsbegriff in § 244[388] (s. Rn. 526 ff.), teils an § 123 (s. Rn. 3)[389] orientieren.

180 **Besonders gegen Einblick geschützte Räume** sind außerhalb von Wohnungen und weisen einen (vollständigen) Sichtschutz auf, bspw. Dusch- oder Toilettenkabinen, Gärten mit hohen Mauern, Schlafraum mit Vorhängen in einer Kita[390]. Anders als private Saunen sollen öffentliche Sau-

381 Vgl. zum Verhältnis der Normen zueinander: BGH 15.2.2024 – 5 StR 283/23, NStZ-RR 2024, 245, 247.

382 BGH 5.2.2019 – 3 StR 563/18, BeckRS 2019, 4015, Rn. 6: Verneint bei mangelnder Bildqualität.

383 BGH 26.2.2015 – 4 StR 328/14, NStZ 2015, 391 m. w. N. zum Streitstand.

384 BGH 27.2.2024 – 4 StR 401/22, BeckRS 2024, 8894 Rn. 28; LK/Valerius, § 201a Rn. 25; Sch/Sch/Eisele, § 201a Rn. 6. Zu Deepfakes vgl. Erdogan, MMR 2024 379, 382.

385 NK/Kargl, § 201a Rn. 9; MüKo/Graf, § 201a Rn. 35; Fischer, § 201a Rn. 9.

386 Fischer, § 201a Rn. 9; MR/Altenhain, § 201a Rn. 7; Sch/Sch/Eisele, § 201a Rn. 9

387 Fischer, § 201a Rn. 9.

388 BeckOK/Heuchemer, § 201a Rn. 11.1; Lackner/Kühl/Heger, § 201a Rn. 2 m. w. N.; für einen eigenständigen Wohnungsbegriff. LK/Valerius, § 201a Rn. 33 m. w. N.

389 Sch/Sch/Eisele, § 201a Rn. 9 m. w. N.

390 LG Berlin 4.6.2020 – 515 Qs 39/20, NStZ 2021, 370.

nen, die gegen Eintritt von jedermann aufgesucht werden können, nicht gegen Einblick besonders geschützt sein.[391] Ebenfalls ist nicht geschützt, wenn am hell erleuchteten Kanzleifenster eine Person sichtbar ist.[392]

§ 201a Abs. 1 Nr. 2 schützt vor dem Zur-Schau-Stellen der Hilflosigkeit einer anderen Person. **Hilflosigkeit** ist ein Zustand, in dem die betroffene Person sich nicht ausreichend gegen ihr drohende Gefahren schützen kann oder nicht den Anforderungen gerecht werden kann, auf Hilfe angewiesen ist, die sie nicht erhält.[393] Dies kann auf Krankheiten, Behinderungen, Rauschzuständen, Unfällen oder Straftaten[394] beruhen. **181**

Zur Schau gestellt wird die Hilflosigkeit, wenn sie als zentraler Bildinhalt besonders hervorgehoben wird.[395] **182**

Beispiel:

Ein Gaffer (G) filmt einen schweren Unfall. Es sind das Trümmerfeld und die beschädigten Fahrzeuge zu sehen. In einem Fahrzeug ist ein schwer verletzter Mensch eingeklemmt, was G ebenfalls filmt. Erst wenn G darauf zoomt, wäre es ein Zur-Schau-Stellen;[396] dagegen scheidet dies aus, solange der Verletzte nur ein Detail, gewissermaßen ein Beiwerk[397] der Unfallszene bleibt.

§ 201a Abs. 1 Nr. 3 weitet diesen Schutz auf **verstorbene Personen** aus. Rechtsgut ist das postmortale Persönlichkeitsrecht.[398] Damit sollen Fälle erfasst werden, bei denen nicht sicher nachweisbar ist, ob zum Zeitpunkt des Filmens bei einer verletzten Person der Tod bereits eingetreten war.[399] **183**

b) Ansehensverletzende Bildaufnahmen § 201a Abs. 2

§ 201a Abs. 2 wurde zur Bekämpfung des Cybermobbings eingeführt und betrifft im Unterschied zu Abs. 1 nicht die Situation, in der die Aufnahme gefertigt wurde, sondern deren **Bildinhalt**. Dieser muss *geeignet* sein, dem **Ansehen**, also Ansehen und Wertschätzung der (ggf. verstorbenen) Person, **erheblich zu schaden**. Damit sind *Bildaufnahmen* (nicht aber Kom- **184**

391 OLG Koblenz 11.11.2008 – 1 Ws 535/08, NStZ 2009, 268, 269; a. A. Eisele, BT I Rn. 707.
392 OLG Karlsruhe 7.4.2006 – 14 U 134/05, NJW-RR 2006, 987.
393 BGH 27.2.2024 – 4 StR 401/22, BeckRS 2024, 8894 Rn. 21; 25.4.2017 – 4 StR 244/16, NStZ 2017, 408.
394 BGH 27.2.2024 – 4 StR 401/22, BeckRS 2024, 8894 Rn. 21.
395 BGH 27.2.2024 – 4 StR 401/22, BeckRS 2024, 8894 Rn. 22; 25.4.2017 – 4 StR 244/16, NStZ 2017, 408; Hilgendorf/Valerius, BT I § 6 Rn. 40.
396 OLG Koblenz 24.10.2022 – 1 OLG 4 Ss 105/22, BeckRS 2022, 33244 Rn. 11 zum Re-tweet zur Aufnahme eines hilflos am Boden liegenden Polizeibeamten.
397 BGH 27.2.2024 – 4 StR 401/22, BeckRS 2024, 8894 Rn. 22.
398 BVerfG 24.2.1971 – 1 BvR 435/68, BVerfGE 30, 173, 194.
399 BT-Drs. 19/17795, S. 12 f.

mentare oder computergenerierte Bilder, s. Rn. 177) gemeint, die aus der Perspektive eines Dritten eine peinliche, entwürdigende, bloßstellende oder gewalttätige Situation zeigen.[400] Zur Verletzung des Intimbereichs durch Bildaufnahmen s. Rn. 1279.

c) Nacktaufnahmen Jugendlicher § 201a Abs. 3

185 Der Gesetzgeber will die kommerzielle Vermarktung von Bildern **nackter Kinder oder Jugendlicher** einschränken, um sexuellen Missbrauch einzudämmen.[401] Im Unterschied zu den Pornografiedelikten (s. Rn. 1307) reicht es aus, wenn Kinder in Badebekleidung oder Unterwäsche zu sehen sind. Da dies bspw. Eltern betreffen kann, die ihre Kinder beim Baden filmen, wird im subjektiven Tatbestand die **Absicht der Entgelterzielung** verlangt. Letztere wird den Eltern regelmäßig fehlen.[402]

3. Tathandlungen

186 **Herstellen** ist das Anfertigen eines gegenständlichen Bildnisses einer Person mit Speicherung auf einem Bild- oder Datenträger, sodass eine visuelle Veranschaulichung möglich ist.[403]

Übertragen ist die direkte Weiterleitung ohne Speicherung, bspw. Echtzeitstream einer Spycam.

Nicht erfasst wird der sog. „freche Blick“ oder die Beobachtung mit Ferngläsern.[404]

187 § 201a Abs. 1 Nr. 4 stellt das **Gebrauchen** (bspw. Speichern, Kopieren, Betrachten)[405] oder einem **Dritten Zugänglichmachen** (bspw. Übersenden, Teilen in der Cloud, Verlinken)[406] des durch die Tat nach § 201a Abs. 1 Nr. 1–3 aufgenommen Bildes unter Strafe. An letztere Tathandlung wird auch in § 201a Abs. 2 angeknüpft.

§ 201a Abs. 1 Nr. 5 betrifft das Gebrauchen oder Zugänglichmachen einer *befugt* hergestellten Aufnahme in einer solchen Situation. Nach h. M. soll auch ein Selbstbild erfasst sein.[407] Das kann bspw. der Upload einer in der

400 BGH 27.2.2024 – 4 StR 401/22, BeckRS 2024, 8894 Rn. 32; Rengier, BT II § 31 Rn. 18a. Es wird vorgeschlagen sich dabei an § 185 zu orientieren.
401 Rengier, BT II § 31 Rn. 9.
402 Näher: Fischer, § 201a Rn. 38 f., wo zutreffend auf die unklare Abgrenzung zu Werbefotografie hingewiesen wird.
403 Kindhäuser/Schramm, BT I § 28 Rn. 48.
404 Rengier, BT II § 31 Rn. 13; Eisele, BT I Rn. 708.
405 Fischer, § 201a Rn. 24.
406 OLG Koblenz 24.10.2022 – 1 OLG 4 Ss 105/22, BeckRS 2022, 33244 Rn. 12; Fischer, § 201a Rn. 25.
407 BGH 29.7.2020 – 4 StR 49/20, NJW 2020, 3608 Rn. 5 ff. zu § 201a Abs. 1 Nr. 4 a. F., nunmehr Nr. 5.

Wohnung gefertigten Aktaufnahme durch den sich an der Abgebildeten rächenden Ex-Freund sein.[408]

4. Taterfolg

Die Tathandlung muss für § 201a Abs. 1 Nr. 1, 2 bzw. 5 zu einer Verletzung **188**
des **höchstpersönlichen Lebensbereichs** der abgebildeten Person führen. Dies betrifft neben Krankheit, Tod oder engen familiären Bindungen insbesondere die Intimsphäre (Nacktheit und Sexualität), bspw. die gynäkologische Untersuchung[409], die Benutzung von Toiletten[410] oder Umkleidekabinen.[411] Dagegen sind *nicht* erfasst Aufnahmen von bekleideten Personen in einer öffentlichen Toilette[412], von den Unterschenkeln und Füßen[413] oder Fotos von Menschen in Alltagssituationen beim Essen in geselliger Runde.[414]

5. Rechtswidrigkeit

Das Merkmal **unbefugt** wird überwiegend als Verweis auf die Rechtferti- **189**
gungsgründe verstanden.[415]

In § 201a Abs. 4 ist die **Wahrnehmung berechtigter Interessen** als spezieller Rechtfertigungsgrund ausgestaltet, s. Rn. 149.

D. Ausspähen und Abfangen von Daten (§§ 202a ff.)

Mit den § 202a und § 202b schützt der Gesetzgeber das **formelle Geheim- 190**
haltungsinteresse des Verfügungsberechtigten an Daten.[416] Zur Veränderung und Sabotage bei Daten, s. Rn. 1379.

408 BGH 29.7.2020 – 4 StR 49/20, NJW 2020, 3608, 3609; Rengier, BT II, § 31 Rn. 18; diff. Fischer, § 201a Rn. 33.

409 BGH 26.2.2015 – 4 StR 328/14, NStZ 2015, 391.

410 LG Frankfurt a.M. Urt. v. 17.12.2014 – 2-17 O 194/14, BeckRS 2015, 3989; LG Frankenthal 11.11.2013 – 5221 Js 25913/11.6 KLs, BeckRS 2013, 19451.

411 BGH 1.10.2024 – 1 StR 299/24, NStZ-RR 2025, 20 Rn. 15; Fischer, § 201a Rn. 30; Rengier, BT II § 31 Rn. 14 f.

412 LG Stuttgart 13.2.2023 – 5 Qs 8/23, NStZ 2023, 751 f.

413 OLG Koblenz 11.11.2008 – 1 Ws 535/08, NStZ 2009, 268, 269.

414 BGH 1.10.2024 – 1 StR 299/24, NStZ-RR 2025, 20 Rn. 16.

415 Lackner/Kühl/Heger, § 201a Rn. 9 m.w.N.; von besonderer Bedeutung ist die Einwilligung, die teilweise als tatbestandsausschließendes Einverständnis verstanden wird, Fischer, § 201a Rn. 40; Rengier, BT II, § 31 Rn. 19.

416 Fischer, § 202a Rn. 2, § 202b Rn. 2.

I. Ausspähen von Daten (§ 202a)

191 Als Tatobjekt sind **Daten** gem. § 202a Abs. 2 erfasst. Es muss sich um elektronisch, magnetisch oder sonst *nicht* unmittelbar wahrnehmbare Informationen handeln, die gespeichert sind oder übermittelt werden.[417]

Die Daten dürfen **nicht für den Täter bestimmt** sein; darüber entscheidet die zur Verfügung berechtigte Person, regelmäßig mit der Erstspeicherung (**Skripturakt**).[418] Deshalb erfüllt etwa das amtspflichtwidrige Abrufen von Halterdaten für private Zwecke durch Polizeibeamte nicht den Tatbestand, denn die Daten sind in einem für sie zugänglichen System gespeichert.[419] Anders wäre dies bei einem „Hacker".

192 In § 202a geht es um ein durch **Sicherungsmaßnahmen** dokumentiertes[420] Interesse an Geheimhaltung, aber nicht um eine Verletzung des persönlichen Lebens- und Geheimbereichs, denn es werden alle Daten erfasst.[421] Sicherungsmaßnahmen sind hard- oder softwarebasierte Vorkehrungen, die unbefugten Zugang zumindest erschweren, bspw. Passwörter, biometrische Erkennung, Firewalls.[422]

Nicht ausreichend ist dagegen, dass man die Daten nur mit einem elektronischen Gerät auslesen kann, weshalb das Kopieren der Daten vom Magnetstreifen einer girocard (**skimming**) nicht erfasst wird.[423] Dagegen stellt die PIN eine Zugangssicherung für den Kontozugang dar, wenn bspw. damit der Kontostand abgerufen oder eine Überweisung getätigt werden kann; überwiegend lässt man ausreichen, wenn die verwendete PIN durch sog. **Phishing** erlangt worden ist.[424]

193 Tathandlung ist das **Verschaffen des Zugangs** zu den geschützten Daten für sich selbst oder Dritte, indem der Täter eigene Verfügungsmacht darüber herstellt. Bloße Kenntnisnahme von Daten, bspw. durch einen Hacker, auch im Rahmen einer strafprozessualen Online-Durchsuchung (§ 100b StPO), reicht.[425]

417 Näher: Fischer, § 202a Rn. 3.
418 Fischer, § 202a Rn. 7a.
419 BayObLG 18.1.1999 – 5 St RR 173/98, NJW 1999, 1727 f.
420 Krit. zur sog. Dokumentationstheorie Dietrich, NStZ 2011, 247.
421 Fischer, § 202a Rn. 3.
422 BGH 27.7.2017 – 1 StR 412/16, NStZ 2018, 401, 403 f.
423 BGH 14.1.2010 – 4 StR 93/09, NStZ 2010, 275 f.; 6.7.2010 – 4 StR 555/09, NStZ 2011, 154 m. Anm. Schuhr, auch soweit die erlangten Daten selbst verschlüsselt sind, aber nur verschlüsselt verwendet werden. Vert. Eisele, BT I Rn. 742 f.
424 Fischer, § 202a Rn. 9a, zum Streitstand bei Phishingmails, Rengier, BT II, § 31 Rn. 39 m. w. N.; a. A. Eisele, BT I Rn. 740 f.
425 Rengier, BT II § 31 Rn. 28.

II. Abfangen von Daten (§ 202b)

§ 202b ergänzt – ausdrücklich subsidiär – § 201 und § 202a im Hinblick auf Daten (s. Rn. 191) während eines **nichtöffentlichen Übertragungsvorgangs**, bspw. Telefonate und E-Mails sowohl bei Transfer mit LAN- als auch WLAN-Verbindungen. Ergänzend ist die Abstrahlung einer Datenverarbeitungsanlage erfasst. **194**

Ob die übertragenen Daten besonders gesichert sind, ist für § 202b *nicht* bedeutsam.

Tathandlung ist das **Verschaffen**, bspw. das Kopieren oder Umleiten auf ein Gerät des Täters.

Das Merkmal **unbefugt** in § 202a und § 202b verweist auf die Rechtfertigungsgründe. **195**

> **Praxishinweis**:
>
> Von besonderem Interesse im Rahmen der Strafverfolgung sind §§ 94 ff., § 100a oder § 100b StPO als Eingriffsbefugnisse.[426]

III. Vorbereitung des Ausspähens oder Abfangens (§ 202c)

§ 202c erfasst **Vorbereitungshandlungen** der §§ 202a, b. **196**

Zum einen werden das Herstellen, Verschaffen oder Zugänglichmachen von **Passwörtern** oder sonstigen **Sicherungscodes** mit dem Vorsatz, damit die Begehung dieser Taten vorzubereiten, erfasst. Dies wird überwiegend bei einer Phishingmail bejaht.[427]

Zum anderen sind **Computerprogramme** erfasst, deren **Zweck** die Begehung von §§ 202a, b ist. Bejaht wird dies für Hacker-Tools, Würmer, Trojaner, weil diesen die illegale Verwendung immanent ist. Umstritten ist, wie dies bei sog. Dual-Use-Programmen zu beurteilen ist, also Programmen, die bspw. auch zum Aufspüren von Sicherheitslücken eingesetzt werden.[428]

IV. Datenhehlerei (§ 202d)

§ 202d knüpft an die Struktur von § 259 (s. Rn. 1031 ff.) an, wobei es statt um Sachen um Daten (§ 202a Abs. 2) geht.[429] Es soll der Handel mit ausgespähten, abgefangenen oder sonst rechtswidrig erlangten Daten (bspw. **197**

---

426 Fischer, § 202a Rn. 12. Zu den Maßnahmen näher: Müller, Strafverfahrensrecht Rn. 376 ff. (§§ 94 ff. StPO) Rn. 476 ff. (§ 100a StPO), Rn. 495 ff. (§ 100b StPO).
427 Rengier, BT II § 31 Rn. 39; a. A. Eisele, BT I Rn. 765.
428 Eisele, BT I Rn. 762 f.
429 Fischer, § 202d Rn. 2.

Kontozugangs- oder Kreditkartendaten) sanktioniert werden. *Nicht* erfasst werden allgemein zugängliche Daten, weshalb umstritten ist, ob im **Darknet** einsehbare Daten erfasst sind.[430]

Insbesondere für **Amtsträger** von Bedeutung ist der **Tatbestandsausschluss** für dienstlich oder beruflich befugtes Handeln (Abs. 3).[431]

E. Verletzung von Privatgeheimnissen (§ 203)

198 § 203 schreibt die Wahrung von **Berufsgeheimnissen** vor. Damit soll das **Recht auf informationelle Selbstbestimmung** geschützt werden.[432] Dies wird über den Tod hinaus (postmortales Persönlichkeitsrecht, s. Rn. 183) geschützt, § 203 Abs. 5.

199 Als **Täter** kommen nur bestimmte **Berufs-** (Abs. 1) und **Amtsträger** (Abs. 2) in Betracht (Sonderdelikt). Die Strafbarkeit wird auf deren **Gehilfen**, z. B. Angestellte, und **sonstige mitwirkende Personen**, z. B. externe Dienstleister, erweitert (Abs. 3, 4).

Eine Qualifikation ist in § 203 Abs. 6 geregelt, wenn gegen Entgelt, in der Absicht einen anderen zu schädigen[433] oder sich bzw. Dritte zu bereichern, gehandelt wird.

200 Ein **Geheimnis** ist eine Tatsache, die nur einem begrenzten Personenkreis bekannt ist und an deren Geheimhaltung ein Interesse besteht;[434] nicht mehr geheim ist eine Tatsache, wenn sie einer ungewissen Vielzahl von Personen bekannt oder ohne Schwierigkeit zugänglich ist.[435] Auf den **Geheimhaltungswillen** kann durch schlüssiges Verhalten verzichtet werden.[436] Das Geheimnis muss in der beruflichen Funktion **anvertraut** oder **sonst bekannt** geworden sein, also ein **innerer Zusammenhang zur Berufstätigkeit** bestehen.[437]

430 Rengier, BT II § 31 Rn. 42.
431 Fischer, § 202d Rn. 3, 11.
432 BGH 10.7.1991 – VIII ZR 296/90, NJW 1991, 2955, 2956; HansOLG 22.1.1998 – 2 Ss 105/97 – I 4/98, NStZ 1998, 358. Ob das allgemeine Vertrauen bzw. die Funktionsfähigkeit bestimmter Berufe ein strafrechtliches Schutzgut sein kann, erscheint zweifelhaft, Lackner/Kühl/Heger, § 203 Rn. 1 m. w. N.
433 Zu einem Fall eines Polizeibeamten, der Informationen an einen Journalisten herausgab, um unliebsame Personen zu diskreditieren: BGH 15.2.2024 – 5 StR 283/23, NStZ-RR 2024, 245, 247.
434 HansOLG 22.1.1998 – 2 Ss 105/97 – I 4/98, NStZ 1998, 358; OLG Hamm 22.2.2001 – 2 Ws 9/01, NJW 2001, 1957, 1958.
435 HansOLG 22.1.1998 – 2 Ss 105/97 – I 4/98, NStZ 1998, 358.
436 OLG Hamm 22.2.2001 – 2 Ws 9/01, NJW 2001, 1957, 1958.
437 Rengier, BT II § 31 Rn. 48.

Bei Offenbarung durch **Amtsträger** wird über das Geheimnis hinaus[438] auch die **Einzelangabe** über persönliche oder sachliche Verhältnisse geschützt, die für die Aufgaben der öffentlichen Verwaltung erfasst ist (Abs. 2 S. 2). 201

Beispiele:

Bestehen eines Mandats- oder Behandlungsverhältnisses[439]; Honorarforderung;[440] ärztliche Befunde; Halterdaten (str.)[441]

Gegenbeispiele:

Lediglich allgemeiner, nicht personenbezogener Hinweis auf die Einlieferung eines Verletzten;[442] in öffentlicher Hauptverhandlung erörterte Fakten;[443] Handels- und Vereinsregister.[444]

Tathandlung ist das **Offenbaren**, d.h. die Kundgabe an eine andere Person, die davon noch keine (sichere) Kenntnis hatte. 202

Ob es sich bei der anderen Person um einen zum Geheimnisschutz **Verpflichteten** handelt, ist nicht relevant;[445] allerdings stellt es kein Offenbaren dar, wenn die Information an **zum Wissen Berufene** herausgegeben wird, bspw. Kanzleimitarbeiter, Auszubildende, Dienstleister (§ 203 Abs. 3) oder mitbehandelnde Ärzte.[446]

Der funktionale Austausch von Informationen **innerhalb von Behörden** und mit Aufsichtsbehörden unterfällt nicht dem Tatbestand.[447] Im **externen** Verkehr, insbesondere mit anderen Behörden im Wege der Amtshilfe, ist eine Befugnisnorm erforderlich.[448] 203

438 Zur Systematik: BGH 8.10.2002 – 1 StR 150/02, NStZ 2003, 148.
439 Fischer, § 203 Rn. 9.
440 LG Memmingen 20.6.1995 – 4 T 917/95, NJW 1996, 793, 794.
441 BGH 8.10.2002 – 1 StR 150/02, NStZ 2003, 148f., da eine Registerabfrage für Private ein berechtigtes Interesse voraussetzt; a.A. HansOLG 22.1.1998 – 2 Ss 105/97 – I 4/98, NStZ 1998, 358; BayObLG 18.1.1999 – 5 St RR 173/98, NJW 1999, 1727, 1728; krit. Lackner/Kühl/Heger, § 203 Rn. 15 m.w.N.
442 OLG Karlsruhe 25.11.1983 – 1 Ws 273/83, NJW 1984, 676; krit. Lackner/Kühl/Heger, § 203 Rn. 16.
443 Allerdings kann nach längerem Zeitablauf daraus wieder ein Geheimnis werden, bspw. bei im Zentralregister getilgter Vorstrafe OLG Köln 4.7.2000 – Ss 254/00, NJW 2000, 3656.
444 Fischer, § 203 Rn. 15.
445 BGH 8.7.1993 – IX ZR 12/93, NJW 1993, 2795, 2796; BayObLG 8.11.1994 – 2 St RR 157/94, BayObLGSt 1994, 227, 228; Fischer, § 203 Rn. 35.
446 BGH 10.8.1995 – IX ZR 220/94, NJW 1995, 2915, 2916; Hilgendorf/Valerius, BT I § 6 Rn. 87.
447 OLG Frankfurt/M. 17.2.2003 – 3 ARs 6/03, NStZ-RR 2003, 170; 26.11.1996 – 3 Ws 789/96, NStZ-RR 1997, 69.
448 Näher: Lackner/Kühl/Heger, § 203 Rn. 21.

204 Das Merkmal **unbefugt** verweist nach h.M. auf die Rechtswidrigkeit.[449] Besondere Bedeutung haben zunächst die Einwilligung[450], Offenbarungsbefugnisse (bspw. zum Kinderschutz, § 4 KKG)[451], aber auch Notstandsregeln.

Fallbeispiel:

Ärztin (A) behandelt einen Patienten (P) und erklärt ihm, dass er wegen der verabreichten Mittel keinesfalls ein Auto im Straßenverkehr führen könne. P zeigt sich uneinsichtig, lässt sich auch durch weitere Erläuterung und Übergabe einer Informationsbroschüre nicht davon abbringen, Auto zu fahren. A verständigt die Polizei, als P tatsächlich vom Parkplatz abfährt.

A hat durch die Mitteilung, dass sie P behandelt hat und er nicht fahrtüchtig ist, vorsätzlich den Tatbestand von § 203 Abs. 1 Nr. 1 verwirklicht. Allerdings handelt sie nicht rechtswidrig: Zwar hatte P nicht eingewilligt, aber § 34[452] greift ein. Es bestand eine Notstandslage, da durch den Fahrtantritt eine Gefahr für andere Verkehrsteilnehmer gegenwärtig wurde. Die Notstandshandlung zur Abwendung der von P ausgehenden Gefahr war geeignet und erforderlich, da die mildere Maßnahme der Aufklärung nicht gewirkt hat. Die abgewendete Gefahr (Leib oder gar Leben von Verkehrsteilnehmern) überwiegt das Geheimhaltungsinteresse des P. A wollte die Gefahr abwenden.[453]

205 Die **Entscheidung** über die **Durchbrechung** der Schweigepflicht obliegt dem **Berufsträger**, er gibt dies verbindlich den nachgeordneten Mitarbeitern bzw. Helfern vor. Im Strafverfahren hat der Geheimnisverpflichtete ein **Zeugnisverweigerungsrecht** (§ 53 StPO).[454]

F. Verletzung des Brief- (§ 202) sowie des Post- und Fernmeldegeheimnisses (§ 206)

206 § 202 schützt **verschlossene Briefe** bzw. **Schriftstücke**[455] (Abs. 1), bspw. Brief oder Tagebuch im Kuvert über die Beförderung hinaus; während der Phase der Beförderung greift vorrangig der strengere § 206 ein. Ebenfalls werden durch **verschlossene Behältnisse** gesicherte **Schriftstücke** (§ 202

449 OLG Schleswig 24.9.1984 – 2 Ws 708/84, NJW 1985, 1090, 1092; Fischer, § 203 Rn. 60.
450 Fischer, § 203 Rn. 63 ff.
451 Fischer, § 203 Rn. 76.
452 Näher: Schütze, AT Rn. 251 ff.
453 BGH 8.10.1968 – VI ZR 168/67, NJW 1968, 2288, 2290.
454 Näher: Müller, Strafverfahrensrecht Rn. 603 ff.
455 Daten fallen nicht darunter, vgl. aber § 202a ff.

Abs. 2) und **Abbildungen** (Abs. 3) geschützt. Das Schriftstück muss durch ein Behältnis mit einem nach außen erkennbaren, tatsächlich wirksamen Verschluss gesichert sein, bspw. in einem Tresor, einer Schreibtischschublade oder einer abschließbaren Aktentasche.[456] Als Tathandlungen kommen die Kenntnisnahme mittels Öffnen oder die Wahrnehmung durch technische Mittel (bspw. Durchleuchten) in Betracht.

§ 206 schützt das **Post- und Fernmeldegeheimnis**, was jeweils näher in Abs. 5 bestimmt wird. Entsprechend Art. 10 GG wird der **Übertragungsweg** durch Post- und Fernmeldedienstleistungsunternehmen erfasst. Untersagt sind Mitteilungen über Tatsachen, die diesem Geheimnis unterliegen. Als Täter kommen Inhaber, Mitarbeiter oder sonstige eingebundene Personen (beauftragte Abholer, Reparaturunternehmen) sowie Aufsichtspersonen in Betracht. Von besonderer Bedeutung für Ermittlungspersonen ist die Erstreckung auf **Amtsträger**, die durch einen hoheitlichen Eingriff in Art. 10 GG erlangte Erkenntnisse unbefugt weitergeben (§ 206 Abs. 4). **207**

Praxistipp: **208**

Besondere polizeipraktische Bedeutung hat in beiden Normen das Merkmal „**unbefugt**“, welches als allgemeiner Hinweis auf die Rechtfertigungsgründe verstanden wird. Daher müssen die Voraussetzungen einer **Ermächtigungsgrundlage** (insbes. §§ 94, 98 bzw. §§ 99 f., §§ 100a ff. StPO) nicht nur beachtet werden, um verwertbare Beweise zu gewinnen,[457] sondern ggf. auch zur Vermeidung eigener Strafbarkeit.

G. Strafantrag (§ 205)

Wegen des höchstpersönlichen Charakters handelt es sich grundsätzlich um **Antragsdelikte**[458] (§ 205); lediglich § 206[459] und § 201 Abs. 3[460] sind Offizialdelikte. § 201a, § 202a–202d wurden als **relative Antragsdelikte** ausgestaltet, um bei besonderem öffentlichen Interesse *ohne* Antrag die Strafverfolgung zu ermöglichen, was etwa bei wichtigen Daten Dritter bedeutsam werden kann.[461] **209**

456 Fischer, § 202 Rn. 6.
457 OLG Koblenz 12.6.2017 – 1 OLG 4 Ss 173/15, BeckRS 2017, 146246 Rn. 16 ff.
458 Zur Kenntnis als Voraussetzung zum Fristbeginn gem. § 77: BGH 8.10.2002 – 1 StR 150/02, NStZ 2003, 148, 149.
459 BeckOK/Weidemann, § 206 Rn. 34.
460 Fischer, § 201 Rn. 15, 19.
461 Fischer, § 205 Rn. 2.

H. Abschlussfall

210 **Fallbeispiel: Filmen von Polizeieinsätzen**

Sachverhalt:

Frau (F) befindet sich in einer Gruppe von 15–20 Personen auf dem öffentlich zugänglichen Gelände einer Hochschule. Es wird Alkohol konsumiert. Ein Anwohner verständigt die Polizei, da er sich gestört fühlt. Die Polizeibeamten P und R nehmen gegen 3 Uhr früh vor Ort rechtmäßig die Personalien wegen des Verdachts von Ordnungswidrigkeiten auf. F, die ausfällig wird, hält die Maßnahme für rechtswidrig. Sie filmt mit ihrem Smartphone die Szene, sodass die im Zuge der Maßnahme auch abseits der Gruppe geführten Gespräche zur Personalienfeststellung zwischen einzelnen Betroffenen und den Beamten aufgezeichnet werden. P und R fordern erfolglos F auf, die Aufnahme zu unterlassen, und stellen Strafantrag.

Fragestellung: Hat sich F durch die Aufnahme gem. § 201 strafbar gemacht? Prüfen Sie ggf. auch hilfsgutachterlich.

Lösungshinweise:

I. Tatbestand

1. Objektiv: Unzweifelhaft hat F das gesprochene Wort eines anderen auf einem Tonträger aufgenommen, als sie mit dem Handy die Gespräche zwischen den Beamten und den von der Maßnahme betroffenen Bürgern aufgenommen hat (s. Rn. 174).

Umstritten ist allerdings, ob es sich um eine nichtöffentlich geführte Unterhaltung gehandelt hat. Zunächst kann trotz der Anwesenheit von 15–20 Menschen eine Äußerung nichtöffentlich sein, wenn es sich um eine Gruppe mit gewisser Abgeschlossenheit durch persönliche oder sachliche Beziehungen handelt und die Reichweite der Äußerung kontrollierbar ist (s. Rn. 172). Nach einer Ansicht soll auf den Willen des Sprechenden und die Art der Äußerung abgestellt werden. Danach wären zumindest die abseits der Gruppe mit einzelnen Bürgern geführten Gespräche von P und R nichtöffentlich, denn die Gesprächsteilnehmer wollten die Personalien nicht öffentlich kundgeben.[462] Eine Gegenansicht geht dagegen von faktischer Öffentlichkeit (s. Rn. 173) aus: Schon wenn Dritte jederzeit hinzutreten können und dann das Gespräch mitbekommen, ist die Äußerung öffentlich. Dies ist bei abseits von Versammlungen geführten Gesprächen der Fall, da es unabhängig vom Willen des Sprechers jederzeit von anderen verfolgt werden könnte.[463] Auch bei einer Polizeikontrolle an einer belebten

462 OLG Zweibrücken 30.6.2022 – 1 OLG 2 Ss 62/21, NJW 2022, 3300 Rn. 9f. m. Anm. Reuschel.
463 OLG Düsseldorf 4.11.2022 – 3 RVs 28/22, BeckRS 2022, 31007; OLG Celle 22.11.2023 – 1 ORs 7/23, NStZ 2024, 501.

Straße besteht faktische Öffentlichkeit.[464] Zwar war angesichts der frühen Stunde nicht sicher mit dem Hinzutreten anderer zu rechnen, aber nachdem der Anwohner die Gruppe wahrgenommen hatte, lag es nahe, dass dieser oder andere Menschen auf den Einsatz aufmerksam werden konnten. Zudem überzeugt es nicht, dass man die Gruppe der Feiernden, die Polizeibeamten und den Anwohner zusammen als abgeschlossene Gruppe betrachtet. Daher war das Gespräch öffentlich und F nicht nach § 201 strafbar.

Hinweis: Wer sich für die vertretbare Gegenauffassung entscheidet und Nichtöffentlichkeit annimmt, prüft gutachterlich weiter; sonst wird *hilfsgutachterlich* weiter geprüft, um auf alle aufgeworfenen Probleme einzugehen:

2. Subjektiv: F handelt vorsätzlich.

II. Rechtswidrigkeit: Eine Einwilligung wurde nicht erteilt, im Gegenteil wurde von P und R darum gebeten, die Aufnahme zu unterlassen. Fraglich ist, ob die F im Rahmen des Notstands (§ 34) das Recht hatte, die Maßnahme zu filmen, um Beweismittel für ein späteres Verfahren zu sichern. Da die Maßnahme (§ 163b StPO, § 46 OWiG) der Beamten rechtmäßig war, fehlt es schon an einer Notstandslage. F handelt rechtswidrig.

III. Schuld:

In Betracht kommt ein Erlaubnistatbestandsirrtum[465] der F und damit zumindest keine Strafbarkeit wegen vorsätzlichen Verhaltens, da sie die Maßnahme für rechtswidrig gehalten hat. Dann müsste, ihre Vorstellung zugrunde gelegt, ein Rechtfertigungsgrund, konkret § 34, erfüllt sein. Bei einem objektiv rechtswidrigen Polizeieinsatz läge eine gegenwärtige rechtswidrige Gefahr vor. Die Handlung müsste geeignet, erforderlich und angemessen sein, um die Gefahr abzuwenden. An der Erforderlichkeit scheitert es, weil 15–20 Personen, P und R sowie ggf. der Anwohner vor Ort waren und davon auszugehen ist, dass der Einsatz damit ausreichend nachvollzogen werden kann.

Vergleichbare Überlegungen lassen eine Entschuldigung gem. § 35 scheitern.

Zuletzt könnte ein Verbotsirrtum (§ 17) vorliegen, wenn F sich über das Verbotensein der Anfertigung von Aufnahmen des Gespräches geirrt hat. Dieser Irrtum war aber vermeidbar, insbesondere nachdem sie aufgefordert wurde, das Aufnehmen zu unterlassen.

IV. Somit ist nach dieser Ansicht[466] das Verhalten strafbar. Die Tat ist zudem verfolgbar, da ein Strafantrag gestellt wurde.

464 KG 30.11.2023 – 2 ORs 31/23 – 121 Ss 130/23, ZD 2024, 402, 403.
465 Schütze, AT Rn. 350.
466 OLG Zweibrücken 30.6.2022 – 1 OLG 2 Ss 62/21, NJW 2022, 3300 Rn. 10.

5. KAPITEL Straftaten gegen das Leben

A. Grundsätzliches

Die §§ 211 ff. schützen das menschliche **Leben**. Es gibt kein „lebensunwertes“ Leben, der Schutz greift deshalb unabhängig von Krankheit, Behinderung, Lebensfähigkeit oder -erwartung ein (**absoluter Lebensschutz**).[467] 211

Das BVerfG hat aus Art. 2 i. V. m. Art. 1 GG abgeleitet, dass der Staat eine **Schutzpflicht** für menschliches Leben hat[468] und diese auch zugunsten Ungeborener grundsätzlich mit einer Strafandrohung durchsetzen müsse.[469] 212

Der Gesetzgeber hat Regeln zum Schutz **ungeborenen Lebens** in den §§ 218 ff. für die Leibesfrucht, daneben zum Schutz extrakorporalen Lebens im Embryonenschutzgesetz vorgesehen. Allerdings ergibt sich aus der unterschiedlichen Strafandrohung bei den §§ 211 ff. einerseits und §§ 218 ff. andererseits, dass zwischen geborenem und ungeborenem menschlichem Leben ein Unterschied gemacht wird, s. Rn. 218. 213

Zum Schutz **geborener** Menschen sind im 16. Abschnitt **Totschlag** (§ 212) und **Mord** (§ 211) vorhanden. Nach überzeugender Ansicht ist der Mord als Qualifikation gegenüber dem Totschlag zu verstehen, da der Unrechtskern die vorsätzliche Tötung ist.[470] Die Mordmerkmale wirken deshalb strafschärfend. Der BGH nimmt dagegen an, dass es sich um jeweils unterschiedliche Tatbestände mit arteigenem Unrechtsgehalt handelt, die Mordmerkmale also strafbarkeitsbegründend wirken.[471] Dieser Streitstand kann sich bei subjektiv gefassten Mordmerkmalen im Rahmen der Anwendung von § 28 auswirken (s. Rn. 277 ff.), wenn andere Personen an der Tat teilnehmen[472]. 214

> Man muss daher nur in Fällen mit unterschiedlichem Ergebnis im konkreten Fall auf diese Problematik näher eingehen, sollte aber beim Aufbau der Literaturansicht folgen.[473]

467 BGH 21.2.2006 – 1 StR 456/05, NStZ-RR 2006, 270 f.
468 BVerfG 16.10.1977 – 1 BvO 5/77, juris-Rz. 13; 29.10.1987 – 2 BvR 624/83, BVerfGE 77, 170, 174.
469 BVerfG 25.2.1975 – 1 BvF 1/74, BVerfGE 39, 1; 28.5.1993 – 2 BvF 2/90 –, BVerfGE 88, 203 (zum Schwangerschaftsabbruch).
470 BVerfG 21.6.1977 – 1 BvL 14/76, BVerfGE 45, 187, LS 4; Wessels/Hettinger/Engländer, BT I Rn. 25; Hohmann/Sander, BT § 1 Rn. 1.
471 BGH 9.11.1951 – 2 StR 296/51, juris-Rz. 6; 12.1.2005 – 2 StR 229/04 juris-Rz. 14; krit. 10.1.2006 – 5 StR 341/05, NJW 2006, 1008, 1013 m. w. N.
472 Näher: Schütze, AT Rn. 460 ff.
473 Hilgendorf/Valerius, BT I § 1 Rn. 8.

Als Privilegierung[474] regelt § 216 die **Tötung auf Verlangen**. Dieser Tatbestand schließt Totschlag und Mord aus.[475]

§ 217 sah ein Verbot der geschäftsmäßigen Förderung der Sterbehilfe vor, wurde aber für verfassungswidrig und damit nichtig erklärt, sodass dem Recht auf selbstbestimmtes Sterben mehr Raum gewährt wird.[476]

Von den Vorsatzdelikten ist die **fahrlässige Tötung** (§ 222) als weiteres Erfolgsdelikt abzugrenzen.[477]

Bei der **Aussetzung** (§ 221) handelt es sich dagegen um ein konkretes Gefährdungsdelikt[478], das eine Zwitterstellung hat, weil sowohl das Leben als auch die körperliche Integrität geschützt werden.

215 Keine Tatbestände sind § 212 Abs. 2 und § 213; sie betreffen lediglich die **Strafzumessung**. § 212 Abs. 2 ermöglicht die Verhängung einer lebenslangen Freiheitsstrafe in besonders schweren Fällen[479] des Totschlags, die vergleichbar verwerflich sind wie ein Mord.[480]

§ 213 regelt die Milderung der Strafe beim Totschlag[481] in Fällen einer unverschuldeten Provokation durch seelische bzw. körperliche Misshandlungen[482] und schwere Beleidigungen[483] sowie sonstige minder schwere Fälle[484].

216 Personen, die Opfer einer versuchten Tötung oder eines Mordversuchs geworden sind, können sich als **Nebenkläger** der öffentlichen Anklage anschließen (§ 395 Abs. 1 Nr. 2 StPO); für Angehörige von Getöteten ergibt sich dies aus § 395 Abs. 2 StPO.

474 Schütze, AT Rn. 24.
475 BGH 7.2.1952 – 3 StR 1095/51, NJW 1952, 753, wobei für die Rechtsprechung die Norm ein Tatbestand mit eigenem Unrechtsgehalt gegenüber Totschlag und Mord ist; Fischer, Vor §§ 211–217 Rn. 2; Eisele, BT I Rn. 204.
476 BVerfG 26.2.2020 – 2 BvR 2347/15, NJW 2020, 905.
477 Zur Abgrenzung von Vorsatz und Fahrlässigkeit, Schütze, AT Rn. 125, 631.
478 Schütze, AT Rn. 31.
479 Schütze, AT Rn. 21.
480 BGH 14.10.2021 – 4 StR 95/21, NStZ 2023, 162; Fischer, § 212 Rn. 19 m. w. N.
481 BeckOK/Eschelbach, § 213 Rn. 1; Eisele, BT I Rn. 54 jew. m. w. N.
482 Fischer, § 213 Rn. 4.
483 Fischer, § 213 Rn. 5 ff.
484 Fischer, § 213 Rn. 9 f.

B. Totschlag

I. Aufbau

Aufbauschema § 212 217

I. Tatbestand

1. Objektiv

a) Tod eines anderen Menschen

b) Handlung (aktives Tun oder Unterlassen gem. § 13)

c) Kausalität

d) objektive Zurechnung

2. Subjektiv: mind. bedingter Vorsatz

II. Rechtswidrigkeit

III. Schuld

IV. ggf. Strafe: § 212 Abs. 2 besonders schwerer Fall; § 213 Provokation; sonstige minder schwere Fälle

II. Tatbestand

1. Menschliches Leben

Wie bereits gezeigt (Rn. 213), muss zum Schwangerschaftsabbruch (§ 218) 218
abgegrenzt werden. Die h.M. geht davon aus, dass nicht erst nach Abschluss der Geburt[485], sondern bereits mit Einsetzen der Eröffnungswehen, also schon mit **Beginn der Geburt** ein taugliches Tatobjekt vorliegt. Man knüpft dabei an die bis zum 31. März 1998 in § 217 a.F. geregelte Kindstötung an, die auf den Zeitpunkt „in oder gleich nach der Geburt" abstellte. Nachdem die Norm nicht mehr gilt, argumentiert man damit, dass sonst Schutzlücken entstehen und der historische Gesetzgeber mit der Streichung von § 217 a.F. nichts an der Auslegung ändern wollte.[486] Diese Auslegung hat zur Konsequenz, dass bei einer Geburt durch Kaiserschnitt bereits die Eröffnung der Gebärmutter den entscheidenden Zeitpunkt darstellt und nicht erst das Herausnehmen des Kindes.[487]

485 Für die Rechtsfähigkeit stellt § 1 BGB auf die Vollendung der Geburt ab. Gleichwohl gibt es im Zivilrecht auch vorgeburtliche Wirkungen, MüKo/BGB/Spickhoff, § 1 Rn. 31 ff.

486 BGH 2.11.2007 – 2 StR 336/07, NStZ 2008, 393, 394 m.w.N.; BT-Drs. 13/8587, S. 34, 81 f.

487 BGH 11.11.2020 – 5 StR 256/20, NJW 2021, 645, 646 f.

2. Anderer Mensch

219 Aus dem Gesetzestext geht nicht so klar hervor wie bei der Körperverletzung (§ 223), dass nur das Leben eines **anderen Menschen** geschützt wird, aber dies ist der Systematik zu entnehmen. Der Täter („wer“) muss ein anderer sein als das Opfer. Dies gilt für den Totschlag als Grundtatbestand und deshalb auch für die anderen Delikte in diesem Abschnitt, bspw. die Tötung auf Verlangen.

Eine **Selbsttötung** ist daher nicht tatbestandsmäßig und deren Versuch nicht strafbar.[488] Daraus folgt, dass mangels Haupttat eine Teilnahme[489] an einer Selbsttötung nicht strafbar ist.[490] Allerdings kann ein selbstschädigendes Verhalten bei einer entsprechenden Konstellation nach den Regeln der mittelbaren Täterschaft einem anderen zugerechnet werden, sodass ein vorsätzliches Tötungsdelikt[491] erfüllt sein kann.[492] Daneben ist zu prüfen, ob eine Förderung der Selbsttötung als fahrlässige Tötung oder unterlassene Hilfeleistung strafbar ist.[493] Näher zu § 216, s. Rn. 285.

3. Tod

220 Der tatbestandliche Erfolg ist der Tod eines Menschen. Der Tod stellt sich (naturwissenschaftlich) als Prozess dar. Für das Recht wird aber ein Zeitpunkt zur Abgrenzung benötigt, weshalb es sich um einen normativen Todesbegriff handelt.[494] Mit welchen Methoden und durch welche Kriterien die Feststellungen dazu getroffen werden, hat der Gesetzgeber der Wissenschaft überlassen.[495]

Man stellt aktuell nicht mehr auf den Herz-Kreislaufstillstand ab, sondern auf den sog. **Hirntod**:[496]

Definition:

Tod ist eingetreten beim endgültigen, nicht behebbaren Erlöschen der Gehirnfunktionen.[497]

488 BGH 7.2.2001 – 5 StR 474/00, NJW 2001, 1802, 1804.
489 Schütze, AT Rn. 382 ff.
490 BGH 14.2.1984 – 1 StR 808/83, NJW 1984, 1469, 1470 m. w. N.
491 Es kommen § 216, § 212 oder gar § 211 in Betracht.
492 BGH 25.10.2023 – 4 StR 81/23, NStZ 2024, 605, 607 m. Anm. Engländer.
493 BGH 20.5.2003 – 5 StR 66/03, NStZ 2003, 537, 538.
494 Fischer, Vor §§ 211–217 Rn. 13 f.
495 Vgl. Wessels/Hettinger/Engländer, BT I Rn. 23.
496 Hilgendorf/Valerius, BT I § 2 Rn. 4.
497 § 3 Abs. 2 Nr. 2 TPG lautet auszugsweise: „… der endgültige, nicht behebbare Ausfall der Gesamtfunktion des Großhirns, des Kleinhirns und des Hirnstamms nach Verfahrensregeln, die dem Stand der Erkenntnisse der medizinischen Wissenschaft entsprechen, festgestellt ist.“

4. Tötungshandlung

Das Gesetz nennt als Tathandlung „töten“. Darunter versteht man die **Verursachung des Todes** eines anderen Menschen. Dies kann durch aktives Tun geschehen oder durch Unterlassen; eine Strafbarkeit wegen Unterlassens greift unter den weiteren Voraussetzungen des unechten Unterlassungsdelikts (§ 13) ein.[498] 221

Die Formulierung „ohne Mörder zu sein“ hat dagegen keine Bedeutung.

Die Handlung muss den Erfolg **ursächlich**[499] herbeiführen und der Erfolg muss **objektiv zurechenbar**[500] sein. 222

Zu welchem Zeitpunkt der Erfolg eintritt, ist nicht entscheidend, sondern der **Zeitpunkt** der **Einwirkung** durch die Handlung auf das Tatobjekt.[501] Wenn der Täter bspw. auf eine Schwangere vor der Geburt einsticht, kommt es weder darauf an, ob das Kind schon außerhalb der Mutter lebensfähig wäre oder dass es erst nach einer wegen der Stiche erforderlichen notfallmäßigen Entbindung verstirbt: es ist § 218 anzuwenden. Dagegen ist § 212 anzuwenden, wenn ein nur kurz lebensfähiges Kind mit einem Kissen erstickt wird[502], denn schon eine kurze Spanne an Lebensverkürzung genügt. 223

5. Subjektiver Tatbestand

In subjektiver Hinsicht muss der Täter zumindest mit bedingtem Vorsatz gehandelt haben. Von der fahrlässigen Tötung bzw. zum bloßen Körperverletzungsvorsatz ist nach den allgemeinen Regeln[503] abzugrenzen. 224

Speziell bei der Tötung fremden menschlichen Lebens besteht regelmäßig eine hohe **Hemmschwelle**[504], deshalb werden hohe Anforderungen an den Nachweis des Vorsatzes gestellt. Die (objektive) Gefährlichkeit der Handlungsweise und die Wahrscheinlichkeit des Todeseintritts sind dabei **Indizien**.[505] Andererseits sind aber auch Umstände wie Motivation und Persönlichkeit sowie eine Eigengefährdung des Täters in den Blick zu nehmen, um eine Gesamtabwägung durchzuführen,[506] sodass die Aufgabe der 225

498 Schütze, AT Rn. 569ff.
499 Schütze, AT Rn. 91ff.
500 Schütze, AT Rn. 99ff.
501 BGH 2.11.2007 – 2 StR 336/07, NStZ 2008, 393, 394.
502 Vgl. BGH 18.6.1957 – 5 StR 164/57, BGHSt 10, 291, 292.
503 Schütze, AT Rn. 150.
504 NK/Saliger, § 212 Rn. 10 m. w. N.
505 BGH 18.5.2022 – 6 StR 587/21, NStZ 2023, 160, 161 zur Schussabgabe in den Oberbauch bei einem dynamischen Geschehen; 14.5.2024 – 6 StR 465/23, BeckRS 2024, 14557, Rn. 12 zur Abgabe von Schüssen in den Oberschenkel.
506 BGH 22.3.2012 – 4 StR 558/11, NJW 2012, 1524, 1526; 30.7.2021 – 4 StR 333/20, juris-Rn. 8; 3.4.2024 – 6 StR 329/23, BeckRS 2024, 8024, Rz. 10f. m. w. N.

Ermittlungspersonen darin besteht, ein möglichst umfassendes Bild aufzunehmen.

C. Mord

I. Verfassungsrechtliche Grundlagen

226 Die grundlegende Umgestaltung des Mordtatbestandes von 1941 ist bis heute maßgeblich geblieben.[507] Zuvor verstand man unter einem Mord die mit Überlegung ausgeführte Tötung. Bei der Neufassung wurden in § 211 Abs. 2 **Mordmerkmale** eingefügt, sodass klarer geregelt wurde, wann ein Mord vorliegt. Der Wortlaut „Mörder ist …“ deutet auf die gesinnungsethisch ausgerichtete Tätertypenlehre aus der nationalsozialistischen Zeit hin; es ist bedauerlich, dass der Gesetzgeber es bislang nicht geschafft hat, dies zu reformieren.[508]

227 § 211 Abs. 1 sieht als **starre Rechtsfolge** lebenslange Freiheitsstrafe vor; dem Gericht verbleibt insofern kein Spielraum bei der Strafzumessung, wenn zumindest ein Mordmerkmal verwirklicht ist. Daher ist man sich im Ausgangspunkt einig, dass eine einschränkende Auslegung der Mordmerkmale geboten ist, um dem verfassungsrechtlichen **Gebot schuldangemessenen Strafens** (Art. 1 Abs. 1, Art. 2 Abs. 1, Art. 20 Abs. 3 GG) Rechnung zu tragen.[509]

228 Für das Mordmerkmal der sonstigen niedrigen Beweggründe wird vom BGH eine **Gesamtabwägung** belastender und mildernder Faktoren auf Tatbestandsebene verlangt, aber für die benannten Fälle (bspw. Tötung zur Befriedigung des Geschlechtstriebs oder zur Straftatverdeckung) wird eine Gesamtabwägung abgelehnt,[510] was in der Literatur kritisiert wird.[511]

Insbesondere die Mordmerkmale Heimtücke und Straftatverdeckungsabsicht führen in bestimmten Konstellationen zu Problemen, da die Auslegungsergebnisse des BGH ungereimt erscheinen.

507 Gesetz zur Änderung des Reichsstrafgesetzbuches vom 4.9.1941, RGBl. I 549; näher: Wessels/Hettinger/Engländer, BT I Rn. 37.

508 Nachweise zu Reformbestrebungen: Lackner/Kühl/Heger, Vor § 211 Rn. 25; MüKo/Schneider, Vor § 211 Rn. 222 ff.

509 BVerfG 21.6.1977 – 1 BvL 14/76, BVerfGE 45, 187, 259 ff.

510 BGH 2.12.1987 – 2 StR 559/87, NJW 1988, 2679, 2680.

511 Günther, NJW 1982, 353 weist zutr. darauf hin, dass durch die Verurteilung als Mörder der Täter stigmatisiert wird und die Rechtsfolge schon bei der Auslegung berücksichtigt werden muss. Sch/Sch/Eser/Sternberg-Lieben, § 211 Rn. 10b; Fischer, § 211 Rn. 4 jew. m. w. N.

Beispiele:

Wenn die körperlich unterlegene Ehefrau ihren tyrannischen Mann im Schlaf tötet oder dessen Essen vergiftet, weil sie keinen anderen Ausweg mehr aus ihrem Martyrium sieht, ist sie wegen der heimtückischen Begehensweise wegen Mordes zu bestrafen.

Dagegen wäre das brutale Erschlagen der Frau durch den Ehemann mangels Mordmerkmals nur als Totschlag zu bestrafen.

Das BVerfG hat nicht vorgeschrieben, dass die verfassungsrechtliche Vorgabe zur restriktiven Anwendung von § 211 auf Tatbestandsebene, d.h. bei der Auslegung der Mordmerkmale,[512] umgesetzt werden müsste. Der BGH hat für das Mordmerkmal der Heimtücke die sog. **Rechtsfolgenlösung** gewählt.[513] Dabei soll in besonderen Ausnahmefällen zwar wegen Mordes verurteilt werden, aber dessen Strafrahmen gem. § 49 Abs. 1 Nr. 1 gemildert werden. Im Gesetz findet sich für diesen Ansatz keine Grundlage, weshalb dogmatische Bedenken dagegen bestehen.[514] **229**

Es wird **nicht abschließend definiert**, in welchen Fällen die Milderung nach der Rechtsfolgenlösung eingreift, bspw. soll dies bei einer notstandsnahen, ausweglosen Lage, einem opferseitig heraufbeschworenen Konflikt oder bei großer Verzweiflung der Fall sein.[515] Allerdings wird nur in seltenen Fällen und bislang nur bei der Heimtücke die Rechtsfolgenlösung angewendet,[516] da sonst dem Lebensschutz nicht ausreichend Rechnung getragen werde.[517] **230**

Wegen des unbestimmten Anwendungsbereiches der Rechtsfolgenlösung müssen im Ermittlungsverfahren die Feststellungen dazu getroffen werden. In Klausuren wird dagegen regelmäßig nicht nach der Strafzumessung gefragt.

Weiter hat das BVerfG klargestellt, dass bei **Vollstreckung** der lebenslangen Freiheitsstrafe auch für den verurteilten Mörder wegen Art. 1 Abs. 1 **231**

512 Hierzu gibt es in der Literatur verschiedene Vorschläge, bspw. die einschränkende Auslegung des Wortlauts oder eine positive bzw. negative Tätertypenkorrektur, vgl. Schönke/Schröder/Eser/Sternberg-Lieben, § 211 Rn. 8 ff. m. w. N.

513 Grundlegend: BGH 19.5.1981 – GSSt 1/81, NJW 1981, 1965, 1967 f. Das BVerfG hat diesen Ansatz verfassungsrechtlich hinzunehmen: BVerfG 7.10.2008 – 2 BvR 578/07, NJW 2009, 1061, 1063.

514 Eisele, BT I Rn. 71 f.; Günther, NJW 1982, 353, 357 kritisiert, dass der BGH mit der im Gesetzeswortlaut nicht angelegten Rechtsfolgenlösung seine Kompetenz zur Rechtsanwendung überschreite.

515 BGH 19.5.1981 – GSSt 1/81, NJW 1981, 1965, 1967 f.; 6.4.2016 – 5 StR 504/15, NStZ 2016, 469, 470 m. Anm. Drees.

516 Vertiefend zur Rechtsprechung: MüKo/Schneider, § 211 Rn. 39 m. w. N.

517 BGH 6.4.2016 – 5 StR 504/15, NStZ 2016, 469, 470 m. Anm. Drees.

GG eine *Chance* verbleiben muss, seine Freiheit wieder zu erlangen.[518] Dem hat der Gesetzgeber auf verfassungsgemäße Weise Rechnung getragen (§§ 57a, 57b).[519] Daraus folgt, dass die Vollstreckung länger als 15 Jahre stattfinden muss, wenn die **besondere Schwere der Schuld** der Vollstreckungsaussetzung entgegensteht (§ 57 Abs. 1 Nr. 2). Dazu muss das erkennende Gericht[520] bei der Verurteilung Feststellungen treffen, wofür u.a. bedeutsam sein kann, ob mehrere Mordmerkmale verwirklicht sind.[521] Daher sind darauf die Ermittlungen zu erstrecken.

II. Aufbau

232 Die Mordmerkmale werden üblicherweise in drei Gruppen[522] eingeteilt:

- 1. Gruppe: Mordlust, zur Befriedigung des Geschlechtstriebs, Habgier, sonst niedrige Beweggründe (Verwerflichkeit des Beweggrundes)
- 2. Gruppe: heimtückisch, grausam, mit gemeingefährlichen Mitteln (Gefährlichkeit und Verwerflichkeit der Ausführungsart)
- 3. Gruppe: um eine Straftat zu ermöglichen oder zu verdecken (Verwerflichkeit des Beweggrundes wegen des kriminellen Ziels[523])

Die Mordmerkmale der zweiten Gruppe sind **tatbezogene**, also **objektive Tatbestandsmerkmale**.[524] Die Merkmale der ersten und dritten Gruppe sind dagegen **täterbezogene** Mordmerkmale und werden von der h.M. als **subjektive Tatbestandsmerkmale** eingeordnet.[525]

233 **Aufbauschema §§ 212, 211**

I. Tatbestand
   1. Objektiv:
      a) Tod eines anderen Menschen
      b) Handlung

518 BVerfG 21.06.1977 – 1 BvL 14/76, BVerfGE 45, 187, 228 ff.
519 BVerfG 8.11.2006 – 2 BvR 578/02, 2 BvR 796/02, BVerfGE 116, 71, 112.
520 Das erkennende Gericht trifft für die später entscheidende Strafvollstreckungskammer vorbereitend Feststellungen, Fischer, § 57a Rn. 7.
521 Fischer, § 57a Rn. 11a m.w.N.
522 Sch/Sch/Eser/Sternberg-Lieben, StGB, § 211 Rn. 5.
523 BGH 9.3.1993 – 1 StR 870/92, NJW 1993, 1724, 1725.
524 NK/Safferling, § 211 Rn. 115; Rengier, BT II § 4 Rn. 10.
525 BGH 20.5.1969 – 5 StR 658/68, NJW 1969, 1181 f.; Rengier, BT II § 4 Rn. 9; nach a.A. soll es sich um spezielle Schuldmerkmale handeln, Sch/Sch/Eisele, Vor § 13 Rn. 122; weitere Nachweise: Wessels/Hettinger/Engländer, BT I Rn. 45.

c) Kausalität, objektive Zurechnung

d) ggf. tatbezogenes Mordmerkmal (2. Gruppe)

2. Subjektiv:

a) Vorsatz bzgl. 1. a)–d)

b) ggf. täterbezogene Mordmerkmale (1. bzw. 3. Gruppe)

II. Rechtswidrigkeit

III. Schuld

Für den Aufbau beim versuchten Mord gelten die allgemeinen Regeln. Der Vorsatz muss sich auf die Merkmale von § 212, einschließlich der Täterschaftsform, beziehen. Sofern ein versuchter Mord durch Unterlassen erörtert wird, wäre zusätzlich zu prüfen, ob sich der Vorsatz auf die weiteren Merkmale von § 13, insbes. die Garantenstellung, bezieht. 234

Aufbauschema §§ 211, 22, 23

0. Vorprüfung:

– Versuchsstrafbarkeit gem. § 23 Abs. 1, 1. Alt. i. V. m. § 12 Abs. 1

– Nichtvollendung

I. Tatbestand

1. Subjektiv:

a) Vorsatz bzgl. obj. Tatbestand § 212, insbes. Tötungsvorsatz

b) ggf. Vorsatz bzgl. obj. Mordmerkmale (2. Gruppe)

c) ggf. subj. Mordmerkmale (1. bzw. 3. Gruppe)

2. Unmittelbares Ansetzen

II. Rechtswidrigkeit

III. Schuld

IV. ggf. Strafe: Rücktritt gem. § 24?

Das **Auffangmerkmal** der sonstigen niedrigen Beweggründe sollte man erst nach der Prüfung der anderen, konkreter gefassten Mordmerkmale erörtern.[526] Bei der nachfolgenden Darstellung werden deshalb die Mordmerkmale der ersten Gruppe zuletzt erörtert. 235

526 Rengier, BT II § 4 Rn. 46 f.

III. Tatbezogene Mordmerkmale

236 Die tatbezogenen Mordmerkmale sind **objektive Tatbestandsmerkmale**. Soweit teilweise auch einzelne subjektive Elemente enthalten sind, wie bspw. eine feindselige Willensrichtung bei der Heimtücke, wird dies einheitlich im objektiven Tatbestand geprüft. Nach allgemeinen Regeln muss sich zudem der Vorsatz auf die objektiven Tatbestandsmerkmale beziehen (§ 15).

1. Heimtücke

237 Von praktischer Bedeutung ist das Mordmerkmal der **Heimtücke**. Der BGH stellt in ständiger Rechtsprechung auf die besondere **Gefährlichkeit** des Vorgehens für das Opfer ab. Das Kriterium eines verwerflichen Vertrauensbruchs hat sich nicht durchgesetzt, weil sonst praktisch nur in Nähebeziehungen Heimtücke vorkommen würde.[527]

Definition Heimtücke:

Bewusstes Ausnutzen der Arg- und Wehrlosigkeit in feindseliger Willensrichtung.

Arglos ist, wer vonseiten des Täters mit keinem erheblichen Angriff auf seine körperliche Integrität rechnet. *Wehrlos* ist, wer infolge der Arglosigkeit den Angriff nicht abwehren oder zumindest erschweren kann, indem das Opfer flieht, Hilfe holt oder sich verteidigt.[528]

Demnach handelt heimtückisch, wer in hinterhältiger Weise das Überraschungsmoment ausnutzt, um sein Opfer ohne Gegenwehr zu töten, bspw. wenn der Täter das ahnungslose Opfer von hinten erschießt, sich in der Dunkelheit anschleicht, ihm unbemerkt in dessen Wohnung auflauert[529] oder ein heimlich vergiftetes Essen serviert.

238 Der entscheidende **Zeitpunkt** ist grundsätzlich der erste mit Tötungsvorsatz geführte Angriff.[530]

Fallbeispiel:

Die T fesselt die O zunächst einvernehmlich im Rahmen eines sexuellen Spiels. Erst nachdem die O gefesselt vor T liegt, entschließt sie sich für O erkennbar zur Tötung und bereitet diese langsam vor, indem sie ein Tuch faltet. Die gefesselte O ruft ohne Erfolg um Hilfe, als die T sie mit dem Tuch stranguliert.

527 BGH 19.5.1981 – GSSt 1/81, NJW 1981, 1965, 1967.
528 BGH 15.11.2017 – 5 StR 338/17, NStZ 2018, 97 m.w.N.; 29.11.2007 – 4 StR 425/07, NStZ 2008, 273, 274, Rz. 3; 4.7.1984 – 3 StR 199/84, NJW 1985, 334; 21.12.1951 – 1 StR 675/51, BeckRS 1951, 31195477, Rn. 2.
529 BGH 12.2.2009 – 4 StR 529/08, NStZ 2009, 264.
530 BGH 29.11.2007 – 4 StR 425/07, NStZ 2008, 273, 274 m.w.N.

Die T verwirklicht einen Totschlag (§ 212). Fraglich ist, ob sie auch heimtückisch i. S. v. § 211 handelt. Zwar lässt die h. M. es ausreichen, wenn der Täter sein Opfer in einen Hinterhalt bzw. eine Falle lockt und das Opfer nunmehr wehrlos ist, weil das Opfer arglos war, als es in die Falle gelockt wurde.[531] Allerdings ist dabei darauf abzustellen, zu welchem Zeitpunkt der Täter den Vorsatz zur Tötung des Opfers gefasst hat. Anders als Kleinstkinder oder Schlafende (s. Rn. 240 f.) war die O strukturell zu Argwohn und einer Gegenwehr fähig. Die T hat sich erst *nach* der Fesselung der zu diesem Zeitpunkt schon wehrlosen, aber nicht mehr arglosen O zur Tötung entschlossen, weshalb Heimtücke abgelehnt wurde.[532]

Heimtücke setzt aber kein heimliches Vorgehen voraus. Ausnahmsweise kann der Täter deshalb ein Überraschungsmoment ausnutzen, wenn von einem Angriff auf die körperliche Integrität ohne Tötungsvorsatz unmittelbar anschließend zur Tötungshandlung übergegangen wird und deshalb dem Opfer praktisch keine Zeit für eine Abwehrreaktion bleibt oder der Täter die zuvor getroffenen Vorkehrungen für die Tötung ausnutzt.[533] **239**

Arglos kann nur sein, wer zu einer Wahrnehmung von Angriffen, also **zu Argwohn fähig** ist.[534] Babys und Kleinstkinder bis etwa 2 Jahre sind daher keine tauglichen Opfer.[535] Vergleichbares gilt für Besinnungs- und Bewusstlose.[536] **240**

Bspw. kann der Täter die Großmutter weglocken, um das Kleinkind zu töten, oder eine Pflegekraft von hinten niederschlagen, um den komatösen Patienten umzubringen.[537]

Vom Grundsatz, dass auf den Zeitpunkt der Arglosigkeit zum Versuchsbeginn der Tötung abzustellen ist, werden Ausnahmen gemacht: **Schlafende** sind taugliche Opfer eines Heimtückemordes, sofern sie ihre Arglosigkeit **241**

531 BGH 22.3.2023 – 6 StR 324/22, NStZ-RR 2023, 141 m. w. N.; s. Rn. 242.

532 BGH 4.7.1984–3 StR 199/84, NJW 1985, 334 f.

533 BGH 26.7.2023 – 6 StR 132/23, BeckRS 2023, 28185, Rn. 4; 24.5.2023 – 2 StR 320/22, NStZ 2023, 545, 546 jew. m. w. N.

534 BGH 7.6.1955 – 5 StR 104/55, NJW 1955, 1524, 1525, wo aber zu Unrecht auf das Ausschalten natürlicher Abwehrmechanismen durch Süßen von bitterem Gift abgestellt wurde; str. Lackner/Kühl/Heger, § 211 Rn. 9 m. w. N.

535 BGH 10.3.2006 – 2 StR 561/05, NStZ 2006, 338, 339 für ein knapp zweijähriges Kind; anders bei normal entwickeltem Dreijährigen 22.11.1994 – 1 StR 626/94, NStZ 1995, 230, 231; 3.3.2022 – 5 StR 495/21, BeckRS 2022, 3932.

536 BGH 18.10.2007 – 3 StR 226/07, NStZ 2008, 93, 94; 12.7.1966 – 1 StR 291/66, NJW 1966, 1823, 1824.

537 MüKo/Schneider, § 211 Rn. 177.

mit in den Schlaf nehmen, also sich der mit dem Schlaf verbundenen Wehrlosigkeit bewusst im Vertrauen auf ausbleibende Angriffe hingeben.[538]

242 Gleiches gilt für Fälle, in denen das arglose Opfer in einen **Hinterhalt** bzw. eine Falle gelockt wird und schon wehrlos ist, als der Täter zur Tötungshandlung unmittelbar ansetzt.[539]

243 Es ändert sich nichts an der Arglosigkeit, wenn ein **besonderes Gefahrenbewusstsein** vorhanden ist, z.B. Polizeibeamte im Dienst[540], Soldaten im Einsatz[541]. Ein allgemeines Misstrauen bei ängstlichen Menschen, sogar eine vorangehende verbale bzw. länger zurückliegende feindselige Konfrontation[542] oder aktuelle einfache **körperliche Auseinandersetzungen**, die noch nicht die Sorge eines massiven Angriffs begründen, lassen die Arglosigkeit nicht entfallen.[543] Anderes gilt bei offen feindseligem Gegenübertreten und der verbleibenden Möglichkeit, für das Opfer zu reagieren, selbst wenn das Opfer die Gefährlichkeit des Angriffs unterschätzt;[544] dem Opfer muss aber eine Reaktionsmöglichkeit bleiben.[545] Auch eine Notwehrlage wegen einer vollendeten, aber nicht beendeten Erpressung (Dauerdelikt) macht den Erpresser argwöhnisch.[546] Dagegen soll bei den sog. „Haustyrannenfällen" der Mann trotz vielfacher Misshandlungen seiner Frau (Dauergefahr) nicht mit deren Gegenwehr durch einen tödlichen Angriff rechnen müssen, wenn er schläft.[547] Die Kasuistik hierzu ist uneinheitlich.

244 **Wehrlos** ist das Opfer, wenn ihm keine oder nur stark eingeschränkte Verteidigungsmöglichkeiten verbleiben. Allerdings soll schon eine Chance, mit Gegenmaßnahmen einzuwirken, die Wehrlosigkeit entfallen lassen: neben einem Gegenangriff zur Verteidigung sollen dazu auch Flucht[548]

538 BGH 10.3.2006 – 2 StR 561/05, NStZ 2006, 338, 339; 10.5.2007 – 4 StR 11/07, NStZ 2007, 523, 534.

539 BGH 30.3.2023 – 4 StR 234/22, NJW 2023, 2291, 2293; 22.3.2023 – 6 StR 324/22, NStZ-RR 2023, 141; 26.3.2020 – 4 StR 134/19, NJW 2020, 2421, 2422f.; jew. m.w.N.; zur Abgrenzung: 29.11.2007 – 4 StR 425/07, NStZ 2008, 273, 275.

540 BGH 10.3.1995 – 5 StR 434/94, NStZ 1995, 394, 396; 20.10.1993 – 5 StR 473/93, NJW 1994, 267, 270.

541 BGH 19.4.2017 – StB 9/17, juris-Rn. 22.

542 BGH 15.11.2017 – 5 StR 338/17, NStZ 2018, 97, 98.

543 BGH 15.11.2023 – 1 StR 104/23, NStZ 2024, 167; 16.8.2018 – 4 StR 162/18, NStZ 2019, 32, 34 m.w.N.

544 BGH 8.9.2010 – 2 StR 274/10, NStZ-RR 2011, 106; 6.12.1965 – 4 StR 556/65, NJW 1966, 556, 557.

545 BGH 25.1.2023 – 6 StR 163/22, NStZ 2023, 315.

546 BGH 18.11.2021 – 1 StR 397/21, NStZ 2022, 288, 289; 12.2.2003 – 1 StR 403/02, NJW 2003, 1955, 1956f., sodass es auf den Umstand des überraschenden Angriffs nicht ankommt.

547 BGH 25.3.2003 – 1 StR 483/02, NJW 2003, 2464, 2466; zu Recht krit. Rengier BT II § 4 Rn. 56, 86; Eisele, BT I Rn. 102. Vgl. Rn. 229 zur Rechtsfolgenlösung.

548 BGH 13.9.2023 – 4 StR 40/23, HRRS 2024 Nr. 101, Rn. 10; 20.6.2016 – 3 StR 120/16, NJW 2016, 2899, 2900: Schüsse auf Polizeibeamte, die daraufhin zurückfeuern und sich in Deckung bringen.

oder die Möglichkeit verbaler Interventionen zählen, etwa das Zureden der Ehefrau[549] bzw. das Herbeirufen von Hilfe[550].

Die **Wehrlosigkeit** muss **auf der Arglosigkeit beruhen**. Daher ist die Tötung eines unabhängig vom Überraschungsmoment wehrlosen Menschen, bspw. eines Schwerkranken, nicht heimtückisch.[551] **245**

Der Täter muss im **Bewusstsein** handeln, dass er das Überraschungsmoment für die Tötung ausnutzt.[552] Durch dieses subjektive Element kann die Rechtsprechung in Einzelfällen zu einer Einschränkung des Merkmals kommen, was zu sehr viel Kasuistik führt[553] und zugleich die Begehung durch Unterlassen praktisch selten macht.[554] **246**

Zudem wird einschränkend ein Handeln in **feindseliger Willensrichtung** verlangt.[555] Seltene Fälle der Tötung zum (vermeintlich) Besten des Opfers, etwa aus echtem Mitleid oder bei misslungenem Mitnahmesuizid, sind deshalb nicht heimtückisch.[556] Man kann dies dogmatisch damit erklären, dass es an einem tückisch-verschlagenen Vorgehen fehlt. Vorausgesetzt wird ein ausschließliches Handeln zum vermeintlich Besten des Opfers. Daran fehlt es, wenn zugleich andere Personen mit der Tötung bestraft werden sollen.[557] **247**

2. Grausam

Grausam handelt, wer dem Opfer aus **gefühlloser, unbarmherziger Gesinnung** besonders starke **Schmerzen** oder seelische bzw. körperliche **Qualen** bereitet, die über eine mit jeder Tötung verbundene Grausamkeit hinausgehen.[558] Dabei sind nur die Handlungen mit Tötungsvorsatz bedeutsam, nicht aber mit bloßem Körperverletzungsvorsatz ausgeführte.[559] **248**

549 BGH 19.6.2008 – 1 StR 217/08, NStZ 2009, 29, 30.
550 BGH 21.1.2021 – 4 StR 337/20, NStZ 2021, 609, Rn. 12 m. w. N.
551 BGH 29.4.1997 – 4 StR 158/97, NStZ 1997, 490, 491; NK/Saliger, § 211 Rn. 69.
552 BGH 13.2.2007 – 5 StR 508/06, NStZ 2007, 330, 331; 15.11.2023 – 1 StR 104/23, NStZ 2024, 167, Rn. 10.
553 NK/Saliger, § 211 Rn. 71 m. w. N.
554 Rengier, BT II § 4 Rn. 69; NK/Saliger, § 211 Rn. 72a.
555 Grundlegend: BGH 22.9.1956 – GSSt. 1/56, NJW 1957, 70, 71; neuerdings krit. 19.6.2019 – 5 StR 128/19, NJW 2019, 2413, 2414 f.
556 BGH 8.5.1991 – 3 StR 467/90, NJW 1991, 2357, 2358; abgrenzend: BGH 18.10.2007 – 3 StR 226/07, NStZ 2008, 93, 94.
557 BGH 10.3.2006 – 2 StR 561/05, NStZ 2006, 338, Rn. 4.
558 BGH 8.9.2005 – 1 StR 159/05, NStZ-RR 2006, 236, 237.
559 BGH 21.6.2007 – 3 StR 180/07, NStZ 2008, 29; 17.5.1990 – 1 StR 99/90, NStZ 1990, 491; Rengier, BT II § 4 Rn. 95.

Beispiele:

Verhungern lassen ohne Gefühle für das betroffene Kleinkind[560], Verbrennen[561], Ertränken, Foltern des Opfers,[562] Ausmalen der Tötung zur Erregung panischer Angst[563] mit sadistischer Einstellung.

3. Mit gemeingefährlichen Mitteln

249 Das Mordmerkmal „**mit gemeingefährlichen Mitteln**" wird dahin gehend verstanden, dass ein Mittel zur Tötung derart eingesetzt wird, dass in der konkreten Tatsituation eine **unbestimmte Mehrzahl** von Menschen an Leib und Leben gefährdet werden kann, weil der Täter die **Ausdehnung der Gefahr nicht in seiner Gewalt** hat.[564] Dabei ist nicht allein auf die abstrakte Gefährlichkeit eines Mittels abzustellen, sondern auf seine Eignung und Wirkung in der **konkreten Situation** unter Berücksichtigung der persönlichen Fähigkeiten und Absichten des Täters.[565] Eine Begehung durch Unterlassen lehnt die h.M. ab, da es nicht ausreiche, eine vorhandene Gefahr lediglich auszunutzen.[566]

Beispiele:

Zünden einer Nagelbombe auf einem belebten Platz[567], Öffnen eines Staudamms mit der Folge einer Überschwemmung und Gefahr für die Bewohner eines Dorfes, Amokfahrt in einer belebten Fußgängerzone[568], Steinwürfe auf eine viel befahrene Autobahn[569] mit der Folge einer unkontrollierbaren Lebensgefahr durch Kollisionen bzw. umherfliegende Gegenstände bzw. Menschen oder bei Vergiftung des Essens im Kessel der Mensa für die Besucher[570].

Dagegen ist Gift in *einer* Kaffeetasse[571] oder die Abgabe *eines* Schusses in einem belebten Lokal[572] mangels Gefahr für eine Vielzahl von Menschen *keine* gemeingefährliche Begehung, wenn eine bestimmte Person getötet werden soll, aber ein anderer stirbt.

560 BGH 15.3.2023 – 2 StR 462/21, NStZ 2023, 600, 601 m. Anm. Drees; 27.5.1982 – 4 StR 200/82, NStZ 1982, 379.
561 BGH 8.11.2016 – 5 StR 390/16, NJW 2017, 1252.
562 HK-GS/Duttge, StGB § 211 Rn. 8.
563 BGH 4.7.1984 – 3 StR 199/84, NJW 1985, 334.
564 BGH 13.9.2023 – 4 StR 40/23, NStZ-RR 2024, 54
565 BGH 12.11.2019 – 2 StR 415/19, NStZ 2020, 284 m. Anm. Engländer m.w.N.
566 BGH 7.7.2009 – 3 StR 204/09, NStZ 2010, 87 f.; M/R/Safferling, StGB § 211 Rn. 59; Rengier, BT II § 4 Rn. 103 ff. jew. m.w.N. auch zur bedenkenswerten Gegenansicht.
567 BGH 24.6.2004 – 5 StR 306/03, NStZ 2005, 35; Rengier, BT II § 4 Rn. 97.
568 BGH 16.8.2005 – 4 StR 168/05, NStZ 2006, 167, 168; 10.11.2022 – 4 StR 192/22, NStZ 2023, 288 m. krit. Anm. Engländer; 13.9.2023 – 4 StR 40/23, NStZ-RR 2024, 54, 56; Rengier, BT II § 4 Rn. 102; a. A. Wessels/Hettinger/Engländer, BT I Rn. 57.
569 BGH 14.1.2010 – 4 StR 450/09, NStZ-RR 2010, 373, 374.
570 BGH 1.9.1992 – 1 StR 487/92, NJW 1993, 210.
571 BGH 1.9.1992 – 1 StR 487/92, NJW 1993, 210.
572 BGH 1.9.1992 – 1 StR 487/92, NJW 1993, 210.

Eine Gefahr für die **Allgemeinheit** bedeutet, dass die Tatopfer als deren **Repräsentanten** anzusehen sind.[573] Davon ist nach h.M. die („schlichte") **Mehrfachtötung abzugrenzen**, bei der mehrere Opfer gezielt getötet werden, ohne Zufallsopfer in Kauf zu nehmen.[574] 250

Beispiele:

Die gezielte Brandlegung in einem Einfamilienhaus zur Tötung aller drei Bewohner[575] stellt eine Mehrfachtötung dar.

Gemeingefährlich ist dagegen, wenn für andere Bewohner im (Mehrparteien-)Haus bzw. die Nachbarn durch den Brand[576] eine Lebensgefahr entsteht.

IV. Täterbezogene Mordmerkmale

1. Straftatermöglichungsabsicht

Die Formulierung im Gesetz „um … zu" umschreibt **Absicht**[577], es handelt sich also um ein subjektiv gefasstes Mordmerkmal. Die Absicht muss sich bewusstseinsdominant auf die final erstrebte andere Straftat beziehen; für die Tötung reicht bedingter Vorsatz.[578] Es wird in besonders verwerflicher Weise ein Unrecht mit anderem Unrecht als **Mittel zum Zweck** verknüpft[579] – der Täter ist bereit, für kriminelle Zwecke über Leichen zu gehen. 251

Definition:

Zur Ermöglichung einer anderen Straftat tötet, wer einen Menschen zur Erreichung eines weiteren kriminellen Ziels tötet. Der Tod des Opfers muss nicht notwendiges Mittel zur Ermöglichung der Tat sein; es genügt, wenn der Täter sich deshalb zur Tötung entschließt, weil er annimmt, durch die Tötungshandlung oder den Todeserfolg die andere Straftat rascher oder leichter begehen zu können.[580]

573 Rengier, BT II § 4 Rn. 96; M/R/Safferling, § 211 Rn. 62.
574 BGH 10.11.2022 – 4 StR 192/22, NStZ 2023, 288, 289; 12.11.2019 – 2 StR 415/19, NStZ 2020, 284 m. Anm. Engländer.
575 BGH 12.11.2019 – 2 StR 415/19, NStZ 2020, 284 m. Anm. Engländer.
576 BGH 12.11.2019 – 2 StR 415/19, NStZ 2020, 284 f.; 10.11.2022 – 4 StR 192/22, NStZ 2023, 288, 289 jew. m. Anm. Engländer; krit. zur Figur der Mehrfachtötung: 14.4.2020 – 5 StR 93/20, NStZ 2020, 614 m. Anm. Zieschauung.
577 Zur Absicht als Vorsatzform: Schütze, AT Rn. 144 ff.
578 BGH 23.9.1999 – 4 StR 700/98, NJW 2000, 226, 228.
579 BGH 3.6.2015 – 2 StR 422/14, NStZ 2015, 693 f.; 18.5.2000 – 4 StR 647/99, NJW 2000, 2517, 2519.
580 BGH 3.6.2015 – 2 StR 422/14, NStZ 2015, 693 m. w. N.; HK-GS/Duttge, § 211 Rn. 23.

Ein typisches Beispiel ist der **Raubmord**, bei dem der Täter das Opfer tötet, um danach Beute wegzunehmen.[581] Straftatermöglichungsabsicht kann auch in der Tötung eines anderen liegen, um betrügerisch dessen Lebensversicherung zu erlangen[582] oder durch Kannibalismus an der Leiche „beschimpfenden Unfug" gem. § 168 verüben zu können[583].

252 Maßgeblich ist die **Vorstellung des Täters**, sodass die erstrebte Straftat nicht verwirklicht werden muss. Unerheblich ist, ob es sich um eine **eigene oder fremde Tat** handelt.[584]

Es ist zudem nicht entscheidend, ob es sich objektiv um eine **Straftat** handelt, etwa wenn der Täter sich in tatsächlicher oder rechtlicher Hinsicht irrt und eine Ordnungswidrigkeit als Straftat bewertet,[585] umgekehrt entfällt das Mordmerkmal aber, wenn ein strafbares Verhalten irrig nicht als solches bewertet wird.[586]

2. Straftatverdeckungsabsicht

253 Beim Mordmerkmal der Straftatverdeckungsabsicht erscheint **problematisch**, dass in anderem Kontext die Tendenz, sich selbst vor Strafe zu schützen, entlastend wirkt (vgl. § 157, § 258). Die ganz h.M. sieht allerdings den Grund für die Strafschärfung darin, dass der Täter einen **starken Anreiz zum Selbstschutz** habe und deshalb **präventiv** durch eine hohe Strafdrohung daran gehindert werden müsse, begangenes Unrecht durch die Tötung noch weiter zu vergrößern.[587]

254 **Definition:**

Mit **Verdeckungsabsicht** tötet, wem es darauf ankommt, durch die Tötungs*handlung* eine andere Straftat zu verdecken. Die **vorausgehende Straftat** kann – nach Vorstellung des Täters – entweder **als solche** oder **deren Spuren**, die bei näherer Untersuchung Aufschluss über bedeutsame Tatumstände, namentlich Beteiligte, Motive oder Beute geben könnten, verdeckt werden.[588]

581 BGH 2.3.1995 – 1 StR 595/94, NJW 1995, 2365, 2366. Nicht ausreichend wäre es für die Straftatermöglichungsabsicht, wenn der Täter tötet, allein um sich im Besitz der Beute zu halten, ohne aber weitere Beute machen zu wollen, Rengier, BT II § 4 Rn. 112.

582 BGH 18.5.2000 – 4 StR 647/99, NJW 2000, 2517, 2519, der betont, dass gerade dann, wenn die angestrebte Tat weniger schwer wiegt, die Tötung besonders verwerflich ist.

583 BGH 22.4.2005 – 2 StR 310/04, NJW 2005, 1876, 1878; 21.2.2018 – 5 StR 267/17, NStZ-RR 2018, 172, 173. An der Auslegung von § 168 kann man durchaus zweifeln, es kommen allerdings auch § 131 bzw. § 184a in Betracht, näher: Eisele, BT I Rn. 119 m.w.N.

584 BGH 27.1.1956 – 2 StR 432/55, NJW 1956, 1040f.

585 BGH 3.8.1978 – 4 StR 397/78, NJW 1978, 2518; Rengier, BT II § 4 Rn. 108. Umgekehrt entfällt das Mordmerkmal, wenn der Täter ein Verhalten nur als Ordnungswidrigkeit bewertet.

586 BGH 12.2.1998 – 4 StR 617/97, NStZ 1999, 952, 953, wo man nicht nachweisen konnte, dass die Täter ihr angestrebtes Verhalten als Betrug bewertet haben.

587 BGH 23.12.1998 – 3 StR 319/98, NJW 1999, 1039, 1041.

588 BGH 30.3.2022 – 4 StR 356/21, NStZ 2022, 476, 477; Fischer, § 211 Rn. 68.

Typischer Fall ist das **Erschießen eines Tatzeugen**, der den Täter überrascht hat. Ausreichend ist auch, wenn der Täter nicht die schon entdeckte Tat, aber seine Beteiligung daran verbergen will. Dagegen reicht es nicht, wenn der Täter den Zeugen in Kenntnis des gegen ihn eingeleiteten Strafverfahrens umbringt, da ihm dann bewusst ist, dass die Tat schon entdeckt worden ist.

Auch hier ist allein die **subjektive Vorstellung** entscheidend[589] und es **255**
kommt nicht darauf an, ob eine eigene oder fremde **Straftat** verdeckt werden soll.

Fallbeispiel:

T fährt mit 0,6 Promille Blutalkohol unauffällig mit dem Auto, was eine Ordnungswidrigkeit gem. § 24a Abs. 1 StVG darstellt. Bei einer Polizeikontrolle überfährt er mit dem Pkw den Beamten B und nimmt dessen Tötung in Kauf, um die von ihm befürchtete Aufdeckung seiner vermeintlichen Trunkenheitsfahrt (§ 316) zu verhindern. Hier liegt Straftatverdeckungsabsicht vor.[590]

Abwandlung:

Keine Straftatverdeckungsabsicht läge vor, wenn der Täter zwar 1,1 Promille Blutalkohol aufgewiesen hat (§ 316), aber nicht widerlegt werden kann, dass er von einer bloßen Ordnungswidrigkeit ausging, die er verdecken wollte.

Grundsätzlich ist ausreichend, wenn der Täter mit **bedingtem Tötungs-** **256**
vorsatz neben der Verdeckungsabsicht handelt. Bspw. liegt Verdeckungsmord vor, wenn der fliehende Täter den Tod einer Polizeibeamtin an einer Straßensperre durch seine Fahrweise oder Schussabgabe in Kauf nimmt, um seine Beteiligung an der Tat zu kaschieren.[591]

Allerdings wird **ausnahmsweise** dann eine **Tötungsabsicht** verlangt, wenn der Täter sich gerade vom Tötungsopfer erkannt wähnt und ihm deshalb nur bei dessen Tötung eine Verdeckung möglich erscheint. Es ist daher festzustellen, von wem der Täter annimmt, bereits entdeckt zu sein.[592]

Nicht ausreichend ist, wenn der Täter seine Täterschaft schon entdeckt glaubt und tötet, **ausschließlich** um **fliehen** zu können; allerdings kann die Verdeckungsabsicht neben dem Fluchtmotiv vorhanden sein.[593]

589 BGH 6.6.2019 – 4 StR 541/18, NStZ 2019, 605, 606.
590 BGH 3.8.1978 – 4 StR 397/78, NJW 1978, 2518; Mitsch JuS 1996, 213, 217 f.; Dannecker/Schröder, JuS 2020, 860, 864.
591 BGH 2.12.1960 – 4 StR 453/60, NJW 1961, 519 f.; 20.9.1996 – 2 StR 278/96, NStZ-RR 1997, 132.
592 BGH 30.3.2022 – 4 StR 356/21, NStZ 2022, 476, 477.
593 BGH 20.9.1996 – 2 StR 278/96, NStZ-RR 1997, 132; 6.6.2019 – 4 StR 541/18, NStZ 2019, 605, 606 mit dem Hinweis, dass bei alleinigem Fluchtmotiv ein sonst niedriger Beweggrund vorliegen kann.

257 Umstritten ist, ob es dem Täter allein um die Vermeidung strafrechtlicher Sanktionen gehen muss; die h.M. lässt auch die Absicht der Vermeidung **außerstrafrechtlicher Konsequenzen** der Tat ausreichen, bspw. finanzielle Nachteile, Selbstjustiz im Milieu oder soziale Ausgrenzung.[594]

258 Fraglich ist, ob eine vorangehende körperliche Misshandlung als **andere Straftat** angesehen werden kann, wenn das Geschehen sich zur nachfolgenden Tötung weiterentwickelt. Eine **zeitlich-räumliche Zäsur**[595], ein **später gefasster Tötungsvorsatz** oder ein **mehraktig angelegtes Geschehen** lässt zumindest zwei Geschehensakte erkennen und damit eine von der Tötung abgrenzbare Tat, die durch den weiteren Akt der Tötung verdeckt werden kann.[596]

Der Täter kann nach aktueller Rechtsprechung sogar spontan und ohne längere Überlegung handeln, wenn er von der Körperverletzung als erstem Akt zur Tötung übergeht, um das Opfer als Zeugen auszuschalten.[597] Allerdings liegt *keine andere* Straftat vor, die der Täter verdecken will, wenn er **durchgängig** mit **Tötungsvorsatz** handelt, also den Tötungsversuch aus Furcht vor Entdeckung fortsetzt;[598] insbesondere in Konstellationen familiärer Gewalt muss häufig der Zweifelsgrundsatz angewendet werden.[599]

259 Der Verdeckungsmord kann nach h.M. auch durch **Unterlassen** begangen werden.[600] Es muss sich aber um eine andere Vortat handeln.[601]

Fallbeispiele:

Der Täter hat eine junge Frau aus der Nachbarschaft vergewaltigt. Damit sie ihn nicht als Täter identifizieren kann, lässt er sein Opfer ohnmächtig und entkleidet im winterlichen Wald zurück, damit es dort erfriert.

Dies kann auch bei einem Autofahrer vorliegen, der einen anderen Verkehrsteilnehmer durch Fahrlässigkeit schwer verletzt hat und sich erst dann zur Flucht entscheidet, damit das Unfallopfer ihn nicht identifizieren kann.[602]

594 BGH 31.1.1995 – 1 StR 780/94, NJW 1995, 1910; 23.6.1999 – 3 StR 147–99, NStZ 1999, 615, 616; M/R/Safferling, § 211 Rn. 71; krit. Rengier, BT II § 4 Rn. 123f. m.w.N.

595 BGH 1.2.1978 – 2 StR 530/77, NJW 1978, 1062 wurde allerdings in dieser Strenge nicht fortgeführt.

596 Fischer, § 211 Rn. 70 m.w.N.

597 BGH 26.3.2020 – 4 StR 134/19, NStZ 2020, 609 Rn. 18 m.w.N.

598 BGH 26.3.2020 – 4 StR 134/19, NStZ 2020, 609 Rn. 18; 14.3.2017 – 2 StR 370/16, NStZ 2017, 583.

599 BGH 15.3.2023 – 2 StR 462/21, NStZ 2023, 600, 602 m. Anm. Drees.

600 BGH 15.3.2023 – 2 StR 462/21, NStZ 2023, 600, 603 m. Anm. Drees; 10.3.2000 – 1 StR 675/99, NJW 2000, 1730, 1731.

601 BGH 12.12.2002 – 4 StR 297/02, NStZ 2003, 312, 313.

602 Durch den neuen Entschluss kommt es zu einer Zäsur zwischen den beiden Handlungsabschnitten Anfahren und Wegfahren, näher: Schütze, AT Rn. 628.

Die Straftatverdeckungsabsicht muss allerdings neben dem Tötungsvorsatz als **maßgebliches Motiv**, insbesondere bei der Verdeckung einer fremden Tat, nachgewiesen werden.[603] 260

Verdeckungsabsicht kann vorliegen, wenn der garantenpflichtige Täter nach einer von ihm begangen Straftat dem Opfer mit bedingtem Tötungsvorsatz keine Hilfe leistet, weil er zwar nicht die Entdeckung durch die Aussage des Tatopfers fürchtet, aber annimmt, dass die Tat bzw. deren Spuren von anderen Personen erkannt wird, bspw. herbeigerufenen Rettungskräften.[604] Zum ausnahmsweisen Erfordernis der Tötungsabsicht, s. Rn. 256.[605] 261

3. Mordlust

Das selten vorkommende Merkmal der **Mordlust** ist gegeben, wenn der Täter aus unnatürlicher Freude an der Vernichtung menschlichen Lebens handelt, es ihm alleine darauf ankommt, sein Opfer sterben zu sehen.[606] Der Tod des Opfers ist als solcher der einzige Zweck der Tat, es kann eine Tötung aus Neugier, Angeberei oder zum Zeitvertreib sein.[607] Es muss direkter Vorsatz vorliegen.[608] 262

4. Zur Befriedigung des Geschlechtstriebs

Zur Befriedigung des Geschlechtstriebes tötet, wer erstens **im Tötungsakt selbst** geschlechtliche Befriedigung sucht (Lustmord)[609], wer zweitens tötet, um **sich an der Leiche vergehen** zu können (Nekrophilie)[610], oder wer drittens den **Tod eines Menschen als Sexualobjekt** in Kauf nimmt, bspw. bei einer brutalen Vergewaltigung[611]. Auf den Zeitpunkt des Todeseintritts kommt es dabei nicht an.[612] 263

---

603 BGH 16.5.2023 – 1 StR 90/23, BeckRS 2023, 17040, Rn. 9.

604 BGH 13.4.2023 – 4 StR 429/22, BeckRS 2023, 11931 Rn. 36 m.w.N.

605 BGH 10.3.2000 – 1 StR 675/99, NJW 2000, 1730, 1731; vert. Rengier, BT II § 4 Rn. 130.

606 BGH 16.4.2007 – 5 StR 335/06, NStZ 2007, 522, 523.

607 BGH 15.4.1986 – 1 StR 651/85, NJW 1986, 2120.

608 Rengier, BT II § 4 Rn. 21.

609 BGH 28.2.2023 – 4 StR 491/22, NStZ-RR 2023, 271, 272; 22.4.2005 – 2 StR 310/04, NJW 2005, 1876, 1878.

610 BGH 8.6.1955 – 3 StR 163/55, NJW 1955, 1196.

611 BGH 28.2.2023 – 4 StR 491/22, NStZ-RR 2023, 271, 272; 22.4.2005 – 2 StR 310/04, NJW 2005, 1876, 1878; 29.7.1982 – 4 StR 279/82, NStZ 1982, 464; 17.9.1963 – 1 StR 301/63, NJW 1963, 2236, 2237.

612 BGH 29.7.1982 – 4 StR 279/82, NStZ 1982, 464.

264 Da es sich um ein **subjektiv** gefasstes Merkmal handelt, ist nicht entscheidend, ob der Täter sexuelle Befriedigung findet, sondern er muss von diesem Motiv **bei der Tötung** geleitet sein.[613]

265 Nach h.M. soll es ausreichen, wenn der Täter einen anderen Menschen tötet, um sich erst mit **zeitlich-räumlichen Abstand** und nur **mittelbar** durch Betrachtung einer dabei aufgenommenen **Videoaufnahme** sexuell zu erregen.[614]

266 Die Tötung muss sich gegen die Person richten, die Bezugspunkt des Luststrebens ist; es reicht deshalb nicht aus, wenn der Täter **Nebenbuhler** oder **schutzbereite Dritte** tötet, um sich an einer anderen Person geschlechtlich vergehen zu können. Es liegt dann aber die Straftatermöglichungsabsicht oder ein sonst niedriger Beweggrund nahe.[615]

5. Habgier

267 Habgier ist das Streben des Täters nach **materiellen Gütern oder Vorteilen** sogar um den Preis eines Menschenlebens; die ungehemmte Eigensucht des Täters übersteigt das erträgliche Maß bei Weitem.[616]

Definition:

Unter **Habgier** ist hemmungsloses und **übersteigertes Gewinnstreben** zur Vermögensmehrung bzw. zur Verbesserung der Vermögenslage zu verstehen.[617]

268 Das Streben muss sich auf einen **materiellen Vorteil** beziehen,[618] ob dieser eine bestimmte Summe erreicht, ist nicht entscheidend, denn gerade die Tötung für einen **geringen Vermögenswert** (z.B. eine Betäubungsmitteldosis) erscheint besonders verwerflich.[619] Nach h.M. muss ein *rechtswidriger* Vermögensvorteil erstrebt werden;[620] dennoch soll nach der Recht-

613 BGH 28.2.2023 – 4 StR 491/22, NStZ-RR 2023, 271, 272; 22.4.2005 – 2 StR 310/04, NJW 2005, 1876, 1878, wofür schon ausreiche, dass der Täter dies nur „ggf." will; 29.7.1982 – 4 StR 279/82, NStZ 1982, 464.

614 BGH 22.4.2005 – 2 StR 310/04, NJW 2005, 1876, 1877. Man kann bezweifeln, dass dies eine einschränkende Auslegung darstellt, der Wortlaut umfasst es freilich, näher: MüKo/Schneider, § 211 Rn. 57 m.w.N. auch zur Gegenansicht.

615 Fischer, § 211 Rn. 9; MüKo/Schneider, § 211 Rn. 56.

616 BGH 22.1.1981 – 4 StR 480/80, NJW 1981, 932 f.

617 BGH 10.3.1999 – 3 StR 1/99, NStZ-RR 1999, 235, 236.

618 LK/Rissing-van Saan/Zimmermann, § 211 Rn. 19.

619 BGH 2.9.1980 – 1 StR 434/80, NJW 1981, 136; BeckOK/Eschelbach, § 211 Rn. 22.1.

620 BGH 15.12.2021 – 6 StR 312/21, NStZ-RR 2022, 47, 48; Rengier, BT II § 4 Rn. 25; a.A. NK/Saliger, § 211 Rn. 23; LK/Rissing-van Saan/Zimmermann, § 211 Rn. 19.

sprechung ausreichen, wenn getötet wird, um im Strafvollzug eine (Kranken-)Versorgung zu erhalten.[621]

Beispiele:

Raubmord[622], Auftragsmord gegen Bezahlung[623] oder ein Neffe, der seinen Erbonkel[624] tötet, um das Erbe zu erlangen.

Die h. M. nimmt Habgier an, wenn **Aufwendungen**, etwa Unterhaltsforderungen, vermieden werden sollen,[625] was angesichts des Wortlauts („Gier nach Haben“) nicht nahe liegt, aber dem Gerechtigkeitsempfinden entspricht. **269**

In **subjektiver** Hinsicht genügt grundsätzlich bedingter Vorsatz. Nicht entscheidend für das subjektive Mordmerkmal der Habgier ist dagegen, ob der erstrebte Vorteil tatsächlich eintritt.[626] Das Habgiermotiv muss **bestimmend** für die Tötung, ggf. innerhalb eines Motivbündels im Rahmen einer Gesamtwürdigung bewusstseinsdominant gewesen sein.[627] **270**

6. Sonst niedrige Beweggründe

Auffangcharakter gegenüber anderen subjektiven Mordmerkmalen kommt den sonst niedrigen Beweggründen zu. **271**

Definition:

Niedrig ist ein Beweggrund zur Tötung, wenn er nach allgemeiner sittlicher Wertung auf tiefster Stufe steht, durch ungehemmte triebhafte Eigensucht bestimmt ist und deshalb besonders verachtenswert ist.[628] Die **Beweggründe** müssen in deutlich weiterreichendem Maße als bei einem Totschlag als verachtenswert erscheinen, was eine **Gesamtwürdigung** aller äußeren und inneren für die Handlungsantriebe des Täters maßgeblichen Faktoren erfordert.[629]

---

621 BGH 19.5.2020 – 4 StR 140/20, NStZ 2020, 733 m. krit. Anm. Mitsch; a. A. MüKo/Schneider, § 211 Rn. 60.

622 BGH 9.3.1993 – 1 StR 870/92, NJW 1993, 1724.

623 BGH 30.6.2005 – 1 StR 227/05, NStZ 2006, 34, 35.

624 BGH 27.5.2014 – 3 StR 60/14, BeckRS 2014, 15080, Rn. 5: Keine unmittelbare Vermögensmehrung erforderlich, wenn Ehefrau Schwiegervater umbringt, damit ihr nicht eingeweihter Ehegatte erbt; Hohmann/Sander, BT Rn. 63; BeckOK/Eschelbach, § 211 Rn. 25 jew. m. w. N.

625 BGH 22.10.1957 – 1 StR 435/57, NJW 1957, 1808.

626 BGH 18.2.1993 – 1 StR 49/93, NStZ 1993, 385, 386.

627 BGH 22.1.1981 – 4 StR 480/80, NJW 1981, 932, 933.

628 BGH 14.6.2023 – 1 StR 399/22, NStZ 2024, 88, 89; 19.10.2001 – 2 StR 259/01, NJW 2002, 382, 383; 20.8.1996 – 4 StR 361/96, NJW 1996, 3425.

629 BGH 14.6.2023 – 1 StR 399/22, NStZ 2024, 88, 89.

272 Niedrige Beweggründe kommen in Betracht, wenn die Tötung allein durch krasse **Eigensucht**, rücksichtslosen Egoismus oder völlige **Negierung** des **personalen Eigenwerts** des Opfers gekennzeichnet ist.[630]

Gefühlsregungen wie **Wut, Hass, Rache oder Eifersucht** können niedrige Beweggründe sein, wenn sie ihrerseits auf niedrigen Beweggründen beruhen, etwa wenn jeder nachvollziehbare Grund dafür fehlt.[631]

273 **Beispiele:**

Tötung aus **Rassen- oder Ausländerhass**[632], Auswahl eines Opfers als Repräsentant einer **politischen, sozialen oder ethnischen Gruppe**, bspw. weil es sich um einen Polizeibeamten oder einen Politiker handelt[633].

Bei **verdeckungsnahen Konstellationen**, insbes. bei Tötung von Polizei- oder Vollzugsbeamten, wenn es dem Täter nur um seine Flucht geht oder die Folgen einer Ordnungswidrigkeit vermieden werden sollen.[634]

Völlig **willkürliche Auswahl** des Opfers bei Verwendung von Bomben[635], besonders **brutaler Tatbegehung**[636], Wut über verweigerten bzw. nicht positiv empfundenen Geschlechtsverkehr[637] oder Töten eines Babys, allein weil es der Freizeitgestaltung im Weg ist,[638] dagegen nicht bei einer Kindstötung aus Überforderung oder Naivität[639].

274 Besondere Fragen wirft die Tötung von **Intimpartnern** auf. Ein Gefühlsausbruch nach Kränkungen, Demütigungen oder Enttäuschung über Untreue ist typischerweise kein niedriger Beweggrund.[640] Anders dagegen bei einer Art „exklusivem Besitzanspruch", wenn der Partner getötet wird, damit ihn kein anderer haben kann.[641]

---

630 BGH 22.10.2014 – 5 StR 380/14, NStZ 2015, 33, 34.

631 BGH 7.5.2019 – 1 StR 150/19, NStZ 2019, 518 m. krit. Anm. Grünewald; 14.6.2023 – 1 StR 399/22, NStZ 2024, 88, 89.

632 BGH 7.9.1993 – 5 StR 455/93, NJW 1994, 395 f.; 2.10.1962 – 1 StR 299/62, NJW 1962, 2308, 2309 f.

633 BGH 11.7.2003 – 2 StR 531/02, NStZ 2004, 89, 90; 30.9.2021 – 4 StR 170/21, NStZ-RR 2021, 384, 385.

634 BGH 30.8.2012 – 4 StR 84/12, NStZ 2013, 337, 339; 17.8.2001 – 2 StR 159/01, juris-Rn. 19.

635 BGH 24.6.2004 – 5 StR 306/03, NJW 2004, 3051, 3054 zu politisch-terroristisch motiviertem Bombenanschlag auf eine Disko.

636 BGH 22.10.2014 – 5 StR 380/14, NStZ 2015, 33, 34; zutreffend Rengier, BT II § 4 Rn. 35, wonach nicht das *objektive* Tatbild allein ausreichen könne, da es sich um ein subjektives Mordmerkmal handelt.

637 BGH 11.2.1999 – 4 StR 647/98, NStZ-RR 1999, 170; 21.12.1951 – 1 StR 675/51, BeckRS 1951, 31195477.

638 BGH 30.10.2008 – 4 StR 352/08, NStZ 2009, 210.

639 BGH 1.8.2018 – 1 StR 196/18, BeckRS 2018, 33365; 19.6.2008 – 4 StR 105/08, NStZ-RR 2008, 308.

640 Rengier, BT II § 4 Rn. 40.

641 BGH 30.9.1952 – 1 StR 243/52, NJW 1952, 1303, 1304.

Nach überzeugender h.M. wirken (archaische) Vorstellungen **fremder Kulturen** bei ausländischen Tätern nicht entlastend, die meinen, die Motivation für einen **Femizid** zur Verteidigung der „Familienehre“ oder „Blutrache“ erscheine in milderem Licht. Zweifelhaft erscheint, ob man dies ausnahmsweise berücksichtigen soll, wenn der Täter seinem (früheren) Kulturkreis noch so verhaftet ist, dass er die hiesigen Anschauungen nicht nachvollziehen kann.[642] 275

Hinweis: 276

Diese umfassende und von viel Kasuistik geprägte Gesamtwürdigung stellt die praktische Ermittlungsarbeit vor Herausforderungen. In Prüfungsarbeiten werden solche Abwägungen nicht verlangt, es geht vielmehr darum, die im Sachverhalt enthaltenen Hinweise einzuordnen, weniger um ein bestimmtes Ergebnis. Wenn die Verhaltensweise ansatzweise nachvollziehbar erscheint, ist das Merkmal abzulehnen.

V. Beteiligung

Am Totschlag oder Mord ist eine Beteiligung als Täter oder Teilnehmer möglich. 277

Bei **tatbezogenen Mordmerkmalen** gelten die allgemeinen Regeln[643] zur Zurechnung objektiver Merkmale bei (Mit)tätern, zur Akzessorietät bei Teilnehmern und den für jeden Beteiligten nachzuweisenden subjektiven Tatbestand.[644]

Dagegen ist umstritten, wie es sich bei den **täterbezogenen Mordmerkmalen** verhält, denn hier ist § 28 anwendbar, weil es sich um **besondere persönliche Merkmale** handelt. 278

Der überzeugende Ansatz der **Literatur** führt zur Anwendung von **§ 28 Abs. 2**, denn der Mord wird als Qualifikationstatbestand (s. Rn. 214) verstanden. Deshalb ist zu prüfen, ob ein Beteiligter in seiner Person ein Mordmerkmal aufweist, denn nur dann kann er wegen Beteiligung am Mord bestraft werden. Sofern er kein Mordmerkmal erfüllt, kann er nur wegen Beteiligung am Totschlag bestraft werden. Beides gilt für *Teilnehmer* (Anstifter oder Gehilfe) jeweils unabhängig davon, ob der *Haupttäter* selbst einen Mord oder nur einen Totschlag begeht. Die Prüfung erfolgt auf der Ebene des **Tatbestandes**, denn dort findet nach § 28 Abs. 2 die **Durchbrechung der Akzessorietät** statt.[645] 279

642 BGH 25.9.2019 – 5 StR 222/19, NStZ 2020, 86, 87 m.w.N. und Anm. Grünewald.
643 Vgl. Schütze, AT Rn. 382ff.
644 BGH 12.1.2005 – 2 StR 229/04, NJW 2005, 996, 997.
645 Rengier, BT II § 5 Rn. 6, zum Aufbau: Rn. 22.

Aufbauhinweis:

Für den Klausuraufbau empfiehlt es sich, der Literatur zu folgen und das Problem im Tatbestand zu behandeln. Dort kann man dann auf eine abweichende Ansicht der Rechtsprechung (s. Rn. 280) eingehen, wenn sich unterschiedliche Ergebnisse zeigen.

280 Die **Rechtsprechung** kommt dagegen zur Anwendung von **§ 28 Abs. 1**, da sie vom strafbarkeitsbegründenden Charakter der subjektiv gefassten Mordmerkmale ausgeht.[646] Dies betrifft die Ebene der **Strafe** und nicht des Tatbestands, denn § 28 Abs. 1 sieht lediglich eine **Milderung** vor.

Umgekehrt sieht § 28 Abs. 1 allerdings **keine Strafschärfung** vor: Sofern der Haupttäter keinen Mord begeht, bleibt es unabhängig davon, ob der Teilnehmer ein Mordmerkmal in seiner Person aufweist, für beide bei einer Strafe aus § 212 nach allgemeinen Akzessorietätsregeln.[647] Das Ergebnis der Rechtsprechung erscheint nicht gerecht.

Wenn der Haupttäter ein Mordmerkmal gem. § 211 Abs. 2, 1. oder 3. Gruppe erfüllt, muss sich darauf nach allgemeinen Regeln der Vorsatz des Teilnehmers beziehen. Sofern Vorsatz fehlt, bleibt es bei einer Teilnahme am Totschlag.

Wenn zwar diesbezüglich Vorsatz beim Teilnehmer vorliegt, aber das vom Haupttäter erfüllte Mordmerkmal beim Teilnehmer fehlt, kommt es grundsätzlich zu einer Milderung beim Teilnehmer (§ 28 Abs. 1).[648] Ausnahmsweise macht die Rechtsprechung davon eine dogmatisch schlecht begründbare Ausnahme: Die Milderung wird versagt, wenn der Teilnehmer zwar nicht das gleiche Mordmerkmal wie der Haupttäter aufweist, aber ein anderes subjektives Merkmal bei ihm vorliegt, sog. **„gekreuzte Mordmerkmale“**.[649] Dies zeigt, dass die Rechtsprechung zwar zum „richtigen“ Ergebnis gelangt, aber keine überzeugende Begründung dafür hat.[650] Das spricht gegen die Ansicht der Rechtsprechung.

281 **Beispielsfälle:**

Ausgangsfall: T erschlägt O von hinten unter Ausnutzung des Überraschungsmoments. A gibt ihm dafür einen Baseballschläger im Wissen um den Plan, O zu töten, aber ohne zu wissen, wie T vorgehen wird.

646 BGH 12.1.2005 – 2 StR 229/04, NJW 2005, 996, 997.
647 Schütze, AT Rn. 437.
648 BGH 7.2.1996 – 2 StR 571/95, NStZ 1996, 384, 385, Fischer, § 211 Rn. 95.
649 BGH 12.1.2005 – 2 StR 229/04, NJW 2005, 996, 997; 15.7.1969 – 5 StR 704/68, NJW 1969, 1725, 1726.
650 Fischer, § 211 Rn. 98; vertiefend: Rengier, BT II § 5 Rn. 14ff.

T verwirklicht einen Heimtückemord an O durch den Schlag (§§ 212, 211). A leistet Beihilfe zum Totschlag (§§ 212, 27), denn er hat zwar Vorsatz bezüglich der Beihilfehandlung und der Tötung, aber ihm fehlt der Vorsatz hinsichtlich des Mordmerkmals der Heimtücke.

1. Abwandlung: T erschlägt den O, allein weil er ihn wegen seiner Rasse hasst. A überlässt ihm dafür einen Baseballschläger in Kenntnis der rassistischen Motivation des T und mit der gleichen menschenverachtenden Einstellung.

T verwirklicht einen Mord aus niedrigen Beweggründen (Rassenhass). A leistet Beihilfe zum Mord des T, da A sowohl Vorsatz bezüglich der Haupttat von T und seiner Beihilfehandlung hat als auch in seiner Person einen niedrigen Beweggrund aufweist. Rechtsprechung und Literatur kommen zum gleichen Ergebnis.

2. Abwandlung: T handelt ohne rassistische Motive, sondern war zuvor von O angespuckt und beleidigt worden. A hasst den O wegen dessen Rasse und weckt deshalb bei T den Tatentschluss, O umzubringen.

T verwirklicht einen Totschlag, denn niedrige Beweggründe scheiden hier nach der Provokation durch O aus. Nach der Rechtsprechung kann A nur wegen Anstiftung zum Totschlag (§§ 212, 26) bestraft werden, denn die Strafe richtet sich nach der Haupttat und § 28 Abs. 1 sieht keine Strafschärfung vor. Diesem Aspekt kann die **Rechtsprechung** nur im Rahmen von § 212 bei der Strafzumessung Rechnung tragen. Die **Literatur** kann A dagegen wegen Anstiftung zum Mord bestrafen, weil zwar die Haupttat des T nur ein Totschlag ist, aber A in seiner Person den Rassenhass als niedrigen Beweggrund aufweist (§§ 212, 211, 26, 28 Abs. 2).

3. Abwandlung: A gibt den Baseballschläger in Kenntnis der rassistischen Motivation des T, die er nicht teilt, sondern will dem O später Geld wegnehmen.

Hier begeht T einen Mord (niedriger Beweggrund). A wäre nach der **Rechtsprechung** wegen Beihilfe zum Mord zu strafen, allerdings müsste man die Strafe gem. § 28 Abs. 1 mildern, weil A nicht das Mordmerkmal des sonst niedrigen Beweggrundes wie T aufweist. Ausnahmsweise versagt man dem A diese Milderung, weil er ein anderes („gekreuztes") Mordmerkmal aufweist, da er habgierig handelt. Das an sich richtige Ergebnis ergibt sich nicht aus dem Wortlaut von § 28 Abs. 1.

Für die **Literatur** wird die Beihilfe zum Mord zunächst gedanklich wegen des fehlenden Rassenhasses bei A zur Beihilfe zum Totschlag, allerdings sogleich wieder zur Beihilfe zum Mord, weil A habgierig handelt.[651] A kann wegen Beihilfe zum Mord bestraft werden.

651 Dieser Aspekt wäre im Aufbau beim objektiven Tatbestand unter dem Aspekt der Haupttat im Aufbau der Beihilfe (näher: Schütze, AT Rn. 460) zu erörtern.

VI. Abschlussfall

282 **Polizistenmord**

Sachverhalt:[652]

S ist passionierter Jäger. Er verliert seinen Jagdschein, beginnt daraufhin illegal zu jagen und erzielt damit erhebliche Einnahmen. Er verwirklicht den Tatbestand der Jagdwilderei in besonders schwerem Fall (§ 292) und verstößt durch das Führen der Jagdwaffen zugleich gegen § 52 Waffengesetz.

Er hat in seinem Kastenwagen 20 illegal gejagte Wildtiere und noch ein Wildschwein neben der Landstraße geschossen, als gegen 4 Uhr POK K und die Anwärterin B auf das am Rand der Straße haltende Fahrzeug aufmerksam werden. Sie sollen wegen vermehrter Einbruchsdiebstähle Kontrollmaßnahmen durchführen. S übergibt anlässlich der Kontrolle seinen Ausweis an K. K bemerkt die Wildtiere im Auto und gibt für S hörbar an die Zentrale durch, man habe eine dubiose Gestalt mit vermutlich gewilderten Tieren im Auto angetroffen und erbittet Verstärkung.

Während B mit der Taschenlampe in Richtung der Fahrzeuge leuchtet, geht K mit dem Ausweis zum Dienstwagen, um dort eine Abfrage zur Person des S und dem Kennzeichen des Kastenwagens durchzuführen.

Daraufhin entscheidet S spontan, die Beamten zu töten, damit er nicht wegen der Wilderei überführt wird. Er zieht heimlich in der Dunkelheit seine Schrotflinte aus dem Auto hervor und schießt sofort auf die überraschte B, um zu verhindern, dass sie ihre Waffe ziehen kann. Daraufhin geht sie schwer verletzt, aber nicht tödlich getroffen, zu Boden. Sie kann später gerettet werden und überlebt.

Er wendet sich unmittelbar dem neben dem Dienstfahrzeug stehenden K zu und schießt eine Schrotladung in dessen Richtung. K hat den ersten Schuss vernommen und kann sich deshalb noch ducken und wegdrehen, sodass er von Schrotkugeln nur im Gesäß getroffen wird. K beginnt mit seiner Pistole in Richtung des Kastenwagens zu schießen, kann den S aber in der Dunkelheit nicht ausmachen. Der S hat an der geöffneten Beifahrertür Deckung gesucht und zieht nunmehr ein Jagdgewehr mit einer Thermozieleinrichtung hervor. Damit kann er den fliehenden K aufspüren und schießt ihm gezielt unterhalb der Schutzweste in den Unterbauch. K ist noch handlungsfähig, versucht in einem Feld Deckung zu finden und feuert zuletzt sein Magazin leer. Daraufhin gibt S wieder einen gezielten Schuss auf den Oberkörper oberhalb der Schutzweste des K ab. Er geht

652 Vgl. zum hier abgewandelten Sachverhalt LG Kaiserslautern 30.11.2022 – 4 Ks 6035 Js 2146/22, BeckRS 2022, 58436, insbesondere zu den Mordmerkmalen Rn. 885 ff.

zu K, um nach seinem Ausweis zu suchen, den K bereits beim Ziehen der Pistole am Straßenrand fallengelassen hatte. S tötet K durch einen Kopfschuss aus kurzer Entfernung. Anschließend bricht S die Suche nach dem Ausweis ab und flieht mit seinem Kastenwagen samt darin befindlichem Wildbret, weil er die Sondersignale der herbeieilenden Polizeikräfte vernimmt.

Aufgabenstellung: Hat sich S wegen Mordes strafbar gemacht?

Lösungshinweise:

Aufbauhinweis: Man kann sowohl chronologisch vorgehen und den ersten Schuss auf B prüfen als auch mit den Schüssen auf K als vollendetem Delikt beginnen.

A. S könnte sich z. N. der B gem. §§ 212, 211, 22, 23 strafbar gemacht haben, indem er auf sie geschossen hat.

Vorprüfung: Die Tat wurde nicht vollendet, da B überlebt. Der Versuch ist sowohl bei § 212 als auch bei § 211 strafbar, weil es sich um Verbrechenstatbestände handelt (§ 23 Abs. 1 i. V. m. § 12 Abs. 1).

I. Tatbestand

1. Subjektiv

a) Vorsatz: S hatte Vorsatz im Hinblick auf die Tatbestandsmerkmale von § 212, indem er die B durch die Schussabgabe töten wollte.

S hat zudem mit Vorsatz bezüglich des Mordmerkmals „Heimtücke" (s. Rn. 237 ff.) gehandelt. S hat bewusst die Dunkelheit genutzt, um das Gewehr hervorzuholen. Zwar ist B als Polizeibeamtin bewaffnet und hat womöglich in Betracht gezogen, dass bei einer Kontrolle ein Angriff verübt werden könnte, allerdings ändert ein allgemeines Misstrauen nichts an der Arglosigkeit (s. Rn. 243). S war klar, dass die B nicht mit einem erheblichen Angriff durch ihn rechnet und wegen des raschen Handelns keine Zeit hatte, sich zu verteidigen.

b) Subjektive Mordmerkmale:

- S handelt mit Straftatverdeckungsabsicht (s. Rn. 253 ff.). Der S war sich als ausgebildeter Jäger bewusst, dass sowohl die Wilderei als auch das Führen von Waffen ohne Jagdschein strafbar ist. Die Tat war schon durch den K entdeckt, weil er einen solchen Verdacht geäußert hatte und der S dies gehört hat. Da bislang nur dem K und B seine Identität bekannt war, wollte er durch deren Tötung die Aufklärung seiner Täterschaft (s. Rn. 254) verhindern.
- Fraglich ist, ob S aus Habgier (s. Rn. 267 ff.) gehandelt hat. Zwar wird S bewusst gewesen sein, dass ihm die Entziehung des Wildbrets drohte, allerdings war das Motiv der Habgier nicht bewusstseinsdominant (s. Rn. 270).

Als er sich spontan zur Tötung der B zur Straftatverdeckung entschlossen hat, trat die Habgier in den Hintergrund. Es fehlt deshalb an Habgier als Triebfeder bei der Schussabgabe.

- Fraglich ist, ob S auch aus niedrigen Beweggründen (s. Rn. 271 ff.) gehandelt hat. Der Angriff auf B war nicht von Zorn oder Hass auf staatliche Organe (s. Rn. 273) oder ähnliche Motive getragen, sondern vom Antrieb, die vorangehende Tat zu verbergen. Deshalb ist kein Raum für niedrige Beweggründe. (Hinweis: Da es sich um eine Wertungsfrage handelt, wäre eine andere Lösung begründbar.)

2. S hat unmittelbar zur Tat angesetzt.[653]

II. S handelt rechtswidrig.

III. S handelt schuldhaft.

IV. Strafe: S ist nicht strafbefreiend gem. § 24 Abs. 1 von der Tat zurückgetreten.[654] Es kann dahinstehen, ob der Versuch endgültig fehlgeschlagen[655] war oder ob es sich um einen unbeendeten Versuch[656] gehandelt hat, denn es fehlt jedenfalls an der Freiwilligkeit[657]: S verzichtet auf eine weitere Schussabgabe auf B, um fliehen zu können, da er die Polizeisirene hört.

B. S könnte sich gem. §§ 212, 211 strafbar gemacht haben, indem er Schüsse auf K abgeben hat.

I. Tatbestand

1. Objektiv:

a) Die Tatbestandsmerkmale von § 212 liegen vor: S hat den Tod des K kausal durch die Schussabgabe hervorgerufen.

b) S hat nicht heimtückisch gehandelt, da der K schon durch die erste Schussabgabe auf B gewarnt wurde, bevor er danach auf S geschossen hat. Er war deshalb nicht arglos, als der S auf ihn geschossen hat.

2. Subjektiv:

a) S hat mit Vorsatz aller Tatbestandsmerkmale von § 212 gehandelt, insbesondere wollte er den Tod des K.

b) S hat in dieser Hinsicht mit Straftatverdeckungsabsicht gehandelt. Ihm war klar, dass er insbesondere den K töten musste, um die Weitergabe der Informationen zu seinem Kennzeichen und seiner Identität zu verhindern, da K als Zeuge zu seiner Täterschaft bei der Wilderei bzw. dem Verstoß gegen das WaffG fungiert hätte.

---

653 Näher Schütze, AT Rn. 489 ff.
654 Näher: Schütze, AT Rn. 529 ff.
655 Schütze, AT Rn. 534 ff.
656 Schütze, AT Rn. 539 ff.
657 Schütze, AT Rn. 556 ff.

c) Das Motiv der Habgier tritt auch hier als nicht handlungsleitend zurück, denn S entschloss sich spontan zu der Tat und der Flucht, weshalb die Beuteerhaltung nur ein Nebenmotiv blieb, aber nicht Hauptantriebsfeder war.

d) Zu überlegen ist, ob S aus niedrigen Beweggründen gehandelt hat. Sein Verhalten mit dem Aufspüren eines Menschen mit einer Wärmebildkamera ähnelt einer Menschenjagd, die Abgabe eines Schusses aus nächster Nähe erinnert an eine Hinrichtung und erscheint deshalb besonders verwerflich, nach allgemeiner sittlicher Wertung steht das Verhalten auf tiefster Stufe. Allerdings ist eine Gesamtwürdigung anzustellen. Die Haupttriebfeder für S war die Verdeckung seiner vorangehenden Straftaten, weshalb auch bei der Tötung des K andere Motive, wie etwa die Tötung staatlicher Repräsentanten aus Wut oder Hass, nicht handlungsleitend wurden. Niedrige Beweggründe fehlen deshalb. (Eine andere Ansicht ist vertretbar.)

II. Rechtswidrigkeit und Schuld liegen vor

D. Tötung auf Verlangen

§ 216 stellt eine **Begrenzung der Einwilligung** in die eigene Tötung durch andere Personen dar. Der Tatbestand der Tötung auf Verlangen steht deshalb in einem Spannungsverhältnis zum **Recht auf selbstbestimmtes Sterben**[658] und muss deshalb verfassungskonform interpretiert werden.[659] 283

I. Aufbau

Aufbauschema § 216 284

I. Tatbestand

1. Objektiv

   a) Grundtatbestand § 212: Tod eines anderen Menschen, Handlung, Kausalität, obj. Zurechnung

   b) Ausdrückliches und ernstliches Verlangen des Getöteten

   c) Dadurch Bestimmung des Täters zur Tötung

2. Subjektiv: mind. bedingter Vorsatz (§ 15), ggf. Irrtum gem. § 16 Abs. 2

658 BVerfG 26.2.2020 – 2 BvR 2347/15, BVerfGE 153, 182; vgl. § 1827 BGB.

659 BGH 28.6.2022 – 6 StR 68/21, NJW 2022, 3021, 3023 m. Anm. Grünewald; BeckOK/Eschelbach, § 216 Rn. 2 ff. m. w. N.

II. Rechtswidrigkeit

III. Schuld

II. Grundlegendes

285 § 216 enthält als Privilegierung alle Merkmale von § 212. Deshalb muss es sich um eine strafbare Fremdtötung und nicht bloß um eine tatbestandslose Selbsttötung handeln, s. Rn. 219.

Die bislang h.M. hatte dazu nach dem Kriterium der **Herrschaft über den todbringenden Moment**[660] abgegrenzt und zwischen aktiver und passiver Sterbehilfe[661] unterschieden.

Anerkannt bleibt, dass es sich für Dritte um **straflose Beihilfe zur Selbsttötung** handelt, wenn dem Sterbewilligen die Entscheidung über sein Handeln verbleibt.[662] Dazu muss es sich um einen freiverantwortlichen Entschluss handeln.[663]

Neuerdings will man normativ abgrenzen, d.h. nicht naturalistisch darauf abstellen, ob ein aktives Tun oder ein bloßes Unterlassen des Täters vorliegt, sondern **wertend** darauf abstellen, welche Qualität der Beitrag im **Gesamtgeschehen und -plan** hat.[664] Dies hat insbesondere Bedeutung für die begleitete Sterbehilfe.[665]

286 Straflos ist zudem eine mit der Verabreichung von Medikamenten zur Schmerzlinderung notwendig verbundene Lebensverkürzung auf Basis einer (mutmaßlichen) Einwilligung des Patienten (**indirekte Sterbehilfe**).[666]

---

660 BGH 4.7.2018 – 2 StR 245/17, NJW 2019, 449, 450; 3.7.2019 – 5 StR 132/18; NJW 2019, 3092, 3093; zw. zum einseitig fehlgeschlagener Doppelselbstmord: 14.8.1963 – 2 StR 181/63, NJW 1965, 699, 701.

661 Rengier, BT II § 7 Rn. 1 ff.

662 BGH 28.6.2022 – 6 StR 68/21, NJW 2022, 3021, 3022 m.w.N.

663 BGH 25.10.2023 – 4 StR 81/23, NStZ 2024, 605, 607 m. Anm. Engländer.

664 BGH 28.6.2022 – 6 StR 68/21, NJW 2022, 3021, 3022 m. Anm. Grünewald.

665 Näher: Hilgendorf/Valerius, BT I § 2 Rn. 117 ff.; Rengier, BT II § 7 Rn. 1 ff.

666 BGH 15.11.1996 – 3 StR 79/96, NStZ 1997, 182, 184.

III. Privilegierungsmerkmale

Die h. M. betont die besondere Schutzbedürftigkeit des Rechtsguts Leben und legt die privilegierenden Merkmale von § 216 einschränkend aus.[667] Die Norm hat nur eine geringe praktische Bedeutung.[668] **287**

1. Ausdrückliches und ernsthaftes Verlangen

Das **Verlangen** nach Tötung muss vom später Getöteten gegenüber dem Täter geäußert worden sein mit dem **Ziel**, ihn zur Tötung zu veranlassen. Es muss deshalb mehr umfassen als eine bloße Zustimmung.[669] **288**

Ausdrücklich ist ein Verlangen des Opfers, wenn es inhaltlich eindeutig und unmissverständlich ist. Es kann durch Worte, auch in Frageform, ausnahmsweise durch klare Gesten erfolgen.[670] **289**

Ernsthaft ist ein Verlangen, wenn es frei von Willensmängeln, bewusst und zielstrebig auf die Tötung gerichtet ist. Ein unreflektierter Wunsch in vorübergehend depressiver Verstimmung genügt so wenig wie ein durch Krankheit, Drogenkonsum, junges Alter, Zwang, Täuschung oder Drohung *erheblich* beeinflusster Wille.[671] **290**

2. Bestimmen

Bestimmen setzt nach h. M. mehr voraus als die bloße Einwilligung des Opfers, es muss vom Opfer beim Täter der **Entschluss** zur Tat **hervorgerufen** werden und für den Täter handlungsleitend gewesen sein.[672] Der Täter muss sich dem Willen des Opfers **unterordnen**.[673] Deshalb wird § 216 abgelehnt, wenn der Täter andere, insbesondere selbstgesetzte Motive verfolgt, sofern diese bewusstseinsdominant werden.[674] **291**

---

667 BGH 22.4.2005 – 2 StR 310/04, NJW 2005, 1876, 1879.

668 In der PKS v. 4.2.2025 wurden für das Jahr 2024 in der Grundtabelle, Schlüssel 020030 bundesweit nur 13 Fälle erfasst.

669 BGH 4.7.2018 – 2 StR 245/17, NJW 2019, 449, 450; BeckOK/Eschelbach, § 216 Rn. 11.

670 BGH 25.11.1986 – 1 StR 613/86, NJW 1987, 1092; Hohmann/Sander, BT § 3 Rn. 5.

671 BGH 7.10.2010 – 3 StR 168/10, NStZ 2011, 340, 341; 3.7.2019 – 5 StR 132/18, NJW 2019, 3092, 3093.

672 BGH 4.7.2018 – 2 StR 245/17, NJW 2019, 449, 450; 22.4.2005 – 2 StR 310/04, NJW 2005, 1876, 1879; 6.4.2016 – 5 StR 504/15, NStZ 2016, 469, 470 f. m. Anm. Drees.

673 BGH 14.8.1963 – 2 StR 181/63, NJW 1965, 699, 700.

674 BGH 25.11.1986 – 1 StR 613/86, NJW 1987, 1092, 1093.

Fallbeispiel:

Wenn der Täter einen Fetisch für Menschenfleisch hat und deshalb ein Opfer findet, das einwilligt zu sterben, handelt es sich nicht um eine Tötung auf Verlangen, weil der Täter seine eigenen Ziele verfolgt und tötet, um das Fleisch des Toten essen zu können.[675]

IV. Subjektiver Tatbestand

292 Der Vorsatz muss sich auf alle Merkmale des Tatbestands beziehen, d.h. auf die Merkmale von § 212 und von § 216. Wenn der Täter irrtümlich die Voraussetzungen von § 216 annimmt, kann § 16 Abs. 2 eingreifen.[676]

V. Unterlassen

293 Problematisch ist, ob ein **Garant** durch bloße Untätigkeit den Tatbestand verwirklichen kann, wenn er bei einem Selbsttötungsversuch anwesend ist und den **Sterbewunsch** in der Phase der **Handlungsunfähigkeit** des Opfers respektiert, obwohl er noch die Möglichkeit hat, das Leben zumindest etwas zu verlängern. Früher ging die Rechtsprechung davon aus, dass sich die Herrschaft über den todbringenden Moment vom handlungsunfähigen Opfer auf einen Garanten verlagern könne.[677]

Dies wird von der aktuellen Rechtsprechung und nunmehr h.M. abgelehnt, da die zu schützende Person im Rahmen des Selbstbestimmungsrechts den Umfang der **Garantenpflichten beschränken** darf.[678] Es ist deshalb straflos, wenn bspw. Ärzte oder Angehörige beim Sterbenden verbleiben, ohne durch mögliche Rettungsmaßnahmen in den Sterbeprozess einzugreifen. Soweit **unterlassene Hilfeleistung** (§ 323c) in Betracht kommt, wird der Suizid von der Rechtsprechung grundsätzlich als **Unglücksfall** angesehen, aber bei erkennbar freiverantwortlichem Suizid die **Zumutbarkeit** der Hilfeleistung verneint.[679]

675 BVerfG 7.10.2008 – 2 BvR 578/07, NJW 2009, 1061 Rn. 26; BGH 22.4.2005 – 2 StR 310/04, NJW 2005, 1876, 1879.

676 BGH 14.9.2011 – 2 StR 145/11, NStZ 2012, 85.

677 BGH 4.7.1984 – 3 StR 96/84, NJW 1984, 2639, 2640f.; 15.5.1959 – 4 StR 475/58, NJW 1959, 1738, 1739.

678 BGH 3.7.2019 – 5 StR 393/18, NJW 2019, 3089, 3092; 3.7.2019 – 5 StR 132/18, NJW 2019, 3092, 3094.

679 BGH 3.7.2019 – 5 StR 132/18, NJW 2019, 3092 Rn. 44; 3.7.2019 – 5 StR 393/18, NJW 2019, 3089 Rn. 37; 8.7.1987 – 2 StR 298/87, NStZ 1988, 127; krit. NK/Gaede, § 323c Rn. 5 m.w.N.

E. Aussetzung

I. Grundlagen

§ 221 ist als konkretes Gefährdungsdelikt zum Schutz von Leben und körperlicher Unversehrtheit ausgestaltet.[680] Der Anwendungsbereich ist in der Praxis gering,[681] weil entweder ein zumindest versuchtes Erfolgsdelikt (bspw. versuchter Totschlag) vorliegt oder aber die Gefahrenlage und damit die Tat unentdeckt bleibt.[682] **294**

Die Norm enthält neben einem einheitlichen **Gefährdungsteil** noch einen **Handlungsteil**, der zwei Alternativen enthält: Das Versetzen und das Im-Stich-Lassen in hilfloser Lage. **295**

II. Aufbau

Aufbauschema § 221 Abs. 1, Abs. 2 Nr. 1 **296**

I. Tatbestand
  1. Objektiv:
    a) Tathandlungen:
      1. Alt.: Versetzen in eine hilflose Lage
      2. Alt.: Im-Stich-Lassen in einer hilflosen Lage durch einen Garanten
    b) Gefahrerfolg: konkrete Gefahr des Todes oder einer schweren Gesundheitsschädigung
    c) „dadurch": Kausalität zwischen a) und b) und obj. Zurechnung der Gefahr
    d) Ggf. Qualifikation gem. Abs. 2 Nr. 1
  2. Subjektiv: mind. bedingter Vorsatz
II. Rechtswidrigkeit
III. Schuld

680 BT-Drs. 13/8587, S. 34; zu § 221 a. F.: BGH 24.2.1966 – 1 StR 587/65, BeckRS 1966, 30386211 = BGHSt 21, 44, 48.
681 Die Grundtabelle der PKS v. 4.2.2025 hat für 2024 bundesweit 81 Fälle (Schlüssel 670021) ausgewiesen.
682 BeckOK/Eschelbach, § 221 (Vorbemerkung).

III. Tatbestand

1. Hilflose Lage

297 Für beide Tathandlungen ist eine hilflose Lage des Opfers Voraussetzung.[683]

Definition:

Eine **hilflose Lage** liegt vor, wenn sich das Opfer aus eigener Kraft oder mithilfe Dritter nicht mehr vor Gefahren für Leib oder Leben schützen kann.[684]

Kennzeichnend für **Hilflosigkeit** ist das Fehlen hypothetisch rettungsgeeigneter sächlicher Faktoren und hilfsfähiger sowie generell auch hilfsbereiter Personen.[685]

Eine hilflose Lage besteht für das Opfer, wenn es der **zumindest abstrakten Gefahr** des Todes oder einer schweren Gesundheitsbeschädigung ohne die Möglichkeit eigener oder fremder Hilfe ausgesetzt ist. Die betroffene Person muss sich in einem Zustand befinden, in dem sie **schutzlos** Lebens- oder Leibesgefahren preisgegeben ist, falls ihr nicht ein rettender **Zufall** zu Hilfe kommt.[686]

2. Versetzen (§ 221 Abs. 1 Nr. 1)

298 Für die erste Handlungsalternative kommt grds. jedermann als Täter in Betracht.[687] Er muss **bestimmenden Einfluss** auf die Lage des Opfers nehmen.[688] Die nachteilige Lageänderung muss dem Täter **zuzurechnen** sein, weshalb die bewusste Selbstgefährdung ausscheidet.[689] Indem er sein Opfer in eine hilflose Lage versetzt, erlangt er damit eine Garantenstellung aus Ingerenz. Deshalb hat er eine besondere Verpflichtung, für die Gefahrenabwehr zu sorgen. Dagegen hat sich das Opfer beim Im-Stich-Lassen (Abs. 1 Nr. 2) schon in der hilflosen Lage befunden.

Definition Versetzen:

Das zurechenbare **Hervorrufen** oder **Steigern** einer hilflosen Lage des Opfers. Dies ist auch gegeben, wenn der Täter das Opfer in eine Lage bringt, in der es mehr Hilfe nötig hat als in der früheren.[690]

683 Vert. Ebel, NStZ 2002, 404 – 408.
684 BGH 29.9.2021 – 2 StR 491/20, NStZ 2022, 601 Rn. 27; 10.1.2008 – 3 StR 463/07, NStZ 2008, 395.
685 BGH 10.1.2008 – 3 StR 463/07, NStZ 2008, 395.
686 BGH 12.7.2017 – 5 StR 134/17, NStZ 2018, 209, 210.
687 Fischer, § 221 Rn. 3.
688 Fischer, § 221 Rn. 8.
689 Fischer, § 221 Rn. 8.
690 BGH 12.7.2017 – 5 StR 134/17, NStZ 2018, 209, 210.

Typisch für das Versetzen ist eine räumliche Verbringung. Ausreichend ist auch, dass sich das Opfer zuvor in einer relativ sicheren Umgebung befunden hat und von dort entfernt wird.

Beispiele:

Wer einen stark Betrunkenen aus der Wohnung bringt und unbekleidet im winterlichen Hof ablegt[691] oder das durch Schläge und Tritte bewusstlose Opfer in einen abgelegenen Gartenteil schleift.[692]

Eine Ortsveränderung ist allerdings nicht unbedingt notwendig, vielmehr reicht es aus, wenn der Täter die Hilfsbedürftigkeit des Opfers herbeiführt oder zumindest steigert.[693]

Beispiele:

- Wer das Opfer bewusstlos schlägt, betäubt, fesselt, ihm wärmende Kleidung und Handy wegnimmt oder einen hilfswilligen Dritten weglockt und das Opfer dann in unwirtlicher Einöde oder bei extremen klimatischen Bedingungen zurücklässt.
- Polizeibeamte, die den sog. Verbringungsgewahrsam praktizieren, d. h. eine desorientierte und deshalb hilflosen Person an den Rand des Zuständigkeitsbereichs verbringen, um diese dort sich selbst und damit der Gefahr des Erfrierens oder Unfalltods zu überlassen.[694]

Es soll auch ein Versetzen durch bloßes **Unterlassen** (§ 13) in Betracht **299**
kommen, bspw. wenn der Betreuer den wegen einer Behinderung Desorientierten nicht daran hindert, immer tiefer in den Wald zu laufen.[695]

3. Im-Stich-Lassen (§ 221 Abs. 1 Nr. 2)

a) Tatsubjekt

§ 221 Abs. 1 Nr. 2 setzt für den Täter eine **Garantenstellung** voraus, es **300**
handelt sich also um ein **Sonderdelikt** und nach h.M. um ein **echtes**

691 BGH 12.7.2017 – 5 StR 134/17, NStZ 2018, 209, 210.
692 BGH 22.3.2002 – 2 StR 517/01, NStZ 2002, 432, 433.
693 BGH 5.3.2008 – 2 StR 626/07, NJW 2008, 2199, 2200.
694 Vgl. dazu BGH 10.1.2008 – 3 StR 463/07, NStZ 2008, 395, nachfolgend: LG Kiel, 17.9.2008 – 8 Ks 6/08 rechtskräftig: BGH, 17.02.2009 – 3 StR 37/09.
695 BGH 12.7.2017 – 5 StR 134/17, NStZ 2018, 209, 210; Fischer, § 221 Rn. 8; Valerius/Hilgendorf, BT I § 2 Rn. 151; Rengier, BT II § 10 Rn. 14. Regelmäßig wird in diesen Fällen (auch) ein Im-Stich-Lassen vorliegen, was zu Strafrahmenfriktionen führt, s. Rn. 301 f.; zu Recht krit. BeckOK/Eschelbach, § 221 Rn. 19.

Unterlassungsdelikt.[696] Der Täter findet bei dieser Handlungsalternative sein Opfer bereits in der hilflosen Lage vor.[697]

Die im Gesetz verwendete Formulierung erfasst alle Garantenstellungen[698], neben den unter den Begriff „**Obhut**“ fallenden Beschützergaranten[699] (bspw. Eltern, Ehegatten) sind durch die Wendung „**sonst beizustehen verpflichtet**“ auch andere Formen erfasst,[700] bspw. aus Ingerenz wegen schuldhafter Verletzung[701] oder Polizeibeamte, die den Auftrag haben, sich um eine hilflose Person zu kümmern.[702]

Nicht ausreichend ist dagegen der im Rahmen **allgemeiner Hilfeleistungspflicht** (§ 323c) begonnene, aber nicht vollständig ausgeführte Beistand ohne wesentliche Verschlechterung oder gar bei einer Verbesserung der Lage des Opfers.[703] Deshalb überzeugt es nicht, dass wegen des Charakters der Norm als Gefährdungsdelikt schon eine Ortsveränderung zu einer Garantenstellung führen soll, wenn offenbleibt, ob ohne die Ortsveränderung jemand dem Opfer beigestanden hätte.[704]

Ebenfalls erlangt keine Garantenstellung aus Ingerenz, wer sich zuvor **pflichtgemäß** verhalten hat, bspw. durch Notwehr gerechtfertigt[705] bzw. das bei einem unvermeidbaren Unfall[706] verletzte Opfer zurücklässt oder im erlaubten Rahmen Alkohol ausschenkt[707].

---

696 BGH 29.9.2021 – 2 StR 491/20, NStZ 2022, 601, 603 m. krit. Anm. Kudlich; 19.10.2011 – 1 StR 233/11, NJW 2012, 546 m. krit. Anm. Krüger/Wengenroth NStZ 2013, 102; Rengier, BT II § 10 Rn. 5; Sch/Sch/Eser/Sternberg-Lieben, § 221 Rn. 7.
Beim echten Unterlassungsdelikt ist § 13 nicht anwendbar, Schütze, AT, Rn. 28. Das führt zum merkwürdigen Ergebnis, dass der Täter, der durch Unterlassen erst die hilflose Lage herbeigeführt hat (s. Rn. 300), wegen § 13 Abs. 2 eine mildere Strafe bekäme als der Täter, der sein schon in hilfloser Lage befindliches Opfer im Stich lässt, weshalb Teile der Literatur eine entsprechende Anwendung fordern, S/S/W/Momsen, § 221 Rn. 6 m. w. N.

697 BGH 29.9.2021 – 2 StR 491/20, NStZ 2022, 601, 603 m. krit. Anm. Kudlich.

698 Zu den verschiedenen Garantenstellungen, s. Schütze, AT Rn. 581 ff.

699 NK/Saliger, § 221 Rn. 26 m. w. N.

700 HK-GS/Duttge/Wenkel, § 221 Rn. 8; erweiternd auf alle tatsächlichen Formen des Beistands abstellend: L/T/Z/Mitsch, Anwaltkommentar § 221 Rn. 7.

701 BGH 12.7.2017 – 5 StR 134/17, NStZ 2018, 209, 210.

702 BGH 10.1.2008 – 3 StR 463/07, NStZ 2008, 395; Rengier, BT II § 10 Rn. 20; einschränkend verlangt eine a. A. eine psycholgisch-soziale Nähebeziehung, die bei der bloß institutionellen Garantenstellung fehlt, NK/Saliger, § 221 Rn. 29.

703 BT-Drs. 13/8587, S. 34; OLG Stuttgart 19.11.2007 – 2 Ws 297/07, NStZ 2009, 102, 103.

704 Zu weitgehend: BGH 22.6.1993 – 1 StR 264/93, NStZ 1994, 84, 85 m. zurecht krit. Anm. Hoyer; dem BGH zust. MüKo/Hardtung, § 221 Rn. 14, 24.

705 BGH 13.9.2017 – 2 StR 188/17, NStZ 2018, 84, 85 m. Anm. Rückert.

706 BGH 19.7.1973 – 4 StR 284/73, NJW 1973, 1706.

707 BGH 5.12.1974 – 4 StR 529/74, NJW 1975, 1175. Anders liegt dies aber, wenn ein Gastwirt an erkennbar Betrunkene entgegen § 20 GastG weiter Alkohol ausschenkt.

b) Tathandlung

Definition Im-Stich-Lassen: 301
Im-Stich-Lassen bedeutet Unterlassen der zumutbaren Hilfeleistung.

Eine **räumliche Trennung** ist dabei nicht erforderlich. Ob der Täter untätig vor Ort verweilt, das Opfer einsperrt, sich mit etwas anderem beschäftigt oder weggeht, ist nicht entscheidend, vorwerfbar ist bei dieser Handlungsalternative die unterlassene Hilfe.[708]

Beispiele:

- Ein Gastwirt, der einem erkennbar Betrunkenen weiter Alkohol ausschenkt und ihn dann vor die Gaststätte an eine Straße führt, wo er überfahren wird.[709]
- Wer seine Ehefrau ohne zu helfen verlässt, die sich außen am Balkongeländer in zwölf Metern Höhe verzweifelt festklammert und um Hilfe ruft, bevor sie zu Tode stürzt.[710]
- Ein Autofahrer, der ein von ihm schuldhaft verletztes Kind bewusstlos und schwer verletzt an der Unfallstelle zurücklässt.[711]
- Eine Mutter, die von einem Ausflug ohne triftigen Grund erst Tage später zu ihrem allein in der Wohnung zurückgelassenen Säugling zurückkehrt, der inzwischen verdurstet oder erfriert.[712]
- Ein Taxifahrer, der es übernommen hat, einen völlig Betrunkenen nach Hause zu fahren, aber den Fahrgast nach einem Zwischenhalt an einem einsamen Parkplatz nicht wieder einsteigen lässt, ohne Dritte zu benachrichtigen, sodass der Fahrgast überfahren wird.[713]

4. Gefahrerfolg

Als Erfolg wird eine durch die Tatbegehung hervorgerufene **Gefahr des Todes oder einer schweren Gesundheitsschädigung** verlangt. Ausreichend ist 302
dabei, wenn der Täter eine schon vorhandene Gefahr noch steigert.[714]

708 BGH 5.3.2008 – 2 StR 626/07, NJW 2008, 2199, 2200; Fischer, § 221 Rn. 12.
709 BGH 5.12.1974 – 4 StR 529/74, NJW 1975, 1175 f.
710 BGH 19.10.2011 – 1 StR 233/11, NJW 2012, 546.
711 Rengier, BT II § 10 Rn. 16.
712 BGH 24.2.1966 – 1 StR 587/65, BeckRS 1966, 30386211.
713 LG Zweibrücken 12.1.2000 – 4047 Js 2448/99 – 1 Ks, BeckRS 2000, 9508.
714 BT-Drs. 13/9064, 14.

303 Unter Gefahr ist hier eine **konkrete Gefahr** zu verstehen,[715] weshalb eine abstrakte oder potenzielle Gefahr nicht ausreicht. Es muss zu einer **kritischen Situation** kommen, in der sich die Gefahr jederzeit realisieren kann bzw. in der es vom **Zufall** abhängt, ob die schweren Folgen eintreten.[716] Plakativ ausgedrückt, ist es gerade noch einmal gut gegangen.

304 **Bezugspunkt** der konkreten Gefahr ist der Eintritt des **Todes** (s. Rn. 220) oder einer **schweren Gesundheitsschädigung**. Letztere umfasst den Eintritt von Folgen einer schweren Körperverletzung gem. § 226, bspw. der Verlust eines Fußes oder von Fingern wegen Erfrierung. Darüber hinaus reichen nach dem Willen des Gesetzgebers und der h. M. auch schwere Folgen über § 226 hinaus,[717] die mit einer anhaltenden nachhaltigen Beeinträchtigung der physischen und psychischen Leistungsfähigkeit verbunden sind und in einer lebensbedrohenden, qualvollen oder ernsten und langwierigen Krankheit bestehen.[718] Indizien sind intensivmedizinische bzw. umfangreiche und langwierige Rehabilitationsmaßnahmen.[719] Ein weiteres Beispiel ist der Verlust der Arbeitsfähigkeit.[720]

305 Der Wortlaut verlangt zum einen die hilflose Lage und zum anderen eine **dadurch** herbeigeführte konkrete Gefahr für Leib oder Leben, wobei sich beides schwer voneinander abgrenzen lässt.[721] Es muss ein **Kausal- und Zurechnungszusammenhang** bestehen.[722] Praktisch lässt man genügen, wenn sich die Hilflosigkeit des Opfers in der Gefahr für schwere Gesundheitsschäden oder das Leben konkretisiert.[723]

5. Qualifikation (§ 221 Abs. 2 Nr. 1)

306 Bei § 221 Abs. 2 Nr. 1 handelt es sich um eine Qualifikation, die die Tat zum **Verbrechen** macht. Hier ist der Versuch strafbar, anders als bei § 221 Abs. 1.

307 Der Begriff „**Kind**" wird nach h. M. personenstandsrechtlich verstanden;[724] umstritten ist, ob eine Altersgrenze hineinzulesen ist.[725] Gemeint sind bei-

715 BGH 19.10.2011 – 1 StR 233/11, NJW 2012, 546, 547.
716 BeckOK/Eschelbach, § 221 Rn. 21; weitere Bsp: LK/Heinrich, § 221 Rn. 77 f.
717 BT-Drs. 13/8587, S. 27 f.; LK/Heinrich, § 221 Rn. 81; vert. Rengier, BT II § 10 Rn. 34 m. w. N., der einschränkend eine Vergleichbarkeit mit den Folgen von § 226 verlangt.
718 BGH 23.7.2015 – 3 StR 633/14, NStZ-RR 2015, 369, 370 zu § 225.
719 BGH 17.7.2007 – 5 StR 92/07, NStZ-RR 2007, 304, 306 zu § 225.
720 BT-Drs. 13/8587, S. 27 f.; Fischer, § 225 Rn. 18.
721 Ebel, NStZ 2002, 404; Fischer, § 221 Rn. 16.
722 LK/Heinrich, § 221 Rn. 82.
723 Fischer, § 221 Rn. 10.
724 BT-Drs. 13/9064, S. 14 f.; MüKo/Hardtung, § 221 Rn. 32.
725 LK/Heinrich, § 221 Rn. 89, der entsprechend § 174 Abs. 1 Nr. 3 einschränkend die Volljährigkeit heranziehen will m. w. N.; Fischer, § 221 Rn. 21, der nur Kinder bis 14 Jahre erfassen will in Anlehnung an § 176 Abs. 1.

de Elternteile unabhängig davon, ob es sich um ein leibliches oder adoptiertes Kind handelt.

Die Formulierung „**zur Erziehung oder der Betreuung in der Lebensführung anvertraute Person**" zielt auf Kinder bei Stief- oder Pflegeeltern, Vormundschaft bei Minderjährigen (§§ 1773 ff. BGB) und Betreuungsverhältnisse bei behinderten Menschen (§§ 1814 ff. BGB). **308**

6. Subjektiver Tatbestand

Nach allgemeinen Regeln (§ 15) muss sich zumindest bedingter Vorsatz **309** auf alle Tatbestandsmerkmale, ggf. auch auf die Qualifikationsmerkmale, beziehen. Hinsichtlich des Gefährdungsteils reicht ein Gefährdungsvorsatz. Der Täter muss erkennen und sich damit abfinden, dass seine Tathandlung zu einer bedrohlichen Verschlechterung der Situation beim Hilfsbedürftigen führt.[726] Umstritten ist, ob ein Tötungsvorsatz bei der Misshandlung die Aussetzung ausschließt.[727]

7. Erfolgsqualifikationen

§ 221 Abs. 2 Nr. 2 macht die Strafe vom **Eintritt der schweren Gesund- 310 heitsschädigung** und § 221 Abs. 3 vom **Eintritt des Todes** des Opfers abhängig. Anders als beim Grundtatbestand reicht nicht die konkrete Gefahr, sondern es muss die schwere Folge eingetreten sein. In beiden Fällen handelt es sich um **Erfolgsqualifikationen**, sodass gem. § 18 bereits Fahrlässigkeit hinsichtlich der schweren Folge ausreicht.[728] Wenn Tötungsvorsatz vorliegt, greift § 212 oder gar § 211 ein.[729]

Aufbauhinweis:

Nach der vollständigen Prüfung des Grundtatbestandes (§ 221 Abs. 1) ist die Erfolgsqualifikation gesondert nach dem Aufbauschema der Vorsatz-Fahrlässigkeitskombination, einschließlich des spezifischen Gefahrzusammenhangs, zu prüfen.[730]

726 BGH 10.07.1985 – 3 StR 104/85, NStZ 1985, 501; vert. MüKo/Hardtung, StGB, § 221 Rn. 25.

727 BGH 24.10.1995 – 1 StR 465/95, NStZ-RR 1996, 131; anders wohl: BGH 11.7.2003 – 2 StR 531/02, NStZ 2004, 89, 91; Fischer, § 221 Rn. 19.

728 Eisele, BT I Rn. 259.

729 Zum Verhältnis der Normen zueinander und insbesondere einer Sperrwirkung von § 221 Abs. 3 gegenüber einem Totschlag durch Unterlassen, BGH 19.10.2011 – 1 StR 233/11 NJW 2012, 546 f.; Fischer, § 221 Rn. 28. Die Konkurrenzen werden typischerweise nicht abgeprüft.

730 Zum Prüfungsaufbau: Schütze, AT Rn. 660.

F. Fahrlässige Tötung

311 § 222 regelt die fahrlässige Tötung. Die Norm hat besondere praktische Bedeutung im Straßenverkehr. Der Aufbau und die damit verbundenen Probleme, insbesondere der objektiven Zurechnung, sind im Allgemeinen Teil angesiedelt und dort erläutert.[731]

731 Schütze, AT Rn. 629 ff.

6. KAPITEL Straftaten gegen die körperliche Unversehrtheit

A. Grundsätzliches

Der 17. Abschnitt des Strafgesetzbuches enthält Tatbestände zum Schutz der **körperlichen Unversehrtheit** und **Gesundheit** von Menschen.[732] Man will verbreitet auch das Recht auf Selbstbestimmung hinsichtlich des eigenen Körpers schützen,[733] sieht darin überwiegend aber kein eigenständiges Rechtsgut.[734] 312

Grundtatbestand ist § 223. Die gefährliche Körperverletzung (§ 224), die absichtlich oder wissentlich herbeigeführte schwere Körperverletzung (§ 226 Abs. 2), die weibliche Genitalverstümmelung (§ 226a) und die Körperverletzung im Amt (§ 340 Abs. 1) sind **Qualifikationen**.[735] Partiell Qualifikation, aber in seltenen Fällen der rein seelischen Qual eigenständiges Delikt, ist die Misshandlung Schutzbefohlener (§ 225).[736] **Erfolgsqualifikationen** sind die schwere Körperverletzung (§ 226 Abs. 1) und die Körperverletzung mit Todesfolge (§ 227), weshalb grundsätzlich Fahrlässigkeit für den Eintritt der schweren Folge ausreicht, § 18.[737] 313

Die **fahrlässige Körperverletzung** gem. § 229 nimmt auf die Körperverletzung Bezug, ist aber im Subjektiven strikt von § 223 zu unterscheiden.[738]

Die Beteiligung an einer Schlägerei (§ 231) stellt ein **abstraktes Gefährdungsdelikt** dar.[739] Zur Aussetzung als konkretes Gefährdungsdelikt, die auch die körperliche Integrität schützt, s. Rn. 294.

§ 228 regelt die Grenzen der **Einwilligung** in eine Körperverletzung, zeigt also indirekt, dass die körperliche Integrität ein disponibles Rechtsgut ist.[740] 314

§ 230 gestaltet § 223 und § 229 jeweils als relative **Antragsdelikte** aus.[741] Dem **Dienstvorgesetzten** steht neben einem im Dienst verletzten Beamten ein eigenständiges Antragsrecht zu (§ 230 Abs. 2). 315

---

732 Hohmann/Sander, BT § 5 Rn. 1.
733 BGH 29.6.1995 – 4 StR 760/94, NStZ 1996, 34; m. w. N.
734 LK/Grünewald, § 223 Rn. 13 m. w. N. zu den unterschiedlichen Ansichten.
735 Eisele, BT I Rn. 281.
736 Wessels/Hettinger/Engländer, BT I Rn. 205.
737 Zu Vorsatz-Fahrlässigkeitskombinationen: Schütze, AT Rn. 655 ff.
738 Schütze, AT Rn. 631.
739 BGH 20.12.1984 – 4 StR 679/84, NJW 1985, 871, 872.
740 Zur Einwilligung Schütze, AT, Rn. 272 ff.
741 Ein relatives Antragsdelikt deshalb, weil die Staatsanwaltschaft bei besonderem öffentlichen Interesse an der Strafverfolgung unabhängig von der Entscheidung der Antragsberechtigten Strafverfolgungsmaßnahmen einleiten kann.

316 Die **Verletzten** haben bei § 223 oder § 229 das Recht, **Privatklage** zu erheben (§ 374 Abs. 1 Nr. 4 StPO), was freilich selten empfehlenswert ist. Praktisch bedeutsam ist dagegen, dass Verletzte in den Fällen von § 221, §§ 223–226a und § 340 das Recht haben, sich der Anklage der Staatsanwaltschaft als **Nebenkläger** anzuschließen (§ 395 Abs. 1 Nr. 3 StPO); für § 227 ergibt sich dies für Angehörige aus § 395 Abs. 2 StPO.

B. Körperverletzung

I. Aufbau

317 **Aufbauschema § 223**

I. Tatbestand
   1. Objektiv:
      a) Tatobjekt: Geborene, lebende andere Person
      b) Tathandlung:
         aa) Körperliche Misshandlung (Var. 1)
         bb) Gesundheitsschädigung (Var. 2)
   2. Subjektiv: mind. bedingter Vorsatz
II. Rechtswidrigkeit
III. Schuld
IV. Strafverfolgungsvoraussetzung: Antrag gem. § 230

II. Tatobjekt

318 **Tatobjekt** ist eine andere Person, worunter ein anderer geborener und lebender Mensch verstanden wird, s. Rn. 218. Vorgeburtliches Leben im Mutterleib ist deshalb strafrechtlich noch nicht gegen körperliche Beeinträchtigungen geschützt, selbst wenn sich die Auswirkungen erst nach der Geburt zeigen.[742] Auch Leichname fallen nicht in den Schutzbereich, vgl. aber § 168.

319 **Selbstschädigende Verhaltensweisen** werden grundsätzlich nicht von § 223 erfasst,[743] ausnahmsweise kommt aber eine Zurechnung einer (scheinbar)

742 Fischer, § 223 Rn. 2; Kindhäuser/Schramm, BT I § 7 Rn. 3; zum Conterganfall: LG Aachen 18.12.1970 – 4 KMs 1/68, JZ 1971, 507.

743 BGH 29.4.2009 – 1 StR 518/08, NStZ 2009, 504; 11.1.2011 – 5 StR 491/10, NStZ 2011, 341, 342.

selbstschädigenden Verhaltensweise als Fremdschädigung in mittelbarer Täterschaft in Betracht.[744]

Zum geschützten Körper zählen **Implantate**, wenn sie sich im Körper befinden (bspw. Herzschrittmacher, Hüftprothesen, Augenlinsen); nicht zum Körper werden **abgetrennte Körperteile**, etwa ein ausgeschlagener Zahn oder **abnehmbare Hilfsmittel**, bspw. eine herausnehmbare Zahnprothese oder Kontaktlinsen, gerechnet.[745] **320**

Umstritten ist, ob **körpereigene Substanzen** oder **Körperteile**, die wieder in den Körper eingebracht werden sollen, schon außerhalb des Körpers als Schutzobjekte angesehen werden können, bspw. abgetrennte Finger, Beutel mit Eigenblut oder kryokonservierte Keimzellen, s. Rn. 407 zum Diebstahl.[746]

III. Tathandlung

§ 223 enthält zwei **Handlungsvarianten**, die sich teilweise überschneiden. Es handelt sich in beiden Fällen nicht nur um die Beschreibung der Handlungsweise, sondern zugleich um tatbestandliche **Erfolge**, die eintreten müssen, damit die Tat vollendet wird. **321**

Für die körperliche Misshandlung ist im Gesetz klargestellt, dass nur die **physische**, aber nicht die psychische Komponente geschützt wird. Das Erzeugen von Angst oder Unlustgefühlen reicht daher nicht aus, sondern es muss eine körperliche Reaktion, wie Zittern, vorliegen; der BGH verlangt sogar einen objektivierbaren somatischen Zustand.[747] **322**

Dies wird für die Gesundheitsschädigung zwar vom Wortlaut nicht erzwungen, aber von der h. M. werden aus systematischen Gründen und wegen der sonst auftretenden Nachweisprobleme rein **seelische Erkrankungen** ohne körperliche Auswirkung aus dem Tatbestand ausgegrenzt.[748]

Eine Begehung durch **Unterlassen** von Garanten ist möglich,[749] z. B. Verweigerung von Nahrung durch die Eltern oder (Schmerz-)Behandlung durch einen Arzt.[750] **323**

744 BGH 27.11.1985 – 3 StR 426/85, NStZ 1986, 266, 267; allgemein dazu Schütze, AT Rn. 112 ff., 396.

745 BeckOK/Eschelbach, § 223 Rn. 15.

746 Bejahend: BGH 9.11.1993 – VI ZR 62/93, NJW 1994, 127 f.; MüKo/Hardtung, § 223 Rn. 20 m. w. N.; abl.: NK/Paeffgen/Böse/Eidam, § 223 Rn. 2; Sch/Sch/Sternberg-Lieben, § 223 Rn. 3a jew. m. w. N.

747 BGH 9.10.2002 – 5 StR 42/02, NJW 2003, 150, 153; 5.11.1996 – 4 StR 490/96, NStZ 1997, 123 f.

748 BGH 18.8.2015 – 3 StR 289/15, NStZ 2016, 27; ebenso bei Flashbacks ohne körperliche Auswirkung: 12.3.2019 – 4 StR 63/19, BeckRS 2019, 4737, Rn. 4; vert. LK/Grünewald, StGB, § 223 Rn. 9 ff.

749 Näher: Schütze, AT Rn. 569 ff.

750 OLG Düsseldorf 10.1.1989 – 2 Ss 302/88 – 266/88 II, NStZ 1989, 269.

1. Körperliche Misshandlung

324 **Definition körperliche Misshandlung:**

Eine üble, unangemessene Behandlung, die entweder das körperliche Wohlbefinden oder die körperliche Unversehrtheit nicht nur unerheblich beeinträchtigt.[751]

a) Körperliche Unversehrtheit

325 Eine körperliche Misshandlung durch Beeinträchtigung der **körperlichen Unversehrtheit** liegt bei Substanzverletzungen vor, bspw. beim Hervorrufen von Platzwunden, Prellungen oder Frakturen. Eine Schmerzzufügung ist nicht erforderlich,[752] sodass auch das Abschneiden von Haaren[753] oder Fingernägeln erfasst wird.

b) Körperliches Wohlbefinden

326 Daneben kann auch das **körperliche Wohlbefinden** beeinträchtigt werden, ohne dass eine Substanzverletzung auftritt, etwa bei einer Ohrfeige, Kneifen oder Würgen. Hier ist zumindest ein kurzes Schmerzempfinden zu verlangen.[754]

c) Erheblichkeit

327 Allerdings muss jede körperliche Misshandlung eine gewisse **Erheblichkeit** erreichen, da es unverhältnismäßig wäre, mit dem Strafrecht bagatellhafte Beeinträchtigungen zu sanktionieren. Das führt aber zu einer umfangreichen Kasuistik.[755]

Praxishinweis:

Es ist in den Ermittlungen herauszuarbeiten, welcher Art (Intensität und Dauer) die Einwirkung auf den Körper des Opfers war.

Abzustellen ist auf das Empfinden eines durchschnittlichen Menschen, sodass auch Schläge bei weniger schmerzempfindlichen Menschen ausreichen können, die normalerweise schmerzhaft wären.[756] Umgekehrt kann es aber ausreichen, wenn besonders schmerzempfindliche Menschen mit verhältnismäßig geringem Kraftaufwand misshandelt werden.[757]

751 BGH 4.3.2021 – 5 StR 509/20, NStZ 2022, 224, 226, Rn. 16 m.w.N.; 22.11.2006 – 2 StR 382/06, NStZ 2007, 218; 14.3.2007 – 2 StR 606/06, NStZ 2007, 404.

752 BGH 4.3.2021 – 5 StR 509/20, NStZ 2022, 224, 226.

753 BGH 17.4.2008 – 4 StR 634/07, NStZ-RR 2009, 50.

754 BGH 22.10.2013 – 3 StR 323/13, NStZ-RR 2014, 11. Davon ist bei einer Ohrfeige auszugehen: BGH 7.3.1990 – 2 StR 615/89, NJW 1990, 3156, 3157.

755 BeckOK/Eschelbach, § 223 Rn. 22.

756 BGH 23.1.1974 – 3 StR 324/73, NJW 1974, 958; OLG München 14.2.2008 – 5 St RR 143/07, NStZ 2008, 632.

757 Kindhäuser/Schramm, BT I § 7 Rn. 6.

Beispiele für erhebliche körperliche Misshandlungen:

Jeweils kräftige Ohrfeigen[758], Stöße[759], Tritte oder Faustschläge[760] ins Gesicht oder auf den Körper; Ausschlagen von Zähnen[761]; Fesselung und Knebelung mit Liegenlassen auf dem Bauch für längere Zeit[762]; Abschneiden des gesamten Haupthaars; Durchnässen von Haaren und Kleidung mit Spiritus[763].

Gegenbeispiele:

Abschneiden einzelner Haare; Antippen an der Schulter; Geschlechtsverkehr mit der Folge einer leichten Rötung am Scheidenvorhof;[764] Aufwecken mit der Folge von Einschlafschwierigkeiten; kleiner Kratzer oder Nadelstich[765]; leichtes Kribbeln durch elektrischen Strom[766]; zwei Spritzer Benzin auf Gesicht und Haar[767]; zw., da zu restriktiv beim leichten Tritt in die Seite[768] oder beim Auslösen von Durchfall[769].

d) Misshandlung

Die Misshandlung setzt eine **üble** und **unangemessene** Behandlung voraus. Man will damit sozialadäquate Verhaltensweisen aus dem Tatbestand ausklammern, etwa das lobende Klopfen auf die Schulter.[770] **328**

Eine **Misshandlung** kann unmittelbar, aber nach h.M. auch durch eine **mittelbare** Einwirkung auf den Körper des Opfers erfolgen,[771] bspw. durch Schockanruf, (Be)drohung oder Vorspiegeln des Todes nahestehender Personen. **329**

Die h.M. subsumiert den körperbezogenen **ärztlichen Heileingriff** unter den Begriff der körperlichen Misshandlung, unabhängig davon, ob er **330**

758 BGH 7.3.1990 – 2 StR 615/89, NJW 1990, 3156, 3157.

759 BGH 12.6.2001 – 4 StR 174/01, juris-Rn. 4, in concreto § 223 ablehnend bei fehlenden Feststellungen zur Stärke.

760 OLG Düsseldorf 8.11.1993 – 2 Ss 331/93 – 124/93 II, NJW 1994, 1232.

761 Brodag, BT 10. Teil Rn. 3.

762 BGH 14.3.2007 – 2 StR 606/06, NStZ 2007, 404.

763 BGH 28.6.2007 – 3 StR 234/07, NStZ 2007, 701, 702. Da Spiritus verdunstet und kaum hautreizend wirkt, erscheint dies als zu weitgehend. Beim Bestreichen der Haut oder den Haaren des Opfers mit schwer entfernbarer Farbe läge eine körperliche Misshandlung jedenfalls in mittelbarer Weise vor, BeckOK/Eschelbach, § 223 Rn. 21.

764 BGH 22.11.2006 – 2 StR 382/06, NStZ 2007, 218; erst recht abzulehnen für eine zwar nicht indizierte und mit Eindringen verbundene, aber sonst schmerz- und verletzungsfreie gynäkologische Untersuchung: OLG München 14.2.2008 – 5 St RR 143/07, NStZ 2008, 632.

765 BeckOK/Eschelbach, § 223 Rn. 22.

766 BGH 5.11.1996 – 4 StR 490/96, NStZ 1997, 123.

767 BGH 20.7.1995 – 1 StR 126/95, NJW 1995, 2643.

768 OLG Düsseldorf 29.5.1991 – 5 Ss 168/91 – 58/91 I, NJW 1991, 2918, 2919; für den Stoß vor die Brust: BGH 12.6.2001 – 4 StR 174/01, juris-Rn. 4.

769 OLG Köln 8.3.1996 – Ss 106/96 – 42, NJW 1997, 2191, 2192.

770 Gegen eine subjektive Komponente wegen der Gefahr von Gesinnungsstrafrecht: BeckOK/Eschelbach, § 223 Rn. 23.

771 BGH 26.11.1985 – 1 StR 393/85, NStZ 1986, 166; Fischer, § 223 Rn. 4.

nach den Regeln der ärztlichen Heilkunst durchgeführt wird.[772] Beispiele sind Operationen, das Verabreichen von Spritzen, die Gabe von Medikamenten, Röntgenstrahlung oder die Einrenkung von Gliedmaßen. Es kommt nach überwiegender Ansicht dabei nicht darauf an, ob sich eine Besserung bestehender Beschwerden ergibt, sondern entscheidend ist die Erheblichkeit des körperlichen Eingriffs, was etwa bei der Blutdruckmessung oder einem üblichen Abtasten fehlt.[773]

Dies hat zur Konsequenz, dass invasive ärztliche Eingriffe durch einen **Rechtfertigungsgrund**[774] gedeckt sein müssen, regelmäßig eine Einwilligung[775]. Dies erweitert den Anwendungsbereich der Körperverletzungstatbestände, denn somit wird auch das **Selbstbestimmungsrecht** über den eigenen Körper geschützt. Dafür spricht, dass man so eine Zwangsbehandlung ausreichend bestrafen kann.[776] Da auch Qualifikationstatbestände, bspw. § 224, in Betracht kommen können, kann sich eine relativ hohe Sanktion wegen eines Fehlers bei der Patientenaufklärung ergeben.[777]

Praxishinweis:

Die Entnahme von Blut im strafrechtlichen Ermittlungsverfahren verwirklicht dann ebenfalls den Tatbestand von § 223, kann aber gerechtfertigt sein, wenn die gesetzlichen Voraussetzungen beachtet werden, bspw. § 81a StPO.[778]

2. Gesundheitsschädigung

331 **Definition Gesundheitsschädigung:**

Jedes Hervorrufen oder Steigern eines vom Normalzustand der körperlichen Funktionen des Opfers erheblich nachteilig abweichenden Zustandes.[779]

772 BGH 29.6.1995 – 4 StR 760/94, NStZ 1996, 34; NK/Paeffgen/Zabel, § 228 Rn. 56; diff. Sch/Sch/Sternberg-Lieben, § 223 Rn. 31 ff. jew. m. w. N. Eine Heilbehandlung setzt eine medizinische Indikation voraus, was bspw. bei Verwendung nicht ausreichend sicherer Methoden oder einem schönheitschirurgischen Eingriff fehlen kann, weshalb diese Eingriffe nach einhelliger Ansicht eine körperliche Misshandlung darstellen.

773 LK/Grünewald, § 223 Rn. 64.

774 Von besonderer Bedeutung sind hier die Einwilligung, einschließlich der mutmaßlichen und hypothetischen Einwilligung, vgl. bspw. BGH 20.2.2013 – 1 StR 320/12, NJW 2013, 1688, 1689; näher: Schütze, AT Rn. 272 ff.

775 Näher: Schütze, AT Rn. 272 ff., zum informed consent Rn. 287.

776 Vert. LK/Grünewald, § 223 Rn. 72 f.

777 BGH 19.12.2023 – 4 StR 325/23, NStZ 2024, 355, m. krit. Anm. Schiemann.

778 Kindhäuser/Schramm, BT II, § 7 Rn. 15. Dagegen erfüllen lediglich bagatellhafte Eingriffe schon nicht den Tatbestand, bspw. ein Schleimhautabstrich oder Entnahme einzelner Haare.

779 BGH 4.11.1988 – 1 StR 262/88, NJW 1989, 781, 783.

Dabei ist gleichgültig, auf welche Art und Weise die Beeinträchtigung erfolgt; mit einer Schmerzempfindung braucht sie nicht verbunden zu sein.[780]

Es muss sich um einen **krankhaften** Zustand[781] handeln, der zwar nicht auf Dauer auftreten muss[782], aber einen **Heilungsprozess** verlangt.[783] Da schon das Steigern eines pathologischen Zustandes ausreicht, muss lediglich nachgewiesen werden, dass die Handlung zumindest den vorbestehenden Zustand erheblich verschlechtert hat.[784]

Beispiele:

Riss-, Schnitt- oder Platzwunden; Verlust von Körperteilen; Organschäden durch Dopingmittel[785]; Nervenerkrankung/-zusammenbruch; starke Rauschzustände[786]; Infektion mit HIV unabhängig von einem offenen Ausbruch[787]; Schockanrufe lösen beim Opfer eine Depression mit der Folge somatischer Ausprägung durch Weinkrämpfe, starkem Zittern und Schlafstörungen aus[788]; Bedrohung mit Waffe beim Überfall führt zu schreckbedingter Herzrhythmusstörung[789].

Gegenbeispiele:

Schwangerschaft als nicht krankhafter Zustand[790]; Nachstellung führt zu Herzklopfen und Schweißausbruch[791]; leichte Erkältung[792]; seelische Erkrankung ohne somatische Auswirkungen.

780 BGH 4.11.1988 – 1 StR 262/88, NJW 1989, 781, 783.
781 Vert. MüKo/Hardtung, § 223 Rn. 54.
782 BeckOK/Eschelbach, § 223 Rn. 24.
783 Kindhäuser/Schramm, BT I § 7 Rn. 8; Brodag, BT 10. Teil Rn. 7.
784 BGH 21.6.1960 – 1 StR 186/60, NJW 1960, 2253.
785 BGH 9.2.2000 – 5 StR 451/99, NJW 2000, 1506, 1508.
786 BGH 27.11.1985 – 3 StR 426/85, NStZ 1986, 266, 267 (Alkohol); 22.10.1969 – 3 StR 118/69, NJW 1970, 519 (Morphin).
787 BGH 18.10.2007 – 3 StR 248/07, NStZ 2009, 34 f.
788 BGH 15.9.1999 – 1 StR 452/99, BeckRS 1999, 30072901; 31.10.1995 – 1 StR 527/95, BeckRS 1995, 7596, Rn. 11.
789 BGH 3.11.1993 – 4 StR 583/93, BeckRS 1993, 31086165; 26.11.1985 – 1 StR 393/85, NStZ 1986, 166 (Herzinfarkt).
790 MüKo/Hardtung, § 223 Rn. 67; ebenfalls keine Gesundheitsschädigung durch Verschiebung der Geburt: BGH 22.4.1983 – 3 StR 25/83, NJW 1983, 2097, 2099.
791 BGH 18.7.2013 – 4 StR 168/13, NJW 2013, 3383, 3384 mit zahlreichen weiteren Beispielen.
792 M/R/Engländer, § 223 Rn. 8. Hier wird zudem kaum ein Kausalzusammenhang nachweisbar sein, sodass allenfalls ein Versuch in Betracht kommt. Des Weiteren handelt es sich regelmäßig um erlaubte Risiken, wenn jemand mit einer Infektion andere Menschen trifft.

IV. Abschlussfall

332 **Anspuckfall:**

Sachverhalt: Die T spuckt POK Ohnsorg O an und trifft ihn mit einem Batzen aus Speichel und Blut im Gesicht. O empfindet starken Ekel und stellt Strafantrag.

Abwandlung: Was würde sich ändern, wenn der O sich so stark ekelt, dass er sich übergeben müsste, was die T für möglich gehalten und erhofft hatte?

Fragestellung: Strafbarkeit gem. § 223?

Lösungshinweise:

Im *Ausgangsfall* könnte T sich zum Nachteil des O gem. § 223 strafbar gemacht haben, indem sie ihn angespuckt hat. Es fehlt aber an einer körperlichen Misshandlung. Zwar kommt es zu einer Beeinträchtigung des Wohlbefindens, indem Ekel hervorgerufen wird, allerdings ist Ekel ein lediglich psychisch vermittelter Zustand, dessen körperliche Auswirkungen hier kaum wahrnehmbar sind. Die mit dem Auftreffen des Speichelbatzens im Gesicht verbundene Beeinträchtigung ist dagegen in körperlicher Hinsicht bagatellhaft, da es sich um weiches Material handelt, das mit geringer kinetischer Energie trifft. Deshalb fehlt es an einer körperlichen Misshandlung. Die psychische Beeinträchtigung ist nicht vom Wortlaut der Norm erfasst.[793] T hat sich deshalb in dieser Variante nicht gem. § 223 strafbar gemacht.

Anders verhält sich dies in der *Abwandlung*. Eine körperliche Misshandlung läge nunmehr vor, weil nicht bloß psychische Reaktionen, sondern auch körperliche Auswirkungen auftreten, indem der O sich übergeben muss. Das körperliche Wohlbefinden ist auch erheblich beeinträchtigt, da die mit dem Würgereiz und dem Erbrechen verbundene körperliche Reaktion über eine bagatellhafte Beeinträchtigung hinausgeht. Es führt zu einem Zustand, der häufig als schmerzhaft, mindestens aber für geraume Zeit als körperlich belastend empfunden wird. Das Anspucken ist dafür ursächlich und es handelt sich um eine vorhersehbare Folge. Da T vorsätzlich, rechtswidrig und schuldhaft gehandelt hat, ist T gem. § 223 in der Abwandlung strafbar;[794] da ein Strafantrag gestellt wurde, ist die Tat auch verfolgbar.

793 BGH 18.8.2015 – 3 StR 289/15, NStZ 2016, 27. § 223 fälschlich beim Anblasen mit Rauch bejahend: AG Erfurt, 18.9.2013 – 910 Js 1195/13 48 Ds, NStZ 2014, 160, zutreffend dagegen: MüKoStGB/Hardtung, § 223 Rn. 43

794 Vgl. LG Nürnberg-Fürth, 16.6.2020 – 15 Ns 201 Js 13894/19, NStZ-RR 2021, 169, 170.

C. Gefährliche Körperverletzung

I. Aufbau

Aufbauschema § 224 333

I. Tatbestand
   1. Objektiv:
      a) Tatbestandsmerkmale von § 223
      b) Mind. ein Qualifikationsmerkmal von § 224 Abs. 1 Nr. 1–5
   2. Subjektiv: mind. bedingter Vorsatz (§ 15)
II. Rechtswidrigkeit
III. Schuld

§ 224 baut als **Qualifikationstatbestand** auf § 223 als Grundtatbestand auf und knüpft an die **gefährliche Art der Ausführung**, nicht aber an einen Verletzungserfolg an.[795] Nach h. M. sind Nr. 1, 2 und 5 konkrete, Nr. 3 und 4 abstrakte **Gefährdungsdelikte**.[796] 334

Klausurtipp:

Wenn § 224 im Ergebnis verwirklicht ist, bietet es sich an, dass man den Grundtatbestand und die Qualifikation zusammen prüft.

Ein getrennter Aufbau empfiehlt sich dagegen, wenn nur § 223 vorliegt, aber man zumindest § 224 ansprechen und im Ergebnis ablehnen muss.

Mehrere Varianten von § 224 können in einer Prüfung hintereinander abgehandelt werden.

II. Körperverletzung durch Beibringung von Gift oder anderen gesundheitsschädlichen Stoffen

§ 224 Abs. 1 Nr. 1 enthält neben dem Oberbegriff des anderen **gesundheitsschädlichen Stoffes** dessen Unterfall des **Giftes**. Eine genaue Abgrenzung ist hier entbehrlich. Es muss sich in jedem Fall um einen Stoff handeln, also feste, flüssige oder gasförmige Materie; dagegen scheidet bspw. die reine Bestrahlung oder elektrische Spannung aus.[797] 335

795 L/T/Z/Zöller, Anwaltkommentar § 224 StGB, Rn. 1.
796 Sch/Sch/Sternberg-Lieben, § 224 Rn. 1a m. w. N.
797 Hohmann/Sander, BT § 6 Rn. 5 f.; Fischer, § 224 Rn. 5. In Betracht kann in diesen Fällen aber § 224 Abs. 1 Nr. 2 oder Nr. 5 kommen.

336 **Definitionen**

Gift:

Jeder organische oder anorganische Stoff, der in der konkreten Verwendung durch chemische oder chemisch-physikalische Wirkung die Gesundheit erheblich schädigen kann.[798]

Gesundheitsschädliche Stoffe:

Stoffe, die durch mechanische, thermische oder biologische Wirkung die Gesundheit erheblich schädigen können.[799]

337 Abzustellen ist auf den Einzelfall, also auf die Art des Stoffes, die beigebrachte Menge, die Art der Beibringung oder die Konstitution des Opfers.[800] Die schädliche Wirkung muss vom Stoff selbst ausgehen und erheblich sein, braucht aber nicht zu dauerhaften Beeinträchtigungen zu führen.[801]

Deshalb kann praktisch jeder alltäglich verwendete Stoff in entsprechender Konzentration oder bei einer bestimmten Konstitution des Opfers in Betracht kommen.

Beispiele:

Gift: Übergießen mit Salzsäure[802]; Einatmen von gesundheitsschädlichem Lederspray[803]; orale Aufnahme von „K.O.-Tropfen"[804], Stechapfeltee mit Bewusstlosigkeit[805] oder 25 gr Salz bei einer 4-jährigen mit Entgleisen des Stoffwechsels[806]; Verabreichen von Nüssen mit Folge eines allergischen Schocks.

Gesundheitsschädliche Stoffe: Übergießen mit kochendem Wasser[807] oder flüssigem Teer, Entzünden von mit Alkohol getränkter Kleidung mit tiefgehenden Hautschäden.[808] Umstr. bei Infektion mit Viren und Bakterien.[809]

798 Rengier, BT II § 14 Rn. 9; Hohmann/Sander, BT § 6 Rn. 5.
799 BGH 28.3.2018 – 4 StR 81/18, NStZ-RR 2018, 209; M/R/Engländer, § 224 Rn. 2.
800 BeckOK/Eschelbach, § 224 Rn. 12.
801 Rengier, BT II § 14 Rn. 8; BeckOK/Eschelbach, § 224 Rn. 13.
802 BGH 12.8.1960 – 4 StR 294/60, NJW 1960, 2254; 21.10.1983 – 2 StR 289/83, NJW 1984, 442 zu § 229 a.F.
803 A/W/H/H, BT § 6 Rn. 52 m. w. N.
804 BGH 27.1.2009 – 4 StR 473/08, NStZ 2009, 505 f.; 8.10.2024 – 5 StR 382/24, NJW 2024, 3735, 3736.
805 BGH 10.10.1978 – 1 StR 345/78, NJW 1979, 556.
806 BGH 16.3.2006 – 4 StR 536/05, NStZ 2006, 506 Rn. 5.
807 OLG Dresden 29.6.2009 – 2 Ss 288/09, NStZ-RR 2009, 337, 338.
808 BGH 28.3.2018 – 4 StR 81/18, NStZ-RR 2018, 209.
809 Offen gelassen von BGH 18.10.2007 – 3 StR 248/07, NStZ 2009, 34. Für die Einordnung als Gift spricht die chemische Wirkung der vom Virus bzw. Bakterium synthetisierten Stoffe, BeckOK/Eschelbach, § 224 Rn. 14.

Als Tathandlung muss der Stoff beigebracht werden. **338**

Definition Beibringung:

Wenn der Stoff mit dem Körper in Verbindung gebracht wird, sodass er schädlich wirken kann.

Nach h.M. muss es sich um eine Anwendung von Substanzen handeln, die nach ihrer Art bei dem **konkreten Einsatz** zur **erheblichen** Gesundheitsschädigung geeignet sind.[810] Typisch ist die **innerliche** Zuführung, bspw. eine Injektion eines überdosierten Medikaments. Beibringen kann aber auch bei **äußerlicher** Wirkung vorliegen, bspw. bei Bestreichen der Haut mit Giftsalbe, Übergießen mit Säure.[811] Dann muss aber eine vergleichbar erhebliche Wirkung entfaltet werden wie bei einer innerlichen Anwendung.[812] Das Ausgießen einer Tasse Heißgetränk auf der Hose ist dagegen regelmäßig *nicht* geeignet, erheblich zu verletzen.[813]

Vollendet ist die Tat, wenn der Stoff mit dem Körper in Verbindung gebracht wird.[814] **339**

Soweit es offen bleibt, ob die Handlung zu einer körperlichen Beeinträchtigung geführt hat, kann **Versuch** in Betracht kommen, bspw. wenn nicht bewiesen werden kann, ob ein mit HIV Infizierter durch seinen gezielten Biss in die Hand einer Polizeibeamtin deren Aids-Infektion ausgelöst hat.[815] **340**

III. Körperverletzung mittels einer Waffe oder eines anderen gefährlichen Werkzeugs

§ 224 Abs. 1 Nr. 2 benennt die Waffe als Unterfall des gefährlichen Werkzeugs.[816] **341**

810 BGH 16.3.2006 – 4 StR 536/05, NStZ 2006, 506, 507.

811 BGH 21.10.1983 – 2 StR 289/83, NJW 1984, 442 zu § 229 a.F.

812 OLG Zweibrücken 23.2.2012 – 1 Ss 90/11, StraFo 2012, 240, abgelehnt beim Verkleben von Haaren mit Teer.

813 BGH 28.3.2018 – 4 StR 81/18, NStZ-RR 2018, 209 m.w.N.; OLG Dresden 29.6.2009 – 2 Ss 288/09, NStZ-RR 2009, 337, 338 für das Übergießen mit Kaffee aus einer Thermoskanne auf Kopf und Oberkörper im Ergebnis mangels erheblicher Verbrühung abgelehnt.

814 Brodag, BT 10. Teil Rn. 19.

815 Zum Fall ungeschützten Geschlechtsverkehrs unter Verschweigen der Infektion: BGH 18.10.2007 – 3 StR 248/07, NStZ 2009, 34, 35. Sofern die Erkrankung offenbart wird, kann der Sexualpartner eine selbstgefährdende und damit tatbestandslose Handlung vornehmen, s. Rn. 319.

816 OLG Karlsruhe 16.3.2022 – 1 Ws 47/22, NStZ 2022, 687; Eisele BT I Rn. 330.

Definitionen:

Waffe: Jeder bewegliche Gegenstand, der dazu geeignet und bestimmt ist, erhebliche Verletzungen bei Menschen hervorzurufen.[817]

Gefährliches Werkzeug:

Jeder bewegliche Gegenstand, der nach Art und Weise der konkreten Verwendung geeignet ist, erhebliche Verletzungen zu verursachen.[818]

342 In beiden Fällen sind nur **bewegliche Gegenstände** erfasst. **Unbewegliche** Gegenstände (Mauer, eingebauter Straßenbelag) sind auch dann nicht erfasst, wenn der Körper des Opfers dagegen gestoßen wird oder sich in einer stationären Maschine bewegliche Teile befinden (Industriehäcksler).[819] Auch **Körperteile**, wie die Faust des Boxers, die Handkante des Karatekämpfers oder ein unbeschuhter Fuß werden nach h. M. nicht erfasst.[820]

343 § 224 verweist nicht nur auf das WaffG; es gilt ein **strafrechtsspezifischer Waffenbegriff**, weshalb noch weitere Gegenstände erfasst sein können.[821] Waffen sind über die im WaffG erfassten Hieb-, Stich oder Schusswaffen hinaus auch Waffen im technischen Sinne, d. h. die zum Verletzen gefertigt wurden,[822] s. Rn. 496 zu § 244. Die im WaffG oder KrWaffG erfassten Gegenstände sind allerdings regelmäßig Waffen i. S. v. § 224.

Beispiele:

Pistole, Dolche, Kampfmesser, Handgranate, Schlagstock, polizeiliches Reizgassprüh*gerät*; Schreckschusspistole mit nach vorn austretendem Gas[823] (zw.), zum Töten umgebauter Flammenwerfer oder Flasche, bei der ein Teil abgeschlagen wurde, um damit zuzustechen.

344 Waffen müssen in einer Weise verwendet werden, wie sie **bestimmungsgemäß** als Waffen konzipiert sind. So kann eine *geladene* Waffe beim Schießen eines Projektils ins Bein als Waffe angesehen werden, dagegen ist eine *ungeladene* Waffe beim Schlagen auf das Bein nur als gefährliches Werkzeug einzuordnen.[824]

817 BGH 17.6.1998 – 2 StR 167/98, NJW 1998, 2915, 2916 (zu § 250).
818 BGH 19.12.2023 – 4 StR 325/23, NStZ 2024, 355, 357 m. krit. Anm. Schiemann; 12.3.2015 – 4 StR 538/14, juris-Rn. 9.
819 BGH 12.12.2012 – 5 StR 574/12, juris-Rn. 3.
820 BGH 11.1.2011 – 4 StR 450/10, juris-Rn. 3; zu § 223a a. F. OLG Köln 11.11.1993 – Ss 449/93, StV 1994, 247.
821 BeckOK/Eschelbach, § 224 Rn. 26.
822 BGH 4.2.2003 – GSSt 2/02, NStZ 2003, 606 f.; NK/StGB/Paeffgen/Böse/Eidam § 224 Rn. 13.
823 BGH 4.2.2003 – GSSt 2/02, NStZ 2003, 606 f.
824 Eisele, BT I Rn. 325; BeckOK/Eschelbach, § 224 Rn. 25.

Die Verletzungen selbst müssen nicht erheblich sein, aber die Verwendung muss ***potenziell* gefährlich** sein.[825] Die aufgetretenen Verletzungen können gewichtige Indizien für die potenzielle Gefährlichkeit sein; umgekehrt genügt ein Pieksen mit einem Messer nicht.[826]

Praxishinweis:

Es muss daher bei Schlägen mit einem Schlagstock festgestellt werden, wie hart die Schläge waren bzw. auf welche (empfindlichen) Körperregionen sie zielten.

Gefährliche Werkzeuge können praktisch alle Gegenstände sein, wenn sie entsprechend eingesetzt werden, weshalb auch Alltagsgegenstände bei entsprechender Verwendung in Betracht kommen. Für die potenzielle Gefährlichkeit macht es bei der Verwendung einen Unterschied, ob bspw. mit einem weichen oder festen Schlauch geschlagen wurde, ob Schläge auf den Kopf oder nur auf den Rücken erfolgten.[827] **345**

Beispiele:

Schläge mit einem Ledergürtel erzeugen blutige Striemen, aber nicht bei leichten Schlägen mit bloß leichter Rötung[828]; Üblicher Turn- oder Halbschuh bei wuchtigem Tritt ins Gesicht[829] oder gegen das Knie[830], aber nicht bei leichtem Tritt; gehetzter Schutzhund mit Bisswunde im Arm[831]; Tierabwehrspray*dose* zum Sprühen ins Gesicht; Knüppel, Baseballschläger, Flasche zum Schlag auf den Kopf; Taschen- oder Küchenmesser zum Stich in den Oberschenkel; brennende Zigarette oder Feuerzeug bei Brandverletzung an Hand oder Genital[832]. Umstr. für medizinische Geräte wie Skalpelle in der Hand des Arztes bei einer Operation mit tiefreichenden Schnitten[833]; anders für Schere in der Hand des Friseurs.

825 BGH 27.9.2001 – 4 StR 245/01, NStZ 2002, 86; 12.3.2015 – 4 StR 538/14, juris-Rn. 9.
826 BGH 13.4.2023 – 4 StR 413/22, NStZ 2023, 697 Rn. 16 m. Anm. Kulhanek.
827 BGH 5.9.2006 – 4 StR 313/06, NStZ 2007, 95; 6.6.1952 – 1 StR 708/51, BeckRS 1952, 104052 Rn. 8.
828 BGH 5.9.2006 – 4 StR 313/06, NStZ 2007, 95.
829 BGH 25.1.2023 – 6 StR 298/22, NStZ 2023, 410, Rn. 4; 23.6.1999 – 3 StR 94/99, NStZ 1999, 616, 617; 20.3.2003 – 4 StR 527/02, NStZ 2003, 662 Rn. 5.
830 OLG Oldenburg 18.1.2019 – 1 Ss 217/18, BeckRS 2019, 3884 Rn. 9, 11.
831 OLG Hamm 30.10.1964 – 1 Ss 1163/64, NJW 1965, 164, 165.
832 BGH 20.4.2017 – 2 StR 79/17, NStZ-RR 2017, 251; 4.9.2001 – 1 StR 232/01, NStZ 2002, 30 jew. m. w. N.; AG Buchen 6.12.2023 – 1 Ds 23 Js 6180/23, BeckRS 2023, 36208 Rn. 24; vgl. zum subjektiven Tb beim folgenlosen Schnipsen einer brennenden Zigarette gegen die Hose OLG Zweibrücken 13.1.2022 – 1 OLG 2 Ss 66/21, NStZ-RR 2022, 111, 112.
833 BGH 19.12.2023 – 4 StR 325/23, NStZ 2024, 355, 357 m. krit. Anm. Schiemann; OLG Karlsruhe 16.3.2022 – 1 Ws 47/22, NStZ 2022, 687, 688 m. Anm. Vogel; zuvor anders zu § 223a StGB a.F: BGH 23.12.1986 – 1 StR 598/86, NStZ 1987, 174; 24.5.1960 – 5 StR 521/59, juris-Rn. 19, jew. m. w. N.

Praxishinweis:

Man darf sich nicht mit der Feststellung begnügen, dass ein Sicherheitsschuh zum Treten verwendet wird, sondern muss ermitteln, wohin und wie stark damit getreten wird; umgekehrt kann eine Badelatsche bei wuchtigen Schlägen auf den Kopf ausreichen.

346 Die Verletzung muss **mittels** der Waffe oder des gefährlichen Werkzeugs hervorgerufen werden. Darunter versteht man nach h.M. in einschränkender Auslegung ein von **außen unmittelbar** auf den Körper des Opfers einwirkendes Tatmittel,[834] obwohl der Wortlaut auch die mittelbare Verwendung erfasst und der Unrechtsgehalt vergleichbar erscheint.[835]

Fallbeispiele:

Wer einen Faustschlag gegen den Kopf des Opfers dadurch verstärkt, dass er ein Feuerzeug vollständig in der Faust umschlossen hält, verwirklicht nach h.M. nicht § 224 Abs. 1 Nr. 2, denn das Feuerzeug wirkt nicht unmittelbar auf den Körper des Opfers ein und die Faust selbst ist kein Werkzeug.[836]

Wer auf die Reifen eines fahrenden Autos schießt, um so einen Unfall mit Verletzungsfolgen auszulösen, führt nicht unmittelbar mit dem Geschoss Verletzungen am Körper des Opfers herbei.[837]

IV. Körperverletzung mittels eines hinterlistigen Überfalls

347 § 224 Abs. 1 Nr. 3 hat geringere praktische Bedeutung. Zwar kommen durchaus überfallartige **Angriffe** vor, aber es muss zusätzlich noch **Hinterlist** nachgewiesen werden. Deshalb reicht es nicht aus, wenn ein Angriff überraschend erfolgt.[838]

834 BGH 22.12.2005 – 4 StR 347/05, NStZ 2006, 572, 573; 22.3.2017 – 3 StR 475/16, BeckRS 2017, 115067 Rn. 17; 14.9.2021 – 4 StR 21/21, BeckRS 2021, 29010 Rn. 14 = JZ 2022, 364 m. krit. Anm. Fahl; 10.11.2022 – 4 StR 192/22, BeckRS 2022, 43061 Rn. 13; 5.12.2023 – 4 StR 170/23, BeckRS 2023, 47391 Rn. 18; 8.10.2024 – 5 StR 382/24, NJW 2024, 3735, 3736.

835 Böse ZJS 2017, 110 ff.; Anm. Fahl JZ 2022, 364, 366; Eckstein NStZ 2008, 125; BeckOK StGB/Eschelbach, § 224 Rn. 33.

836 BGH 22.3.2017 – 3 StR 475/16, BeckRS 2017, 115067 Rn. 17; krit. Böse ZJS 2017, 110 ff.

837 BGH 22.12.2005 – 4 StR 347/05, NStZ 2006, 572, 573.

838 BGH 30.10.2008 – 3 StR 334/08, NStZ-RR 2009, 77 f.; 8.5.2007 – 4 StR 173/07, NStZ 2007, 702; 17.6.2004 – 1 StR 62/04, NStZ 2005, 40.

Definitionen:

Überfall: Plötzlicher Angriff auf einen Ahnungslosen, der damit nicht rechnet.[839]

Hinterlistig handelt ein Täter, der *planmäßig* seine Verletzungsabsicht verbirgt, um die Abwehr zu erschweren und die Vorbereitung auf die Verteidigung möglichst auszuschließen.[840]

Hinterlist kann bspw. vorliegen, wenn der Täter Freundschaft heuchelt, aber die Begrüßung zum Zuschlagen ausnutzt, das Opfer in einen Hinterhalt lockt,[841] um es anzugreifen, oder auf ein Getränk einlädt, aber heimlich Schlafmittel dazu mischt.[842]

Dagegen handelt nicht hinterlistig, wer sich durch List Zutritt zur Wohnung verschafft, danach aber offen feindselig losschlägt.[843]

V. Körperverletzung mit einem anderen Beteiligten gemeinschaftlich

§ 224 Abs. 1 Nr. 4 knüpft an den Begriff der **Beteiligung** an, womit Täter- **348**
schaft und Teilnahme gemeint sind (§ 28 Abs. 2).[844]

Der Wortlaut verlangt zudem ein **gemeinschaftliches** Handeln, was ein- **349**
deutig bei Mittätern gegeben ist.[845] Die Rechtsprechung erfasst aber auch Gehilfen (§ 27), die physisch oder psychisch, bspw. durch Anfeuern, unterstützen;[846] es wird **weder Mittäterschaft noch Eigenhändigkeit** der Körperverletzung aller Beteiligten vorausgesetzt.[847]

Definition gemeinschaftlich:

Bewusstes Zusammenwirken von zwei oder mehr Personen bei der Ausführung. Mindestens zwei Personen müssen am Tatort anwesend sein, weitere Beteiligte können dann auch weiter weg sein.[848]

839 BGH 30.10.2008 – 3 StR 334/08, NStZ-RR 2009, 77 f.; Lackner/Kühl/Heger, § 224 Rn. 6.

840 BGH 7.8.2024 – 1 StR 430/23, BeckRS 2024, 23365 Rn. 24; 15.12.2020 – 3 StR 386/20, NStZ 2022, 164; 18.9.2019 – 2 StR 156/19, NStZ-RR 2020, 42 f.; 30.10.2008 – 3 StR 334/08, NStZ-RR 2009, 77 f.

841 BGH 7.8.2024 – 1 StR 430/23, BeckRS 2024, 23365 Rn. 24 f.

842 BGH 15.12.2020 – 3 StR 386/20, NStZ 2022, 164; 24.06.1992 – 2 StR 195/92, NStZ 1992, 490.

843 BGH 18.9.2019 – 2 StR 156/19, NStZ-RR 2020, 42.

844 Zum Begriff der Beteiligung: Schütze, AT Rn. 382.

845 BGH 25.3.2010 – 4 StR 522/09, NStZ-RR 2010, 236; vert. LK/Grünewald, § 224 Rn. 28.

846 BGH 5.2.1986 – 2 StR 640/85, BeckRS 1986, 31101559.

847 BGH 24.1.2017 – 2 StR 188/16, BeckRS 2017, 108307 Rn. 9; 11.4.2018 – 2 StR 436/17, NStZ 2019, 612, 613; bei psychischer Beihilfe, bspw. bloßem Anfeuern anders die h. L. MüKo/Hardtung, § 224 Rn. 38; LK/Grünewald, § 224 Rn. 31; MR-Engländer, § 224 Rn. 13 jew. m. w. N.

848 BGH 14.10.1999 – 4 StR 312/99, NStZ 2000, 194, 195; 3.9.2002 – 5 StR 210/02, NJW 2002, 3788.

Es müssen zumindest zwei Personen **vor Ort** sein und **aktiv zusammenwirken**, wozu auch ein eingriffsbereites Dabeistehen ausreichen soll, wenn dadurch das Handeln des Alleintäters **verstärkt** wird, d.h. abstrakt gefährlicher ist.[849] Nicht abschließend geklärt ist, unter welchen Voraussetzungen die Tat auch durch **Unterlassen** von Garanten begangen werden kann.[850]

Für die Rechtsprechung ist eine **Wahrnehmung** durch das Opfer, dass mehrere Beteiligte vor Ort zusammenwirken, nicht erforderlich.[851]

Aufbauhinweis:

Bei Mittätern ergeben sich keine Besonderheiten bei der Prüfung[852]; dagegen ist bei einem Alleintäter, der von Teilnehmern unterstützt wird, im Tatbestand festzustellen, dass der Alleintäter gemeinschaftlich gehandelt hat; nachfolgend ist nach dem üblichen Schema[853] gesondert auf Teilnehmer einzugehen.

VI. Körperverletzung mittels einer das Leben gefährdenden Behandlung

350 § 224 Abs. 1 Nr. 5 hätte nur eine geringe praktische Bedeutung, wenn eine konkrete Lebensgefahr[854] verlangt werden würde. Verbreitet lässt man ausreichen, dass die **konkrete Behandlung** nur **abstrakt**, d.h. objektiv generell, lebensgefährlich ist.[855]

Definition:

Die konkreten Umstände der Art und Weise der Behandlung des Opfers sind *abstrakt* geeignet, das Opfer in Todesgefahr zu bringen.

Die abstrakte Gefährlichkeit kann nach h.M. also auch vorliegen, wenn das Opfer nicht lebensgefährlich verletzt wird, sofern nur die *konkrete*

849 BGH 3.9.2002 – 5 StR 210/02, NJW 2002, 3788; 17.5.2023 – 6 StR 275/22, NJW 2023, 2060; nicht ausreichend ist die bloß subjektive Erwartung von Unterstützung: BGH 17.7.2012 – 3 StR 158/12, NStZ-RR 2012, 341 oder die nacheinander verübten Körperverletzungen: BGH 15.11.2023 – 1 StR 369/23, BeckRS 2023, 37864 Rn. 8.

850 Zweifelhaft ist, ob das bloße Unterlassen von Garanten vor Ort ausreicht, bejahend: BGH 17.5.2023 – 6 StR 275/22, NJW 2023, 2060f.; abl.: BGH 17.1.2023 – 2 StR 459/21, NJW 2023, 2209; MüKo/Hardtung, § 224 Rn. 38 m.w.N.

851 BGH 22.12.2005 – 4 StR 347/05, NStZ 2006, 572 Rn. 7.

852 Schütze, AT Rn. 422.

853 Schütze, AT Rn. 437, Rn. 445 (Anstiftung), Rn. 460 (Beihilfe).

854 Eine konkrete Gefahr wird nur vereinzelt gefordert, NK/Paeffgen/Böse/Eidam, § 224 Rn. 28. Dann dürfte häufig ein (versuchtes) Tötungsdelikt vorliegen.

855 BGH 29.2.1952 – 1 StR 767/51, BGHSt 2, 160, juris-Rn. 10; 4.11.1988 – 1 StR 262/88, BGHSt 36, 1, juris-Rn. 22; 12.10.1989 – 4 StR 318/89, BGHSt 36, 262, juris-Rn. 14; 12.7.2017 – 5 StR 134/17, NStZ 2018, 209, 210; 24.3.2020 – 4 StR 646/19, NStZ 2021, 107; 25.1.2024 – 3 StR 157/23, NStZ 2024, 285, 286.

Art und Weise des Vorgehens, d.h. die Schädlichkeit der Einwirkung, potenziell *geeignet* war, das Leben zu gefährden.[856]

Zudem soll es nach h.M. nicht auf **außerhalb** der Behandlung des Opfers **liegende weitere äußere Umstände** ankommen, etwa wenn nicht der Stoß auf die Straße durch seine Wucht[857] lebensgefährlich ist, sondern erst eine durch die Lage auf der Fahrbahn geschaffene Unfallgefahr.[858] 351

Beispiele:

Stoß von einer hohen Mauer[859]; Abwerfen von 30 km/h fahrendem Kfz auf den Asphalt[860]; harte Schläge[861], Tritte[862] oder kräftige Stöße[863] auf den Schläfenbereich des Opfers; Stiche in den Oberkörper mit Messer oder Schraubenzieher[864]; Beilhieb in den Rücken[865]; Stoß von Kindern in eiskaltes Wasser[866]; Ablegen eines spärlich bekleideten Desorientierten bei Temperaturen um den Gefrierpunkt im Freien[867]; Vorhalten einer Waffe bei betagtem Opfer mit Gefahr des Herzinfarkts[868]; intensives Würgen am Hals[869].

Praxistipp: 352

Grundlage für die Feststellung der abstrakten Gefahr ist die **konkrete** Behandlung des Opfers. Es muss deshalb genau festgestellt werden, in welcher konkreten Weise der Täter auf das Opfer bei der Körperverletzung eingewirkt hat, etwa wie lange und wie stark er es am Hals gewürgt bzw. geschlagen hat und welche Folgen dadurch aufgetreten sind.[870]

856 BGH 25.1.2024 – 3 StR 157/23, NStZ 2024, 285, 286; 25.10.2011 – 4 StR 455/11, BeckRS 2011, 27459, Rn. 4; 25.2.2010 – 4 StR 575/09, NStZ-RR 2010, 176, 177.
857 OLG Koblenz 9.7.2014 – 2 OLG 3 Ss 198/13, BeckRS 2014, 17571.
858 BGH 5.1.2010 – 4 StR 478/09, NStZ 2010, 276; 15.1.2019 – 4 StR 470/18, NStZ-RR 2019, 137, 138; 14.9.2021 – 4 StR 21/21, BeckRS 2021, 29010, Rn. 4; krit. BeckOK/Eschelbach, § 224 Rn. 41.
859 Sch/Sch/Sternberg-Lieben, § 224 Rn. 12a.
860 BGH 24.3.2020 – 4 StR 646/19, NStZ 2021, 107 f.
861 BGH 25.1.2024 – 3 StR 157/23, NStZ 2024, 285, 286; 7.3.1990 – 2 StR 615/89, NJW 1990, 3156.
862 BGH 29.4.2004 – 4 StR 43/04, NStZ 2004, 618.
863 OLG Hamm 11.6.2008 – 2 Ss 60/08, NStZ-RR 2009, 15 f.; OLG Düsseldorf 11.8.1995 – 5 Ss 272/95 – 88/95 I, JZ 1995, 908, aber nicht bei Kopfstoß gegen den Unterkiefer.
864 BGH 25.2.2010 – 4 StR 575/09, NStZ-RR 2010, 176, 177.
865 BGH 23.5.2024 – 4 StR 234/23, BeckRS 2024, 14965 Rn. 13.
866 LG Saarbrücken 2.3.1983 – 5 II 55/82 IV, NStZ 1983, 414; anders für einen geübten Schwimmer bei 15 Grad warmem Wasser, BGH 25.10.2011 – 4 StR 455/11, BeckRS 2011, 27459, Rn. 4 ff.
867 BGH 12.7.2017 – 5 StR 134/17, NStZ 2018, 209, 210.
868 BGH 26.11.1985 – 1 StR 393/85, NStZ 1986, 166.
869 BGH 7.10.1981 – 2 StR 356/81, BeckRS 1981, 108061 Rn. 8 m.w.N.
870 BGH 20.12.2022 – 2 StR 267/22, BeckRS 2022, 44291, Rn. 9 ff.; 26.8.1992 – 3 StR 328/92, BeckRS 1992, 31079053; OLG Köln 3.11.2000 – Ss 430/00, BeckRS 2000, 16898; zum Drosseln mit einem Gurt: BGH 10.3.1998 – 1 StR 731/97, BeckRS 1998, 31357443.

VII. Subjektiver Tatbestand

353 Grundsätzlich genügt bedingter Vorsatz im Hinblick auf § 223 sowie die jeweiligen Varianten von § 224. Dabei muss nicht nachgewiesen werden, dass der Täter sein Verhalten als gefährlich bewertet, sondern er muss die **Umstände** erkennen, aus denen sich die Gefährlichkeit des Stoffes als Gift oder eines verwendeten Gegenstandes ergibt.[871]

354 Bei der lebensgefährdenden Behandlung muss deshalb kein auf den Todeserfolg gerichteter Vorsatz nachgewiesen zu werden; ein **Gefährdungsvorsatz** reicht nach h. M. aus. Das bedeutet, dass der Täter die Umstände kennt, aus denen sich die allgemeine Gefährlichkeit seines konkreten Einwirkens auf das Opfer ergibt. Er muss sein Einwirken zwar nicht als lebensgefährlich bewerten, es muss aber nach seiner Vorstellung darauf **angelegt** sein.[872]

VIII. Abschlussfall

Verkehrsrowdyfall:

Sachverhalt: T ärgert sich über den etwa 25 km/h schnellen Radfahrer R und fährt plötzlich mit seinem Pkw gegen dessen Fahrrad. R wird dadurch beschleunigt, kann sein Gleichgewicht zwar zunächst halten, fährt aber auf die Gegenfahrbahn, wo er stürzt. Es lässt sich nicht feststellen, ob die Prellungen und Schürfwunden schon beim Anfahren oder erst beim Aufprall auf der Straße eingetreten sind. R wird beinahe von einem anderen Auto überrollt. T wollte R verletzen und er fand sich damit ab, dass R sich entweder beim Anfahren oder beim Anprall auf die Straße verletzen sowie im lebhaften Verkehr von anderen Autos verletzt werden könnte. Sein Verhalten erschien ihm durchaus riskant, gleichwohl hatte er sich nicht mit dem Tod des R abgefunden.

Aufgabe: Strafbarkeit des T gem. §§ 223, 224[873]?

Lösungshinweise: T hat sich gem. § 223 strafbar gemacht, indem er R angefahren hat. Es stellt eine körperliche Misshandlung dar, wenn man einen Radfahrer anfährt; es ist eine Gesundheitsschädigung, wenn infolge des Anfahrens Schürfwunden und Prellungen auftreten. Sein Vorsatz bezieht sich darauf. T handelt rechtswidrig und schuldhaft.[874]

871 Fischer, § 224 Rn. 32.

872 BGH 7.3.1990 – 2 StR 615/89, NJW 1990, 3156; 24.3.2020 – 4 StR 646/19, NStZ 2021, 107; 20.12.2022 – 2 StR 267/22, BeckRS 2022, 44291, Rn. 15; 23.5.2024 – 4 StR 234/23, BeckRS 2024, 14965 m. w. N.

873 § 315b läge nur bei einer auf der Dynamik des Verkehrsgeschehens beruhenden Gefahr vor, grundlegend: BGH 4.12.2002 – 4 StR 103/02, NJW 2003, 836, 838; näher zu § 315b Rn. 1502, Rn. 1482 ff.

874 Lediglich als Strafverfolgungsvoraussetzung wäre § 230 zu beachten.

Fraglich ist, ob er sich auch gem. § 224 Abs. 1 Nr. 2, 3, 5 strafbar gemacht hat:

Das Auto ist als gefährliches Werkzeug verwendet worden, indem T damit den R angefahren hat. Allerdings müsste die Körperverletzung auch mittels des gefährlichen Werkzeugs verwirklicht worden sein, was nach h. M. bedeutet, dass unmittelbar mit dem Werkzeug erhebliche Verletzungen beigebracht werden. Das kann T nicht sicher nachgewiesen werden. Eine Gegenansicht lässt auch ein mittelbares Verwenden des Werkzeugs ausreichen und kann sich darauf berufen, dass die kriminelle Energie vergleichbar erscheint. Die h. M. kann sich aber darauf stützen, dass § 224 einen deutlich höheren Strafrahmen als § 223 vorsieht und deshalb einschränkend auszulegen ist.[875]

Dagegen kommt der Straßenbelag nicht als gefährliches Werkzeug in Betracht, weil er nicht beweglich ist.

§ 224 Abs. 1 Nr. 3 ist abzulehnen, weil T zwar überraschend gegen den R fährt, aber dabei nicht hinterlistig handelt, denn er verdeckt nicht planmäßig seine Verletzungsabsicht.

§ 224 Abs. 1 Nr. 5 wird von der Rechtsprechung abgelehnt, weil nicht das Anfahren selbst gefährlich war, da R sich noch auf dem Rad halten konnte, sondern eine Gefahr durch das nachfolgende Verkehrsgeschehen entstand.[876] Eine Gegenansicht kommt zum gegenteiligen Ergebnis und beruft sich darauf, dass es vom Zufall abhängt, ob T den R unmittelbar schädigt oder erst in eine lebensgefährliche Lage bringt.

Da T einen entsprechenden Gefährdungsvorsatz hatte, ist er neben der vollendeten einfachen Körperverletzung auch wegen versuchter gefährlicher Körperverletzung (§§ 223, 224 Abs. 1 Nr. 2, 5, Abs. 2, §§ 22, 23) strafbar.

D. Misshandlung von Schutzbefohlenen

Die Norm weist die Besonderheit auf, dass zum einen die **körperliche** Unversehrtheit, zum anderen die **seelische** Unverletzlichkeit geschützt wird. Praktisch überwiegend stellt sich § 225 als **Qualifikation zur Körperverletzung** dar; in den seltenen Fällen des rein seelischen Quälens[877] ist § 225 dagegen ein **eigenständiges, echtes Sonderdelikt**.[878] 355

875 BGH 14.9.2021 – 4 StR 21/21, BeckRS 2021, 29010 Rn. 14.
876 BGH 14.9.2021 – 4 StR 21/21, BeckRS 2021, 29010 Rn. 4.
877 BGH 21.10.1954 – 4 StR 460/54, BeckRS 1954, 31193425 zur gezielten Verängstigung eines Mädchens durch minutenlanges Öffnen des Gashahns.
878 Fischer, § 225 Rn. 2.

356 Prägend ist das besondere **Schutz- und Abhängigkeitsverhältnis** zwischen Tätern mit garantenähnlicher Stellung[879] und Opfern, die den Tätern schutzlos ausgeliefert sind. Dies ist praktisch bedeutsam für (Pflege-) Eltern gegenüber **minderjährigen** Kindern oder bei grober Vernachlässigung wegen Alters oder Krankheit **wehrloser**, d. h. stark pflegebedürftiger Menschen in Heimen.[880]

357 Es werden vier Schutzverhältnisse in der Norm erfasst, wobei in Abs. 1 Nr. 1 **Fürsorge** und **Obhut** eine rechtliche Verpflichtung voraussetzt,[881] was neben Eltern auch Betreuer, Pfleger, Erzieher, Lehrer, Babysitter, Kita- und Heimpersonal, Mitarbeiter der Kinder- und Jugendhilfe oder im Jugendstrafvollzug betrifft.[882] Daneben reicht es gem. § 225 Abs. 1 Nr. 3 auch aus, wenn eine rein **faktische**, aber durch den Fürsorgepflichtigen gebilligte **Überlassung an Dritte** stattfindet, bspw. Nachbarn oder Bekannte.[883]

358 § 225 hat drei Handlungsmodalitäten:

Quälen bedeutet die Verursachung länger dauernder oder sich wiederholender erheblicher Schmerzen und Leiden sowohl körperlicher als auch seelischer Art, insbesondere bei sich wiederholenden Akten, was aber nach h. M. *nicht* aus einer verwerflichen Gesinnung heraus geschehen muss.[884]

359 Die **rohe Misshandlung** setzt zunächst eine über § 223 hinausgehende Beeinträchtigung des körperlichen Wohlbefindens bzw. der körperlichen Unversehrtheit durch ein Körperverletzungsgeschehen voraus.[885] Daneben muss aber auch ein Handeln aus einer für fremdes Leiden **gefühllosen Gesinnung** nachgewiesen werden.[886]

360 Die dritte Handlungsmodalität ist als echtes Unterlassensdelikt ausgestaltet.[887] Die **Schädigung** der (körperlichen) Gesundheit durch **böswillige Vernachlässigung** der Sorgepflicht verlangt den Nachweis, dass aus **verwerflichen Motiven** gehandelt wurde, bspw. Feindseligkeit, Sadismus, Hass, Geiz oder Rache, aber nicht aus Gleichgültigkeit, Schwäche oder Überforderung.[888]

879 NK/Paeffgen/Böse/Eidam, § 225 Rn. 4.
880 BeckOK/Eschelbach, § 225 vor Rn. 1, wo zutreffend auf ein mutmaßlich hohes Dunkelfeld hingewiesen wird.
881 BGH 5.5.1982 – 2 StR 91/82, NJW 1982, 2390.
882 BeckOK/Eschelbach, § 225 Rn. 8 ff.
883 BeckOK/Eschelbach, § 225 Rn. 13.
884 BGH 28.6.2022 – 3 StR 142/22, NStZ 2022, 676 Rn. 4 m. w. N.; 4.8.2015 – 1 StR 624/14, NJW 2015, 3047 f.
885 BGH 28.6.2022 – 3 StR 142/22, NStZ 2022, 676.
886 BGH 21.3.2018 – 1 StR 404/17, NStZ-RR 2018, 209, 210; 28.6.2022 – 3 StR 142/22, NStZ 2022, 676, 677.
887 BGH 23.7.2015 – 3 StR 633/14, NStZ-RR 2015, 369, 370.
888 BGH 17.3.2021 – 4 StR 155/20, BeckRS 2021, 15379 Rn. 19; 23.7.2015 – 3 StR 633/14, NStZ-RR 2015, 369, 371.

Die h.M. erkennt an, dass die Tathandlungen des Quälens und rohen Misshandelns auch als **unechtes Unterlassensdelikt** (§ 13)[889] verwirklicht werden können.[890] Bspw. können beide Elternteile wegen Beihilfe durch Unterlassen strafbar sein, wenn man nicht aufklären kann, wer von beiden aktiv gehandelt hat, aber feststeht, dass der jeweils andere von den Misshandlungen des Partners wusste und diese durch Einschreiten hätte abwenden können.[891] **361**

Die besondere Täterstellung ist ein **persönliches Merkmal**.[892] Bei **Beteiligten**, die in ihrer Person nicht diese Eigenschaft aufweisen, ist § 28 Abs. 2 anzuwenden, wenn § 225 ein Qualifikationstatbestand gegenüber § 223 ist; in den seltenen Fällen der rein seelischen Qual wäre dagegen § 28 Abs. 1 einschlägig (s. Rn. 355).[893] **362**

§ 225 Abs. 3 ist als **Qualifikation** zum **Verbrechenstatbestand** ausgestaltet, wenn es zur konkreten Gefahr der schweren Gesundheitsschädigung (s. Rn. 304) oder gar des Todes bzw. der erheblichen Schädigung der körperlichen und seelischen Entwicklung kommt. Es handelt sich nicht um Erfolgsqualifikationen, weshalb Vorsatz erforderlich ist.[894] **363**

E. Schwere Körperverletzung

I. Aufbau

§ 226 Abs. 1 beschreibt schwere Folgen einer Körperverletzung, die zu einer **dauerhaften** Beeinträchtigung der Lebensqualität führen.[895] Es handelt sich um ein **erfolgsqualifiziertes Delikt**[896], wenn der Täter zumindest fahrlässig in Bezug auf die schwere Folge handelt (§ 18). Die Norm ist **Qualifikation** zu § 223, soweit sie zumindest **bedingt vorsätzlich** begangen wird (§ 15).[897] **364**

§ 226 Abs. 2 stellt gegenüber § 226 Abs. 1 eine **Qualifikation** dar, wenn die Tat mit **direktem Vorsatz**, also absichtlich oder wissentlich, ausgeführt wird.[898]

---

889 Schütze, AT Rn. 569 ff.

890 BGH 23.7.2015 – 3 StR 633/14, NStZ-RR 2015, 369, 370 zur verzögerten Einleitung von Schmerzlinderung.

891 BGH 3.7.2003 – 4 StR 190/03, NStZ 2004, 94, 95; 28.6.2022 – 3 StR 142/22, NStZ 2022, 676, 677; die durch den Zweifelssatz gezogenen Grenzen betonend: BGH 17.3.2021 – 4 StR 155/20, BeckRS 2021, 15379 Rn. 16.

892 Näher: Schütze, AT Rn. 469 ff.

893 Fischer, § 225 Rn. 16.

894 BGH 8.10.2020 – 4 StR 339/20, NStZ-RR 2020, 372.

895 BGH 29.2.1972 – 5 StR 400/71, NJW 1972, 1143; Brodag, BT 11. Teil Rn. 42; NK/Paeffgen/Böse/Eidam, § 226 Rn. 4 f.

896 Näher: Schütze, AT Rn. 655 ff.

897 Vgl. zur historischen Entwicklung der Norm: NK/Paeffgen/Böse/Eidam, § 226 Rn. 1 f.

898 BGH 14.12.2000 – 4 StR 327/00, NJW 2001, 980.

365 § 226 ist ein Verbrechenstatbestand (§ 12), weshalb der Versuch strafbar ist (§ 23).[899]

366 **Aufbauschema Vorsatz-Fahrlässigkeitskombination § 226 Abs. 1, § 18**

Hinweis: Es wird empfohlen, vorab den Grundtatbestand, ggf. zusammen mit anderen Qualifikationen (§ 224 oder § 340)[900] zu prüfen, bevor auf § 226 als Erfolgsqualifikation eingegangen wird.

I. Tatbestand
  1. Vorsätzlich begangenes Grunddelikt (§ 223), s. o.
  2. Eintritt zumindest einer schweren Folge gem. § 226 Abs. 1 Nr. 1–3
  3. Kausalität und objektive Zurechnung der schweren Folge, insbes. objektive Vorhersehbarkeit
  4. Spezifischer Gefahrzusammenhang zwischen Grunddelikt und schwerer Folge

II. Rechtswidrigkeit

III. Schuld
  1. Fahrlässigkeitsschuld: insbes. subjektive Vorhersehbarkeit
  2. Ggf. sonstige Schuldelemente (z. B. Schuldfähigkeit, Entschuldigungsgründe)

367 **Aufbauschema Vorsatzdelikt § 226 Abs. 1/§ 226 Abs. 2**

I. Tatbestand
  1. Objektiv
    a) Tatbestandsmerkmale von § 223, ggf. anderer Qualifikationen
    b) Mind. ein Qualifikationsmerkmal von § 226 Abs. 1 Nr. 1–3
    c) Spezifischer Gefahrzusammenhang
  2. Subjektiv:
    a) Abs. 1: mind. bedingter Vorsatz bzgl. 1.;
    b) Abs. 2: zusätzlich Absicht oder Wissentlichkeit bzgl. 1. b)

II. Rechtswidrigkeit

III. Schuld

899 BGH 7.2.1967 – 1 StR 640/66, NJW 1967, 737. Zu den Besonderheiten beim erfolgsqualifizierten Versuch und zum Versuch des erfolgsqualifzierten Delikts, Schütze, AT Rn. 506.

900 § 225 kommt nach h. M. nur in der ersten Variante (s. Rn. 355) in Betracht, BGH 30.3.1995–4 StR 768/94, NJW 1995, 2045; näher: NK/Paeffgen/Böse/Eidam, § 226 Rn. 6.

II. Schwere Folgen

In § 226 Abs. 1 Nr. 1–3 werden abschließend die qualifizierenden **schweren Folgen** aufgeführt.[901] Dem Wortlaut ist zu entnehmen, dass das Opfer **dauerhaft** unter den schweren Folgen leidet.[902] Diese müssen zum **Zeitpunkt des Urteils** auf Dauer, d.h. auf unabsehbare Zeit, bestehen, wozu eine **Prognose** erforderlich sein kann.[903] **368**

Praxishinweis:

Da meist eine medizinische Behandlung eingeleitet wird, muss diese regelmäßig abgewartet werden, um eine möglichst zuverlässige Basis für eine Prognose zu gewinnen; zugleich muss verhindert werden, dass Verjährung eintritt[904].

Bei einer **Heilung**, insbesondere durch eine **Operation**, entfällt der Tatbestand.[905] § 226 scheidet aus, wenn die Wiederherstellung wahrscheinlich ist.[906] Umstritten ist, ob dies auch gilt, wenn zwar eine überwiegend wahrscheinliche **Möglichkeit** der operativen Behebung besteht, aber das Opfer diese nicht durchführen lässt. Die früher h.M. stellte auf das Kriterium der Zumutbarkeit unabhängig von deren Durchführung ab.[907] Nach neuerer Rechtsprechung soll es grundsätzlich[908] auf die Entscheidung des Opfers, also auf den faktischen Zustand ankommen, denn das Kriterium der Zumutbarkeit sei zu unbestimmt.[909] **369**

Der kurzfristige **Tod** des Opfers soll nach h.M. die Dauerhaftigkeit nicht ausschließen.[910]

Wegen der hohen Strafdrohung wird neben der Kausalität und objektiven Zurechenbarkeit des Erfolges ein **gefahrspezifischer Zusammenhang** verlangt. Nach h.M. muss die schwere Folge auf der spezifischen Gefährlich- **370**

901 BGH 5.11.1991 – 1 StR 600/91, BeckRS 1991, 5043 Rn. 13; Kindhäuser/Schramm, BT I § 10 Rn. 22.

902 BGH 22.1.1997 – 3 StR 522/96, NStZ 1997, 233, 234 (zur Vorgängernorm); LK/Grünewald, § 226 Rn. 3: Neben der Formulierung „dauernd“ kommt dies in den anderen Varianten durch „verliert“ bzw. „verfällt“ zum Ausdruck.

903 BGH 17.4.2024 – 1 StR 403/23, NStZ 2024, 611 Rn. 8 m. Anm. Kudlich/Schütz; 7.2.2017 – 5 StR 483/16, NJW 2017, 1763, m. Anm. Grünewald.

904 Vgl. zur Verfolgungsverjährung §§ 78ff., insbes. § 78 Abs. 3 Nr. 3, § 78a, S. 2, § 78c.

905 BGH 29.2.1972 – 5 StR 400/71, NJW 1972, 1143, 1144.

906 BGH 17.4.2024 – 1 StR 403/23, NStZ 2024, 611, 612 m. Anm. Kudlich/Schütz.

907 BGH 29.2.1972 – 5 StR 400/71, NJW 1972, 1143, 1144; LK/Grünewald, § 226 Rn. 3 m.w.N.: Es könne nicht auf individuelle Entscheidungen, wie mangelnde Compliance oder finanzielle Verhältnisse, ankommen, sondern auf die Zumutbarkeit der Behandlung.

908 Die Ausnahme einer „böswilliger Verweigerung“ dürfte praktisch nicht zum Tragen kommen.

909 BGH 7.2.2017 – 5 StR 483/16, NJW 2017, 1763, 1764 m.w.N. und krit. Anm. Grünewald; zuvor schon: BGH 2.3.1962 – 4 StR 536/61, NJW 1962, 1067.

910 BGH 15.9.2004 – 2 StR 242/04, NStZ 2005, 261, 262; BeckOK/Eschelbach, § 226 Rn. 4; diff. LK/Grünewald, § 226 Rn 4; a.A. MüKo/Hardtung, § 226 Rn. 6 m.w.N.

keit der Handlungsweise bei Begehung der vorsätzlichen Körperverletzung beruhen.[911]

1. Verlust besonderer Fähigkeiten (Abs. 1 Nr. 1)

371 § 226 Abs. 1 Nr. 1 betrifft die Aufhebung besonders wichtiger **Sinnes- und Körperfunktionen**.[912]

372 Der **Verlust des Sehvermögens** auf zumindest *einem* Auge bedeutet, dass Gegenstände nicht einmal mehr auf kurze Distanz optisch wahrgenommen werden können.[913]

Begrifflich setzt der Verlust eine zuvor bestehende Fähigkeit voraus.[914] Ein wertloses Restsehvermögen steht einem Verlust gleich,[915] wobei die Grenzen fließend sind: Bloße Lichtempfindlichkeit, ein Restsehvermögen von 2 %[916] bzw. 5–10 % sollen dem Verlust nicht entgegenstehen.[917] Externe Hilfsmittel wie Brillen und Kontaktlinsen mildern nur die Folgen und lassen – anders als in den Körper eingebrachte Implantate, bspw. eine künstliche Augenlinse – den Tatbestand nicht entfallen.[918]

373 Der **Verlust des Gehörs** ist – anders als beim Sehvermögen auf einem Auge – umfassend auf beiden Ohren im Sinne von **Taubheit** zu verstehen.

Gehör ist die Fähigkeit, durch Schalldruck erzeugte akustische Signale kommunikativ zu verstehen.[919]

Trotz verbleibender Fähigkeit, Geräusche *ohne* Differenzierung wahrzunehmen, soll das Merkmal erfüllt sein.[920]

911 BGH 7.2.2017 – 5 StR 483/16, NJW 2017, 1763, Rn. 11 m. Anm. Grünewald; Schütze, AT Rn. 657.

912 Fischer, § 226 Rn. 2a.

913 BayObLG 20.4.2004 – 2 St RR 965/03, NStZ-RR 2004, 264, 265 m.w.N.

914 OLG Oldenburg 24.1.1994 – Ss 478/93, BeckRS 1994, 7395: Verneint bei einem Verlust eines Auges, das zuvor nur noch eine Sehfähigkeit von 2 % hatte.

915 MüKo/Hardtung, § 226 Rn. 19.

916 BGH 7.3.2017 – 1 StR 569/16, BeckRS 2017, 104191.

917 OLG Hamm 30.3.1976 – 5 Ss 26/76, NJW 1976, 1803 (LS); GA 1976, 304, 306; LG Freiburg 14.12.2005 – 7 Ns 210 Js 21120/04 AK 64/05, BeckRS 2006, 116 mit dem Argument, durch die Zunahme von Displays und Bildschirmen sei schon eine Restsehfähigkeit von noch 10 % dem Verlust gleichzusetzen; zust. Kindhäuser/Schramm, BT I § 10 Rn. 23. Das erscheint wegen der Wortlautgrenze bedenklich. SK/Wolters, StGB, § 226 Rn. 6: kein Verlust bei 20 %; anders: MüKo/Hardtung, § 226 Rn. 21.

918 BayObLG 20.4.2004 – 2 St RR 965/03, NStZ-RR 2004, 264, 265; Sch/Sch/Sternberg-Lieben, § 226 Rn. 1a; MüKo/Hardtung, § 226 Rn. 18.

919 Fischer, § 226 Rn. 3.

920 BGH 8.12.2010 – 5 StR 516/10, BeckRS 2010, 30925, wo § 226 bejaht wurde bei einem Resthörvermögen von 5 %.

Sprechvermögen ist die Fähigkeit, artikuliert reden zu können.[921] 374

Der Verlust des Sprechvermögens kann als **Stummheit** bezeichnet werden. Stottern oder ähnliche bloße Erschwerungen erfüllen dagegen nicht das Tatbestandsmerkmal.

Fortpflanzungsfähigkeit umfasst die männliche **Zeugungs-** und die weibliche **Empfängnisfähigkeit**.[922] 375

Es können auch Kinder oder beischlafunfähige Erwachsene als Opfer in Betracht kommen, sofern sie (zukünftig) Keimzellen produzieren können; anders liegt dies bspw. bei Frauen nach der Menopause.[923] Umgekehrt ist nach einer reversiblen Sterilisation oder der Verabreichung von Verhütungsmitteln das Merkmal nicht erfüllt.[924]

Nach h.M. soll die Fortpflanzungsfähigkeit neben der Fähigkeit zur Bildung von Keimzellen auch die **Beischlaf- und Gebärfähigkeit** als natürliche Form der Fortpflanzung umfassen.[925] 376

Bspw. sind nach dieser Ansicht nicht nur das Entfernen der Hoden[926], sondern auch das Abtrennen des Penis[927] oder die Entfernung der Gebärmutter[928] einschlägig.[929]

2. Verlust oder dauernde Unbrauchbarkeit eines wichtigen Gliedes (Abs. 1 Nr. 2)

Glied ist ein Körperteil, das mit dem Körper durch ein Gelenk verbunden ist.[930] 377

Innere Organe, Ohrmuschel bzw. Nase zählen deshalb nach h.M. sowenig wie primäre Geschlechtsmerkmale hierher.[931]

921 Fischer, § 226 Rn. 4.
922 BGH 7.2.1967 – 1 StR 640/66, NJW 1967, 737 (zur Vorgängernorm); BT-Drs. 13/9064, S. 16; Fischer, § 226 Rn. 5.
923 NK/Paeffgen/Böse/Eidam, § 226 Rn. 25.
924 BeckOK/Eschelbach, § 226 Rn. 11.
925 BGH 7.2.1967 – 1 StR 640/66, NJW 1967, 737; Sch/Sch/Sternberg-Lieben, § 226 Rn. 1b; SK/Wolters, § 226 Rn. 6; LK/Grünewald, § 226 Rn. 11 m.w.N; a.A. Fischer, § 226 Rn. 5; BeckOK/Eschelbach, StGB, § 226 Rn. 11
926 BGH 12.2.1987 – 4 StR 652/86, juris-Rn. 10.
927 BGH 7.2.1967 – 1 StR 640/66, NJW 1967, 737.
928 BGH 26.6.1957 – 2 StR 191/57, NJW 1957, 1369.
929 LK/Grünewald, § 226 Rn. 11.
930 BGH 15.8.1978 – 1 StR 356/78, NJW 1978, 2345.
931 BGH 15.8.1978 – 1 StR 356/78, NJW 1978, 2345; a.A. OLG Neustadt/W. 14.6.1961 – Ss 52/61, NJW 1961, 2076, 2077; Rengier, BT II § 15 Rn. 8.

378 Nach welchen Kriterien sich die **Wichtigkeit** eines Gliedes bestimmt, ist umstritten. Die früher h.M. wollte allgemein auf die Bedeutung für den menschlichen Gesamtorganismus abstellen,[932] die nunmehr h.M. will dabei auf die individuelle körperliche Verfassung (bspw. Rechtshändigkeit, Vorschädigung), aber nicht auf die sozialen Bezüge (z.B. Beruf) abstellen.[933]

Beispiele:

Abtrennung von zwei Gliedern des rechten Zeigefingers und Versteifung des rechten Mittelfingers wegen eingeschränkter Nutzbarkeit der Hand, insbesondere wegen fehlendem Pinzettengriff;[934] ebenfalls bei Verlust des rechten Daumens eines Rechtshänders.

Anders beim Verlust des kleinen Fingers, wenn die anderen Finger vorhanden bleiben, selbst wenn es eine Pianistin betrifft.

379 **Verlust** bedeutet die Abtrennung vom Körper, bspw. durch eine Amputation infolge der Körperverletzung.[935] Operationen zum Wiederangliedern an den Körper oder künstliche Implantate, bspw. eine Knietotalendoprothese, heben den Verlust auf. Dagegen ändern äußerliche Hilfsmittel, wie Unterarmgehstützen, Rollstühle oder abnehmbare Prothesen, nichts am Verlust.

Gebrauchsunfähigkeit liegt vor, wenn das Glied weitgehend unbrauchbar ist, bspw. bei einer Versteifung des Daumens oder der Lähmung des Armes oder Beines.[936]

3. Dauernde erhebliche Entstellung (Abs. 1 Nr. 3)

380 **Entstellung** ist eine Verunstaltung der Gesamterscheinung des Verletzten; diese ist **erheblich**, wenn sie dem Gewicht der geringsten in Nr. 1 und Nr. 2 geregelten Fälle gleichsteht.[937]

Es kommt nicht darauf an, ob die Person zuvor „ansehnlich" war.[938] Eine sichtbare, aber dünne Narbe im Bereich des Kopfes reicht daher nicht

932 L/T/Z/Zöller, Anwaltkommentar § 226 StGB Rn. 9 m.w.N.
933 BGH 15.3.2007 – 4 StR 522/06, NJW 2007, 1988f.; LK/Grünewald, § 226 Rn. 10; Kindhäuser/Schramm, BT I § 10 Rn. 27 jew. m.w.N.; a.A. Lackner/Kühl/Heger, § 226 Rn. 3, der auch die berufliche Prägung einbeziehen will.
934 BGH 15.3.2007 – 4 StR 522/06, NJW 2007, 1988, 1989.
935 Eisele, BT I Rn. 348.
936 BGH 3.5.1988 – 1 StR 167/88, NJW 1988, 2622.
937 BGH 14.8.2014 – 4 StR 163/14, NStZ 2015, 266, 268; Eisele, BT II Rn. 354.
938 Fischer, § 226 Rn. 9.

aus.[939] Flächenhafte Brandnarben im Bereich das Oberkörpers erfüllen das Merkmal, denn diese werden zwar häufig durch Kleidung kaschiert, imponieren aber bspw. im Schwimmbad oder beim Umkleiden.[940]

Erheblich ist eine Entstellung, wenn andere Ekel und Abscheu empfinden oder das Opfer deshalb mit Spott rechnen muss.[941]

Dauernd ist eine Entstellung, wenn sie auf einen nicht absehbaren Zeitraum fortbesteht und nicht durch eine Behandlung beseitigt wird, s. Rn. 369. Bspw. ist der Verlust der vorderen Schneidezähne regelmäßig eine erhebliche Entstellung, die aber entfällt, weil ein Implantat oder eine Teleskopprothese ästhetisch unauffällig wirken;[942] Vergleichbares gilt für Haarimplantate oder eine gelaserte Narbe, anders soll dies dagegen für eine abnehmbare Perücke oder die Verwendung von Schminke zu bewerten sein.[943]

4. Verfallen in dauernde Krankheitszustände (Abs. 1 Nr. 3)

Siechtum ist ein chronischer Krankheitszustand, der zum Schwinden der **381**
körperlichen und geistigen Kräfte und allgemeiner Hinfälligkeit führt.[944] Es genügt, dass keine nachhaltige Besserung des Krankheitszustands absehbar ist.[945]

Lähmung bedeutet eine so erhebliche Beeinträchtigung eines Körperteils, die sich auf die Bewegungsfähigkeit des gesamten Körpers auswirkt,[946] bspw. die Versteifung der Hüfte.

Geistige Krankheit umfasst erhebliche seelische Störungen mit medizinischem Krankheitswert.[947] **Geistige Behinderung** bedeutet eine nicht nur unerhebliche und nicht nur vorübergehende Störung der Gehirntätigkeit.[948]

939 BGH 28.6.2007 – 3 StR 185/07, NStZ 2008, 32, 33.
940 BGH 2.3.1962 – 4 StR 536/61, BGHSt 17, 161, juris-Rn. 10; LG Saarbrücken 7.4.1981 – 5 – 8/80 IV, NStZ 1982, 204.
941 BeckOK/Eschelbach, § 226 Rn. 21.
942 BGH 29.2.1972 – 5 StR 400/71, NJW 1972, 1143, 1144 unter Aufgabe von BGH 2.3.1962 – 4 StR 536/61, NJW 1962, 1067.
943 Fischer, § 226 Rn. 9a; BeckOK/Eschelbach, § 226 Rn. 21.
944 BGH 11.5.2023 – 4 StR 421/22, NStZ-RR 2023, 247, 248; 29.4.2021 – 5 StR 498/20, NStZ-RR 2021, 209, 210; RG 30.9.1938 – 1 D 715/38, RGSt 72, 345, 346.
945 BGH 11.5.2023 – 4 StR 421/22, NStZ-RR 2023, 247, 248; 29.4.2021 – 5 StR 498/20, NStZ-RR 2021, 209, 210.
946 BGH 3.5.1988 – 1 StR 167/88, NJW 1988, 2622 zur Vorgängernorm; Wessels/Hettinger/Engländer, BT I Rn. 252.
947 BGH 31.8.2017 – 4 StR 317/17, NStZ 2018, 102, 103; Fischer, § 226 Rn. 13.
948 BGH 31.8.2016 – 4 StR 340/16, NStZ 2017, 282, 284; Lackner/Kühl/Heger, § 226 Rn. 7.

F. Körperverletzung mit Todesfolge

I. Aufbau

382 § 227 schützt die **Rechtsgüter** körperliche Integrität und Leben.[949] Es handelt sich um ein **erfolgsqualifiziertes Delikt**: Neben einem vorsätzlich verwirklichten Körperverletzungstatbestand (§ 223–§ 226a) wird der Tod als schwere Folge zumindest fahrlässig herbeigeführt (§ 18),[950] sodass immer eine fahrlässige Tötung (§ 222) mitverwirklicht wird,[951] auf die man dann nicht näher einzugehen braucht. § 227 hat Auffangcharakter[952], wenn der Nachweis des Tötungsvorsatzes (s. Rn. 224 f.) nicht gelingt.

Vorab ist das vorsätzlich begangene Grunddelikt (§§ 223–226a) vollständig zu prüfen.

Aufbauschema §§ 227, 18:

I. Tatbestand
   1. Vorsätzlich begangenes Grunddelikt (§ 223–§ 226a), s. o.
   2. Todeserfolg
   3. Kausalität und objektive Zurechnung der schweren Folge, insbes. objektive Vorhersehbarkeit
   4. Spezifischer Gefahrzusammenhang zwischen Grunddelikt und schwerer Folge

II. Rechtswidrigkeit

III. Schuld
   1. Fahrlässigkeitsschuld: insbes. subjektive Vorhersehbarkeit
   2. Ggf. sonstige Schuldelemente (z. B. Schuldfähigkeit, Entschuldigungsgründe)

II. Tatbestand

383 Da im Gesetz als **Grunddelikte** ausdrücklich die §§ 223–226a genannt werden, kann bei § 225 auch die Variante des Quälens (s. Rn. 355) ausreichen.[953]

949 Eisele BT II Rn. 367; Brodag, BT 10. Teil Rn. 49.
950 A/W/H/H, BT § 10 Rn. 77.
951 BGH 30.9.1970 – 3 StR 119/70, NJW 1971, 152, 153.
952 Brodag, BT 10. Teil Rn. 49.
953 BGH 10.10.2017 – 1 StR 496/16, juris-Rn. 19; Rengier, BT II § 16 Rn. 12.

Die Norm verlangt ausdrücklich **Ursächlichkeit**, sodass schon ausreichend sein kann, wenn der Eintritt des Todeserfolges durch das vom Täter begangene Grunddelikt beschleunigt wird.[954] **384**

Soweit § 18 für die Todesfolge Fahrlässigkeit ausreichen lässt, müssen auch die Elemente der **objektiven Zurechnung** vorliegen. Da eine Körperverletzung immer sorgfaltswidrig ist, beschränkt die h. M. die Prüfung auf die objektive und subjektive **Vorhersehbarkeit**.[955] Diese muss nach h. M. nicht den Geschehensablauf in seinen Einzelheiten, sondern lediglich die **Möglichkeit** des Todes im Ergebnis umfassen.[956] **385**

Beispiel:

Der Täter tritt kräftig mit der Schuhspitze gegen den Rumpf eines am Boden liegenden Opfers. Aufgrund einer medizinischen Rarität haben eine Herzschädigung und Alkoholkonsum zusammen mit dem Tritt zum Tod geführt. Da ein kräftiger Tritt schon für sich lebensgefährlich war, weil die Verletzung innerer Organe drohte, kann der Tod zugerechnet werden.[957]

Wegen des im Vergleich zu § 223 oder § 222 deutlich höheren Strafrahmens in § 227 ist eine restriktive Auslegung geboten, weshalb neben Kausalität und objektiver Zurechnung das ungeschriebene Merkmal des **gefahrspezifischen Zusammenhangs** verwirklicht sein muss.[958] **386**

Es gibt unterschiedliche Ansätze, wie dieses Merkmal zu verstehen ist. Die Rechtsprechung hat sich vom früher verwendeten, restriktiveren Begriff des Unmittelbarkeitszusammenhangs[959] verabschiedet,[960] denn es ist zufallsabhängig, ob ein Opfer durch die Körperverletzung veranlasst wird, sich selbst zu schädigen, oder Dritte mitursächlich werden (s. Fallbeispiel 1 Rn. 389). Deshalb wird darauf abgestellt, ob das begangene Körperverletzungsdelikt bereits so gefährlich war, dass sich dessen **spezifische Gefahr** im Todeserfolg niedergeschlagen hat.[961] Dies unterscheidet sich im Ansatz **387**

954 BGH 10.6.2009 – 2 StR 103/09, NStZ-RR 2009, 309, 310.
955 BGH 22.9.1971 – 3 StR 146/71; NJW 1972, 217; krit. M/R/Renzikowski, StGB, § 18 Rn. 17.
956 BGH 10.6.2009 – 2 StR 103/09, NStZ-RR 2009, 309, 310; 28.3.2001 – 3 StR 532/00, NStZ 2001, 478; 24.1.1995 – 1 StR 707/94, NStZ 1995, 287; krit. Rengier, BT II § 16 Rn. 8a m. w. N.
957 BGH 15.11.2007 – 4 StR 453/07, NStZ 2008, 686 f.; ähnlich bei Herzinfarkt: BGH 26.2.1997 – 3 StR 569/96, NStZ 1997, 341.
958 BGH 10.1.2008 – 5 StR 435/07, NStZ 2008, 278; 28.3.2001 – 3 StR 532/00, NStZ 2001, 478 m. w. N.; Rengier, BT II § 16 Rn. 5; Schütze, AT Rn. 657.
959 BGH 30.9.1970 – 3 StR 119/70, NJW 1971, 152, 153; 29.6.1983 – 2 StR 150/83, NJW 1984, 621.
960 Nur verbal, aber inhaltlich nicht am Unmittelbarkeitszusammenhang orientiert: BGH 15.11.2007 – 4 StR 453/07, NStZ 2008, 686 f.; 30.6.1982 – 2 StR 226/82, NJW 1982, 2831; Fischer, § 227 Rn. 3.
961 BGH 7.8.2024 – 1 StR 430/23, BeckRS 2024, 23365 Rn. 10; 10.1.2008 – 5 StR 435/07, NStZ 2008, 278; 28.3.2001 – 3 StR 532/00, NStZ 2001, 478 m. w. N.

nicht von der objektiven Zurechnung, wo freilich auf eine Handlung und nicht spezifisch auf eine *Körperverletzung* abgestellt wird.[962]

388 Allgemein anerkannt ist, dass bei einem auf dem Körperverletzungs*erfolg* beruhenden Todeserfolg der Gefahrzusammenhang besteht.[963]

Beispiel:

Ein Faustschlag gegen den Kopf führt zu einer Gehirnblutung, woran das Opfer verstirbt.

389 Allerdings wird nach h. M. daneben auch auf die Gefährlichkeit der Körperverletzungs*handlung* abgestellt, bspw. bei Verwenden einer geladenen Waffe zum Schlagen.[964] Dies erweitert den Anwendungsbereich der Norm: Es kommt dann nicht darauf an, ob das Opfer durch die Körperverletzung selbst eine tödliche Verletzung erleidet, sondern es kann auch durch Dritte[965] oder eigenes Verhalten des Opfers[966] eine solche Folge auftreten.

Fallbeispiele:

1. Das Opfer gerät durch einen Angriff mit einem Messer auf den Oberkörper in Panik und klettert auf einen Fenstersims, wo es aus 25 m Höhe abstürzt und tödlich verletzt wird. Durch den Messerstich war nur eine Schnittwunde entstanden, die nicht zum Tod geführt hätte. Hier ist § 227 verwirklicht, denn es ist die spezifische Gefährlichkeit des Messerangriffs geeignet gewesen, das Opfer nicht nur tödlich zu verletzen, sondern auch in Panik zu versetzen.[967]
2. T wirft einen Hochsitz um, sodass das Opfer aus über 3 m Höhe auf den Waldboden fällt. Dabei erleidet O lediglich eine Sprunggelenksfraktur, die im Krankenhaus leicht fahrlässig ohne ausreichende Thromboseprophylaxe behandelt wird, weshalb O an einer Embolie stirbt. T hat § 227 verwirklicht, denn zum einen muss mit leichten Behandlungsfehlern allgemein gerechnet werden und dem gefährlichen Sturz aus über drei Meter Höhe haftete zum anderen schon die nachfolgend realisierte Todesgefahr an.[968]

962 Lackner/Kühl/Heger, § 227 Rn. 3; Rengier, BT II, § 16 Rn. 21.
963 Zum sog. Letalitätskriterium Lackner/Kühl/Heger, § 227 Rn. 5 m. w. N.; diff. Wessels/Hettinger/Engländer, BT I Rn. 262 ff.
964 BGH 30.6.1982 – 2 StR 226/82, NJW 1982, 2831; 2.2.1960 – 1 StR 14/60, NJW 1960, 683, 684.
965 BGH 7.8.2024 – 1 StR 430/23, BeckRS 2024, 23365; 12.2.1992 – 3 StR 481/91, NStZ 1992, 333, 334.
966 BGH 10.1.2008 – 5 StR 435/07, NStZ 2008, 278.
967 BGH 10.1.2008 – 5 StR 435/07, NStZ 2008, 278.
968 BGH 30.6.1982 – 2 StR 226/82, NJW 1982, 2831 f.

3. Der Täter schlägt auf eine alkoholkranke Frau (F) brutal ein. Es kommt deshalb zu einer Einblutung im Gehirn und einer Fraktur des Armes. F wird im Krankenhaus behandelt, bricht aber die Behandlung ab, um weiter Alkohol zu konsumieren. Sie stirbt an der an sich behandelbaren Einblutung unter der Schädeldecke. § 227 wurde vom BGH bejaht, da sich im Tod das spezifische Risiko der Körperverletzung niedergeschlagen hat. Die Weigerung der F, sich umfassend behandeln zu lassen, sei wegen der Alkoholsucht nicht fernliegend.[969]

III. Beteiligung

Bei § 227 als erfolgsqualifiziertem Delikt ist die Beteiligung, insbesondere als Mittäter, Anstifter oder Gehilfe möglich, denn § 11 Abs. 2 wertet Vorsatz-Fahrlässigkeitskombinationen als Vorsatztaten und § 18 bezieht sich sowohl auf **Täter** als auch auf **Teilnehmer.**[970] **390**

Es reicht dazu allerdings nicht, dass sich ein Beteiligter lediglich am Grundtatbestand beteiligt, sondern es muss auch **Fahrlässigkeit** bezüglich der **Todesfolge** nachgewiesen werden (§ 18). Konsequent wird auch hier der spezifische Gefahrzusammenhang (s. Rn. 386) verlangt. Sofern der Todeserfolg durch einen anderen Beteiligten herbeigeführt wird und sich als **Exzess** darstellt, also nicht vom Vorsatz bzw. einem gemeinsamen Tatplan umfasst war, kann dies nur ausnahmsweise zugerechnet werden, wenn der gemeinsam begangenen Körperverletzung bereits die **spezifische Gefährlichkeit** anhaftete, die sich im Tod niedergeschlagen hat.[971] Dies ist bejaht worden, wenn das Opfer durch die gemeinschaftliche Körperverletzung dem Angriff eines **gewaltbereiten Dritten** ausgesetzt wurde oder diesem Angriffsgeschehen ein naheliegendes **Eskalationspotenzial** innewohnte.[972] **391**

969 BGH 9.3.1994 – 3 StR 711/93, NStZ 1994, 394.
970 Schütze, AT Rn. 442.
971 BGH 7.8.2024 – 1 StR 430/23, BeckRS 2024, 23365, Rn. 10; 7.7.2021 – 4 StR 141/21, NStZ 2021, 735 Rn. 6 f.; 14.5.2020 – 1 StR 109/20, BeckRS 2020, 18287 Rn. 3 f. jew. m. w. N. Die Einzelheiten sind umstritten: vert. Rengier, BT II § 16 Rn. 32 ff.; Eisele, BT I Rn. 377 ff.
972 BGH 7.7.2021 – 4 StR 141/21, NStZ 2021, 735 Rn. 7 m. w. N.

IV. Unterlassen

392 § 227 kann durch Garanten strukturell als (unechtes) **Unterlassungsdelikt** begangen werden (§ 13).[973] Die Untätigkeit muss dann das Grunddelikt (bspw. §§ 223, 13) dergestalt verwirklichen, dass der Todeserfolg auf dem **verschlechterten Zustand** beruht und noch hätte abgewendet werden können.[974]

Sofern ein Täter aktiv handelt und daneben einer garantenpflichtigen Person eine **Beteiligung durch Unterlassen** vorgeworfen wird, muss nach h.M. nicht nur nachgewiesen werden, dass durch das Unterlassen trotz der Vorschädigung durch das aktive Tun sich die Lebensgefahr erhöht, sondern sich der Vorsatz des Garanten auch auf diese spezifisch gefährliche Körperverletzung bezieht.[975]

V. Versuch

393 Da § 227 ein Verbrechenstatbestand (§ 12) ist, kann ein Versuch strafbar sein (§ 23). Sofern sich beim **Versuch des erfolgsqualifizierten Delikts**[976] der Vorsatz auf den Tod bezieht, ist vorrangig ein versuchtes Tötungsdelikt zu prüfen.

Umstritten ist, ob es einen **erfolgsqualifizierten Versuch**[977] gibt, also durch ein nur versuchtes Körperverletzungsdelikt die fahrlässige Tötung herbeigeführt wird (bspw. §§ 223, 22, 23, 227). Man kann dann obiges Aufbauschema (Rn. 382) verwenden, wobei statt einer vollendeten nur eine versuchte Körperverletzung als Grunddelikt vorab zu prüfen ist.

G. Fahrlässige Körperverletzung

394 § 229 differenziert im Tatbestand nicht nach der Schwere von Folgen der Fahrlässigkeit, bspw. einer Querschnittslähmung oder einer Prellung. Zu Struktur und Aufbau gelten allgemeine Grundsätze.[978]

973 Näher zu den weiteren Voraussetzungen: Schütze, AT Rn. 569 ff., insbes. Rn. 625.
974 BGH 23.2.2021 – 3 StR 488/20, juris-Rn. 22; 22.11.2016 – 1 StR 354/16, BGHSt 61, 318, juris-Rn. 22.
975 BGH 23.2.2021 – 3 StR 488/20, juris-Rn. 22; vert. Fischer, § 227 Rn. 6 f.
976 Schütze, AT Rn. 507.
977 Schütze, AT Rn. 500 m. Fallbeispielen.
978 Schütze, AT Rn. 629 ff.

H. Beteiligung an einer Schlägerei

I. Aufbau

Aufbauschema § 231 395

I. Tatbestand
   1. Objektiv:
      Beteiligung an:
      a) Schlägerei oder
      b) Angriff von mehreren
   2. Subjektiv: Vorsatz
II. Rechtswidrigkeit
III. Schuld
IV. Strafe: Objektive Strafbarkeitsbedingung:
   1. Tod eines Menschen oder schwere Körperverletzung (§ 226)
   2. Kausalität der Schlägerei oder des Angriffs dafür

II. Tatbestand 396

Die Norm soll Beweisschwierigkeiten beim sog. Raufhandel begegnen,[979] hat aber geringe praktische Bedeutung.[980] Es handelt sich um ein **abstraktes Gefährdungsdelikt**.[981]

397 Eine **Schlägerei** ist der Streit von mindestens drei Personen mit gegenseitigen Körperverletzungen.[982] Nach h.M. ändert sich nichts am Charakter als Schlägerei, wenn eine Person zwar gerechtfertigt, aber im Rahmen der Trutzwehr[983], also aktiv, agiert.[984]

979 BGH 26.3.1965 – 4 StR 84/65, NJW 1965, 1285.
980 Die PKS weist bspw. für 2023 nur 4711 Fälle aus.
981 BGH 20.12.1984 – 4 StR 679/84, NJW 1985, 871, 872 zur Vorläufernorm im Fall eines Angriffs mehrerer; Wessels/Hettinger/Engländer, BT I Rn. 313; allgemein: Schütze AT Rn. 31.
982 BGH 20.1.2022 – 4 StR 430/21, NStZ 2023, 235; 19.12.2013 – 4 StR 347/13, NStZ 2014, 147, 148 m. krit. Anm. Engländer NStZ 2014, 214.
983 Schütze, AT Rn. 206.
984 BGH 21.2.1961 – 1 StR 624/60, NJW 1961, 839, 840.

Der **Angriff mehrerer** verlangt die in feindseliger Willensrichtung unmittelbar auf den Körper eines anderen abzielende Einwirkung von mindestens zwei Personen mit einheitlichem Angriffsgegenstand und -willen.[985]

398 Die Tathandlung besteht in der „**Beteiligung**" in einem umgangssprachlichen, nicht im gesetzestechnischen Sinn (§§ 25–27).[986] Der Beteiligte muss anwesend sein und *aktiv* psychisch oder physisch dazu beitragen, dass Gewalt verübt wird, bspw. auch durch aktive Unterbindung von Schlichtungsbemühungen.[987]

Die Beteiligung muss allerdings rechtswidrig und schuldhaft erfolgen, sodass nur bestraft wird, wer zu *irgendeinem* Zeitpunkt ohne Rechtfertigungs- oder Entschuldigungsgrund sich beteiligt hat.[988]

III. Objektive Strafbarkeitsbedingung

399 *Kein* Tatbestandsmerkmal ist die durch die Schlägerei bzw. den Angriff **kausal** herbeigeführte **Folge** des Todes bzw. einer schweren Körperverletzung (zu § 226 s. Rn. 368). Man versteht diese als **objektive Strafbarkeitsbedingung**, weshalb sich darauf weder Vorsatz noch Rechtswidrigkeit oder Schuld beziehen muss; auch § 18 ist nicht anzuwenden.[989]

Es ist nach h. M. gleichgültig, bei wem die besondere Verletzungsfolge eintritt und ob man sich zu diesem **Zeitpunkt** noch nicht oder nicht mehr an **derselben Schlägerei** beteiligt hat.[990] So kann bspw. die besondere Folge bei einem unbeteiligten **Zuschauer**, einem um Schlichtung bemühten Polizeibeamten oder sogar bei einem von der besonderen Folge betroffenen Beteiligten auftreten, was für Letzteren zu dessen Strafbarkeit führt, weil er selbst zuvor vorwerfbar beteiligt war.[991] Die Tatsache, dass jemand die besondere Folge nicht hervorgerufen haben kann, lässt die Strafbarkeit wegen dessen vorwerfbarer Beteiligung unberührt.[992]

985 BGH 20.1.2022 – 4 StR 430/21, NStZ 2023, 235; 20.12.1984 – 4 StR 679/84, NJW 1985, 871.
986 Fischer, § 231 Rn. 8; Kindhäuser/Schramm, BT I § 11 Rn. 8; BGH 21.10.1982 – 4 StR 526/82, NJW 1983, 581; 20.12.1984 – 4 StR 679/84, NJW 1985, 871 f.
987 BGH 21.2.1961 – 1 StR 624/60, NJW 1961, 839, 840.
988 BGH 27.3.2024 – 2 StR 337/23, NStZ-RR 2024, 209, 210.
989 BGH 27.3.2024 – 2 StR 337/23, NStZ-RR 2024, 209; 20.1.2022 – 4 StR 430/21, NStZ 2023, 235; 24.8.1993 – 1 StR 380/93, NJW 1993, 3337, 3338.
990 Holzberg/Reichelt, Hauptstudium Kap. 3 Rn. 15; Kindhäuser/Schramm, BT I § 11 Rn. 19 jew. m. w. N.
991 BGH 16.6.1961 – 4 StR 176/61, NJW 1961, 1732; Kindhäuser/Schramm, BT I § 11 Rn. 19; Fischer, § 231 Rn. 8c.
992 BGH 27.3.2024 – 2 StR 337/23, NStZ-RR 2024, 209 f.; 26.3.1965 – 4 StR 84/65, NJW 1965, 1285.

7. KAPITEL Diebstahl und Unterschlagung

A. Überblick zu den §§ 242 ff.

Diebstahl und Unterschlagung schützen das **Eigentum**. Umstritten ist, ob beim Diebstahl daneben auch der (bloße) Gewahrsam geschützt ist, was insbesondere für die Frage einer Strafantragsberechtigung bedeutsam sein kann (s. hierzu Rn. 450).[993] 400

Da das Eigentum zwar regelmäßig, aber nicht immer einen Vermögenswert verkörpert und unabhängig davon geschützt wird, kommt als Tatobjekt bspw. auch eine wirtschaftlich wertlose Sache in Betracht.[994]

Der Diebstahl fordert – im Gegensatz zur Unterschlagung – objektiv keine Zueignung; die Zueignung muss also nicht als Erfolg eintreten. Es „genügt" für den Diebstahl, dass in subjektiver Hinsicht die **Absicht** einer rechtswidrigen Zueignung besteht.[995] Man spricht beim Diebstahl daher auch von einem **erfolgskupierten Delikt**[996] bzw. einem **Delikt mit überschießender Innentendenz**: Zur Vollendung des Tatbestands genügt die Wegnahme einer fremden, beweglichen Sache, welche subjektiv vom Vorsatz getragen sein muss. Darüber hinaus (= „überschießend") ist aber noch die Absicht rechtswidriger Zueignung als subjektives (deswegen = Innentendenz) Tatbestandsmerkmal erforderlich.[997] 401

Das Erfordernis der Absicht rechtswidriger Zueignung grenzt den Diebstahl in bestimmten Konstellationen auch zu (bloßen) Sachentziehungen oder (bloßen) Gebrauchsanmaßungen ab, die nur in bestimmten Fällen strafbar sind, bspw. als Sachbeschädigung gem. § 303 Abs. 1 oder gem. § 248b Abs. 1 als **unbefugter Gebrauch eines Fahrzeugs**.

§ 243 normiert besonders schwere Fälle des Diebstahls, §§ 244, 244a Qualifikationstatbestände. Die sog. veruntreuende Unterschlagung nach § 246 Abs. 2 stellt einen Qualifikationstatbestand zu § 246 Abs. 1 dar. §§ 247, 248a stellen Strafverfolgungsvoraussetzungen auf. 402

---

993 Vgl. zum geschützten Rechtsgut und dem diesbzgl. Streitstand m.w.N. Fischer, § 242 Rn. 2 sowie § 246 Rn. 2.

994 Rengier, BT I § 1 Rn. 2.

995 Brodag, BT 12. Teil Rn. 3.

996 Fischer, § 242 Rn. 2.

997 Brodag, BT 12. Teil Rn. 3.

B. Diebstahl

I. Prüfungsaufbau

403 I. Tatbestandsmäßigkeit
   1. Objektiver Tatbestand
      - fremde, bewegliche Sache
      - Wegnahme
   2. Subjektiver Tatbestand
      - Vorsatz
      - Absicht rechtswidriger Zueignung

II. Rechtswidrigkeit

III. Schuld

II. Objektiver Tatbestand

404 Zur Verwirklichung des objektiven Tatbestands des Diebstahls muss eine fremde, bewegliche Sache weggenommen worden sein.

1. Begriff der Sache

405 Der strafrechtliche Begriff der Sache ist ein vom Zivilrecht unabhängiger öffentlich-rechtlicher Begriff.[998]

Man versteht unter einer Sache im strafrechtlichen Sinn alle **körperlichen Gegenstände**, ohne Rücksicht auf ihren Aggregatzustand (also egal, ob diese fest, flüssig oder gasförmig sind) und nach h.M.[999] unabhängig von ihrem materiellen oder immateriellen Wert.[1000]

Sachen i.S.d. § 242 Abs. 1 sind daher bspw. auch in einem Behältnis befindliche Gase[1001] (*nicht* jedoch elektrische Energie, für die deshalb § 248c geschaffen wurde), ein altes, vergilbtes Familienfoto[1002], Datenträger (*nicht* jedoch die elek-

998 Fischer, § 242 Rn. 3.
999 Ausf. MüKo/Schmitz, § 242 Rn. 10; zur Gegenauffassung Sch/Sch/Bosch, § 242 Rn. 7.
1000 Wessels/Hillenkamp/Schuhr, BT 2 Rn. 79f.
1001 Vgl. hierzu und der hier str. Frage der Notwendigkeit einer räumlichen Abgrenzbarkeit MüKo/Schmitz, § 242 Rn. 23.
1002 Wessels/Hillenkamp/Schuhr, BT 2 Rn. 19.

tronisch gespeicherten Daten als solche) und Urkunden, die bestimmte Rechte verkörpern wie ein Sparbuch (*nicht* aber die jeweiligen Rechte selbst).[1003]

Auch Tiere sind – entgegen § 90a S. 1 BGB – als **Sachen** im strafrechtlichen Sinne anzusehen, da die strafrechtliche Begriffsbildung unabhängig vom Zivilrecht ist.[1004] Zum gleichen Ergebnis führt aber auch § 90a BGB[1005], nach dessen S. 3 auf Tiere die für Sachen geltenden Vorschriften grds. entsprechend anzuwenden sind. **406**

Der **lebende Mensch** als ein mit Menschenwürde ausgestattetes Rechtssubjekt ist **keine Sache**.[1006] Allerdings erlangen nach h. M. **Teile des lebenden Körpers** Sachqualität, wenn sie vom Körper getrennt werden. Nach Ansicht des BGH[1007] gilt dies allerdings nur dann, wenn sie nach dem Willen des Rechtsträgers nicht dazu bestimmt sind, wieder seinem Körper eingegliedert zu werden. **407**

Zur Sache im Rechtssinne werden daher bspw. gespendete Organe und Blutspenden (außer (nach Auff. d. BGH) Eigenblutspenden).

Der **menschliche Leichnam** ist nach h. M. ebenfalls grds. als Sache anzusehen.[1008]

2. Beweglichkeit der Sache

Eine Sache ist beweglich, wenn sie **tatsächlich fortgeschafft** werden kann, wobei es ausreicht, dass die Sache (mit der Wegnahme) beweglich gemacht wird.[1009] **408**

Beispiel:

Ein eingebauter Heizkörper, der abmontiert und weggetragen wird.

1003 Vgl. zu den Bsp. auch Fischer, § 242 Rn. 3 und Lackner/Kühl/Heger, § 242 Rn. 2.
1004 S. tiefergehend MüKo/Schmitz, § 242 Rn. 26.
1005 Brodag, BT 12. Teil Rn. 6.
1006 Sch/Sch/Bosch, § 242 Rn. 10.
1007 BGH 9.11.1993 – VI ZR 62/93, NJW 1994, 127, 128, auch zur genannten h. M. Abl. ggü. dieser zivilrechtlichen Entscheidung und gegen eine Übertragung dieser zivilrechtlichen Differenzierung auf das Strafrecht Wessels/Hillenkamp/Schuhr, BT 2 Rn. 81.
1008 Zum Streitstand näher MüKo/Schmitz, § 242 Rn. 30.
1009 Lackner/Kühl/Heger, § 242 Rn. 3, auch zum genannten Bsp.; Fischer, § 242 Rn 4.

3. Fremdheit der Sache

409 Eine Sache ist fremd, wenn sie nach den zivilrechtlichen Vorschriften **im Eigentum (irgend)einer anderen Person** steht[1010], also nicht herrenlos ist und nicht im Alleineigentum des Täters steht.

> Nach § 903 S. 1 BGB kann der Eigentümer einer Sache, soweit nicht das Gesetz oder Rechte Dritter entgegenstehen, mit der Sache nach Belieben verfahren und andere von jeder Einwirkung ausschließen.

Den Erwerb und Verlust des Eigentums an beweglichen Sachen regeln die §§ 929 ff. BGB (grds.: Einigung zwischen dem verfügungsbefugten Veräußerer[1011] und Erwerber über den Eigentumsübergang sowie Übergabe der Sache).

410 **Herrenlos** sind Sachen, an denen Eigentum noch nie bestanden hat, aufgegeben worden oder sonst erloschen ist.[1012]

Beispiel:

Wilde Tiere, solange sie sich in Freiheit befinden (s. § 960 Abs. 1 S. 1 BGB)[1013]

nicht jedoch verlorene, verlegte oder vergessene Sachen[1014].

Gibt der Eigentümer den Besitz an einer beweglichen Sache aber in der Absicht auf, auf das Eigentum zu verzichten (sog. **Dereliktion**), wird die Sache gem. § 959 BGB herrenlos. Die Beurteilung, ob eine solche Besitzaufgabe mit der Absicht, auf das Eigentum zu verzichten, tatsächlich vorliegt, kann schwierig sein und hängt stark von den konkreten Umständen des Einzelfalls ab. Hierbei ist in jedem Einzelfall zu prüfen, ob die äußeren Umstände dafür sprechen, dass der Eigentümer Besitz und Eigentum i. S. d. § 959 BGB aufgeben will.[1015]

Beim Bereitstellen von **Hausmüll** zur Abfuhr dürfte ein Eigentumsverzicht i. d. R. zu bejahen sein.[1016] Anders kann die Situation (ausnahmsweise[1017]) bei **Sperrmüll** sein – abhängig davon, ob über das reine Interesse hinaus, die Gegenstände „loszuwerden“, der Zweck einer Vernichtung in

---

1010 Fischer § 242 Rn. 5.
1011 BeckOK BGB/Kindl, § 929 vor Rn. 1.
1012 Fischer, § 242 Rn. 6.
1013 In Betracht kommt in einem solchen Fall aber evtl. eine Strafbarkeit wegen Jagdwilderei (§ 292).
1014 Sch/Sch/Bosch, § 242 Rn. 17/18.
1015 MüKo/Schmitz, § 242 Rn. 34.
1016 Fischer, § 242 Rn. 7.
1017 Vgl. MüKo/Schmitz, § 242 Rn. 34.

der Müllbeseitigungsanlage verfolgt wird und damit eine Übereignung an den Träger der Müllabfuhr erfolgen soll.[1018] Wird hingegen **Sammelgut** für eine bestimmte Organisation zur Abholung auf dem Gehsteig bereitgelegt, ist dieses nicht herrenlos, da dann das Eigentum nur zugunsten dieser Organisation aufgegeben werden soll.[1019]

Fragen der Dereliktion stellten sich jüngst auch im Zusammenhang mit dem sog. **Containern**, also dem Entwenden von Lebensmitteln aus einem Abfallcontainer eines Supermarktes. Die Rspr. hat für die Frage des Vorliegens einer Eigentumsaufgabe maßgeblich darauf abgestellt, wo der Container steht (auf dem Firmengelände oder im öffentlichen Raum?), ob und ggf. warum der Container verschlossen ist und was mit den Abfällen passieren soll (Abholung durch ein gesondert bezahltes Entsorgungsunternehmen?).[1020] Das BVerfG hat die ihm im konkreten Fall anhand dieser Kriterien vorgelegte Beweiswürdigung – und damit die erfolgte Verurteilung – nicht beanstandet und verfassungsrechtlich auch keinen Anlass für eine Einschränkung einer Strafbarkeit wegen Diebstahls für die Fallgruppe des Containerns gesehen. Das Interesse des Eigentümers, rechtliche Streitigkeiten und Prozessrisiken zur Haftung beim Verzehr teils abgelaufener, evtl. auch verdorbener Ware durch deren Vernichtung auszuschließen (inkl. des Vermeidens erhöhter Sorgfaltspflichten) sei, so das BVerfG, im Rahmen der Eigentumsfreiheit nach Art. 14 Abs. 1 GG grds. zu akzeptieren.[1021] **411**

Diese Argumentation überzeugt auf der Grundlage des geltenden Rechts; ob das Ergebnis mit Blick auf einen nachhaltigen Umgang mit Lebensmitteln sinnhaft ist, ist anzuzweifeln. Dies und welche Konsequenzen hieraus für Gesetzgeber und Justiz zu ziehen wären, wird und muss rechtspolitisch diskutiert werden.[1022]

1018 LG Ravensburg 3.7.1987 – 3 S 121/87, NJW 1987, 3142, 3143 mit diesbzgl. unterschiedlicher Bewertung als LG Bonn 25.06.2002 – 18 O 184/01, NJW 2003, 672, 674.
Eine Dereliktion wurde von der Rspr. auch in Bezug auf eine von einem Bankmitarbeiter im Haus- (statt Sonder-)Müll entsorgte EC-Karte verneint, da angesichts der auf der Karte gespeicherten Daten „die Eigentumsaufgabe nur mit der Annahme durch den zuständigen Abfallentsorger zur Vernichtung erfolgen sollte", OLG Hamm 10.2.2011 – III 3 RVs 103/10, juris-Rn. 14.

1019 S. BayObLG 27.6.1986 – Rreg. 3 St 42/86, JZ 1996, 967 f.

1020 BayObLG 2.10.2019 – 206 StRR 1013/19 und 206 StRR 1015/19, NStZ-RR 2020, 104, 105; BVerfG 5.8.2020 – 2 BvR 1985/19, 2 BvR 1986/19, NJW 2020, 2953, 2953 f.

1021 BVerfG 5.8.2020 – 2 BvR 1985/19, 2 BvR 1986/19, NJW 2020, 2953, 2955.

1022 S. hierzu bspw. die Gesetzesinitiativen BT-Drs. 19/9345 und BT-Drs. 20/4421 sowie Hoven, NJW 2020, 2955, 2956; Schiemann, KriPoZ 2019, 231, 235 ff.; Dorneck/Griesar, KlimR 2024, 290, 296.

412 Fremd sind ferner Sachen, die im **Miteigentum** stehen, weil sie dem Täter nicht allein gehören.[1023]

413 Problematisch ist, ob auch **sittenwidrig oder verbotenerweise erworbene Sachen** Gegenstand von Eigentumsdelikten sein können. Ausgangspunkt sind auch hier zunächst die zivilrechtlichen Vorschriften: Rechtsgeschäfte, die gegen ein gesetzliches Verbot oder „die guten Sitten“ verstoßen, sind gem. §§ 134, 138 BGB grds. nichtig (also von Anfang an und jedem ggü. unwirksam[1024]). Angesichts des im Zivilrecht geltenden sog. Abstraktionsprinzips wirkt sich die Nichtigkeit des sog. Verpflichtungsgeschäfts jedoch normalerweise nicht unmittelbar auf das sog. Erfüllungsgeschäft (die Übertragung des Eigentums) aus, sodass trotz Verstoßes gegen §§ 134, 138 BGB Eigentum wirksam übertragen werden kann und (erst einmal) übertragen bleibt. In einem solchen Fall kann dann diejenige Person, die das Eigentum übertragen hat (bspw. A), sich wegen Diebstahls strafbar machen, wenn sie der anderen Person (bspw. B) die (dann ja für A fremde) Sache wieder wegnimmt.

414 Besonders problematisch und dementsprechend rechtlich umstritten ist die Situation in Bezug auf **Betäubungsmittel**. Die Rspr. folgert aus dem Verbot des unerlaubten Handeltreibens mit BtM die Nichtigkeit auch der Übereignung des als Kaufpreis für Drogen gezahlten Geldes (§ 134 BGB).[1025] Weder erwirbt der Verkäufer Eigentum am Geld noch der Käufer Eigentum am BtM.[1026]

Beispiel 1:

A kauft bei Dealer D 1 Gramm Heroin für 70 Euro. Nach Erhalt des Heroins geraten die beiden in Streit, woraufhin A dem D die übergebenen Geldscheine wieder wegnimmt.

Der Kaufvertrag zwischen A und D war wegen Verstoßes gegen § 29 Abs. 1 Nr. 1 BtMG gem. § 134 BGB nichtig. Bei Verstößen gegen das BtMG führt das nichtige Verpflichtungsgeschäft auch zur Nichtigkeit des Erfüllungsgeschäftes. Da D somit kein Eigentum an den Geldscheinen erworben hat, waren diese für A nicht fremd, weshalb eine Strafbarkeit des A wegen Diebstahls ausscheidet.

Umstritten ist, ob bei Wegnahme von BtM, deren Besitz etc. ja **grds. nicht erlaubt** ist, eine Strafbarkeit wegen Diebstahls in Betracht kommt. Nach

1023 Lackner/Kühl/Heger, § 242 Rn. 6.
1024 Weber-Fuchs, „Nichtigkeit von Rechtsgeschäften“.
1025 BGH 29.2.2000 – 1 StR 16/00, NStZ-RR 2000, 234, 234.
1026 MüKo/Schmitz, § 242 Rn. 33.

der Rspr. können illegal erworbene Drogen tauglicher Gegenstand eines Eigentumsdelikts sein.[1027] Zwar könnten die Vorschriften des BtMG i. V. m. § 134 BGB die rechtsgeschäftliche Begründung neuen Eigentums hindern, der Produzent (des BtM) verliere sein Eigentum aber nicht allein dadurch, dass der Anbau und der Besitz von Betäubungsmitteln ohne Erlaubnis verboten seien.[1028] Da § 242 Abs. 1 allein auf die formale Eigentumsposition, nicht aber auf die tatsächliche oder rechtliche Verfügbarkeit abstellt[1029], überzeugt dieses Ergebnis.

Beispiel 2 (Fortführung des Beispiels 1):

Kumpel K des D nimmt daraufhin A das erworbene Gramm Heroin weg.

A konnte aus o. g. Gründen kein Eigentum an dem BtM erwerben. Im Hinblick auf die formale Eigentumsposition zumindest des Herstellers des BtM ist dieses für den K jedoch trotzdem fremd, sodass er sich wegen Diebstahls strafbar macht.

4. Wegnahme

Wegnahme ist der Bruch fremden (Allein- oder Mit-)Gewahrsams und die Begründung neuen, nicht notwendig (aber regelmäßig) eigenen Gewahrsams.[1030] **415**

Für eine Wegnahme müssen also **drei Punkte** gegeben sein: fremder Gewahrsam, der Bruch dieses Gewahrsams und die Begründung neuen Gewahrsams.

a) Gewahrsam

Gewahrsam ist nach h. M. die vom Herrschaftswillen getragene tatsächliche Sachherrschaft.[1031] Dies ist etwas anderes als Eigentum (und im Übrigen auch als der zivilrechtliche Besitz). Die Begriffe sind daher voneinander zu trennen.[1032] **416**

1027 Mit ausf. Begr. BGH 20.9.2005 – 3 StR 295/05, NJW 2006, 72, 72 f.; als ständige Rechtsprechung bezeichnet in BGH 21.4.2015 – 4 StR 92/15, NJW 2015, 2898, 2900; zur Gegenauffassung MüKo/Schmitz, § 242 Rn. 17 f.

1028 Vgl. BGH 20.9.2005 – 3 StR 295/05, NJW 2006, 72.

1029 Vgl. BGH a. a. O.; Sch/Sch/Bosch, § 242 Rn. 19. Anders hingegen BGH 1.6.2016 – 2 StR 335/15, NStZ 2016, 596, 599. In diesem Beschluss stellte der 2. Senat des BGH den anderen Senaten ggü. seine abw. Rechtsauffassung dar, letztlich wurde aber an der bisherigen Rspr. festgehalten.

1030 RG 15.12.1913 – II 684/13, RGSt 48, 58, 59 f.; Wessels/Hillenkamp/Schuhr, BT 2 Rn. 87.

1031 Fischer, § 242 Rn. 11 m. w. N. zu abw. Auffassungen.

1032 So auch Brodag, BT 12. Teil Rn. 15.

Die Rspr. stellt für die Bestimmung des Gewahrsams auf die **Umstände des einzelnen Falles** und die **Anschauungen des Verkehrs oder des täglichen Lebens** ab.[1033]

417 Ein tatsächliches Herrschaftsverhältnis besteht, wenn der unmittelbaren Verwirklichung des Einwirkungswillens auf die Sache **keine Hindernisse** entgegenstehen.[1034] Das ist i. d. R. der Fall, wenn eine enge räumliche Beziehung besteht.[1035]

Beispiel:

A trägt einen Rucksack auf dem Rücken. An diesem und den darin befindlichen Gegenständen übt A unproblematisch tatsächliche Sachherrschaft aus, genauso wie im Übrigen auch an allen in der Hand gehaltenen und in der Kleidung (Hosentasche etc.) getragenen Sachen.

418 Aber auch bei räumlichen und zeitlichen Begrenzungen der Sachherrschaft kann Gewahrsam fortbestehen (sog. **gelockerter Gewahrsam**).

Bspw. bleibt der Gewahrsam an Gegenständen in der eigenen Wohnung oder am geparkten Pkw bestehen, auch wenn man selbst nicht anwesend ist; das nur kurzfristige, täuschungsbedingte Überlassen bspw. eines Mobiltelefons für ein angebliches Telefonat führt i. d. R. zu keinem vollständigen Verlust des Gewahrsams[1036] (s. auch Rn. 814).

419 Zudem wird nach der Verkehrsauffassung regelmäßig demjenigen der Gewahrsam zugeordnet, in dessen **Gewahrsamssphäre** Gegenstände eingebracht werden, wenn dies von dessen generellem Gewahrsamswillen getragen wird.[1037]

Beispiele:

Gewahrsam wird an den in den eigenen Briefkasten eingelegten Postsendungen begründet; Gewahrsam des Geschäftsinhabers besteht an allen Waren in seinen Geschäftsräumen und auch an mit seinem Einverständnis vor der verschlossenen Ladentür abgestellten Waren.[1038]

1033 Fischer, § 242 Rn. 11 m. w. N., auch zu in der Lit. vertretenen anderen Auff.
1034 Sch/Sch/Bosch, § 242 Rn. 25.
1035 Brodag, BT 12. Teil Rn. 16.
1036 BGH 12.10.2016 – 1 StR 402/16, BeckRS 2016, 19983; krit. Kindhäuser/Böse, BT II § 2 Rn. 38.
1037 Vgl., auch zu den genannten Bsp., Rengier, BT I § 2 Rn. 28 f., 36.
1038 Zu letzterem Bsp. BGH 1.12.1967 – 4 StR 516/67, NJW 1968, 662.

Gewahrsam kann auch gemeinsam bestehen (sog. **Mitgewahrsam** = mehrere Personen können bzw. dürfen nur gemeinsam über eine Sache verfügen[1039]). Bei gleichstufigem Mitgewahrsam kann jede/-r den Gewahrsam der/des anderen brechen. Bei mehrstufigem Mitgewahrsam kommt ein Gewahrsamsbruch nur von „unten nach oben" in Betracht.[1040] **420**

> Bspw. haben Angestellte eines Geschäfts allenfalls untergeordneten Gewahrsam, begehen also einen Diebstahl, wenn sie Waren aus den Regalen nehmen[1041] (*nicht* hingegen ein/-e Kassier/-in in Bezug auf das in der Kasse befindliche Geld, sofern sie die Kasse in alleiniger Verantwortung führen: dann besteht für sie Alleingewahrsam, sodass statt eines Diebstahls insbes. eine (veruntreuende) Unterschlagung in Betracht kommt[1042]).

Da es nur auf eine tatsächliche Herrschaftsmöglichkeit ankommt, ist es unerheblich, ob sie rechtmäßig ausgeübt wird oder nicht, somit kann auch ein **Dieb** Gewahrsam haben und entsprechend auch von einem anderen bestohlen werden.[1043] **421**

Ein einmal begründeter Gewahrsam **endet**, wenn die tatsächliche Sachherrschaft aufhört und/oder der Herrschaftswille aufgegeben wird.[1044] **422**

Allein die Tatsache, dass ein Verletzter nicht mehr fähig ist, etwas zum Schutz seiner neben ihm liegenden Sachen zu unternehmen, beendet nicht den Gewahrsam; jedoch endet der Gewahrsam mit einem **Verlieren** der Sache.[1045]

> Wird die Sache aber innerhalb einer fremden Gewahrsamssphäre verloren, wird von deren Inhaberin oder Inhaber – bspw. eines Geschäfts oder der Verkehrsbetriebe – neuer Gewahrsam begründet, soweit dies von deren generellem Herrschaftswillen (Rn. 423) umfasst ist.

Der bisherige Gewahrsam besteht aber fort, wenn die Sache lediglich **vergessen** wird, man also – im Gegensatz zum Verlieren – weiß, wo sie sich befindet und wo man sie ohne äußere Hindernisse zurückerlangen kann;

1039 MüKo/Schmitz, § 242 Rn. 79, auch zum genannten Bsp.

1040 Erhardt Rn. 439; krit. zu entspr. Gewahrsamsdifferenzierungen MüKo/Schmitz, § 242 Rn. 81 f.

1041 Vgl. BGH 13.7.1995 – 1 StR 309/95, MDR 1995, 1091.

1042 Rengier, BT I § 2 Rn. 37.

1043 Vgl. BGH 16.6.1953 – 1 StR 798/52, NJW 1953, 1358. Zur jüngst in der Rspr. auch diesbzgl. geführten Diskussion im Zusammenhang mit BtM: BGH 1.6.2016 – 2 StR 335/15, NStZ 2016, 596, 599 – die Auffassung des 2. StS konnte sich aber nicht durchsetzen, s. auch Fischer, § 242 Rn. 11a.

1044 Rengier, BT I § 2 Rn. 39.

1045 BGH 28.7.2020 – 2 StR 229/20, NStZ 2021, 42, 42.

Grund hierfür ist, dass dann noch eine Einwirkungsmöglichkeit besteht.[1046] Im Falle eines Vergessens innerhalb einer fremden Gewahrsamssphäre (z. B. im frei zugänglichen Eingangsbereich eines Kinos) entsteht dann aber regelmäßig Mitgewahrsam der Person, die dort die vom generellen Herrschaftswillen getragene Sachherrschaft inne hat.[1047] Sofern jedoch ein Zugreifen auf die vergessene Sache trotz Kenntnis des Standortes nicht mehr möglich ist (z. B. in einem bereits weitergefahrenen Zug) endet der Gewahrsam des bisherigen Inhabers.[1048]

Anders entschieden hat der BGH in Bezug auf **im öffentlichen Raum** vergessene Gegenstände. Ohne zwischen verlorenen oder vergessenen Gegenständen in o. g. Sinn zu differenzieren, geht der BGH von einem Gewahrsamsverlust aus, wenn der Gegenstand in einem öffentlichen, mithin für jede Person zugänglichen Bereich liegt und der ortsabwesende Geschädigte nicht in der Lage ist, auf die Sache einzuwirken und so die Sachherrschaft gemäß seinem Willen auszuüben.[1049]

423 Gewahrsam setzt neben der Herrschaftsmöglichkeit auch **Herrschaftswillen** voraus[1050], wobei kein ständiges Bewusstsein der Sachherrschaft notwendig ist und sich der Wille auch nicht auf die einzelne Sache erstrecken muss: Es genügt, wenn der Wille **allgemein bekundet** ist, sich also z. B. auf alle Sachen im Briefkasten bezieht,[1051] wobei dieser Wille nicht ausdrücklich bekundet sein muss, es vielmehr ausreicht, dass er sich aus den Umständen ergibt[1052], also z. B. bereits durch das Aufstellen eines Briefkastens für die eingehende Post.[1053]

Für Räumlichkeiten, in denen sich – wie z. B. in Geschäften, Kinos oder Restaurants – eine Vielzahl von Personen zeitweilig aufhält, ist ein genereller Gewahrsamswille des Hausrechtsinhabers an allen verlorenen oder vergessenen Sachen zu bejahen.[1054]

Auch berauschte, schlafende, bewusstlose und geistig erkrankte Personen sowie Kinder sind Gewahrsamsinhaber, nicht aber tote Personen.[1055]

1046 Vgl. Wessels/Hillenkamp/Schuhr, BT 2 Rn. 99 und Sch/Sch/Bosch, § 242 Rn. 20.
1047 Vgl. Wessels/Hillenkamp/Schuhr, BT 2 Rn. 99 m. w. N. (auch zur Gegenauff.).
1048 Hilgendorf/Valerius, BT II § 2 Rn. 38; so auch Fischer, § 242 Rn. 15.
1049 BGH 14.4.2020 – 5 StR 10/20, NStZ 2020, 483; a. A. Hecker, JuS 2020, 1083, 1085.
1050 Brodag, BT 12. Teil Rn. 26.
1051 Vgl. Fischer, § 242 Rn. 13.
1052 Wessels/Hillenkamp/Schuhr, BT 2 Rn. 92.
1053 Hilgendorf/Valerius, BT II § 2 Rn. 29.
1054 Kindhäuser/Böse, BT II § 2 Rn. 33.
1055 Vgl. Fischer, § 242 Rn. 13, 15.

b) Der Bruch von Gewahrsam

Ein Bruch fremden Gewahrsams liegt vor, wenn der Gewahrsam **gegen oder ohne den Willen** des Inhabers aufgehoben wird.[1056] Somit schließt das **Einverständnis** (= „mit Willen“) den Tatbestand aus.[1057] **424**

Das **Beobachten** eines Diebstahls bspw. durch Personal im Supermarkt (Verkaufspersonal, Ladendetektiv etc.) oder auch durch observierende Polizeibeamte stellt kein Einverständnis dar und schließt daher die Vollendung des Diebstahls nicht aus.[1058] **425**

Ein Einverständnis muss nicht ausdrücklich erklärt werden, es braucht nur einen entsprechenden sog. **natürlichen Willen**[1059] (bloßes Dulden der Wegnahme reicht aber nicht!), der vor und noch während der Gewahrsamsaufhebung vorliegen muss.[1060] **426**

Das Einverständnis kann **generell** erteilt werden und auch an eine **Bedingung** geknüpft werden.[1061]

Beispiel 1:

Wird ein Getränkeautomat aufgestellt, ist die oder der Berechtigte generell damit einverstanden, dass der Gewahrsam am ausgewählten Getränk übergeht, aber nur unter der Bedingung, dass der Automat äußerlich ordnungsgemäß bedient, also der erforderliche Betrag bezahlt wird. Bei „Überlistung“ des Automaten, bspw. durch Einwurf von Falschgeld, liegt daher bei Mitnahme der Ware nach h. M. mangels Einverständnisses ein Diebstahl vor.[1062]

Beispiel 2:

Gleiches gilt für Selbstbedienungskassen: Auch hier besteht ein generelles Einverständnis mit dem Gewahrsamsübergang, jedoch nur, wenn die Kasse äußerlich ordnungsgemäß bedient wird, also bspw. die Ware, die mitgenommen wird, korrekt eingescannt und bezahlt wird (und nicht etwa irgendeine andere, günstigere Ware).[1063]

1056 BGH 3.3.2021 – 4 StR 338/20, NStZ 2021, 425, 426; Rengier, BT I § 2 Rn. 64; zu diesbzgl. anderen Auff. s. bspw. Lackner/Kühl/Heger, § 242 Rn. 14.
1057 Sch/Sch/Bosch, § 242 Rn. 36.
1058 BGH 6.10.1961 – 2 StR 289/61, NJW 1961, 2266 ff.; BGH 21.9.2017 – 3 StR 288/17, BeckRS 2017, 136249; Rengier, BT I § 2 Rn. 66.
1059 Sodass bspw. auch Kinder und Betrunkene mit einer Gewahrsamsübertragung einverstanden sein können, Rengier, BT I § 2 Rn. 64.
1060 S. hierzu ausf. BeckOK/Wittig, § 242 Rn. 21 ff.
1061 BeckOK/Wittig, § 242 Rn. 22, ausf. zu unterschiedl. Fallkonstellationen.
1062 S. Wessels/Hillenkamp/Schuhr, BT 2 Rn. 125; zur Gegenauff. Kindhäuser/Böse, BT II § 2 Rn. 45.
1063 S. hierzu OLG Hamm 8.8.2013 – III-5 RVs 56/13, NStZ 2014, 275, 276 und weiterf. Rengier, BT I § 2 Rn. 82.

Auch wenn das Einverständnis in den Gewahrsamswechsel aufgrund eines **Irrtums** erteilt wird, ist § 242 ausgeschlossen; in Betracht kommt aber eine Strafbarkeit wegen Betruges gem. § 263 Abs. 1.[1064]

> Hiervon zu unterscheiden sind jedoch Fälle des sog. **Trickdiebstahls** – hier besteht nur ein Einverständnis in die Lockerung des Gewahrsams (z. B. kurzfristiges Überlassen des Mobiltelefons für ein Gespräch), nicht hingegen in den Übergang des Gewahrsams (der dann z. B. erst passiert, wenn der oder die Täter/-in mit dem Mobiltelefon wegrennt = Gewahrsamsbruch), s. auch Rn. 814.[1065]

427 Legt die Polizei bspw. präpariertes Geld aus, um einen Seriendieb nach An-sich-Bringen des Geldes zu überführen, stellt sie also eine sog. **Diebesfalle**, ist sie damit einverstanden, dass der Gewahrsam an dem Geld auf den Dieb übergeht, weshalb kein Handeln gegen oder ohne den Willen des Gewahrsamsinhabers vorliegt und damit kein Gewahrsamsbruch.[1066] In Betracht kommt nur ein (untauglicher) Diebstahlsversuch[1067]; umstritten ist, ob und ggf. unter welchen Voraussetzungen zudem eine Unterschlagung vollendet ist.[1068]

c) Die Begründung neuen Gewahrsams

428 Nach st. Rspr. ist neuer Gewahrsam begründet, wenn nach der Verkehrsanschauung der Täter oder auch ein Dritter (z. B. wenn der Täter die Sache durch einen gutgläubigen Dritten abholen lässt[1069]) die tatsächliche Herrschaft über die Sache derart erlangt hat, dass er sie **ohne Behinderung durch den alten Gewahrsamsinhaber** ausüben und dieser nicht mehr über die Sache verfügen kann, ohne seinerseits die Verfügungsgewalt des Täters zu brechen.[1070]

Der neue Gewahrsam **muss nicht endgültig und nicht gesichert** sein, sodass ein Fortschaffen der Sache aus dem fremden Herrschaftsbereich nicht zwingend erforderlich ist.[1071]

Ein **Beobachten** der Tat hindert die Gewahrsamsbegründung nicht, da der Diebstahl keine heimliche Tat ist.[1072] Zu Recht verneint die h. M. die Gewahrsamsbegründung auch nicht, weil an dem Gegenstand ein **Siche-**

1064 BeckOK/Wittig, § 242 Rn. 23.
1065 Vgl. bspw. die entspr. Konstellationen in BGH 12.10.2016 – 1 StR 402/16, BeckRS 2016, 19983 und BGH 2.8.2016 – 2 StR 154/16, NStZ 2016, 727.
1066 Vgl. Brodag, BT 12. Teil Rn. 33.
1067 Rengier, BT I § 2 Rn. 68.
1068 S. hierzu m. w. N. Fischer, § 242 Rn. 23 sowie ausf. – und überzeugend – Rengier, BT I § 2 Rn. 68 und Wessels/Hillenkamp/Schuhr, BT 2 Rn. 122.
1069 Fischer, § 242 Rn. 17.
1070 BeckOK/Wittig, § 242 Rn. 25 mit entspr. Nachw.
1071 Wessels/Hillenkamp/Schuhr, BT 2 Rn. 131.
1072 Bspw. BGH 26.6.2008 – 3 StR 182/08, NStZ 2008, 624, 625.

rungsetikett angebracht ist; dieses kann i. d. R. nicht die Gewahrsamsbegründung verhindern, sondern dient insbes. der Wiedererlangung der Beute.[1073]

Für folgende **Sonderkonstellationen** der Gewahrsamsbegründung haben 429
sich die in der nachfolgenden Tabelle aufgeführten Leitlinien – jeweils vorbehaltlich der Umstände des Einzelfalls – herausgebildet.[1074]

Tab. 1 § 242: Sonderkonstellationen der Gewahrsamsbegründung

Ausgangslage		Zeitpunkt der Begründung neuen Gewahrsams
1	Selbstbedienungs-geschäfte	– transportable, handliche, leicht bewegliche Gegenstände: Verbergen unter/in der Kleidung oder Einstecken in mitgeführte Taschen; ggf. auch bloßes Ergreifen und Festhalten **= Gewahrsamsenklaven** im Übrigen: spätestens mit Verlassen des Herrschaftsbereichs des bisherigen Gewahrsamsinhabers – Bei Verzehr von zum Verkauf angebotenen Lebensmitteln mit dem Verzehr – Bei Verbergen der Ware im Einkaufswagen mit Passieren der Kasse ohne Bezahlung bzw. Verlassen des Herrschaftsbereichs des bisherigen Gewahrsamsinhabers
2	Schwer transportierbare Gegenstände	Herausschaffen des Gegenstandes aus den Räumen des bisherigen Gewahrsamsinhabers reicht nicht, wenn der Abtransport noch weitere erhebliche Anstrengungen erfordert (Bsp.: 300 kg schwerer Tresor)
3	Bereitstellen/Verstecken einer Sache innerhalb der Gewahrsamssphäre des Berechtigten zum späteren Abtransport	Beides reicht i. d. R. noch nicht aus; anders kann es bei freiem und ungehindertem Zugang des Täters zum versteckten Gegenstand (und somit faktischem Ausschluss des bisherigen Gewahrsamsinhabers) sein

1073 Vgl. Hohmann/Sander § 35 Rn. 51.

1074 Vgl. zu Konst. 1: BGH 26.6.2008 – 3 StR 182/08, NStZ 2008, 624, 625; BGH 18.2.2010 – 3 StR 556/09, NStZ 2011, 158, 159; BGH 6.3.2019 – 5 StR 593/18, NStZ 2019, 613, 614; keine Gewahrsamsenklave hingegen in BGH 18.6.2013 – 2 StR 145/13, NStZ-RR 2013, 276; OLG Köln 21.5.1985 – Ss 103/85, NJW 1986, 392; BGH 26.7.1995 – 4 StR 234/95, NJW 1995, 3129, 3129 und 3131; zu den übrigen Konstellationen Rengier, BT I § 2 Rn. 51.
Zu Konst. 2: Fischer, § 242 Rn. 19 mit Verweis auf BGH 24.6.1981 – 3 StR 182/81, NStZ 1981, 435.
Vgl. zu Konst. 3: Fischer, § 242 Rn. 19; Rengier, BT I § 2 Rn. 58.
Bspw. für Konst. 4: BGH 12.10.2016 – 1 StR 402/16, BeckRS 2016, 19983.

Tab. 1 § 242: Sonderkonstellationen der Gewahrsamsbegründung

Ausgangslage		Zeitpunkt der Begründung neuen Gewahrsams
4	Bloße Lockerung des Gewahrsams des Geschädigten	Eigenmächtiges späteres Verhalten des Täters oder der Täterin, z. B. Davonlaufen mit dem für ein angebliches Telefonat überlassenen Mobiltelefon des/der Geschädigten

Da beim Festhalten/Verbergen/Einstecken von kleinen, leicht beweglichen Gegenständen diese von der Täterin oder dem Täter in ihre **höchstpersönliche Sphäre**[1075] gebracht werden, in welche der/die Berechtigte seinerseits wieder eindringen müsste, um den Gewahrsam zurückzuerhalten, wird bereits ab diesem Zeitpunkt der alte Gewahrsam beseitigt. Man spricht hier von sog. **Gewahrsamsenklaven**, die der/die Täter/-in innerhalb des fremden Gewahrsamsbereichs bildet.

Zu beachten ist, dass dann zwar eine Wegnahme (und damit der obj. Tatbestand des Diebstahls) vorliegt. Dass jedoch der für eine Strafbarkeit erforderliche Vorsatz sowie insbesondere die Absicht rechtswidriger Zueignung gegeben ist, dürfte vor Passieren der Kasse schwer nachweisbar sein.

III. Subjektiver Tatbestand

430 Zur Verwirklichung des subjektiven Tatbestands des Diebstahls bedarf es des **Vorsatz**es; hinzukommen muss jedoch die **Absicht**, die Sache **sich oder einem Dritten rechtswidrig zuzueignen** (sog. besondere Absicht).

Beides – Vorsatz und Absicht rechtswidriger Zueignung – muss schon **bei der Wegnahme vorhanden** sein.[1076]

1. Vorsatz

431 Für das Vorliegen von Vorsatz reicht **bedingter Vorsatz** grds. aus.[1077] Der oder die Täter/-in muss es also zumindest für möglich halten und billigend in Kauf nehmen, eine fremde, bewegliche Sache wegzunehmen. Hierbei genügt es nach h. M., wenn der Täter dies im Rahmen einer „Parallelwertung in der Laiensphäre" für möglich hält, also den für die Unrechtsbegründung wesentlichen Bedeutungsgehalt erfasst hat.[1078]

1075 OLG Düsseldorf 3.8.1985 – 5 Ss 248/85 – 199/85 I, NJW 1986, 2266.
1076 Wessels/Hillenkamp/Schuhr, BT 2 Rn. 209.
1077 Fischer, § 242 Rn. 31.
1078 Vgl. MüKo/Schmitz, § 242 Rn. 122 f.

Der Diebstahlsvorsatz kann sich auf bestimmte Gegenstände konkretisieren oder sich allgemein auf alles Stehlenswerte erstrecken.[1079] **Verengt, erweitert oder ändert sich** der Vorsatz hinsichtlich des Diebstahlsgegenstandes, bleibt der Diebstahlsvorsatz derselbe, wenn dies im Rahmen einer einheitlichen Tat geschieht.[1080] 432

Möchte bspw. die A dem B fünf Euro wegnehmen, entschließt sie sich nach einem Blick in Bs Portemonnaie dann aber dazu, den gesamten Inhalt mitzunehmen, was sie sodann auch tut, liegt trotzdem (nur) ein vollendeter Diebstahl vor.

2. Absicht rechtswidriger Zueignung

a) Zueignung

Die Zueignungsabsicht kann sich darauf beziehen, dass der oder die Täter/-in die Sache **sich selbst** oder aber **einem Dritten** zueignen möchte. 433

§ 242 fordert „nur" eine diesbzgl. Absicht; ob es tatsächlich zu einer Zueignung kommt, ist nach h. M. unerheblich.[1081]

Sich zueignen bedeutet, sich eine **eigentümerähnliche Verfügungsgewalt** zu eigenen Zwecken anzumaßen, und zwar durch ein **„Aneignen"** und ein **„Enteignen"**.[1082] Eine Selbstzueignung liegt überzeugenderweise auch dann vor, wenn der oder die Täter/-in die Sache später bspw. verkauft oder verschenkt.[1083]

Eine Zueignungsabsicht kann aber auch dann vorliegen, wenn die Sache einem **Dritten** zugeeignet werden soll.

Beispiel:[1084]

A nimmt vor einem Blumengeschäft auf Bitte seiner Freundin F einen Strauß aus einer Vase und gibt diesen sogleich F, die damit weiterläuft.

A macht sich nach § 242 Abs. 1 (mit Drittzueignungsabsicht) strafbar, F wegen §§ 242 Abs. 1, 26 sowie nach § 259 Abs. 1 und § 246 Abs. 1 (die Strafbarkeit wegen Unterschlagung tritt jedoch wg. Subsidiarität zurück).

1079 Vgl. Hilgendorf/Valerius, BT II § 2 Rn. 58.
1080 BGH 14.3.1969 – 2 StR 64/69, NJW 1969, 1037, 1038 (Bsp. daran angelehnt).
1081 Fischer, § 242 Rn. 32, auch zur Gegenauff.
1082 Wessels/Hillenkamp/Schuhr, BT 2 Rn. 148, 152.
1083 Näher hierzu sowie zu der umstr. Konstell. anonymer Schenkungen und dem allg. Verhältnis von Selbst- zu Drittzueignungsabsicht Rengier, BT I § 2 Rn. 152 f.
1084 Aus Eisele, BT II Rn. 80.

434 Gegenstand der Zueignungsabsicht ist nach der Rspr. die **Sache selbst** oder der in ihr **verkörperte Sachwert**[1085], wie er bspw. für das klassische Sparbuch oder auch andere aufladbare Karten (Mensakarten, Gutscheine mit Guthaben etc.[1086]) angenommen wird, was dann bedeutsam wird, wenn diese nach Abhebung bzw. Einlösung wieder an den Berechtigten zurückgegeben werden (= Problem der Enteignung, s. Rn. 437).

> *Anders* verhält es sich hingegen mit **giro- (= ehemals ec-)Karten**: Diese sind nicht notwendig, um über das Konto zu verfügen, und weisen, im Gegensatz zu o. g. Bsp., auch keinen bestimmten Betrag/Vermögenswert aus; schließlich wollen die Banken nicht dem jeweiligen Inhaber der Karte verpflichtet sein, sondern nur demjenigen, der dazu berechtigt ist, weshalb entsprechende PIN-Codes ausgegeben werden.[1087] Karte (plus PIN-Code) verkörpern daher nicht den Wert, sondern eröffnen **ähnlich einem Schlüssel** lediglich den Zugang zu dem im Automaten verwahrten Geld.[1088]

435 Ein **Enteignen** liegt vor bei einer **dauernden Verdrängung des Eigentümers** aus seiner Position. Dies meint in erster Linie den Entzug der faktischen Ausübungsmöglichkeiten, die das Eigentum bietet, da das Eigentum an einer weggenommenen Sache selbst i. d. R. zivilrechtlich nicht verloren geht.[1089] Die **Aneignung**skomponente meint hingegen, dass die Sache oder der in ihr verkörperte Wert dem Vermögen des Nichtberechtigten zumindest **vorübergehend einverleibt** wird.[1090]

Die Aspekte „Aneignen" und „Enteignen" unterscheiden sich also auch im zeitlichen Bezugspunkt. Zudem sind unterschiedliche Formen des Vorsatzes erforderlich. Das Enteignen muss **dauerhaft**, das Aneignen kann auch nur **vorübergehend** gewollt sein; das Aneignen muss nach h. M. aber zielgerichtet gewollt sein (**Absicht**), wohingegen für die Enteignung **bedingter Vorsatz** genügt.[1091]

436 Will sich der oder die Täter/-in die Sache oder den Sachwert nicht mind. vorübergehend aneignen, entfällt eine Strafbarkeit wegen Diebstahls mangels Zueignungsabsicht und es liegt bloß eine sog. **Sachentziehung** vor. Ggf. kann dann aber eine Strafbarkeit wegen Sachbeschädigung in Betracht kommen.

1085 RG 7.3.1927 – III 976/26, RGSt 61, 228, 233.
1086 Eisele, BT II Rn. 68.
1087 S. zum Ganzen BGH 16.12.1987 – 3 StR 209/87, NJW 1988, 979, 979 f.
1088 Vgl. Rengier, BT I § 2 Rn. 113.
1089 S. zum Ganzen MüKo/Schmitz, § 242 Rn. 132.
1090 Fischer, § 242 Rn. 35.
1091 BeckOK/Wittig, § 242 Rn. 39; zur Gegenauff. MüKo/Schmitz, § 242 Rn. 130 f.

Beispiel 1:

Eine Sache wird *ausschließlich* weggenommen, um sie – am Tatort oder später an einem sichereren Platz – wegzuwerfen oder zu zerstören.[1092]

Mangels Aneignungsabsicht scheidet ein Diebstahl aus (die **bloße Besitzbegründung** durch Wegnahme ist **keine „vorübergehende" Aneignung**![1093]), in Betracht kommt aber ggf. eine Strafbarkeit wegen Sachbeschädigung (§ 303 Abs. 1).

Beispiel 2:[1094]

A nimmt seiner ehemaligen Lebensgefährtin B deren Smartphone weg, um einen möglichen Kontakt mit anderen Männern zu unterbinden und um es nach entsprechenden Kontaktdaten auszulesen. Kurz darauf wirft er, wie geplant, das Smartphone weg.

Da (und wenn) es A nur darum ging, B die Kontaktaufnahme zu anderen Männern unmöglich zu machen, wollte er den Bestand seines Vermögens vor der geplanten Zerstörung nicht mehren. Auch durch das Auslesen der Daten sei, so der BGH, ein die Aneignungsabsicht begründender Nutzen nicht erwachsen, wenn es in erster Linie um die Zerstörung des Mobiltelefons gegangen ist. Ein wie auch immer gearteter materieller Vorteil sei dann nicht entstanden. Ein Diebstahl scheidet damit aus.

Liegt kein bedingter Vorsatz dahin gehend vor, den Eigentümer der Sache dauerhaft zu enteignen, scheidet aus diesem Grund eine Strafbarkeit wegen Diebstahls aus. Auch hier kann jedoch eine anderweitige Strafbarkeit – wegen **Gebrauchsanmaßung** – in Betracht kommen. Eine solche Gebrauchsanmaßung ist aber nur ausnahmsweise strafbar, nämlich in den Fällen der §§ 248b, 290. **437**

Beispiel:

A „leiht" sich ohne Einverständnis der B deren Cabriolet für eine Spritztour am Sonntagnachmittag. Danach stellt er, wie geplant, das Fahrzeug an Ort und Stelle wieder ab.

Da A die B nicht dauerhaft enteignen möchte, liegt keine Zueignungsabsicht vor. Er maßt sich jedoch an, das Cabriolet zu gebrauchen, was gem. **§ 248b** strafbar ist.[1095]

1092 Hohmann/Sander § 35 Rn. 89.

1093 Rengier, BT I § 2 Rn. 138.

1094 BGH 17.10.2019 – 3 StR 536/18, BeckRS 2019, 37831, Rn. 8, 16 ff.

1095 Der Verbrauch des im Tank befindlichen Kraftstoffs ist kein Diebstahl, da es sich insoweit um einen vom Tatbestand des § 248b mit umfassten Vorgang handelt, BGH 5.7.1960 – 5 StR 80/60, NJW 1960, 1729.

Notwendig für die Annahme eines bloßen unbefugten Gebrauchs eines Fahrzeugs ist jedoch der Wille, den Berechtigten in eine solche Lage zu versetzen, dass er seine ursprüngliche Verfügungsgewalt über das Fahrzeug **ohne besondere Mühe** wieder ausüben kann (st. Rspr.); dies kann insbesondere fehlen, wenn das Kfz nach Gebrauch an einer Stelle stehengelassen werden soll, an der es dem Zugriff Dritter preisgegeben ist.[1096] Zu fragen ist daher auch danach, wo (bspw. vor der Wohnung des oder der Geschädigten oder an entlegener Stelle?) und wie (z. B. mit offenen Türen und Fenstern?) das Fahrzeug abgestellt wird.[1097]

Fehlt der Wille zur Enteignung und damit die Zueignungsabsicht, nimmt die h. M. aber trotzdem eine (Sachwert-)Enteignung und damit doch einen Diebstahl an, wenn der Gebrauch der Sache zu einer **wesentlichen Entwertung der Sache** geführt hat.[1098]

438 In nachfolgender Abbildung sind die wichtigsten Gesichtspunkte rund um die Zueignungsabsicht zusammengefasst.

Abb. 1 § 242: Zueignungsabsicht

b) Rechtswidrigkeit der Zueignung

439 Schließlich muss die erstrebte Zueignung **rechtswidrig** sein. Nach h. M. handelt es sich bei der Rechtswidrigkeit der beabsichtigten Zueignung um ein **objektives** normatives **Tatbestandsmerkmal**, auf das sich der Vorsatz des Täters beziehen muss.[1099]

1096 BGH 6.7.1995 – 4 StR 321/95, NStZ 1996, 38.
1097 Vgl. Hilgendorf/Valerius, BT II § 2 Rn. 79.
1098 Rengier, BT I § 2 Rn. 109, auch zur Frage der Wesentlichkeit.
1099 BeckOK/Wittig, § 242 Rn. 40 m. w. N., auch zur Gegenauff.

Da es wenig Sinn ergibt, die Rechtswidrigkeit losgelöst von ihrem Bezugspunkt der erstrebten Zueignung anzusprechen, werden sie und der diesbezügliche Vorsatz im subjektiven Tatbestand nach der Zueignungsabsicht geprüft.[1100]

BEACHTE: Die Rechtswidrigkeit der *Zueignung* ist zu unterscheiden von der Rechtswidrigkeit der *Wegnahme*, welche nach der Tatbestandsmäßigkeit auf der Ebene der (allgemeinen) Rechtswidrigkeit geprüft wird.

Rechtswidrig ist die Zueignung insbesondere dann, wenn der oder die Täter/-in **keinen** (fälligen und einredefreien[1101]) **Anspruch auf Übereignung** der weggenommenen Sache (z. B. aus einem Kaufvertrag) hat.[1102] **440**

Zu unterscheiden ist hier zwischen sog. Stück- und Gattungsschulden.

Bei sog. **Stückschulden** ist die geschuldete Sache konkret bestimmt, sodass bei einem entsprechenden Übereignungsanspruch auf diese konkrete Sache die beabsichtigte Zueignung nicht rechtswidrig ist. **441**

Bei sog. **Gattungsschulden** wird hingegen nur eine der Gattung nach beschriebene Sache geschuldet, also eine Sache, die noch nicht konkretisiert ist, sondern „nur" bestimmte allgemeine Merkmale aufweist, wie bspw. ein bestimmter fabrikneuer (Kfz-)Typ, eine bestimmte (Apfel-)Sorte etc. Gem. § 243 Abs. 1 BGB muss dann nur eine Sache mittlerer Art und Güte geleistet werden. Angesichts des dem Schuldner diesbzgl. zustehenden Auswahlrechts ist nach h. M. eine Zueignung rechtswidrig, wenn der oder die Täter/-in Gattungssachen vor Ausübung des Auswahlrechts eigenmächtig an sich bringt.[1103]

Die Rspr. sieht **geschuldetes Geld** ebenfalls als Gattungsschuld an.[1104] **442**

Schuldet B dem A bspw. seit langem 50 Euro und nimmt sich A, der sein Geld nun endlich zurückbekommen möchte, bei günstiger Gelegenheit aus Bs Portemonnaie einen 50-Euro-Schein, ist die Zueignung nach Auffassung der Rspr. rechtswidrig, da kein Anspruch des B auf diesen konkreten 50-Euro-Schein besteht. Teile der Lit. sehen Geldschulden hingegen als sog. Wertsummenschuld an.[1105] Hiernach wird die entsprechende Geld*summe*, hier also der Betrag von

1100 Vgl. Hilgendorf/Valerius, BT II § 2 Rn. 89.

1101 Fälligkeit liegt zu dem Zeitpunkt vor, zu welchem der Schuldner leisten muss, was sofort ist, sofern nichts anderes geregelt/vereinbart ist; Einredefrei bedeutet, dass dem Anspruch kein Gegenrecht entgegenstehen darf, wie bspw. Verjährung. Vgl. zu den Begriffen Weber-Aichberger/Schmidt, „Leistungszeit" und Weber-Groh/Schmidt, „Einrede".

1102 S. Hilgendorf/Valerius, BT II § 2 Rn. 88, 90.

1103 MüKo/Schmitz, § 242 Rn. 175; Hohmann/Sander § 35 Rn. 118; a. A. Kindhäuser/Böse, BT II § 2 Rn. 75.

1104 BGH 12.1.1962 – 4 StR 346/61, NJW 1962, 971.

1105 Zust. bspw. Hohmann/Sander § 35 Rn. 119; Rengier, BT I § 2 Rn. 193.

> 50 Euro, geschuldet, was bei Wegnahme dieser Summe an Geld zur Rechtmäßigkeit der Zueignung führen würde.

Glaubt der oder die Täter/-in irrtümlich, einen Anspruch auf das gerade beim Schuldner befindliche Geld zu haben, stellt die Rspr. diesen (eigentlichen Verbots-)Irrtum einem **Tatbestandsirrtum** gleich[1106], sodass (auch hier) gem. § 16 Abs. 1 S. 1 der Vorsatz entfällt.

443 Hinsichtlich des Vorsatzes bzgl. der Rechtswidrigkeit genügt **bedingter Vorsatz**.[1107] Nimmt der oder die Täter/-in irrig einen in Wirklichkeit nicht bestehenden Anspruch auf die weggenommene Sache an, entfällt der Vorsatz gem. § 16 Abs. 1 S. 1.[1108] Dies ist angesichts der von der h. M. vorgenommenen Einordnung der Rechtswidrigkeit der Zueignung als objektives Tatbestandsmerkmal stimmig.

IV. Versuch, Vollendung und Beendigung

444 Hat der oder die Täter/-in eine fremde, bewegliche Sache in Zueignungsabsicht weggenommen, ist die Tat **vollendet**.

445 Ist die Tat nicht vollendet, kommt eine Strafbarkeit wegen **Versuch**s in Betracht, da der Versuch des Diebstahls gem. § 242 Abs. 2 unter Strafe steht.

446 **Beendet** ist die Tat hingegen erst, wenn der oder die Täter/-in den Gewahrsam an den entwendeten Gegenständen nach den Umständen des Einzelfalls **gefestigt und gesichert** hat.[1109]

> **Beispiel:**
>
> Die Tatbeute ist in die Räume des Täters oder der Täterin oder in ein Versteck verbracht; bei kleinen Gegenständen genügt evtl. auch bereits das Verlassen der räumlichen Herrschaftssphäre des/der Berechtigten.

Die saubere Unterscheidung beider Zeitpunkte ist insbesondere für eine evtl. Strafbarkeit wegen räuberischen Diebstahls gem. § 252 sowie für eine evtl. Strafbarkeit dritter Personen, die später auf Täterseite in das Geschehen eintreten, bedeutsam (s. dazu v. a. die Fragen rund um die sukzessive Mittäterschaft bzw. Beihilfe[1110]).

1106 BGH 12.1.1962 – 4 StR 346/61, NJW 1962, 971.
1107 Sch/Sch/Bosch, § 242 Rn. 65.
1108 Lehrreich zum Ganzen NK/Kindhäuser/Hoven, § 242 Rn. 120 ff.
1109 BGH 1.10.2007 – 3 StR 384/07, NStZ 2008, 152; zu den genannten Bsp. Fischer, § 242 Rn. 51.
1110 Näher bspw. Schütze, AT Rn. 429 f., 467.

V. Rechtswidrigkeit

Ist der Tatbestand des Diebstahls objektiv und subjektiv verwirklicht, muss der Diebstahl für eine Strafbarkeit auch im Widerspruch zur Rechtsordnung stehen, also rechtswidrig sein. Die Rechtswidrigkeit bezieht sich auf die **Wegnahme** (Anm.: *nicht* auf die Zueignung, s. Rn. 439) und kann durch allgemeine Rechtfertigungsgründe entfallen.[1111] **447**

VI. Strafverfolgungsvoraussetzungen

Die **Strafverfolgung** eines Diebstahls (wie auch einer Unterschlagung) ist in bestimmten Fällen – beim sog. Haus- und Familiendiebstahl sowie bei geringwertigen Sachen gem. §§ 247, 248a – an bestimmte Voraussetzungen geknüpft. **448**

> Die §§ 247, 248a stellen (wie nach h. M. jeglicher Strafantrag[1112]) „lediglich" Prozessvoraussetzungen auf, spielen also keine Rolle für die Frage, ob eine Strafbarkeit gegeben ist!

1. Haus- und Familiendiebstahl

Ist durch einen Diebstahl (in allen Formen, also §§ 242–244a[1113]) ein **Angehöriger** (s. § 11 Abs. 1 Nr. 1), der **Vormund** (s. §§ 1773 ff. BGB) oder der **Betreuer** (s. §§ 1814 ff. BGB) verletzt oder lebt der Verletzte mit dem Täter **in häuslicher Gemeinschaft**, wird die Tat gem. § 247 nur auf Antrag verfolgt. **449**

> Bsp. für häusliche Gemeinschaften in diesem Sinne sind nichteheliche Lebens- und studentische Wohngemeinschaften, *nicht* aber Inhaftierte einer JVA, da die Gemeinschaft nicht aufgrund eines freien Entschlusses eingegangen ist.[1114]

Zweck dieser Regelung ist es, den **familiären oder inneren häuslichen Frieden** vor zusätzlichen Störungen durch eine unerwünschte Strafverfolgung zu schützen und den Mitgliedern des betroffenen Näheverhältnisses die Möglichkeit offen zu halten, die Angelegenheit unter sich zu bereinigen.[1115]

1111 Brodag, BT 12. Teil Rn. 52.
1112 Fischer, vor § 77 Rn. 4.
1113 BGH 21.12.2016 – 3 StR 453/16, NStZ-RR 2017, 211.
1114 MüKo/Hohmann, § 247 Rn. 6 f.
1115 Wessels/Hillenkamp/Schuhr, BT 2 Rn. 348.

450 Antragsberechtigt ist die oder der **Verletzte**, sofern das in § 247 umschriebene Näheverhältnis gegeben ist. Unstreitig ist dies der oder die Eigentümerin. Umstritten ist, welche Rolle eine Person, die nicht das Eigentum, aber den Gewahrsam innehat, für die Notwendigkeit bzw. Berechtigung für einen Strafantrag spielt. Da derjenigen Person, die das Eigentum innehat, bei entsprechendem Näheverhältnis auch die Letztentscheidung über eine etwaige Strafverfolgung wegen Diebstahls zustehen sollte, überzeugt die Auffassung, dass nur der oder die Eigentümer/-in als Verletzte/r in Betracht kommt.[1116]

Vorliegen muss die Antragsberechtigung **zum Zeitpunkt der Tat**.[1117] Umstritten ist, ob § 247 auch Anwendung findet, wenn die persönliche Beziehung erst nach der Tat begründet wird.[1118]

Das Strafantragsrecht nach § 247 **erlischt mit Tod des Verletzten** und geht nicht auf Angehörige über, da das Gesetz einen Übergang dieses Rechts i. S. d. § 77 Abs. 2 S. 1 nicht vorsieht.[1119]

2. Geringwertige Sachen

451 Bezieht sich der Diebstahl (oder die Unterschlagung) auf eine **geringwertige Sache**, so werden in den Fällen der *(nur!) §§ 242*, 246 die Taten nur auf Antrag verfolgt, es sei denn, dass die Strafverfolgungsbehörde wegen des besonderen öffentlichen Interesses an der Strafverfolgung ein Einschreiten von Amts wegen für geboten hält.

452 Entscheidend für die Geringwertigkeit ist der **Verkehrswert** der Sache zur Zeit der Tat.[1120]

Der Bundesgerichtshof zieht die Grenze derzeit bei **25 Euro**[1121]; in der weiteren Rspr. und Literatur werden teilweise auch höhere Werte (30 bzw. 50 Euro) angenommen.[1122]

1116 So Sch/Sch/Bosch, § 247 Rn. 10 f.; NK/Kindhäuser/Hoven, § 247 Rn. 11; zur Gegenauffassung bspw. MüKo/Hohmann, § 247 Rn. 11. Zur differenzierenden Rspr. MüKo/Schmitz, § 242 Rn. 7.
1117 BGH 12.7.1979 – 4 StR 204/79, NJW 1979, 2055.
1118 Dafür NK/Kindhäuser/Hoven, § 247 Rn. 9 unter Hinweis auf die Kriterien zu §§ 52, 252 StPO; dagegen LK/Vogel/Brodowski, § 247 Rn. 7, der diese Parallele für verfehlt hält.
1119 Vgl. BGH 21.12.2016 – 3 StR 453/16, NStZ-RR 2017, 211.
1120 Fischer, § 248a Rn. 3.
1121 BGH 9.7.2004 – StR 176/04, juris (für § 243 Abs. 2, wobei für § 248a die gleichen Maßstäbe gelten, s. BeckOK/Wittig, § 248a Rn. 5); BGH 3.5.2016 – 3 StR 114/16, BeckRS 2016, 10103, Rn. 3.
1122 M. w. N. BeckOK/Wittig, § 248a Rn. 5.

Gegenstände, die keinen messbaren objektiven Verkehrswert haben, fallen nicht unter § 248a, wenn sie lediglich einen **funktionalen Wert** für den oder die Täter/-in haben (str.).[1123]

> Nicht als geringwertige Sache anzusehen sind daher bspw. in Zueignungsabsicht entwendete Strafakten[1124], Führerscheine oder Ausweise, giro- oder Kreditkarten und Kfz-Kennzeichen.

VII. Abschließender Fall

Sachverhalt:[1125] 453

Bankkunde K möchte von seinem Konto Geld abheben. Nach Einschieben der Girokarte und Eingabe der passenden PIN wird er von A derart abgelenkt, dass Mittäter M einen Betrag i. H. v. 500 Euro eintippen kann. Nach Entnahme des Geldes flüchten A und M.

Liegt eine Strafbarkeit wegen Diebstahls vor?

Lösungshinweise:

Die 500 Euro waren für A und M fremde, bewegliche Sachen. Durch die Ausgabe des Geldes an M erfolgte keine Übereignung des Geldes durch die Bank, da eine Einigung über den Eigentumsübergang nach § 929 S. 1 BGB zwischen diesen beiden nicht erfolgte. Die Bank möchte nämlich nur dem berechtigten Benutzer des Geldautomaten Eigentum übertragen, hier also dem K. Dieser wurde an der Annahme jedoch gehindert.

Fraglich ist aber, ob eine Wegnahme stattgefunden hat. Das Geld befand sich zunächst im Gewahrsam der Bank. Der Kunde K hatte nach zutr. Ansicht hieran noch keinen (gleichrangigen Mit-)Gewahrsam begründet.[1126] Der Gewahrsam der Bank wäre aber nur gebrochen worden, wenn er gegen oder ohne den Willen der Bank aufgehoben worden wäre. Bei technisch ordnungsgemäßer Bedienung von Automaten erfolgt die Gewahrsamsübertragung aber mit Willen der/des Berechtigten, hier also der Bank. Dementsprechend hat der 2. Strafsenat des BGH in einem ähnlich gelagerten Fall einen Gewahrsamsbruch verneint.[1127] Nach Auffassung des 3. Strafsenats des BGH beinhaltet ein technisch ordnungsgemäßes Bedienen aber eine Einschränkung in personeller Hinsicht: Mit dem Gewahrsamsübergang sei die Bank nur an diejenige Person einverstanden, die sich durch Eingabe von Bankkarte und zugehöriger PIN legitimiert

1123 S. BeckOK/Wittig, § 248a Rn. 5, auch zu den genannten Bsp.; zur Gegenauff. bspw. MüKo/Hohmann, § 248a Rn. 5.

1124 S. dazu auch BGH 10.5.1977 – 1 StR 167/77, NJW 1977, 1460, 1461.

1125 Angelehnt an BGH 21.3.2019 – 3 StR 333/18, NStZ 2019, 726 ff.

1126 A. A. (zumindest sofern keine Gewalt eingesetzt/angedroht wird) BGH 03.03.2021 – 4 StR 338/20, NJW 2021, 1545, 1546 mit abl. Anm. Lenk, NJW 2021, 1547 und (abl. ggü. gleichrangigem Mitgewahrsam) El-Ghazi, NStZ 2021, 427, 428.

1127 BGH 16.11.2017 – 2 StR 154/17, NStZ 2018, 604, 605.

hat, also den Geldausgabevorgang entsprechend initiiert hat.[1128] Dies wäre vorliegend K, sodass hiernach kein Einverständnis der Bank mit der Gewahrsamsübertragung und damit eine Wegnahme vorliegen würde.

Die vom 3. Strafsenat durchgeführte Anfrage an den 2. Strafsenat gem. § 132 Abs. 3 GVG hat sich durch Rücknahme aller eingelegten Revisionen erledigt[1129], sodass eine Klärung ausblieb.[1130] An seiner Rechtsauffassung hat der 3. Strafsenat aber festgehalten, gleichwohl jüngst aber von einer erneuten Anfrage an den 2. Strafsenat abgesehen, da er im konkret zu entscheidenden Fall annahm, es werde zusätzlich der (Mit-)Gewahrsam des Geschädigten gebrochen.[1131]

C. Besonders schwerer Fall des Diebstahls

I. Vorbemerkungen

454 § 243 regelt die besonders schweren Fälle des Diebstahls und legt für diese einen Strafrahmen von Freiheitsstrafe von **drei Monaten bis zu zehn Jahren** fest.

455 Ein besonders schwerer Fall liegt **in der Regel** vor, wenn (mind.) eine der Nr. 1–7 des § 243 Abs. 1 S. 2 verwirklicht wird. Dies bedeutet, dass die Erfüllung eines solchen sog. Regelbeispiels in der Regel zur Anwendung des verschärften Strafrahmens führt; das Gericht hat allerdings zu prüfen, ob nicht besondere Umstände innerhalb des Tatgeschehens oder in der Person des Täters oder der Täterin vorliegen, die den Unrechts- oder Schuldgehalt so sehr mindern, dass die „Regelwirkung" erschüttert wird – ist dies der Fall, kann das Gericht von der Regel abweichen, muss dies aber stets näher begründen.[1132]

In engen Grenzen kann das Gericht sogar einen besonders schweren Fall annehmen, obwohl die Voraussetzungen der Nr. 1–7 nicht gegeben sind (sog. **unbenannter besonders schwerer Fall**). Hierfür kommt es darauf an, ob das gesamte Tatbild einschließlich aller subjektiven Momente und der Täterpersönlichkeit vom Durchschnitt der erfahrungsgemäß gewöhnlich vorkommenden Fälle in einem Maße abweicht, dass die Anwendung des Ausnahmestrafverfahrens geboten ist.[1133]

1128 BGH 21.3.2019 – 3 StR 333/18, NStZ 2019, 726, 727 f.
1129 BGH 11.12.2019 – 3 StR 333/18, juris.
1130 Krit. zur Entscheidung des 3. Strafsenats bspw. Fischer, § 242 Rn. 26a; Rengier, BT I § 2 Rn. 73b; auf der Linie des 3. Strafsenats bspw. Waßmer, HRRS 2020, 25, 27. Lehrreich und weiterführend Brand, ZWH 2020, 125 ff.; Bechtel, JR 2022, 39 ff.
1131 BGH 12.11.2024 – 3 StR 301/24, NStZ 2025, 158 m. abl. Anm. Lenk, NStZ 2025, 159 f.
1132 Vgl. Wessels/Hillenkamp/Schuhr, BT 2 Rn. 216.
1133 BGH 17.9.1980 – 2 StR 355/80, NJW 1981, 692, 693.

So kann ein unbenannter besonders schwerer Fall bspw. bei Entwenden eines mit einem Sicherungsetikett versehenen Gegenstandes in Betracht kommen (s. Rn. 471).

Ein besonders schwerer Fall liegt also, wenn ein im Gesetz genannter erschwerender Umstand erfüllt ist, **nicht immer, aber auch nicht nur dann** vor.[1134]

Regelbeispiele sind daher keine Tatbestände. Ihnen fehlt eine abschließende und zwingende Strafrahmenanordnung.[1135] § 243 ist dementsprechend auch kein Qualifikationstatbestand zu § 242, sondern eine **Strafzumessungsregel**.[1136]

Da die inhaltlichen Voraussetzungen der Regelbeispiele keine Tatbestandsmerkmale, sondern Regelbeispiele sog. Strafzumessungsregeln sind, werden diese im **Prüfungsaufbau** ganz am Ende, also **nach der Schuld**, geprüft. **456**

II. Prüfungsaufbau

I.-III. § 242 (Tatbestand, Rechtswidrigkeit, Schuld) **457**

IV. § 243

1. Objektives Vorliegen eines Regelbsp.
2. Subjektives Vorliegen eines Regelbsp.
3. Evtl. Ausschluss eines Regelbsp. über § 243 Abs. 2

III. Regelbeispiele des § 243 Abs. 1

1. § 243 Abs. 1 S. 2 Nr. 1

a) Objektive Voraussetzungen

Das Regelbeispiel des § 243 Abs. 1 S. 2 Nr. 1 setzt voraus, dass der Täter auf eine bestimmte Art und Weise in einen umschlossenen Raum eindringt oder sich darin verborgen hält, um den Diebstahl zu begehen.[1137] **458**

1134 Vgl. Wessels/Hillenkamp/Schuhr, BT 2 Rn. 213.
1135 Vgl. Hohmann/Sander § 35 Rn. 123.
1136 Wessels/Hillenkamp/Schuhr, BT 2 Rn. 213, 215.
1137 Brodag, BT 12. Teil Rn. 57.

aa) Art der Räumlichkeit

459 § 243 Abs. 1 S. 2 Nr. 1 erfordert als Bezugsobjekt der Tat einen **umschlossenen Raum**. Hierunter ist jedes Raumgebilde zu verstehen, das (mindestens auch) dazu bestimmt ist, **von Menschen betreten** zu werden, und das mit (mindestens teilweise künstlichen) Vorrichtungen umgeben ist, die das **Eindringen von Unbefugten abwehren** sollen.[1138]

Umschlossen heißt dabei nicht notwendig überdacht[1139] und auch **nicht notwendig verschlossen**[1140]. Der Raum muss aber so umschlossen sein, dass **für die Täterin oder den Täter ein tatsächliches Hindernis** besteht, das das Eindringen Unbefugter nicht unerheblich erschwert.[1141]

Beispiele:

Einzelne Zimmer in einem Gebäude, Kfz (aber *nicht* dessen Kofferraum[1142], s. Rn. 470), Wohnwagen, umzäuntes Freigelände

Nicht hingegen: Inseln, da diese nur eine natürliche Abschließung aufweisen[1143]; öffentlich zugängliche Parkanlagen und Toiletten[1144].

§ 243 Abs. 1 S. 2 Nr. 1 liegt mangels Hindernisses auch nicht vor beim Betreten durch vorhandene/leicht herstellbare Lücken in einer Hecke oder dem Übersteigen eines niedrigen Zauns.[1145]

460 Der umschlossene Raum ist der **Oberbegriff** für die in Nr. 1 genannten sonstigen Räumlichkeiten[1146], also das Gebäude sowie Dienst- und Geschäftsräume.

Ein **Gebäude** ist ein durch Wände und Dach begrenztes, mit dem Erdboden fest – wenn auch nur durch die eigene Schwere[1147] – verbundenes Bauwerk, das den Eintritt von Menschen gestattet und das Unbefugte abhalten soll.[1148]

Geschäfts- oder Diensträume sind Teile eines Gebäudes, die einem speziellen Zweck, nämlich dem Aufenthalt von Menschen während der

1138 BGH 11.5.1951 – GS St 1/51, NJW 1951, 669.
1139 Rengier, BT I § 3 Rn. 10.
1140 Vgl. BGH 28.9.1954 – 1 StR 244/54, NJW 1954, 1897, 1898.
1141 Rengier, BT I § 3 Rn. 11.
1142 Rengier, BT I § 3 Rn. 10.
1143 Auch zu den vorstehend genannten Bsp. Fischer, § 243 Rn. 4.
1144 Hohmann/Sander § 35 Rn. 133.
1145 Rengier, BT I § 3 Rn. 11.
1146 BeckOK/Wittig, § 243 Rn. 5.
1147 Vgl. hierzu bereits das RG zum Fall einer transportablen „Bude“ RG 19.2.1884 – 268/84, RGSt 10, 103, 104 ff.
1148 BGH 11.5.1951 – GS St 1/51, NJW 1951, 669.

Arbeitszeit bzw. zur Vornahme beruflicher oder sonstiger geschäftlicher Tätigkeit dienen.[1149]

Wohnungen werden vorrangig über § 244 Abs. 1 Nr. 3 geschützt. Wird ein Wohnungseinbruchsdiebstahl begangen, ist, da Wohnungen auch umschlossene Räume i. S. d. § 243 Abs. 1 S. 2 Nr. 1 sind, dieser stets mitverwirklicht, tritt aber ggü. § 244 Abs. 1 Nr. 3 zurück.[1150] **461**

bb) Tatmodalität

aaa) Einbrechen

Einbrechen ist das **gewaltsame** Öffnen einer den Zutritt verwehrenden Umschließung von außen; diese braucht nicht in ihrer Substanz verletzt zu werden[1151], jedoch ist immer ein gewisses Maß an **Kraftentfaltung** vorausgesetzt, da anderenfalls nicht von der Überwindung eines Hindernisses gesprochen werden kann.[1152] **462**

> Als *nicht* ausreichende Kraftentfaltung hat die Rspr. bspw. angesehen:
>
> Einfaches, ohne weiteres mögliches Hochheben und Beiseitedrücken eines beweglichen Zauns[1153]; Hochheben eines Befestigungszapfens einer Torverriegelung „ohne weiteren Kraftaufwand" und Öffnen des Tors „ohne Weiteres"[1154].

Ein Betreten des umschlossenen Raumes durch die Täterin oder den Täter ist nicht erforderlich; es reicht aus, dass er oder sie die entwendete Sache mit der Hand oder mithilfe eines Werkzeugs herausholt.[1155]

Es muss auch nicht etwas aus dem umschlossenen Raum entwendet werden; erfasst wird auch, wenn der umschlossene Raum aufgebrochen wird, um ihn selbst wegzunehmen (bspw. Pkw).[1156]

bbb) Einsteigen

Einsteigen ist jedes Hineingelangen in den umschlossenen Raum durch eine **zum ordnungsgemäßen Eintritt nicht bestimmte** Öffnung unter **Überwindung von Hindernissen**, die sich aus der Eigenart der Umschließung ergeben und die den Zugang erheblich erschweren.[1157] **463**

1149 MüKo/Schmitz, § 243 Rn. 17.
1150 Hilgendorf/Valerius, BT II § 4 Rn. 61.
1151 Lackner/Kühl/Heger, § 243 Rn. 10.
1152 MüKo/Schmitz, § 243 Rn. 20.
1153 BGH 16.11.1999 – 1 StR 506/99, NStZ 2000, 143, 143 f.
1154 OLG Karlsruhe 26.2.2004 – 1 Ss 105/03, NStZ-RR 2005, 140, 142.
1155 Vgl. RG 28.4.1921 – III 64/21, RGSt 56, 48; BGH 22.8.1984 – 3 StR 209/84, NStZ 1985, 217, 218.
1156 Lackner/Kühl/Heger, § 243 Rn. 10.
1157 BeckOK/Wittig, § 243 Rn. 10 m. w. N. und auch zu den nachfolgenden ersten beiden Bsp.

Beispiele:

Überklettern einer höheren Mauer, Eindringen durch ein Fenster

nicht aber:

- Benutzen eines verbotenen, aber offenen Eingangs
- Betreten durch die Terrassentür, auch wenn zuvor der gekippte Türflügel durch Hineingreifen oder durch mechanische Manipulation geöffnet werden muss: Da trotzdem die Räumlichkeit durch eine zum ordnungsgemäßen Zugang bestimmte Tür betreten wird, liegt kein Einsteigen vor.[1158]

Eine „steigende“ Bewegung ist nicht erforderlich, sodass z. B. auch das Hinab- oder Hineinkriechen oder das Hindurchzwängen durch eine schmale Öffnung ausreichen.[1159]

Ein bloßes Herausangeln oder ein bloßes Hineinbiegen des Oberkörpers reicht für ein Einsteigen (anders als beim Einbrechen!) nicht aus: die Täterin oder der Täter muss sich innen wenigstens einen **Stützpunkt** (bspw. einen Fuß in den Raum stellen[1160]) geschaffen haben, von dem aus die Wegnahmehandlung ausgeführt wird.[1161]

ccc) Eindringen

464 Als dritte Tatmodalität kommt ein Eindringen mit einem falschen Schlüssel oder einem anderen nicht zur ordnungsmäßigen Öffnung bestimmten Werkzeug in Betracht.

Ein **Eindringen** stellt jedes Betreten (Stützpunkt reicht, ist aber erforderlich[1162]) eines umschlossenen Raums ohne oder gegen den Willen des Berechtigten dar.[1163]

465 Mit einem **falschen Schlüssel** geschieht dies dann, wenn ein (mechanischer oder elektronischer[1164]) Schlüssel verwendet wird, der zur Tatzeit vom Berechtigten überhaupt nicht, nicht mehr oder noch nicht zum Öffnen des konkreten Schlosses **bestimmt** ist[1165] (sog. Widmung bzw. Entwidmung).

1158 BGH 10.3.2016 – 3 StR 404/15, NJW 2016, 1897; BGH 27.7.2010 – 1 StR 319/10, NStZ-RR 2010, 374, 375.
1159 BeckOK/Wittig, § 243 Rn. 10 m. w. N.
1160 Hilgendorf/Valerius, BT II § 3 Rn. 19.
1161 BGH 28.6.1968 – 4 StR 225/68, NJW 1968, 1887.
1162 Wessels/Hillenkamp/Schuhr, BT 2 Rn. 239.
1163 MüKo/Schmitz, § 243 Rn. 25.
1164 Fischer, § 243 Rn. 7.
1165 Wessels/Hillenkamp/Schuhr, BT 2 Rn. 236; Lackner/Kühl/Heger, § 243 Rn. 12.

Beispiele:

(Unbefugt) nachgemachte Schlüssel; vom Mieter nach Ablauf der Mietzeit ohne Wissen der Vermieterin einbehaltene weitere Wohnungsschlüssel.[1166]

Bedient sich die Täterin oder der Täter eines zur ordnungsgemäßen Öffnung bestimmten Schlüssels lediglich unbefugt, liegt „lediglich" ein **missbräuchlich**es Verwenden eines richtigen Schlüssels, aber kein Eindringen mit einem falschen Schlüssel (und damit kein § 243 Abs. 1 S. 2 Nr. 1) vor.[1167]

Ein **gestohlener/sonst abhanden gekommener Schlüssel** verliert seine Bestimmung zur rechtmäßigen Öffnung nicht von selbst; mit der Entdeckung des Diebstahls durch die berechtigte Person kann aber i. d. R. von einer Entwidmung des Schlüssels ausgegangen werden[1168], was den Schlüssel ab diesem Zeitpunkt zu einem falschen macht.

Ein bloßes **Vergessen** vermag die Annahme der Entwidmung eines Schlüssels aber nicht zu begründen; ein vergessener Schlüssel kann daher erst dann ein falscher werden, wenn er wieder in das Bewusstsein des oder der Berechtigten rückt und von dieser/m sodann ausdrücklich oder durch konkludentes Verhalten oder – vergleichbar mit einem abhanden gekommenen Schlüssel – zumindest subjektiv als endgültig verloren betrachtet und so seiner Bestimmung zur ordnungsgemäßen Öffnung entzogen wird.[1169]

Ein Eindringen mit einem **anderen nicht zur ordnungsgemäßen Öffnung** 466
bestimmten Werkzeug liegt vor bei Verwenden eines Werkzeugs, mit dem der Schließmechanismus ähnlich wie mit einem Schlüssel betätigt wird.[1170] Hierbei muss der Mechanismus des Verschlusses ordnungswidrig in Bewegung gesetzt werden (nicht zwingend über das Schlüsselloch).[1171]

Beispiele:

Dietriche, Drähte, Haken, Schraubenzieher sowie Plastikkarten, die zwischen Schlossfalle und Türzarge geschoben werden.[1172]

1166 S. zum Ganzen Wessels/Hillenkamp/Schuhr, BT 2 Rn. 237.
1167 Vgl. BGH 18.11.2020 – 4 StR 35/20, NStZ 2021, 167, 168.
1168 Vgl. BGH 13.1.1967 – 4 StR 467/66, NJW 1967, 834, 835.
1169 Vgl. BGH 18.11.2020 – 4 StR 35/20, NStZ 2021, 167, 169.
1170 Vgl. MüKo/Schmitz, § 243 Rn. 30.
1171 Sch/Sch/Bosch, § 247 Rn. 10.
1172 Nolden/Palkovits/Dittert/Pichocki 8. Teil Rn. 75; zum Bsp. der Plastikkarte auch RG 8.6.1895 – 1545/95, RGSt 27, 285, 286, a. A. Kindhäuser/Böse, BT II § 3 Rn. 15.

Wird das Schloss hingegen gewaltsam geöffnet, indem die Tür selbst aufgebrochen oder das Schloss zerstört wird, um die Türe zu öffnen, liegt ein Einbrechen vor.[1173]

Zum Einsatz von **Störsendern** und sog. **Keyless-go-Systemen** s. Rn. 490.

ddd) Sich-verborgen-Halten

467 Als vierte Tatmodalität stellt § 243 Abs. 1 S. 2 Nr. 1 das **Sich-verborgen-Halten** in einem umschlossenen Raum unter Strafe.

Dies liegt vor, wenn sich jemand in einem Raum in einer Weise versteckt, die ihn den Blicken eines arglos Eintretenden entzieht.[1174] Hält sich die Täterin oder der Täter berechtigt in dem Raum auf, scheidet § 243 Abs. 1 S. 2 Nr. 1 aus; besteht eine solche Berechtigung jedoch nicht (mehr) – bspw. bei einer Angestellten, die sich im Kaufhaus versteckt, um nach Geschäftsschluss ungestört stehlen zu können – liegt ein Sich-verborgen-Halten vor.[1175]

b) Subjektive Voraussetzungen

468 Hinsichtlich der erschwerenden Umstände aus § 243 Abs. 1 S. 2 Nr. 1 muss mind. **Eventualvorsatz** vorliegen.[1176]

Zudem muss die Handlung **zur Ausführung der Tat** geschehen, muss also nach Vorstellung der Täterin oder des Täters das Mittel zur Vollendung des Diebstahls sein.[1177]

> Der Diebstahlsvorsatz muss schon **im Zeitpunkt des Einbrechens, Einsteigens usw.** vorgelegen haben und darf nicht erst nach Verwirklichung des Regelbeispiels gefasst werden.[1178]

2. § 243 Abs. 1 S. 2 Nr. 2

469 § 243 Abs. 1 S. 2 Nr. 2 bezieht sich auf den Diebstahl **besonders gesicherter Sachen**.[1179] Es muss eine Sache gestohlen werden, die durch eine Schutzvorrichtung gegen Wegnahme besonders gesichert ist. Der besondere Unrechtsgehalt liegt in dem erhöhten Maß an Rücksichtslosigkeit ggü. fremdem Eigentum, das der Täter zeigt, indem er sich über eine be-

---

1173 MüKo/Schmitz, § 243 Rn. 30.
1174 Fischer, § 243 Rn. 10.
1175 Vgl. zum Ganzen, inkl. Bsp., Fischer, § 243 Rn. 10 und Wessels/Hillenkamp/Schuhr, BT 2 Rn. 240.
1176 MüKo/Schmitz, § 243 Rn. 72.
1177 Vgl. Fischer, § 243 Rn. 11.
1178 Wessels/Hillenkamp/Schuhr, BT 2 Rn. 241; Fischer, § 243 Rn. 11.
1179 Brodag, BT 12. Teil Rn. 65.

sondere Sicherung hinwegsetzt, mit der der Eigentümer zu erkennen gibt, dass er auf die Erhaltung gerade dieser Sache Wert legt.[1180]

Schutzvorrichtungen i.S.d. § 243 Abs. 1 S. 2 Nr. 2 sind solche, die nach ihrer Beschaffenheit dazu **geeignet und bestimmt** sind, die **Wegnahme** einer Sache **erheblich zu erschweren.**[1181] Die Schutzvorrichtung ist dabei der Oberbegriff, das im Gesetz ebenfalls genannte verschlossene Behältnis nur ein Beispiel dafür.[1182]

Ein **Behältnis** ist ein zur Aufnahme von Sachen dienendes und sie umschließendes Raumgebilde, das **nicht dazu bestimmt ist, von Menschen betreten** (Anm.: = Unterschied zum umschlossenen Raum aus § 243 Abs. 1 S. 2 Nr. 1!) zu werden.[1183] Es kann beweglich oder unbeweglich, muss aber verschließbar und zur Zeit der Tat auch **verschlossen** sein[1184] – also mit einer bestimmten (aktivierten) Vorkehrung gegen Öffnung und Wegnahme des Inhalts versehen sein –, weil sonst schon deshalb keine „besondere Sicherung" zu überwinden ist.[1185] 470

> Bspw. Briefkästen, verschließbare Möbel, Kofferraum eines Kfz, aber z.B. auch eine zugenagelte Kiste, da nicht notwendigerweise ein Schloss verwendet werden muss.[1186]

Bei einer **anderen Schutzvorrichtung** muss es sich um eine besondere Vorrichtung handeln, die geeignet und bestimmt ist, die Wegnahme einer Sache zu erschweren.[1187] 471

> Bspw. Zündschloss eines Kfz, Fahrradschloss, Sicherungskabel an elektronischen Geräten in einem Kaufhaus
>
> *nicht* aber **Sicherungsetiketten** z.B. an Kleidungsstücken in einem Geschäft, die erst Alarm auslösen, wenn die Abteilung oder das Geschäft verlassen wird: Da hier der Gewahrsamsbruch i.d.R. bereits mit Verbergen des Diebesguts am Körper oder in einem Behältnis der Täterin oder des Täters vollendet ist, dient das Sicherungsetikett nicht mehr dem Schutz gegen Gewahrsamsbruch, sondern nur noch der Wiedererlangung des bereits verlorengegangenen Gewahrsams;

1180 Rengier, BT I § 3 Rn. 21.
1181 BGH 26.6.2018 – 1 StR 79/18, NStZ 2019, 212.
1182 Vgl. BayObLG 30.7.1981 – RReg. 5 St 128/81, NJW 1981, 2826.
1183 BGH 11.5.1951 – GS St 1/51, NJW 1951, 669.
1184 Fischer, § 243 Rn. 14.
1185 MüKo/Schmitz, § 243 Rn. 33.
1186 Vgl. Fischer, § 243 Rn. 14, 12; MüKo/Schmitz, § 243 Rn. 33.
1187 Fischer, § 243 Rn. 15, auch zu den nachfolgenden Bsp.

u. U. kann aber ein sog. unbenannter besonders schwerer Fall des Diebstahls angenommen werden.[1188]

Bei sog. **Sicherungsspinnen** (angebrachte Elektrodrähte um die Verpackung) differenziert die Rspr.:[1189] Löst die Sicherungsspinne beim Durchtrennen – egal aus welchem Grund[1190] – keinen Alarm aus, liegt keine Schutzvorrichtung i. S. d. § 243 Abs. 1 S. 2 Nr. 2 vor; bei Alarmauslösung der funktionsfähigen und aktivierten Sicherungsspinne bereits beim Durchtrennen hängt die Einordnung davon ab, ob diese Funktion bereits den Bruch des Gewahrsams erschwert hat.[1191]

472 Das verschlossene Behältnis bzw. die andere Schutzvorrichtung muss die Sache **gegen Wegnahme *besonders* sichern**, was zumindest *auch* bezweckt sein muss.[1192]

Sichert eine Schutzvorrichtung (z. B. ein verschlossener Warenkarton, ein zugeklebter Briefumschlag) hingegen nur vor **Beschädigung, Verlust oder Kenntnisnahme** oder fasst den Inhalt für einen Transport zusammen, liegt keine *besondere* Sicherung gegen Wegnahme und damit kein § 243 Abs. 1 S. 2 Nr. 2 vor.[1193]

Eine *besondere* Sicherung gegen Wegnahme **fehlt** auch dann, wenn die Vorrichtung die Wegnahme **nicht wesentlich erschwert**; das ist insbesondere dann der Fall, wenn der Schlüssel im Schloss steckt oder daneben liegt oder sonst leicht erreichbar ist[1194], wobei sicherlich diskussionswürdig ist, was „leicht erreichbar" genau meint. Auch wenn der Täter einen Schlüssel (rechtmäßig) besitzt, liegt ihm ggü. keine besondere Sicherung vor, unabhängig davon, ob er das Behältnis alleine öffnen darf oder nicht; muss der Täter dagegen den Schlüssel zuvor wegnehmen, war er für ihn nicht leicht erreichbar, sodass die besondere Sicherung i. S. d. Regelbeispiels überwunden wird.[1195]

1188 Vgl. OLG Stuttgart 29.10.1984 – 1 Ss 672/84, NStZ 1985, 76; OLG Düsseldorf 5.12.1997 – 2 Ss 347/97 – 98/97 II, NJW 1998, 1002.
1189 S. hierzu BGH 26.6.2018 – 1 StR 79/18, NStZ 2019, 212.
1190 Der BGH nennt hier, a. a. O., einen Defekt, eine fehlende Aktivierung oder die vorgesehene Alarmauslösung erst beim Verlassen des Geschäfts.
1191 Krit. dazu bspw. Jäger, JA 2019, 228, 229 f.
1192 Vgl. Rengier, BT I § 3 Rn. 25.
1193 Vgl. Wessels/Hillenkamp/Schuhr, BT 2 Rn. 245; Kindhäuser/Böse, BT II § 3 Rn. 20.
1194 Vgl. BGH 20.4.2005 – 1 StR 123/05, BeckRS 2005, 5963 sowie KG 28.11.2011 – 1 Ss 465/11, NJW 2012, 1093, 1093 f., das den Erschwerungsgrund nicht schon allein bei einer „leichten" Zugänglichkeit des Schlüssels verneinen möchte.
1195 MüKo/Schmitz, § 243 Rn. 36 m. w. N.

Wird das Behältnis nicht am Tatort geöffnet, sondern **als Ganzes** mitgenommen, um es erst später zu öffnen, ist § 243 Abs. 1 S. 2 Nr. 2 nach zutr. wohl h.M. trotzdem erfüllt.[1196] Für andere Schutzvorrichtungen gilt Entsprechendes.[1197] **473**

Das Regelbeispiel ist auch dann erfüllt, wenn ein abgeschlossenes (nicht mit einem festen Gegenstand verbundenes) Fahrrad mitsamt dem Schloss entwendet wird.

In subjektiver Hinsicht muss hinsichtlich der erschwerenden Umstände aus § 243 Abs. 1 S. 2 Nr. 2 mind. **Eventualvorsatz** vorliegen. **474**

3. § 243 Abs. 1 S. 2 Nr. 3

Gewerbsmäßig handelt, wer sich durch die wiederholte Tatbegehung eine nicht nur vorübergehende Einnahmequelle von einigem Umfang und einiger Dauer verschaffen *will.*[1198] **475**

Liegt diese Absicht (Anm.: nachweisbar!) vor, ist bereits die **erste Tat** als gewerbsmäßig begangen einzustufen, auch wenn es entgegen den ursprünglichen Intentionen des Täters zu weiteren Taten nicht kommt.[1199]

Nicht erforderlich ist, dass der Täter beabsichtigt, seinen Lebensunterhalt „allein" oder auch nur überwiegend durch die Begehung von Straftaten zu bestreiten.[1200]

Für § 243 Abs. 1 S. 2 Nr. 3 muss als subjektive Voraussetzung **Absicht i.S.v. dolus directus 1. Grades** vorliegen, sich eine entsprechende Einnahmequelle zu verschaffen.[1201] **476**

4. § 243 Abs. 1 S. 2 Nr. 4 und 5

§ 243 Abs. 1 S. 2 Nr. 4 und 5 normieren als besonders schweren Fall den Diebstahl **bestimmter Gegenstände** aus **bestimmten Räumlichkeiten**. **477**

§ 243 Abs. 1 S. 2 Nr. 4 bezieht sich auf Sachen, die dem **Gottesdienst** gewidmet sind oder der **religiösen Verehrung** dienen; diese müssen – als **478**

1196 Vgl. bspw. BGH 18.11.1971 – 4 StR 410/71, NJW 1972, 167, 168; a.A. und differenzierend nach Größe und Transportfähigkeit des Gegenstandes MüKo/Schmitz, § 243 Rn. 37; Sch/Sch/Bosch, § 243 Rn. 25.

1197 Inkl. nachfolgendem Bsp. Rengier, BT I § 3 Rn. 29a.

1198 BGH 24.8.2016 – 2 StR 6/16, BeckRS 2016, 18889.

1199 Vgl. BGH 17.6.2004 – 3 StR 344/03, NJW 2004, 2840, 2841 (zu § 263); a.A. NK/Kindhäuser/Hoven, § 243 Rn. 27.

1200 BGH 11.9.2003 – 4 StR 193/03, NStZ 2004, 265, 266 (zu § 263).

1201 MüKo/Schmitz, § 243 Rn. 72.

zweite Voraussetzung – aus einer Kirche oder einem anderen der Religionsausübung dienenden Gebäude oder Raum gestohlen werden.

> Bspw.[1202] Diebstahl von Altären, Kelchen, Leuchtern oder Reliquien aus bspw. Kirchen, Moscheen oder Synagogen
>
> *nicht* aber Diebstahl der Kollekte oder von Gesangbüchern.

479 § 243 Abs. 1 S. 2 Nr. 5 erfasst für Wissenschaft, Kunst oder Geschichte oder für die technische Entwicklung **bedeutsame Sachen**; diese müssen sich – als zweite Voraussetzung – in einer allgemein zugänglichen Sammlung befinden oder öffentlich ausgestellt sein.

Gemeint ist damit nicht jedes Bild in einer Galerie oder jedes Stück einer naturwissenschaftlichen Sammlung; von Bedeutung ist die Sache vielmehr, wenn ihr Verlust eine spürbare Einbuße wäre.[1203]

480 In subjektiver Hinsicht muss hinsichtlich der erschwerenden Umstände aus § 243 Abs. 1 S. 2 Nr. 4 und 5 mind. **Eventualvorsatz** vorliegen.

5. § 243 Abs. 1 S. 2 Nr. 6

481 Stiehlt die Täterin oder der Täter, indem sie oder er die Hilflosigkeit einer anderen Person, einen Unglücksfall oder eine gemeine Gefahr ausnutzt, ist § 243 Abs. 1 S. 2 Nr. 6 objektiv verwirklicht.

Kennzeichnend für § 243 Abs. 1 S. 2 Nr. 6 ist deren **verwerfliche Begehungsweise**, die sich darin zeigt, dass der Täter die genannten Situationen, in denen der Selbstschutz beeinträchtigt und deshalb ein **erhöhtes Schutzbedürfnis** gegeben ist, zum Stehlen ausnutzt.[1204]

482 Ausgenutzt werden muss die Hilflosigkeit einer anderen Person, ein Unglücksfall oder eine gemeine Gefahr.

> Hilflosigkeit kann bspw. bestehen wegen Krankheit oder Trunkenheit (nicht aber ohne Weiteres wegen bloßen Schlafens oder hohen Lebensalters).
>
> Einen Unglücksfall (plötzliches Ereignis, mit (drohender) erheblicher Gefährdung für Leib/Leben) stellt bspw. ein Brand oder Unfall im Straßenverkehr dar.
>
> Gemeine Gefahr (konkrete Gefahr für eine unbestimmte Zahl von Menschen/Sachen von insgesamt erheblichem Wert) kann bspw. durch eine Überschwemmung oder Verseuchung vorliegen.[1205]

1202 S. zu Bsp. und Gegenbsp. Hohmann/Sander § 35 Rn. 153; Rengier, BT I § 3 Rn. 35.
1203 Fischer, § 243 Rn. 20.
1204 Vgl. Wessels/Hillenkamp/Schuhr, BT 2 Rn. 251.
1205 Zu allen drei Situationen inkl. Bsp. Hohmann/Sander § 35 Rn. 156 ff.

Der Täter muss die genannten Situationen für den Diebstahl **ausnutzen**, insbes. also in Kenntnis der Umstände seine Tat gerade durch die Ausnutzung der Situation erleichtern wollen.[1206] **Kein Ausnutzen** ist es aber, wenn der Täter lediglich die Möglichkeit wahrnimmt, während der Abwesenheit eines Verunglückten in dessen Wohnung einen Diebstahl zu begehen, es sei denn, dass das unvorhergesehene Unglück zum Unterlassen sonst üblicher Sicherungen geführt hat (das Opfer stürzt z. B. bei Verlassen der Wohnung und kann diese nicht mehr abschließen).[1207]

§ 243 Abs. 1 S. 2 Nr. 6 ist auch erfüllt, wenn nicht die verunglückte Person **483**
bestohlen wird, sondern eine **Person**, die dieser **zur Hilfe eilt**.[1208]

In subjektiver Hinsicht muss hinsichtlich der erschwerenden Umstände **484**
aus § 243 Abs. 1 S. 2 Nr. 6 mind. **Eventualvorsatz** vorliegen.

6. § 243 Abs. 1 S. 2 Nr. 7

Ein besonders schwerer Fall des Diebstahls liegt auch dann vor, wenn **485**
eine in § 243 Abs. 1 S. 2 Nr. 7 beschriebene **Waffe oder Sprengstoff** entwendet wird.

In subjektiver Hinsicht muss auch hier mind. **Eventualvorsatz** vorliegen.

> Stiehlt der Täter eine einsatzfähige Schusswaffe, ist auch § 244 Abs. 1 Nr. 1a) erfüllt, hinter den § 243 Abs. 1 S. 2 Nr. 7 dann zurücktritt.[1209]

IV. Ausschluss eines Regelbeispiels wegen Geringwertigkeit

Ein besonders schwerer Fall des Diebstahls ist gem. § 243 Abs. 2 ausge- **486**
schlossen, wenn sich die Tat auf eine **geringwertige Sache** bezieht.

> Dies bezieht sich nur auf die Regelbeispiele des § 243 Abs. 1 S. 2 Nr. **1–6** (s. Wortlaut!), nicht also auf die Nr. 7.

Das Tatobjekt muss nach h. M. **objektiv** und nach der **subjektiv**en Vorstel- **487**
lung des Täters geringwertig sein, d. h. die Grenze von (bei mehreren Gegenständen in Summe) **25 Euro** (s. auch Rn. 452) nicht übersteigen.[1210]

Ein Ausschluss nach § 243 Abs. 2 greift daher nicht, wenn die gestohlene Sache[1211]

1206 Sch/Sch/Bosch, § 243 Rn. 40.
1207 Vgl. NK/Kindhäuser/Hoven, § 243 Rn. 39.
1208 Vgl., auch zur näheren Begründung, OLG Hamm 30.8.2007 – 3 Ss 339/07, NStZ 2008, 218.
1209 Rengier, BT I § 3 Rn. 38.
1210 Vgl. Fischer, § 243 Rn. 25 f.
1211 S. zu diesen Fallkonstellationen (ohne Bsp.) Hohmann/Sander § 35 Rn. 182.

1. objektiv nicht geringwertig ist (unabhängig von der Vorstellung der/des Täters/-in)
2. objektiv zwar geringwertig ist, die/der Täter/-in die Sache jedoch für höherwertig hält
3. objektiv zwar geringwertig ist und die/der Täter/-in die Geringwertigkeit zwar erkennt, ursprünglich aber einen wertvolleren Gegenstand entwenden wollte.

   Bsp.: Bricht A in einen Laden ein, um dort Geld und andere Wertsachen zu entwenden, findet dann aber nur eine geringwertige Sache, die er mitnimmt, liegt nach der Rspr. trotz dieses sog. Objekts- und Vorsatzwechsels ein Diebstahl in einem besonders schweren Fall vor, da (und wenn) eine **einheitliche Tat** gegeben ist (umstr.); wird hingegen der Diebstahlsvorsatz endgültig aufgegeben, würde ein dann neu gefasster Vorsatz zu einer selbstständigen Würdigung nach §§ 242, 248a führen.[1212]

V. Regelbeispiele und Versuch

488 Den **Versuch einer Strafzumessungsregel gibt es nicht** (vgl. § 22: „… wer … zur Verwirklichung des *Tatbestandes* unmittelbar ansetzt"), wohl aber einen versuchten Diebstahl in einem besonders schweren Fall.[1213]

Es sind folgende Konstellationen[1214] zu unterscheiden:

Tab. 2 § 243 und Versuch

	Beispiel	Konstellation	Beurteilung
1	A dringt zum Zweck des Diebstahls mithilfe eines Dietrichs in Bs Geschäft ein, ergreift dann aber, ohne etwas mitzunehmen, die Flucht.	§ 242 versucht, § 243 vollendet	versuchter Diebstahl in einem bes. schweren Fall
2	A versucht, die Eingangstür zu Bs Geschäft mithilfe eines Dietrichs zu öffnen, stellt aber fest, dass diese nicht verschlossen ist und entwendet mühelos aus dem Geschäft wertvolle Gegenstände.	§ 242 vollendet, § 243 „versucht"	(vollendeter) Diebstahl gem. § 242 Abs. 1 (h. M. und Rspr.)

1212 S. zu dieser Thematik, auch zur Gegenauff., ausf. Wessels/Hillenkamp/Schuhr, BT 2 Rn. 268 und, weiter differenzierend, Rengier, BT I § 3 Rn. 43 ff.
1213 Erhardt Rn. 468.
1214 Vgl. zu Bsp. und Konstellationen Wessels/Hillenkamp/Schuhr, BT 2 Rn. 221 ff.; Rengier, BT I § 3 Rn. 51 ff.; BGH 7.1.2003 – 3 StR 425/02, NStZ 2003, 602 (zu § 177 a. F.).

Tab. 2 § 243 und Versuch

	Beispiel	Konstellation	Beurteilung
3	A wird bei dem Versuch, die Eingangstür zu Bs Geschäft mithilfe eines Dietrichs zu öffnen, überrascht und festgenommen.	§ 242 versucht, § 243 „versucht"	versuchter Diebstahl in einem bes. schweren Fall (Rspr., str.)

Der BGH hat zur sehr streitigen Konstellation 3 für einen Einbruchsversuch entschieden, dass die Annahme des Regelbeispiels „Einbrechen" in § 243 Abs. 1 S. 2 Nr. 1 beim *versuchten* Diebstahl nicht voraussetze, dass der begonnene Einbruch gelungen ist, und betont u. a., dass hierüber ermöglicht werde, § 243 in Fällen des versuchten Diebstahls einfach und einheitlich anzuwenden.[1215]

489 Für die Bestimmung des Versuchsbeginns bei Tatbeständen mit Regelbeispielen ist grundsätzlich auf das **Ansetzen zur Verwirklichung des Grundtatbestandes** abzustellen[1216], hier also zum Diebstahl (und damit zur Wegnahme). Maßgeblich ist insoweit, ob das Verhalten des Täters nach seinem Tatplan in ungestörtem Fortgang ohne weitere Zwischenschritte zur Verwirklichung des Grunddelikts führen soll; hierfür *kann* bereits das Verwirklichen eines Regelbeispiels genügen – entscheidend ist (entsprechend der allgemeinen Grundsätze), ob das geschützte Rechtsgut aus Sicht des Täters schon dadurch **konkret gefährdet** wird, weil sein Handeln nach seinem Tatplan in die Tatbestandsverwirklichung münden soll, ohne dass es eines neuen Willensimpulses bedarf[1217] bzw. ob der Täter sich ohne tatbestandsfremde Zwischenschritte, zeitliche Zäsur oder weitere eigenständige Willensbildung einen ungehinderten Zugriff auf die erwartete Beute vorstellt.[1218]

Für ein unmittelbares Ansetzen zur Wegnahme ist dabei nicht erforderlich, dass ein angegriffener Schutzmechanismus auch erfolgreich überwunden wird; der Beginn des Einbrechens, Einsteigens oder Eindringens reicht regelmäßig aus.[1219]

1215 BGH 18.11.1985 – 3 StR 291/85, NJW 1986, 940, 941 f.; zur hieran geübten Kritik und Gegenauffassung vgl. bspw. Rengier, BT I § 3 Rn. 52 ff.
1216 BGH 20.9.2016 – 2 StR 43/16, NStZ 2017, 86.
1217 Vgl. BGH 19.5.2021 – 6 StR 28/21, NStZ 2021, 537.
1218 Vgl. BGH 28.4.2020 – 5 StR 15/20, NJW 2020, 2570, 2571.
1219 BGH 28.4.2020 – 5 StR 15/20, NJW 2020, 2570.

Ein unmittelbares Ansetzen wird bspw. **regelmäßig** anzunehmen sein **beim Aufhebeln eines Fensters**, um in unmittelbarem Anschluss hieran in das Gebäudeinnere einzudringen und stehlenswerte Gegenstände zu entwenden.[1220]

Hingegen liegt ein Versuchsbeginn bspw. *nicht* vor beim Entriegeln eines Fensters, um in der folgenden Nacht einzusteigen, oder beim bloßen Anleuchten eines Rollos eines Gebäudes, in das eingedrungen werden soll.[1221]

VI. Abschließender Fall

490 ***Sachverhalt:***[1222]

B durchsucht den Innenraum eines in einem Parkhaus abgestellten Fahrzeugs und entwendet aus dem Handschuhfach mehrere wertvolle Gegenstände. In das Fahrzeuginnere gelangte sie, nachdem sie

a) mittels Störsender den Schließmechanismus des Fahrzeugs beim Bedienen der Funkfernbedienung durch den Geschädigten G so störte, dass das Fahrzeug sich nicht verschloss.

b) das Funksignal des Fahrzeugschlüssels (Keyless-go-System) durch die Verwendung von Verstärkern so verlängerte, dass sie hierdurch das Fahrzeug öffnen konnte.

Ist § 243 verwirklicht?

Lösungshinweise:

a) In Betracht käme ein Eindringen in einen umschlossenen Raum mit einem anderen nicht zur ordnungsmäßigen Öffnung bestimmten Werkzeug nach § 243 Abs. 1 S. 2 Nr. 1.

Da das Fahrzeuginnere dazu bestimmt ist, von Menschen betreten zu werden, und mit künstlichen Vorrichtungen umgeben ist, die das Eindringen von Unbefugten abwehren sollen, liegt ein umschlossener Raum vor. Da B ohne/gegen den Willen des G in das Fahrzeug gelangt und dieses durchsucht, ist von einem Eindringen auszugehen. Problematisch ist jedoch, ob dies mittels eines zur ordnungsmäßigen Öffnung nicht bestimmten Werkzeugs geschah. Ein solches liegt nur dann vor, wenn der **Schließmechanismus ordnungswidrig in Bewegung** gesetzt wird. Ein Störsender erfüllt dieses Regelbeispiel nicht, wenn durch ihn die Verriegelung des Fahrzeugs (Anm.: von Anfang an und überhaupt erst, so wie hier) verhindert wird; für § 243 Abs. 1 S. 2 Nr. 1 ist vielmehr erforderlich, dass die (Anm.: bereits erfolgte) Verriegelung des Fahrzeugs wieder geöffnet

1220 BGH 14.1.2020 – 4 StR 397/19, NStZ 2020, 353, 354 (zu § 244 Abs. 4).

1221 Zu Bsp. 1: BeckOK/Wittig, § 243 Rn. 31.1; zu Bsp. 2: BGH 20.9.2016 – 2 StR 43/16, NJW 2017, 1189 (zu § 244 Abs. 1 Nr. 3).

1222 Nachgebildet den Entscheidungen des BGH 17.10.2017 – 3 StR 340/17, NStZ 2018, 212 und BGH 15.3.2022 – 4 StR 52/22, BeckRS 2022, 8071.

wird.[1223] Diese Unterscheidung ist angesichts des Wortlauts von § 243 Abs. 1 S. 2 Nr. 1, der ein Eindringen mit einem nicht zur ordnungsgemäßen *Öffnung* bestimmten Werkzeug fordert, überzeugend.

Ist aus diesem Grund § 243 Abs. 1 S. 2 Nr. 1 nicht erfüllt, kommt aber angesichts des vergleichbaren Unrechtsgehalts ein unbenannter besonders schwerer Fall in Betracht.

b) Wird durch die Verwendung von Verstärkern das Funksignal des Fahrzeugschlüssels (**Keyless-go-System**) verlängert und auf diese Weise der Pkw geöffnet, wird der Schließmechanismus ähnlich wie mit einem Schlüssel ordnungswidrig in Bewegung gesetzt.[1224] B hat daher § 243 Abs. 1 S. 2 Nr. 1 objektiv und – da sie zur Ausführung der Tat und auch im Übrigen vorsätzlich handelte – subjektiv verwirklicht.

D. Diebstahl mit Waffen, Bandendiebstahl, Wohnungseinbruchsdiebstahl

I. Vorbemerkungen

§ 244 **qualifiziert** den Diebstahl dann, wenn die Voraussetzungen des **491**
Abs. 1 Nr. 1 („Waffendiebstahl"), des Abs. 1 Nr. 2 („Bandendiebstahl") oder des Abs. 1 Nr. 3 („Wohnungseinbruchsdiebstahl") vorliegen.

Ist dies der Fall, wird die Tat mit Freiheitsstrafe von sechs Monaten bis zu zehn Jahren bestraft.

Bei einem Wohnungseinbruchsdiebstahl in Bezug auf eine **dauerhaft genutzte Privatwohnung** erhöht § 244 Abs. 4 die Mindestfreiheitsstrafe auf ein Jahr.

In der Regel empfiehlt es sich, die Qualifikationstatbestände des § 244 **492**
nicht gemeinsam mit dem Grundtatbestand des Diebstahls zu prüfen, sondern zunächst § 242 Abs. 1 komplett durchzuprüfen, ggf. eine Prüfung besonders schwerer Fälle nach § 243 anzuschließen und danach mit der Prüfung der Qualifikationstatbestände des § 244 neu anzusetzen.

1223 BGH 17.10.2017 – 3 StR 349/17, NStZ 2018, 212, auch zum unbenannten besonders schweren Fall.

1224 BGH 15.3.2022 – 4 StR 52/22, BeckRS 2022, 8071.

II. Der Waffendiebstahl

1. Prüfungsaufbau

493 I. Tatbestandsmäßigkeit

1. Objektiver Tatbestand
   Qualifizierende Umstände des § 244 Abs. 1 Nr. 1
   - Beisichführen einer Waffe oder eines anderen gefährlichen Werkzeuges <u>oder</u>
   - Beisichführen eines sonstigen Werkzeugs oder Mittels
2. Subjektiver Tatbestand
   Vorsatz bzgl. § 244 Abs. 1 Nr. 1, insbes. auch Verwendungsvorbehalt bei Nr. 1b)

II. Rechtswidrigkeit

III. Schuld

2. Objektiver Tatbestand

494 § 244 Abs. 1 stellt zum einen das Beisichführen einer Waffe oder eines anderen gefährlichen Werkzeugs unter erhöhte Strafandrohung (**Nr. 1a)**), zum anderen das Beisichführen eines sonstigen Werkzeugs oder Mittels (**Nr. 1b)**) unter besonderen subjektiven Voraussetzungen.

a) § 244 Abs. 1 Nr. 1a)

495 § 244 Abs. 1 Nr. 1a) spricht von einer Waffe oder einem anderen gefährlichen Werkzeug. Eine Waffe ist daher ein Beispiel für den Oberbegriff des gefährlichen Werkzeugs, sodass **nur objektiv gefährliche Werkzeuge** der Nr. 1a) der Vorschrift unterfallen.[1225] Zur Problematik sog. Scheinwaffen s. Rn. 505.

aa) Waffe

496 Der Begriff der Waffe ist ein strafrechtlicher, **vom Waffenrecht grds. unabhängiger** Begriff.[1226] D. h., die Frage, ob eine Waffe im strafrechtlichen Sinne vorliegt oder nicht, wird grds. unabhängig von den Regelungen im WaffG beurteilt. Allerdings berücksichtigt die Rspr. Überlegungen aus dem Waffenrecht zur Auslegung des Waffenbegriffs im Strafrecht.[1227]

1225 Fischer, § 244 Rn. 6.
1226 Fischer, § 244 Rn. 3.
1227 Vgl. BGH 4.2.2003 – GSSt 2/02, NStZ 2003, 606, 607.

Zu verstehen sind darunter sog. Waffen im technischen Sinne, also Gegenstände, die *nach ihrer Art* für Angriffs- oder Verteidigungszwecke **bestimmt** und zur Verursachung erheblicher Verletzungen generell **geeignet** sind; diese den Waffen innewohnende *generelle* Bestimmung unterscheidet Waffen von anderen gefährlichen Werkzeugen.[1228] **497**

Beispiele:[1229]

Schusswaffen wie Pistolen, Revolver und (auch Jagd-)Gewehre; Gummi- und Schlagstöcke; Spring- und Butterflymesser; Handgranaten, Molotow-Cocktails

Nicht aber bspw. eine Axt oder ein übliches Taschenmesser.[1230]

Da § 244 Abs. 1 Nr. 1 nur objektiv gefährliche Werkzeuge erfasst, müssen Schusswaffen **funktionsfähig und einsatzbereit** (also geladen, aber nicht notwendig entsichert und durchgeladen) sein.[1231] Es genügt hierbei, dass eine ungeladene Schusswaffe ohne Weiteres mit bereitliegender Munition ladbar ist (dies ist bei § 250 Abs. 2 Nr. 1 anders, s. Rn. 623).[1232]

Auch (geladene) **Gaspistolen** – sofern nach deren Bauart der Explosionsdruck (Anm.: und damit das Gas) beim Abfeuern der Munition **nach vorne** durch den Lauf austritt – ordnet die Rspr. den Waffen zu.[1233] **498**

Die Rspr. sieht auch geladene **Schreckschusswaffen**, bei denen der Explosionsdruck nach vorn aus dem Lauf austritt, als Waffe im strafrechtlichen Sinne an, da diese ähnlich gefährlich wie geladene Gaspistolen und nach ihrer Beschaffenheit geeignet seien, erhebliche Verletzungen hervorzurufen; bestätigt sieht sich der BGH auch durch eine entsprechende Einstufung im WaffG.[1234] Der hieran in der juristischen Literatur geübten Kritik[1235] ist zuzustimmen: Schreckschusswaffen sollen erschrecken, nicht verletzen. Sie sind zwar durchaus geeignet, erhebliche Verletzungen zu verursachen. Entscheidend für den Waffenbegriff ist aber, ob der Gegenstand *seiner Art nach* für Angriffs- oder Verteidigungszwecke *bestimmt* ist. Dies kann bei Schreckschusswaffen überzeugenderweise nicht angenommen werden.

1228 BGH 3.6.2008 – 3 StR 246/07, NJW 2008, 2861, 2862.
1229 BeckOK/Wittig, § 244 Rn. 5.1; Wessels/Hillenkamp/Schuhr, BT 2 Rn. 275 f.
1230 Rengier, BT I § 4 Rn. 16.
1231 MüKo/Schmitz, § 244 Rn. 9; Rengier, BT I § 4 Rn. 10.
1232 OLG Hamm 2.1.2007 – 2 Ss 459/06, NStZ 2007, 473.
1233 BGH 11.5.1999 – 4 StR 380-98, NJW 1999, 2198; BGH 10.9.2013 – 4 StR 331/13, BeckRS 2013, 16928 (beide zu § 250).
1234 BGH 4.2.2003 – GSSt 2/02, NStZ 2003, 606, 606 f.
1235 Vgl. bspw. Fischer, § 244 Rn. 8 ff.; Wessels/Hillenkamp/Schuhr, BT 2 Rn. 276.

Sog. **Pfeffersprays** (als „Tierabwehrsprays“) erfasst die Rspr. auch über § 244 Abs. 1 Nr. 1a); die in früheren Entscheidungen vorgenommene Einordnung als „anderes gefährliches Werkzeug“ hat der BGH zuletzt nicht bestätigt, sondern offengelassen, ob es sich bei Pfeffersprays nicht auch um „Waffen“ handeln könnte.[1236]

bb) anderes gefährliches Werkzeug

499 Ein Werkzeug ist jede **bewegliche Sache**, die als Tatmittel in Betracht kommt (keine Körperteile!), unabhängig von ihrem Aggregatzustand, also bspw. auch Gas aus einer Sprühflasche.[1237]

500 Was ein Werkzeug zu einem *anderen gefährlichen* Werkzeug i. S. d. § 244 Abs. 1 Nr. 1a) macht, bereitet Schwierigkeiten, weil § 244 (im Gegensatz zu § 224 Abs. 1 Nr. 2) keinen Einsatz/konkretes Verwenden des gefährlichen Werkzeuges erfordert. Im Rahmen des § 244 Abs. 1 Nr. 1a) muss dieses nur mitgeführt werden – es ist daher umstritten, wann ein mitgeführter Gegenstand zu einem gefährlichen Werkzeug wird. Problematisch ist dies insbesondere bei „sozialadäquat mitgeführten“ oder auch deliktstypischen Gegenständen.

Beispiele:

- B begeht einen Diebstahl, in seiner Hosentasche befindet sich ein Taschenmesser
- E bricht mit einem Stemmeisen die Tür eines Gebäudes auf und entwendet daraus mehrere Gegenstände.

501 Teilweise wird die Frage, ob ein anderes gefährliches Werkzeug vorliegt, in Literatur und Rechtsprechung **subjektiv** danach bestimmt, ob sich die Täterin oder der Täter innerlich vorbehält oder sogar konkret plant, den Gegenstand in gefährlicher Art und Weise zu verwenden bzw. diesen generell für eine gefährliche Verwendung bestimmt hat. § 244 Abs. 1 Nr. 1a) sieht jedoch – im Gegensatz zu § 244 Abs. 1 Nr. 1b) – gerade keine über den Vorsatz hinausgehende zusätzliche subjektive Voraussetzungen vor. Überzeugender erscheint daher, die Frage grds. allein anhand **objektiver Kriterien** zu entscheiden, wie dies der überwiegende Teil der Literatur und auch der BGH tun.[1238] Uneinig sind sich BGH und h. M. im Weiteren dann aber darin, welche Kriterien genau anzulegen sind. Ziel ist jedoch,

1236 S. hierzu näher und m. w. N. BGH 20.9.2017 – 1 StR 112/17, NStZ 2018, 711.
1237 MüKo/Schmitz, § 244 Rn. 12 f.
1238 Ausf. zu Streitstand und Argumentation BGH 3.6.2008 – 3 StR 246/07, NJW 2008, 2861, 2862 ff. sowie Wessels/Hillenkamp/Schuhr, BT 2 Rn. 283 ff.

eine gewisse Gleichwertigkeit mit dem Waffenbegriff herzustellen, weshalb für den objektiven Werkzeugbegriff eine **Waffenersatzfunktion bzw. ein waffenähnlicher Charakter** gefordert wird.[1239] Ohne Bedeutung für die Beurteilung der Gefährlichkeit ist dabei die Möglichkeit eines (fast immer gegebenen) zweckwidrigen und dadurch u. U. gefährlichen Einsatzes des Gegenstandes.[1240]

Tab. 3 § 244 Abs. 1 Nr. 1a): Gefährliches Werkzeug nach obj. Kriterien[1241]

	Kriterien	Bsp.
Rspr.	Ist der Gegenstand aufgrund seiner **obj. Beschaffenheit geeignet**, erhebliche Verletzungen herbeizuführen?	– Taschenmesser mit längerer Klinge; Taschenmesser mit einer 6 cm langen Klinge – Schraubendreher bei Eignung bspw. als Stichwerkzeug – Zimmermannshammer – Brechstange, die der Vollendung der Wegnahme selbst dienen soll/Einbruchswerkzeuge – *nicht* aber: Kabel, Schnüre, Kugelschreiber
h. M.	Ist der Gegenstand aufgrund seiner **obj. Beschaffenheit geeignet**, erhebliche Verletzungen herbeizuführen und besteht in der **konkreten Tatsituation** aus Sicht eines obj. Beobachters eine Gefährlichkeitsvermutung?	– Beim nächtlichen Diebstahl mitgeführter Baseballschläger – *nicht* aber: Alltägliche oder sozialtypisch mitgeführte Gegenstände wie Gürtel, Kugelschreiber, zusammenklappbares Taschenmesser (als Hilfsmittel für den Alltag mitgeführt), Werkzeug eines Handwerkers in der Arbeitskleidung während der Arbeitszeit – *auch nicht*: „Deliktstypisch" mitgeführte Gegenstände, die also dem Gewahrsamsbruch dienen wie das Stemmeisen beim Einbruchsdiebstahl

1239 Rengier, BT I § 4 Rn. 21.
1240 Hohmann/Sander § 36 Rn. 5.
1241 S. hierzu ausf. Rengier, BT I § 4 Rn. 22 ff. inkl. Bsp.; vgl. hierfür auch BGH 3.6.2008 – 3 StR 246/07, NJW 2008, 2861, 2865; OLG Köln, 10.1.2012 – III-1 RVs 258/11, NStZ 2012, 327 [Taschenmesser]; BGH 21.7.2012 – 5 StR 286/12, NStZ 2012, 571, 572 und BGH 20.6.2023 – 5 StR 67/23, BeckRS 2023, 16322 [Schraubendreher]; BGH 12.1.2021 – 1 StR 347/20, NStZ-RR 2021, 107 [Zimmermannshammer]; BGH 14.3.2024 – 4 StR 354/23, BeckRS 2024, 21763 [Brechstange]; BGH 3.7.2024 – 5 StR 535/23, NStZ 2025, 161, 161 f. [Einbruchswerkzeuge].

Das alleinige Abstellen auf eine abstrakte Verletzungseignung führt zu einem sehr weiten Anwendungsbereich des § 244 Abs. 1 Nr. 1a). Der BGH selbst spricht in Anbetracht der zahlreichen in Betracht kommenden Gegenstände von der Gefahr einer schwer kalkulierbaren Einzelfallkasuistik, bei der zudem die Gefahr von widersprüchlichen Entscheidungen offenkundig sei.[1242] Gerade mit Blick auf sozial- und deliktstypisch mitgeführte Gegenstände ermöglicht daher die von der h. M. vertretene Einbeziehung der konkreten Tatsituation differenziertere und damit überzeugendere Ergebnisse.

cc) Beisichführen

502 § 244 Abs. 1 Nr. 1a) setzt voraus, dass eine Waffe oder ein anderes gefährliches Werkzeug **bei sich geführt** wird.

Dass ein bloßes Beisichführen für die erhöhte Strafbarkeit genügt, liegt in der **erhöhten abstrakten Gefährlichkeit** begründet, welche von Tätern ausgeht, die eine Waffe oder ein anderes gefährliches Werkzeug bei sich führen.[1243]

Wird beim Diebstahl eine Waffe oder ein anderes gefährliches Werkzeug zur Ermöglichung der Wegnahme verwendet, kommt ein (schwerer) **Raub** gem. §§ 249 Abs. 1, 250 Abs. 2 Nr. 1 in Betracht und ist vorrangig zu prüfen!

503 Ein Beisichführen liegt *räumlich* vor, wenn die Waffe oder das andere gefährliche Werkzeug in der **Hand** gehalten, am **Körper** getragen wird oder sich in **Griffweite** befindet und der Täter (Anm.: oder ein anderer Beteiligter, s. Wortlaut des § 244 Abs. 1 Nr. 1a)) sich ihm jederzeit ohne nennenswerten Zeitaufwand bedienen kann.[1244]

Beispiele:

Die Waffe befindet sich im Kofferraum eines Pkw oder im mitgeführten (nach zutr. Ansicht auch verschlossenen) Rucksack[1245]

nicht aber:

Die Waffe befindet sich in einem 200 m vom Tatort entfernt geparkten Pkw.[1246]

1242 BGH 3.6.2008 – 3 StR 246/07, NJW 2008, 2861, 2864.

1243 Rengier, BT I § 4 Rn. 4.

1244 Fischer, § 244 Rn. 27 m. w. N.

1245 Bsp. 1: BGH 24.6.2003 1 StR 25/03, NStZ 2004, 111, 112 (zu § 30a Abs. 1 Nr. 2 BtMG); Bsp. 2: Hilgendorf/Valerius, BT II § 4 Rn. 23, a. A. BayObLG 25.2.1999 – 5 St RR 240-98, NJW 1999, 2535, 2536.

1246 BGH 10.8.1982 – 1 StR 416/82, NJW 1982, 2784 (zu § 250 Abs. 1).

Zeitlich muss das Beisichführen unstreitig zu irgendeinem Zeitpunkt ab **Versuchsbeginn** bis zur Vollendung erfolgen, nach Ansicht insbes. der Rspr. sogar bis zur **Beendigung** der Tat.[1247]

Die Waffe oder das andere gefährliche Werkzeug muss dabei nicht zum Tatort mitgebracht werden[1248], es genügt, dass sie bzw. es erst am Tatort an sich gebracht wird.[1249]

> Ein Beisichführen i.S.d. § 244 Abs. 1 Nr. 1a) liegt daher sogar auch dann vor, wenn die Täterin oder der Täter eine Waffe oder ein gefährliches Werkzeug **während der Tat und aus der Tatbeute an sich nimmt**.
>
> Bsp:
>
> T findet bei einem Einbruchsdiebstahl ein Springmesser, das ihm gefällt und das er deshalb mitnimmt.

Ausreichend ist, dass **andere Beteiligte** eine Waffe oder ein anderes gefährliches Werkzeug bei sich führen, sofern sich der **Vorsatz des Täters** darauf erstreckt; allerdings muss sich der Beteiligte wegen der notwendigen abstrakten Gefährlichkeit in Tatortnähe aufhalten und in das tatbestandliche Geschehen eingreifen können.[1250]

Nach h.M. ist § 244 Abs. 1 Nr. 1a) für **berufsmäßige Waffenträger**, die **504**
während ihres Dienstes einen Diebstahl begehen, nicht einzuschränken, da diese nicht weniger gefährlich sind als ein anderer Täter, der eine Waffe bei sich führt.[1251] Für § 250 Abs. 1 Nr. 1 hat das BVerfG ausdrücklich entschieden, dass dies verfassungsrechtlich nicht zu beanstanden ist.[1252]

> Begeht also bspw. **eine Polizeibeamtin oder ein Polizeibeamter** während des Dienstes einen Diebstahl, liegt in aller Regel angesichts der mitgeführten und einsatzbereiten Dienstwaffe nicht nur der Grundtatbestand des Diebstahls, sondern § 244 Abs. 1 Nr. 1a) (Mindeststrafandrohung von sechs Monaten Freiheitsstrafe!) vor.

b) § 244 Abs. 1 Nr. 1b)

Von § 244 Abs. 1 Nr. 1b) sollen alle Gegenstände erfasst werden, die keine **505**
Waffen oder (Anm.: anderen) gefährlichen Werkzeuge i.S.d. § 244 Abs. 1 Nr. 1a) sind, aber Widerstand durch Gewalt oder Drohung mit Gewalt verhindern oder überwinden sollen.[1253]

1247 BeckOK/Wittig, § 244 Rn. 9, auch zur Gegenauff. und deren Kritik.
1248 BGH 4.6.1985 – 2 StR 125/85, NStZ 1985, 85 (zu § 250 Abs. 1).
1249 BGH 17.10.2013 – 3 StR 263/13, NStZ 2015, 85, 86 (zu § 250 Abs. 1).
1250 Hilgendorf/Valerius, BT II § 4 Rn. 25; Rengier, BT I § 4 Rn. 53; Sch/Sch/Bosch, § 244 Rn. 8.
1251 Fischer, § 244 Rn. 12, auch zur Gegenauff.
1252 S. BVerfG 16.8.1994 – 2 BvR 647/93, NStZ 1995, 76.
1253 Eisele, BT II Rn. 206, auch zu den nachfolgenden Bsp.

> Bspw. Handschellen, Klebeband zur Fesselung, Schlafmittel, K.O.-Tropfen und sog. **Scheinwaffen** (s. hierzu ausführlich. Rn. 611 ff.)[1254]

506 Zum **Beisichführen** gilt dasselbe wie bei § 244 Abs. 1 Nr. 1a).

3. Subjektiver Tatbestand

507 In subjektiver Hinsicht ist (mind. bedingter) **Vorsatz** erforderlich.

508 Bei § 244 Abs. 1 Nr. 1a) muss hierbei nach der Rspr. die Täterin oder der Täter den Gegenstand **bewusst gebrauchsbereit** bei sich führen.[1255] Auch berufsmäßige Waffenträger wie Polizeibeamtinnen und Polizeibeamte müssen dieses aktuelle Bewusstsein der Bewaffnung haben[1256], was im Regelfall aber gegeben sein dürfte.

509 Bei § 244 Abs. 1 Nr. 1b) ist zusätzlich ein sog. **Verwendungsvorbehalt** erforderlich, dass also das sonstige Mittel bei sich geführt wird, um den Widerstand einer anderen Person durch Gewalt oder Drohung mit Gewalt zu verhindern oder zu überwinden. Für diese **Absicht** (i. S. eines zielgerichteten Wollens) reicht es, wenn der Gegenstand nur im Bedarfsfall oder unter Umständen eingesetzt werden soll; auch kann die Verwendungsabsicht erst während der Tatausführung gefasst werden.[1257]

III. Der Bandendiebstahl

1. Prüfungsaufbau

510 I. Tatbestandsmäßigkeit
  1. Objektiver Tatbestand
     Qualifizierende Umstände des § 244 Abs. 1 Nr. 2
     – Diebstahl als Mitglied einer Bande
       und
     – Mitwirkung eines anderen Bandenmitglieds
  2. Subjektiver Tatbestand
     Vorsatz

1254 Fischer, § 244 Rn. 25 f.
1255 BGH 14.8.2019 – 5 StR 5/19, BeckRS 2019, 21881.
1256 S. hierzu im Einzelnen OLG Hamm 2.1.2007 – 2 Ss 459/06, NStZ 2007, 473, 474.
1257 BeckOK/Wittig, § 244 Rn. 14 m. w. N.

II. Rechtswidrigkeit

III. Schuld

2. Objektiver Tatbestand

Eine Strafbarkeit wegen Bandendiebstahls nach § 244 Abs. 1 Nr. 2 erfordert objektiv **zweierlei**: Das Begehen eines Diebstahls als Mitglied einer Bande, die sich zur fortgesetzten Begehung von Raub oder Diebstahl verbunden hat, sowie die Mitwirkung eines anderen Bandenmitglieds beim Diebstahl. **511**

a) Diebstahl als Mitglied einer Bande

aa) Begriff der Bande

Der Begriff der Bande setzt seit der Rspr. des BGH aus dem Jahr 2001 den Zusammenschluss von **mindestens drei Personen** voraus, die sich mit dem **Willen verbunden** haben, künftig für eine gewisse Dauer mehrere selbstständige, im Einzelnen noch ungewisse Straftaten des im Gesetz genannten Deliktstyps zu begehen.[1258] **512**

Diesen Willen, mit dem die Bandenmitglieder verbunden sein müssen, nennt man auch die sog. **Bandenabrede**. Diese[1259]

- kann ausdrücklich oder stillschweigend getroffen werden
- muss für eine gewisse Dauer angelegt sein
  (nur kurzfristiges Zusammenwirken genügt nicht!)
- muss sich auf die künftige Begehung einer Mehrzahl von Straftaten beziehen (Verbindung zu nur einer Tat oder einer festen (und damit nicht unbestimmten) Anzahl von Taten genügt nicht!)

Bei § 244 Abs. 1 Nr. 2 müssen die künftigen Straftaten **Raub- oder Diebstahlstaten** sein. Umstritten ist, ob dies auch §§ 252, 255, 316a umfasst.[1260]

Schließen sich aber zwei an Diebstählen Beteiligte mit einem Hehler (der nicht zugleich an den Diebstahlstaten teilnehmen soll) zusammen (sog. gemischte Bande), scheidet § 244 Abs. 1 Nr. 2 aus.[1261] Bei der (gewerbsmä-

1258 BGH 22.3.2001 – GSSt 1/00, NJW 2001, 2266.
1259 S. zum Nachfolgenden Fischer, § 244 Rn. 36 f. und Wessels/Hillenkamp/Schuhr, BT 2 Rn. 302 f.
1260 S. für die Einbeziehung von § 255 bspw. Fischer, § 244 Rn. 38 und Sch/Sch/Bosch, § 244 Rn. 25; abl. und weiterführend MüKo/Schmitz, § 244 Rn. 46.
1261 BGH 19.4.2006 – 4 StR 395/05, NStZ 2007, 33, 34.

ßigen) Banden*hehlerei* ist dies anders (s. Wortlaut der §§ 260 Abs. 1 Nr. 2, 260a Abs. 1).

513 In der Bandenabrede sieht die Rspr. eine erhöhte abstrakte Gefährlichkeit begründet, die sich aus der auf eine gewisse Dauer angelegten engen Bindung ergibt, die einen ständigen Anreiz zur Fortsetzung der kriminellen Tätigkeit bildet (**Organisationsgefahr**).[1262]

514 Die mind. drei Personen können allesamt (Mit-)Täter sein. Es genügt jedoch nach der Rspr., wenn eines der drei Bandenmitglieder bloßer **Gehilfe** ist, sofern der Tatbeitrag des Gehilfen nicht gänzlich untergeordnet ist, da dann auch die Zusage künftiger dauerhafter Gehilfentätigkeit in erheblicher Weise geeignet ist, die erhöhte Gefährlichkeit des Zusammenschlusses von Straftätern hervorzurufen.[1263] Sogar zwei Gehilfen mit nur einem Täter bilden bei ersichtlicher Organisationsgefahr eine Bande.[1264]

bb) Tatbegehung als Bandenmitglied

515 Der Diebstahl muss **als Mitglied einer Bande begangen** werden. Das bedeutet, dass aus § 244 Abs. 1 Nr. 2 nur bestraft werden kann, wer Mitglied in der Bande und an der konkret verübten Tat beteiligt ist. Dies gilt allerdings nur für Taten, die sich im Rahmen der Bandenabrede bewegen.

516 Weder die bloße Mitgliedschaft in einer Bande noch die bloße Beteiligung an einer Diebstahlstat reichen für eine Strafbarkeit nach § 244 Abs. 1 Nr. 2 aus.

> Aus der Bandenmitgliedschaft darf weder auf die Beteiligung an der konkreten Tat noch auf Mittäterschaft geschlossen werden!
>
> Es ist vielmehr nach allgemeinen Kriterien zu prüfen, ob Bandenmitglieder – wie auch Außenstehende – **an der jeweiligen Tat als Täter oder Teilnehmer beteiligt** sind.[1265]

Die Mitgliedschaft in der Bande ist hierbei ein sog. **besonderes persönliches Merkmal i.S.d. § 28 Abs. 2.**[1266] Dies bedeutet, dass aus § 244 Abs. 1 Nr. 2 nur derjenige bestraft werden kann, der selbst Mitglied der Bande ist.

1262 BGH 19.4.2006 – 4 StR 395/05, NStZ 2007, 33, 34.
1263 BGH 15.1.2002 – 4 StR 499/01, NStZ 2002, 318, 319. A.A. bspw. MüKo/Schmitz, § 244 Rn. 45.
1264 BGH 25.6.2008 – 5 StR 219/08, NStZ 2008, 570, 571 (zu § 260a).
1265 Zum Ganzen Eisele, BT II Rn. 214; Hilgendorf/Valerius, BT II § 4 Rn. 52.
1266 BeckOK/Wittig, § 244 Rn. 20.

Beispiel:[1267]

A, B und C haben sich zur Begehung einer unbestimmten Anzahl von Diebstählen aus vorübergehend unbewohnten Villen verbunden. Für Planung und Durchführung der ersten Tat sind A und B maßgeblich verantwortlich. C steht auf der Straße „Schmiere", um A und B ggf. zu warnen. A, B und C greifen zudem auf die Unterstützung von S zurück, der einen in der Villa befindlichen Tresor aufbrechen soll, hierfür eine feste Entlohnung erhält, aber nur einmalig mit den dreien zusammenarbeiten möchte.

A und B machen sich bei erfolgreicher Verwirklichung als Mittäter gem. §§ 244 Abs. 1 Nr. 2, 25 Abs. 2 strafbar. C ist als Gehilfe bei Bandenmitgliedschaft gem. §§ 244 Abs. 1 Nr. 2, 27 strafbar. S ist ebenfalls bloßer Gehilfe, nicht aber Bandenmitglied und deshalb „nur" gem. §§ 242 Abs. 1, 27 (ggf. §§ 243, 244 Abs. 1 Nr. 3) strafbar.

Die als Mitglied einer Bande begangene Tat muss **Ausfluss der Bandenabrede** sein. 517

Ist bspw.[1268] Gegenstand der Bandenabrede die Entwendung hochwertiger Kfz, um sie nach „Umbau" weiterzuveräußern, entwendet ein Bandenmitglied dann aber ein Kfz, das er *ausschließlich für seinen eigenen Gebrauch* verwenden möchte, ist dieser Diebstahl nicht Ausfluss der Bandenabrede, sondern geschieht losgelöst davon. § 244 Abs. 1 Nr. 2 entfällt dann, und es kommt „nur" eine Strafbarkeit nach §§ 242, 243 in Betracht.

Sofern aber die Bandenabrede besteht, wird – nach h. M. – **bereits die erste Tat** (die übrigen Voraussetzungen unterstellt) bandenmäßig begangen.[1269] 518

b) Mitwirkung eines anderen Bandenmitglieds

Der Diebstahl muss **unter Mitwirkung eines anderen Bandenmitglieds** begangen werden. Da hierdurch die Tatbeiträge einzelner Bandenmitglieder in die Tatausführung einfließen und sich in ihrer Wirkung gegenseitig verstärken, besteht durch dieses Erfordernis eine effizienzsteigernde bandenmäßige **Ausführungsgefahr**.[1270] 519

Für eine Mitwirkung reicht es nach der Rechtsprechung aus, wenn **ein Bandenmitglied als Täter** und ein anderes Bandenmitglied **in irgendeiner Weise** zusammenwirken; weder ist eine (eigene) persönliche Beteiligung 520

1267 Aus Hilgendorf/Valerius, BT II § 4 Rn. 53.
1268 BGH 19.4.2006 – 4 StR 395/05, NStZ 2007, 33, 33 f.
1269 MüKo/Schmitz, § 244 Rn. 49.
1270 Eisele, BT II Rn. 212.

am Ort der Wegnahme erforderlich noch müssen überhaupt (mind.) zwei Bandenmitglieder örtlich und zeitlich die Wegnahmehandlung begehen.[1271] Die Wegnahme kann sogar durch eine bandenfremde Person ausgeführt werden, wenn im Übrigen zwei Mitglieder der aus zumindest drei Personen bestehenden Bande am Diebstahl mitwirken und wenigstens einem von ihnen die unmittelbare Tatausführung des Nichtmitglieds als Täter zuzurechnen ist.[1272]

Beispiel 1:

Auch ein am Tatort nicht anwesender Bandenchef kann sich ggf. wegen mittäterschaftlichen Bandendiebstahls strafbar machen.

Beispiel 2:[1273]

A, B und C bilden eine Bande, die Autos stiehlt und verschiebt. Während B und C Urlaub machen, entwendet A ein Kfz, auf das ihn B aufmerksam gemacht hat.

A macht sich nach Auff. der Rspr. gem. § 244 Abs. 1 Nr. 2 strafbar, da er den Diebstahl unter Mitwirkung eines anderen Bandenmitglieds (B) begangen hat: B hatte den Tipp gegeben und sich somit als Gehilfe an der Tat beteiligt (§§ 244 Abs. 1 Nr. 2, 27). Mangels Beteiligung an der konkreten Tat ist C straflos.

521 Der Verzicht der Rspr. auf die Notwendigkeit der Anwesenheit von mind. zwei Bandenmitgliedern am Tatort ist in der Literatur insbesondere im Hinblick auf die notwendige gesteigerte Ausführungsgefahr auf erhebliche Kritik[1274] gestoßen.

Der BGH sieht die gesteigerte Ausführungsgefahr mit Blick auf Eigentum und Gewahrsam aber nicht nur durch ein gemeinschaftliches Handeln am Ort der Wegnahme als gegeben an, sondern ebenso durch jedes arbeitsteilige Zusammenwirken bei der Planung oder Vorbereitung der Tat oder bei tatbegleitenden Maßnahmen; eine solche Arbeitsteilung – die vor allem für organisierte und spezialisierte Diebesbanden typisch sei –, sei zumindest genauso gefährlich wie die Arbeitsteilung am Ort der Wegnahme selbst.[1275]

3. Subjektiver Tatbestand

522 In subjektiver Hinsicht ist (mind. bedingter) **Vorsatz** erforderlich.

1271 BGH 22.3.2001 – GSSt 1/00, NJW 2001, 2266, 2268.
1272 BGH 22.3.2001 – GSSt 1/00, NJW 2001, 2266, 2270.
1273 Aus Rengier, BT I § 4 Rn. 98.
1274 Bspw. MüKo/Schmitz, § 244 Rn. 53 ff.
1275 BGH 22.3.2001 – GSSt 1/00, NJW 2001, 2266, 2269.

IV. Der Wohnungseinbruchsdiebstahl

Wer einen Diebstahl begeht, bei dem er zur Ausführung der Tat in eine **Wohnung** einbricht, einsteigt, mit einem falschen Schlüssel oder einem anderen nicht zur ordnungsgemäßen Öffnung bestimmten Werkzeug eindringt oder sich in der Wohnung verborgen hält, verwirklicht § 244 Abs. 1 Nr. 3. Betrifft dieser Wohnungseinbruchsdiebstahl eine **dauerhaft genutzte Privatwohnung,** ist der Strafrahmen gem. § 244 Abs. 4 auf Freiheitsstrafe von einem Jahr (Verbrechen!) bis zu zehn Jahren erhöht. Diese Regelung wurde im Juli 2017 neu eingeführt. **523**

1. Prüfungsaufbau

I. Tatbestandsmäßigkeit **524**
   1. Objektiver Tatbestand
      Qualifizierende Umstände des
      - § 244 Abs. 1 Nr. 3
        - Eindringen auf bestimmte Weise in eine Wohnung
          oder
        - Sich-verborgen-Halten in einer Wohnung
      - § 244 Abs. 4: dauerhaft genutzte Privatwohnung
   2. Subjektiver Tatbestand
      Vorsatz und zur Ausführung der Tat

II. Rechtswidrigkeit

III. Schuld

2. Objektiver Tatbestand

a) § 244 Abs. 1 Nr. 3

Die in § 244 Abs. 1 Nr. 3 umschriebenen Tatmodalitäten **entsprechen § 243 Abs. 1 S. 2 Nr. 1**. Auf die dortigen Ausführungen sei daher verwiesen (Rn. 462 ff.). **525**

Hinsichtlich der Art der Räumlichkeit fordert § 244 Abs. 1 Nr. 3 jedoch das Vorliegen einer **Wohnung**. **526**

Wohnungen werden vorrangig über § 244 Abs. 1 Nr. 3 geschützt. Wird ein Wohnungseinbruchsdiebstahl begangen, ist, da Wohnungen auch umschlossene Räume i. S. d. § 243 Abs. 1 S. 2 Nr. 1 sind, dieser stets mitverwirklicht, tritt aber ggü. § 244 Abs. 1 Nr. 3 zurück.[1276]

527 Der Gesetzgeber hat den Wohnungseinbruchsdiebstahl im Jahr 1998 vom Regelbeispiel zur Qualifikation heraufgestuft, da es sich um eine Straftat handelt, die tief in die **Intimsphäre der Opfer** eindringt, zu ernsten psychischen Störungen führen kann und nicht selten mit Gewalttätigkeiten gegen Menschen und Verwüstungen der Einrichtungsgegenstände verbunden ist.[1277]

528 Der Begriff der Wohnung i. S. d. § 244 Abs. 1 Nr. 3 umfasst nach der Rspr. grundsätzlich alle abgeschlossenen und überdachten Räume, die Menschen **zumindest vorübergehend als Unterkunft** dienen und nicht bloße Arbeits-, Geschäfts- oder Ladenräume sind.[1278]

Bspw. also auch Hotelzimmer oder Wochenendhäuser (sehr str.!)[1279]

Der Wohnungsbegriff ist bei § 244 Abs. 1 Nr. 3 aber **enger auszulegen** als bei § 123, da der Begriff zum einen vom Gebäudeeinbruchsdiebstahl nach § 243 Abs. 1 S. 2 Nr. 1 abzugrenzen ist und zum anderen § 244 Abs. 1 Nr. 3 neben dem Schutz des Eigentums den verstärkten Schutz der **häuslichen Privat- und Intimsphäre** bezweckt.[1280]

529 **Nebenräume** (bspw. Flure, Toiletten, Keller und Speicher) werden bei § 244 Abs. 1 Nr. 3 nur dann mitgeschützt, wenn sie mit dem eigentlichen Wohnbereich unmittelbar verbunden und daher so integriert sind, dass insgesamt eine in sich geschlossenen Wohneinheit vorliegt.[1281]

1276 Hilgendorf/Valerius, BT II § 4 Rn. 61.
1277 Zur Gesetzesbegründung BT-Drs. 13/8587, S. 43.
1278 BGH 5.9.2017 – 5 StR 361/17, NStZ-RR 2018, 14, 15. A. A. bspw. MüKo/Schmitz, § 244 Rn. 61 f., der als Wohnung nur Räumlichkeiten betrachtet, die „nicht nur vorübergehend zur Unterkunft dienen".
1279 BGH 3.5.2001 – 4 StR 59/01, BeckRS 2001, 30178367 (Hotelzimmer; a. A. bspw. MüKo/Schmitz, § 244 Rn. 62); BGH 5.9.2017 – 5 StR 361/17, NStZ-RR 2018, 14, 15 (Wochenendhaus).
1280 BeckOK/Wittig, § 244 Rn. 22; BGH 24.4.2008 – 4 StR 126/08, NStZ 2008, 514, 515
1281 Rengier, BT I § 4 Rn. 93.

Beispiel:

Kellerraum oder Arbeitszimmer innerhalb eines Einfamilienhauses[1282]

nicht aber:

Kellerräume in Mehrfamilienhäusern; Garage, die vom Wohngebäude durch einen Zwischenraum baulich und räumlich getrennt ist; Flur und offener Empfangsbereich eines Seniorenwohnheims.[1283]

Die Wohnungseigenschaft entfällt nach der Rspr. des BGH nicht, wenn ihre ehemaligen Bewohner **nicht mehr** in den Räumen **leben** – bspw. weil sie kurz zuvor verstorben sind –, jedenfalls solange die unbewohnte Immobilie nicht als Wohnstätte entwidmet ist.[1284] **530**

Dem BGH ist dabei darin zuzustimmen, dass spätestens mit der Einführung von § 244 Abs. 4 der Gesetzgeber deutlich gemacht hat, dass er die (dauerhafte) Nutzung der Wohnung nicht als tatbestandliche Voraussetzung des einfachen Wohnungseinbruchsdiebstahls nach § 244 Abs. 1 Nr. 3 verstanden wissen will. Allerdings bezweckt § 244 Abs. 1 Nr. 3 gerade den verstärkten **Schutz der häuslichen Privat- und Intimsphäre**. Mit Recht wird in der Literatur aber bezweifelt, ob dieser Schutzzweck beim Tod des einzigen Bewohners noch besteht.[1285]

Die Täterin oder der Täter muss *in* eine Wohnung eingebrochen (bzw. eingestiegen, eingedrungen oder in ihr verborgen gewesen) sein, aber nicht *aus* ihr gestohlen haben.[1286] **531**

Dies ist insbesondere bei sog. **gemischt genutzten Gebäude**n bedeutsam, also Gebäuden, in denen sich sowohl Wohnraum als auch anders genutzte Räume, z.B. Geschäftsräume, befinden.

So begeht nach der Rspr. einen Wohnungseinbruchsdiebstahl, wer bspw. über ein Fenster des im Erdgeschoss befindlichen privaten Badezimmers einer Wohnung in das Gebäude einsteigt, von dort über den Flur in einen Geschäftsraum gelangt und aus diesem Bargeld entwendet.[1287]

1282 BGH 5.9.2017 – 5 StR 361/17, NStZ-RR 2018, 14, 15 (Kellerraum); BGH 22.2.2012 – 1 StR 378/11, NStZ 2013, 120, 121 (Arbeitszimmer).

1283 OLG Schleswig 10.4.2000 – 2 Ss 366/99, NStZ 2000, 479, 480 (Mehrfamilienhaus); BGH 24.8.2021 – 6 StR 344/21, NStZ 2022, 42 (Garage); BGH 20.5.2005 – 2 StR 129/05, NStZ 2005, 631 (Seniorenwohnheim).

1284 BGH 22.1.2020 – 3 StR 526/19, NJW 2020, 1750, 1750f.

1285 S. ausf. zur Kritik bspw. Epik, NStZ 2020, 485, 486; Abl. auch MüKo/Schmitz, § 244 Rn. 66.

1286 BGH 22.2.2012 – 1 StR 378/11, NStZ 2013, 120.

1287 BGH 21.6.2001 – 4 StR 94/01, NStZ 2001, 533.

Falls bei einem solch gemischt genutzten Anwesen in einen ausschließlich zu betrieblichen Zwecken genutzten Raum bspw. eingebrochen wird und die Täterin oder der Täter von dort ungehindert in den Wohnbereich des Tatopfers gelangt, um auch dort zu stehlen, kann darin nur dann ein Wohnungseinbruch gesehen werden, wenn der Geschäftsraum so in den Wohnbereich integriert ist, dass beide eine **in sich geschlossene Einheit** bilden.[1288]

b) § 244 Abs. 4

532 Mit der Einführung von § 244 Abs. 4 im Jahr 2017 wollte der Gesetzgeber dem **schwerwiegenden Eingriff in den persönlichen Lebensbereich** von Einbruchsdiebstählen in dauerhaft genutzte Privatwohnungen durch einen verschärften Strafrahmen und den Ausschluss von minder schweren Fällen (s. dazu Rn. 537) stärker Rechnung tragen.[1289] Dies war und ist rechtspolitisch umstritten.[1290]

533 Der Begriff der **dauerhaft genutzten Privatwohnung** wirft allerlei Fragen auf.[1291]

Die Gesetzesbegründung fasst hierunter private Wohnungen oder Einfamilienhäuser und die dazu gehörenden, von ihnen nicht getrennten weiteren Wohnbereiche wie Nebenräume, Keller, Treppen, Wasch- und Trockenräume *sowie* Zweitwohnungen von Berufspendlern.[1292]

Der Tatbestand erfasst damit die **Wohnung im eigentlichen Sinne** und verdrängt § 244 Abs. 1 Nr. 3 weitgehend.[1293]

Lediglich *reine* Ferienwohnungen und für einen kurzfristigen Aufenthalt genutzte Hotelzimmer wird man mit Sicherheit von § 244 Abs. 4 ausnehmen können.[1294]

Allerdings muss die Wohnstätte, um dauerhaft genutzt zu sein, zur Tatzeit **tatsächlich bewohnt** sein.[1295]

§ 244 Abs. 4 ist daher objektiv auch nach der Rspr. bspw. nicht verwirklicht, wenn die einzige Bewohnerin einer Wohnung einige Wochen vor dem Einbruch in ein Pflegeheim gezogen und wenige Tage vor dem Einbruch verstorben ist.

1288 BGH 24.3.2021 – 6 StR 46/21, BeckRS 2021, 6275.
1289 BT-Drs. 18/12359, S. 7.
1290 S. dazu näher BeckOK/Wittig, § 244 Rn. 25.1.
1291 S. hierzu ausf. MüKo/Schmitz, § 244 Rn. 71 ff.
1292 BT-Drs. 18/12359, S. 7.
1293 MüKo/Schmitz, § 244 Rn. 70.
1294 Sch/Sch/Bosch, § 244 Rn. 32.
1295 Auch zu nachfolgendem Bsp. BGH 24.06.2020 – 5 StR 671/19, NJW 2020, 2816, 2817.

Ist § 244 Abs. 4 verwirklicht, spricht die Rspr. teilweise von einem **schweren Wohnungseinbruchsdiebstahl**.[1296] 534

3. Subjektiver Tatbestand

In subjektiver Hinsicht ist (mind. bedingter) **Vorsatz** erforderlich. 535

Zudem muss die Handlung **zur Ausführung der Tat** geschehen.

> Der Diebstahlsvorsatz muss schon **im Zeitpunkt des Einbrechens, Einsteigens usw.** vorgelegen haben.[1297]

V. Versuch und minder schwerer Fall

Der **Versuch** ist gem. § 244 Abs. 2 strafbar. 536

Bei Vorliegen eines **minder schweren Fall**s verringert sich der Strafrahmen gem. § 244 Abs. 3 auf Freiheitsstrafe von drei Monaten bis zu fünf Jahren. 537

> § 244 Abs. 3 (s. *Wortlaut*!) sieht minder schwere Fälle nur für § 244 Abs. 1 Nr. 1–3 vor, also **nicht für schwere Wohnungseinbruchsdiebstähle** nach § 244 Abs. 4![1298]

VI. Abschließender Fall

Sachverhalt:[1299] 538

Familie F ist mit ihrem Wohnmobil auf dem Weg in den Urlaub. Angesichts der langen Fahrtstrecke zum Urlaubsziel übernachtet die Familie auf einem Autobahnparkplatz und legt sich im Wohnmobil schlafen. A bricht zu später Stunde das Schloss des Wohnmobils auf und entwendet aus dem Inneren mehrere Smartphones und Bargeld.

Wie hat sich A strafbar gemacht?

Lösungshinweise:

§ 242 Abs. 1 ist unproblematisch erfüllt. Da § 243 Abs. 1 Nr. 1 hinter § 244 Abs. 1 Nr. 3 zurücktritt, ist zu prüfen, ob A einen **Wohnungseinbruchsdiebstahl** verwirklicht hat.

Als abgeschlossener und überdachter Raum, der Menschen zumindest vorübergehend als Unterkunft dient und nicht bloßer Arbeits-, Geschäfts- oder Ladenraum ist, ist ein Wohnmobil als Wohnung anzusehen. Dies gilt nach der Rspr.

1296 BGH 4.4.2020 – 3 StR 509/19, NStZ-RR 2020, 116 m. w. N. zu a. A.
1297 Fischer, § 244 Rn. 51a.
1298 Krit. dazu bspw. Fischer, § 244 Rn. 63; Sch/Sch/Bosch, § 244 Rn. 31.
1299 Nach BGH 11.10.2016 – 1 StR 462/16, NJW 2017, 1186 ff.

des BGH jedenfalls dann, wenn die Tat zu einem Zeitpunkt erfolgt, zu dem eine tatsächliche Wohnnutzung stattfindet. Denn Wohnmobile (auch Wohnwagen) können im Zeitraum ihrer Nutzung als Unterkunft eine räumliche Privat- und Intimsphäre vermitteln. Indem A das Schloss des Wohnmobils gewaltsam öffnete, brach er in dieses ein. Dies geschah vorsätzlich und zur Ausführung der Tat, sodass § 244 Abs. 1 Nr. 3 verwirklicht ist.

Ebenfalls verwirklicht sind § 303 Abs. 1 und § 123 Abs. 1 Alt. 1.

Mangels dauerhafter Nutzung des Wohnmobils scheidet § 244 Abs. 4 hingegen vorliegend aus. Anders dürfte dies allenfalls in Konstellationen sein, in denen eine Person ausschließlich in einem Wohnmobil (oder Wohnwagen oder Hotelzimmer) wohnt.[1300]

E. Schwerer Bandendiebstahl

539 § 244a kombiniert eine **bande**nmäßige Begehungsweise des Diebstahls entweder mit den Regelbeispielen aus **§ 243 Abs. 1 S. 2** *oder* mit § 244 Abs. 1 Nr. 1 (**Waffen**diebstahl) *oder* Nr. 3 (**Wohnungseinbruch**sdiebstahl). § 244a ist daher ein weiterer Qualifikationstatbestand, der mit erhöhter Strafe, nämlich Freiheitsstrafe von einem Jahr (Verbrechen!) bis zu zehn Jahren, bedroht ist.

540 Bei den Regelbeispielen aus **§ 243 Abs. 1 S. 2** handelt es sich im Rahmen des § 244a um **Tatbestandsmerkmale**; bei deren Vorliegen (neben der bandenmäßigen Begehungsweise) muss daher zwingend auf den Strafrahmen des § 244a zurückgegriffen werden.[1301]

541 Die **Versuch**sstrafbarkeit ergibt sich aus § 23 Abs. 1.

Bei Vorliegen eines **minder schweren Fall**s verringert sich der Strafrahmen gem. § 244a Abs. 2 auf Freiheitsstrafe von sechs Monaten bis zu fünf Jahren.

F. Unterschlagung

I. Vorbemerkungen

542 Die Unterschlagung schützt das **Eigentum**.[1302]

543 Unter Strafe steht nach § 246 Abs. 1, sich oder einem Dritten eine fremde bewegliche Sache rechtswidrig zuzueignen. Eine Bestrafung erfolgt jedoch nur, wenn die Tat nicht in anderen Vorschriften mit schwererer Strafe bedroht ist (sog. Subsidiaritätsklausel). Nach h. M. ist § 246 **subsi-**

1300 S. hierzu MüKo/Schmitz, § 244 Rn. 74.
1301 Hilgendorf/Valerius, BT II § 4 Rn. 72.
1302 Fischer, § 246 Rn. 2.

diärer Auffangtatbestand für alle Formen der rechtswidrigen Zueignung fremder Sachen.[1303]

> Vermögensdelikte wie §§ 242, 249, 253, 263, 266 müssen daher zuerst geprüft werden![1304]

§ 246 Abs. 2 enthält einen **Qualifikation**statbestand für den Fall, dass die Sache dem Täter **anvertraut** war. **544**

Auch für diese sog. veruntreuende Unterschlagung gilt die o. g. Subsidiaritätsklausel.[1305]

II. Unterschlagung (§ 246 Abs. 1)

1. Prüfungsaufbau

I. Tatbestandsmäßigkeit **545**
   1. Objektiver Tatbestand
      - fremde, bewegliche Sache
      - rechtswidrige Zueignung
   2. Subjektiver Tatbestand
      Vorsatz

II. Rechtswidrigkeit

III. Schuld

2. Objektiver Tatbestand

Zum Tatgegenstand einer **fremden, beweglichen Sache** gilt dasselbe wie beim Diebstahl (s. Rn. 405 ff.). **546**

Im Gegensatz zum Diebstahl muss bei der Unterschlagung aber die **rechtswidrige Zueignung** der Sache nicht nur beabsichtigt sein; § 246 Abs. 1 sieht diese vielmehr als Tathandlung, also als Merkmal des objektiven Tatbestands vor. **547**

Die Zueignung besteht – wie beim Diebstahl – aus zwei Komponenten: einer (zumindest vorübergehenden) **Aneignung** und einer (dauerhaften) **Enteignung** (s. Rn. 433 ff.). **548**

1303 BeckOK/Wittig, § 246 Rn. 1.
1304 Rengier, BT I § 5 Rn. 4.
1305 Fischer, § 246 Rn. 23.

Da die Zueignung bei § 246 Abs. 1 jedoch ein objektives Tatbestandsmerkmal ist, genügt der bloße Zueignungswille nicht. Nach der Rspr. und h. L. muss sich dieser vielmehr verwirklichen durch eine Handlung, durch die der Täter seinen Zueignungsvorsatz nach außen erkennbar manifestiert.[1306]

Ausreichend hierfür wird i. d. R. bspw.[1307] ein Verzehr, ein Verkauf oder ein Verschenken der Sache sein.

Welche Anforderungen an diese sog. **Manifestation des Zueignungswillens** genau zu stellen sind und ob insbesondere auch ein äußerlich ordnungsgemäßes Verhalten (bei bekanntem Zueignungsvorsatz) hierfür reicht[1308], ist umstritten.[1309] Vorzugswürdig erscheint – auch um klar zwischen Vorbereitungshandlung, Versuch und Vollendung unterscheiden zu können –, nicht allein das (subjektive!) Merkmal des Vorsatzes über die (objektive!) Vollendung der Unterschlagung entscheiden zu lassen.[1310] Als Manifestation des Zueignungswillens sollten daher nur Verhaltensweisen ausreichen, die einen Zueignungswillen **objektiv verlässlich** zum Ausdruck bringen (sog. **enge Manifestationstheorie**). Zu beurteilen ist dies aus Sicht eines objektiven Beobachters, der, abgesehen vom Zueignungswillen des Täters, alle tatsächlichen Umstände des Falls kennt.[1311]

Beispiel:

Findet der F auf der Straße einen fremden Ohrring, steckt diesen ein und geht davon, fragt sich, ob hierin bereits eine (vollendete) sog. **Fundunterschlagung** gesehen werden kann. Überzeugenderweise scheidet dies jedoch (selbst bei gegebenem Zueignungsvorsatz) ohne weitere Handlungen aus. Denn auch als ehrlicher Finder muss F den Ohrring einstecken, um ihn bspw. beim Fundbüro abzugeben. Das bloße Einstecken bringt daher einen Zueignungswillen objektiv noch nicht verlässlich zum Ausdruck. Verschenkt der F den Ohrring am Abend dann aber an seine Tochter, manifestiert sich hierin sein (Selbst-)Zueignungswille.

1306 MüKo/Hohmann, § 246 Rn. 19; zu weiter als die Manifestationstheorien gehenden (sog. Zueignungs-)Theorien Rengier, BT I § 5 Rn. 20 ff.: Eine bloße Manifestation des Zueignungswillens genügt nunmehr auch aus Sicht des 6. Strafsenats des BGH nicht, BGH 29.11.2023 – 6 StR 191/23, NJW 2024, 1050.
1307 Hierzu und zu weiteren Bsp. Lackner/Kühl/Heger, § 246 Rn. 5.
1308 So bspw. Fischer § 246 Rn. 6a.
1309 S. hierzu weiterführend bspw. MüKo/Hohmann, § 246 Rn. 20 ff.
1310 Näher MüKo/Hohmann, § 246 Rn. 21 und a. A. Kindhäuser/Böse, BT II § 6 Rn. 15.
1311 Rengier, BT I § 5 Rn. 24.

Die Zueignung kann sich **selbst** oder aber einem **Dritten** gegenüber geschehen. **549**

Im Falle der Drittzueignung muss sich der Wille der Täterin oder des Täters, die Sache einem Dritten zuzueignen, zweifelsfrei manifestieren.[1312]

> Tritt die Täterin oder der Täter als **Schenkerin oder Schenker** auf, liegt darin ein Sich-Zueignen (und keine Drittzueignung), da eine Schenkung nur dem Eigentümer zusteht, die Täterin oder der Täter sich also die Sache durch die Anmaßung einer eigentümerähnlichen Verfügungsgewalt über diese aneignet.[1313]

Die Zueignung muss **rechtswidrig** sein, darf also insbesondere nicht vom Einverständnis des Eigentümers oder einem (fälligen und einredefreien) Anspruch auf die zugeeignete Sache gedeckt sein.[1314] **550**

Zum Tanken an Selbstbedienungstankstellen s. Rn. 864. **551**

3. Subjektiver Tatbestand

In subjektiver Hinsicht ist keine Zueignungs*absicht* erforderlich; es genügt diesbezüglich vielmehr – da die rechtswidrige Zueignung der fremden, beweglichen Sache ja objektive Tatbestandsvoraussetzung ist – **bedingter Vorsatz** (nach h. M. auch bzgl. der Aneignungskomponente).[1315] **552**

III. Veruntreuende Unterschlagung (§ 246 Abs. 2)

Unterschlägt die Täterin oder der Täter eine ihr oder ihm anvertraute Sache, ist der **Qualifikation**statbestand des § 246 Abs. 2 verwirklicht. **553**

Anvertraut sind Sachen, bei denen dem Täter die Sachherrschaft mit der Verpflichtung eingeräumt worden ist, die Sache zurückzugeben oder nur zu bestimmten Zwecken im Sinne des Anvertrauenden zu verwenden.[1316] **554**

Beispiele:[1317]

- geliehene, gemietete oder geleaste Sachen
- Sachen, die unter Eigentumsvorbehalt gekauft wurden
- einem Apotheker im Rahmen der Vorgaben der Coronavirus-Impfverordnung überlassener Impfstoff

1312 BeckOK/Wittig, § 246 Rn. 8.
1313 K/H/H, BT 2 Rn. 257, 102; Rengier, BT I § 2 Rn. 152.
1314 MüKo/Hohmann, § 246 Rn. 49 f.
1315 Fischer, § 246 Rn. 20; Hilgendorf/Valerius, § 5 Rn. 18.
1316 Rengier, BT I § 5 Rn. 60.
1317 Bsp. 1 und 2 aus Rengier, BT I § 5 Rn. 60; Bsp. 3: LG Nürnberg-Fürth 24.1.2022 – 18 Qs 224/21, 18 Qs 25/21, BeckRS 2022, 4626 Rn. 76.

555 Der Anwendungsbereich der Qualifikation des § 246 Abs. 2 ist somit **sehr weit** und bildet den „Normalfall der Unterschlagung“.[1318]

556 In subjektiver Hinsicht muss **Vorsatz** hinsichtlich des Anvertrautseins vorliegen. Teilweise wird hierfür „Wissen“ gefordert[1319]; da aber der Wortlaut für die Notwendigkeit eines direkten Vorsatzes in Form des sicheren Wissens keinen Anhaltspunkt enthält, erscheint überzeugender, Eventualvorsatz genügen zu lassen.[1320]

IV. Versuch und Strafverfolgungsvoraussetzungen

557 Der **Versuch** ist gem. § 246 Abs. 3 strafbar.

558 Die §§ 247, 248a gelten auch für die Unterschlagung (sowohl für den Grund- als auch für den Qualifikationstatbestand[1321]), sodass auf die entsprechenden Ausführungen zum Diebstahl (Rn. 448 ff.) verwiesen sei.

V. Abschließender Fall

559 ***Sachverhalt:***[1322]

Die B nahm eine gebrauchte Jeans ihres Nachbarn N an sich, um einen neuen Reißverschluss einzunähen. In der Folge gibt sie die Jeans, auch auf mehrere Aufforderungen hin, nicht zurück, zunächst mit der Begründung, die Hose nicht zu finden, später ohne Angaben von Gründen. Tatsächlich will die B zunächst nicht eingestehen müssen, unwillig oder unfähig zu sein, die kleine Gefälligkeit zu erledigen, später auch, weil sie den N ärgern möchte.

Hat B § 246 Abs. 1 verwirklicht?

Lösungshinweise:

Fraglich ist, ob in der Nichtherausgabe der Jeans eine Manifestation des Zueignungswillens und damit eine Zueignung i. S. d. § 246 Abs. 1 gesehen werden kann. Das **bloße Unterlassen** der geschuldeten Rückgabe einer Sache kann aber nicht als Manifestation des Zueignungswillens angesehen werden; erforderlich ist vielmehr ein Verhalten, das den sicheren Schluss darauf zulässt, dass die Täterin oder der Täter den Gegenstand dem eigenen Vermögen einverleiben will, bspw. indem der Besitz abgeleugnet oder der Gegenstand in einer Weise gebraucht wird, dass er erheblich an Sachwert verliert.[1323]

1318 Hilgendorf/Valerius, BT II § 5 Rn. 19.
1319 So bspw. Fischer, § 246 Rn. 19.
1320 Mit dieser Begründung MüKo/Hohmann, § 246 Rn. 60.
1321 Hohmann/Sander § 37 Rn. 37.
1322 Nach OLG Brandenburg 6.7.2009 – 1 Ss 45/09, NStZ 2010, 220, 220f.
1323 BGH 17.3.1987 – 1 StR 693/86, NJW 1987, 2242, 2243.

Das von der B gezeigte Verhalten lässt diesen sicheren Schluss nicht zu, da es auch auf einer das fremde Eigentum nicht infrage stellenden Nachlässigkeit oder Säumnis beruhen kann.[1324] § 246 Abs. 1 ist daher nicht verwirklicht.

G. Unbefugter Gebrauch eines Fahrzeugs

I. Vorbemerkungen

§ 248b stellt unter Strafe, wenn ein Fahrzeug oder Fahrrad gegen den Willen des Berechtigten in Gebrauch genommen wird, also eine **Gebrauchsanmaßung** erfolgt. Eine Bestrafung erfolgt jedoch nur, wenn die Tat nicht in anderen Vorschriften mit schwererer Strafe bedroht ist (sog. Subsidiaritätsklausel). **560**

Nach h.M. schützt § 248b das **Gebrauchsrecht** (nicht das Eigentum), sodass die Tat auch von einem Eigentümer gegen einen Nutzungsberechtigten begangen werden kann.[1325] **561**

Die bloße Gebrauchsanmaßung grenzt sich vom **Diebstahl** insbesondere anhand der Zueignungsabsicht ab: Liegt nicht mind. bedingter Vorsatz dahingehend vor, die/den Eigentümer/-in des Kfz oder Fahrrads dauerhaft zu enteignen, scheidet eine Strafbarkeit wegen Diebstahls aus (s. hierzu näher Rn. 437). **562**

> Da sich bei § 248b typischerweise Abgrenzungsfragen zum Diebstahl stellen und der Diebstahl eine schwerere Strafe als § 248b androht, ist in solchen Fällen immer mit der Prüfung des Diebstahls zu beginnen!

Bei unbefugtem Gebrauch eines Kfz ist der Verbrauch des **im Tank befindlichen Betriebsstoff**es kein Diebstahl, da es sich insoweit um einen vom Tatbestand des § 248b mit umfassten Vorgang handelt.[1326] **563**

II. Prüfungsaufbau

I. Tatbestandsmäßigkeit **564**
   1. Objektiver Tatbestand
      - Kraftfahrzeug oder Fahrrad
      - Ingebrauchnahme

1324 OLG Brandenburg 6.7.2009 – 1 Ss 45/09, NStZ 2010, 220, 221.
1325 BeckOK/Wittig, § 248b Rn. 1; Fischer, § 248b Rn. 2 m.w.N. zur Gegenauff.
1326 BGH 5.7.1960 – 5 StR 80/60, NJW 1960, 1729.

- gegen den Willen d. Berechtigten

2. Subjektiver Tatbestand
   Vorsatz

II. Rechtswidrigkeit

III. Schuld

III. Objektiver Tatbestand

1. Tatobjekt

565 Als Tatobjekt muss ein Kraftfahrzeug oder Fahrrad in Gebrauch genommen werden.

566 § 248b Abs. 4 definiert **Kraftfahrzeuge** im Sinne des § 248b als Fahrzeuge, die durch Maschinenkraft bewegt werden, wobei Landkraftfahrzeuge nur insoweit erfasst sind, als sie nicht an Bahngleise gebunden sind.

Erfasst sind sämtliche motorbetriebene Wasser- und Luftfahrzeuge wie bspw. Motorflugzeuge und -boote sowie motorbetriebene Landfahrzeuge, also bspw. Pkw und Lkw, nicht aber Straßen- oder Eisenbahn.[1327]

567 Als **Fahrräder** sind Zwei-, aber auch Dreiräder und E-Bikes anzusehen.[1328]

2. Tathandlung

568 Das Kfz oder Fahrrad muss gegen den Willen des Berechtigten in Gebrauch genommen werden.

569 **Ingebrauchnahme** bedeutet nur die bestimmungsgemäße Benutzung zum Zwecke der *Fortbewegung*.[1329]

Keine Ingebrauchnahme i. S. d. § 248b liegt daher bspw. vor
- beim unbefugten Übernachten in einem parkenden Kfz
- bei der Mitfahrt als „blinder Passagier".

Die Ingebrauchnahme umfasst das **Ingangsetzen** und nach der Rspr. überzeugenderweise auch das **Inganghalten** (s. auch Rn. 573).[1330] Das Anlassen des Motors ist hierfür weder erforderlich (Bsp.: Die/der Täter/-in lässt das

1327 Hilgendorf/Valerius, BT II § 6 Rn. 3.
1328 Sch/Sch/Bosch, § 248b Rn. 2; Wessels/Hillenkamp/Schuhr, BT 2 Rn. 453.
1329 BGH 17.10.1957 – 4 StR 523/57, NJW 1958, 151, auch zu nachfolgenden Gegenbsp.
1330 BGH 17.10.1957 – 4 StR 523/57, NJW 1958, 151.

Kfz eine Steigung herunterrollen) noch ausreichend (Bsp.: Die/der Täter/-in lässt den Motor an, um die Heizung einzuschalten).[1331]

Die Ingebrauchnahme muss **gegen den Willen des Berechtigten** geschehen. **570**

Berechtigt ist jede/r Gebrauchsberechtigte, also Eigentümer, Fahrzeughal- **571**
ter oder sonstige zur Nutzung als Fortbewegungsmittel befugte Personen.[1332]

Ein Handeln **gegen den Willen** liegt nach h.M. bei einer entgegenstehen- **572**
den ausdrücklichen Erklärung, aber auch bei einem erkennbar oder mutmaßlich entgegenstehenden Willen vor.[1333]

Ein **Einverständnis** des Berechtigten mit dem Gebrauch schließt den Tatbestand aus.[1334]

Unerheblich ist nach h.M., wenn die Fahrt zunächst (vermeintlich) **befugt** **573**
begonnen, dann aber (erkannt) **unbefugt fortgesetzt** worden ist (str.[1335]).

Beispiele für § 248b nach h.M.:[1336]

- Der Täter erkennt erst nach Fahrtbeginn, dass er gegen den Willen des Berechtigten handelt, fährt aber trotzdem weiter.
- Die Täterin benutzt einen Mietwagen nach Ablauf der vereinbarten Mietzeit für weitere Fahrten.

Überzeugend ist – wie von der h.M. angenommen – auch dann eine Strafbarkeit gem. § 248b zu bejahen, da auch diese Konstellationen vom Wortlaut „in Gebrauch nehmen“ gedeckt sind, eine Verletzung des Gebrauchsrechts des Berechtigten darstellen und nur diese Auslegung Strafbarkeitslücken insbesondere in Fällen eines späteren unbefugten Gebrauchs, der sich über einen längeren Zeitraum (ohne wesentliche Entwertung der Sache, s. Rn. 437) erstreckt, vermeidet.[1337]

1331 Hilgendorf/Valerius, BT II § 6 Rn. 4; K/H/H, BT 2 Rn. 223.

1332 BGH 17.10.1957 – 4 StR 523/57, NJW 1958, 151.

1333 Lackner/Kühl/Heger, § 248b Rn. 4.

1334 BeckOK/Wittig, § 248b Rn. 5.

1335 Zur Gegenauffassung bspw. AG München 31.10.1985 – 462 Cs 262 Js 53795/85, NStZ 1986, 458ff.; MüKo/Hohmann, § 246 Rn. 19ff.; K/H/H, BT 2 Rn. 222, die insbesondere ein Ingebrauch*halten* nicht vom Wortlaut des § 248b gedeckt bzw. diesen als bedenklich strapaziert ansehen und eine Bestrafung – ihrer Ansicht nach – bloßer Vertragsverletzungen ablehnen.

1336 Zu Bsp. 1: BGH 17.10.1957 – 4 StR 523/57, NJW 1958, 151; zu Bsp. 2: OLG Schleswig 20.1.1989 – 1 Ss 527/88, NStZ 1990, 340, 341.

1337 Näher hierzu Rengier, BT I § 6 Rn. 16; Wessels/Hillenkamp/Schuhr, BT 2 Rn. 456.

IV. Subjektiver Tatbestand

574 In subjektiver Hinsicht genügt **bedingter Vorsatz.**[1338]

V. Versuch und Strafverfolgungsvoraussetzungen

575 Der **Versuch** ist gem. § 248b Abs. 2 strafbar.

576 Gem. § 248b Abs. 3 ist die Tat nur auf Antrag verfolgbar, § 248b ist daher ein **absolutes Antragsdelikt**.

VI. Abschließender Fall

577 ***Sachverhalt:***[1339]

A mietet bei der Firma F einen Pkw und vereinbart mit F eine Rückgabe für den 02.03.2024. Am 27.02.2024 trennt er sich von seiner Freundin. Da er ab diesem Zeitpunkt nicht mehr bei ihr übernachten kann, behält er den Pkw über den 02.03.2024 hinaus, um darin zu schlafen. Nach ihrer Versöhnung am 09.04.2024 bringt A das Fahrzeug am 10.04.2024 zur Autovermietung zurück.

Hat sich A strafbar gemacht?

Lösungshinweise:[1340]

Mangels Wegnahme und Enteignungsvorsatzes scheidet eine Strafbarkeit wegen Diebstahls gem. § 242 Abs. 1 aus. Mangels Manifestation eines Zueignungswillens (die schlichte Nichtrückgabe reicht hierfür nicht aus, s. Rn. 559) ist auch § 246 Abs. 1, 2 nicht erfüllt.

Die Ingebrauchnahme des Pkw erfolgte zunächst mit Willen der F; nach Ablauf der Mietzeit ist As Berechtigung aber nachträglich weggefallen, sodass die Nutzung des Pkw durch A unbefugt erfolgte (A war ein sog. „**Nicht-mehr-Berechtigter**"). Jedoch muss für eine Ingebrauchnahme i. S. d. § 248b eine Benutzung zum Zwecke der Fortbewegung erfolgen, was bei einem bloßen Übernachten im Fahrzeug gerade nicht der Fall ist.

Nur die Fahrt mit dem Fahrzeug am 10.04.2024 zurück zu F stellt daher eine Ingebrauchnahme i. S. d. § 248b dar. Geschieht die Ingebrauchnahme aber allein zum Zwecke der Rückführung an den Berechtigten, ist diese regelmäßig von dessen mutmaßlichen Willen gedeckt und daher nicht tatbestandsmäßig.

A hat sich somit nicht strafbar gemacht.

1338 Fischer, § 248b Rn. 7.

1339 Nach BGH 24.6.2014 – 2 StR 73/14, NJW 2014, 2887.

1340 Hierzu BGH 24.6.2014 – 2 StR 73/14, NJW 2014, 2887, 2887 f. und weiterf. Flooth, NZV 2015, 95 ff.

8. KAPITEL Raub und Erpressung

A. Überblick zu den §§ 249 ff.

§ 249 Abs. 1 normiert den **Grundtatbestand** des Raubes. **Qualifikations**tatbestände finden sich in § 250 (schwerer Raub) sowie in § 251 (Raub mit Todesfolge). **578**

Raubähnliche Delikte sind der räuberische Diebstahl (§ 252) sowie der räuberische Angriff auf Kraftfahrer (§ 316a). **579**

§ 253 normiert den **Grundtatbestand** der Erpressung und wird durch § 255 zur räuberischen Erpressung **qualifiziert**, sofern die qualifizierten Nötigungsmittel des Raubes eingesetzt werden. Bei § 255 stellen sich insbesondere Abgrenzungsfragen zum Raub. **580**

B. Raub

I. Vorbemerkungen

Der Tatbestand des Raubes ist eine **Kombination** aus Diebstahl und sog. qualifizierter Nötigung (qualifiziert, da Gewalt *gegen eine Person* oder Drohung *mit gegenwärtiger Gefahr für Leib oder Leben* eingesetzt werden muss, vgl. den anderslautenden Wortlaut in § 240 Abs. 1). **581**

Der Räuber nötigt sein Opfer, die Wegnahme zu dulden.[1341]

Zwischen der Nötigung und der Wegnahme muss aber ein **spezifischer Zusammenhang** bestehen (s. dazu näher unter Rn. 600 ff.). Nur wenn die Täterin oder der Täter *zum Zweck der Wegnahme* ein entsprechend qualifiziertes Nötigungsmittel in räumlichem und zeitlichem Zusammenhang einsetzt, ist der objektive Tatbestand verwirklicht. Gerade diese Verknüpfung von zwei Delikten charakterisiert das Unrecht des Raubtatbestandes und rechtfertigt dessen hohes Strafmaß[1342] (Freiheitsstrafe **nicht unter einem Jahr** (Verbrechen!)).

Der Raub ist kein qualifizierter Diebstahl, sondern diesem ggü. **eigenständig.**[1343] Liegt ein (vollendeter) Raub vor, hat der Diebstahl (auch in den **582**

1341 Wessels/Hillenkamp/Schuhr, BT 2 Rn. 358.
1342 BeckOK/Wittig, § 249 Rn. 1.
1343 BGH 22.3.1968 – 4 StR 53/68, NJW 1968, 1292.

Formen der §§ 243, 244) keine eigenständige Bedeutung mehr, sondern geht in diesem auf.[1344]

> Liegt der Raubtatbestand nahe, muss daher mit dessen Prüfung begonnen werden (und nicht mit §§ 242, 240, die nur relevant werden, wenn § 249 nicht verwirklicht ist bzw. nur Versuch vorliegt)![1345]

583 Von § 249 geschützt wird (in erster Linie) das **Eigentum**, daneben aber auch **die persönliche Freiheit**.[1346]

II. Prüfungsaufbau

584 I. Tatbestandsmäßigkeit
- 1. Objektiver Tatbestand
  - fremde, bewegliche Sache
  - Wegnahme
  - qualifiziertes Nötigungsmittel
    - Gewalt gegen eine Person

    oder
    - Drohung mit gegenwärtiger Gefahr für Leib oder Leben
  - Finalzusammenhang
  - Räumlich-zeitlicher Zusammenhang
- 2. Subjektiver Tatbestand
  - Vorsatz
  - Absicht rechtswidriger Zueignung

II. Rechtswidrigkeit

III. Schuld

1344 BGH 30.3.2005 – 4 StR 16/05, NStZ-RR 2005, 202, 203; a. A. Rengier, BT I § 7 Rn. 5 f. für § 244 Abs. 1 Nr. 3, Abs. 4.

1345 Rengier, BT I § 7 Rn. 4; Hilgendorf/Valerius, BT II § 14 Rn. 6

1346 Sch/Sch/Bosch, § 249 Rn. 1.

III. Objektiver Tatbestand

1. Elemente des Diebstahls

Hinsichtlich der Wegnahme einer fremden, beweglichen Sache gilt grds. dasselbe wie beim Diebstahl, sodass auf die dortigen Ausführungen verwiesen sei (s. Rn. 405 ff.). **585**

2. Qualifiziertes Nötigungsmittel

Als qualifiziertes Nötigungsmittel kommt gem. § 249 Abs. 1 entweder der Einsatz von **Gewalt gegen eine Person** oder die Anwendung von **Drohungen mit gegenwärtiger Gefahr für Leib oder Leben** in Betracht. **586**

a) Gewalt gegen eine Person

Unter Gewalt gegen eine Person wird der durch eine nicht ganz unerhebliche (unmittelbare oder mittelbare) **Einwirkung** auf einen anderen ausgeübte **körperlich wirkende Zwang** verstanden, der nach der Vorstellung des Täters dazu geeignet ist, einen tatsächlich geleisteten oder erwarteten **Widerstand** zu **überwinden** oder von vornherein unmöglich zu machen.[1347] **587**

> Bspw. Fesseln, Festhalten, Betäuben, Bewusstlosschlagen (als vis absoluta), aber auch wiederholte Schläge, um ein bestimmtes Verhalten zu erzwingen (als vis compulsiva).[1348]

aa) Körperliche Zwangswirkung

Erforderlich ist, dass der Einsatz auch nur geringer Körperkraft durch den Täter eine **körperliche Zwangswirkung beim Opfer** zur Folge hat; ein lediglich psychisch vermittelter Zwang reicht nach st. Rspr. nicht aus.[1349] **588**

> Bspw.
> - reicht das Auslösen von Angst nicht aus[1350]
> - sah der BGH nur einen ausschließlich psychisch vermittelten Zwang gegeben beim Schütten von Motoröl auf die Windschutzscheibe eines Kfz, wodurch die Fahrerin mangels Sicht zum Abbremsen gezwungen war[1351].

1347 MüKo/Sander, § 249 Rn. 11.
1348 K/H/H, BT 2 Rn. 281; Hilgendorf/Valerius, BT II § 14 Rn. 9.
1349 BGH 18.09.2019 – 1 StR 129/19, NStZ 2020, 219, 220.
1350 Wessels/Hillenkamp/Schuhr, BT 2 Rn. 364.
1351 BGH 4.6.2019 – 4 StR 116/19, NStZ 2019, 523, 524.

Das „bloße“ Bedrohen mit einer Schusswaffe stellt überzeugenderweise keine Gewalt, sondern eine Drohung mit gegenwärtiger Gefahr für Leib oder Leben dar.[1352]

589 Die körperliche Zwangswirkung muss von der/dem Geschädigten nicht empfunden werden, sodass Gewalt auch bspw. ggü. **bewusstlosen oder schlafenden** Personen ausgeübt werden kann.[1353]

590 Die körperliche Zwangswirkung kann **unmittelbar oder mittelbar** hervorgerufen werden. **Gewalt gegen Sachen** für sich allein genügt aber nicht.[1354]

> Wer bspw. die Geschädigten in einem Raum einschließt, um ungestört wegnehmen zu können, wirkt zwar unmittelbar auf die Tür ein, entfaltet aber mittelbar körperlichen Zwang den Geschädigten ggü., da diese nicht mehr aus dem Raum herauskommen. Die/der Täter/-in übt daher Gewalt gegen Personen aus.[1355]

591 Die körperliche Einwirkung muss nicht für Leib oder gar Leben des Opfers gefährlich, sie darf aber auch **nicht ganz unbedeutend** sein.[1356]

> Nach der Rspr. genügt aber bspw.[1357]
>
> – das bloße Abschließen einer Tür (s. Rn. 590)
>
> – das Verbringen eines Bewusstlosen an einen finsteren und einsamen Ort, um ihn dort ungestört ausplündern zu können
>
> – das Wegschieben der Hand eines benommenen Geschädigten, mit der er „schwach“ Widerstand leistete, von der Gesäßtasche, um das dort befindliche Portemonnaie wegzunehmen
>
> – Spritzen von Deodorant-Flüssigkeit ins Gesicht, um Geld zu entwenden.

592 Die vom Täter aufgewendete Kraft muss aber einen wesentlichen Bestandteil der angestrebten Wegnahme darstellen, also **erheblich genug** sein, einen erwarteten oder geleisteten Widerstand des Opfers zu überwinden.[1358]

1352 Anders BGH 27.8.1969 – 4 StR 268/69, NJW 1970, 61, 62; diese Rspr. sieht Rengier, BT I § 7 Rn. 16 aber als überholt an; so (Gewalt abl.) auch MüKo/Sander, § 249 Rn. 13 und Wessels/Hillenkamp/Schuhr, BT 2 Rn. 364

1353 BGH 21.5.1953 – 4 StR 787/52, NJW 1953, 1400; Hohmann/Sander § 39 Rn. 6.

1354 Wessels/Hillenkamp/Schuhr, BT 2 Rn. 363.

1355 BGH 6.4.1965 – 1 StR 73/65, NJW 1965, 1235, 1236.

1356 BGH 26.1.2022 – 3 StR 445/21, BeckRS 2022, 2328.

1357 Zu Bsp. 2: BGH 21.5.1953 – 4 StR 787/52, NJW 1953, 1400; zu Bsp. 3: BGH 5.12.1961 – 5 StR 516/61, NJW 1962, 356; zu Bsp. 4: BGH 13.3.2002 – 1 StR 47/02, NStZ 2003, 89; jeweils krit. dazu Wessels/Hillenkamp/Schuhr, BT 2 Rn. 365.

1358 MüKo/Sander, § 249 Rn. 15 m. w. N., krit. dazu LK/Vogel/Burchard, § 249 Rn. 9.

Ist hingegen das Überraschungsmoment bestimmend, weil das Tatbild eher durch **List, Schnelligkeit und Geschicklichkeit** als durch körperlichen Zwang geprägt wird, liegt kein Raub vor, es sei denn, das Opfer erkennt die Absicht des Täters noch rechtzeitig und hält die Sache (z. B. die Handtasche) derart fest, dass sie vom Täter nur mittels erheblicher Kraftentfaltung entrissen werden kann.[1359] In den Fällen, in denen das Überraschungsmoment ausgenutzt werden soll, kommt hinzu, dass der Täter gar keinen Widerstand erwartet, den er notfalls überwinden müsste, sondern Widerstand vielmehr vermeiden oder ihm zuvorkommen will.[1360]

Beispiel:[1361]

B nähert sich mit seinem Pkw dem 82 Jahre alten Tatopfer von hinten und entreißt diesem „ruckartig" durch das geöffnete Seitenfenster die mitgeführte Einkaufstasche.

Da B hier durch List und Schnelligkeit zum Ziel gekommen ist und er nicht in einem solchen Maße Kraft einsetzen musste, dass das Erscheinungsbild der Tat durch die Gewalt gegen eine Person geprägt wurde, hat er sich nicht des Raubes, sondern des Diebstahls schuldig gemacht.

bb) Vorstellungsbild der Täterin bzw. des Täters

Der körperlich wirkende Zwang muss **nach der Vorstellung des Täters oder der Täterin** dazu **geeignet** sein, einen tatsächlich geleisteten oder erwarteten Widerstand zu überwinden oder von vornherein unmöglich zu machen. 593

cc) Adressat

Die Gewalt kann – und wird sich i. d. R. – gegen die Person richten, die den Gewahrsam über die Sache ausübt. Ausreichend ist aber auch, wenn auf einen – zumindest nach Vorstellung der Täterin oder des Täters – **schutzverpflichteten oder auch nur schutzbereiten Dritten** körperlich eingewirkt wird.[1362] 594

Beispiel:

Täter T schlägt einen Wachmann nieder, um die Sache zu entwenden.

1359 BGH 26.1.2022 – 3 StR 445/21, BeckRS 2022, 2328.
1360 K/H/H, BT 2 Rn. 287; Rengier, BT I § 7 Rn. 12.
1361 BGH 27.7.1999 – 4 StR 328/99, BeckRS 1999, 30068148.
1362 Zum Ganzen inkl. nachf. Bsp. MüKo/Sander, § 249 Rn. 17.

b) Drohungen mit gegenwärtiger Gefahr für Leib oder Leben

595 **Drohung** ist das Inaussichtstellen eines Übels, dessen Eintritt der Drohende als von seinem Willen abhängig darstellt.[1363]

> Ob die Drohung verwirklicht werden soll oder könnte, ist unerheblich; der Täter muss nur wollen, dass das Opfer die Verwirklichung für möglich hält[1364]:
>
> Es muss beim Raubopfer der **Anschein der Ernstlichkeit** erweckt werden sollen und das Opfer muss – nach h. M. (s. Rn. 598) – die Drohung auch tatsächlich ernst nehmen.[1365]

596 Bei § 249 Abs. 1 muss eine gegenwärtige **Gefahr für Leib oder Leben** angedroht werden, also der Eintritt einer nicht ganz unerheblichen Körperverletzung oder gar des Todes.[1366]

Gegenwärtig ist die Gefahr, wenn eine Schädigung als sicher oder höchst wahrscheinlich zu erwarten ist, falls nicht alsbald eine Abwehrmaßnahme ergriffen wird; hierbei genügt auch eine Gefahr, die als „Dauergefahr" über einen längeren Zeitraum in dem Sinne gegenwärtig ist, dass sie jederzeit – zu einem ungewissen Zeitpunkt, alsbald oder auch später – in einen Schaden umschlagen kann.[1367]

597 Eine Drohung kann **auch konkludent** erfolgen.

> Bspw. durch das (bloße) Vorhalten eines Messers vor den Hals des Geschädigten in nur wenigen Zentimetern Abstand.[1368]

598 Umstritten ist, ob das Opfer die Drohung auch **tatsächlich ernst nehmen** muss. Die h. M. nimmt dies an, da die Drohung wertungsmäßig der Gewalt gleichsteht, ihr Gelingen aber – im Gegensatz zur Gewalt – notwendig von ihrem Bedeutungsverständnis durch den Adressaten abhängt. Dies führt dazu, dass in Fällen, in denen bspw. das Opfer die fehlende Realisierungsmöglichkeit erkennt, lediglich eine Strafbarkeit wegen versuchten Raubes in Betracht kommt.[1369]

1363 MüKo/Sander, § 249 Rn. 20.
1364 Fischer, § 249 Rn. 5.
1365 Rengier, BT I § 7 Rn. 10 m. w. N.; a. A. Wessels/Hillenkamp/Schuhr, BT 2 Rn. 366 unter Hinweis darauf, dass ein Drohungs*erfolg* nicht gefordert ist.
1366 MüKo/Sander, § 249 Rn. 21.
1367 BGH 9.10.2014 – 4 StR 208/14, NStZ 2015, 36 (zu § 255).
1368 BGH 9.10.2014 – 4 StR 208/14, NStZ 2015, 36, 36 f.
1369 Rengier, BT I § 7 Rn. 18; NK/Kindhäuser, vor § 249 Rn. 24; LK/Vogel/Burchard, § 249 Rn. 33; a. A. Wessels/Hillenkamp/Schuhr, BT 2 Rn. 366 und Hohmann/Sander § 39 Rn. 10 unter Hinweis auf die nicht notwendige Kausalität der Drohung für die Wegnahme.

Das angedrohte Übel kann auch **einen Dritten** betreffen, wenn der Nötigungsadressat dies auch für sich selbst als Übel empfindet und dadurch zu einem bestimmten Verhalten gezwungen wird.[1370] 599

Beispiel:[1371]

A veranlasst den Bankkassierer B (Nötigungsadressat) mit der Drohung, den Kunden C (Dritter) zu erschießen, dazu, die Wegnahme von Geld zu dulden.

3. Finalzusammenhang

Die von § 249 Abs. 1 verwendeten Formulierungen *mit* Gewalt bzw. *unter Anwendung* von Drohungen mit gegenwärtiger Gefahr für Leib oder Leben verlangen eine bestimmte Verknüpfung von qualifiziertem Nötigungsmittel und Wegnahme. Nach st. Rspr. müssen Gewalt oder Drohung aus Sicht des Täters das Mittel zur Ermöglichung der Wegnahme sein (= **subjektiv-finale Verknüpfung**).[1372] Nicht erforderlich ist, dass der Einsatz des Nötigungsmittels objektiv erforderlich ist oder die Wegnahme zumindest kausal fördert; es genügt, dass aus Sicht des Täters der Einsatz des Nötigungsmittels notwendig ist.[1373] 600

Beispiel für eine gegebene subjektiv-finale Verknüpfung:

A schlägt B nieder, um dessen wertvolle Armbanduhr zu entwenden, was sodann auch geschieht.

nicht aber:

A schlägt B nieder. Als A den B auf dem Boden liegen sieht, bemerkt er dessen wertvolle Armbanduhr und entschließt sich, diese zu entwenden, was sodann auch geschieht.

Ist der Einsatz des Nötigungsmittels abgeschlossen, hält dessen Wirkung aber noch an (sog. **fortdauernde Nötigungswirkung** z. B. in Form einer Verängstigung des Opfers), genügt bei einem dann erst getroffenen Entschluss zur Wegnahme das *bloße Ausnutzen* der psychischen Zwangslage des Opfers für die Annahme einer ausreichenden finalen Verknüpfung nicht; droht die Täterin oder der Täter in dieser Situation aber (Anm.: mind.) konkludent, indem sie oder er schlüssig erklärt, einen evtl. geleis- 601

1370 Rengier, BT I § 7 Rn. 20; Wessels/Hillenkamp/Schuhr, BT 2 Rn. 366.
1371 Angelehnt an MüKo/Sander, § 249 Rn. 23.
1372 BGH 22.6.2016 – 5 StR 98/16, NJW 2016, 2900.
1373 BGH 20.1.2016 – 1 StR 398/15, NStZ 2016, 472, 473; näher und m. Nachw. zur Gegenauff. MüKo/Sander, § 249 Rn. 25 f.

teten Widerstand mit Gewalt gegen Leib oder Leben zu brechen, liegt eine entsprechende Drohung als Nötigungsmittel vor, welches final zur Wegnahme eingesetzt wird.[1374] Zu beachten ist jedoch, dass nicht jede an einen ersten nötigenden Akt anschließende Handlung als Drohung mit gegenwärtiger Gefahr für Leib oder Leben zu verstehen ist.[1375]

Beispiel:[1376]

A schlägt B, damit dieser von der Örtlichkeit verschwindet. Als B seine Sachen zusammensucht, erblickt A das am Boden liegende Mobiltelefon des B und nimmt dieses an sich, um es zu behalten. A nutzt dabei aus, dass B durch die vorangegangenen Schläge eingeschüchtert ist.

Da A nach Abschluss der Gewalthandlungen weder ausdrücklich noch zumindest konkludent mit weiterer Gewalt gedroht hat, liegt kein Raub vor. Zwar hatte B weiterhin Angst vor A; das bloße Ausnutzen der vorangegangenen Nötigung reicht aber **mangels einer aktualisierten Drohung** erneuter Gewaltanwendung für den Finalzusammenhang nicht aus.

4. Räumlich-zeitlicher Zusammenhang

602 Über die subjektiv-finale Verknüpfung hinaus verlangt die Rspr. angesichts des gegenüber dem Diebstahl höheren Schuld- und Unrechtsgehalts des Raubes zusätzlich noch einen bestimmten räumlichen und zeitlichen Zusammenhang zwischen dem Nötigungsmittel und der Wegnahme: beides darf nicht isoliert nebeneinander stehen, sondern muss eine „**raubspezifische Einheit**“ bilden, was regelmäßig dann der Fall ist, wenn es zu einer „**nötigungsbedingten Einschränkung der Dispositionsfreiheit** des Gewahrsamsinhabers über das Tatobjekt“ bzw. einer „nötigungsbedingten Schwächung des Gewahrsamsinhabers in seiner **Verteidigungsfähigkeit oder -bereitschaft**“ gekommen ist.[1377]

603 Der Ort der Nötigungshandlung und der Ort des Gewahrsamsbruchs müssen nicht identisch sein; auch besteht kein verbindliches zeitliches Höchstmaß zwischen Einsatz des Nötigungsmittels und der Wegnahme. Entscheidend seien, so der BGH, die **Umstände des Einzelfalls** (s. zum Ganzen den abschließenden Fall in Rn. 606).[1378]

1374 Zum Ganzen ausf. Hohmann/Sander § 39 Rn. 16ff. und Fischer, § 249 Rn. 10ff., Letzterer auch zur Rspr. und teilweisen Kritik daran.
1375 Hilgendorf/Valerius, BT II § 14 Rn. 26.
1376 BGH 14.7.2021 – 6 StR 298/21, NStZ 2022, 42f.
1377 BGH 20.1.2016 – 1 StR 398/15, NStZ 2016, 472, 474; BGH 22.6.2016 – 5 StR 98/16, NJW 2016, 2900, 2901; krit. dazu bspw. Sch/Sch/Bosch, § 249 Rn. 7.
1378 BGH 22.6.2016 – 5 StR 98/16, NJW 2016, 2900, 2901.

IV. Subjektiver Tatbestand

In subjektiver Hinsicht genügt **bedingter Vorsatz**, der aber sowohl die Wegnahme als auch die Nötigung sowie deren Verknüpfung umfassen muss.[1379] **604**

Hinzukommen muss jedoch die **Absicht**, die Sache sich oder einem Dritten **rechtswidrig zuzueignen** (s. dazu Rn. 433 ff.). **605**

Wird eine Sache gewaltsam „nur" deshalb weggenommen, um es als Druckmittel für die Durchsetzung von Schulden einzusetzen, liegt keine Aneignungsabsicht vor.[1380]

V. Abschließender Fall

Sachverhalt:[1381] **606**

S möchte seiner Mutter M Bargeld und Schmuck entwenden. Nach einem gemeinsamen morgendlichen Kaffeetrinken in Ms Wohnung versetzt S der M gegen 8.40 Uhr einen wuchtigen Schlag mit einem stumpfen Gegenstand gegen den Kopf, um ihren Widerstand gegen die Wegnahme von vornherein zu verhindern. M verliert jedoch nicht das Bewusstsein, sondern ist lediglich benommen. Da S bemerkt, dass M nicht realisiert hat, dass er die Verletzung verursacht hat, verständigt er den Rettungsdienst. Seinen Tatplan will er dennoch verwirklichen und den Krankenhausaufenthalt von M zur Vollendung der Tat nutzen. S begleitet M in die Klinik und begibt sich alsbald nach der gegen 10 Uhr erfolgten stationären Aufnahme der M zurück in die Wohnung. Dort entwendet er 4500 Euro Bargeld sowie Goldschmuck und verlässt die Wohnung.

Hat sich S gem. § 249 strafbar gemacht?

Lösungshinweise:[1382]

Bargeld und Goldschmuck waren für S fremde, bewegliche Sachen. Diese befanden sich trotz Krankenhausaufenthalts der M noch immer in deren Gewahrsam (gelockerter Gewahrsam). Indem S die Sachen an sich nahm und die Wohnung verließ, brach er Ms Gewahrsam und begründete selbst neuen. Durch den wuchtigen Schlag gegen Ms Kopf übte er auch Gewalt gegen eine Person i. S. d. § 249 Abs. 1 aus. Da er diese auch zur Ermöglichung der Wegnahme einsetzen wollte, lag die **subjektiv-finale Verknüpfung** zwischen Gewalt und Wegnahme vor. Unerheblich ist, dass M entgegen der Vorstellung von S nicht bewusstlos, sondern ins Krankenhaus eingeliefert wurde; diese Abweichung des tatsächlichen vom vorgestellten Finalverlauf hielt sich noch innerhalb der Grenzen des nach allgemeiner Lebenserfahrung Voraussehbaren.

1379 Lackner/Kühl/Heger, § 249 Rn. 5; Fischer, § 249 Rn. 18.
1380 BGH 3.5.2018 – 3 StR 148/18, NStZ 2018, 712, 713.
1381 Nach BGH 22.6.2016 – 5 StR 98/16, NJW 2016, 2900.
1382 S. dazu insbes. BGH 22.6.2016 – 5 StR 98/16, NJW 2016, 2900, 2901.

Fraglich ist aber, ob auch der räumlich-zeitliche Zusammenhang zwischen Gewalt und Wegnahme gegeben war. Beides muss eine sog. **raubspezifische Einheit** bilden. Maßgeblich hierfür ist, ob es zu einer – vom Täter erkannten – nötigungsbedingten Schwächung des Gewahrsamsinhabers in seiner Verteidigungsfähigkeit oder -bereitschaft gekommen ist. Da M durch den Schlag nicht mehr in der Lage war, ihre Wertsachen zu verteidigen, und S *alsbald* nach Ms Aufnahme im Krankenhaus (erst ab dann erlangte S nach seiner Vorstellung ungehinderten Zugriff auf die Sachen) die Wegnahme vollzog, bildeten die beiden Tatbestandselemente – bei einer zeitlichen Differenz von jedenfalls nicht mehr als zwei Stunden – noch die das typische Tatbild eines Raubs begründende Einheit.

Da auch Vorsatz, Absicht rechtswidriger Zueignung, Rechtswidrigkeit und Schuld vorlagen, hat sich S gem. § 249 Abs. 1 strafbar gemacht (sowie gem. § 250 Abs. 2 Nr. 1, ggf. auch Nr. 3).

C. Schwerer Raub

I. Vorbemerkungen

607 § 250 normiert zwei Gruppen an Qualifikationstatbeständen: Den **schweren Raub** gem. § 250 Abs. 1, der mit einer Freiheitsstrafe nicht unter drei Jahren bedroht ist, und den **besonders schweren Raub**[1383] gem. § 250 Abs. 2, dessen Strafrahmen eine Freiheitsstrafe nicht unter fünf Jahren vorsieht.

608 § 250 Abs. 1 Nr. 1a) [Beisichführen einer Waffe/eines anderen gefährlichen Werkzeugs], Nr. 1b) [Beisichführen eines sonstigen Werkzeugs/Mittels] und Nr. 2 [bandenmäßige Begehungsweise] entsprechen § 244 Abs. 1 Nr. 1a), Nr. 1b) und Nr. 2, sodass auf die dortigen Ausführungen verwiesen sei (s. Rn. 494 ff. und Rn. 511 ff.). Erörtert wird hier lediglich die Thematik sog. **Scheinwaffen**.

§ 250 Abs. 1 Nr. 1c) erfasst zudem das Herbeiführen einer Gefahr einer **schweren Gesundheitsschädigung**.

609 § 250 Abs. 2 stellt als weitere Qualifikationstatbestände das **Verwenden** einer Waffe/eines anderen gefährlichen Werkzeugs (Nr. 1), den sog. **bewaffneten Bandenraub** (Nr. 2) sowie die **schwere körperliche Misshandlung** (Nr. 3a)) und das Herbeiführen einer **Todesgefahr** (Nr. 3b)) unter Strafe.

1383 Dessen Verwirklichung ist auch in die Urteilsformel aufzunehmen, BGH 3.9.2009 – 3 StR 297/09, NStZ-RR 2009, 377.

II. Prüfungsaufbau

I. Tatbestandsmäßigkeit 610
1. Objektiver Tatbestand
Qualifizierende Umstände des
- § 250 Abs. 1
- § 250 Abs. 2
2. Subjektiver Tatbestand
Vorsatz und ggf. Verwendungsvorbehalt (Abs. 1 Nr. 1b))
II. Rechtswidrigkeit
III. Schuld

III. § 250 Abs. 1 Nr. 1b) – Scheinwaffen

Scheinwaffen sind Gegenstände, die **objektiv ungefährlich** sind und deren **Verletzungstauglichkeit** lediglich **vorgetäuscht** wird.[1384] Diese werden nach der eindeutigen gesetzgeberischen Intention von § 250 Abs. 1 Nr. 1b) erfasst.[1385] 611

Als Scheinwaffen sind bspw. Spielzeugpistolen und Schusswaffenattrappen[1386] sowie funktionsunfähige/nicht geladene Schusswaffen[1387] anzusehen.

Wenn der Gegenstand aber – nach seinem äußeren Erscheinungsbild – **offensichtlich ungefährlich** und deshalb nicht geeignet ist, mit ihm (etwa durch Schlagen, Stoßen, Stechen oder in ähnlicher Weise) auf den Körper eines anderen in erheblicher Weise einzuwirken, ist nach der Rspr. des BGH § 250 Abs. 1 Nr. 1b) *nicht* verwirklicht.[1388] In einem solchen Fall steht die **Täuschung** und nicht – wie erforderlich – die Drohung **im Vordergrund**.[1389] 612

1384 BGH 18.1.2007 – 4 StR 394/06, NStZ 2007, 332, 333.
1385 MüKo/Sander, § 250 Rn. 42.
1386 BGH 23.4.1998 – 1 StR 180-98, NJW 1998, 2914, 2915.
1387 BGH 5.5.1999 – 2 StR 529-98, NStZ 1999, 448, 449.
1388 BGH 20.6.1996 – 4 StR 147/96, NStZ 1997, 184, 184 f.
1389 Hilgendorf/Valerius, BT II § 4 Rn. 34.

Der BGH hat daher bspw. § 250 Abs. 1 Nr. 1b) in folgenden Fällen *verneint*:[1390]

- Drücken eines „Labello"-Lippenpflegestifts in den Rücken der Geschädigten, um den Anschein zu erwecken, mit einer Waffe bedroht zu werden
- Drücken eines dünnen Metallrohrs/-stifts von hinten an den Hals, um den Geschädigten einzuschüchtern
- Zielende Bewegung mit einer in der Jackentasche verborgenen grellbunten Spielzeugpistole, um den Anschein zu erwecken, mit einer Schusswaffe bewaffnet zu sein.

Anders hingegen (§ 250 Abs. 1 Nr. 1b) also bejahend) bei einer Luftpumpe, mittels derer die Bedrohung mit einem Gewehr vorgetäuscht wurde.[1391]

Ob ein Gegenstand offensichtlich ungefährlich ist (Anm.: mit der Folge, dass dann § 250 Abs. 1 Nr. 1b) zu verneinen ist), ist aus **Sicht eines objektiven Beobachters**, nicht aus Sicht des Tatopfers zu beurteilen.[1392]

§ 250 Abs. 1 Nr. 1b) scheidet bei solchen Gegenständen aus, bei denen die Drohungswirkung nicht auf dem objektiven Erscheinungsbild des Gegenstands *selbst*, sondern auf **täuschenden Erklärungen** des Täters beruht.[1393]

613 Die Herausnahme der nach dem äußeren Erscheinungsbild offensichtlich ungefährlichen Gegenstände aus dem Anwendungsbereich von § 250 Abs. 1 Nr. 1b) wird teilweise unter Hinweis auf den identischen objektiven (Anm.: nicht gegebenen) Gefährdungsgrad und den identischen subjektiven (Anm.: gegebenen) Bedrohtheitsgrad als ungerecht und willkürlich **kritisiert**.[1394] Angesichts der im Vergleich zu § 249 Abs. 1 erhöhten Mindeststrafe des § 250 Abs. 1 Nr. 1b) (Freiheitsstrafe nicht unter drei Jahren) hält der BGH aber eine restriktive Auslegung nach wie vor für sachgerecht.[1395]

Die Rspr. des BGH erscheint zudem aber auch nicht frei von Widersprüchen. Es bleibt letztlich unklar, auf welchen Kenntnisstand bei der Sichtweise eines objektiven Beobachters richtigerweise abzustellen ist. So soll die Anwendbarkeit des § 250 Abs. 1 Nr. 1b) einerseits ausscheiden bei Einsatz einer grellbunten Wasserpistole, die allerdings in der Jackentasche

1390 BGH 20.6.1996 – 4 StR 147/96, NStZ 1997, 184 ff. [Labello, zum damaligen § 250 Abs. 1 Nr. 2]; BGH 18.1.2007 – 4 StR 394/06, NStZ 2007, 332, 333 f. [Metallrohr/-stift]; BGH 11.5.2011 – 2 StR 618/10, NStZ 2011, 703 [Spielzeugpistole].

1391 BGH 28.3.2023 – 4 StR 61/23, NStZ-RR 2023, 204, 205.

1392 BGH 18.1.2007 – 4 StR 394/06, NStZ 2007, 332, 333.

1393 BGH 11.5.2011 – 2 StR 618/10, NStZ 2011, 703.

1394 S. ausf. Fischer, § 250 Rn. 11a ff.

1395 S. hierzu BGH 18.1.2007 – 4 StR 394/06, NStZ 2007, 332, 333.

versteckt, also auch für einen objektiven Beobachter nicht sichtbar ist. Zugrunde gelegt wurde hier also offensichtlich die **Kenntnis aller insofern relevanten Umstände**.[1396] Dann fragt sich jedoch, weshalb andererseits § 250 Abs. 1 Nr. 1b) vorliegen soll, wenn eine verschlossene Sporttasche samt Mobiltelefon oder ein Koffertrolley mit harmlosem Inhalt als (Koffer-)Bombe ausgegeben werden[1397] (s. auch den abschließenden Fall in Rn. 637).[1398]

IV. § 250 Abs. 1 Nr. 1c)

Bringt der Täter oder ein anderer Beteiligter am Raub eine andere Person durch die Tat in die Gefahr einer schweren Gesundheitsschädigung, ist § 250 Abs. 1 Nr. 1c) verwirklicht. **614**

Eine **schwere Gesundheitsschädigung** setzt keine schwere Körperverletzung i. S. d. Nr. 1–3 des § 226 Abs. 1 voraus, sondern liegt etwa auch bei einschneidenden oder nachhaltigen Beeinträchtigungen der Gesundheit vor, z. B. bei langwierigen ernsthaften Krankheiten oder erheblicher Beeinträchtigung der Arbeitskraft für lange Zeit.[1399] Hierbei sind auch solche Gefahren mit einbezogen, denen das konkrete Opfer allein wegen seiner **individuellen Schadensdisposition** durch die Raubhandlung ausgesetzt ist, bspw. aufgrund höheren Alters oder einer krankheitsbedingten Schwächung.[1400] **615**

Die schwere Gesundheitsschädigung muss nicht eingetreten sein. Es genügt, dass eine entsprechende konkrete Gefahr für sie bestand, also die Möglichkeit des Erfolgs so nahelag, dass dessen Eintritt nur noch vom Zufall abhing[1401]; § 250 Abs. 1 Nr. 1c) ist ein **konkretes Gefährdungsdelikt**. **616**

> Sollte die schwere Gesundheitsschädigung jedoch eingetreten sein, kann aus der Realisierung der konkreten Gefahr auf deren vorheriges Bestehen geschlossen werden.[1402]

Als gefährdete andere Person kommen neben dem Raubopfer selbst und schutzbereiten Personen **auch unbeteiligte Dritte** in Betracht, z. B. ins Schussfeld geratende Passanten.[1403] **617**

1396 Vgl. MüKo/Sander, § 250 Rn. 44.
1397 BGH 18.8.2010 – 2 StR 295/10, NStZ 2011, 278 [Sporttasche]; BGH 20.8.2015 – 3 StR 259/15, NStZ 2016, 215 f. [Koffertrolley].
1398 Krit. daher bspw. auch Wessels/Hillenkamp/Schuhr, BT 2 Rn. 296; Hilgendorf/Valerius, BT II § 4 Rn. 38; NK/Kindhäuser/Hoven, § 244 Rn. 29.
1399 Lackner/Kühl/Heger, § 250 Rn. 3.
1400 BGH 20.3.2003 – 4 StR 527/02, NStZ 2003, 662, 663.
1401 BeckOK/Wittig, § 250 Rn. 8.
1402 Hilgendorf/Valerius, BT II § 15 Rn. 18.
1403 NK/Kindhäuser/Hoven, § 250 Rn. 12.

An der Tat Beteiligte (Täter oder Teilnehmer) scheiden aber nach h.M. als andere Personen i.S.d. § 250 Abs. 1 Nr. 1c) aus.[1404]

618 Herbeigeführt werden muss die Gefahr **durch die Tat**, was unstreitig der Fall ist, wenn die Gefahr durch das eingesetzte qualifizierte Nötigungsmittel entsteht. Nach h.M. reichen hingegen Gefährdungen allein durch die Wegnahme nicht.[1405]

> Wird bspw. beim Raub ein lebenswichtiges Medikament weggenommen und dadurch eine Todesgefahr herbeigeführt, liegt nach h.M. allein dadurch kein schwerer Raub vor, da diese Auswirkungen ebenso beim Diebstahl hervorgerufen werden könnten und § 244 keine entsprechende Qualifikation enthält.

619 In *zeitlicher* Hinsicht genügt das Herbeiführen einer Gefahr unstreitig zu irgendeinem Zeitpunkt ab **Versuchsbeginn** bis zur Vollendung, nach Ansicht insbes. der Rspr. sogar bis zur **Beendigung** (also Beutesicherung) der Tat (jedenfalls bei fortbestehender Zueignungsabsicht).[1406]

620 In subjektiver Hinsicht bedarf es eines (zumindest bedingten) **Gefährdungsvorsatz**es, da § 250 Abs. 1 Nr. 1c) kein erfolgsqualifiziertes Delikt i.S.v. § 18 ist, also Fahrlässigkeit nicht genügt.[1407]

Hieran kann es bspw. fehlen, wenn die Gefahr einer schweren Gesundheitsschädigung der besonderen, dem Täter unbekannten Konstitution des Opfers geschuldet ist[1408] (s.Rn.615).

V. § 250 Abs. 2 Nr. 1

621 § 250 Abs. 2 Nr. 1 qualifiziert den Raub zu einem **besonders schweren Raub**, wenn der Täter oder ein anderer Beteiligter am Raub bei der Tat eine Waffe oder ein anderes gefährliches Werkzeug verwendet.

1. Begriff der Waffe und eines anderen gefährlichen Werkzeugs

622 Zu den Begriffen „**Waffe**" und „**anderes gefährliches Werkzeug**" sei grds. auf die diesbezüglichen Ausführungen zu § 244 verwiesen (vgl. Rn. 496 ff. und Rn. 499 ff.). Zu beachten ist jedoch, dass § 250 Abs. 2 Nr. 1 nicht das

1404 Hilgendorf/Valerius, BT II § 15 Rn. 15 sowie BeckOK/Wittig, § 250 Rn. 9 mit jeweils unterschiedl. Begr.ansätzen.
1405 Fischer, § 250 Rn. 14a; Hilgendorf/Valerius, BT II § 15 Rn. 16, jeweils auch zu nachfolgendem Bsp., Begr. und m.w.N. zum Meinungsstand.
1406 BeckOK/Wittig, § 250 Rn. 8; Fischer § 250 Rn. 14f.; Hohmann/Sander § 40 Rn. 27f., je auch zur Gegenauff. und deren Kritik.
1407 Fischer, § 250 Rn. 15.
1408 Hilgendorf/Valerius, BT II § 15 Rn. 19

bloße Beisichführen, sondern das **Verwenden** unter erhöhte Strafandrohung (Freiheitsstrafe nicht unter fünf Jahren!) stellt.

Hieraus ergeben sich nach der Rspr. in zweierlei Hinsicht **Unterschiede** **623**
ggü. den Begriffen „Waffe" bzw. „anderes gefährliches Werkzeug" in § 244 Abs. 1 Nr. 1a) und § 250 Abs. 1 Nr. 1a):

1. Bei ungeladenen Schusswaffen genügt es für § 250 Abs. 2 Nr. 1 *nicht*, wenn diese in wenigen Sekunden mit zwei oder drei schnellen Handgriffen geladen werden könnten.[1409]
2. Ein gefährliches Werkzeug i. S. d. § 250 Abs. 2 Nr. 1 liegt auch dann vor, wenn sich die objektive Gefährlichkeit eines an sich ungefährlichen (neutralen) Gegenstandes erst aus seiner *konkreten Verwendung* ergibt, weil diese geeignet ist, erhebliche Verletzungen zuzufügen.[1410]

2. Begriff des Verwendens

Ein **Verwenden** liegt vor bei jeglichem **zweckgerichteten Gebrauch** der **624**
Waffe oder des anderen gefährlichen Werkzeugs **zur qualifizierten Nötigung**, also um Gewalt gegen eine Person zu verüben oder als bloßes Drohmittel.[1411]

Ein Verwenden i. S. d. § 250 Abs. 2 Nr. 1 liegt daher *nicht* vor, wenn das Werkzeug lediglich bei sich geführt oder es lediglich zur Wegnahme verwendet wird, bspw. um hiermit ein Schloss aufzubrechen.

Eine **Drohung** muss von dem Bedrohten **wahrgenommen** werden und ihn **625**
somit in eine qualifizierte Zwangslage versetzen.[1412]

§ 250 Abs. 2 Nr. 1 ist daher bspw. nicht erfüllt, wenn eine Geschädigte den Einsatz eines Teppichmessers als Drohungsmittel gar nicht bemerkt hatte.

Ein Wahrnehmen kann hierbei **visuell** erfolgen; es genügt aber auch ein **626**
taktiles und – nach der jüngsten Rspr. des BGH – sogar ein rein **akustisch**es Wahrnehmen.

1409 BGH 8.7.2008 – 3 StR229/08, NStZ-RR 2008, 342.
1410 BGH 5.8.2010 – 3 StR 190/10, NStZ 2011, 211, 212 und näher Eisele, BT II Rn. 367; zur Kritik an der Rspr. bspw. Fischer, § 250 Rn. 22 f.
1411 Hilgendorf/Valerius, BT II § 15 Rn. 11 f., auch zu nachfolgenden Gegenbsp.
1412 BGH 8.11.2011 – 3 StR 316/11, NStZ 2012, 389, auch zu nachf. Bsp.

So genügte dem BGH für § 250 Abs. 2 Nr. 1 bspw.[1413]

- das Halten eines Brecheisens mit leichtem Druck in den Rücken der Geschädigten, ohne dass diese das Brecheisen als solches identifizieren konnte.
- das mehrfache (bloße) Zurufen des Täters, er habe ein Messer dabei (welches für die Geschädigte aufgrund der Dunkelheit in der Hand des Täters nicht erkennbar war), um dessen Einsatz im Falle des Widerstands anzudrohen.

Wird die Drohung nicht wahrgenommen, ist neben einem Versuch des § 250 Abs. 2 Nr. 1 auch § 250 Abs. 1 Nr. 1a) zu prüfen.[1414]

627 Die Waffe oder das andere gefährliche Werkzeug muss **bei der Tat** verwendet werden. Unstreitig ist dies der Fall ab Beginn des Versuchs bis zur Tatvollendung. Nach Auffassung der Rspr. kann der Einsatz aber auch noch **bis zur Beendigung** der Tat erfolgen, sofern das Verwenden in sog. Beutesicherungsabsicht erfolgt ist.[1415]

628 In subjektiver Hinsicht ist zumindest **bedingter Vorsatz** erforderlich.

VI. § 250 Abs. 2 Nr. 2

629 Führt ein Beteiligter an einem bandenmäßig begangenen Raub eine Waffe (BEACHTE: lediglich Waffen sind erfasst!) bei sich, liegt ein **bewaffneter Bandenraub** gem. § 250 Abs. 2 Nr. 2 vor. Zur bandenmäßigen Begehungsweise, dem Begriff der Waffe sowie dem Beisichführen sei auf Rn. 511 ff., Rn. 496 ff. und Rn. 502 verwiesen.

630 Diese Qualifikation soll der **besonderen Gefährlichkeit** bewaffneter Räuberbanden Rechnung tragen.[1416]

VII. § 250 Abs. 2 Nr. 3

1. Schwere körperliche Misshandlung

631 **Misshandelt** der Täter oder ein anderer Beteiligter am Raub eine andere Person bei der Tat **körperlich schwer**, liegt die Qualifikation aus § 250 Abs. 2 Nr. 3a) vor.

632 Unter einer schweren körperlichen Misshandlung ist nach der Rspr. eine schwere Beeinträchtigung der körperlichen Integrität mit **erheblichen**

1413 BGH 10.1.2018 – 2 StR 200/17, NStZ 2018, 278 ff. (Bsp. 1); BGH 8.4.2020 – 3 StR 5/20, NStZ 2021, 229 f. (Bsp. 2). Zur Kritik an letzterer Entscheidung bspw. Rieck, NStZ 2021, 230, 231.
1414 Hohmann/Sander § 40 Rn. 32.
1415 S. hierzu näher MüKo/Sander, § 250 Rn. 59.
1416 Fischer, § 250 Rn. 24.

Folgen für die Gesundheit oder **erheblichen Schmerzen** zu verstehen, wobei nicht erforderlich ist, dass der Tatbestand der schweren Körperverletzung nach § 226 erfüllt ist.[1417]

Bei der anderen Person, die körperlich schwer misshandelt wird, kann es sich um das **Raubopfer oder** einen **beliebigen Dritten** handeln.[1418] **633**

In subjektiver Hinsicht ist zumindest **bedingter Vorsatz** erforderlich. **634**

2. Gefahr des Todes

Wird durch die Tat eine andere Person in die **Gefahr des Todes** gebracht, ist § 250 Abs. 2 Nr. 3b) verwirklicht. Wie bei § 250 Abs. 1 Nr. 1c) muss es sich um eine **konkrete** Gefahr handeln, also die Möglichkeit des Erfolgs so naheliegen, dass dessen Eintritt nur noch vom Zufall abhängt.[1419] **635**

In subjektiver Hinsicht bedarf es eines (zumindest bedingten) **Gefährdungsvorsatz**es, da § 250 Abs. 2 Nr. 3b) kein erfolgsqualifiziertes Delikt i.S.v. § 18 ist, also eine nur fahrlässige Verursachung der Gefahr nicht ausreicht.[1420] **636**

VIII. Abschließender Fall

Sachverhalt:[1421] **637**

A betritt eine Tankstelle, um diese zu überfallen. Er stellt eine verschlossene Sporttasche auf die Verkaufstheke, nimmt demonstrativ sein Mobiltelefon in die Hand und erklärt der Verkäuferin V wahrheitswidrig, in der Tasche befinde sich eine Bombe, die er zünden werde, wenn ihm nicht das Geld aus der Kasse ausgehändigt werde. Die verängstigte Verkäuferin händigt A 1525 Euro Bargeld aus.

Wie hat sich A strafbar gemacht?

Lösungshinweise:

A hat durch die Drohung mit einer gegenwärtigen Gefahr für Leib oder Leben eine räuberische Erpressung gem. §§ 253 Abs. 1, 255 begangen (zur Abgrenzung der räuberischen Erpressung vom Raub und deren Prüfungsaufbau s. Rn. 741 ff. und Rn. 734). Dass A seine Drohung nicht realisieren konnte, ist bedeutungslos. Entscheidend, und ausreichend, ist, dass A den Anschein der Ernstlichkeit seiner Drohung erwecken wollte und die V die Drohung auch tatsächlich ernst nahm.

1417 BGH 30.1.2007 – 3 StR 1/07, NStZ-RR 2007, 175.
1418 BeckOK/Wittig, § 250 Rn. 18.
1419 BeckOK/Wittig, § 250 Rn. 20, 8.
1420 BGH 23.7.2004 – 2 StR 101/04, NStZ 2005, 156, 157.
1421 Nach BGH 18.8.2010 – 2 StR 295/10, NStZ 2011, 278.

Fraglich ist, ob auch § 250 erfüllt ist. Da es sich bei der Sporttasche samt Mobiltelefon weder um eine Waffe (keine Bestimmung zu Angriffs- oder Verteidigungszwecken) noch um ein anderes gefährliches Werkzeug (keine Eignung, erhebliche Verletzungen herbeizuführen) handelt, scheiden §§ 250 Abs. 2 Nr. 1, Abs. 1 Nr. 1a) aus. Sporttasche samt Mobiltelefon sind vielmehr objektiv ungefährliche Gegenstände, deren Verletzungstauglichkeit von A nur vorgetäuscht wird.

Scheinwaffen fallen zwar grds. in den Anwendungsbereich von § 250 Abs. 1 Nr. 1b). Die Rspr. nimmt jedoch nach ihrem äußeren Erscheinungsbild **offensichtlich ungefährliche Gegenstände** aus § 250 Abs. 1 Nr. 1b) aus, da dann nicht die Drohungswirkung des Gegenstandes selbst, sondern die täuschenden Erklärungen des Täters im Vordergrund stehen. Maßgeblich ist die Sichtweise eines objektiven Beobachters. Für einen objektiven Beobachter war im vorliegenden Fall aber die Gefährlichkeit nach Ansicht des BGH überhaupt nicht einzuschätzen; der äußere Anschein gab keinen Anhaltspunkt dafür, ob die Behauptung über die Gefährlichkeit zutraf, weshalb § 250 Abs. 1 Nr. 1b) nach Auffassung des BGH erfüllt war.[1422] Da auch die subjektiven Strafbarkeitsvoraussetzungen (Vorsatz, Verwendungsvorbehalt, Absicht rechtswidriger Bereicherung) sowie Rechtswidrigkeit und Schuld vorlagen, war A nach Auffassung des BGH zu Recht wegen schwerer räuberischer Erpressung gem. §§ 253 Abs. 1, 255, 250 Abs. 1 Nr. 1b) verurteilt worden.

Diese Entscheidung des BGH ist – im Hinblick auf die Bejahung von § 250 Abs. 1 Nr. 1b) – auf berechtigte Kritik gestoßen (vgl. Rn. 613[1423]).

D. Raub mit Todesfolge

I. Vorbemerkungen

638 Der Raub mit Todesfolge ist ein sog. **erfolgsqualifiziertes Delikt** i. S. v. § 18, allerdings mit der Besonderheit, dass der Täter in subjektiver Hinsicht hinsichtlich des verursachten Todes wenigstens leichtfertig gehandelt haben muss, also „mehr“ als „einfach nur“ fahrlässig (s. Rn. 651 ff.).

639 Der Raub mit Todesfolge ist mit **lebenslang**er Freiheitsstrafe oder Freiheitsstrafe **nicht unter zehn Jahren** bedroht.

II. Prüfungsaufbau

640

I. Raub (§§ 249, 250: Tatbestand, Rechtswidrigkeit, Schuld)

II. § 251

1. Raub (Verweis auf obige Prüfung)
2. Eintritt des Todes eines anderen Menschen

1422 BGH 18.8.2010 – 2 StR 295/10, NStZ 2011, 278.
1423 Dort auch m. w. N. sowie bspw. Sch/Sch/Bosch, § 250 Rn. 15; Rengier, BT I § 9 Rn. 9.

3. Kausalität und obj. Zurechnung
4. Tatbestandsspezifischer Gefahrzusammenhang
5. Wenigstens Leichtfertigkeit bzgl. des Todeseintritts

zusätzlich (außer bei Vorsatz):

subjektive Vorhersehbarkeit und Vermeidbarkeit

III. Tatbestandsmäßigkeit

Durch den Raub, also durch eine Tathandlung i. S. v. **§§ 249, 250** (ggf. i. V. m. § 255)[1424], muss der Tod eines anderen leichtfertig verursacht werden. **641**

Bei dem anderen Menschen muss es sich nicht um den durch den Raub selbst Verletzten handeln; erfasst ist **auch**, dass ein **Unbeteiligter** sein Leben, etwa durch eine abirrende Kugel, einbüßt.[1425] Nach h. M. gehören lediglich andere Tatbeteiligte nicht zum durch § 251 geschützten Personenkreis.[1426] **642**

1. Tatbestandsspezifischer Gefahrzusammenhang

Neben der nach den üblichen Kriterien zu prüfenden Kausalität und objektiven Zurechnung des Todes muss ein sog. tatbestandsspezifischer Gefahrzusammenhang zwischen dem Raub und der eingetretenen Todesfolge bestehen: In dem tödlichen Erfolg muss sich gerade **die dem Grundtatbestand anhaftende eigentümliche** („tatbestandsspezifische“) **Gefahr** niederschlagen.[1427] **643**

Typischerweise ergibt sich die Todesfolge aus der bei dem Raub **zum Zwecke der Wegnahme eingesetzten Gewalt**. **644**

Beispiel:

A schlägt mit einem Hammer auf B ein, um dessen Armbanduhr zu entwenden; B verstirbt aufgrund dessen später.

Der Tod kann aber auch infolge der angewendeten **Drohung** herbeigeführt werden.[1428] **645**

1424 Fischer, § 251 Rn. 3.
1425 Wessels/Hillenkamp/Schuhr, BT 2 Rn. 404 m. w. N.
1426 MüKo/Sander, § 251 Rn. 5.
1427 Rengier, BT I § 9 Rn. 7.
1428 MüKo/Sander, § 251 Rn. 6, auch zu nachfolgendem Bsp.

Beispiel:

Das bedrohte Opfer erleidet durch die belastende Situation einen tödlichen Herzinfarkt.

646 Ausreichend ist nach der Rspr. aber auch, wenn die tödliche Gewalthandlung nicht der Beuteerlangung oder -sicherung diente, aber (vor Beendigung der Tat!) mit dem Raubgeschehen derart **verknüpft** ist, dass sich in der Todesfolge die der konkreten Raubtat eigentümliche besondere Gefährlichkeit verwirklicht.[1429]

Beispiel:

Das zum Zweck der Beuteerlangung über einen längeren Zeitraum misshandelte Tatopfer erleidet den tödlichen Herzinfarkt erst infolge der ihm aus Wut über die unergiebige Tatbeute versetzten Schläge.

647 Ausreichend ist auch, dass z.B. das bedrohlich angegangene Opfer beim **Zurückweichen** fällt und zu Tode kommt.[1430]

Entschließt sich der Beraubte hingegen, den flüchtenden Täter zu verfolgen (sog. **Nacheile**), und kommt hierbei ohne unmittelbare Einwirkung des Täters zu Tode, verwirklicht sich in diesem selbstgefährdenden Verhalten des Opfers keine raubspezifische Gefahr mit der Konsequenz, dass § 251 ausscheidet.[1431]

Beispiel:[1432]

T hat O deren Halskette mit Gewalt entrissen. Um diese wieder zu erlangen, nimmt O die Verfolgung auf. Dabei übersieht sie eine Straßenbahn und wird getötet.

648 Umstritten ist, ob es für den tatbestandsspezifischen Gefahrzusammenhang genügt, wenn der Tod infolge der Wegnahme (und nicht infolge des Einsatzes des qualifizierten Nötigungsmittels) eintritt, also bspw. bei **Wegnahme eines lebenswichtigen Medikaments**. Hiergegen spricht, dass ein solcher tödlicher Verlauf genauso beim Diebstahl denkbar ist.[1433]

649 In zeitlicher Hinsicht ist umstritten, ob § 251 auch noch im Zeitraum **zwischen Vollendung und Beendigung** des Raubes verwirklicht werden kann.

1429 Auch zu nachfolgendem Bsp. BGH 7.10.2020 – 4 StR 602/19, NStZ-RR 2020, 372.
1430 Sch/Sch/Bosch, § 251 Rn. 5.
1431 MüKo/Sander, § 251 Rn. 9; Sch/Sch/Bosch, § 251 Rn. 5.
1432 Aus Eisele, BT II Rn. 381.
1433 Rengier, BT I § 9 Rn. 10 m.w.N. zum Streitstand.

Die Rechtsprechung bejaht dies grds., wogegen jedoch in der Literatur beachtliche Argumente vorgebracht werden (s. dazu näher den abschließenden Fall in Rn. 656).

Eine Realisierung des tatbestandsspezifischen Zusammenhangs ist jedoch auch nach Auffassung der Rspr. nicht mehr möglich, wenn bei der zum Tode führenden Gewaltanwendung der Raub **bereits beendet** bzw – im Falle des Versuchs – endgültig gescheitert war.[1434] 650

Wird dem Täter bspw. mangels auffindbarer Wertgegenstände in der Wohnung des Geschädigten klar, dass sein Plan, „Beute zu machen", gescheitert ist und entschließt er sich daher aus Wut hierüber erst dann zur Tötung des Geschädigten, ist diese nicht mehr durch die Raubtat i. S. d. § 251 verursacht.

2. Leichtfertigkeit

Abweichend von § 18, der bei erfolgsqualifizierten Delikten für das Herbeiführen der besonderen Folge „wenigstens Fahrlässigkeit" genügen lässt, fordert der Gesetzeswortlaut des § 251 diesbezüglich „wenigstens" **Leichtfertigkeit**. 651

Leichtfertig ist ein Verhalten, das bezogen auf den Todeseintritt einen **erhöhten Grad von Fahrlässigkeit** aufweist; leichtfertig handelt hiernach, wer die sich ihm aufdrängende Möglichkeit eines tödlichen Verlaufs aus **besonderem Leichtsinn** oder **besonderer Gleichgültigkeit** außer Acht lässt.[1435] 652

§ 251 erfasst, wie sich aus der Formulierung *wenigstens* leichtfertig ergibt, **auch** die **vorsätzlich**e Herbeiführung der Todesfolge.[1436] 653

Bei Vorsatz hinsichtlich des Todeseintritts sind selbstverständlich auch die Tötungsdelikte nach §§ 211, 212 zu prüfen.

IV. Versuch

§ 251 kann in zweierlei Hinsicht in einer Versuchskonstellation vorliegen. 654
In Betracht kommt ein sog. **erfolgsqualifizierter Versuch**, bei welchem das Grunddelikt im Versuch steckenbleibt, der qualifizierende Erfolg aber bereits durch diesen Versuch eintritt. Vorliegen kann aber auch ein sog. **Versuch der Erfolgsqualifikation**. Bei diesem wird das Grunddelikt verwirklicht, die qualifizierende Folge (die jedoch vom **Vorsatz** umfasst sein

1434 BGH 24.4.2019 – 2 StR 469/18, NStZ 2019, 730, 731, auch zum im nachfolgenden Bsp. geschilderten Sachverhalt.
1435 BGH 3.6.2015 – 5 StR 628/14, NStZ 2015, 696, 697.
1436 BGH 20.10.1992 – GSSt 1/92, NJW 1993, 1662, 1663 f.

muss!) bleibt aber im Versuch stecken. Beide Konstellationen sind in nachfolgender Tabelle beispielhaft zusammengefasst.

655 **Tab. 4** § 251: Konstellationen des Versuchs

	Konstellation	Bsp.	Strafbarkeit bzgl. § 251
1	Wegnahme gelingt nicht, eingesetztes Nötigungsmittel führt aber zurechenbar und wenigstens leichtfertig zum Tod	A schlägt mit einem Hammer auf B ein, um dessen Armbanduhr zu entwenden; hierbei wird er überrascht und flieht ohne Armbanduhr; B **verstirbt**	= sog. **erfolgsqualifizierter Versuch** (h. M.[1437]) → Versuchter Raub mit Todesfolge
2	Wegnahme gelingt oder gelingt nicht, eingesetztes Nötigungsmittel führt nicht zum Tod (war aber vom *Vorsatz* des Täters umfasst)	A schlägt mit einem Hammer auf Bs Kopf ein, um dessen Armbanduhr zu entwenden; hierbei wird er überrascht und flieht ohne Armbanduhr (oder: es gelingt ihm, die Armbanduhr zu entwenden); Bs Tod hält er für möglich und nimmt diesen billigend in Kauf; B **überlebt**	= sog. **Versuch der Erfolgsqualifikation** → Versuchter Raub mit Todesfolge

V. Abschließender Fall

656 ***Sachverhalt:***[1438]

R ergreift, nachdem er eine Bank ausgeraubt hat, die Flucht. Hierbei wird er von mehreren Personen verfolgt. Im Bereich einer Einkaufspassage kommt es zu einem Schusswechsel mit dem ihn verfolgenden Polizeibeamten P. R verfehlt jedoch P und trifft die Passantin O tödlich.

Hat sich R gem. § 251 z. N. der O strafbar gemacht?

Lösungshinweise:

R hat lt. Sachverhalt einen Raub begangen. O ist zu Tode gekommen. Zwar ist O nicht Geschädigte des Raubes, aber auch unbeteiligte Personen werden von § 251 geschützt. Ihren Tod hat R kausal und zurechenbar verwirklicht. Fraglich ist jedoch, ob der erforderliche tatbestandsspezifische Gefahrzusammenhang vorliegend gegeben war, da der zum Tode führende Gewalteinsatz erst nach Vollendung, wenn auch vor Beendigung des Raubes, erfolgt ist. Nach Auffas-

1437 S. dazu näher Wessels/Hillenkamp/Schuhr, BT 2 Rn. 408; BeckOK/Wittig, § 251 Rn. 8.
1438 Nach BGH 15.5.1992 – 3 StR 535/91, NJW 1992, 2103.

sung der Rspr. hat sich aber auch hierin die einem Raub eigentümliche besondere Gefährlichkeit verwirklicht, da die Gefahr, dass ein bewaffneter Täter seine Waffe nicht nur zur Wegnahme, sondern auch zur Abwehr von Verfolgern und zur Beutesicherung einsetzt, nicht geringer als bei der Wegnahmehandlung einzuschätzen sei; eine ausreichende Begründung, einen sich den Fluchtweg freischießenden Täter besser zu stellen als einen, der die Schusswaffe zur Wegnahme einsetzt, sei nicht zu erkennen, der Schutzzweck des § 251 gebiete vielmehr auch die **Einbeziehung von Gewalt auch noch nach der Wegnahmehandlung zur Sicherung der Beute oder der Flucht**.[1439] Hiergegen wendet die Literatur ein, dass § 249 mit der Wegnahme abgeschlossen sei und daher für die Todesverursachung „*durch* den Raub" eine nur zur Beutesicherung eingesetzte Gewalt/Drohung nicht ausreiche. Zudem werde die klare Grenzziehung zwischen § 249 und § 252 beseitigt und die besonderen Voraussetzungen des § 252 umgangen.[1440]

Da der Gebrauch von Schusswaffen in einer Einkaufspassage in grobem Maße fahrlässig und damit leichtfertig ist und Rechtswidrigkeit sowie Schuld (inkl. subj. Vorhersehbarkeit und Vermeidbarkeit der Todesfolge) gegeben sind, hat R nach Auffassung der Rspr. § 251 verwirklicht.

E. Räuberischer Diebstahl

I. Vorbemerkungen

§ 252 stellt die (nicht notwendig erfolgreiche) **Verteidigung der Diebesbeute mit Raubmitteln** unter Strafe.[1441] „Klassische" Opfer eines räuberischen Diebstahls sind daher die bestohlenen Personen selbst, die die Tat bemerken und den Gewahrsam an der weggenommenen Sache wiedererlangen wollen, Ladendetektive und Sicherheitspersonal sowie hilfsbereite Dritte, die den Täter stellen wollen und ggf. sogar verfolgen.[1442] 657

Wer § 252 verwirklicht, wird **gleich einem Räuber**, also nach §§ 249, 250, 251[1443], bestraft. Wer mittels Gewalt oder Drohungen „auf frischer Tat" noch ungesicherten Gewahrsam sichern will, ist genauso gefährlich und strafwürdig wie der Räuber, der Gewalt oder Drohungen zur Erlangung des Gewahrsams einsetzt.[1444] 658

1439 BGH 15.5.1992 – 3 StR 535/91, NJW 1992, 2103.
1440 Rengier, BT I § 9 Rn. 22 m. w. N.
1441 Wessels/Hillenkamp/Schuhr, BT 2 Rn. 412.
1442 Hilgendorf/Valerius, BT II § 16 Rn. 2.
1443 Fischer, § 252 Rn. 13.
1444 Rengier, BT I § 10 Rn. 1.

II. Prüfungsaufbau

659 I. Tatbestandsmäßigkeit

1. Objektiver Tatbestand
   - Diebstahl [Vortat]
   - auf frischer Tat betroffen [Tatsituation]
   - Gewalt gegen eine Person
     oder
     Drohung mit gegenwärtiger Gefahr für Leib oder Leben [Nötigungsmittel]
2. Subjektiver Tatbestand
   - Vorsatz
   - Besitzerhaltungsabsicht

II. Rechtswidrigkeit

III. Schuld

III. Objektiver Tatbestand

1. Vortat

660 Der Täter muss **bei einem Diebstahl** auf frischer Tat betroffen sein.

661 Erfasst hiervon ist nach h. M. jede Form der Wegnahme in (Selbst- oder Dritt-)Zueignungsabsicht, also **§§ 242, 243**, aber auch **§§ 244, 244a** und auch **§§ 249 ff.**[1445]

Andere Delikte – wie bspw. Unterschlagung oder Betrug – scheiden als Vortat aus!

662 Die Vortat muss nach einhelliger Ansicht zum Zeitpunkt der Tathandlung des § 252 **vollendet** sein: da sich die geforderte Absicht auf den Besitz des **gestohlenen** Gutes bezieht, muss es bereits zu einem Gewahrsamswechsel gekommen sein.[1446]

§ 252 erfasst den Einsatz eines qualifizierten Nötigungsmittels **zwischen Vollendung und Beendigung** der Vortat (s. näher Rn. 666).

Wird hingegen ein qualifiziertes Nötigungsmittel vor Vollendung – final zur Wegnahme – eingesetzt, ist ein Raub zu prüfen.

1445 Fischer, § 252 Rn. 3; BeckOK/Wittig, § 252 Rn. 3, je auch zu den nachfolgenden Gegenbsp.
1446 MüKo/Sander, § 252 Rn. 6, auch zur Abgrenzung Raub/räuberischer Diebstahl.

2. Tatsituation

Die Täterin bzw. der Täter des § 252 muss bei einem Diebstahl **auf frischer Tat betroffen** sein. Dieses Erfordernis dient der zeitlichen und örtlichen Tatbestandseingrenzung.[1447] 663

a) Frische der Tat

Eine Tat ist nach der Rspr. „frisch", solange mit ihr noch ein **enger örtlicher und zeitlicher Zusammenhang** besteht, wofür ausreicht, wenn der Täter zwar den Tatort schon verlassen hat, aber noch in dessen unmittelbarer Nähe und alsbald nach der Tatbegehung wahrgenommen wird.[1448] 664

> Gelingt es bspw.[1449] A, dem von ihm im Pkw mitgenommenen B unbemerkt aus dessen Jackentasche die Brieftasche mit einer großen Geldsumme zu entwenden und in seiner Gesäßtasche zu verwahren, und fährt A mit B daraufhin noch 50 km weiter, um ihn dort nach Verlassen der Autobahn auf einsamem Gelände – nachdem er ihn geschlagen und gewürgt hatte – aus dem Wagen zu stoßen, liegt kein § 252 vor. Im Augenblick der Anwendung von Gewalt war die Tat jedenfalls (neben dem ebenfalls problematischen Betroffensein) nicht mehr „frisch". Zwar war die Tat noch nicht beendet und setzten A und B nach dem Diebstahl ihre gemeinsame Autofahrt fort; A hätte jedoch trotzdem das Nötigungsmittel alsbald nach der Tat am Tatort oder in dessen Nähe einsetzen müssen, was angesichts der vergangenen langen Zeit und der überbrückten großen Entfernung nicht der Fall war.[1450]

Ausreichend ist, wenn das Nötigungsmittel bei **sofort** am Tatort **aufgenommener Verfolgung** erst im Laufe der Fluchtphase, d.h. in räumlicher Distanz zum Tatort eingesetzt wird.[1451] 665

> **Beispiel:**
> O nimmt die Verfolgung des Diebs T gleich am Tatort auf; 15 Minuten später stellt er den T nach einer Verfolgung über zwei Kilometer. T streckt O nach einem Handgemenge nieder, um die Beute nicht zu verlieren. § 252 ist zu bejahen.

In den Fällen dieser sog. Nacheile muss die Verfolgung des Täters allerdings nach Vollendung der Wegnahme und Verlassen des Tatorts **ohne**

1447 Sch/Sch/Bosch, § 252 Rn. 4.
1448 BGH 8.10.2014 – 5 StR 395/14, NStZ 2015, 219, 220.
1449 Nach BGH 13.12.1978 – 3 StR 381/78, NJW 1979, 726 ff.
1450 Zur Begründung im Einzelnen BGH 13.12.1978 – 3 StR 381/78, NJW 1979, 726, 727.
1451 Eisele, BT II Rn. 404 m. w. N. und zu nachfolgendem Bsp.

Zäsur bis zur Gewaltanwendung und noch vor Beendigung des Diebstahls erfolgt sein.[1452]

666 Mit **Beendigung** der Vortat – also mit der Erlangung gesicherten Gewahrsams (s. Rn. 446 und unten) – endet nach h. M. der zeitliche Anwendungsbereich des § 252, Anwendung findet dann „lediglich" § 240.[1453] Dies ist überzeugend, da § 252 ein Betroffensein „*bei*" einem Diebstahl fordert.

> Von einem hinreichend gefestigten Gewahrsam (Anm.: und damit einer Beendigung des Diebstahls) am Tatobjekt ist gemeinhin nicht auszugehen, wenn sich die Täterin bzw. der Täter noch in Sichtweite der alsbald verfolgenden bestohlenen Person befindet, da dann ein erhöhtes Risiko besteht, die Beute infolge der Nacheile wieder herausgeben zu müssen.[1454]

b) Betroffensein

667 Betroffen ist der Täter zunächst dann, wenn er **wahrgenommen**, also durch Sehen oder Hören bemerkt worden ist.[1455] Nicht erforderlich ist nach h. M., dass der Beobachter den Diebstahlscharakter der Tat oder den Täter als Tatverdächtigen erkannt hat.[1456]

668 Nach h. A. ist der Täter aber auch auf frischer Tat betroffen, wenn er sich von der anderen Person **lediglich entdeckt glaubt**, tatsächlich aber überhaupt nicht wahrgenommen wurde.[1457] Aus dem Erfordernis der Besitzerhaltungsabsicht kann gefolgert werden, dass der Täter nur glauben muss, er sei entdeckt und ihm könne die Beute wieder entzogen werden.[1458]

Beispiel:

A bricht in die Wohnung des X ein und steckt den dort befindlichen Schmuck in seine Jackentasche. Überraschend kommt X nach Hause und fragt „Ja, was machst du denn da?" A, der sich, obwohl er sich hinter der Wohnungstüre versteckt hat, entdeckt glaubt, schlägt X nieder, um seine Beute zu behalten. Tatsächlich hatte X mit seiner Katze gesprochen.

1452 Sch/Sch/Bosch, § 252 Rn. 5/6 mit Verweis auf BGH 4.8.2015 – 3 StR 112/15, NStZ 2015, 700, 701. Dort stellt der BGH auch klar, dass der Annahme von § 252 weder entgegensteht, dass der Diebstahl durch Observationskräfte von Anfang an (Anm.: unbemerkt von den Tätern!) beobachtet wurde, noch, dass sich die später eingesetzte Gewalt gegen andere Polizeibeamte als diejenigen, die die Täter auf frischer Tat angetroffen hatten, richtete. Krit. dazu bspw. Becker, NStZ 2015, 701, 701 f.; Rengier, BT I § 10 Rn. 12.

1453 BeckOK/Wittig, § 252 Rn. 7 m. Nachw. auch zur Gegenauff.

1454 BGH 8.10.2014 – 5 StR 395/14, NStZ 2015, 219, 220.

1455 Fischer, § 252 Rn. 6.

1456 Sch/Sch/Bosch, § 252 Rn. 4; BeckOK/Wittig, § 252 Rn. 9, je m. w. N.

1457 Inkl. nachfolgendem Bsp. Hilgendorf/Valerius, BT II § 16 Rn. 12 f.

1458 Eisele, BT II Rn. 407 m. w. N.

Zum Betroffensein in Fällen, in welchen die Täterin bzw. der Täter sich noch unentdeckt glaubt, aber einer **Entdeckung** durch das Opfer **zuvorkommen** möchte, s. den abschließenden Fall (Rn. 678). **669**

Wer die Täterin oder den Täter betrifft, ist unerheblich: Es kann sich um das **Opfer** der Wegnahme oder auch um einen **Dritten** handeln.[1459] **670**

3. Nötigungsmittel

Die Nötigungsmittel entsprechen denen des Raubs, weshalb auf die dortigen Ausführungen (Rn. 586 ff.) verwiesen sei. **671**

Die Mittel müssen sich **gegen den Bestohlenen oder einen anderen** richten, von dem der Dieb – sei es auch nur irrtümlich (str.) – annimmt, dass er ihm den gerade erlangten Gewahrsam zugunsten des Verletzten wieder entziehen werde oder dass er dem Fortschaffen der Beute in anderer Weise ein Hindernis in den Weg legen könnte.[1460] **672**

Mit dem auf eine Gewahrsamerhaltung abzielenden Einsatz des Nötigungsmittels ist § 252 **vollendet**; es kommt nicht darauf an, ob es dem Täter gelingt, sich den Besitz des gestohlenen Guts zu erhalten.[1461] **673**

IV. Subjektiver Tatbestand

In subjektiver Hinsicht ist **mind. bedingter Vorsatz** erforderlich. Hinzukommen muss aber die Absicht, sich im Besitz des gestohlenen Gutes zu erhalten (sog. **Besitzerhaltungsabsicht**). **674**

Besitzerhaltungsabsicht meint nach der Rspr. den **zielgerichteten Willen** (dolus directus 1. Grades), eine **Gewahrsamsentziehung zu verhindern**, die – sei es in Wirklichkeit, sei es nach Annahme des Täters – gegenwärtig ist oder unmittelbar bevorsteht.[1462] **675**

> § 252 erfasst nur die Absicht, **sich** im Besitz des gestohlenen Guts zu erhalten (s. Wortlaut des § 252). Ist beabsichtigt, (nur) einem anderen den Besitz an der Beute zu erhalten, genügt dies nicht.[1463]

Bei **Mittätern** des Diebstahls reicht es aus, wenn einer den vom anderen ausgeübten **gemeinsamen Gewahrsam** sichern will.[1464]

1459 Hilgendorf/Valerius, BT II § 16 Rn. 11.

1460 Wessels/Hillenkamp/Schuhr, BT 2 Rn. 421, dort auch näher zu den Konsequenzen des Streitstands bei nur irrtümlich angenommener Schutzbereitschaft (Vollendung bzw. lediglich Versuch).

1461 Fischer, § 252 Rn. 10.

1462 BeckOK/Wittig, § 252 Rn. 15 (mit Verweis auf § 15 Rn. 17 sowie dort auch 17.1) sowie m. Nachw. zu a. A.; BGH 4.5.1956 – 5 StR 86/56, NJW 1956, 1165, 1166.

1463 Fischer, § 252 Rn. 9a.

1464 Kindhäuser/Böse, BT II § 16 Rn. 15 m. w. N.

676 Die Besitzerhaltungsabsicht muss nicht der einzige Beweggrund des Täters für die Gewaltanwendung oder den Einsatz des Nötigungsmittels sein. Eine **bloße Fluchtabsicht** (Anm.: also für sich allein!) **genügt** jedoch **nicht**.[1465]

Beispiel 1:[1466]

Der flüchtende Dieb wendet Gewalt an, um „nicht wegen des Diebstahls erwischt" zu werden, aber auch, um das Diebesgut zu verteidigen. Dies genügt für die Besitzerhaltungsabsicht.

Beispiel 2:[1467]

D entwendet 5 Bretter aus dem Schuppen des C und lädt diese in sein Fahrzeug. Der hinzukommende Angestellte A des C erkennt das Geschehen und will sich Ds Kennzeichen aufschreiben. D schlägt A daraufhin nieder. Da D durch die Gewaltanwendung „nur" die Feststellung seiner Person verhindern will, scheidet § 252 aus (auch wenn sich aus der Feststellung möglicherweise später ein Verlust der Diebesbeute ergeben hätte, denn diese Gewahrsamentziehung stand nicht unmittelbar bevor).

Beispiel 3:

Wirft der flüchtende Dieb die Beute weg und wendet sich später gewaltsam gegen seine Festnahme, liegt keine Besitzerhaltungsabsicht vor.

677 Zu beachten ist, dass die Flucht unter (objektiver) **Mitnahme der Beute** die Besitzerhaltungsabsicht **nicht ohne Weiteres** begründet, sondern sie allenfalls nahelegt.[1468]

Bedeutsam für die Beurteilung in diesem Zusammenhang ist insbesondere, ob sich die Täterin oder der Täter der Beute überhaupt hätte **entledigen können**: wären hierdurch die Fluchtchancen gefährdet gewesen oder hätte die Täterin bzw. der Täter hierdurch das entscheidende Beweismittel für die eigene Überführung geliefert, spricht dies gegen eine Besitzerhaltungsabsicht i. S. d. § 252.[1469]

Umgekehrt spricht für die Besitzerhaltungsabsicht, wenn der Täter sich von einer gewichtigen Sache, die seine Flucht erschwerte, nicht getrennt

1465 BGH 4.9.2014 – 1 StR 389/14, NStZ 2015, 157.
1466 Vgl. BGH 30.5.2000 – 4 StR 90/00, NStZ 2000, 530, 531;
1467 BGH 4.5.1956 – 5 StR 86/56, NJW 1956, 1165, 1166 und dazu der BGH in der späteren Entscheidung BGH 21.4.1959 – 5 StR 74/59, NJW 1959, 1235, 1236.
1468 BGH 4.9.2014 – 1 StR 389/14, NStZ 2015, 157.
1469 S. näher OLG Köln 18.1.2005 – 8 Ss 446/04, NStZ 2005, 448, 449; OLG Brandenburg 28.11.2007 – 1 Ss 94/07, NStZ-RR 2008, 201, 203.

oder er eine Möglichkeit, sich risikolos des Tatobjekts zu entledigen, nicht genutzt hat.[1470]

V. Abschließender Fall

Sachverhalt:[1471] **678**

A bricht in die Wohnung der C ein, um dort Wertgegenstände zu entwenden. A durchsucht die Wohnung und steckt u. a. Schmuck und eine Digitalkamera in seinen mitgebrachten Rucksack. Als A im Begriff ist, die Wohnung zu verlassen, hört er, wie die Wohnungstüre aufgeschlossen wird. Er versteckt sich hinter einer Zimmertür. Als C das Zimmer betritt, versetzt A ihr mehrere Schläge, bis sie zu Boden geht, und verlässt fluchtartig mitsamt Rucksack die Wohnung.

Wie hat sich A strafbar gemacht?

Lösungshinweise:

Mit dem Einstecken der Wertgegenstände in seinen Rucksack hat A die Wegnahme der Wertgegenstände, und damit einen Diebstahl, vollendet. Die erst danach eingesetzte Gewalt ist somit nicht final mit der Wegnahme verknüpft, sodass § 249 ausscheidet. A hat aber einen Wohnungseinbruchsdiebstahl (§ 244 Abs. 1 Nr. 3 (evtl. auch Abs. 4)) verwirklicht.

Für eine Strafbarkeit aus § 252 müsste A bei diesem Diebstahl auf frischer Tat betroffen, also in engem örtlichen und zeitlichen Zusammenhang von einer Person wahrgenommen worden sein. C ist zwar in einem solch engen Zusammenhang zum Diebstahl in die Wohnung zurückgekommen, sie hat den A allerdings nicht bemerkt.

Nach Auffassung der Rspr. (und eines großen Teils der Literatur) leuchte es aber nicht ein und sei mit dem Sinn des § 252 kaum vereinbar, jemanden nicht als bzw. gleich einem Räuber zu behandeln, bloß, weil er dem **Bemerktwerden durch schnelles Zuschlagen zuvorgekommen** sei: Ein Dieb, der Gewalt übt, unmittelbar bevor er bemerkt wird, muss genauso behandelt werden wie einer, der zuschlägt, nachdem er bemerkt wurde. Erforderlich sei lediglich ein **raum-zeitliches Zusammentreffen**.[1472] Da das Gesetz unscharf nur von „Betreffen" und nicht von „Bemerken" spricht, sei ein solcher Fall auch mitumfasst.[1473] „Betreffen" sei ein Synonym für „antreffen", „vorfinden" oder „begegnen" und umfasse ein raum-zeitliches Zusammenkommen, dem zwar auch die Wahrnehmung des anderen unterfällt, nicht notwendig aber erst hiermit beginnt.[1474]

Nach anderer Auffassung sei eine solche Auslegung des Betroffenseins eine unzulässige Analogie (Art. 103 Abs. 2 GG), da der Wortsinn (Entdecktsein/Wahr-

1470 MüKo/Sander, § 252 Rn. 16.
1471 Nach BGH 27.2.1975 – 4 StR 310/74, BGHSt 26, 95.
1472 BGH 27.2.1975 – 4 StR 310/74, BGHSt 26, 95 (juris-Rn. 8 f.).
1473 Lackner/Kühl/Heger, § 252 Rn. 4.
1474 NK/Kindhäuser/Hoven, § 252 Rn. 9.

nehmung) überschritten sei, und führe zur Bedeutungslosigkeit dieses Merkmals, denn ein „Zusammentreffen" von Täter und Opfer wäre aufgrund der Gewaltanwendung regelmäßig gegeben.[1475]

Nach der mit Blick auf den Zweck des § 252 überzeugenderen und vom Wortlaut noch getragenen Auffassung der Rspr. hat sich A nach § 252, dessen weitere Voraussetzungen ebenfalls vorliegen, strafbar gemacht. Darüber hinaus liegt eine Strafbarkeit nach § 223 Abs. 1 vor.

F. Räuberischer Angriff auf Kraftfahrer

I. Vorbemerkungen

679 § 316a Abs. 1 bedroht den räuberischen Angriff auf Kraftfahrer mit Freiheitsstrafe **nicht unter fünf Jahren**.

Gesetzgeberische Intention ist, Führer und Mitfahrer von Kraftfahrzeugen davor zu schützen, gerade wegen ihrer Teilnahme am Straßenverkehr leichter Opfer von räuberischen Angriffen zu werden.[1476]

Immer dann, wenn im Zusammenhang mit dem Führen oder Mitfahren in einem Kfz die §§ 249, 252, 255 in Betracht kommen, ist an § 316a zu denken![1477]

680 Geschützte Rechtsgüter sind nach h.M. **Eigentum** und **Vermögen**, aber auch die **Sicherheit und Funktionsfähigkeit des Straßenverkehrs**, wofür sowohl die systematische Stellung des § 316a (Anm.: im Abschnitt „gemeingefährliche Straftaten" (§§ 306 bis 323c)) als auch die hohe Strafdrohung spricht.[1478]

681 Angesichts der hohen Strafdrohung ist eine **enge Auslegung** der Vorschrift geboten.[1479]

682 § 316a Abs. 3 enthält eine **Erfolgsqualifikation** für den Fall, dass wenigstens leichtfertig der Tod eines anderen Menschen verursacht worden ist.

1475 Bspw. Hohmann/Sander § 41 Rn. 9; Kindhäuser/Böse, BT II § 16 Rn. 7; MüKo/Sander, § 252 Rn. 10f.
1476 BGH 20.11.2003 – 4 StR 150/03, NStZ 2004, 207, 208.
1477 Hohmann/Sander § 42 Rn. 2.
1478 MüKo/Sander, § 316a Rn. 2; Rengier, BT I § 12 Rn. 1.
1479 Lackner/Kühl/Heger, § 316a Rn. 1 m.w.N.

II. Prüfungsaufbau

I. Tatbestandsmäßigkeit 683
1. Objektiver Tatbestand
- Angriff auf
- Leib oder Leben

  oder

  Entschlussfreiheit des Führers eines Kfz/Mitfahrers
- unter Ausnutzen der besonderen Verhältnisse des Straßenverkehrs

2. Subjektiver Tatbestand
- Vorsatz
- Absicht zur Begehung eines Raubes, räuberischen Diebstahls oder einer räuberischen Erpressung

II. Rechtswidrigkeit

III. Schuld

III. Objektiver Tatbestand

1. Angriffssituation

Unter einem Angriff ist jede auf die Verletzung eines der genannten Rechtsgüter gerichtete **feindselige Handlung** zu verstehen.[1480] Der Angriff muss **verübt**, also tatsächlich ausgeführt, die angegriffenen Rechtsgüter aber nicht verletzt werden.[1481] 684

Von wo aus der Angriff erfolgt, ist unerheblich, sodass ihn sowohl **Fahrzeuginsassen** (einschließlich Fahrer (str.)) als auch **Personen**, die sich **außerhalb** des Kraftfahrzeugs befinden, ausführen können.[1482] 685

a) Betroffene Rechtsgüter

Von dem Angriff betroffen sein müssen entweder **Leib oder Leben** oder die **Entschlussfreiheit** der ein Kfz führenden oder in ihm mitfahrenden Person. 686

1480 Fischer, § 316a Rn. 6.
1481 Hilgendorf/Valerius, BT II § 18 Rn. 12.
1482 MüKo/Sander, § 316a Rn. 8 auch m. Nachw. zum Streitstand.

aa) Leib oder Leben

687 Der Angriff auf Leib oder Leben ist auf die Tötung des Opfers oder eine nicht unerhebliche Körperverletzung gerichtet.[1483]

Beispiele:[1484]

Faustschläge ins Gesicht oder Stöße mit einem Schlagstock gegen den Kopf.

bb) Entschlussfreiheit

688 Ein Angriff auf die Entschlussfreiheit liegt bei **sämtlichen Formen der Nötigung** vor, soweit diese nicht mittels Gewalt gegen Leib oder Leben begangen werden.[1485]

Ein solcher Angriff auf die Entschlussfreiheit liegt bspw. bei sog. **Autofallen** vor, wenn also z. B. Barrikaden, Spannseile oder Nagelbretter auf der Straße bestehen, die das Opfer zum Anhalten oder Ausweichen bewegen sollen.[1486]

689 Als Angriffsmittel kommen grds. aber auch **Täuschung und List** in Betracht, sofern sie nach den Gesamtumständen **nötigenden Charakter** besitzen, d. h. das Opfer – ähnlich einer offen erfolgenden Nötigung – gegen seinen eigentlichen Willen zu einem bestimmten Verhalten gebracht werden soll.[1487] Dies ist der Fall, wenn das Bestehen insbesondere einer **rechtlichen** – typischerweise aus der StVO oder aus § 323c Abs. 1 folgenden – **Pflicht** vorgetäuscht wird (sog. psychische Autofallen).[1488] Hier verbleibt zwar die tatsächliche Möglichkeit, anders zu handeln als vom Täter beabsichtigt; angesichts der rechtlichen (Schein-)Verpflichtung ist der Kfz-Führer jedoch in seiner Willensbildung nicht frei.[1489]

Beispiele:[1490]

- Aufstellen falscher Halteschilder
- Vortäuschen eines Unglücksfalls i. S. d. § 323c Abs. 1

1483 Sch/Sch/Hecker, § 316a Rn. 4.
1484 MüKo/Sander, § 316a Rn. 9.
1485 Hohmann/Sander § 42 Rn. 6.
1486 Hilgendorf/Valerius, BT II § 18 Rn. 11.
1487 MüKo/Sander, § 316a Rn. 11.
1488 Rengier, BT I § 12 Rn. 11.
1489 Sch/Sch/Hecker, § 316a Rn. 5.
1490 Rengier, BT I § 12 Rn. 11 sowie (zu Bsp. 3) BGH 23.4.2015 – 4 StR 607/14, NJW 2015, 2131, 2132 m. krit. Anm. zum konkreten Sachverhalt Zopfs, NJW 2015, 2133 und (zu Bsp. 4) BGH 7.7.2022 – 4 StR 508/21, NStZ 2023, 111.

- Vortäuschen einer Polizeikontrolle, durch die sich die/der Geschädigte zum Anhalten gezwungen sieht
- Vortäuschen eines „zufälligen Unfalls“, wodurch sich die/der Geschädigte verpflichtet sieht, am Unfallort zu bleiben und Feststellungen zu ihrer/seiner Person zu ermöglichen (§ 34 Abs. 1 Nr. 1 StVO, § 142).

Der Nötigungscharakter (nicht aber die feindliche Willensrichtung!) muss jedoch vom Opfer **wahrgenommen** werden.[1491]

Wird bspw. in einem Fahrzeug die „Kindersicherung“ betätigt, um den Geschädigten an einer möglichen Flucht zu hindern, liegt hierin kein Angriff auf die Entschlussfreiheit, wenn der Geschädigte davon nichts bemerkt hat.

Nicht ausreichend ist nach der Rspr., wenn lediglich mit **List** eingewirkt **690**
wird, also bloß „allgemein motivierende Umstände“ vorgetäuscht werden.[1492] Die bloße Täuschung hindert nämlich nicht den Entschluss und beeinträchtigt auch nicht die Entschlussfreiheit, da andere Handlungsmöglichkeiten verbleiben.[1493]

Beispiele:

Angabe eines falschen Fahrtziels einem Taxifahrer gegenüber; Vortäuschen einer Autopanne; Vortäuschen, Anhalter zu sein.

b) Betroffene Person

Der Angriff muss ggü. einer Person erfolgen, die ein **Kfz führt** oder in einem **691**
solchen **mitfährt**.

Diese Eigenschaft muss zum Tatzeitpunkt, also **bei Verüben des Angriffs**, vorliegen![1494]

Ausreichend ist hierfür nach der Rspr. auch, wenn das Opfer durch einen vor Fahrtantritt begonnenen Angriff zur (Mit-)Fahrt gezwungen wird und der Angriff während der Fahrt fortgesetzt wird.[1495]

1491 BGH 20.11.2003 – 4 StR 250/02, NStZ-RR 2004, 171, 172, auch zur nachfolgenden Bsp. konstellation.

1492 Auch zu nachf. Bsp. BGH 23.4.2015 – 4 StR 607/14, NJW 2015, 2131, 2132, mit der Einschränkung auf Autopannen jedenfalls außerhalb des Anwendungsbereichs von § 323c.

1493 Hohmann/Sander § 42 Rn. 6.

1494 BGH 23.4.2015 – 4 StR 607/14, NJW 2015, 2131, 2132.

1495 BGH 25.9.2007 – 4 StR 338/07, NStZ 2008, 153, 154; besonders sorgfältiger Prüfung bedarf dann aber das Merkmal des Ausnutzens der besonderen Verhältnisse des Straßenverkehrs, s. hierzu auch Fischer, § 316a Rn. 11a und Rn. 699.

aa) Kfz

692 Kraftfahrzeuge sind **durch Motorkraft** angetriebene Beförderungsmittel, die zum Transport von Personen oder Gütern geeignet sind.[1496]

Beispiele:

Pkw, Motorrad, Lkw, Segway, E-Scooter, Elektrofahrrad.

bb) Führen eines Kfz

693 Ein **Kfz führt**, wer dieses

Tab. 5 § 316a: Führen eines Kfz

	Definition[1497]	Bsp.[1498]
1	in Bewegung zu setzen beginnt	Lösen der Bremsen, um loszurollen; Starten des Motors nicht hingegen: Bloßes Platznehmen im Kfz und Einstellen von Sitz/Außenspiegel
2	es in Bewegung hält	Lenken des Kfz
3	allgemein mit dem Betrieb des Fahrzeugs und/oder mit der Bewältigung von Verkehrsvorgängen beschäftigt ist.	– verkehrsbedingter Halt: Halt an einer Rotlicht zeigenden Ampel, an einer geschlossenen Bahnschranke oder im Stau – nicht verkehrsbedingter Halt: Halt in einer Parkbucht, jedoch nur bei Aufenthalt im Kfz und noch laufendem Motor (außer Motor läuft nur zu Heizungs-/Kühlzwecken)

694 Ist das Kfz nicht (mehr) in Bewegung, ist darauf abzustellen, ob das Opfer als Fahrer (noch) mit der Bewältigung von Betriebs- oder Verkehrsvorgängen befasst ist.[1499] Hier wird zwischen sog. **verkehrsbedingten** und sog. **nicht verkehrsbedingten Halten** unterschieden. Ein Führen des Kfz wird man bei verkehrsbedingten Halten i. d. R. bejahen, weil – unabhängig davon, ob der Motor weiterläuft oder (auch via Start-Stopp-Funktion[1500]) ausgestellt wird – die Aufmerksamkeit weiter auch auf das Verkehrsgeschehen gerichtet sein muss; bei nicht verkehrsbedingten Halten wird ein Führen eines Kfz regelmäßig nicht vorliegen, wenn das Tatopfer sein Fahrzeug zum Halten gebracht und den Motor ausgestellt hat.[1501]

1496 Auch zu nachf. Bsp. NK/Zieschang, § 316a Rn. 25.
1497 BGH 20.11.2003 – 4 StR 150/03, NStZ 2004, 207, 208.
1498 zu Konst. 1 und 2: MüKo/Sander, § 316a Rn. 18f.; zu Konst. 3: Rengier, BT I § 12 Rn. 20f.
1499 BGH 28.6.2005 – 4 StR 299/04, NStZ 2005, 638, 639.
1500 S. hierzu NK/Zieschang, § 316a Rn. 30.
1501 BGH 28.6.2005 – 4 StR 299/04, NStZ 2005, 638, 639.

Ein Kfz führt nicht mehr, wer die **Fahrt beendet**, also geparkt (trotz evtl. Anlassens des Motors, um bspw. die Temperatur im Fahrzeuginneren zu regulieren) oder aus sonstigen Gründen den Fahrzeugmotor ausgestellt hat.[1502] Dies gilt nach zutr. Ansicht auch für nicht verkehrsbedingte kurzzeitige Fahrtunterbrechungen.[1503] 695

So führt bspw. ein Fahrer, der im haltenden Fahrzeug sitzend bei abgestelltem Motor einen Blick in die Straßenkarte wirft, kein Kfz i.S.d. § 316a, da mit der Einstellung des Fahrzeugbetriebs die tatbestandstypische Opferanfälligkeit des Fahrers (s. Rn. 679) entfallen ist.

Wer sich **außerhalb des Kfz** befindet, führt kein Kfz.[1504] 696

Beispiele:

Das Kfz wurde noch nicht bestiegen oder – wenn auch nur vorübergehend – verlassen.

cc) Mitfahren in einem Kfz

Mitfahrer in einem Kfz sind die Insassen des Fahrzeugs oder der Sozius beim Motorrad, unabhängig davon, ob sie sich freiwillig oder gezwungenermaßen dort befinden.[1505] 697

2. Ausnutzen der besonderen Verhältnisse des Straßenverkehrs

Der Angriff muss unter Ausnutzung der besonderen Verhältnisse des Straßenverkehrs begangen sein, d.h., er muss in enger Beziehung zur Benutzung des Kfz als Verkehrsmittel stehen und die **typischen Gefahren des fließenden Verkehrs** in den Täterplan stellen (st.Rspr.).[1506] 698

Diese verkehrstypische Gefahrenlage erwächst für *Kfz-Führer* aus der Beanspruchung durch das Bedienen des Fahrzeugs und die abverlangte Konzentration auf die Verkehrslage.[1507] 699

1502 MüKo/Sander, § 316a Rn. 22.
1503 Hierzu und zum nachf. Bsp. inkl. Nachw. zum Streitstand Sch/Sch/Hecker, § 316a Rn. 8.
1504 Auch zu nachf. Bsp. BGH 20.11.2003 – 4 StR 150/03, NStZ 2004, 207, 208.
1505 NK/Zieschang, § 316a Rn. 32.
1506 Sch/Sch/Hecker, § 316a Rn. 12.
1507 Sch/Sch/Hecker, § 316a Rn. 12.

Entscheidend ist, dass der Führer eines Kfz im Zeitpunkt des Angriffs in einer Weise mit der Beherrschung seines Kfz und/oder mit der Bewältigung von Verkehrsvorgängen beschäftigt ist, dass er gerade **deswegen leichter zum Angriffsobjekt eines Überfalls** werden kann (st. Rspr.).[1508]

Ein Ausnutzen der besonderen Verhältnisse des Straßenverkehrs
- liegt i.d.R. vor, wenn sich der Fahrer bei Verüben des Angriffs mit dem Fahrzeug im **fließenden Verkehr bzw. das Kfz sich in Bewegung** befindet[1509]
- liegt i.d.R. vor bei einem **verkehrsbedingten Halt**, nach der Rspr. jedenfalls bei laufendem Motor[1510]
- bedarf bei einem **nicht verkehrsbedingten Halt** zusätzlicher (über das Laufen des Fahrzeugmotors hinausgehender, weiterer verkehrsspezifischer) Umstände, die zu einer Beeinträchtigung der Abwehrmöglichkeiten geführt haben[1511]

Beispiel:

Eine Taxifahrerin belässt zwecks Kassierens des Taxigeldes das Automatikgetriebe auf Dauerbetrieb und bleibt mit dem Fuß auf der Bremse, um das Weiterrollen des Fahrzeugs zu verhindern.[1512]

- liegt bei einem **Angriff vor Fahrtbeginn** (der aber noch fortdauert, s. Rn. 691) nur dann vor, wenn der Täter sein Opfer nicht bereits vor der Fahrt unter seine uneingeschränkte Kontrolle gebracht hat; ansonsten, so der BGH, diene das Fahrzeug nur Beförderungszwecken, ohne dass sich die mit der Fahrt einhergehende eingeschränkte Abwehrmöglichkeit des Tatopfers auf die Angriffshandlung des Täters noch in irgendeiner Weise fördernd auswirke[1513].

700 Für *mitfahrende Personen* entsteht die verkehrstypische Gefahrenlage daraus, dass sie sich im fahrenden Kfz Angriffen nicht entziehen können, ohne sich selbst oder andere Verkehrsteilnehmer – etwa durch Öffnen der Tür oder Ziehen der Handbremse – zu gefährden.[1514]

1508 BGH 15.2.2018 – 4 StR 506/17, NStZ 2018, 469, 470.
1509 S. hierzu BGH 22.8.2012 – 4 StR 244/12, NStZ 2013, 43; BGH 28.4.2016 – 4 StR 563/15, NStZ 2016, 607, 608.
1510 So BGH 28.6.2005 – 4 StR 299/04, NJW 2005, 2564, 2565; zuzustimmen ist Wessels/Hillenkamp/Schuhr, BT 2 Rn. 441 darin, dass bei verkehrsbedingten Halten ein vorübergehendes (automatisches) Abstellen des Motors keine Rolle spiele.
1511 BGH 23.2.2006 – 4 StR 444/05, NStZ-RR 2006, 185, 186; abl. Wessels/Hillenkamp/Schuhr, BT 2 Rn. 441.
1512 BGH 15.2.2018 – 4 StR 506/17, NStZ 2018, 469, 470.
1513 BGH 25.9.2007 – 4 StR 338/07, NStZ 2008, 153, 154; krit. zu dieser Unterscheidung bspw. Fischer, § 316a Rn. 11a.
1514 Sch/Sch/Hecker, § 316a Rn. 12.

Maßgeblich ist, ob der Mitfahrer aufgrund einer verkehrsbedingten Situation in seinen **Verteidigungs- oder Fluchtmöglichkeiten eingeschränkt** ist, was bei einem fahrenden Fahrzeug regelmäßig zu bejahen sein wird, ausnahmsweise aber auch bei einem haltenden Fahrzeug gegeben sein kann (Bsp.: Beifahrer O kann aus dem haltenden Fahrzeug nicht entkommen, da der Verkehr dicht an seiner Tür vorbeifließt).[1515]

Die sog. **Vereinzelung**, also das Locken des Opfers an eine einsame Stelle, um es dort auszurauben, stellt mittlerweile auch nach Auffassung der Rspr. keine dem Straßenverkehr eigentümliche Gefahr mehr dar, da diese kein Spezifikum der Teilnahme am Kraftfahrzeugverkehr ist, sondern mithilfe des Kfz als Transportmittel nur ermöglicht wird; auch die **Beengtheit** eines Kfz stellt keine dem Straßenverkehr eigentümliche Gefahr dar.[1516] **701**

IV. Subjektiver Tatbestand

In subjektiver Hinsicht reicht **bedingter Vorsatz**, wobei für das Ausnutzen der besonderen Verhältnisse des Straßenverkehrs erforderlich ist, aber auch genügt, dass sich der Täter in tatsächlicher Hinsicht der die Abwehrmöglichkeiten des Tatopfers einschränkenden besonderen Verhältnisse des Straßenverkehrs **bewusst** ist.[1517] **702**

Hinzukommen muss die **Absicht** zur Begehung eines Raubes, eines räuberischen Diebstahls oder einer räuberischen Erpressung. Diese Absicht (dolus directus 1. Grades) erfordert den festen Tatentschluss zu einer in ihren wesentlichen Zügen bestimmten (alle objektiven und subjektiven Merkmale umfassenden!) räuberischen Tat und muss bereits **im Zeitpunkt des Angriffs** (also noch vor Abschluss der Angriffshandlung) verfolgt werden.[1518] **703**

Ob und in welcher Weise die räuberische Absicht später umgesetzt wird, ist für die Verwirklichung des Tatbestandes irrelevant![1519]

V. § 316a Abs. 3

§ 316a Abs. 3 stellt eine **Erfolgsqualifikation** dar: Verursacht der Täter durch die Tat wenigstens leichtfertig den Tod eines anderen Menschen, so erhöht sich die zu verhängende Strafe gem. § 316a Abs. 3 auf **lebenslang**e Freiheitsstrafe oder Freiheitsstrafe **nicht unter zehn Jahren**. **704**

1515 Eisele, BT II Rn. 443.

1516 Sch/Sch/Hecker, § 316a Rn. 14.

1517 Fischer, § 316a Rn. 12; BeckOK/Hollering, § 316a Rn. 23; BGH 28.4.2016 – 4 StR 563/15, NStZ 2016, 607, 608.

1518 Hohmann/Sander § 42 Rn. 16; Rengier, BT I § 12 Rn. 37.

1519 MüKo/Sander, § 316a Rn. 43.

705 Als „Tat" ist nach h. M. allein der **Angriff** zu verstehen.[1520] Die getötete Person kann das Opfer dieser Tat sein, aber **auch ein Dritter** (nicht aber ein Mittäter).[1521]

Im Tod muss sich die mit einem unter Ausnutzung der besonderen Verhältnisse des Straßenverkehrs erfolgten Angriff verbundene typische Gefährlichkeit verwirklichen[1522] (**tatbestandsspezifischer Gefahrzusammenhang**).

Zum „**wenigstens leichtfertig**en" Handeln vgl. Rn. 651 ff.

VI. Abschließender Fall

706 ***Sachverhalt:***[1523]

A und B rufen ein Taxi, um in die nächstgelegene Ortschaft zu fahren. Als Taxifahrer T eintrifft, nimmt A auf dem Beifahrersitz Platz, B auf der Rückbank. Während der Fahrt schlägt A dem B vor, T zu überfallen und ihm dessen Geld abzunehmen. Hiermit ist B einverstanden. T kann die beiden nicht verstehen, da diese sich in einer für ihn fremden Sprache unterhalten.

In der Ortschaft angekommen weist A den T an, auf einen vom ursprünglichen Fahrtziel nicht weit entfernten Parkplatz neben einem einsam gelegenen Baggersee abzubiegen und dort nach kurzer Strecke anzuhalten. T kommt dem nach und stellt den Motor des Fahrzeuges ab. Als T gerade dabei ist, die Innenbeleuchtung einzuschalten, um die Fahrt abzurechnen, ergreift A seine Arme und drückte sie nach unten. B legt T den linken Arm um den Hals und zieht Ts Kopf nach hinten, wodurch T in Todesangst gerät. A entnimmt Ts Geldbörse aus der Mittelkonsole mit ca. 200 Euro sowie ein Mobiltelefon und den Fahrzeugschlüssel. Sodann verlassen A und B das Fahrzeug und laufen davon.

Liegt eine Strafbarkeit gem. § 316a vor?

Lösungshinweise:

Zwar liegt durch die vorgenommenen Gewalthandlungen ein **Angriff auf Leib und Leben** des T vor. Allerdings hatte T zu diesem Zeitpunkt bereits (nicht verkehrsbedingt) angehalten und den Motor des Fahrzeugs ausgestellt. T war daher zum für § 316a maßgeblichen Zeitpunkt des Verübens des Angriffs **kein Kfz-Führer** mehr.

1520 MüKo/Sander, § 316a Rn. 47; a. A. Fischer, § 316a Rn. 19.
1521 Fischer, § 316a Rn. 19.
1522 Sch/Sch/Hecker, § 316a Rn. 20, auch mit entspr. Bsp.
1523 Nach BGH 20.11.2003 – 4 StR 150/03, NJW 2004, 786.

Als T das Fahrzeug führte, wurde er jedoch angewiesen, vom ursprünglichen Fahrtziel abzuweichen und zu einem einsam gelegenen Baggersee zu fahren, was er auch tat. Hierbei verbargen A und B ihre räuberische Absicht. Fraglich ist, ob dies einen **Angriff auf seine Entschlussfreiheit** dargestellt hat. Der BGH hat dies in vorliegender Entscheidung verneint, denn das Verhalten stellte eine bloße List (Anm.: ohne Nötigungscharakter) dar; auch die für Taxifahrer bestehende Beförderungspflicht (§ 22 PBefG) ändere hieran grds. nichts, da i.d.R. nicht diese maßgeblichen Einfluss auf die Entschlussfreiheit des Taxifahrers habe, sondern dessen eigenes wirtschaftliches Interesse.[1524]

Eine evtl. Strafbarkeit wegen versuchten räuberischen Angriffs auf Kraftfahrer verneinte der BGH ebenfalls, da es A und B jedenfalls an dem Entschluss fehlte, ihr Opfer unter Ausnutzen der besonderen Verhältnisse des Straßenverkehrs anzugreifen: Die **bloße Vereinzelung** des Opfers reiche hierfür nicht aus, da die Abgelegenheit des Überfallorts keine spezifische Eigenschaft des Kraftfahrzeugverkehrs ist.[1525]

Eine Strafbarkeit gem. § 316a scheidet daher aus.

G. Erpressung

I. Vorbemerkungen

Die Erpressung gem. § 253 Abs. 1 ist eine von einer rechtswidrigen Bereicherungsabsicht getragene **Nötigung** i.S.d. § 240, durch die dem **Vermögen** des Genötigten oder eines anderen ein **Nachteil** zugefügt wird. 707

§ 253 schützt daher sowohl das **Vermögen** als auch die **Willensentschließungs- und Willensbetätigungsfreiheit**.[1526]

Ist eine Erpressung gem. § 253 verwirklicht, verdrängt sie als **speziellere** Vorschrift die Nötigung![1527]

Sehr umstritten innerhalb des objektiven Tatbestands der Erpressung ist, ob eine **Vermögensverfügung** der oder des Geschädigten erforderlich ist oder nicht. Die Rspr. verneint dies (s. hierzu näher Rn. 716 ff.). 708

§ 253 Abs. 4 regelt **besonders schwere Fälle** der Erpressung. 709

1524 S. näher BGH 20.11.2003 – 4 StR 150/03, NJW 2004, 786, 787.
1525 S. näher BGH 20.11.2003 – 4 StR 150/03, NJW 2004, 786, 788.
1526 BeckOK/Wittig, § 253 Rn. 1.
1527 Hohmann/Sander § 46 Rn. 47.

II. Prüfungsaufbau

710 I. Tatbestandsmäßigkeit
   1. Objektiver Tatbestand
      – Nötigung unter Einsatz des Nötigungsmittels
         – Gewalt
      oder
         – Drohung mit einem empfindlichen Übel
      – Nötigungserfolg: Handlung, Duldung oder Unterlassung [ggf. + Vermögensverfügung]
      – Vermögensnachteil
   2. Subjektiver Tatbestand
      – Vorsatz
      – Absicht rechtswidriger Bereicherung
II. Rechtswidrigkeit
   zusätzlich: Verwerflichkeit gem. § 253 Abs. 2
III. Schuld

III. Objektiver Tatbestand

1. Tathandlung

711 Tathandlung des § 253 Abs. 1 ist das **Nötigen mit Gewalt** oder durch **Drohung mit einem empfindlichen Übel**.

Hierzu sei auf die entsprechenden Ausführungen zu § 240 verwiesen (Rn. 1125 ff.).

712 Die Gewalt kann als **vis compulsiva**, aber auch als **vis absoluta** ausgeübt werden[1528], es sei denn man verlangt – entgegen der Rspr. – für den objektiven Tatbestand der Erpressung das Vorliegen einer Vermögensverfügung der/des Geschädigten. Dann scheidet die (nach § 255 im Raum stehende räuberische) Erpressung in Fällen des Einsatzes von vis absoluta aus (s. dazu näher Rn. 717 ff.)

713 Ebenso wie der Raub erfordert auch die (räuberische) Erpressung (§§ 253, 255) einen **finalen Zusammenhang** zwischen dem Nötigungsmittel und

1528 Kindhäuser/Böse, BT II § 17 Rn. 5.

der von dem Opfer vorzunehmenden vermögensschädigenden Handlung[1529], s. dazu näher Rn. 600 f., aber auch Rn. 715.

2. Nötigungserfolg

Die oder der Geschädigte muss mit den entsprechenden Nötigungsmitteln 714
zu einer **Handlung, Duldung oder Unterlassung** genötigt werden.

a) Kausal- und Zurechnungszusammenhang

Hierbei muss das Opfer **durch die Zwangswirkung** des Nötigungsmittels 715
zu der vom Täter erstrebten Handlung bewegt und in diesem Sinne der Wille des Opfers gebeugt werden.[1530]

Es muss also – anders als beim Raub – nicht nur ein subjektiver Finalzusammenhang, sondern **Kausalität** (und Zurechnungszusammenhang[1531]) zwischen dem Einsatz des Nötigungsmittels und dem abgenötigten Verhalten sowie dann auch dem Eintritt des Vermögensnachteils bestehen (Rspr. und h.M., vgl. auch den Wortlaut von § 253 Abs. 1: „... nötigt und *dadurch* ...").[1532]

Beispiel:

Zahlt ein Geschädigter die von den Tätern geforderte Geldsumme nicht (zumindest auch) aufgrund der ausgeübten Gewalt oder der ausgesprochenen Drohungen, sondern *ausschließlich* (!) deshalb, um an der Überführung der Täter mitzuwirken, liegt keine vollendete (räuberische) Erpressung vor, sondern allenfalls eine versuchte.

b) Erforderlichkeit einer Vermögensverfügung

Sehr umstritten ist, welche Anforderungen an die Art der abgenötigten 716
Handlung, Duldung oder Unterlassung zu stellen sind.

> Die jeweilige Sichtweise hat vor allem Bedeutung für das systematische Verhältnis der **räuberischen Erpressung zum Raub** und der Abgrenzung dieser Delikte voneinander (s. näher Rn. 741 ff.).

Nach Auffassung von Teilen der **Literatur** müsse – zumindest für die sog. 717
Sacherpressung[1533] – die abgenötigte Handlung, Duldung oder Unterlassung eine **Vermögensverfügung** darstellen. Betont wird hierbei zum einen die

1529 BGH 20.9.2016 – 3 StR 174/16, NStZ 2017, 92, 93.
1530 Auch zu nachf. Bsp. BGH 18.6.2009 – 3 StR 194/09, NStZ 2010, 215, 215 f.
1531 Hilgendorf/Valerius, BT II § 17 Rn. 11.
1532 NK/Kindhäuser/Hoven, § 253 Rn. 32; Rengier, BT I § 11 Rn. 5a.
1533 Eine Vermögensverfügung nicht notw. hält in Fällen der Erpressung von Forderungen bspw. Eisele, BT II Rn. 772. A. A. dazu bspw. Wessels/Hillenkamp/Schuhr, BT 2 Rn. 774; Rengier, BT I § 11 Rn. 14a; MüKo/Sander, § 253 Rn. 15.

strukturelle Verwandtschaft der Erpressung zum Betrug und die für beide Delikte charakteristische Selbstschädigung.[1534] Zum anderen werde ohne das Verfügungserfordernis der Diebstahl mit einfachen Nötigungsmitteln als Erpressung bestraft und damit eine nach der Gesetzessystematik nicht vorgesehene zusätzliche Qualifikationsstufe unterhalb des Raubes als sog. „kleiner Raub“ eingeführt.[1535] Auf die Gesetzessystematik wird zudem im Rahmen der Abgrenzung der räuberischen Erpressung vom Raub verwiesen: Da eine mit Raubmitteln erzwungene Wegnahme zugleich die Nötigung zu ihrer Duldung enthält, erwiese sich nach der Gegenmeinung der Raubtatbestand als überflüssig, weil das dort umschriebene Unrecht in aller Regel vom Tatbestand des § 255 ebenfalls erfasst würde.[1536]

Nach dieser Auffassung der Literatur kommt als Gewaltmittel **nur die vis compulsiva** in Betracht, also eine Gewaltanwendung, die noch Raum für eine Willensbildung lässt; bei vis absoluta, also Gewalt, die jede Willensbildung und damit eine Vermögensverfügung unmöglich macht, scheiden die §§ 253, 255 aus.[1537]

718 Nach Auffassung der **Rspr.** und anderer Teile der Literatur sei eine Vermögensverfügung nicht als unbedingt notwendiges Merkmal anzusehen.[1538] **Jedes vermögensmindernde Tun, Dulden, oder Unterlassen** genüge[1539], also auch die durch vis absoluta erzwungene Duldung der Wegnahme.

Begründet wird dies u.a. einerseits mit der ausgeprägten Verwandtschaft der Erpressung mit der Nötigung (Anm.: vgl. den Wortlaut), die jedoch gerade keine Vermögensverfügung verlange; andererseits wird v.a. auf die Fälle der Anwendung von vis absoluta bei fehlender Zueignungsabsicht (s. auch abschl. Fall zu § 255 Rn. 752) verwiesen: wer auf vis absoluta zurückgreife, lege i.d.R. eine höhere kriminelle Energie an den Tag als jemand, der „lediglich“ vis compulsiva anwende, und dürfe deshalb nicht besser gestellt werden[1540], was aber dann der Fall ist, wenn man die §§ 253, 255 mangels Vermögensverfügung verneint. Dies führe zu Wertungswidersprüchen und dazu, dass § 251 als Qualifikationstatbestand zu § 255 ausgerechnet dann nicht anwendbar wäre, wenn die Todesfolge aufgrund

1534 S. bspw. Wessels/Hillenkamp/Schuhr, BT 2 Rn. 774, 770.
1535 Auch weiterf. Hohmann/Sander § 46 Rn. 8; Lackner/Kühl/Heger, § 253 Rn. 3.
1536 MüKo/Sander, § 253 Rn. 16, dort auch im Folgenden zu weiteren Argumenten. Zur Gegenargumentation bspw. Kindhäuser/Böse, BT II § 18 Rn. 7 ff.
1537 Rengier, BT I § 11 Rn. 13.
1538 BGH 30.8.1973 – 4 StR 410/73, NJW 1973, 2072.
1539 K/H/H, BT 2 Rn. 484 m.w.N.
1540 S. zum Ganzen Hilgendorf/Valerius, BT II § 17 Rn. 16 f.

der vom Täter eingesetzten – im Regelfall erheblich gefährlicheren – absoluten Gewalt eintritt.[1541]

Wenngleich systematische Gründe durchaus für die Auffassung der Literatur streiten, überzeugen insbesondere die zuletzt genannten Überlegungen in der (durchaus schwierigen) Gesamtabwägung. Zwar ist der Gegenauffassung zuzugeben, dass vis absoluta nicht immer das „brutalere Nötigungsmittel" ist[1542], dies vermag jedoch nicht eine generelle Besserstellung von Täterinnen und Tätern zu begründen, die vis absoluta anwenden.[1543] 719

3. Vermögensnachteil

Hinsichtlich des Vermögensnachteils gilt das Gleiche wie beim Betrug[1544], sodass auf die dortigen Ausführungen verwiesen sei (vgl. Rn. 816 ff.). 720

Ergänzend sei auf folgende Aspekte hingewiesen:

Ähnlich wie der Betrug (s. dort Rn. 839 ff.) kennt auch die Erpressung **Dreieckskonstellationen**, also ein Auseinanderfallen von verfügender/genötigter Person einerseits und geschädigter Person andererseits. 721

Beispiel:

A sticht dem B im Rahmen einer Auseinandersetzung ein Messer in den Bauch. Unter stillschweigender Drohung mit einem erneuten Einsatz des Messers fordert A die Lebensgefährtin L des A auf, dem am Boden liegenden B die Uhr vom Handgelenk zu nehmen und an ihn (A) zu übergeben. Dem kommt L nach.

Während sich derjenige Teil der Literatur, der für die Erpressung eine Vermögensverfügung als notwendig erachtet, an den Grundsätzen des Dreiecksbetrugs orientiert[1545], verlangt die Rspr. weder eine rechtliche Verfügungsmacht noch eine tatsächliche Herrschaftsgewalt. Da aber nicht jedes einem Dritten abgenötigte vermögensschädigende Verhalten eine Strafbarkeit wegen Erpressung begründen kann, fordert (auch) die Rspr. zumindest ein **Näheverhältnis** zwischen Genötigtem und Geschädigtem dergestalt, dass das Nötigungsopfer spätestens im Zeitpunkt der Tatbegehung auf der Seite des Vermögensinhabers stehen muss (wie in obigem Beispielfall). Steht der Dritte den Vermögensinteressen des Geschädigten gleich-

1541 NK/Kindhäuser/Hoven, vor §§ 249–256 Rn. 51.
1542 Wessels/Hillenkamp/Schuhr, BT 2 Rn. 773.
1543 So auch K/H/H, BT 2 Rn. 490 und dortige Fn. 17.
1544 Sch/Sch/Bosch, § 253 Rn. 9.
1545 Zu den Details s. bspw. Wessels/Hillenkamp/Schuhr, BT 2 Rn. 775; K/H/H, BT 2 Rn. 495.

gültig gegenüber, ist lediglich wegen Nötigung und Diebstahl in mittelbarer Täterschaft zu bestrafen.[1546]

722 Wird ein **Lösegeld für die Rückgabe** der Beute gezahlt, erbringen die Täter durch die Rückgabe nicht etwa eine anrechenbare Gegenleistung, sondern fügen dem Eigentümer einen weiteren Schaden in Höhe des gezahlten Betrages zu.[1547]

> Zahlt bspw. der Eigentümer eines Kunstwerkes unter Drohungen an die Diebe 15.000 Euro für die Rückgabe des Werkes machen sich die Diebe trotz Rückgabe wegen Erpressung (und nicht lediglich wegen Nötigung) strafbar. Zivilrechtlich (§§ 985, 861 BGB) sind die Diebe nämlich zur unentgeltlichen Rückgabe verpflichtet.

723 Wird die **Preisgabe einer PIN**, z.B. zu einer girocard (früher: ec-Karte), erzwungen, liegt bereits darin eine für den Eintritt eines Vermögensnachteils i.S.d. § 253 ausreichende Vermögensgefährdung, wenn sich die zugehörige girocard bereits im Besitz der Täterin oder des Täters befindet, da dann die jederzeitige Zugriffsmöglichkeit auf den Auszahlungsanspruch des Berechtigten gegen die die Karte akzeptierenden Banken eröffnet ist.[1548] Die gilt jedoch nur, wenn mit wirtschaftlichen Nachteilen für das Vermögen ernstlich zu rechnen ist, was nicht der Fall ist, wenn das Konto nicht gedeckt ist; dann kommt lediglich eine Versuchsstrafbarkeit in Betracht.[1549]

724 Wird eine Geldübergabe im Rahmen einer Erpressung von der **Polizei überwacht**, liegt kein Vermögensnachteil, auch nicht in Gestalt einer konkreten Vermögensgefährdung, vor, wenn die Täter keine Chance haben, mit dem erbeuteten Geld zu entkommen.[1550]

1546 Zum Ganzen inkl. Bsp. (vereinfacht) BGH 20.4.1995 – 4 StR 27/95, NJW 1995, 2799, 2800; Rengier, BT I § 11 Rn. 32; Eisele, BT II Rn. 773f.

1547 BGH 18.5.1976 – 1 StR 146/76, NJW 1976, 1414, auch zum nachf. Bsp.; a.A. HansOLG Hamburg 7.12.1973 – 2 Ss 209/73, MDR 1974, 330.

1548 BGH 17.8.2004 – 5 StR 197/04, NStZ-RR 2004, 333, 334; krit. dazu Kindhäuser/Böse, BT II § 17 Rn. 37 und Rengier, BT I § 11 Rn. 44.
Beachte: Fordert man mit einem Teil der Literatur für die Erpressung eine Vermögensverfügung, stellen sich hier Fragen nach der Art des Zusammenhangs zwischen Verfügung und Vermögensminderung (Unmittelbarkeit?), s. hierzu ausf. Kindhäuser/Böse, BT II § 17 Rn. 39f.

1549 BGH 30.9.2010 – 3 StR 294/10, NStZ 2011, 212, 213.

1550 BGH 22.10.1997 – 3 StR 539/97, StV 1998, 80

IV. Subjektiver Tatbestand

In subjektiver Hinsicht reicht **bedingter Vorsatz.**[1551] 725

Hinzukommen muss die **Absicht**, sich oder einen Dritten **zu Unrecht zu bereichern**. Diese ist identisch mit der beim Betrug vorausgesetzten Absicht, sich oder einem Dritten einen rechtswidrigen Vermögensvorteil zu verschaffen[1552], weshalb auf die dortigen Ausführungen verwiesen wird (s. Rn. 847 ff.). 726

Der bloße Besitz ist nach der Rspr. des BGH nur dann als Vermögensvorteil anerkannt, wenn ihm ein eigenständiger wirtschaftlicher Wert zukommt.[1553]

Eine Bereicherungsabsicht fehlt daher bspw., wenn
- der Täter einem Mitglied des gegnerischen Motorradclubs die „Kutte" abnehmen und unmittelbar nach ihrer Erlangung vernichten will
- es dem Täter beim Abpressen eines Mobiltelefons nur darum geht, dem Opfer einen Denkzettel zu verpassen oder es zu isolieren.

V. Rechtswidrigkeit

Auf der Ebene der Rechtswidrigkeit muss neben der üblichen Prüfung etwaiger **Rechtfertigungsgründe** eine zusätzliche **Verwerflichkeit**sprüfung nach § 253 Abs. 2 erfolgen. Diese entspricht der Verwerflichkeitsklausel des § 240 Abs. 2[1554], weshalb auf die dortigen Ausführungen verwiesen sei (s. Rn. 1145 ff.). 727

Erpresserischen Handlungen wird schon deswegen nur selten die Verwerflichkeit abzusprechen sein, weil der verfolgte Zweck in einer rechtswidrigen Bereicherung besteht; bei § 253 kommt der Verwerflichkeitsklausel daher (im Gegensatz zu § 240) allenfalls eine **geringe Bedeutung** zu.[1555] 728

VI. Besonders schwere Fälle

§ 253 Abs. 4 normiert für besonders schwere Fälle der Erpressung eine **Freiheitsstrafe nicht unter einem Jahr**. Als Regelbeispiele hierfür nennt das Gesetz die gewerbsmäßige sowie die bandenmäßige Begehungsweise. Hierzu sei auf die entsprechenden Ausführungen beim Diebstahl verwie- 729

1551 MüKo/Sander, § 253 Rn. 29.
1552 MüKo/Sander, § 253 Rn. 30.
1553 BGH 27.1.2011 – 4 StR 502/10, NStZ 2011, 699, 701 (auch zu nachf. Bsp. 1); BGH 10.3.2020 – 2 StR 504/19, NStZ 2020, 542, 543 (auch zu nachf. Bsp. 2).
1554 Fischer, § 253 Rn. 43.
1555 Hilgendorf/Valerius, BT II § 17 Rn. 46.

sen (s. Rn. 475 f. und Rn. 511 ff., wobei es vorliegend um die fortgesetzte Begehung einer Erpressung gehen muss und die Mitwirkung eines anderen Bandenmitglieds nicht erforderlich ist).

VII. Abschließender Fall

730 ***Sachverhalt:***[1556]

Die StA X führt ein Ermittlungsverfahren gegen den Geschäftsführer G der Firma F. B ist im Besitz mehrerer Aktenordner mit beweisrelevanten Unterlagen gegen G. B gibt ggü. einem Oberstaatsanwalt der StA X an, die Ordner nur gegen Zahlung von 5000 Euro herauszugeben. Der Oberstaatsanwalt lehnt dieses „Kaufangebot“ ab.

Hat sich B gem. §§ 253, 22, 23 strafbar gemacht?

Lösungshinweise:

Die Tat ist nicht vollendet. Der Versuch einer Erpressung ist gem. §§ 253 Abs. 3, 23 Abs. 1, 12 Abs. 2 strafbar. Bs Tatentschluss müsste sich aber u.a. auf die Nötigung eines anderen mit Gewalt oder durch Drohung mit einem empfindlichen Übel bezogen haben. B hat ein Übel, auf das er Einfluss hat oder zu haben vorgibt (die Nichtaushändigung der Ordner, an der die StA X zur lückenlosen Aufklärung der Vorwürfe gegen G sicherlich Interesse hat), in Aussicht gestellt, also mit einem Übel gedroht, was er wusste und wollte.

Fraglich ist jedoch, ob dieses Übel ein empfindliches war. **Empfindlich** ist ein Übel nur dann, wenn der angedrohte Nachteil von solcher Erheblichkeit ist, dass seine Ankündigung geeignet erscheint, den Bedrohten im Sinne des Täterverlangens zu motivieren; dies ist nicht der Fall, wenn von dem Bedrohten in seiner Lage erwartet werden kann, dass er der Drohung in besonnener Selbstbehauptung standhält.[1557]

Hier, so das OLG Hamm in der zugrundeliegenden Entscheidung, konnte erwartet werden, dass die Vertreterinnen und Vertreter der StA dem „Kaufangebot“ **in besonnener Selbstbehauptung standhielten**. Die StPO biete ein ausdifferenziertes Instrumentarium zur Auffindung und Sicherstellung potenzieller Beweismittel, auch bei nicht verdächtigen Personen (§§ 94 ff., 103 StPO); gelinge dies im konkreten Einzelfall nicht, sei die Gefahr, dass ein Sachverhalt nicht vollständig aufgeklärt werden könne, hinzunehmen. Sie sei in einem Rechtsstaat, dessen Strafprozessrecht der Gedanke einer Sachverhaltsaufklärung um jeden Preis nur fremd sein kann, systemimmanent.[1558]

Mangels *empfindlichen* Übels scheidet daher eine Strafbarkeit gem. §§ 253, 22, 23 aus.

1556 Nach OLG Hamm 21.5.2013 – III-3 RVs 2013, NStZ-RR 2013, 312.
1557 BGH 13.1.1983 – 1 StR 737/81, NStZ 1983, 311, 312.
1558 Zum Ganzen OLG Hamm 21.5.2013 – III-3 RVs 2013, NStZ-RR 2013, 312.

H. Räuberische Erpressung

I. Vorbemerkungen

§ 255 qualifiziert § 253 für den Fall, dass die Nötigungsmittel des Raubes angewendet werden.[1559] Ist § 255 erfüllt, verdrängt dieser als speziellere Vorschrift die einfache Erpressung.[1560] 731

> Kommt eine räuberische Erpressung in Betracht, empfiehlt es sich, die Prüfung sogleich **mit der Qualifikation** zu **beginnen**, da das einfache Nötigungsmittel in dem qualifizierten Nötigungsmittel stets enthalten ist.[1561]

Liegt eine räuberische Erpressung vor, ist die Täterin oder der Täter gem. § 255 „**gleich einem Räuber**" zu bestrafen. Dies bezieht sich nicht nur auf den Strafrahmen des **§ 249**, sondern auch auf die Qualifikationstatbestände des Raubes, also **§§ 250, 251**[1562] (dann „schwere räuberische Erpressung" bzw. „räuberische Erpressung mit Todesfolge"). 732

Die Voraussetzungen der räuberischen Erpressung sind im Wesentlichen identisch mit der Erpressung bzw. dem Raub. Der **Schwerpunkt** soll daher nachfolgend auf die sehr streitige Frage der **Abgrenzung** der räuberischen Erpressung vom Raub gelegt werden. 733

II. Prüfungsaufbau

I. Tatbestandsmäßigkeit 734
   1. Objektiver Tatbestand
      - Nötigung unter Einsatz des Nötigungsmittels
        - Gewalt gegen eine Person

        oder

        - Drohung mit gegenwärtiger Gefahr für Leib oder Leben
      - Nötigungserfolg: Handlung, Duldung oder Unterlassung

        [ggf. + Vermögensverfügung]
      - Vermögensnachteil

1559 Rengier, BT I § 11 Rn. 1.
1560 Hohmann/Sander § 46 Rn. 20, 47.
1561 Hilgendorf/Valerius, BT II § 17 Rn. 4.
1562 BeckOK/Wittig, § 255 Rn. 1.

2. Subjektiver Tatbestand
   - Vorsatz
   - Absicht rechtswidriger Bereicherung

II. Rechtswidrigkeit

III. Schuld

III. Voraussetzungen

1. Objektiver und subjektiver Tatbestand

735 Da § 255 eine Erpressung voraussetzt, sei hinsichtlich der objektiven und subjektiven Voraussetzungen grds. auf die dortigen Ausführungen verwiesen (s. Rn. 711 ff.). Lediglich die eingesetzten Nötigungsmittel müssen diejenigen des Raubes sein: **Gewalt gegen eine Person** oder Anwendung von **Drohungen mit gegenwärtiger Gefahr für Leib oder Leben**. Auch hierzu sei grds. auf die entsprechenden Ausführungen zum Raub (s. Rn. 587 ff. und Rn. 595 ff.) verwiesen.

Kurz wiederholt und ergänzt sei lediglich Folgendes:

736 Der Frage der **Gegenwärtigkeit** der angedrohten Gefahr kommt bei der räuberischen Erpressung erheblich größere Bedeutung zu als beim Raub, da dem Genötigten im Rahmen des § 255 nicht selten eine durchaus geräumige Frist eingeräumt wird, innerhalb derer er die Forderung des Täters erfüllen soll.[1563]

Gegenwärtig ist die Gefahr, wenn eine Schädigung als sicher oder höchst wahrscheinlich zu erwarten ist, falls nicht alsbald eine Abwehrmaßnahme ergriffen wird; hierbei genügt aber auch eine Gefahr, die als sog. **Dauergefahr** über einen längeren Zeitraum in dem Sinne gegenwärtig ist, dass sie jederzeit – zu einem ungewissen Zeitpunkt, alsbald oder auch später – in einen Schaden umschlagen kann.[1564] Der wirksame Schutz von Erpressungsopfern, so der BGH a. a. O. weiter, erfordere es, den Begriff der Gegenwärtigkeit angedrohter Gefahren nicht zu eng zu verstehen.

So hat der BGH bspw. eine Gefahrverwirklichung einige Tage später, nicht aber binnen Monats- oder Jahresfrist für die Gegenwärtigkeit genügen lassen; genaue zeitliche Grenzen ließen sich aber nicht festlegen, maßgeblich seien die

1563 MüKo/Sander, § 255 Rn. 5.
1564 BGH 9.10.2014 – 4 StR 208/14, NStZ 2015, 36.

Umstände des Einzelfalls und hierbei insbesondere die für möglich gehaltene **Sicht des Erpressungsopfers**.[1565]

Das angedrohte Übel kann auch **einen Dritten** betreffen; die erpresste Person muss sich dann nicht selbst als an Leib oder Leben bedroht fühlen; es genügt, dass sich ihr die entsprechende Bedrohung des Dritten als Übel darstellt.[1566] **737**

Die räuberische Erpressung erfordert ebenso wie der Raub einen **finalen Zusammenhang** zwischen dem Nötigungsmittel und der von dem Opfer vorzunehmenden vermögensschädigenden Handlung bzw. dem erstrebten Vermögensvorteil.[1567] **738**

Die Nötigungshandlung muss (Anm.: zudem) **kausal** für den Nötigungserfolg sein.[1568] **739**

2. Rechtswidrigkeit

Im Gegensatz zu § 253 indiziert bei § 255 die Erfüllung des Tatbestandes auch die Rechtswidrigkeit, da es nach Ansicht des Gesetzgebers wegen des Einsatzes der gegenüber der Erpressung intensiveren Tatmittel **keine**r **besondere**n **Feststellung der Verwerflichkeit** i. S. d. § 253 Abs. 2 bedarf.[1569] **740**

IV. Abgrenzung zum Raub

1. Systematisches Verhältnis und Abgrenzungskriterien

Die Diskussion um die Notwendigkeit einer Vermögensverfügung bei § 253 (s. Rn. 716 ff.) spiegelt sich auch bei der räuberischen Erpressung nach § 255 und deren Abgrenzung zum Raub wider. **741**

Nach Auffassung der Teile der **Literatur**, die bei § 253 eine Vermögensverfügung für erforderlich halten, steht die räuberische Erpressung in einem **Exklusivität**sverhältnis zum Raub, da eine Vermögensverfügung eine Wegnahme ausschließt.[1570] Es liegt also entweder Raub oder räuberische Erpressung vor. **742**

1565 BGH 27.8.1998 – 4 StR 332-98, NStZ-RR 1999, 266, 267.
1566 Lackner/Kühl/Heger, § 255 Rn. 1 m. w. N.
1567 BGH 27.3.2019 – 2 StR 465/18, NStZ 2019, 674, 675; BGH 21.12.2022 – 4 StR 379/22, NStZ-RR 2023, 205; BGH 27.2.2024 – 5 StR 19/24, BeckRS 2024, 4916.
1568 BeckOK/Wittig, § 255 Rn. 3.
1569 MüKo/Sander, § 255 Rn. 1.
1570 Hohmann/Sander § 46 Rn. 48.

Fordert man eine Vermögensverfügung, führt dies dazu, dass bei vis absoluta die §§ 253, 255 ausscheiden![1571]

743 Nach Auffassung der **Rspr.** schließt die Wegnahme einer fremden beweglichen Sache i. S. d. § 249 auch die Nötigung eines anderen zur Duldung der Wegnahme i. S. d. §§ 253, 255 ein, sodass der Tatbestand der räuberischen Erpressung den engeren Tatbestand des Raubes mit umfasst; nach st. Rspr. ist **§ 249** im Verhältnis zu den §§ 253, 255 das **speziellere** Delikt.[1572] Mit der Verwirklichung von § 249 sind daher **auch zugleich die §§ 253, 255 gegeben**, letztere treten aber auf Konkurrenzebene ggü. dem Raub zurück.[1573]

744 Die Abgrenzung von Raub und räuberischer Erpressung erfolgt nach **st. Rspr. des BGH** nach dem **äußeren Erscheinungsbild** des vermögensschädigenden Verhaltens des Verletzten. Wird dieser gezwungen, die Wegnahme der Sache durch den Täter selbst zu dulden, so liegt Raub vor; wird er dagegen zur Vornahme einer vermögensschädigenden Handlung, mithin einer Weggabe, genötigt, so ist – sofern eine Absicht rechtswidriger Bereicherung gegeben ist – eine räuberische Erpressung anzunehmen.[1574]

Für die **Literatur** erfolgt hingegen die Abgrenzung anhand der **inneren Willensrichtung** des Opfers.[1575] Wird die faktische Herrschaft über einen vermögenswerten Gegenstand willentlich übertragen, liegt einerseits ein Einverständnis in den Gewahrsamswechsel (und damit keine Wegnahme, also kein Raub), andererseits eine Vermögensverfügung und damit eine (räuberische) Erpressung vor.[1576]

745 **Tab. 6** § 255: Abgrenzung Raub – räuberische Erpressung[1577]

	Rspr.	Literatur
Systematisches Verhältnis	§ 249 = **speziellere**s Delikt §§ 253, 255 = allgemeinerer (und subsidiärer **Auffang-)Tatbestand**	**Exklusivität**: entweder Raub oder räuberische Erpressung

1571 Hohmann/Sander § 46 Rn. 6; Rengier, BT I § 11 Rn. 13.
1572 BGH 20.2.2018 – 3 StR 612/17, NStZ-RR 2018, 140, 140 f.
1573 Sch/Sch/Bosch, § 253 Rn. 31; Hilgendorf/Valerius, BT II § 17 Rn. 27.
1574 BGH 22.2.2023 – 6 StR 44/23, NStZ 2023, 351.
1575 Rengier, BT I § 11 Rn. 34.
1576 Vgl. Fischer, § 253 Rn. 14; Sch/Sch/Bosch, § 249 Rn. 2.
1577 Vgl. ergänzend zu obigen Ausführungen auch Rengier, BT I § 11 Rn. 14; Kindhäuser/Böse, BT II § 17 Rn. 64; Hilgendorf/Valerius, BT II § 17 Rn. 27.

Tab. 6 § 255: Abgrenzung Raub – räuberische Erpressung[1577]

	Rspr.	Literatur
Abgrenzungskriterium	**Äußeres Erscheinungsbild**: Weg**geben** = (allein) räub. Erpressung Weg**nehmen** = (auch) Raub	**Innere Willensrichtung des Opfers:** willensgesteuertes Verhalten **(+)** = räub. Erpressung willensgesteuertes Verhalten **(–)** = Raub

Mindestvoraussetzung für die Literatur ist für §§ 253, 255 ein **willensgesteuertes** (= willentliches) **Verhalten** des Opfers, das bewusst eine Vermögensminderung herbeiführt.[1578] Weitere Details sind umstritten. **746**

Teilweise wird allein darauf abgestellt, ob ein faktisches (wenn auch erzwungenes) Einverständnis in die Gewahrsamsübertragung vorliegt, was anzunehmen ist, wenn das Erpressungsopfer die Wahlmöglichkeit hat, sich entweder dem Druck zu beugen oder die Mitwirkung zu verweigern (egal, ob dies gefährliche Auswirkungen haben kann und die Entscheidung gerne, frei oder unfrei getroffen wird).[1579] **747**

Nach anderer – wohl überwiegender[1580] – Auffassung sei für die Abgrenzung entscheidend, ob die genötigte Person sich eine **Schlüsselstellung** für die Verfügung beimisst, ihre Mitwirkung also für notwendig hält (Anm.: dann keine Wegnahme).[1581] Dies sei aber dann nicht der Fall (Anm.: und damit Wegnahme gegeben), wenn das Erpressungsopfer die Sache „**so oder so verloren** sieht", es nach der Vorstellung der genötigten Person also gleichgültig ist, wie sie sich verhält (getreu der Drohung „Geld oder Geld und Leben").[1582]

2. Bedeutung der Abgrenzung und Hinweise für deren Prüfung

Festzuhalten ist zunächst, dass sich die Frage der Abgrenzung der räuberischen Erpressung zum Raub überhaupt nur stellt, wenn es sich bei dem Tatobjekt um eine (fremde, bewegliche) **Sache** handelt, da nur dann überhaupt (Anm.: auch) ein Raub in Betracht kommt.[1583] **748**

Ein detaillierteres Eingehen auf die unterschiedlichen Auffassungen zu Verhältnis und Abgrenzungskriterien der räuberischen Erpressung zum **749**

1578 Rengier, BT I § 11 Rn. 34.
1579 So bspw. Rengier, BT I § 11 Rn. 37.
1580 Hilgendorf/Valerius, BT II § 17 Rn. 25.
1581 BeckOK/Wittig, § 253 Rn. 9.
1582 Wessels/Hillenkamp/Schuhr, BT 2 Rn. 791 und dortige Fn. 144; Hohmann/Sander § 46 Rn. 30 und Eisele, BT II Rn. 764.
1583 Hilgendorf/Valerius, BT II § 17 Rn. 22.

Raub und insbesondere eine Entscheidung für die eine oder andere Auffassung ist nur dann notwendig, wenn die Auffassungen zu einem **unterschiedlichen Ergebnis** gelangen.[1584] Anderenfalls genügt es, die Auffassungen kurz zu skizzieren, auf den konkreten Fall anzuwenden und die (identischen) Ergebnisse festzuhalten.

750 Mit welchem der beiden Delikte die Prüfung begonnen werden sollte, wird in der Literatur unterschiedlich empfohlen. Überzeugender erscheint, stets **mit § 249** zu **beginnen**. Liegt dieser vor, erübrigen sich nach allen Ansichten Ausführungen zu § 255, da dieser entweder nur subsidiärer Auffangtatbestand (Anm.: so die Rspr.) wäre bzw. ausgeschlossen (Anm.: so die Literatur) ist.[1585]

751 Zu denken ist in entsprechenden Konstellationen auch an eine evtl. Strafbarkeit wegen erpresserischen Menschenraubes (**§ 239a**) bzw. Geiselnahme (**§ 239b**). Hierzu sei auf Rn. 1096 ff. verwiesen.

V. Abschließender Fall

752 ***Sachverhalt:***[1586]

B ist mit T in dessen Taxi unterwegs. Nach ein paar Minuten bittet B den T, auf einem Parkplatz anzuhalten. Dem kommt T nach und stellt den Motor aus. B schlägt T bewusstlos und zerrt ihn aus dem Taxi. B setzt sich auf den Fahrersitz und fährt davon. Einige Stunden später stellt er sich der Polizei und erklärt, er habe so gerne einmal Auto fahren wollen.

Wie hat sich B strafbar gemacht?

Lösungshinweise:

In Betracht käme eine Strafbarkeit wegen Raubes gem. **§ 249 Abs. 1**. Der objektive Tatbestand liegt nach allen Auffassungen vor. Sowohl nach dem äußeren Erscheinungsbild als auch mangels willensgesteuerten Verhaltens (Einsatz von **absoluter Gewalt**) liegt objektiv ein Raub vor. B handelte auch vorsätzlich. Da B jedoch angab, das Kfz nur deshalb weggenommen zu haben, da er so gerne einmal Auto fahren wollte, fehlt es an der Absicht rechtswidriger Zueignung (konkret am Enteignungsvorsatz).

B könnte sich aber nach **§§ 253, 255** strafbar gemacht haben. Er hat T durch Gewalt gegen eine Person zur Duldung der Wegnahme des Kfz genötigt. Da der Besitz an einer Sache einen Vermögensbestandteil darstellt, ist dadurch auch ein Vermögensnachteil eingetreten. Angesichts der eingesetzten **absoluten Gewalt** hat T jedoch nicht über Vermögen verfügt.

1584 Ähnlich Hilgendorf/Valerius, BT II § 17 Rn. 29.
1585 Rengier, BT I § 11 Rn. 33.
1586 Nach BGH 5.7.1960 – 5 StR 80/60, NJW 1960, 1729.

Nach Auffassung der **Literatur**, die für §§ 253, 255 eine Vermögensverfügung fordert, scheiden die §§ 253, 255 daher objektiv aus. Der Raub scheitert am subjektiven Tatbestand (s. o.). Es bleibt nach Auffassung der Literatur lediglich eine Strafbarkeit nach §§ 240, 223, 248b übrig.

Aus Sicht der **Rechtsprechung** ist hingegen die räuberische Erpressung im Verhältnis zum Raub der allgemeinere Tatbestand, § 249 der speziellere. § 249, so der BGH, schließt aber § 255 nur insoweit aus, als seine Voraussetzungen vorliegen.[1587] Liegt also zwar eine Wegnahme vor, fehlen aber andere Voraussetzungen des § 249, bleiben die §§ 253, 255 anwendbar. Da B auch vorsätzlich und – mangels entsprechenden Anspruchs – auch in der Absicht, sich zu Unrecht zu bereichern, handelte sowie Rechtswidrigkeit und Schuld vorliegen, hat sich B nach Auffassung der Rspr. gem. §§ 253 Abs. 1, 255 strafbar gemacht.

§ 316a scheidet aus, da T zum Zeitpunkt des Angriffs (Schläge) kein Kfz geführt hat. Dass B evtl. schon davor eine „deliktische" Absicht hatte und diese dem T ggü. verschleiert hat, genügt für einen Angriff auf die Entschlussfreiheit nicht.

1587 BGH 5.7.1960 – 5 StR 80/60, NJW 1960, 1729, 1730.

9. KAPITEL Betrug und betrugs- bzw. untreueähnliche Straftaten

A. Überblick zu den §§ 263 ff.

§ 263 stellt den **Betrug**, das bedeutendste Vermögensdelikt[1588], unter Strafe. 753

Betrugsähnliche Delikte sind der Computerbetrug (§ 263a), der Versicherungsmissbrauch (§ 265) und das Erschleichen von Leistungen (§ 265a). 754

Der Missbrauch von Scheck- und Kreditkarten (§ 266b) stellt **untreueähnliche** Handlungen im Zusammenhang mit Scheck- und Kreditkarten unter Strafe.[1589] 755

B. Betrug

I. Vorbemerkungen

Beim Betrug schädigt der Täter sein Opfer nicht unmittelbar, sondern veranlasst es durch Täuschung zur **„Selbstschädigung"**.[1590] Dies (u. a.) unterscheidet den Betrug vom Diebstahl. Zwischen beiden besteht Exklusivität, d. h., hinsichtlich ein und desselben Vermögensgegenstandes schließen sich § 242 und § 263 gegenseitig aus[1591] (s. dazu näher Rn. 807 ff.). 756

In subjektiver Hinsicht fordert der Betrug als Delikt mit sog. **überschießender Innentendenz** (s. hierzu bereits Rn. 401) neben dem Vorsatz zusätzlich die Absicht, sich oder einem Dritten einen rechtswidrigen Vermögensvorteil zu verschaffen. 757

Geschütztes Rechtsgut ist nach h. M. ausschließlich das **Vermögen**, nicht die Redlichkeit im Geschäftsverkehr und auch nicht die Dispositionsfreiheit als solche.[1592] 758

> So ist bspw. mit der Forderung und Vereinbarung eines bestimmten Kaufpreises nicht ohne Weiteres die konkludente Erklärung umfasst, dass die verkaufte Sache ihren Preis wert sei: Es ist vielmehr Sache des Käufers, abzuwägen und sich zu entscheiden, ob er die geforderte Vergütung aufwenden will. Eine Pflicht zur

1588 Rengier, BT I § 13 Rn. 1.
1589 Hilgendorf/Valerius, BT II § 12 Rn. 1.
1590 Lackner/Kühl/Heger, § 263 Rn. 2.
1591 Erhardt Rn. 501.
1592 Lackner/Kühl/Heger, § 263 Rn. 2 m. w. N.

Offenlegung des Werts des Kaufobjekts besteht bis zur Grenze der Sittenwidrigkeit und des Wuchers grds. nicht.[1593]

759 § 263 Abs. 3 normiert **besonders schwere Fälle**, § 263 Abs. 5 einen **Qualifikation**statbestand.

II. Prüfungsaufbau

760
- I. Tatbestandsmäßigkeit
  - 1. Objektiver Tatbestand
    - Täuschung über Tatsachen
    - Irrtum
    - Vermögensverfügung
    - Vermögensnachteil
  - 2. Subjektiver Tatbestand
    - Vorsatz
    - Absicht rechtswidriger Bereicherung
- II. Rechtswidrigkeit
- III. Schuld

III. Objektiver Tatbestand

761 Gem. § 263 Abs. 1 muss in objektiver Hinsicht durch Vorspiegelung falscher oder durch Entstellung oder Unterdrückung wahrer Tatsachen (also einer **Täuschung**) ein **Irrtum** erregt oder unterhalten und das Vermögen eines anderen dadurch **beschädigt** werden.

762 Als **ungeschrieben**es Tatbestandsmerkmal fordert der Betrug das Vorliegen einer **Verfügung** des Irrenden über eigenes oder fremdes Vermögen. Dieses Merkmal steht als Bindeglied zwischen Irrtum und Vermögensschaden und hat nach h.M. im Wesentlichen die Aufgabe, den Betrug als Selbstschädigungsdelikt von den Fremdschädigungsdelikten abzugrenzen.[1594]

1593 BGH 20.5.2015 – 5 StR 547/14, NStZ 2015, 461, 463.
1594 Zum Ganzen Fischer, § 263 Rn. 70.

Zwischen all diesen Merkmalen muss ein **durchgehender ursächlicher Zusammenhang** bestehen.[1595] 763

1. Täuschung über Tatsachen

Das Gesetz spricht von der Vorspiegelung falscher Tatsachen sowie der Entstellung oder Unterdrückung wahrer Tatsachen. Da sich diese Umschreibungen überschneiden und jeweils keine scharf abgrenzbare inhaltliche Bestimmung erfahren, wird zunehmend als gemeinsamer Oberbegriff die „Täuschungshandlung" i.S. einer „Täuschung über Tatsachen" verwendet.[1596] 764

> Täuschung ist nicht gleichzusetzen mit Irrtum – wenn aufgrund einer Täuschungs*handlung* ein korrespondierender Irrtum bei einer anderen Person zurechenbar verursacht wird, ist die Täuschung erfolgreich. Handlung und Erfolg sind aber beide zu prüfen.[1597]

a) Tatsachen

Unter Tatsachen sind nach h.M. sämtliche Ereignisse und Zustände der Vergangenheit und Gegenwart, der Außen- und Innenwelt zu verstehen, die dem **Beweis zugänglich** sind.[1598] 765

Beispiele:

- für sog. *äußere* Tatsachen:[1599]

  Kilometerfahrleistung und Unfallfreiheit eines Kfz, Echtheit eines Kunstwerks, Zahlungs*fähigkeit* eines Gaststättenbesuchers
- für sog. *innere* Tatsachen (Motive, Kenntnisse, Absichten):[1600]

  Zahlungs*bereitschaft* eines Gaststättenbesuchers.

Nicht erfasst sind bloße Werturteile, Meinungsäußerungen, reklamehafte Anpreisungen oder Rechtsansichten, solange sie nicht einen überprüfbaren Tatsachenkern enthalten.[1601] Auch zukünftige Ereignisse fallen nicht unter den Tatsachenbegriff.[1602] 766

1595 BeckOK/Beukelmann, § 263 Rn. 2.
1596 Hohmann/Sander § 44 Rn. 7.
1597 S. hierzu im Einzelnen Wessels/Hillenkamp/Schuhr, BT 2 Rn. 519.
1598 Hilgendorf/Valerius, BT II § 7 Rn. 11.
1599 MüKo/Hefendehl, § 263 Rn. 100; Erhardt Rn. 506.
1600 Erhardt Rn. 506.
1601 BeckOK/Beukelmann, § 263 Rn. 5.
1602 Wessels/Hillenkamp/Schuhr, BT 2 Rn. 524.

Keine Tatsachenbehauptungen sind daher bspw. Werbeaussagen wie „Red Bull verleiht Flügel" oder ein „todsicherer Wett-Tipp" (es sei denn, die Prognose wird auf der Grundlage unzutreffender gegenwärtiger Verhältnisse gestellt).[1603]

b) Täuschung

767 Eine Täuschungshandlung im Sinne des § 263 ist nach der Rspr. jede **Einwirkung** des Täters **auf die Vorstellung des Getäuschten**, welche objektiv geeignet und subjektiv bestimmt ist, beim Adressaten eine Fehlvorstellung über tatsächliche Umstände hervorzurufen.[1604]

768 Das Täuschungsmerkmal setzt die **kommunikative Einwirkung** auf einen anderen Menschen voraus, also ein Verhalten, das ggü. dem Adressaten einen Erklärungswert hat.[1605]

Hieran fehlt es bspw., wenn jemand „lediglich" heimlich in einem Verkehrsmittel ohne gültigen Fahrschein mitfährt (anders aber im Bsp. 3 in Rn. 771).

769 Ob ein Verhalten den Erklärungswert einer Täuschung hat, muss durch **Auslegung** ermittelt werden; dabei kommt es darauf an, wie die **allgemeine Verkehrsauffassung** das Verhalten unter den konkreten Verhältnissen objektiv versteht.[1606]

Getäuscht werden kann durch **aktives Tun** – ausdrücklich oder konkludent – oder durch **Unterlassen**.

aa) Ausdrückliches Verhalten

770 Bei einer ausdrücklichen Täuschung bringt der Täter **explizit** (sei es mündlich oder schriftlich bzw. nonverbal durch Gestik und Mimik) etwas Unwahres zum Ausdruck.[1607]

bb) Schlüssiges Verhalten

771 Auch durch eine schlüssige Handlung (**konkludent**e Erklärung) kann getäuscht werden; eine solche Täuschung ist anzunehmen, wenn die Unwahrheit zwar nicht ausdrücklich erklärt, aber nach der Verkehrsanschauung – maßgeblich ist der Empfängerhorizont – **miterklärt** ist.[1608]

1603 Sch/Sch/Perron, § 263 Rn. 9; S/S/W/Satzger, § 263 Rn. 25.
1604 BGH 8.10.2014 – 1 StR 359/13, NStZ 2015, 89, 90.
1605 Auch zu nachf. Bsp. Rengier, BT I § 13 Rn. 10; Wessels/Hillenkamp/Schuhr, BT 2 Rn. 520.
1606 Rengier, BT I § 13 Rn. 11.
1607 Hilgendorf/Valerius, BT II § 7 Rn. 21.
1608 Fischer, § 263 Rn. 21.

Beispiele:[1609]

- A setzt sich in ein Taxi und lässt sich in die M-Straße fahren: A erklärt hierbei konkludent, das Fahrtentgelt entrichten zu können und zu wollen; ist dies (von Anfang an) nicht der Fall, täuscht er hierüber konkludent.
- B bietet auf einer Internetplattform ein Mobiltelefon zum Verkauf an: B erklärt hierbei konkludent, zur Veräußerung und Eigentumsverschaffung in der Lage zu sein; ist dies nicht der Fall, täuscht er hierüber konkludent.
- C steigt ohne gültigen Fahrschein in die S-Bahn. Die Kontrolleurin K geht durch die S-Bahn und fragt: „Noch jemand zugestiegen?" Wenn C schweigt, erklärt er konkludent „Nein" und täuscht damit (Anm.: durch aktives Tun!).

Hingewiesen sei nochmals darauf, dass mit der Forderung und Vereinbarung **772** eines **bestimmten Kaufpreises** nicht ohne Weiteres die konkludente Erklärung umfasst ist, dass die verkaufte Sache ihren Preis wert sei (s. Rn. 758). In einer Marktwirtschaft darf jeder Teilnehmer am Geschäftsverkehr seine bessere Information oder überlegene Sachkenntnis zu seinem Vorteil ausnutzen: Wer lediglich einen überhöhten Verkaufspreis fordert oder einen zu niedrigen Ankaufspreis bietet, täuscht nicht; anders liegt es, wenn der Preis mit besonderen wahrheitswidrigen Behauptungen, z.B. über Alter, Abnutzung oder Qualität der Kaufsache[1610], legitimiert wird.[1611] Anderes gilt auch, wenn eine taxmäßige oder übliche Vergütung als vereinbart gilt.[1612]

cc) Unterlassen

Eine Täuschung kann auch durch Unterlassen begangen werden. **773**

> Für einen Betrug durch Unterlassen ist nur Raum, wenn *keine Täuschung durch aktives Tun* (Anm.: durch ausdrückliches oder konkludentes Verhalten!) vorliegt.[1613] Das aktive Tun ist daher immer zuerst zu prüfen und nur, falls dieses nicht vorliegt, eine Täuschung durch Unterlassen zu erwägen.

Für eine Strafbarkeit gem. §§ 263, 13 muss insbesondere eine Garanten- **774** stellung mit entsprechenden Garantenpflichten gegeben sein. Dies erfordert eine **Verpflichtung** im Rahmen eines spezifischen Verhältnisses, fal-

---

1609 Bsp. 1 und 2 nach Hilgendorf/Valerius, BT II § 7 Rn. 25f.; Hohmann/Sander § 44 Rn. 22; Bsp. 3 nach Rengier, BT I § 13 Rn. 53.

1610 Hilgendorf/Valerius, BT II § 7 Rn. 33f., die zu Recht darauf hinweisen, dass dann diese unzutreffenden Aussagen (und nicht die Angemessenheit des Preises selbst) Anknüpfungspunkt für eine Strafbarkeit wegen Betrugs sind.

1611 Rengier, BT I § 13 Rn. 18.

1612 S. hierzu näher für den Fall eines Schlüsseldienstes BGH 16.1.2020 – 1 StR 113/19, NStZ-RR 2020, 213ff.

1613 Wessels/Hillenkamp/Schuhr, BT 2 Rn. 537.

schen oder fehlenden Vorstellungen des Opfers über vermögensrelevante Tatsachen durch **aktive Aufklärung** entgegenzuwirken.[1614]

775 Eine Aufklärungspflicht kann sich insbesondere aus **Gesetz, Vertrag, Ingerenz** oder **Treu und Glauben** ergeben.[1615] Für eine Aufklärungspflicht aus allgemeinen Vertragsverhältnissen mit gegenseitigen Leistungspflichten bedarf es nach der Rspr. aber besonderer Umstände wie etwa eines besonderen Vertrauensverhältnisses.[1616]

> So normiert bspw. § 60 Abs. 1 S. 1 Nr. 2 SGB I u.a. eine Verpflichtung dazu, beim Bezug von Sozialleistungen alle leistungserheblichen Änderungen von Verhältnissen unverzüglich mitzuteilen.
>
> Keine Aufklärungspflicht besteht hingegen bspw. bei der unberechtigten Entgegennahme von zu viel Wechselgeld im Supermarkt. Durch das bloße Schweigen wird nicht konkludent erklärt, einen Anspruch auf das zu viel gezahlte Wechselgeld zu haben; aus dem geschlossenen Kaufvertrag folgt keine Verpflichtung, über den Irrtum aufzuklären.[1617]

2. Irrtum

776 Durch die Täuschung muss ein **Irrtum erregt oder unterhalten** werden.

> Irren kann nur ein Mensch.[1618] Fehlt ein solcher, ist bspw. an den Computerbetrug (§ 263a) oder das Erschleichen von Leistungen (§ 265a) zu denken.

777 Ein Irrtum liegt vor, wenn das Bewusstsein (also die Vorstellung) eines Menschen und die Wirklichkeit nicht übereinstimmen[1619], mithin eine **Fehlvorstellung über Tatsachen** vorliegt. Hierfür genügt ein sog. **sachgedankliches Mitbewusstsein**, also ein ständiges Begleitwissen, das bestimmte Umstände und Erwartungen als selbstverständlich voraussetzt.[1620] Ein Irrtum kann daher auch dann gegeben sein, wenn die täuschungsbedingte Fehlvorstellung in der Abweichung des „sachgedanklichen Mitbewusstseins" von den tatsächlichen Umständen besteht.[1621]

1614 Fischer, § 263 Rn. 39.
1615 Hierzu im Einzelnen bspw. Fischer, § 263 Rn. 40ff.
1616 BeckOK/Beukelmann, § 263 Rn. 19.
1617 Näher Hilgendorf/Valerius, BT II § 7 Rn. 28.
1618 BeckOK/Beukelmann, § 263 Rn. 24.
1619 Erhardt Rn. 509, daran angelehnt ist auch das nachf. Bsp.
1620 Rengier, BT I § 13 Rn. 45.
1621 BGH 22.11.2013 – 3 StR 162/13, wistra 2014, 97.

Beispiel:

Eine Kellnerin wird sich keine besonderen Gedanken über die Zahlungsfähigkeit ihrer Gäste machen, sondern diese als selbstverständlich für gegeben halten, sodass im Falle einer „Zechprellerei" ein Irrtum gegeben ist.

Zweifel des Getäuschten an der Wahrheit sind so lange irrelevant, als der Getäuschte die Wahrheit der Tatsache noch für möglich hält und die Vermögensverfügung infolge der Täuschung vornimmt.[1622] **778**

Keine Rolle spielt auch, ob bei sorgfältiger Prüfung die Täuschung **erkennbar** gewesen wäre, denn selbst leichtfertige Opfer werden durch das Strafrecht geschützt.[1623] Eine strafbarkeitseinschränkende Auslegung des Betrugstatbestandes angesichts der europäischen Richtlinie 2005/29/EG über unlautere Geschäftspraktiken, die einen durchschnittlich verständigen und aufmerksamen Verbraucher als Leitbild hat, hat der BGH abgelehnt. Ansonsten würde, so der BGH u. a., der strafrechtliche Rechtsgüterschutz gerade solchen Verbrauchern versagt, die in besonderem Maße schutzwürdig seien.[1624]

Der Irrtum muss durch die Täuschungshandlung erregt oder unterhalten werden, die Täuschungshandlung also **kausal** (*Mit*verursachung reicht) den Irrtum **begründen** oder eine bestehende Fehlvorstellung muss **verstärkt oder bestätigt** (bspw. durch das Zerstreuen von Zweifeln) **oder** (nach h. M.) entgegen einer Aufklärungspflicht **nicht beseitigt** werden.[1625] **779**

3. Vermögensverfügung

Als **ungeschrieben**es Tatbestandsmerkmal fordert der Betrug das Vorliegen einer **Vermögensverfügung**. Wie bereits erwähnt (Rn. 762), soll hiermit insbesondere der Betrug als Selbstschädigungsdelikt von den Fremdschädigungsdelikten abgegrenzt werden (s. hierzu näher Rn. 807 ff.). **780**

Die Vermögensverfügung muss **durch** den (seinerseits täuschungsbedingten) Irrtum (mit-)verursacht werden.[1626] **781**

Die Verfügung des Getäuschten kann sein eigenes Vermögen oder das eines Dritten mindern. Daher ist nur **Identität zwischen Getäuschtem und** **782**

1622 BGH 16.5.2017 – 1 StR 306/16, NStZ 2018, 540, 542; zur entgegenstehenden Mindermeinung BeckOK/Beukelmann, § 263 Rn. 29.
1623 BGH 5.12.2002 – 3 StR 161/02, NStZ 2003, 313, 314.
1624 BGH 5.3.2014 – 2 StR 616/12, NJW 2014, 2595, 2596 f.
1625 Fischer, § 263 Rn. 63, 65, in Rn. 65 auch zur Abgrenzung zum bloßen Ausnutzen eines bestehenden Irrtums.
1626 Hilgendorf/Valerius, BT II § 7 Rn. 59.

Verfügendem, nicht aber zwischen Verfügendem und Geschädigtem erforderlich.[1627]

Sind verfügende und geschädigte Person verschiedene Personen, kommt eine Strafbarkeit wegen Betruges als sog. Dreiecksbetrug in Betracht (s. hierzu näher Rn. 840 ff.).

783 Unter einer Vermögensverfügung ist nach h.M. jedes (auch nur rein tatsächliche) Handeln, Dulden oder Unterlassen zu verstehen, das sich **unmittelbar**, d.h. ohne zusätzliche deliktische Zwischenhandlungen des Täters, **vermögensmindernd** auswirkt.[1628]

Da der Begriff nicht zivilrechtlich, sondern **rein faktisch** zu verstehen ist, können auch Geschäftsunfähige in diesem Sinne verfügen.[1629]

a) Verfügungsbegriff

784 Als für eine Verfügung taugliches Verhalten kommt bspw. in Betracht[1630]:

- Abschluss eines verpflichtenden Vertrags; Herausgabe fremder Sachen; Bewilligung von Sozialleistungen; Erbringen von Dienst- oder Arbeitsleistungen; Erlass einer gerichtlichen Entscheidung mit unmittelbarem Vermögensbezug
- Dulden der Mitnahme einer Sache
- Nicht-Geltendmachen eines Zahlungsanspruchs; Unterlassen von vermögenssichernden Maßnahmen

785 Derjenige, der die Vermögensverfügung vornimmt, braucht sich dabei **nicht bewusst** zu sein, dass er auf sein Vermögen oder dasjenige eines Dritten einwirkt.[1631] Unbewusste Verfügungen sind vor allem in Fällen des Unterlassens denkbar (z.B. Nicht-Geltendmachen einer Forderung), jedoch auch bei positivem Tun (z.B. Vorlage eines Bestellscheins mit der Bemerkung, es würden nur Prospekte angefordert).[1632] Würde man hier (beim sog. Forderungsbetrug) Verfügungsbewusstsein fordern, würden Strafbarkeitslücken entstehen.[1633]

Zur Bedeutung des Verfügungsbewusstseins für die Abgrenzung des sog. Sachbetrugs vom sog. Trickdiebstahl vgl. Rn. 813.

1627 Zum Ganzen Lackner/Kühl/Heger, § 263 Rn. 28.
1628 Lackner/Kühl/Heger, § 263 Rn. 22 f.
1629 NK/Kindhäuser/Hoven, § 263 Rn. 198.
1630 Fischer, § 263 Rn. 71 ff.; BeckOK/Beukelmann, § 263 Rn. 31.1.
1631 BGH 11.3.1960 – 4 StR 588/59, NJW 1960, 1068, 1069.
1632 Sch/Sch/Perron, § 263 Rn. 60.
1633 Hilgendorf/Valerius, BT II § 7 Rn. 149.

Die Verfügung muss sich **vermögensmindernd** (zum Begriff des Vermögens s. Rn. 788 ff.) auswirken, also in einem wirtschaftlichen Nachteil beliebiger Art bestehen.[1634] **786**

Beispiele:

- Verlust einer Sache, eines Rechts oder einer Forderung
- Belastung des Vermögens mit einer Verbindlichkeit (zum sog. Eingehungsbetrug s. Rn. 830).

Die Verfügung muss sich jedoch **unmittelbar** vermögensmindernd auswirken. Daran fehlt es, wenn der Getäuschte dem Täter lediglich die tatsächliche Möglichkeit gibt, den Vermögensschaden durch **weitere selbstständige deliktische Schritte** herbeizuführen.[1635] **787**

Kommt es bspw. infolge des Irrtums lediglich zu einer Gewahrsamslockerung, genügt dies dem Unmittelbarkeitserfordernis nicht (s. hierzu näher Rn. 814).

b) Vermögensbegriff

Da sich die Verfügung unmittelbar vermögensmindernd auswirken muss, ist bereits hier bedeutsam, was unter **Vermögen** i. S. d. § 263 zu verstehen ist.[1636] **788**

Vermögensminderung und Vermögensschaden sind *nicht gleichzusetzen*: Als „Erfolg" des Verfügungsverhaltens muss es zu einer Minderung des Vermögens gekommen sein, ein Schaden liegt aber nur dann vor, wenn der Verlust nicht durch einen Zuwachs ausgeglichen worden ist (sog. Saldierung, s. dazu näher Rn. 817 f.).[1637]

In der Fallbearbeitung sind die Fragen dort anzusprechen, wo sie – erstmals – auftreten.[1638] **789**

Was als Vermögen von § 263 geschützt ist, ist sehr umstritten. Im Wesentlichen werden heute zwei Positionen vertreten: Der **wirtschaftliche** Vermögensbegriff der (insbes.) Rspr. und der **juristisch-ökonomische** Vermögensbegriff. **790**

1634 Auch zu nachf. Bsp. Wessels/Hillenkamp/Schuhr, BT 2 Rn. 572.
1635 BGH 10.8.2016 – 2 StR 579/15, NStZ 2017, 351, 352.
1636 So auch bspw. Hohmann/Sander § 44 Rn. 51 f.; differenzierend für die Fallbearbeitung Rengier BT I, § 13 Rn. 80.
1637 Vgl. Rengier BT I, § 13 Rn. 78.
1638 K/H/H, BT 2 Rn. 662; ähnl. auch Hilgendorf/Valerius, BT II § 7 Rn. 67.

aa) Wirtschaftlicher Vermögensbegriff

791 Nach dem wirtschaftlichen Vermögensbegriff umfasst das strafrechtlich relevante Vermögen die Gesamtheit der einer Person zustehenden Güter, unabhängig davon, ob sie ihr rechtens zustehen oder rechtlich anerkannt sind.[1639] Entscheidend ist allein, dass der entsprechenden Position ein **wirtschaftlicher Wert** beigemessen werden kann.[1640]

bb) Juristisch-ökonomischer Vermögensbegriff

792 In der juristischen Literatur vorherrschend ist der sog. juristisch-ökonomische Vermögensbegriff. Danach bezeichnet der Begriff Vermögen die Summe der wirtschaftlich wertvollen Güter einer Person, soweit sie ihr unter dem Schutz der **Rechtsordnung** oder wenigstens ohne deren Missbilligung **zustehen**.[1641]

cc) Gemeinsamkeiten der unterschiedlichen Vermögensbegriffe

793 Beide Standpunkte gehen **übereinstimmend von einer wirtschaftlichen Betrachtungsweise** aus; die Uneinigkeit betrifft die Frage, ob man bei der rein wirtschaftlichen Sicht bleiben kann oder ob der Vermögensbegriff einer gewissen „juristischen" Begrenzung bedarf.[1642]

794 Unstreitig unter das von § 263 geschützte Vermögen fallen daher bspw.:[1643]

> Geld, Eigentum, Besitz und Gewahrsam, Forderungen und sonstige Ansprüche, auch die Arbeitsleistung eines Menschen, soweit sie im Austausch gegen Entgelt geleistet wird.
>
> *Nicht* aber bspw. unbestimmte Aussichten und Hoffnungen, sodass die „bloße" Vereitelung einer Vermögensmehrung keinen Betrug darstellt (anders aber ggf. bei hinreichend konkretisierten Erwerbsaussichten[1644]).

795 **Wirtschaftlich wertlose** Sachen und Rechte zählen nach h.M. nicht zum Vermögen; dies gilt auch für bspw. Führerscheine, Kfz-Scheine und Personalausweise.[1645]

dd) Problematische Fallgruppen

796 Uneinigkeit besteht jedoch insbesondere bei rechtswidrigen/sittenwidrigen Rechtsgeschäften, bei rechtswidrig erlangtem Besitz sowie beim strafbaren Besitz.

1639 Hohmann/Sander § 44 Rn. 57; K/H/H, BT 2 Rn. 669 m. w. N.
1640 Sch/Sch/Perron, § 263 Rn. 80.
1641 Hohmann/Sander § 44 Rn. 64.
1642 Rengier BT I, § 13 Rn. 140.
1643 Fischer, § 263 Rn. 91, 100; BeckOK/Beukelmann, § 263 Rn. 40.
1644 Hierzu näher Sch/Sch/Perron, § 263 Rn. 87 ff.
1645 Fischer, § 263 Rn. 97.

Argumentativ stehen sich insbesondere folgende Erwägungen gegenüber: Einerseits, dass das Strafrecht nicht schützen könne, was das Recht sonst nicht anerkennt („**Einheit der Rechtsordnung**");[1646] andererseits wird auf die **Einheit der Strafrechtsrechtsordnung** und auf **kriminalpolitische Gründe** verwiesen: §§ 242, 249 schützen auch den aufgrund illegaler Handlungen erlangten Gewahrsam, weshalb es sachwidrig wäre, einen solchen Gewahrsam ggü. betrügerischen oder erpresserischen Angriffen schutzlos zu stellen. Dies diene auch dem Rechtsfrieden, da das Strafrecht anderenfalls im Verhältnis von Rechtsbrechern untereinander Betrug und Erpressung hinnehmen würde.[1647] **797**

Zu beachten ist, dass auch der BGH seit einiger Zeit vermehrt auf Wertentscheidungen der Gesamtrechtsordnung rekurriert; im Grundsatz vertritt die Rspr. aber eine **wirtschaftliche Vermögenslehre**, die lediglich **im Einzelfall** durch die Gesamtrechtsordnung **normativ korrigiert** wird.[1648] **798**

aaa) Rechtswidrige/sittenwidrige Rechtsgeschäfte

Gem. §§ 134, 138 BGB sind Rechtsgeschäfte, die gegen ein gesetzliches Verbot oder die guten Sitten verstoßen, **nichtig**. **799**

Wie sich dies auf den strafrechtlichen Vermögensschutz auswirkt, kann in unterschiedlichen Konstellationen fraglich sein.

Beispiel 1:[1649] **800**

E heuert den Auftragskiller A an, seinen Onkel O zu töten. E verspricht A 10.000 Euro für die Tat nach deren Ausführung. Wie von Anfang an beabsichtigt, bezahlt E den A dann aber trotz auftragsgemäßer Ausführung nicht.

Da die Vereinbarung zwischen A und E gem. §§ 134, 138 BGB nichtig ist, hat A keinen „Lohnanspruch" ggü. E. Sein Vermögen wird daher nach dem juristisch-ökonomischen Vermögensbegriff nicht gemindert.

Rein wirtschaftlich betrachtet können aber auch nichtige Forderungen einen wirtschaftlichen Wert haben, und zwar dann, wenn der Schuldner bspw. aus geschäftlichen, freundschaftlichen o. a. Beweggründen veranlasst sein kann, die Forderung trotz Nichtigkeit zu begleichen.[1650] Dies dürfte vorliegend aber nicht gegeben sein.[1651] Soweit auf die Arbeitsleistung von A abgestellt wird, wäre diese dann von § 263 geschützt, wenn sie üblicherweise nur gegen Entgelt erbracht

1646 Rengier, BT I § 13 Rn. 150; MüKo/Hefendehl, § 263 Rn. 629.
1647 Zum Ganzen K/H/H, BT 2 Rn. 675 f.
1648 MüKo/Hefendehl, § 263 Rn. 630, 632; Hohmann/Sander § 44 Rn. 76 ff. sprechen von einer erkennbaren Hinwendung zum juristisch-ökonomischen Vermögensbegriff.
1649 Aus Hilgendorf/Valerius, BT II § 7 Rn. 79, dort auch Lösungshinweise.
1650 BGH 15.11.1951 – 4 StR 574/51, BGHSt 2, 364 (juris-Rn. 18, 25).
1651 Näher hierzu K/H/H, BT 2 Rn. 683.

würde.[1652] Bei Erfüllung strafbarer Tatbestände verlässt der BGH jedoch diesen Maßstäbe: **Handlungen, die der Erfüllung strafbarer Tatbestände dienen, wohne kein messbarer wirtschaftlicher Wert inne.**[1653] Ein Betrug scheidet somit auch nach der Rspr. aus.

801 Wird hingegen im Rahmen eines verbotenen oder sittenwidrigen Geschäfts eine **Geldleistung erbracht**, ohne die vereinbarte Gegenleistung zu erhalten, liegen Vermögensverfügung und -schaden vor.[1654]

Beispiel 2:

T täuscht M vor, diesem Heroin verkaufen zu wollen. Nachdem M dem T 100 Euro gegeben hat, rennt T mit dem Geld davon.

M hat durch die täuschungs- und irrtumsbedingte Hingabe des Geldes den Besitz daran verloren, sodass Vermögensverfügung und -schaden bei wirtschaftlicher Betrachtung unproblematisch vorliegen. Innerhalb der juristisch-ökonomischen Lehre ist im Hinblick auf §§ 134, 138, 817 S. 2 BGB umstritten, ob strafrechtlicher Schutz gewährt werden soll. Die h. M. bejaht dies, da Eigentum und Besitz geschützte Vermögensbestandteile sind und dieser Schutz nicht durch den Einsatz zu einem verbotenen/sittenwidrigen Zweck verloren wird.[1655]

bbb) Rechtswidrig erlangter Besitz

802 Diskutiert wird zudem die Frage, ob ein Betrug auch in Bezug auf einen Gegenstand begangen werden kann, den eine Person selbst zu Unrecht besitzt, bspw., weil sie ihn selbst durch einen Diebstahl erhalten hat.

Beispiel:

S bietet B einen Laptop zum Kauf an, den S am Tag zuvor gestohlen hat. B geht zum Schein darauf ein und bietet 200 Euro an. S übergibt daraufhin den Laptop, mit dem B, der von Anfang an geplant hatte, nichts zu bezahlen, davonrennt.

803 Nach Auffassung der Rspr. liegen in solchen Konstellationen Vermögensverfügung und -schaden vor, da **auch** der durch einen Diebstahl erlangte **rechtswidrige Besitz** zu dem von § 263 geschützten Vermögen gehört[1656] und der Besitz ohne Gegenleistung übertragen wird. Innerhalb der juris-

1652 Zu dieser Voraussetzung BGH 18.1.2001 – 4 StR 315/00, NJW 2001, 981.
1653 BGH 2.5.2001 – 2 StR 128/01, NStZ 2001, 534.
1654 BGH 4.9.2001 – 1 StR 167/01, NStZ 2002, 33; nachf. Bsp. ist an die Entscheidung angelehnt.
1655 Zum Ganzen Rengier, BT I § 13 Rn. 168 m. w. N.
1656 BGH 27.5.2008 – 4 StR 58/08, NStZ 2008, 627.

tisch-ökonomischen Lehre ist dies umstritten. Mit Blick auf den in den §§ 858ff. BGB ggü. dem unrechtmäßigen Besitz zum Ausdruck kommenden „gewissen Schutz der Rechtsordnung“ wird dies teilweise bejaht[1657], teilweise eine Einbeziehung in das Vermögen aber auch (trotzdem) verneint.[1658]

ccc) Strafbarer Besitz

Intensiv thematisiert wurde in der Rspr. in der jüngeren Zeit die Frage, ob **804** der unerlaubte **Besitz von Betäubungsmitteln** dem Vermögen i. S. d. §§ 253, 263 zuzurechnen sei.

So hatte der 2. Strafsenat des BGH beabsichtigt, den unerlaubten Besitz **805** von Betäubungsmitteln aus dem strafrechtlichen Vermögensbegriff der §§ 253, 263 herauszunehmen und diesbzgl. bei den anderen Strafsenaten angefragt. Der 2. Strafsenat begründete seine Auffassung u. a. damit, dass es kein strafrechtlich schutzwürdiges Vermögen außerhalb des Rechts oder sogar im Widerspruch dazu gebe. Die gleichzeitige Strafdrohung gegen denjenigen, der unerlaubt Betäubungsmittel besitze, und gegen denjenigen, der dem Besitzer diesen unerlaubten Besitz durch Täuschung oder Nötigung entziehe, stelle einen offenkundigen Widerspruch dar.[1659] Dieser Auffassung sind jedoch die anderen Strafsenate des BGH entgegengetreten, woraufhin auch der 2. Strafsenat entschied, an seiner bisherigen Rechtsprechung festzuhalten: Auch **Betäubungsmittel**, deren Besitz verboten ist, sind somit nach Auffassung der Rspr.[1660] **taugliche Objekte von Vermögensdelikten**. Die Rechtsordnung, so der BGH, kenne im Bereich der Vermögensdelikte kein wegen seiner Herkunft, Entstehung oder Verwendung schlechthin schutzunwürdiges Vermögen. Maßgeblich sei, ob dem Besitz ein eigenständiger wirtschaftlicher Wert zukomme, was regelmäßig zu bejahen sei, wenn mit dem Besitz wirtschaftlich messbare Gebrauchsvorteile verbunden sind.[1661]

Dieser Linie folgend hat der BGH auch eine Einschränkung des Vermö- **806** gensbegriffs des § 263 in Bezug auf das Vermögen von **Terrororganisationen** abgelehnt.[1662]

1657 So bspw. Rengier, BT I § 13 Rn. 162.
1658 Bspw. Eisele, BT II Rn. 608; s. zum Streitstand auch MüKo/Hefendehl, § 263 Rn. 635ff.
1659 BGH 1.6.2016 – 2 StR 335/15, NStZ 2016, 596, 598.
1660 A. A. bspw. Wessels/Hillenkamp/Schuhr, BT 2 Rn. 564.
1661 Zum Ganzen und weiterf. zu andernfalls entstehenden Wertungswidersprüchen zwischen §§ 249ff. und §§ 253, 255: BGH 16.8.2017 – 2 StR 335/15, BeckRS 2017, 123966.
1662 BGH 11.4.2018 – 5 StR 595/17, NStZ-RR 2018, 221.

c) Abgrenzung zum Diebstahl

807 In Fällen, in denen es einerseits um den Gewahrsamswechsel an einer fremden, beweglichen Sache geht, andererseits dieser Gewahrsamswechsel aber durch ein täuschendes Verhalten bewirkt wird, stellen sich Abgrenzungsfragen zwischen Betrug und Diebstahl.

808 Relevant ist diese Abgrenzungsfrage insbesondere bei späteren qualifizierten Nötigungen auf frischer Tat, da nur § 242, nicht aber § 263 den Anwendungsbereich des **räuberischen Diebstahl**s eröffnet.[1663]

aa) Systematisches Verhältnis von Betrug und Diebstahl

809 Betrug ist ein **Selbst**-, Diebstahl ein **Fremd**schädigungsdelikt.[1664]

Nach h. M. folgt daraus, dass sich die beiden Tatbestände **gegenseitig ausschließen**; maßgebliches Abgrenzungskriterium zwischen beiden ist die Vermögensverfügung.[1665]

810 Bei Vorliegen einer Vermögensverfügung liegt ein sog. **Sachbetrug** vor, bei deren Fehlen eine trickreiche Wegnahme, also ein sog. **Trickdiebstahl**.[1666]

In der Falllösung empfiehlt es sich, mit demjenigen Delikt zu beginnen, das im Ergebnis abgelehnt wird.[1667]

811 Auch beim sog. **Dreiecksbetrug**, also der Konstellation, dass verfügende und geschädigte Person verschiedene Personen sind, kann – nach h. M.[1668] alternativ zum Betrug – eine Strafbarkeit wegen Diebstahls (dann in mittelbarer Täterschaft) in Betracht kommen, s. hierzu näher Rn. 844.

bb) Vermögensverfügung als Abgrenzungskriterium

812 Um zu entscheiden, ob eine Vermögensverfügung i. S. d. § 263 vorliegt oder nicht, stellen sich – je nach Konstellation – für die Abgrenzung zum Diebstahl Fragen nach dem **Verfügungsbewusstsein**, der **Unmittelbarkeit** und der **Freiwilligkeit.**

aaa) Verfügungsbewusstsein

813 Grds. ist für eine Vermögensverfügung i. S. d. § 263 nicht notwendig, dass sich die verfügende Person bewusst ist, auf Vermögen einzuwirken (s. Rn. 785). Für die Abgrenzung von Sachbetrug und Trickdiebstahl kommt es nach der h. M. aber auf das Kriterium des Verfügungsbewusstseins an: Nur die

1663 Hilgendorf/Valerius, BT II § 7 Rn. 148.
1664 Wessels/Hillenkamp/Schuhr, BT 2 Rn. 513.
1665 Wessels/Hillenkamp/Schuhr, BT 2 Rn. 514 f.
1666 Vgl. Wessels/Hillenkamp/Schuhr, BT 2 Rn. 517.
1667 Hilgendorf/Valerius, BT II § 7 Rn. 148.
1668 Rengier, BT I § 13 Rn. 101, 104 m. w. N.

bewusste Übertragung von Gewahrsam oder die bewusste Mitwirkung an der Gewahrsamsverschiebung ist eine Verfügung i. S. d § 263 Abs. 1.[1669]

Beispiel 1:

Verbirgt ein/e Täter/-in im Supermarkt Waren in seinem Einkaufswagen derart, dass sie für den/die Kassierer/-in nicht zu sehen sind, und bezahlt nur die übrigen Waren, liegt Diebstahl und nicht Betrug vor. Erkennt der/die Kassierer/-in nicht, dass sich im Einkaufswagen noch weitere Waren befinden, scheidet diesbzgl. eine bewusste Vermögensverfügung aus.[1670]

Beispiel 2:

Wird hingegen der Inhalt z. B. eines Kartons mit anderen/zusätzlichen Gegenständen versehen und dergestalt zur Bezahlung vorgelegt, dass ein zu niedriger Kaufpreis kassiert wird, liegt Betrug vor. Hier wird von dem/der Kassierer/-in der Gewahrsam an dem Karton samt Inhalt bewusst übertragen, also bewusst über Vermögen verfügt (eine „Aufspaltung" des Verfügungsbewusstseins ist nicht möglich[1671]). Da also ein Einverständnis mit der Gewahrsamsübertragung vorliegt, fehlt es an einem Gewahrsams*bruch* und damit an einer Wegnahme i. S. v. § 242 Abs. 1.[1672]

bbb) Unmittelbarkeit

Die Vermögensverfügung muss sich **unmittelbar** vermögensmindernd auswirken (s. Rn. 787). Erreicht der Täter durch die Täuschung nur eine **Gewahrsamslockerung**, so hat das Opfer über die Sache noch nicht verfügt.[1673] **814**

Beispiel:[1674]

G übergibt der J sein Mobiltelefon für ein Telefonat in der Annahme, dieses nach dem Telefonat zurückzuerhalten. Nach dem Telefonat steckt J, wie von vornherein beabsichtigt, das Telefon ein und geht davon.

G hat das Mobiltelefon zwar irrtumsbedingt ausgehändigt, aber zumindest noch Mitgewahrsam behalten und diesen erst verloren, als J das Telefon einsteckte. Mangels Vermögensverfügung liegt daher kein Betrug, sondern Diebstahl vor.

1669 Hohmann/Sander § 44 Rn. 92.
1670 BGH 26.7.1995 – 4 StR 234/95, NJW 1995, 3129, 3130.
1671 Rengier, BT I § 13 Rn. 96.
1672 Zu einer entspr. Konstellation inkl. Begr. OLG Düsseldorf 19.6.1987 – 5 Ss 166/87-131/87 I, NJW 1988, 922, 923 f.; a. A. MüKo/Hefendehl, § 263 Rn. 423; a. A. in Bezug auf versteckte zusätzliche Gegenstände Sch/Sch/Perron, § 263 Rn. 63a und Wessels/Hillenkamp/Schuhr, BT 2 Rn. 577.
1673 Fischer, § 263 Rn. 77.
1674 Nach BGH 2.8.2016 – 2 StR 154/16, NStZ 2016, 727; a. A. zu den Gewahrsamsverhältnissen AG Tiergarten 16.10.2008 – (257 Ls) 52 Js 4301/08 (16/08), NStZ 2009, 270, 271.

ccc) Freiwilligkeit

815 Nach h.M. ist für eine Vermögensverfügung eine **freiwillige (zwangsfreie) Disposition** vorausgesetzt.[1675]

Duldet der Verletzte die Wegnahme, so kann darin eine Verfügung i.S.d. Betrugstatbestandes nur gesehen werden, wenn das Dulden auf einem freien Willensentschluss beruht, mag er auch durch einen Irrtum beeinflusst sein; Wird dagegen der Gewahrsam ohne sein Einverständnis aufgehoben, so liegt nicht Betrug, sondern Diebstahl vor.[1676] Die Entscheidung, ob der Getäuschte eine Verfügung vornimmt oder ob er infolge der Täuschung nur die Wegnahme geschehen lässt, hängt zunächst maßgeblich von der **inneren Willensrichtung** des Getäuschten ab.[1677]

> Wird bspw. eine polizeiliche Beschlagnahme dergestalt vorgetäuscht, dass dem Getäuschten nach seiner Vorstellung **keine andere Wahl** bleibt, als die Wegnahme zu dulden, fehlt es an einem freien, nur durch Irrtum beeinflussten Willensentschluss; es liegt daher Diebstahl und nicht Betrug vor.[1678] Gleiches ist überzeugenderweise auch dann der Fall, wenn die dergestalt getäuschte Person den Gegenstand selbst herausgibt.[1679]

4. Vermögensschaden

816 Durch die Vermögensverfügung muss ein Vermögensschaden bei der/dem Verfügenden oder bei einer/einem Dritten eintreten. In letzterem Fall bedarf es dann gewisser weiterer Voraussetzungen für die Annahme eines Betruges (s. näher Rn. 840 ff.).

a) Ermittlung des Schadens

aa) Prinzip der Gesamtsaldierung

817 Nach st.Rspr. ist ein Vermögensschaden ein **negativer Saldo** zwischen dem Wert des Vermögens *vor* und *nach* der irrtumsbedingten Vermögensverfügung des Getäuschten (Prinzip der **Gesamtsaldierung**).[1680] Im Rahmen einer Gesamtbetrachtung muss also berücksichtigt werden, ob dem betroffenen Vermögen Gegenleistungen zufließen, welche die Hingabe des Vermögenswertes objektiv-wirtschaftlich vollwertig **kompensieren**.[1681]

1675 Hohmann/Sander § 44 Rn. 94: krit. zum Freiwilligkeitskriterium Rengier, BT I § 13 Rn. 84 ff.
1676 BGH 16.1.1963 – 2 StR 591/62, NJW 1963, 1068, 1069.
1677 Sch/Sch/Perron, § 263 Rn. 63 m.w.N.
1678 BGH 2.5.1952 – 4 StR 867/51, NJW 1952, 796.
1679 So auch und näher bspw. MüKo/Hefendehl, § 263 Rn. 403 m.w.N.
1680 Fischer, § 263 Rn. 110.
1681 Rengier, BT I § 13 Rn. 181.

So gleichen sich bspw. bei der ordnungsgemäßen Abwicklung eines Kaufvertrages über einen Gegenstand beim Käufer die Zahlung des vereinbarten Kaufpreises (Vermögensabfluss) und der Erhalt des geschuldeten Gegenstandes (Vermögenszufluss) voll aus.

Zu beachten ist hierbei, dass auch der Vermögenszuwachs **durch die schädigende Verfügung** selbst vermittelt sein muss, sodass bspw. die Anfechtbarkeit des Geschäfts, Gewährleistungs- oder Schadensersatzansprüche wie auch evtl. Wiedergutmachungsleistungen des Täters unberücksichtigt bleiben; ein Ausgleich wird dann nämlich durch eine *spätere* selbstständige Handlung herbeigeführt.[1682] **818**

bb) Maßstab für die Wertbemessung

Der Maßstab für die Wertbemessung ist nach h.M. ein **objektiv-individueller.**[1683] **819**

aaa) Grundsätze

Maßgeblich sind daher objektiv-wirtschaftliche Gesichtspunkte (*nicht* einseitige subjektive Werteinschätzungen durch den irrtumsbedingt Verfügenden), d.h. der **Verkehrs- bzw. Marktwert.**[1684] Ergänzt wird diese objektive Komponente für bestimmte Konstellationen durch die Berücksichtigung der wirtschaftlichen Bedürfnisse des Einzelnen (individuelle Komponente)[1685], s. hierzu näher Rn. 822 ff. **820**

Ein Vermögensschaden liegt **nicht** bereits dann vor, wenn[1686] **821**
- jemand infolge eines durch eine Täuschung hervorgerufenen Irrtums eine Vermögensverfügung getroffen hat, die er **nicht getroffen** haben würde, wenn er die Wahrheit gekannt hätte; § 263 schützt nämlich das Vermögen und nicht die bloße Verfügungsfreiheit.
- die getäuschte Person glaubte, einen **Gewinn** zu machen, der aber in Wirklichkeit nicht erzielt wurde.
- ein bei Vertragsabschluss vorgetäuschter **sozialer Zweck** verfehlt wird, sofern die gegenseitigen Verpflichtungen wirtschaftlich gleichwertig sind. Dann liegt ein bloßer unbeachtlicher Motivirrtum vor (anders aber die Situation des sog. Spenden- und Bettelbetrugs s. Rn. 834 ff.).

1682 Rengier, BT I § 13 Rn. 181.
1683 Lackner/Kühl/Heger, § 263 Rn. 37.
1684 BGH 2.2.2016 – 1 StR 435/15, NJW 2016, 2434, 2436.
1685 Hohmann/Sander § 44 Rn. 111.
1686 Zum ersten und zweiten Spiegelstrich: BGH 16.8.1961 – 4 StR 166/61, NJW 1962, 309, 310; zum dritten Spiegelstrich: OLG Köln 23.1.1979 – 1 Ss 1024/78, NJW 1978, 1419, 1420.

bbb) Ausnahme: persönlicher Schadenseinschlag

822 Entsprechen sich objektiv die Werte von Leistung und Gegenleistung, liegt grds. kein Vermögensschaden vor. Die Rspr. erkannte aber im sog. Melkmaschinenfall ausnahmsweise trotzdem einen Vermögensschaden an. Bei diesem war u.a. einer Geschädigten eine Melkmaschine aufgeredet worden, die angeblich für einen Betrieb mit zehn Kühen, tatsächlich – wie dem Verkäufer bekannt – aber nur für zwei bis drei Kühe ausreichte (entspricht ersterer unten aufgelisteter Fallgruppen). Unter dem Gesichtspunkt eines sog. **persönlichen Schadenseinschlag**s kann daher ein Vermögensschaden trotz ausgeglichenen Saldos vorliegen, wenn eine der folgenden Voraussetzungen gegeben ist:[1687]

- „Unnütze Leistung“: die angebotene Leistung kann nicht/nicht in vollem Umfang zu dem vertraglich vorausgesetzten Zweck oder in anderer zumutbarer Weise verwendet werden.
- Nötigung durch die eingegangene Verpflichtung zu vermögensschädigenden Maßnahmen (z.B. Aufnahme eines hoch zu verzinsenden Darlehens).
- Infolge der Verpflichtung sind die Mittel entzogen, die zur ordnungsmäßigen Erfüllung von Verbindlichkeiten/für eine den persönlichen Verhältnissen angemessene Wirtschafts- oder Lebensführung unerlässlich sind.

823 Maßgebend ist hierbei das „vernünftige Urteil eines unbeteiligten **Dritten**“.[1688]

cc) Sonderfälle

824 aaa) Schadensgleiche Vermögensgefährdung

Nach st.Rspr. und h.M. besteht die Möglichkeit eines *vollendeten* Schadenseintritts auch bei einer **„bloßen“ konkreten Gefährdung** des Gesamt-Vermögenswerts.[1689]

825 Ein Betrug ist (Anm.: bereits dann) vollendet, wenn die täuschungsbedingte Gefahr des endgültigen Verlustes eines Vermögensbestandteils zum Zeitpunkt der Verfügung so groß ist, dass sie **schon jetzt eine Minderung des Gesamtvermögens** zur Folge hat.[1690]

1687 BGH 16.8.1961 – 4 StR 166/61, NJW 1962, 309, 310ff.

1688 Lackner/Kühl/Heger, § 263 Rn. 48.

1689 Fischer, § 263 Rn. 156 m.w.N.; dort im Folgenden auch zur Problematik des Begriffs und der Entwicklung in unterschiedlichen Senaten des BGH.

1690 BGH 5.11.2003 – 1 StR 287/03, NStZ 2004, 264, 265.

Beispiel:[1691]

Bankauszubildender B fälscht u. a. einen Vertrag der Kundin K dergestalt, dass K verfügt, nach ihrem Tod solle ihr Bankguthaben auf T übertragen werden. Bei T handelte es sich um einen Tatgenossen des B. K wusste von alledem nichts. Als K verstarb, erfuhr der Rechtsanwalt der K von dem Vertrag und widerrief diesen, sodass es zu keiner Übertragung/Auszahlung des Geldes kam.

Der BGH bejahte mit dem Tod der K das Vorliegen einer schadensgleichen Vermögensgefährdung und damit einen vollendeten Betrug. Ab diesem Zeitpunkt habe sich die Bank auf der Grundlage des von ihr für echt gehaltenen Vertrages für verpflichtet gehalten, dem scheinbar Berechtigten das Guthaben auszuzahlen. Ein endgültiger Verlust sei nur durch das eher zufällige Eingreifen eines Außenstehenden gerade noch verhindert worden.

Maßgeblich für die Annahme oder Ablehnung einer schadensgleichen Vermögensgefährdung ist die **Prognose der Verlustwahrscheinlichkeit** im Zeitpunkt der Vermögensverfügung, wobei die Verlustgefahr bei lebensnaher Betrachtung zu einer **Vermögensminderung zum Zeitpunkt der Verfügung** führen muss; die Wahrscheinlichkeit des *endgültigen* Verlusts eines Vermögensbestandteils zum Zeitpunkt der täuschungsbedingten Verfügung muss also so groß sein, dass dies schon jetzt eine objektive Minderung des Gesamtvermögenswerts zur Folge hat.[1692] Eine derartige konkrete Gefährdung, die bereits einem Schaden entspricht, kann nur dann anerkannt werden, wenn der **Betrogene ernstlich mit wirtschaftlichen Nachteilen** zu rechnen hat.[1693] 826

Die Anerkennung eines solchen Gefährdungsschadens kann dazu führen, die Grenzen zwischen Versuch und Vollendung sowie zwischen Gefährdung und Schädigung unangemessen zu verschieben.[1694] Nach der Rspr. ist es daher im Hinblick auf das Bestimmtheitsgebot des Art. 103 Abs. 2 GG erforderlich, dass der Vermögensschaden – auch in Fällen schadensgleicher Vermögensgefährdung – der Höhe nach **beziffert** wird; zudem ist seine Ermittlung in wirtschaftlich nachvollziehbarer Weise in den Urteilsgründen **darzulegen.**[1695] 827

1691 Nach BGH 5.11.2003 – 1 StR 287/03, NStZ 2004, 264 f. (Fall 2).
1692 Fischer, § 263 Rn. 159 f.
1693 BGH 15.12.2006 – 5 StR 181/06, NJW 2007, 782, 786.
1694 Fischer, § 263 Rn. 161.
1695 BGH 15.4.2015 – 1 StR 337/14, NStZ 2015, 514, 515; grundlegend zu § 266 BVerfG 23.6.2010 – 2 BvR 2559/08 u. a., NJW 2010, 3209, 3220 (zur Gültigkeit auch für § 263: BGH 8.6.2011 – 3 StR 115/11, NStZ 2013, 37, 38).

828 In Betracht kommt eine schadensgleiche Vermögensgefährdung insbesondere in Fällen des Eingehungsbetrugs (s. Rn. 830).

bbb) Eingehungs- und Erfüllungsbetrug

829 Werden Verträge mit gegenseitigen Verpflichtungen geschlossen, kommen für einen Betrug unterschiedliche Zeitpunkte in Betracht.

830 Täuschung, Irrtum und Vermögensverfügung können bereits beim Abschluss des Vertrages, also dem Eingehen der Verbindlichkeit geschehen (sog. **Eingehungsbetrug**). Da bereits bei der Belastung des Vermögens mit einer Verbindlichkeit eine Vermögensminderung i.S. eines Verfügungserfolgs in Betracht kommt, liegt ein Vermögensschaden schon dann vor, wenn ein **Wertvergleich der eingegangenen Verpflichtungen** eine Differenz zulasten des von der Verfügung betroffenen Vermögens ergibt.[1696]

Beispiel 1:

A bietet im Internet Waren zum Verkauf an, die er gar nicht hat. Schließt A sodann mit einem Interessenten I einen Kaufvertrag über einen dieser Gegenstände ab, täuscht A (konkludent) über seine Erfüllungsfähigkeit. I belastet irrtumsbedingt sein Vermögen mit einem Kaufpreisanspruch, der nicht kompensiert wird durch einen Anspruch auf Übereignung des Gegenstandes, da letzterer mangels Erfüllungsfähigkeit des A wirtschaftlich wertlos ist.

Der Betrug ist bei entsprechend gegebener Differenz bereits mit dem Abschluss des Vertrags, also **unabhängig von dessen Abwicklung vollendet**, da bei der gebotenen wirtschaftlichen Betrachtungsweise die Belastung des Vermögens mit einer Verbindlichkeit eine vermögensmindernde **konkrete Vermögensgefährdung** (s. Rn. 824 ff.) darstellt.[1697] Anders verhält es sich jedoch bspw., solange sich der Getäuschte durch die Zug-um-Zug-Einrede[1698] oder sonstige rechtlich institutionalisierte Schadensverhindermöglichkeiten (bspw. vertraglich vereinbarte Rücktrittsrechte vor Leistungserbringung[1699]) vor der effektiven Vermögenseinbuße noch zu schützen vermag.[1700]

831 Ist die Täuschung bereits im Rahmen des Verpflichtungsgeschäfts erfolgt und wirkt in der Erfüllungsphase nur fort, liegt ein sog. **„unechter" Erfüllungsbetrug** vor.[1701]

1696 Hohmann/Sander § 44 Rn. 127, 130.
1697 Hohmann/Sander § 44 Rn. 130.
1698 Also das Recht, die eigene Leistung bis zur Bewirkung der Gegenleistung zu verweigern.
1699 Hilgendorf/Valerius, BT II § 7 Rn. 95, dazu auch ausf. Rengier, BT I § 13 Rn. 226ff.
1700 Wessels/Hillenkamp/Schuhr, BT 2 Rn. 642.
1701 Rengier, BT I § 13 Rn. 196.

Bleibt also in obigem Bsp. nach Bezahlung des Kaufpreises durch I die Lieferung der Ware aus, wirkt die bei Vertragsschluss erfolgte Täuschung fort. Der bei Vertragsschluss entstandene Schaden wird lediglich noch vertieft, der Durchgangs- zu einem endgültigen Schaden verdichtet.[1702]

Freilich dürfte in solchen Konstellationen in der Praxis der oder dem Geschädigten regelmäßig erst in der Erfüllungsphase der Betrug offenbar werden.

Verpflichtungs- und Erfüllungsgeschäft bilden hier aus strafrechtlicher Sicht eine Einheit mit der Folge, dass über den Schaden ein **Wertvergleich zwischen den Leistungen** entscheidet.[1703]

Beispiel 2:[1704]

K kauft bei V eine Hose für 100 Euro unter der wiederholten Zusicherung des V, sie sei aus reiner Wolle gefertigt, was nicht richtig ist. K bezahlt und nimmt die Hose mit.

a) Die Hose ist weniger als 100 Euro wert.

b) Die Hose ist trotz anderer Beschaffenheit 100 Euro wert.

In der Fallvariante a) liegt unstreitig ein Vermögensschaden vor, in der Fallvariante b) nach der Rspr. und wohl h. M. *nicht*: K büßt durch den Vertrag nichts von seinem Vermögensbestand ein, es bleibt lediglich der erhoffte Vermögens*zuwachs* aus, was aber für § 263 nicht genügt.[1705] Der Anspruch auf die geschuldete Leistung entsteht erst durch den Vertragsschluss und ist daher noch nicht als Bestandteil des Vermögens anzusehen, das durch diesen Vertragsschluss geschädigt werden soll.[1706]

Möglich ist aber auch, dass Täuschung, Irrtum und Vermögensverfügung 832
erst im Rahmen der Erfüllung des Vertrages geschehen (sog. **„echter" Erfüllungsbetrug**).

1702 Hilgendorf/Valerius, BT II § 7 Rn. 101.
1703 Rengier, BT I § 13 Rn. 196.
1704 Nach BGH 18.7.1961 – 1 StR 606/20, NJW 1961, 1876.
1705 BGH 18.7.1961 – 1 StR 606/20, NJW 1961, 1876, 1877.
1706 Rengier, BT I § 13 Rn. 195; zur Gegenauff. bspw. Kindhäuser/Böse, BT II § 27 Rn. 106 und Sch/Sch/Perron, § 263 Rn. 137.

Abwandlung des obigen Beispiel 2:[1707]

K kauft bei V eine Hose aus reiner Wolle für 100 Euro (Wert: 150 Euro). Die Hose soll K drei Tage später geliefert werden. V beschließt dann jedoch, K eine täuschend ähnliche Hose aus einem anderen Material (Wert: 100 Euro) zu liefern, was er sodann auch tut.

K hatte aus dem geschlossenen Vertrag einen Anspruch auf Lieferung einer Hose aus reiner Wolle. Bei der Vertrags*abwicklung*, dem für § 263 hier entscheidenden Zeitpunkt, war der höherwertige Erfüllungsanspruch bereits Vermögensbestandteil geworden.[1708] Da dieser Anspruch nicht erfüllt worden ist, liegt ein Vermögensschaden vor.

833 Wichtig ist daher, zunächst genau zu prüfen, wann die Täuschungshandlung geschieht und dementsprechend bei der Schadensberechnung folgende Positionen miteinander zu vergleichen:

Tab. 7 § 263: Eingehungs- und Erfüllungsbetrug

Art des Betruges	Zu vergleichende Positionen[1709]
Eingehungsbetrug	Gegenseitige Ansprüche
Unechter Erfüllungsbetrug	Gegenseitige Leistungen
Echter Erfüllungsbetrug	Anspruch – Erfüllung des Anspruchs

ccc) Spenden- und Bettelbetrug

834 Teilweise wird gefordert, dass dem Opfer eines Betruges der vermögensschädigende Charakter seines Verhaltens verborgen bleibt, die Vermögensschädigung also unbewusst erfolgt (sog. **Lehre von der unbewussten Selbstschädigung**); hiernach kann in Fällen, in denen *bewusst* ein Vermögensopfer erbracht wird, allein mit der Hingabe des Vermögenswertes noch keine Strafbarkeit begründet werden.[1710] Wird jedoch die Vermögensverschiebung mit der Verfehlung ihres Zwecks in ihrem sozialen Sinn entwertet, ist hierin eine unbewusste Selbstschädigung zu finden (sog. **Zweckverfehlungslehre**).[1711]

835 Nach der Rspr. entfällt demgegenüber in den Fällen des sog. Spenden-, Bettel- oder Schenkungsbetrugs die Annahme einer täuschungs- und irrtumsbedingten Schädigung nicht schon deshalb, weil sich die Getäuschten der

1707 Nach Kindhäuser/Böse, BT II § 27 vor Rn. 102.
1708 Rengier, BT I § 13 Rn. 199.
1709 Erhardt Rn. 515a; Rengier BT I, § 13 Rn. 196.
1710 Sch/Sch/Perron, § 263 Rn. 41, 101; zum Begriff Rengier, BT I § 13 Rn. 170 ff.
1711 Sch/Sch/Perron, § 263 Rn. 102; zum Begriff Rengier, BT I § 13 Rn. 174

nachteiligen Wirkung ihrer Verfügung auf ihr Vermögen bewusst sind. Die **(bewusste) Vermögenseinbuße** soll, wie für diese Fälle kennzeichnend ist, nach den Vorstellungen des Gebenden durch Erreichen eines bestimmten nicht vermögensrechtlichen Zweckes ausgeglichen werden. Wird dieser Zweck verfehlt, so wird das Vermögensopfer auch wirtschaftlich zu einer unvernünftigen Ausgabe, die auf Täuschung beruht.[1712]

Beispiel:[1713]

Bettler B sitzt in der Altstadt auf dem Boden mit dem Schild: „Habe Hunger!" S spendet Geld, um B eine Mahlzeit zu ermöglichen. In Wirklichkeit will B das Geld vertrinken.

Nach beiden Auffassungen liegt im Ergebnis eine Strafbarkeit nach § 263 vor: Der verfehlte soziale Zweck führt zu einer unbewussten Selbstschädigung bzw. die Verfehlung des sozialen Zwecks kompensiert die (bewusste) Vermögenseinbuße nicht.

Allerdings begründet **nicht jeder täuschungsbedingte Motivirrtum** eine Strafbarkeit wegen Betrugs, der schließlich das Vermögen und nicht die Dispositionsfreiheit schützt.[1714] **836**

Wird einem Spender S bspw. wahrheitswidrig vorgespiegelt, andere Personen hätten bereits hohe Summen gespendet, und dadurch S zu einer entsprechend hohen Spende an die soziale Einrichtung veranlasst, die er sonst nicht getätigt hätte, scheidet überzeugenderweise ein Vermögensschaden aus: Der verfolgte soziale Zweck (Spende an die soziale Einrichtung) wurde erreicht; der erregte Irrtum ist ein bloßer Motivirrtum, der sich in einem reinen Affektionsinteresse – ebenfalls als großzügiger Spender zu erscheinen – erschöpft, was zur Schadensbegründung nicht ausreicht.[1715]

b) Person der/des Geschädigten

Der Vermögensschaden kann bei der **verfügenden** oder einer **dritten Person** entstehen. **837**

1712 BGH 10.11.1994 – 4 StR 331/94, NJW 1995, 539.

1713 Aus Rengier, BT I § 13 Rn. 173, 178.

1714 Hilgendorf/Valerius, BT II § 7 Rn. 123.

1715 Fall nach BayObLG 13.2.1952 – Rev.Reg. III 876/51, NJW 1952, 798 – Das BayObLG bejahte eine Vermögensschädigung, was heute jedoch nur noch vereinzelt vertreten wird, MüKo/Hefendehl, § 263 Rn. 1043; zur ablehnenden Begründung Wessels/Hillenkamp/Schuhr, BT 2 Rn. 635 und Hilgendorf/Valerius, BT II § 7 Rn. 124.

aa) Zweipersonenverhältnis

838 Entsteht der Vermögensschaden bei der Person, die die Vermögensverfügung vorgenommen hat, haben „nur" zwei Personen gehandelt: Erstens die Person, die getäuscht hat, und zweitens die Person, die sich geirrt, die verfügt hat und die geschädigt ist.

bb) Dreipersonenverhältnis

839 Entsteht der Vermögensschaden bei einer dritten Person, sind drei Personen beteiligt: Erstens die Person, die getäuscht hat, zweitens die Person, die geirrt und verfügt hat, und drittens die Person, die geschädigt ist.

aaa) Besondere Anforderungen im Dreipersonenverhältnis

840 Angesichts des Charakters des Betrugs als *Selbst*schädigungsdelikt muss im Falle eines bei einer dritten Person eingetretenen Schadens eine **besondere Beziehung** zwischen der geschädigten (dritten) und der verfügenden Person vorliegen, um wegen Betruges bestrafen zu können. Die Verfügung der/des Getäuschten wird der geschädigten Person dann zugerechnet (sog. **Dreiecksbetrug**). Was die besondere Beziehung genau erfordert, ist umstritten.

Unproblematische Fälle eines Dreiecksbetrugs sind etwa Verfügungen des angestellten Kassierers oder Verkäufers zulasten des Geschäftsinhabers.[1716]

Unstreitig ist auch, dass Betrug ausscheidet, wenn der Verfügende in keinerlei Beziehung zum Vermögensinhaber steht, also nur als (irrendes) außenstehendes Werkzeug des Täters agiert.[1717]

Beispiel:[1718]

A sieht, wie der Reisende R seinen Koffer vor einem Verkaufsstand unbeaufsichtigt zurücklässt. A bittet den gerade vorbeikommenden gutgläubigen Gepäckträger G, ihm (also A) „seinen" Koffer zum Ausgang zu tragen. Dies geschieht und A verschwindet mit dem Koffer.

Da G hier in keinerlei engeren oder näheren Beziehung zum Koffer des R stand, sondern, wie A selbst, von außen her zugreifen musste, scheidet ein Betrug aus (es liegt jedoch ein Diebstahl in mittelbarer Täterschaft vor).

841 Nach der sog. **Ermächtigungs-/Befugnistheorie** liegt eine besondere Beziehung nur dann vor, wenn die verfügende Person vom Vermögensinha-

1716 Eisele, BT II Rn. 567.
1717 Kindhäuser/Böse, BT II § 27 Rn. 47.
1718 Nach Wessels/Hillenkamp/Schuhr, BT 2 Rn. 592, 598.

ber zu der betreffenden Handlung (bspw. durch Auftrag/Vollmacht) ermächtigt oder anderweitig befugt ist.[1719] Dies erscheint jedoch zum einen mit dem wirtschaftlich geprägten Vermögensbegriff schwerlich vereinbar, zum anderen in der Abgrenzung zum Diebstahl auch zu eng.[1720]

Die (insbes. jüngere[1721]) Rspr. und Teile der Literatur folgen der Formel, eine Zurechnung setze voraus, dass der Verfügende im Lager des Vermögensinhabers stehe („**Lagertheorie**"); Voraussetzung hierfür ist ein – faktisches oder rechtliches – **besonderes Näheverhältnis** zu dem geschädigten Drittvermögen.[1722] **842**

Die verfügende Person muss jedoch schon *vor* der Tat im „Lager" des Geschädigten stehen und die besondere Beziehung muss sich auf den Gegenstand der Verfügung beziehen.[1723]

Bejaht werden solche Näheverhältnisse bspw. bei eigentümerähnlichen Stellungen, aber auch bei (bloß untergeordnetem) **Mitgewahrsam**, Dienstbotenstellungen und ähnlichen **Gewahrsamshüter**funktionen.[1724]

So hat der BGH bspw. im sog. Sammelgaragen-Fall[1725] einen Betrug in folgender Konstellation bejaht:

W hatte ihren Pkw in einer Sammelgarage untergestellt und dem Pförtner einen Zweitschlüssel überlassen. Nach vorheriger Genehmigung holte der Lebensgefährte der W Schlüssel und Wagen beim Pförtner zunächst einmal, später dann noch mehrere Male für kleinere Fahrten ab. Am Tattag wiederholte er dies ohne Wissen und Genehmigung der W in der Absicht, nicht zurückzukehren, was so auch geschah.

Da der Pförtner tatsächlich über das Fahrzeug verfügen konnte und er die Aufgabe hatte, darüber zu wachen, dass nur die Verfügungsberechtigte oder die von dieser ermächtigten Personen den untergestellten Wagen abholen können, stand er „im Lager" der W, sodass ein Betrug und kein Diebstahl gegeben war.

1719 S. bspw. MüKo/Hefendehl, § 263 Rn. 465.

1720 Hohmann/Sander § 44 Rn. 102, der von Unvereinbarkeit spricht, dagegen argumentierend MüKo/Hefendehl, § 263 Rn. 467; Eisele, BT II Rn. 569, Wessels/Hillenkamp/Schuhr, BT 2 Rn. 595.

1721 Vgl. zu Anklängen in der älteren Rspr. an und zur sog. rein faktischen Nähetheorie im Allgemeinen Wessels/Hillenkamp/Schuhr, BT 2 Rn. 596; zur neueren Rspr. s. bspw. BGH 18.5.2022 – 1 StR 55/22, BeckRS 2022, 19735.

1722 Fischer, § 263 Rn. 81 m. w. N.

1723 Eisele, BT II Rn. 569.

1724 Rengier, BT I § 13 Rn. 108.

1725 BGH 16.1.1963 – 2 StR 591/61, NJW 1963, 1068 f.

bbb) Konsequenzen für die Strafbarkeit und Fallbearbeitung

843 Liegt die erforderliche **besondere Beziehung vor**, wird das Handeln der getäuschten Person der geschädigten Person als selbstschädigende (eigene) Verfügung zugerechnet, mit der Konsequenz, dass aufgrund des dann (auch von der geschädigten Person) vorliegenden Einverständnisses mit dem Gewahrsamswechsel kein Gewahrsams*bruch* und damit kein Diebstahl, sondern **Betrug** gegeben ist.[1726]

844 Fehlt eine besondere Beziehung zwischen geschädigter (dritter) und verfügender Person, kommt eine Strafbarkeit wegen **Diebstahls in mittelbarer Täterschaft** in Betracht: Mangels Einverständnisses der geschädigten Person liegt dann ein Gewahrsams*bruch* vor, und zwar durch ein ohne Vorsatz (Irrtum über ein tatbestandsausschließendes Einverständnis bzgl. der Wegnahme) und (Dritt-)Zueignungsabsicht handelndes gutgläubiges Werkzeug bei gegebener Wissens- und Willensherrschaft der täuschenden Person.[1727]

845 Im Rahmen der Fallbearbeitung empfiehlt es sich, die Thematik des Dreiecksbetrugs und Abgrenzungsfragen zum Diebstahl im Rahmen des **§ 263** zu erörtern, mit dessen Prüfung also immer grds. zu **beginnen**.[1728]

IV. Subjektiver Tatbestand

1. Vorsatz

846 In subjektiver Hinsicht reicht **bedingter Vorsatz**.[1729]

2. Absicht rechtswidriger Bereicherung

847 Hinzukommen muss die **Absicht** (dolus directus 1. Grades[1730]) sich (also eigennützig) oder einem Dritten (also fremdnützig) einen **rechtswidrigen Vermögensvorteil zu verschaffen**.

848 Hierbei genügt, wenn der Täter den Vermögensvorteil neben anderen Zielen oder nur als Mittel für einen anderweitigen Zweck *anstrebt*.[1731]

a) Vermögensvorteil

849 Ein Vermögensvorteil ist jede **günstigere Gestaltung der Vermögenslage** des Täters oder eines Dritten im Vergleich zur Vermögenslage vor der Tat.[1732]

1726 Vgl. Rengier, BT I § 13 Rn. 103, 114.
1727 Vgl. Eisele, BT II Rn. 569.
1728 Rengier BT I, § 13 Rn. 119; Eisele, BT II Rn. 569.
1729 Fischer, § 263 Rn. 180.
1730 BeckOK/Beukelmann, § 263 Rn. 76.
1731 Lackner/Kühl/Heger, § 263 Rn. 58 m. w. N.
1732 Hohmann/Sander § 44 Rn. 140.

Auch die Erlangung des **Besitzes** an einer Sache kann ein solcher Vermögensvorteil sein, jedoch nur dann, wenn ihm ein eigenständiger wirtschaftlicher Wert zukommt, was regelmäßig voraussetzt, dass mit dem Besitz wirtschaftlich messbare Gebrauchsvorteile verbunden sind; soll die Sache hingegen bspw. unmittelbar nach der Erlangung vernichtet werden, genügt dies nicht.[1733] **850**

b) Rechtswidrigkeit des Vermögensvorteils

Nach st. Rspr. ist der erstrebte Vorteil rechtswidrig, wenn nach materiellem Recht **kein Rechtsanspruch** auf den Vorteil besteht.[1734] Dies muss **objektiv** bestimmt werden.[1735] **851**

Die Rechtswidrigkeit des Vermögensvorteils ist **Tatbestandsmerkmal** des § 263. Deshalb macht allein der Umstand, dass ein Anspruch durch Mittel der Täuschung realisiert werden soll, den erstrebten Vorteil nicht unrechtmäßig.

Für Irrtumskonstellationen bedeutet dies nach der Rspr. Folgendes:
- sieht der Täter den Vermögensvorteil fälschlicherweise als rechtswidrig an, kommt ein (untauglicher) Versuch in Betracht
- hält der Täter den Vermögensvorteil fälschlicherweise für rechtmäßig, liegt ein Tatbestandsirrtum i. S. d. § 16 Abs. 1 S. 1 und damit kein Betrugsversuch vor.[1736]

c) Stoffgleichheit des Vermögensvorteils

§ 263 setzt als Vermögensverschiebungsdelikt voraus, dass der vom Täter erstrebte Vermögensvorteil und der verursachte Vermögensschaden einander entsprechen. Der Vorteil muss die **Kehrseite des Schadens**, d. h. unmittelbare Folge der täuschungsbedingten Vermögensverfügung sein und dem Täter direkt aus dem geschädigten Vermögen zufließen (sog. **Stoffgleichheit**).[1737] Auch hier bilden ausschließlich **objektive Kriterien** den Maßstab der Prüfung.[1738] **852**

Typisches Bsp. für die Problematik der Stoffgleichheit sind Fälle, in denen für den erfolgreichen Abschluss bspw. eines Vertrages **Provisionen** von Verlagen oder Firmen an die Provisionsvertreter gezahlt werden. **853**

Hier wird bei „betrügerischem Abschluss" des Vertrages von den Provisionsvertretern ggü. den Kunden kein eigennütziger Betrug begangen, da die erstrebte Provision nicht die Kehrseite des bei den Kunden eingetreten Schadens ist (wohl

1733 BGH 27.1.2011 – 4 StR 502/10, NStZ 2011, 699, 701 (zum diesbzgl. inhaltsgleichen § 253).
1734 Fischer, § 263 Rn. 191.
1735 MüKo/Hefendehl, § 263 Rn. 1155.
1736 Zum Ganzen BGH 9.7.2003 – 5 StR 65/02, NStZ 2003, 663, 664.
1737 BeckOK/Beukelmann, § 263 Rn. 78.
1738 Hohmann/Sander § 44 Rn. 141.

liegt aber diesbzgl. ein fremdnütziger Betrug vor, da ein rechtswidriger Vermögensvorteil beim Verlag/der Firma angestrebt wird als Voraussetzung für die Provisionszahlung).[1739]

V. Versuch und Strafverfolgungsvoraussetzungen

854 Der **Versuch** ist gem. § 263 Abs. 2 strafbar.

855 Gem. § 263 Abs. 4 gelten die §§ 247 und 248a entsprechend; in diesen Fällen ist also das **Strafantrag**serfordernis zu beachten.

VI. Besonders schwere Fälle und Qualifikation

1. Besonders schwere Fälle

856 § 263 Abs. 3 normiert für besonders schwere Fälle des Betrugs eine **Freiheitsstrafe von sechs Monaten bis zu zehn Jahren**. Als Regelbeispiele hierfür nennt das Gesetz die folgenden:

857 § 263 Abs. 3 S. 2 **Nr. 1** erfasst die **gewerbsmäßig**e sowie die **bandenmäßig**e Begehungsweise. Hierzu sei auf die entsprechenden Ausführungen beim Diebstahl verwiesen (s. Rn. 475 f. und Rn. 511 ff., wobei es vorliegend um die fortgesetzte Begehung von Urkundenfälschung (§§ 267–281[1740]) oder Betrug (§§ 263, 264, 264a, 265b, 266b[1741]) gehen muss und die Mitwirkung eines anderen Bandenmitglieds nicht erforderlich ist).

858 Ein besonders schwerer Fall des Betruges liegt nach § 263 Abs. 3 S. 2 **Nr. 2** auch dann vor, wenn ein **Vermögensverlust großen Ausmaßes** herbeigeführt oder in der **Absicht** gehandelt wird, durch die fortgesetzte Begehung von Betrug eine **große Anzahl** von Menschen in die **Gefahr des Verlustes von Vermögenswerten** zu bringen.

Ein Vermögensverlust großen Ausmaßes liegt ab einem Wert von 50.000 Euro vor.[1742]

Wie groß die Zahl derer sein muss, bzgl. derer beabsichtigt ist, sie in die Gefahr des Verlustes von Vermögenswerten zu bringen, ist umstritten. Genannt werden mehr als zehn, 30 oder 50.[1743]

1739 Entspr. Falllösungen und weiterf. Hinweise finden sich bspw. bei Hilgendorf/Valerius, BT II § 7 Rn. 140 und Hohmann/Sander § 44 Rn. 142 ff.
1740 Fischer, § 263 Rn. 212 mit Nachw. zu a. A.
1741 Fischer, § 263 Rn. 212 mit Nachw. zu a. A.
1742 BGH 7.10.2003 – 1 StR 274/03, NJW 2004, 169, 170.
1743 BeckOK/Beukelmann, § 263 Rn. 107 m. w. N.

§ 263 Abs. 3 S. 2 **Nr. 3** ist erfüllt, wenn eine andere Person in **wirtschaftliche Not** gebracht wird. Sie liegt *nicht* bereits bei einer bloßen Verschlechterung oder Verschärfung der Vermögenssituation vor, sondern erst dann, wenn ein anderer (geschädigte Person oder Personen, denen der/die Geschädigte unterhaltspflichtig ist) in eine Lage gerät, in der er seine elementarsten Bedürfnisse nicht ohne die finanzielle Hilfe Dritter befriedigen kann.[1744] **859**

Missbraucht die Täterin oder der Täter seine Befugnisse oder seine Stellung als **Amtsträger** oder Europäischer Amtsträger, ist das Regelbeispiel aus § 263 Abs. 3 S. 2 **Nr. 4** verwirklicht. **860**

§ 263 Abs. 3 S. 2 **Nr. 5** erfasst schließlich das **Vortäuschen eines Versicherungsfalls**, nachdem zuvor mit einer Sache von bedeutendem Wert oder einem Schiff wie im Gesetz näher beschrieben verfahren worden ist. **861**

Ein Versicherungsfall wird dabei vorgetäuscht, wenn wahrheitswidrig behauptet wird, ein Sachverhalt sei gegeben, der nach einem bestehenden Versicherungsvertrag zu der Verpflichtung des Versicherers führt, Ersatz zu leisten.[1745] Von der Ersatzpflicht frei wird der Versicherer bspw., wenn der Versicherungsnehmer vorsätzlich den Versicherungsfall herbeiführt (§ 81 Abs. 1 VVG).

Zur Abgrenzung zu § 265 s. Rn. 902.

Es lieg **kein** besonders schwerer Fall vor, wenn sich die Tat auf eine **geringwertige Sache** bezieht (§§ 263 Abs. 4, 243 Abs. 2). **862**

2. Qualifikation

Liegt eine Kombination aus **gewerbsmäßiger und** bestimmter **bandenmäßiger** (s. die im Gesetz aufgelisteten „verabredeten" Straftaten) Begehungsweise vor, greift der **Qualifikation**statbestand aus § 263 Abs. 5 mit einem Regelstrafrahmen von Freiheitsstrafe von **einem Jahr bis zu zehn Jahren**. **863**

1744 Hohmann/Sander § 44 Rn. 157.
1745 Hohmann/Sander § 44 Rn. 160.

VII. Abschließender Fall

864 ***Sachverhalt:***[1746]

A fährt an eine Autobahntankstelle, um dort seinen Pkw zu betanken. Den Kraftstoff möchte er nicht bezahlen. Er tankt an einer der Zapfsäulen Benzin für 56,24 Euro, wobei er den Kopf gesenkt hält und sich bemüht, sein Gesicht verdeckt zu halten. Der Tankstellenmitarbeiter D bemerkt den Tankvorgang nicht. A fährt mit dem Kfz sodann, ohne zu bezahlen, davon.

Wie hat sich A strafbar gemacht?

Lösungshinweise:

Eine Strafbarkeit wegen Diebstahls gem. § 242 Abs. 1 scheidet aus: A erwirbt durch das Einfüllen des Benzins in den Tank seines Kfz nach h.M. noch kein Alleineigentum an diesem[1747], sodass das Benzin für A zwar eine fremde, bewegliche Sache bleibt. Eine Wegnahme scheidet jedoch aus, da angesichts der freigeschalteten Zapfsäule von einem Einverständnis des Tankstellenbetreibers mit der Gewahrsamsübertragung auszugehen ist, mithin ein tatbestandsausschließendes Einverständnis vorliegt.

In Betracht kommt aber eine Strafbarkeit wegen Betruges. Da der Tankstellenmitarbeiter D den Tankvorgang nicht bemerkt hat, ist die Tat mangels Irrtumserregung[1748] nicht vollendet. A hat jedoch mind. bedingten Vorsatz dahin gehend, konkludent über seine Zahlungsbereitschaft zu täuschen, hierdurch einen Irrtum über seine Zahlungsbereitschaft zu erregen (hierfür sprechen vorliegend auch seine Bemühungen, unerkannt zu bleiben) und hierdurch eine Vermögensverfügung (Einverständnis mit dem Tankvorgang[1749]) samt Vermögensschaden (Verlust des Besitzes am Benzin ohne Kompensation durch Zahlung des Kaufpreises dafür) auszulösen (Beachte im Übrigen die vorliegende Konstellation des Dreiecksbetrugs!). Hierdurch will sich A auch zu Unrecht einen rechtswidrigen Vermögensvorteil in Höhe des Kaufpreises verschaffen. Da A hierzu auch bereits unmittelbar angesetzt hat sowie rechtswidrig und schuldhaft handelt, macht er sich wegen versuchten Betruges gem. § 263 Abs. 1, 2, 22, 23 strafbar (h.M.[1750]). As Bemühungen, unentdeckt zu bleiben, ändern an dieser rechtlichen Beurteilung nichts.[1751]

Die ebenfalls verwirklichte Unterschlagung tritt hinter dem Betrugsversuch zurück (s. die Subsidiaritätsklausel in § 246 Abs. 1).

1746 Nach BGH 8.11.2022 – 5 StR 318/22, BeckRS 2022, 48112.
1747 Näher v. Heintschel-Heinegg, JA 2012, 305, 306; Hilgendorf/Valerius, BT II § 7 Rn. 57; Eisele, BT II Rn. 251.
1748 BGH 9.3.2021 – 6 StR 74/21, BeckRS 2021, 5512.
1749 BGH 9.3.2021 – 6 StR 74/21, BeckRS 2021, 5512. S. im Übrigen auch die grundlegende Entscheidung BGH 10.1.2012 – 4 StR 632/11, NJW 2012, 1092 f.
1750 A.A. bspw. Ast, NStZ 2013, 305, 307 ff.
1751 BGH 8.11.2022 – 5 StR 318/22, BeckRS 2022, 48112.

C. Computerbetrug

I. Vorbemerkungen

Durch die Einfügung des § 263a sollten **Strafbarkeitslücken** gefüllt werden, weil es bei EDV-Manipulationen oft an Täuschung und Irrtumserregung einer natürlichen Person fehlt[1752] und § 263 daher nicht anwendbar ist. **865**

Die Abgrenzung zu § 263 kann im Einzelfall schwierig sein, vornehmlich, wenn an einer Vermögensverfügung sowohl ein Datenverarbeitungsvorgang als auch eine natürliche Person mitwirken; maßgeblich ist dann, ob und inwieweit der natürlichen Person eine Prüfungskompetenz zukommt.[1753]

Geschütztes Rechtsgut ist wie bei § 263 das **Vermögen**.[1754] **866**

In § 263a **Abs. 3** wird die Strafbarkeit auf die dort im Einzelnen beschriebenen **Vorbereitungshandlungen** ausgedehnt. **867**

II. Prüfungsaufbau

I. Tatbestandsmäßigkeit **868**

1. Objektiver Tatbestand

- Tathandlung
  - unrichtige Gestaltung des Programms eines Datenverarbeitungsvorgangs

  oder

  - Verwendung unrichtiger/unvollständiger Daten

  oder

  - unbefugte Verwendung von Daten

  oder

  - sonstige unbefugte Einwirkung auf den Ablauf eines Datenverarbeitungsvorgangs
- Zwischenfolge

  Beeinflussung des Ergebnisses eines Datenverarbeitungsvorgangs
- Vermögensschaden

1752 Fischer, § 263a Rn. 2.
1753 BeckOK/Schmidt, § 263a Rn. 5 und näher Rn. 39.
1754 Sch/Sch/Perron, § 263a Rn. 1.

2. Subjektiver Tatbestand
   - Vorsatz
   - Absicht rechtswidriger Bereicherung

II. Rechtswidrigkeit

III. Schuld

III. Objektiver Tatbestand

1. Tathandlungen

869 § 263a Abs. 1 unterscheidet **vier** verschiedene Tathandlungen. Bevor im Folgenden alle vier im Überblick und die Alt. 3 als besonders bedeutsamer Fall des Computerbetrugs im Detail vorgestellt werden, sollen zunächst einige grundlegende Begriffe erläutert werden.

a) Grundlegende Begriffe

870 **Daten** i. S. v. § 263a sind codierte Informationen in einer im Wege automatisierter Verarbeitung nutzbaren Darstellungsform.[1755]

Beispiel:

Eingabe einer PIN in den Datenverarbeitungsvorgang mittels Tastatur.[1756]

871 **Datenverarbeitung** sind alle automatisierten Vorgänge, bei denen durch Aufnahme von Daten und ihre Verknüpfung nach Programmen Arbeitsergebnisse erzielt werden.[1757]

872 Vereinfacht lässt sich dies wie folgt beschreiben:[1758] Die in den Computer eingegebenen Eingangsdaten (**Input**) werden auf der Grundlage des im Computer gespeicherten **Programms**, d. h. einer Folge von dort festgelegten Arbeitsbefehlen an die Datenverarbeitungsanlage, und zusätzlichen Kontrollbefehlen über ein Eingabegerät (Touchpad, Maus, Tastatur etc.) auf die vorgegebene Weise verarbeitet. Das Ergebnis dieses Datenverarbeitungsprogramms besteht dann in den Ausgangsdaten (**Output**).

- Rein mechanische Abläufe sind nicht tatbestandsmäßig.[1759]

1755 Fischer, § 263a Rn. 3.
1756 MüKo/Hefendehl/Noll, § 263a Rn. 23.
1757 Fischer, § 263a Rn. 3.
1758 Aus Sch/Sch/Perron, § 263a Rn. 4.
1759 Kindhäuser/Böse, BT II § 28 Rn. 9.

b) Tathandlungen im Überblick

Im Vergleich zu § 263 übernehmen die vier Handlungsmöglichkeiten des § 263a die **Funktion** des **Täuschung**smerkmals.[1760] Nach h.M. sind alle Varianten des Tatbestandes **„betrugsnah" oder „betrugsspezifisch"** zu interpretieren[1761] (s. hierzu näher Rn. 882 ff.). **873**

Manipulationen des Datenverarbeitungsvorgangs können auf unterschiedlichen Ebenen ansetzen: beim Programm selbst, bei den eingegebenen Daten, bei der Datenausgabe oder der Hardware.[1762] Die Tathandlungen sind jedoch kaum voneinander abgrenzbar und überlagern sich z.T. erheblich.[1763] **874**

In nachfolgender Tabelle sind Bedeutung bzw. (hauptsächlicher) Anwendungsbereich der einzelnen Handlungsmodalitäten im Überblick zusammengefasst, jeweils unterlegt mit typischen Anwendungsbeispielen. **875**

Tab. 8 § 263a: Handlungsmodalitäten

Tathandlung		Bedeutung/Anwendungsbereich[1764]	Bsp.[1765]
1	Unrichtige Gestaltung des Programms eines Datenverarbeitungsvorgangs	= **Programm-Manipulation** durch Neuschreiben, Verändern oder Löschen ganzer Programme oder von Programmteilen	In einem Überweisungssystem wird der Code zur Prüfung hinreichender Deckung/Überziehungsmöglichkeit deaktiviert
2	Verwendung unrichtiger/unvollständiger Daten	= **Input-Manipulation**	Übermittlung eines Lastschriftauftrags auf elektronischem Weg an die eigene Bank unter Eingabe einer Kennung, wonach der angeblich Zahlungspflichtige einen Abbuchungsauftrag zugunsten des Täters erteilt habe, was nicht stimmt
3	Unbefugte Verwendung von Daten	Missbräuchliche Verwendung von **Codekarten**	Abheben von Geld an einem Bankautomat mit entwendeter girocard + PIN

1760 Rengier, BT I § 14 Rn. 1.
1761 Vgl. Rengier, BT I § 14 Rn. 1 m.w.N.
1762 Vgl. Hilgendorf/Valerius, BT II § 8 Rn. 8; Sch/Sch/Perron, § 263a Rn. 4.
1763 Fischer, § 263a Rn. 5.
1764 Zu 1, 2 und 3: Fischer, § 263a Rn. 6, 7, 12, 18; zu 4: Fischer, § 263a Rn. 18, Hilgendorf/Valerius, BT II § 8 Rn. 33.
1765 Zu 1: Wessels/Hillenkamp/Schuhr, BT 2 Rn. 695; zu 2: BGH 3.5.2022 – 3 StR 93/22, NStZ 2022, 681 f.; zu 4: Kindhäuser/Böse, BT II § 28 Rn. 26.

Tab. 8 § 263a: Handlungsmodalitäten

Tathandlung		Bedeutung/Anwendungsbereich[1764]	Bsp.[1765]
4	Sonstige unbefugte Einwirkung auf den Ablauf eines Datenverarbeitungsvorgangs	**Auffangfunktion** insbes. bei Manipulation der Hardware oder der Ausgabe (Hardware-/Outputmanipulation)	Verhinderung eines Ausdrucks

876 Bei § 263a Abs. 1 Alt. 1 handelt es sich um einen **Spezialfall der 2. Variante**, weil sich auch Programme aus Daten zusammensetzen, sodass sie bei Unrichtigkeit auch als solche unter den Tatbestand fallen.[1766] Wegen ihrer besonderen Gefährlichkeit (Dauer und wiederholte Wirkung der Manipulation) ist die Programmmanipulation vom Gesetzgeber aber separat hervorgehoben worden.[1767]

Unrichtig ist die Gestaltung des Programms nach h. M., wenn der Datenverarbeitungsvorgang zu einem **objektiv fehlerhaft**en Ergebnis gelangt und so der aus dem materiellen Recht folgenden Aufgabenstellung des Programms widerspricht.[1768]

877 § 263a Abs. 1 Alt. 2 erfasst das Verwenden **unrichtiger oder unvollständiger Daten**. Unrichtig sind Daten, wenn der durch sie vermittelte Informationsgehalt keine Entsprechung in der Wirklichkeit hat; unvollständig sind sie, wenn sie den zugrundeliegenden Sachverhalt nicht ausreichend erkennen lassen.[1769]

878 § 263a Abs. 1 Alt. 3 setzt in Abgrenzung zur 2. Alt. die Verwendung **„richtiger“ Daten** voraus.[1770] Als typische Begehungsform des § 263a soll die Alt. 3 im Folgenden genauer betrachtet werden.

879 Über § 263a Abs. 1 Alt. 4 sollen auch neue Manipulationstechniken erfasst werden können.[1771] Dieser Alternative kommt daher eine **Auffangfunktion** zu.

Überzeugenderweise nicht erfasst wird jedoch das bloße Ausnutzen eines Programmfehlers.

1766 Rengier, BT I § 14 Rn. 9; Lackner/Kühl/Heger, § 263a Rn. 6.
1767 MüKo/Hefendehl/Noll, § 263a Rn. 33.
1768 BeckOK/Schmidt, § 263a Rn. 13, auch zur Gegenauff.
1769 BGH 3.5.2022 – 3 StR 93/22, NStZ 2022, 681.
1770 Fischer, § 263a Rn. 9.
1771 BT-Drs. 10/5058, S. 30.

Beispiel:[1772]

A und B erspielen in einem Automatenspielcasino an vier Spielautomaten unter Ausnutzung eines Fehlers der Software eines darauf laufenden Spiels mehrere Hundert Euro, um diese für sich zu behalten. Von dem Fehler, über den auch der Softwarehersteller bereits informiert war, hatten die beiden über das Internet erfahren.

Da die beiden lediglich bereits bestehende technische Unzulänglichkeiten der Spielautomaten im Rahmen einer formell ordnungsgemäßen Bedienung ausgenutzt haben, die dem Automatenhersteller bekannt waren, liegt kein § 263a vor.

c) Die unbefugte Verwendung von Daten im Detail

§ 263a Abs. 1 Alt. 3 erfasst die unbefugte Verwendung von („richtigen") **880**
Daten. Zum Begriff der Daten s. Rn. 870.

aa) Verwendung

Eine Verwendung setzt nach h. M. die **Einführung** der Daten (von außen) **881**
in den Datenverarbeitungsvorgang voraus; hiernach scheidet eine sonstige Nutzung von Daten als Verwenden in diesem Sinne aus.[1773]

Wird bspw. ein Glücksspielautomat dadurch leergespielt, dass in Kenntnis der Programmabläufe die sog. Risikotaste gezielt zu für den Spieler vorteilhaften Zeitpunkten gedrückt wird, liegt nach h. M. keine unbefugte Verwendung von Daten vor, da diese Daten nicht in den Verarbeitungsvorgang eingegeben werden.

bb) unbefugte Verwendung

Sehr umstritten ist, wann eine Verwendung von Daten unbefugt i. S. v. **882**
§ 263a Abs. 1 Alt. 3 ist. Im Wesentlichen finden sich hierzu drei verschiedene Auffassungen, wobei innerhalb dieser Auffassungen jeweils weitere Details umstritten sind.

Nach einer **subjektiven** Auslegung handelt unbefugt, wer Daten gegen den **883**
tatsächlichen oder mutmaßlichen Willen des Berechtigten verwendet[1774], wobei als Berechtigte unterschiedliche Personen in Betracht kommen können.

Bei dieser Auslegung droht jedoch jede Vertragsverletzung sogleich strafrechtliche Konsequenzen auszulösen, was einen sehr weiten Anwendungsbereich von § 263 Abs. 1 Alt. 3 zur Folge hätte.[1775]

1772 KG 8.12.2014 – (3) 161 Ss 216/13 (160/13), NStZ-RR 2015, 111 f.
1773 Auch zu nachf. Bsp. Hilgendorf/Valerius, BT II § 8 Rn. 16, 34; MüKo/Hefendehl/Noll, § 263a Rn. 51 ff., auch zur Gegenauff. Umstr. ist, ob in Fällen wie dem genannten Bsp. fall dann § 263a Abs. 1 Alt. 4 greift, s. hierzu m. w. N. bspw. Rengier, BT I § 14 Rn. 60 ff.
1774 BeckOK/Schmidt, § 263a Rn. 21 m. Nachw. für diese Auff.
1775 Hilgendorf/Valerius, BT II § 8 Rn. 17.

884 Nach der sog. **computerspezifischen** Auslegung liegt ein unbefugtes Handeln nur dann vor, wenn der durch das Täterhandeln verletzte Wille des Berechtigten in der konkreten Programmgestaltung einen hinreichenden Niederschlag gefunden hat, also das Programm selbst die Befugnis des Verwenders überprüft.[1776] Welche Anforderungen an diese Überprüfung genau zu stellen sind, ist im Einzelnen umstritten.[1777]

Je nach vertretener Variante der computerspezifischen Auslegung würde in Fällen der Benutzung eigenmächtig erlangter Codekarten bei ordnungsgemäßer Bedienung eines Bankautomaten eine Strafbarkeit entweder entfallen (wenn bspw. spezielle Missbrauchserkennungsmodule gefordert werden[1778]). Dies würde jedoch klar dem Willen des Gesetzgebers widersprechen, wonach diese Fälle von der Alt. 3 umfasst sein sollen.[1779] Oder eine Strafbarkeit wäre zwar gegeben (was voraussetzt, dass man in der Abfrage des Zugangscodes selbst eine Prüfung der Berechtigung sieht), was dann jedoch zu einem Wertungswiderspruch zwischen der Überwindung einer elektronischen und einer sonstigen (z. B. mechanischen) Zugangssperre führen würde.[1780] Überzeugenderweise sind aber auch Zugangscodes bloß als (elektronische) Schlüssel anzusehen.

885 Nach st. Rspr. und h. M. ist das Merkmal der Unbefugtheit daher „**betrugsspezifisch**" auszulegen.[1781] Dies überzeugt auch vor dem Hintergrund der Entstehungsgeschichte des § 263a: Dieser war als Ergänzungstatbestand zum Betrug gedacht, mit dem die Fälle erfasst werden sollen, in denen durch Manipulationen an Daten verarbeitenden Geräten Vermögensdispositionen veranlasst werden, ohne dass in den Vorgang ein Mensch einbezogen wäre, der einem betrugsrelevanten Irrtum unterliegen könnte.[1782]

Hiernach ist zu fragen, ob die Verwendung der Daten gegenüber einem **Menschen als fiktiver Vergleichsperson** einer zumindest schlüssigen Vorspiegelung der Befugnis entspräche und damit Täuschungswert (und in der Folge auch Irrtumsäquivalenz) hat.[1783] Allerdings ist umstritten, welcher Maßstab an diese Vergleichsperson anzulegen ist. Überzeugenderweise wird man danach fragen müssen, welche **Aufgaben und Prüfungs-**

1776 MüKo/Hefendehl/Noll, § 263a Rn. 84; Rengier, BT I § 14 Rn. 17.
1777 Näher hierzu Rengier, BT I § 14 Rn. 17.
1778 S. Rengier, BT I § 14 Rn. 17.
1779 S. MüKo/Hefendehl/Noll, § 263a Rn. 88.
1780 Vgl. Kindhäuser/Böse, BT II § 28 Rn. 24 und instruktiv NK/Kindhäuser/Hoven, § 263a Rn. 24.
1781 Fischer, § 263a Rn. 11.
1782 MüKo/Hefendehl/Noll, § 263a Rn. 87.
1783 Rengier, BT I § 14 Rn. 19.

pflichten die Vergleichsperson hätte, wenn sie an die Stelle des Computers träte und die Daten verarbeiten würde.[1784]

aaa) Typische Fälle des Missbrauchs von Bankautomaten

Auf der Basis der Rspr. sind daher die typischen Fälle des Missbrauchs von Bankautomaten wie folgt zu bewerten: **886**

Tab. 9 § 263a: Fälle des Missbrauchs von Bankautomaten

Konstellation		Bsp.	Lösung nach der Rspr.[1785]
1	Abheben durch einen Dritten mit einer durch verbotene Eigenmacht erlangten (Original-)Codekarte	A entwendet B dessen girocard (früher: ec-Karte) samt PIN und hebt damit 500 Euro Bargeld von Bs Konto ab.	§ 263a ist erfüllt.
2	Abheben durch einen Dritten mit einer gefälschten Codekarte (bspw. Skimming)	A sammelt mit Hilfe spezieller Geräte an einem Bankautomaten Kontodaten und Geheimnummern, speichert die Daten auf mehrere sog. Blankettkarten und hebt mit diesen Karten je 500 Euro ab.	§ 263a ist erfüllt, da es keine Rolle spielt, ob die verwendeten (richtigen) Daten sich auf den von der Bank herausgegebenen oder auf anderen Karten befinden.
3	Abheben durch einen Dritten mit einer durch Täuschung erlangten (Original-)Codekarte	A täuscht B vor, dessen girocard (früher: ec-Karte) müsse wg. auffälliger Überweisungen überprüft werden. B händigt dem vermeintlichen Bankmitarbeiter A daraufhin Karte samt PIN aus. A hebt damit 500 Euro ab.	§ 263a ist *nicht* erfüllt, da die Codekarte mit Willen des Berechtigten erlangt wurde; erfüllt ist jedoch § 263 ggü. dem Berechtigten.

1784 Rengier, BT I § 14 Rn. 22; zu den unterschiedlichen Auff. auch MüKo/Hefendehl/Noll, § 263a Rn. 82.

1785 Zu Konst. 2: BGH 22.11.1991 – 2 StR 376/91, NStZ 1992, 180 f.; Konst. 3: BGH 16.7.2015 – 2 StR 16/17, NStZ 2016, 149 ff. und BGH 14.3.2024 – 5 StR 80/24, NStZ 2024, 679, a. A. mit beachtlichen Gegenargumenten bspw. Wessels/Hillenkamp/Schuhr, BT 2 Rn. 701; zu Konst. 4: OLG Köln 9.7.1991 – Ss 624/90, NJW 1992, 125 ff. – Bedenken gegen die Ablehnung von § 263a in dieser Konstellation hat BGH 23.11.2016 – 4 StR 464/16, NZWiSt 2017, 238 geäußert, der hierüber aber wegen einer Teileinstellung des Verfahrens letztlich nicht mehr zu entscheiden hatte. Auch in der Lit. wird hierzu tw. eine a. A. vertreten, s. bspw. Rengier, BT I § 14 Rn. 34 m. w. N.; zu Konst. 5: BGH 21.11.2001 – 2 StR 260/01, NJW 2002, 905 ff., Fischer, § 263a Rn. 14a, Hilgendorf/Valerius, BT II § 8 Rn. 31, a. A. bspw. Wessels/Hillenkamp/Schuhr, BT 2 Rn. 702.

Tab. 9 § 263a: Fälle des Missbrauchs von Bankautomaten

Konstellation		Bsp.	Lösung nach der Rspr.[1785]
4	Abredewidriges Abheben durch einen Dritten	B gibt A ihre girocard (früher: ec-Karte) samt PIN und bittet A, 200 Euro für sie abzuheben. Stattdessen hebt A 300 Euro ab und verwendet den überschießenden Betrag für sich.	§ 263a ist *nicht* erfüllt, da die grds. Befugnis des Dritten besteht, Karte und PIN zu verwenden, hierüber also nicht getäuscht wird [in Betracht kommt aber evtl. Untreue oder Unterschlagung].
5	Abheben durch Kontoinhaber/-in unter Überschreitung des eingeräumten Kreditrahmens	Kontoinhaberin A hebt von ihrem Konto 500 Euro Bargeld ab, obwohl kein Guthaben vorhanden und der eingeräumte Dispositionskredit erschöpft ist.	§ 263a ist *nicht* erfüllt, da die/der berechtigte Karteninhaber/-in nicht unbefugt handelt; es liegt nur ein Verstoß gegen die durch AGB geregelten Vertragspflichten vor, was § 263a nicht unterfällt. Zudem ist die Kontoführung Aufgabe der Bank und nicht der/des Kontoinhaberin/-s.

887 Zu beachten ist in Fällen des Missbrauchs von Bankautomatenkarten durch den/die berechtige/-n Karteninhaber/-in auch die Vorschrift des Missbrauchs von Scheck- und Kreditkarten (**§ 266b**), s. hierzu näher Rn. 955 ff.

bbb) Elektronischer Zahlungsverkehr

888 Wird missbräuchlich mit einer girocard (früher: ec-Karte) bei einem/-er Händler/-in im sog. **Electronic-cash**- (genannt auch Point-of-Sale (POS)-)-**Verfahren** bezahlt, gelten nach h. M. die zum Missbrauch von Bankautomaten geschilderten Grundsätze **entsprechend**.[1786] Bei diesem Verfahren wird die Geheimnummer (PIN) in das sog. POS-Terminal eingegeben, diese Nummer, eine etwaige Kartensperre und der Bezahlvorgang an das für das kartenausgebende Kreditinstitut zuständige Autorisierungssystem weitergeleitet und bei Erscheinen von „Zahlung erfolgt“ im Display eine Zahlungsgarantie von der kartenausgebenden Bank abgegeben.[1787]

1786 NK/Kindhäuser/Hoven, § 263a Rn. 52; Rengier, BT I § 14 Rn. 45.
1787 Rengier, BT I § 19 Rn. 22, § 14 Rn. 45.

Beispiel:

A entwendet B dessen girocard samt PIN und kauft damit in einem Geschäft Waren für 150 Euro ein. Hierzu steckt er Bs girocard in das dortige Kartenlesegerät und gibt die zugehörige PIN ein.

Nach h. M. ist § 263a Abs. 1 Alt. 3 erfüllt.[1788]

Wird eine girocard (früher: ec-Karte) im sog. **NFC** („Near Field communication")-**Verfahren** verwendet, also kontaktlos bezahlt, indem die Karte in die Nähe des Kartenlesegeräts gehalten wird, und erfolgt, wie bei kleineren Beträgen üblich, keine Abfrage der PIN, liegt kein Computerbetrug vor. Mangels Abfrage der PIN wird die Berechtigung desjenigen, der den elektronischen Zahlungsvorgang auslöst, nicht überprüft, sodass es an der Betrugsähnlichkeit fehlt.[1789] **889**

Ebenfalls kein § 263a ist bei Bezahlung im Wege des sog. **Elektronischen Lastschriftverfahrens** (ELV) gegeben. Hier wird ebenfalls keine PIN verwendet, aber aus den im Magnetstreifen der Bankkarte gespeicherten Daten ein vom Kunden zu unterschreibendes SEPA-Lastschriftmandat erzeugt. Bei diesem Verfahren erfolgt allein eine Prüfung der Kartenechtheit und ein Abgleich mit sog. Sperrdateien, eine Einlösungsgarantie für die Lastschrift wird von der kartenausgebenden Bank nicht übernommen.[1790] Da deshalb der/die Händler/-in das Risiko der fehlenden Kontodeckung trägt, macht er/sie sich bei Täuschungen über die Bonität auch entsprechende Gedanken, sodass der Weg zu **§ 263** führt.[1791] **890**

Ausscheiden soll ein (Computer-)Betrug nach der Rspr.[1792] hingegen bei Verwendung einer auf ein nicht gedecktes Konto bezogenen girocard durch den berechtigten Karteninhaber an **Selbstbedienungskassen**, wenn die Zahlung mittels **Elektronischen Lastschriftverfahrens** erfolgt. Da an einer Selbstbedienungskasse kein Mensch getäuscht wird, scheidet § 263 aus. Da die Selbstbedienungskasse auch technisch ordnungsgemäß bedient wird, erfolgt der Gewahrsamswechsel mit Willen des Unternehmens, sodass auch § 242 ausscheidet. Nach Auffassung des OLG Rostock **891**

1788 A. A. Eisele, BT II Rn. 681 und Rengier, BT I § 14 Rn. 45.

1789 OLG Hamm 7.4.2020 – 4 RVs 12/20, NStZ 2020, 673, 675, auch zum NFC-Verfahren im allgemeinen und evtl. anderen verwirklichten Straftatbeständen; fortführend BayObLG 29.7.2024 – 201 StRR 49/24, NJW 2024, 3669, 3670 f.

1790 Zu diesem Verfahren MüKo/Hefendehl/Noll, § 263a Rn. 110 und Fischer, § 263a Rn. 15a.

1791 Rengier, BT I § 14 Rn. 47.

1792 OLG Rostock 6.2.2019 – 20 RR 90/18, BeckRS 2019, 16761. Eine andere Konstellation des Bezahlens an Selbstbedienungskassen (Einscannen des Strichcodes eines günstigeren Artikels) nimmt OLG Hamm 8.8.2013 – III-5 RVs 56/13, NStZ 2014, 275 f. in den Blick.

entfällt aber auch § 263a, da als fiktive Vergleichsperson (s. Rn. 885) lediglich auf eine Person abzustellen sei, die sich mit Fragen befasse, die auch die Selbstbedienungskasse prüft, wozu die Bonität des berechtigten Karteninhabers nicht gehöre.[1793]

892 Eine unbefugte Verwendung von Daten i. S. v. § 263a liegt aber vor bei **Online-Banking**-Transaktionen eines Nichtberechtigten, der etwa zuvor PIN und TAN dem Kontoinhaber im Wege des sog. „Phishing" abgelistet hat.[1794]

2. Zwischenfolge

893 Die verwirklichte Tathandlung muss als Zwischenerfolg das **Ergebnis eines Datenverarbeitungsvorgangs** (zumindest mitursächlich) **beeinflussen**; dies tritt an die Stelle von Irrtum und Verfügung beim Betrug.[1795]

894 Erforderlich ist daher, dass die Manipulation des Vorgangs **unmittelbar** eine vermögensrelevante Disposition des Computers verursacht.[1796] Bedarf es hingegen weiterer deliktischer Zwischenschritte des Täters, des Opfers oder eines Dritten, fehlt es – ebenso wie beim Betrug – an der notwendigen Unmittelbarkeit.[1797]

> Wird bspw. der elektronische Münzprüfer eines (z. B.) Süßigkeiten-Automaten überlistet, damit dieser eine Tafel Schokolade ausgibt, wird bei Mitnahme der Tafel ein Diebstahl begangen: Der Gewahrsam an der Schokolade wurde zunächst lediglich gelockert, für den Gewahrsamswechsel bedurfte es noch der anschließenden Wegnahme, die mangels ordnungsgemäßer Bedienung des Automaten nicht von einem tatbestandsausschließenden Einverständnis des Automatenaufstellers (s. Rn. 426) gedeckt war.

3. Vermögensschaden

895 Wie der Betrug setzt auch der Computerbetrug den Eintritt eines **Vermögensschaden**s voraus. Auf die entsprechenden Ausführungen zu § 263 sei daher verwiesen (Rn. 816 ff.).

896 Da der Betreiber der Datenverarbeitungsanlage mit dem Inhaber des zu schädigenden Vermögens nicht identisch sein muss, kann die Tat nach

1793 OLG Rostock 6.2.2019 – 20 RR 90/18, BeckRS 2019, 16761 Rn. 35; a. A. Rengier, BT I § 14 Rn. 52a und MüKo/Hefendehl/Noll, § 263a Rn. 136.
1794 Lackner/Kühl/Heger, § 263a Rn. 14b.
1795 Wessels/Hillenkamp/Schuhr, BT 2 Rn. 690 sowie 709 zum Begriff „Zwischenfolge"; Fischer, § 263a Rn. 20.
1796 Fischer, § 263a Rn. 20.
1797 Auch zu nachf. Bsp. Hilgendorf/Valerius, BT II § 8 Rn. 40 f.

ganz h.M. auch in einem § 263 Abs. 1 entsprechenden **Dreieck**sverhältnis begangen werden (vgl. hierzu die Ausführungen zum Betrug in Rn. 839 ff.).[1798]

IV. Subjektiver Tatbestand

Zur Erfüllung des subjektiven Tatbestandes ist zum einen (mind. bedingter[1799]) **Vorsatz** erforderlich, zum anderen die **Absicht**, sich oder einem Dritten einen **rechtswidrigen Vermögensvorteil** zu verschaffen. Auch hierzu sei auf die entsprechend geltenden Ausführungen zum Betrug verwiesen (s. Rn. 847 ff.). **897**

V. Versuch, besonders schwere Fälle und weitere entsprechend geltende Regelungen

Der **Versuch** ist gem. § 263a Abs. 2 i. V. m. § 263 Abs. 2 strafbar. **898**

Über den Verweis in § 263a Abs. 2 auf § 263 Abs. 3–5 gelten auch die Regelungen zu besonders schweren Fällen, etwaigen Strafantragserfordernissen und des Qualifikationstatbestandes entsprechend. **899**

VI. Strafbarkeit von Vorbereitungshandlungen

§ 263a Abs. 3 stellt die dort näher umschriebenen **Vorbereitung**shandlungen unter Strafe. **900**

VII. Abschließender Fall

Sachverhalt:[1800] **901**

T nimmt aus dem Portemonnaie des O dessen girocard an sich. Da O leichtsinnigerweise die zugehörige PIN auf einem Zettel notiert und gemeinsam mit der Karte im Portemonnaie aufbewahrt hat, gelingt es T, damit am Bankautomaten 500 Euro Bargeld abzuheben. Anschließend lässt T dem O – wie von Anfang an beabsichtigt – Karte und Zettel wieder zukommen.

Wie hat sich T strafbar gemacht?

Lösungshinweise:

Eine Strafbarkeit des T gem. § 242 Abs. 1 durch das Ansichnehmen von girocard und Zettel scheitert, da T beides von Anfang an zurückgeben wollte, so-

1798 Fischer, § 263a Rn. 21.
1799 BeckOK/Schmidt, § 263a Rn. 42.
1800 Nach Eisele, BT II Rn. 676.

dass kein Enteignungsvorsatz gegeben ist. Aber auch in Bezug auf die abgehobenen 500 Euro Bargeld scheidet § 242 Abs. 1 aus: Zwar bleibt das Bargeld für T eine fremde, bewegliche Sache, da die Bank als Eigentümerin das Geld zivilrechtlich nicht an den nicht berechtigten T übereignen wollte; es ist jedoch keine Wegnahme durch T gegeben, da der Geldautomat von T technisch korrekt bedient wurde und somit ein den Tatbestand ausschließendes Einverständnis der Bank in die Wegnahme vorliegt.[1801]

§ 266b Abs. 1 scheidet aus, da T nicht der berechtigte Inhaber der girocard ist (vgl. zu diesem Erfordernis Rn. 958). Auch eine Strafbarkeit nach § 265a Abs. 1 ist zu verneinen: Losgelöst von der streitigen Frage, ob § 265a überhaupt sog. Warenautomaten erfasst (s. hierzu näher Rn. 924 ff.), liegt angesichts der ordnungsgemäßen Bedienung kein Erschleichen vor.

§ 263 Abs. 1 scheidet aus, da kein Mensch getäuscht worden ist. Nach der herrschenden betrugsspezifischen Auslegung liegt aber § 263a Abs. 1 Alt. 3 vor. Der Verwendung der Daten ggü. einem Menschen als fiktiver Vergleichsperson würde Täuschungswert zukommen, da durch die Eingabe der PIN schlüssig vorgespiegelt wird, zur Abhebung des Bargeldes befugt zu sein, worüber auch eine fiktive Person am Bankschalter getäuscht werden müsste. Durch die Eingabe der PIN wird unmittelbar eine vermögensrelevante Disposition des Computers ausgelöst und ein Schaden bei der Bank[1802] verursacht. Da auch der subjektive Tatbestand sowie Rechtswidrigkeit und Schuld gegeben sind, macht sich T gem. § 263a Abs. 1 Alt. 3 strafbar.

Bei zusätzlicher Annahme von § 246 Abs. 1[1803] in Bezug auf das Bargeld wäre § 246 Abs. 1 jedenfalls subsidiär.

Schließlich ist insbesondere auch noch § 269 Abs. 1 Alt. 1 erfüllt.[1804]

D. Versicherungsmissbrauch

I. Vorbemerkungen

902 § 265 wurde eingeführt, um dem Missbrauch von Versicherungen bereits **im Vorfeld von Betrugshandlungen** nachdrücklicher entgegenzutreten.[1805] Damit betrügerische Handlungen ggü. Versicherungen von § 263 erfasst werden, bedarf es zumindest einer Täuschung über Tatsachen, die in der Regel erst durch eine unzutreffende Schadensmeldung ggü. der Versiche-

1801 S. näher BGH 16.12.1987 – 3 StR 209/87, NJW 1988, 979, 980 f. und Eisele, BT II Rn. 676.

1802 Da gem. § 675u BGB bei nicht autorisierten Zahlungsvorgängen kein Erstattungsanspruch der Bank ggü. dem/r Kontoinhaber/-in besteht. Zwar kann bei entsprechenden Pflichtverletzungen der/des Kontoinhaberin/-s ein Schadensersatzanspruch der Bank dieser/diesem ggü. gem. § 675v BGB bestehen, dieser ist jedoch nicht kompensationsfähig, s. ausf. Eisele, BT II Rn. 677b.

1803 Dies ist str.: bejahend BGH 16.12.1987 – 3 StR 209/87, NJW 1988, 979 ff.; ablehnend bspw. MüKo/Hohmann, § 246 Rn. 50.

1804 Näher hierzu MüKo/Erb, § 269 Rn. 35.

1805 Fischer, § 265 Rn. 1.

rung vorgenommen wird.[1806] Für eine Strafbarkeit nach § 265 genügt hingegen bereits eine objektive Einwirkung in der gesetzlich umschriebenen Weise auf eine versicherte Sache in der Absicht, sich oder einem Dritten Leistungen aus der Versicherung zu verschaffen. Der Versicherungsmissbrauch ist daher (Anm.: typischerweise[1807]) eine selbstständig mit Strafe bedrohte **Vorbereitungshandlung zum Betrug.**[1808]

Bei § 265 handelt es sich im Hinblick auf das von ihm überzeugenderweise geschützte Rechtsgut Vermögen um ein **abstraktes Gefährdungsdelikt**.[1809] **903**

Eine Bestrafung aus § 265 erfolgt jedoch nur, wenn die Tat nicht in § 263 (versucht oder vollendet[1810]) mit Strafe bedroht ist (sog. **Subsidiaritäts**klausel). **904**

II. Prüfungsaufbau

I. Tatbestandsmäßigkeit **905**
   1. Objektiver Tatbestand
      - Tatobjekt
        auf bestimmte Weise versicherte Sache
      - Tathandlung
        Beschädigen, Zerstören, in ihrer Brauchbarkeit Beeinträchtigen, Beiseiteschaffen oder einem anderen Überlassen
   2. Subjektiver Tatbestand
      - Vorsatz
      - Absicht zur Verschaffung der Versicherungsleistung

II. Rechtswidrigkeit

III. Schuld

1806 Hilgendorf/Valerius, BT II § 9 Rn. 1.
1807 Zur Konstellation eines Versicherungsmissbrauchs, ohne dass es zu einem Betrug(sversuch) kommt/kommen soll, Wessels/Hillenkamp/Schuhr, BT 2 Rn. 754.
1808 Erhardt Rn. 521.
1809 Vgl. MüKo/Kasiske, § 265 Rn. 5 und Rn. 2ff. zum Streit bzgl. des geschützten Rechtsguts der sozialen Leistungsfähigkeit des Versicherungswesens.
1810 Wessels/Hillenkamp/Schuhr, BT 2 Rn. 754.

III. Objektiver Tatbestand

906 Taugliches Tatobjekt des § 265 kann nach dem Gesetzeswortlaut nur eine **gegen** Untergang, Beschädigung, Beeinträchtigung der Brauchbarkeit, Verlust oder Diebstahl **versicherte Sache** sein.

907 Wird die entsprechend versicherte Sache beschädigt, zerstört, in ihrer Brauchbarkeit beeinträchtigt, beiseitegeschafft oder einem anderen überlassen, ist der objektive Tatbestand erfüllt.

> Einer Schadensmeldung ggü. der Versicherung bedarf es für die Verwirklichung des § 265 nicht![1811]

908 Ein **Beiseiteschaffen** liegt vor, wenn (durch den Versicherungsnehmer oder einen Dritten) die räumliche Position der Sache derart verändert wird, dass für einen nicht eingeweihten Beobachter der Eindruck entsteht, die Sache sei abhandengekommen.[1812]

Beispiel:

Verbergen der Sache an einem anderen Ort.

909 Unter einem **anderen Überlassen** ist die einverständliche – entgeltliche oder unentgeltliche – Weitergabe an Dritte, z.B. Übergabe nach Verkauf, zu verstehen, wobei eine dritte Person hierbei auch gutgläubig sein kann.[1813]

910 **Täter** des § 265 kann der Eigentümer der Sache, der Versicherungsnehmer, aber auch jede dritte Person ohne Rücksicht auf ein Näheverhältnis zum Versicherungsnehmer sein.[1814]

IV. Subjektiver Tatbestand

911 Zur Erfüllung des subjektiven Tatbestandes ist zum einen (mind. bedingter[1815]) **Vorsatz** erforderlich, zum anderen die **Absicht** (zielgerichtetes Wollen[1816]), sich oder einem Dritten **Leistungen aus der Versicherung zu verschaffen**.

1811 Hilgendorf/Valerius, BT II § 9 Rn. 1.
1812 BeckOK/Wittig, § 265 Rn. 10 m.w.N., wobei einzelne Details umstritten sind, s. hierzu näher bspw. MüKo/Kasiske, § 265 Rn. 18.
1813 Fischer, § 265 Rn. 7.
1814 Fischer, § 265 Rn. 4.
1815 Lackner/Kühl/Heger, § 265 Rn. 4.
1816 Fischer, § 265 Rn. 9.

Zu beachten ist, dass[1817]
- die Leistungen aus der Versicherung **nicht rechtswidrig** sein müssen und
- **keine betrügerische Absicht** gegeben sein muss, der Täter sich also nicht vorstellen muss, dass die erstrebte Versicherungsleistung versicherungsrechtlich zu Unrecht erfolgen soll.

V. Versuch

Der **Versuch** ist gem. § 265 Abs. 2 strafbar. **912**

VI. Abschließender Fall

Sachverhalt:[1818] **913**

Speditionsunternehmer S verkauft und übergibt einen seiner Lkw gegen Zahlung von 30.000 Euro an A. S beabsichtigt – was A weiß – den gegen Diebstahl versicherten Lkw der Versicherung als gestohlen zu melden. A wird, noch bevor S den „Schadensfall" der Versicherung anzeigen kann, gefasst.

Wie haben sich S und A strafbar gemacht?

Lösungshinweise:[1819]

Da S der Versicherung den „Schadensfall" noch nicht angezeigt hat, scheidet für ihn eine Strafbarkeit wegen **versuchten Betruges** gem. §§ 263 Abs. 1, 2, 22, 23 mangels unmittelbaren Ansetzens aus. Da deshalb keine vorsätzliche rechtswidrige Haupttat vorliegt, zu der A dem S hätte Beihilfe leisten können, liegt für A auch keine Strafbarkeit gem. §§ 263 Abs. 1, 2, 22, 23, 27 vor.

S hat sich jedoch wegen **Versicherungsmissbrauchs** gem. § 265 Abs. 1 strafbar gemacht. Indem er den Lkw – eine gegen Diebstahl versicherte Sache – dem A verkaufte und übergab, hat er diesen einverständlich an einen Dritten weitergeben, ihn dem A also überlassen. Dies geschah auch vorsätzlich, in der Absicht, sich Leistungen aus der Versicherung zu verschaffen, rechtswidrig und schuldhaft.

Indem der A den Lkw entgegennahm, veränderte er die räumliche Position derart, dass der Eindruck entstehen konnte, die Sache sei abhandengekommen; er hat ihn also beiseitegeschafft. A handelte vorsätzlich. Fraglich ist allein, ob er auch die Absicht hatte, dem S Leistungen aus der Versicherung zu verschaffen. Falls ja, hätte er sich ebenfalls gem. § 265 Abs. 1 strafbar gemacht.[1820] Falls

1817 Lackner/Kühl/Heger, § 265 Rn. 4; Wessels/Hillenkamp/Schuhr, BT 2 Rn. 757 und BeckOK/Wittig, § 265 Rn. 14.

1818 Nach Wessels/Hillenkamp/Schuhr, BT 2 Rn. 753.

1819 S. hierzu auch Wessels/Hillenkamp/Schuhr, BT 2 Rn. 760.

1820 Zum diesbzgl. Streitstand in Fällen professioneller Autoschieber s. bspw. MüKo/Kasiske, § 265 Rn. 23 m. w. N.

nein, dürfte aber überzeugenderweise zumindest eine Beihilfe zum Versicherungsmissbrauch des S vorliegen (§§ 265 Abs. 1, 27).[1821]

E. Erschleichen von Leistungen

I. Vorbemerkungen

914 § 265a ist zur Schließung von Strafbarkeitslücken als **Auffangtatbestand zu § 263** eingeführt worden.[1822] Zu § 263 kommt man bspw. in den Fällen der Beförderungserschleichung nämlich nur, wenn eine Kontrollperson vorhanden ist und getäuscht wird[1823] (s. hierzu genauer Rn. 936).

915 Geschütztes Rechtsgut des § 265a ist nach h. M. das **Vermögen**.[1824]

916 Eine Bestrafung aus § 265a erfolgt jedoch nur, wenn die Tat nicht in anderen Vorschriften mit schwererer Strafe bedroht ist (sog. **Subsidiarität**sklausel).

917 Insbesondere mit Blick auf § 265a Abs. 1 Var. 3 – das Erschleichen der Beförderungsleistung durch ein Verkehrsmittel – sind in der Vergangenheit immer wieder Vorstöße zu einer **Entkriminalisierung bzw. Reformierung** unternommen worden, bislang ohne Erfolg.[1825]

II. Prüfungsaufbau

918 I. Tatbestandsmäßigkeit

1. Objektiver Tatbestand
   - Entgeltlichkeit der Leistung
   - Erschleichen
     - der Leistung eines Automaten

     oder

     - der Leistung eines öff. Zwecken dienenden Telekommunikationsnetzes

     oder

1821 So auch Wessels/Hillenkamp/Schuhr, BT 2 Rn. 760; a. A. für entsprechende Fälle bspw. Hilgendorf/Valerius, BT II § 9 Rn. 8 unter Annahme einer sog. notwendigen Beteiligung, hiergegen überzeugend NK/Hellmann, § 265 Rn. 30 f. m. w. N.

1822 Fischer, § 265a Rn. 1.

1823 Vgl. Rengier, BT I § 16 Rn. 1.

1824 Sch/Sch/Perron, § 265a Rn. 1.

1825 Ein guter Überblick über entsprechende Vorstöße inkl. Bewertung findet sich bei MüKo/Hefendehl, § 265a Rn. 16 ff.

– der Beförderung durch ein Verkehrsmittel

oder

– des Zutritts zu einer Veranstaltung/Einrichtung

2. Subjektiver Tatbestand

– Vorsatz

– Absicht, das Entgelt nicht zu entrichten

II. Rechtswidrigkeit

III. Schuld

III. Objektiver Tatbestand

1. Entgeltlichkeit der Leistung

Gemeinsames ungeschriebenes Merkmal des objektiven Tatbestands ist die **Entgeltlichkeit** der erschlichenen **Leistung**.[1826] Für die Leistung muss also ein Vermögensvorteil als Gegenleistung erbracht werden (s. § 11 Abs. 1 Nr. 9). 919

Dieses Erfordernis leitet sich aus dem Charakter des § 265a als Vermögensdelikt sowie der vom Gesetz geforderten Absicht, das Entgelt nicht zu entrichten, ab, welches anders nicht erklärt werden kann.[1827]

Mangels Entgeltlichkeit der Leistung werden daher von § 265a bspw. nicht erfasst[1828] 920

- Kostenfreies Abheben von Bargeld an einem Geldautomaten
- Einfahren in ein Parkhaus in der Absicht, später das Entgelt nicht zu entrichten bzw. Überwinden der Ausfahrtsperre, da das Entgelt allein für das Zurverfügungstellen von Parkfläche, nicht aber für den reinen Zutritt zur Einrichtung zu entrichten ist
- Nutzen von Hörfunk und Fernsehen ohne Entrichtung des Rundfunkbeitrages, da dieser keine Gegenleistung für das Programm der öffentlich-rechtlichen Rundfunkanstalten darstellt, sondern der generellen Sicherstellung der Grundversorgung der Bevölkerung mit Rundfunk dient

1826 Sch/Sch/Perron, § 265a Rn. 2.

1827 Vgl. BeckOK/Valerius, § 265a Rn. 10.

1828 Zu nachf. Bsp. MüKo/Hefendehl, § 265a Rn. 93 und 98 sowie (Bsp. 3) BeckOK/Valerius, § 265a Rn. 13 [zu beachten ist jedoch § 12 Abs. 1 RBeitrStV hinsichtlich einer evtl. Ordnungswidrigkeit].

921 Ausgeschlossen ist § 265a auch, wenn das Entgelt **tatsächlich bezahlt** wurde, ein entsprechender Nachweis – z.B. ein Dauerfahrschein – aber bei einer Kontrolle nicht vorgewiesen werden kann. Die Bearbeitungsgebühr der Verkehrsunternehmen für die nachträgliche Vorlage eines gültigen, nicht mitgeführten Fahrausweises stellt kein Entgelt für die Beförderung, sondern für den insoweit entstandenen Aufwand dar.[1829]

Dies gilt **auch bei einem übertragbaren Fahrschein**, sofern nicht positiv festgestellt ist, dass der Fahrschein zeitgleich zur fraglichen Fahrt des Erwerbers durch einen Dritten verwendet worden ist.[1830]

2. Tathandlung

922 Tathandlung des § 265a ist das Erschleichen einer der in § 265a Abs. 1 umschriebenen drei Leistungen bzw. des Zutritts zu einer Veranstaltung oder Einrichtung.

923 Unter Erschleichen ist hierbei nach h.M. das erfolgreiche Erlangen der Leistung durch unbefugtes und ordnungswidriges Verhalten unter **manipulativer Umgehung von Kontroll- oder Zugangssperren, Sicherheitsvorkehrungen** usw. zu verstehen.[1831]

> Die bloße unbefugte/vertragswidrige Inanspruchnahme einer Leistung genügt hierfür (Anm.: grds.) nicht, das Verhalten muss vielmehr **betrugsähnlichen Charakter** haben, wobei Einzelheiten umstritten sind (s. Rn. 933 ff. zur Beförderungserschleichung).[1832]

a) Erschleichen der Leistung eines Automaten

aa) Begriff des Automaten

924 Ein Automat im Sinne des § 265a ist ein Gerät, das nach einer menschlichen Bedienung einen weiteren **eigenständig**en Rechenschritt oder eine mechanische Verrichtung ausführt, die eine **Leistung an den Bedienenden bewirkt**.[1833]

925 Unstreitig fallen hierunter sog. **Leistungsautomaten**.

Beispiele:[1834]

Gepäck-/Schließfächer, Videospielautomat, Musikbox.

1829 Zum Ganzen Fischer, § 265a Rn. 9 m.w.N.; Hilgendorf/Valerius, BT II § 10 Rn. 10.
1830 BayObLG 27.5.2020 – 205 St RR 2332/19, NZV 2020, 652.
1831 Zum Ganzen Fischer, § 265a Rn. 3.
1832 BeckOK/Valerius, § 265a Rn. 16.
1833 MüKo/Hefendehl, § 265a Rn. 30.
1834 BeckOK/Valerius, § 265a Rn. 4 f.

Streitig ist, ob darüber hinaus auch sog. **Warenautomaten** von § 265a Abs. 1 Var. 1 umfasst sind. 926

Beispiele:[1835]

Zigaretten-, Getränke-, Briefmarken-, Fahrkartenautomaten.

Die inzwischen wohl h.M. nimmt dies an. Dies überzeugt, da hierüber Abgrenzungsschwierigkeiten zwischen den Automatentypen vermieden werden und ein Warenautomatenmissbrauch auch ohne Zueignungsabsicht strafrechtlich erfasst werden kann.[1836]

Bei nicht ordnungsgemäßer Bedienung des Automaten entfällt das Einverständnis des Automatenaufstellers in den Gewahrsamswechsel, sodass i.d.R. zugleich ein Diebstahl begangen wird. Liegt § 242 auch in subjektiver Hinsicht vor, tritt dann § 265a als subsidiär hinter § 242 zurück.[1837]

bb) Erschleichen der entsprechenden Leistung

Ein Erschleichen der Leistung eines Automaten liegt vor, wenn der die Entgeltlichkeit der Inanspruchnahme sichernde Mechanismus des Automaten in **ordnungswidrig**er Weise betätigt wird, bspw. durch das Einwerfen von Falschgeld.[1838] 927

b) Erschleichen der Leistung eines öffentlichen Zwecken dienenden Telekommunikationsnetzes

Telekommunikationsnetz i.S.d. § 265a ist jedes Datenübertragungssystem, das öffentlichen Zwecken dient.[1839] Dies ist insbesondere der Fall, wenn es für die Benutzung durch die Allgemeinheit eingerichtet ist, wobei nicht die Zweckbestimmung des konkreten Anschlusses, sondern die des Netzes insgesamt maßgeblich ist.[1840] 928

Beispiele:

Telefon-, Rundfunk- und Internetnetze.

1835 BeckOK/Valerius, § 265a Rn. 4.
1836 Zum Ganzen Rengier, BT I § 16 Rn. 6 m. Nachw. zum Streitstand.
1837 S. Hilgendorf/Valerius, BT II § 10 Rn. 4.
1838 Rengier, BT I § 16 Rn. 8.
1839 Inkl. Bsp. MüKo/Hefendehl, § 265a Rn. 52 ff.
1840 NK/Hellmann, § 265a Rn. 28.

929 Das Erschleichen der Leistung eines Telekommunikationsnetzes setzt voraus, dass der Täter in **ordnungswidrig**er Weise die technischen **Schutzvorkehrungen umgeht.**[1841]

Beispiel:[1842]

Inanspruchnahme eines Pay-TV-Kanals mittels manipulierten Decoders

nicht aber:[1843]

Bloßes unerlaubtes Telefonieren oder die unerlaubte Benutzung eines Internetanschlusses.

c) Erschleichen der Beförderung durch ein Verkehrsmittel

930 Wer die Beförderung durch ein Verkehrsmittel erschleicht, verwirklicht § 265a Abs. 1 Var. 3.

aa) Begriff der Beförderung durch ein Verkehrsmittel

931 Eine Beförderung durch ein Verkehrsmittel ist **jede Transportleistung**, ohne Unterschied, ob Personen oder Sachen befördert werden, ob es sich um Massenleistungen (Eisenbahn) oder nur um eine Einzelleistung (Taxi[1844]) handelt und ob das Verkehrsmittel öffentlich oder privat ist.[1845]

932 Beförderung ist jedoch nur der **„reguläre" Transport**. Wird die Leistung so nicht angeboten oder ist sie sogar verboten, liegt, da sie nicht möglicher Gegenstand eines Vertrages sein kann, keine Beförderungs*leistung* vor.[1846]

Beispiel:

Das Mitfahren auf dem Trittbrett oder auch das sog. „S-Bahn-Surfen" erfüllen den Tatbestand des § 265a daher nicht.

Hingegen wird überzeugenderweise eine Beförderungsleistung zumindest teilweise unentgeltlich in Anspruch genommen, wenn bspw. ein Passagier in der **1. Klasse** einen Fahrschein hat, der ihn lediglich zur Mitfahrt in der 2. Klasse berechtigt[1847]; umstritten ist jedoch, ob bzw. unter

1841 Rengier, BT I § 16 Rn. 12.

1842 MüKo/Hefendehl, § 265a Rn. 152, dort auch weiterführend zum sog. Cardsharing und zur unbefugten Eingabe weitergeleiteter Passwörter bei Online Streaming Diensten.

1843 NK/Hellmann, § 265a Rn. 30.

1844 Dann wird jedoch regelmäßig eine Täuschung des/der Taxifahrers/-in vorliegen und damit Betrug, hinter welchem dann § 265a wegen Subsidiarität zurücktritt, vgl. NK/Hellmann, § 265a Rn. 32.

1845 Lackner/Kühl/Heger, § 265a Rn. 4.

1846 Zum Ganzen NK/Hellmann, § 265a Rn. 33; MüKo/Hefendehl, § 265a Rn. 152.

1847 MüKo/Hefendehl, § 265a Rn. 106 m. w. N. auch zu a. A.

welchen Voraussetzungen dann ein „Erschleichen“ angenommen werden kann.[1848]

bb) Erschleichen einer Beförderungsleistung

Umstritten ist, welche Anforderungen an das Erschleichen einer Beförderungsleistung zu stellen sind. **933**

Nach Auffassung insbesondere der **Rspr.** wird eine Beförderungsleistung bereits dann i. S. d. § 265a Abs. 1 erschlichen, wenn der Täter ein Verkehrsmittel unberechtigt benutzt und sich dabei allgemein mit dem Anschein umgibt, er erfülle die nach den Geschäftsbedingungen des Betreibers erforderlichen Voraussetzungen[1849] („**Anschein der Ordnungsmäßigkeit**“). **934**

Dies wird in der **Literatur** mit beachtlichen Argumenten kritisiert und u. a. darauf verwiesen, dass dadurch das Erschleichen auf die schlichte Unbefugtheit des Verhaltens reduziert wird und dies widersprüchlich zur Auslegung in den anderen Tatbestandsvarianten des § 265a sei.[1850] Gefordert wird daher, dass der Täter etwa durch „Entwertung“ eines ungültigen Fahrausweises, durch Ausweichen vor einer Fahrkartenkontrolle oder ein Durchschreiten von Sperren oder Schleusen ein über bloß unauffälliges Auftreten hinausgehendes **verdeckendes oder verschleierndes Verhalten** an den Tag legt.[1851] **935**

Sobald eine Kontrollperson anwesend ist und getäuscht wird, liegt nicht § 265a, sondern **§ 263** vor. § 263 setzt für einen täuschungsbedingten Irrtum in solchen Fällen aber eine individuelle Kontrolle voraus: **936**
- Ein Busfahrer, der ohne eine solche zu Unrecht glaubt, jeder Fahrgast habe einen gültigen Fahrschein, irrt nicht täuschungsbedingt.
- Eine Schaffnerin, deren Frage „noch jemand zugestiegen?“, unbeantwortet bleibt, unterliegt hingegen einem durch das konkludente „Nein“ hervorgerufenen Irrtum[1852].

d) Erschleichen des Zutritts zu einer Veranstaltung oder einer Einrichtung

Wird der Zutritt zu einer Veranstaltung oder einer Einrichtung erschlichen, liegt § 265a Abs. 1 Var. 4 vor. **937**

Eine **Veranstaltung** ist ein äußerlich, nach seiner Form und Zwecksetzung abgegrenztes Ereignis vorübergehender Art.[1853] **938**

1848 Näher hierzu MüKo/Hefendehl, § 265a Rn. 106; S/S/W/Saliger, § 265a Rn. 17 m. w. N.
1849 BGH 8.1.2009 – 4 StR 117/08, NJW 2009, 1091; so auch bspw. Rengier, BT I § 16 Rn. 15.
1850 Vgl. bspw. Fischer, § 265a Rn. 5 ff.; Sch/Sch/Perron, § 265a Rn. 11.
1851 Wessels/Hillenkamp/Schuhr, BT 2 Rn. 717 m. w. N.
1852 Zum Ganzen Rengier, BT I § 16 Rn. 1; § 13 Rn. 53.
1853 Inkl. Bsp. Fischer, § 265a Rn. 22.

Beispiele:

Sport-, Kino-, Theater-, Konzert-, Vortragsveranstaltung.

Einrichtungen sind auf Dauer zu einem bestimmten Zweck angelegte Personen- und Sachgesamtheiten.[1854]

Beispiele:

Bibliotheken, Museen, Schwimmbäder, Parkhäuser

nicht aber:[1855]

Mangels Abgegrenztheit eine öffentliche Parkfläche mit (lediglich) einer Parkuhr.

939 Das Erschleichen des Zutritts setzt eine **Umgehung von Sicherungseinrichtungen** voraus, durch welche die Entrichtung des Entgelts gewährleistet werden soll, insbesondere von Eingangskontrollen.[1856]

Beispiele:[1857]

Überklettern eines Zauns, Weglocken einer Kontrollperson, Mischen unter eine größere Personengruppe, die unentgeltlich Zutritt hat.

940 Sind die Anforderungen an ein Erschleichen erfüllt, kann § 265a Abs. 1 Var. 4 bei Zutritt zu bspw. einem Museum oder Schwimmbad **auch außerhalb deren Öffnungszeiten** erfüllt sein.[1858]

IV. Subjektiver Tatbestand

941 Zur Erfüllung des subjektiven Tatbestandes ist zum einen (mind. bedingter) Vorsatz erforderlich, zum anderen die **Absicht** (zielgerichtetes Wollen), **das Entgelt nicht** (oder nicht voll) **zu entrichten**.[1859]

1854 NK/Hellmann, § 265a Rn. 40.
1855 BayObLG – 27.3.1991 RReg. 4 St 15/91, BayObLGSt 1991, 59, 62.
1856 Fischer, § 265a Rn. 25.
1857 NK/Hellmann, § 265a Rn. 42.
1858 MüKo/Hefendehl, § 265a Rn. 110; a. A. Hilgendorf/Valerius, BT II § 10 Rn. 9.
1859 Lackner/Kühl/Heger, § 265a Rn. 7.

V. Versuch und Strafverfolgungsvoraussetzungen

Der **Versuch** ist gem. § 265a Abs. 2 strafbar. 942

Gem. § 265a Abs. 3 gelten die §§ 247 und 248a entsprechend; in diesen Fällen ist also das **Strafantrag**serfordernis zu beachten. 943

VI. Abschließender Fall

Sachverhalt:[1860] 944

A fährt am 28.06.2024 mit dem Zug von S nach T. Hierfür hatte er bewusst keinen Fahrschein (Fahrpreis 6,20 Euro) gelöst. Eine Zugangskontrolle am Bahnsteig oder Einstieg findet nicht statt. An seiner auf den Knien liegenden Jacke trägt A deutlich für Fahrgäste und Kontrolleure sicht- und lesbar ein wenigstens scheckkartengroßes Schild mit folgendem Aufdruck: „Ich fahre umsonst, weil genug für alle da ist und Preise nur Menschen ausschließen von etwas, was für ein gutes Leben wichtig ist und niemanden stört, dass sie es auch bekommen." Im Rahmen einer Kontrolle wird festgestellt, dass A keinen Fahrschein hat.

Hat sich A gem. § 265a strafbar gemacht?

Lösungshinweise:

Fraglich ist vorliegend, ob sich der A die Beförderung durch ein Verkehrsmittel – eine entgeltliche Leistung – erschlichen hat. Verneint man nicht bereits mit der Literatur das Vorliegen eines Erschleichens (mangels Umgehens von Kontrollmaßnahmen oder sonstigen verschleiernden Handelns), ist nach der Rspr. für ein Erschleichen erforderlich, dass der/die Täter/-in ein Verkehrsmittel unberechtigt benutzt und sich dabei mit dem **Anschein der Ordnungsmäßigkeit** umgibt. An Letzterem könnten angesichts des auf der Jacke des A angebrachten Textes vorliegend Zweifel bestehen. Nach Ansicht des OLG Frankfurt vermochte dies aber den äußeren Anschein, im Besitz eines gültigen Fahrausweises zu sein und den geltenden Beförderungsbedingungen nachzukommen, nicht zu erschüttern oder zu beseitigen. Hierfür erforderlich sei, dass in **offener und unmissverständlich**er Weise nach außen zum Ausdruck gebracht wird, die Beförderungsbedingungen nicht erfüllen und den Fahrpreis nicht entrichten zu wollen. Da die Jacke lediglich auf den Knien des A lag, er sich auch ansonsten nicht auffällig verhielt und zudem die Aufschrift auch als bloße Provokation oder politische Stellungnahme hätte gedeutet werden können, hat sich A nach Auffassung der Rspr. gem. § 265a strafbar gemacht.[1861]

1860 Nach OLG Frankfurt 23.12.2016 – 1 Ss 253/16, BeckRS 2016, 112425.

1861 Zur Begründung im Einzelnen OLG Frankfurt 23.12.2016 – 1 Ss 253/16, BeckRS 2016, 112425 Rn. 9. Zur Kritik s. bspw. MüKo/Hefendehl, § 265a Rn. 175 ff., auch zu ähnlichen weiteren Entscheidungen und entspr. Kritik.

F. Missbrauch von Scheck- und Kreditkarten

I. Vorbemerkungen

945 § 266b wurde im Jahr 1986 eingeführt, da ein besonderer strafrechtlicher Schutz vor missbräuchlicher Benutzung von **Scheck- und Kreditkarten** durch den **berechtigten Inhaber** solcher Karten angesichts ihrer **hohen praktischen Bedeutung** für den Zahlungsverkehr als dringlich angesehen wurde.[1862]

946 § 266b **schließt Lücken**, die bei § 266 (Anm.: also dem Straftatbestand der Untreue) bestehen, weil der Karteninhaber gegenüber dem kartenausgebenden Kreditinstitut keine Vermögensbetreuungspflicht besitzt,[1863] sowie Lücken bzgl. § 263, da über die Zahlungsfähigkeit des Kreditkarteninhabers angesichts der Garantiezusage (Anm.: s. näher Rn. 949 ff.) nicht getäuscht bzw. geirrt wird[1864].

947 Außer dem **Vermögen** der kartenausstellenden Institute soll insbesondere nach Ansicht der Rspr. auch die Funktionsfähigkeit des bargeldlosen Zahlungsverkehrs geschützt sein.[1865]

II. Prüfungsaufbau

948

I. Tatbestandsmäßigkeit
   1. Objektiver Tatbestand
      – Scheck- oder Kreditkarte
      – berechtigte/-r Karteninhaber/-in
      – Missbrauch der eingeräumten Möglichkeit zur Zahlungsveranlassung
      – Vermögensschaden beim Aussteller
   2. Subjektiver Tatbestand
      Vorsatz
II. Rechtswidrigkeit
III. Schuld

1862 Fischer, § 266b Rn. 1.
1863 Eisele, BT II Rn. 918.
1864 K/H/H, BT 2 Rn. 945; Rengier, BT I § 13 Rn. 49.
1865 Hilgendorf/Valerius, BT II § 12 Rn. 1 m. w. N.

III. Objektiver Tatbestand

1. Tatobjekt

a) Kreditkarte

Dem Kreditkarten-System ist eine **Garantiezusage** eigen; danach verpflichtet sich der Aussteller gegenüber dem Vertragsunternehmen, dessen Forderung gegen den Karteninhaber durch unmittelbare Zahlung auszugleichen, wenn die in den Vertragsbedingungen vorgeschriebenen Förmlichkeiten (Verwendung von Vordrucken, Kontrollpflicht) beachtet wurden und ggf. Höchstgrenzen für bestimmte Geschäftstypen eingehalten wurden.[1866] **949**

Wesentliches Kennzeichen ist also ein **Drei-Partner-, zumeist sogar ein Vier-Partner-System**. **950**

Im „**Drei-Partner-System**" gibt das kartenausstellende Kreditkartenunternehmen (z.B. American Express oder Diners Club[1867]) selbst die Zusage einer garantierten Zahlung an das Vertragsunternehmen.[1868] **951**

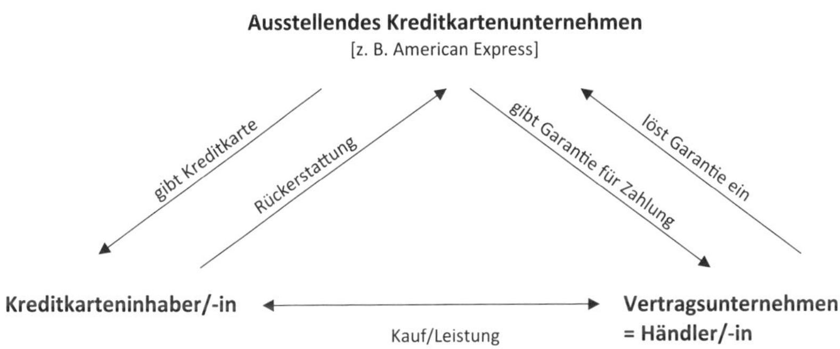

Abb. 2 § 266b: Drei-Partner-System

In der Praxis herrscht heute allerdings ein „**Vier-Partner-System**" vor, bei dem neben der kartenausstellenden Bank als Lizenznehmerin der Kreditkartenorganisationen (insbes. Visa und Mastercard[1869]) zusätzlich noch ein Acquiring-Unternehmen (gleichfalls als Lizenznehmerin der Kreditkartenorganisationen) eingeschaltet ist; hier gibt Letzteres die Zahlungsgarantie ggü. dem Vertragsunternehmen ab, wofür es im Gegenzug unwiderrufliche interne Ausgleichsansprüche gegen die kartenausgebende Bank erhält.[1870] **952**

1866 Fischer, § 266b Rn. 10.
1867 Rengier BT I, § 19 Rn. 12, 14.
1868 Wessels/Hillenkamp/Schuhr, BT 2 Rn. 864.
1869 Rengier BT I, § 19 Rn. 19.
1870 Wessels/Hillenkamp/Schuhr, BT 2 Rn. 864.

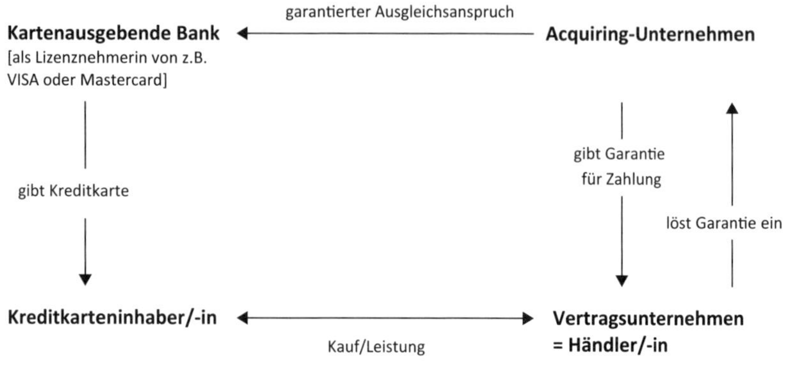

Abb. 3 § 266b: Vier-Partner-System

953 Nach h. M. unterfallen Kreditkarten im **Zwei-Parteien**-System **nicht § 266b**, da der Aussteller bei Verwendung der Karte nicht zu einer „Zahlung" (Anm.: s. Wortlaut) veranlasst wird, sondern lediglich Kredit auf Waren oder Dienstleistungen gewährt.[1871]

Bsp.: Kundenkreditkarten von Bekleidungsgeschäften, Tankstellen und Möbelhäusern[1872]

b) Scheckkarte

954 Seit der Beendigung des sog. Euroschecksystems zum 31.12.2001 sind Scheckkarten nicht mehr gebräuchlich.[1873] § 266b hat daher insoweit keine Bedeutung mehr.[1874]

c) Girocard

955 Umstritten ist, ob die heutzutage gebräuchliche **girocard** (früher: ec-Karte) in den Anwendungsbereich von § 266b einzubeziehen ist. Dies ist nach h. M. allenfalls dann möglich, wenn durch die Überlassung der Karte eine **Garantie** des Kartenausstellers ggü. einem Dritten übernommen wird.[1875]

956 Nach der zur früheren Euroscheckkarte ergangenen **Rspr.** ist bei einer missbräuchlichen Verwendung einer Codekarte zur **Bargeldabhebung** durch die berechtigten Karteninhaber zwischen Abhebungen an einem Geldautomaten des Kreditinstituts, das die Karte ausgegeben hat, und

1871 BeckOK/Wittig, § 266b Rn. 13 m. w. N.
1872 Hilgendorf/Valerius, BT II § 12 Rn. 9.
1873 Sch/Sch/Perron, § 266b Rn. 4; zur hinter dem Euroschecksystem stehenden zivilrechtlichen Konstruktion MüKo/Radtke, § 266b Rn. 8.
1874 Fischer, § 266b Rn. 6.
1875 BeckOK/Wittig, § 266b Rn. 8; Fischer, § 266b Rn. 6a.

fremden Kreditinstituten zu differenzieren: Bei missbräuchlichen Abhebungen bei anderen Kreditinstituten liege § 266b vor, da das auszahlende Institut durch eine Handlung des „Scheckkarteninhabers“ einen Anspruch ggü. dem kartenausgebenden Institut erlange, der dem aus einem Garantievertrag jedenfalls vergleichbar sei. Vertragswidrige Bargeldabhebungen des Berechtigten an einem Geldautomaten des eigenen Kreditinstituts werden jedoch auch nach der Rspr. mangels Drei-Partner-Systems nicht von § 266b erfasst.[1876]

Insbesondere angesichts der Beendigung des Euroschecksystems, des eindeutigen Wortlauts und der Entstehungsgeschichte des § 266b sowie der anderen (nicht monatlichen Gesamt-)Abrechnungsweise bestehen jedoch Zweifel, ob eine girocard überhaupt als Scheck- oder Kreditkarte i. S. d. § 266b anzusehen ist.[1877] **957**

2. Taugliche/-r Täter/-in

§ 266b ist ein Sonderdelikt, das **nur der berechtigte Karteninhaber** als tauglicher Täter begehen kann.[1878] Nur ihm ist die Möglichkeit eingeräumt, den Aussteller zur Zahlung zu veranlassen.[1879] **958**

- Bei einer gestohlenen oder gefälschten Karte scheidet der Tatbestand daher aus.[1880]

3. Tathandlung

Tathandlung des § 266b Abs. 1 ist der **Missbrauch** der eingeräumten Möglichkeit zur Zahlungsveranlassung. Ein solcher ist immer dann gegeben, wenn der Täter sich nach außen im Rahmen seines rechtlichen Könnens hält, aber im Innenverhältnis zu dem Kartenherausgeber die **Grenzen seines rechtlichen Dürfens überschreitet**.[1881] **959**

Beispiel:

A kauft mit seiner Kreditkarte bei U Waren im Wert von 500 Euro ein, obwohl ihm – wie ihm bewusst ist – angesichts seiner finanziellen Verhältnisse die notwendige Rückzahlung zum Zeitpunkt der Fälligkeit nicht möglich sein wird.

1876 Zum Ganzen BGH 21.11.2001 – 2 StR 260/01, NJW 2002, 905, 906. Auf die Autorisierung direkt am Girokonto abstellend Rengier, BT I § 19 Rn. 29. Zur umstrittenen Anwendbarkeit von § 266b beim bargeldlosen Bezahlen ausf. Fischer, § 266b Rn. 6a f. und BeckOK/Wittig, § 266b Rn. 9 f.

1877 S. hierzu bspw. Sch/Sch/Perron, § 266b Rn. 4, 5a und MüKo/Radtke, § 266b Rn. 11, 31 f.

1878 BGH 27.4.2017 – 1 StR 67/17, NStZ-RR 2017, 281.

1879 Lackner/Kühl/Heger, § 266b Rn. 2.

1880 Eisele, BT II Rn. 920.

1881 BT-Drs. 10/5058, S. 32 f.

960 Gibt der/die berechtigte Karteninhaber/-in **unberechtigt** die Kreditkarte **an Dritte** für bspw. Einkäufe weiter, verwirklicht dies § 266b nicht. § 266b richtet sich nämlich nur an den (an sich) berechtigten Karteninhaber, soweit er unter Verwendung der Karte Waren kauft oder Dienstleistungen in Anspruch nimmt, obwohl er weiß, dass er zum Ausgleich gegenüber der Kartenfirma nicht in der Lage sein wird.[1882]

4. Vermögensschaden

961 Als Taterfolg muss beim Kartenaussteller durch den Missbrauch ein Vermögensschaden entstehen. Hierzu sei auf die Ausführungen zum Betrug verwiesen (Rn. 816 ff.).

962 Hinsichtlich der mangelnden Deckung kommt es, ungeachtet besonderer Vertragsgestaltungen mit dem Kartenaussteller, auf den **Zeitpunkt der Verrechnung** an.[1883]

IV. Subjektiver Tatbestand

963 In subjektiver Hinsicht ist (mind. bedingter) **Vorsatz** hinsichtlich aller Tatbestandsmerkmale erforderlich. Hierbei muss der Täter zum Zeitpunkt der Verwendung der Karte zumindest billigend in Kauf nehmen, zum Fälligkeitszeitpunkt zu einem Ausgleich der Forderung nicht in der Lage zu sein.[1884]

V. Strafverfolgungsvoraussetzung

964 Gem. § 266b Abs. 2 gilt § 248a entsprechend; in diesen Fällen ist also das **Strafantrag**serfordernis zu beachten.

VI. Abschließender Fall

965 ***Sachverhalt:***[1885]

P ist Beamter des LKA X. In dieser Eigenschaft wurde ihm eine sog. UTA-Flottenkarte samt PIN-Code zur Verfügung gestellt. Bei der UTA handelt es sich um eine Firma, zu der ein Netz an vielen Tankstellen gehört. Der Inhaber der UTA-Flottenkarte ist berechtigt, sämtliche Waren und Leistungen bei den zugehörigen Tankstellen mit der Karte zu

1882 BGH 3.12.1991 – 4 StR 538/91, NStZ 1992, 278, 279.
1883 Kindhäuser/Böse, BT II § 37 Rn. 18.
1884 Fischer, § 266b Rn. 19.
1885 Nach LG Dresden 21.6.2005 – 10 Ns 202 Js 45549/03, NStZ 2006, 633.

bezahlen. Die jeweilige Tankstelle stellt den entsprechenden Betrag der UTA in Rechnung, welche wiederum dem LKA X eine entsprechende Rechnung stellt.

P war dies bekannt. Ihm war auch bewusst, dass er die ihm ausgehändigte UTA-Flottenkarte gem. interner ausdrücklicher Anweisung nur zur Betankung seines Dienstfahrzeuges benutzen durfte.

Über einen Zeitraum von mehr als zwei Jahren betankte P vielfach sein Privatfahrzeug und bezahlte jeweils mit der UTA-Flottenkarte. Hierdurch entstand dem Bundesland X ein Schaden i.H.v. insgesamt 1421,82 Euro.

Hat sich P gem. § 266b strafbar gemacht?

Lösungshinweise:

Bei der UTA-Flottenkarte handelt es sich (Anm.: im Gegensatz zu den sonst üblichen Tankkarten) um eine „echte" Kreditkarte i.S.d. § 266b, da sie dem P ermöglichte, eine Geldzahlung des Ausstellers (UTA) an Dritte (Tankstellen) zu veranlassen, mithin ein Drei-Partner-System vorliegt.

P war auch berechtigter Karteninhaber. Als solcher hat er, im Rahmen seines rechtlichen Könnens nach außen, die Kartenausstellerin UTA zur Zahlung der jeweiligen Beträge an die einzelnen Tankstellen verpflichtet. Unabhängig von der Frage der Berechtigung hierzu im Innenverhältnis *ggü. der Kartenausstellerin* UTA ist jedenfalls **bei der UTA kein Vermögensschaden** entstanden, da diese durch das LKA X schadlos gestellt worden ist.

Eine Strafbarkeit gem. § 266b besteht daher nicht.

[Nach Ansicht des LG Dresden lag jedoch § 266 Abs. 1 Alt. 1 vor.[1886]]

1886 A.A. Eisele, BT II Rn. 923 m.w.N. Zum Streitstand rund um Tankkarten näher LK/Brand, § 266b Rn. 37 m.w.N.

10. KAPITEL Anschlussdelikte

A. Überblick zu den §§ 257 ff.

Die §§ 257 ff. normieren die sog. Anschlussdelikte. Bei diesen handelt es sich um Straftatbestände, die typischerweise an eine **Straftat anschließen**, die ein **anderer** begangen hat.[1887] 966

Die Begünstigung (§ 257) erfasst hierbei die **sachliche Bevorzugung** des Vortäters, wohingegen die Strafvereitelung (§§ 258, 258a) die **persönliche Bevorzugung** des Vortäters in den Blick nimmt.[1888] 967

B. Begünstigung

I. Vorbemerkungen

Die Begünstigung ist eine zum selbstständigen Delikt erhobene **nachträgliche Beihilfe** zur Vortat.[1889] 968

Als nachträgliche Unterstützung einer Tat verletzt sie das **Interesse an der Wiederherstellung des gesetzmäßigen Zustandes**.[1890] Geschütztes Rechtsgut ist daher zum einen die **staatliche Rechtspflege** mit ihrer Aufgabe, die Wirkungen der Vortat zu beseitigen und den rechtmäßigen Zustand wieder herzustellen, zum anderen das **Individualinteresse** der durch die Vortat verletzten Person an der Wiederherstellung des früheren Zustandes.[1891] 969

Mit Strafe bedroht ist nur die Begünstigung zugunsten eines anderen (**Fremdbegünstigung**).[1892] 970

1887 Erhardt Rn. 525.
1888 Vgl. Hilgendorf/Valerius, BT II § 19 Rn. 6.
1889 Fischer, § 257 Rn. 1.
1890 Lackner/Kühl/Heger, § 257 Rn. 1.
1891 Sch/Sch/Hecker, § 257 Rn. 1.
1892 Erhardt Rn. 526.

II. Prüfungsaufbau

971 I. Tatbestandsmäßigkeit
1. Objektiver Tatbestand
   - rechtswidrige Vortat eines anderen
   - Vorteil
   - Hilfe leisten gegen Entziehung des Vorteils
2. Subjektiver Tatbestand
   - Vorsatz
   - Vorteilssicherungsabsicht zugunsten des Vortäters

II. Rechtswidrigkeit

III. Schuld

IV. Evtl. Strafausschlussgrund

III. Objektiver Tatbestand

1. Vortat

972 § 257 Abs. 1 setzt das Vorliegen einer rechtswidrigen Tat (s. § 11 Abs. 1 Nr. 5) eines anderen voraus.

973 Da § 257 keinen Vermögensvorteil verlangt, **muss** sich die Vortat **nicht gegen fremdes Vermögen** richten; neben Vermögensdelikten können daher auch andere Straftaten taugliche Vortaten sein.[1893]

Beispiele:

Urkundenfälschung, Betäubungsmitteldelikt.

974 Auch ein **Verschulden** des Vortäters ist **nicht** erforderlich.[1894]

975 Die Vortat muss aber **bereits begangen** worden sein und dem Vortäter bereits einen Vorteil verschafft haben, dessen Sicherung Gegenstand der Begünstigung ist.[1895]

1893 Inkl. nachf. Bsp. NK/Altenhain, § 257 Rn. 8.
1894 MüKo/Cramer, § 257 Rn. 8.
1895 Wessels/Hillenkamp/Schuhr, BT 2 Rn. 939.

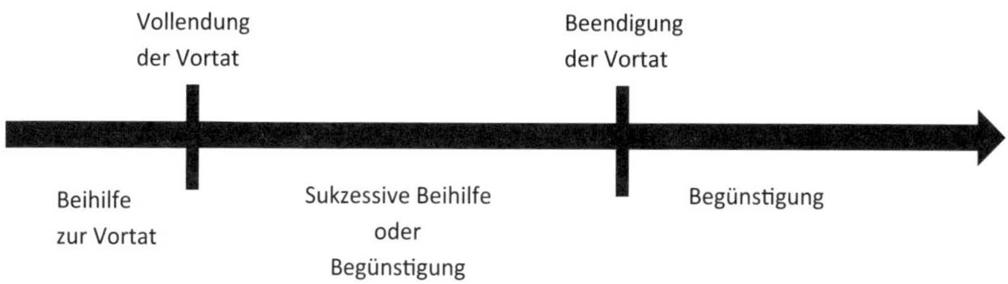

Abb. 4 § 257: Verhältnis zur Vortat

Umstritten ist, ob und ggf. unter welchen Voraussetzungen ein Hilfeleisten in der Phase zwischen Vollendung und Beendigung der Vortat als (sog. sukzessive) Beihilfe oder als Begünstigung strafbar ist. Aus Sicht der Rspr., die die grds. Möglichkeit einer sukzessiven Beihilfe anerkennt, kommt es dabei auf **Vorstellung und Wille des Täters** an, also darauf, „ob er – bei der sachlichen Begünstigung – dem Haupttäter die schon erlangten Vorteile seines Verbrechens oder Vergehens sichern oder ihm zu der noch ausstellenden Verwirklichung seiner Tat Hilfe leisten will", was im Wesentlichen Tatfrage sei.[1896]

Die Vortat muss zudem **durch einen anderen** begangen worden sein. **976**

Wer durch sein Handeln allein sich selbst begünstigen will, begeht daher schon tatbestandlich keine Begünstigung[1897] (zu § 257 Abs. 3 s. Rn. 985 f.).

2. Vorteil

Dem Vortäter muss aus der rechtswidrigen Vortat ein Vorteil erwachsen **977**
sein, wobei Vorteil **jede Verbesserung der rechtlichen, wirtschaftlichen oder tatsächlichen Lage** des Vortäters ist, die im Widerspruch zu den Rechten des Vortatopfers steht.[1898]

Beispiele:[1899]

Diebesbeute oder sonstige Vermögenswerte, aber auch durch Urkundenfälschung erschlichene Approbation als Arzt.

1896 BGH 23.4.1953 – 4 StR 743/52, NJW 1953, 992, 992 f.; krit. dazu bspw. NK/Altenhain, § 257 Rn. 14.
1897 Hilgendorf/Valerius, BT II § 19 Rn. 11.
1898 BeckOK/Ruhmannseder, § 257 Rn. 12.
1899 Kindhäuser/Böse, BT II § 47 Rn. 2 f.

978 Der Vorteil muss aber **unmittelbar** durch die Vortat erlangt sein und beim Vortäter zum Zeitpunkt der Begünstigungshandlung **noch vorhanden** sein.[1900] Nur dann werden die Chancen, durch ein Eingreifen gegen den Vortäter diesem den Tatvorteil wieder zu entziehen, verschlechtert.[1901]

> Handelt es sich bei dem Vorteil um **Bargeld**, besteht der Vorteil jedoch auch fort, wenn der Täter das Geld auf sein Konto einzahlt, in Wertpapieren anlegt o.ä., solange es ihm zumindest bargeldähnlich zur Verfügung steht („**Wertsummengedanke**").[1902] Anders ist dies bei der Hehlerei (s. Rn. 1040).

979 Sog. **Ersatzvorteile**, die an die Stelle des unmittelbar erlangten Vorteils treten, werden aber nicht erfasst; diesbzgl. Hilfeleistungen stellen eine straflose Ersatzbegünstigung dar.[1903]

Beispiel:[1904]

Vortäter V hat ein gestohlenes Gemälde veräußert. T versteckt den Erlös vor der Polizei. Da das Geld nur ein Ersatzvorteil ist, besteht diesbzgl. kein Interesse der/-s Verletzten an der Wiederherstellung des früheren gesetzmäßigen Zustandes, sodass T § 257 nicht verwirklicht.

3. Hilfe leisten

980 Tathandlung des § 257 Abs. 1 ist ein Hilfeleisten. Hilfe leistet, wer eine Handlung vornimmt, die **objektiv geeignet** ist, die durch die Vortat erlangten oder entstandenen Vorteile **gegen Entziehung zugunsten des Verletzten** zu sichern, und die subjektiv in dieser Tendenz vorgenommen wird.[1905]

Beispiele:[1906]

Aufbewahren des Diebesgutes, Umlackieren eines Kfz, Warnung vor drohendem Zugriff der Behörden.

981 **Nicht** erforderlich ist, dass die Tathandlung eine (endgültige oder vorübergehende) Sicherung der Tatvorteile **tatsächlich bewirkt** bzw. den Vortäter im Ergebnis tatsächlich besserstellt.[1907]

1900 BGH 16.6.1971 – 2 StR 191/71, NJW 1971, 1572, 1573.
1901 Vgl. Rengier, BT I § 20 Rn. 6.
1902 Eisele, BT II Rn. 1090; Kindhäuser/Böse, BT II § 47 Rn. 3 m.w.N.
1903 Hilgendorf/Valerius, BT II § 19 Rn. 17.
1904 Nach Eisele, BT II Rn. 1089.
1905 Hohmann/Sander § 48 Rn. 10.
1906 Sch/Sch/Hecker, § 257 Rn. 12.
1907 MüKo/Cramer, § 257 Rn. 17.

Hilfeleistungen, die **allein** der Sacherhaltung, dem Schutz vor Naturgewalten oder der Sachverteidigung dienen, liegen außerhalb des Schutzbereiches des § 257.[1908] **982**

Beispiele:

Reparatur einer gestohlenen Sache, Bergen der von Hochwasser gefährdeten Beute, Verhinderung des Diebstahls der Beute.

Ein Begehen durch **Unterlassen** ist möglich, setzt aber insbesondere eine Garantenpflicht i. S. v. § 13 voraus. Für eine Strafbarkeit aus §§ 257, 13 müssen die Garanten verpflichtet sein, zugunsten des durch die Vortat Verletzten einzuschreiten.[1909] **983**

Beispiel:

Polizeibeamter P entdeckt in einem Lager gestohlene Waren des Kaufhauses K, unternimmt aber nichts. Bei Vorliegen von Vorteilssicherungsabsicht und der weiteren Voraussetzungen macht sich P als Beschützergarant gem. §§ 257, 13 strafbar.

IV. Subjektiver Tatbestand

Zur Erfüllung des subjektiven Tatbestandes ist zum einen (mind. bedingter[1910]) **Vorsatz**, zum anderen die **Absicht** (zielgerichtetes Wollen[1911]) erforderlich, dem Vortäter die **Vorteile der Tat zu sichern**. Es muss dem Täter also darauf ankommen, die Wiederherstellung des gesetzmäßigen Zustandes zu verhindern oder zu erschweren.[1912] **984**

V. Strafausschlussgrund und Strafverfolgungsvoraussetzungen

Wegen Begünstigung wird gem. § 257 Abs. 3 S. 1 nicht bestraft, wer wegen **Beteiligung an der Vortat** ((Mit-)Täter, Anstifter oder Gehilfe[1913]) strafbar ist. Dies beruht auf dem Gedanken, dass es sich bei der Begünstigung sachlich um die nachträgliche Unterstützung der Tat eines anderen handelt, die durch die wegen Beteiligung an dieser Tat verwirkte Strafe abgegolten ist: Wer strafbar ist, weil er durch die Beteiligung an einer Straf- **985**

1908 Inkl. Bsp. Sch/Sch/Hecker, § 257 Rn. 11.
1909 Inkl. Bsp. Rengier, BT I § 20 Rn. 13.
1910 Fischer, § 257 Rn. 10.
1911 Rengier, BT I § 20 Rn. 15.
1912 Fischer, § 257 Rn. 10.
1913 BeckOK/Ruhmannseder, § 257 Rn. 30.

tat einem anderen zu Vorteilen verholfen hat, kann nicht nochmals deshalb bestraft werden, weil er diese Vorteile nachträglich zu sichern versucht hat (Gedanke der **„mitbestraften Nachtat“**).[1914]

986 Nach § 257 Abs. 3 S. 2 gilt dies jedoch nicht für denjenigen, der einen an der Vortat **Unbeteiligten** zur Begünstigung anstiftet. Da hier ein bislang Unbeteiligter in das strafbare Geschehen hineingezogen werde, soll ein zusätzliches Strafbedürfnis bestehen.[1915]

987 Wären besondere **Strafverfolgungsvoraussetzungen** (Strafantrag, Ermächtigung, Strafverlangen) für den Begünstiger als Täter oder Teilnehmer der Vortat erforderlich, sind diese gem. § 257 Abs. 4 S. 1 auch für die Verfolgung der Begünstigung selbst notwendig.

Darüber hinaus gilt § 248a sinngemäß (§ 257 Abs. 4 S. 2), wobei sich die Geringwertigkeit nicht auf die Vortat, sondern die Begünstigungshandlung der Sicherung eines Vermögensvorteils von objektiv geringem Wert bezieht.[1916]

988 Zur Frage einer analogen Anwendung des sog. **Angehörigenprivileg**s aus § 258 Abs. 6 auf die Begünstigung s. Rn. 1011.

VI. Abschließender Fall

989 ***Sachverhalt:***[1917]

T begeht mehrere Diebstähle und möchte die aus den Diebstählen stammenden Gegenstände über eBay veräußern. Sein Bruder B stellt dem T hierfür seinen eBay-Account zur Verfügung. In vier Fällen zahlen daraufhin die jeweiligen Käufer den Kaufpreis auf ein Girokonto des B. B hebt das Geld jeweils ab und händigt es bar seinem Bruder T aus. B will dadurch seinem Bruder beim Absatz gestohlener Waren helfen. Am Erlös beteiligt ist B nicht. Einen Zugriff der Ermittlungsbehörden befürchten beide Brüder nicht.

Hat sich B gem. § 257 strafbar gemacht?

1914 BT-Drs. 7/550, S. 248.
1915 Näher und krit. dazu BeckOK/Ruhmannseder, § 257 Rn. 33; krit. bspw. auch Sch/Sch/Hecker, § 257 Rn. 27.
1916 Fischer, § 257 Rn. 14; Wessels/Hillenkamp/Schuhr, BT 2 Rn. 954 mit Nachw. zum Streitstand.
1917 Nach BGH 29.4.2008 – 4 StR 148/08, NStZ 2008, 516.

Lösungshinweise:[1918]

In Gestalt der von T begangenen Diebstähle lagen jeweils rechtswidrige Vortaten eines anderen vor. Die jeweilige Diebesbeute stellte auch einen hierdurch entstandenen unmittelbaren Vorteil dar. Die durch die Verkäufe erzielten Erlöse waren jedoch nicht die von T erlangten unmittelbaren Tatvorteile, sodass B durch deren Entgegennahme und Aushändigung in bar an seinen Bruder mangels unmittelbarer Vorteile keine Begünstigung begangen hat.

Jedoch könnte eine taugliche Begünstigungshandlung darin gesehen werden, dass B seinem Bruder T seinen eBay-Account zur Verfügung gestellt hat und ihm dadurch bei dem Verkauf der entwendeten Gegenstände Hilfe leistete. Anhaltspunkte dafür, dass dies in der Absicht geschah, T vor der Wiederentziehung der entwendeten Gegenstände zu bewahren, liegen jedoch nicht vor. Beide Brüder befürchteten vielmehr keinerlei Zugriff der Ermittlungsbehörden.

B hat sich nicht wegen Begünstigung gem. § 257 strafbar gemacht.[1919]

C. Strafvereitelung (im Amt)

I. Vorbemerkungen

Die Strafvereitelung behandelt die sog. **persönliche** Begünstigung.[1920] **990**

§ 258a ist hierbei – als sog. unechtes Amtsdelikt (s. Rn. 1545) – **Qualifika- 991**
tionstatbestand zu § 258.[1921]

Geschütztes Rechtsgut des § 258 ist nach ganz h.M. die **innerstaatliche 992**
Strafrechtspflege.[1922] Daneben soll § 258a die Erfüllung der besonderen Amtspflichten, die dem erfassten Täterkreis auferlegt sind, gewährleisten.[1923]

II. Strafvereitelung

§ 258 erfasst zwei verschiedene Varianten einer Strafvereitelung. Abs. 1 **993**
stellt das (zumindest teilweise) Vereiteln einer Bestrafung oder Unterwerfung unter eine Maßnahme i.S.v. § 11 Abs. 1 Nr. 8 unter Strafe (sog. **Verfolgungsvereitelung**). Abs. 2 regelt eine Strafbarkeit hinsichtlich des (zumindest teilweisen) Vereitelns der Vollstreckung einer Strafe oder Maßnahme (sog. **Vollstreckungsvereitelung**).

1918 S. näher BGH 29.4.2008 – 4 StR 148/08, NStZ 2008, 516.

1919 Nicht festgestellt war im konkreten Fall, ob durch die Verkäufe ein Betrug z.N. der Erwerber verwirklicht war, s. BGH 29.4.2008 – 4 StR 148/08, NStZ 2008, 516. Dort auch zur Strafbarkeit im Übrigen.

1920 Fischer, § 258 Rn. 2.

1921 Lackner/Kühl/Heger, § 258a Rn. 1; MüKo/Cramer, § 258a Rn. 1.

1922 BeckOK/Ruhmannseder, § 258 Rn. 2 m.w.N.

1923 Sch/Sch/Hecker, § 258a Rn. 1.

994 Die Tat muss immer zugunsten eines **anderen** begangen werden; wer *nur* sich selbst der strafrechtlichen Verfolgung oder Vollstreckung entzieht, handelt nicht tatbestandsmäßig.[1924] Zu § 258 Abs. 5 s. Rn. 1009.

1. Prüfungsaufbau

995
I. Tatbestandsmäßigkeit
  1. Objektiver Tatbestand
    - rechtswidrige Vortat eines anderen
    - (zumindest tw.) Vereiteln einer Bestrafung/Maßnahme

    oder
    - ggü. anderem verhängte Strafe/Maßnahme
    - (zumindest tw.) Vereiteln der Vollstreckung
  2. Subjektiver Tatbestand
    - Vorsatz
    - Absicht oder sicheres Wissen bzgl. des Vereitelns

II. Rechtswidrigkeit

III. Schuld

IV. Evtl. Strafausschlussgrund

2. Objektiver Tatbestand

a) Vortat bzw. verhängte Strafe/Maßnahme

aa) Verfolgungsvereitelung

996 Bei der Verfolgungsvereitelung (§ 258 Abs. 1) muss zunächst eine **rechtswidrige Tat** begangen worden sein, wegen der der Vortäter **bestraft** oder einer **Maßnahme** (§ 11 Abs. 1 Nr. 8) unterworfen werden kann.

997 Unter rechtswidriger Tat ist nach § 11 Abs. 1 Nr. 5 nur eine solche zu verstehen, die den Tatbestand eines Strafgesetzes erfüllt. In Betracht kommt **jeder beliebige Straftatbestand.**[1925]

Mangels Strafcharakter fallen bspw. Ordnungswidrigkeiten oder Disziplinarmaßnahmen nicht hierunter.[1926]

1924 Wessels/Hettinger/Engländer, BT 1 Rn. 700.
1925 Hilgendorf/Valerius, BT II § 20 Rn. 6.
1926 Vgl. BeckOK/Ruhmannseder, § 258 Rn. 4.

Soll eine **Bestrafung** des Vortäters vereitelt werden, muss eine **schuldhaft** begangene rechtswidrige Straftat vorliegen, bei der weder ein Strafausschließungs- oder Strafaufhebungsgrund eingreift noch ein Verfahrenshindernis besteht.[1927] **998**

Soll vereitelt werden, dass der Vortäter einer **Maßnahme** i. S. v. § 11 Abs. 1 Nr. 8 unterworfen wird, ist u. U. ein schuldhaftes Verhalten des Vortäters nicht erforderlich.[1928]

> Bspw. dann, wenn eine Unterbringung in einem psychiatrischen Krankenhaus oder einer Entziehungsanstalt (§§ 63, 64) in Rede steht.

bb) Vollstreckungsvereitelung

Die Vollstreckungsvereitelung (§ 258 Abs. 2) setzt voraus, dass gegen einen anderen eine Strafe oder Maßnahme – **rechtskräftig**[1929] – verhängt worden ist. **999**

b) Vereiteln

Tathandlung des § 258 ist das **Vereiteln**. Ganz oder z. T. muss vereitelt werden, dass ein anderer bestraft oder einer Maßnahme unterworfen wird (Vollstreckungsvereitelung) bzw. eine verhängte Strafe oder Maßnahme vollstreckt wird (Vollstreckungsvereitelung). **1000**

Dabei ist es nicht erforderlich, dass die Strafverfolgung oder die Anordnung einer Maßnahme völlig und endgültig unmöglich gemacht wird; es genügt, dass der Vortäter zumindest **geraume Zeit** der Bestrafung oder der Anordnung einer Maßnahme entzogen wird[1930] (= Vereitelungserfolg; h. M.[1931]). Als zeitliche Untergrenze hierfür werden verschiedene Zeiträume genannt, von zehn Tagen[1932] über zwei Wochen[1933] oder – in Anlehnung an die prozessuale Unterbrechungsfrist des § 229 Abs. 1 StPO – drei Wochen[1934]. Dies bedeutet, dass auch in einem solchen Fall ein Vereiteln **in Gänze** gegeben ist (zum teilweisen Vereiteln s. hingegen Rn. 1003). **1001**

1927 Hohmann/Sander § 25 Rn. 8.
1928 Inkl. Bsp. Wessels/Hettinger/Engländer, BT 1 Rn. 704.
1929 Hilgendorf/Valerius, BT II § 20 Rn. 18.
1930 BGH 24.6.2016 – 4 StR 205/16, NJW 2016, 3110, 3111.
1931 Rengier, BT I § 21 Rn. 6 f., dort auch näher zum Streitstand.
1932 OLG Stuttgart 17.5.1976 – 3 Ss (3) 674/75, NJW 1976, 2084.
1933 Wessels/Hettinger/Engländer, BT 1 Rn. 709.
1934 Bspw. Hohmann/Sander § 25 Rn. 5.

Beispiel:[1935]

Der Täter verhilft dem Bankräuber zur Flucht, dem deshalb erst ein halbes Jahr später der Prozess gemacht werden kann.

Auch bei der **Vollstreckungsvereitelung** genügt für den Verteilungserfolg grds. eine Verzögerung der Strafvollstreckung.[1936]

1002 **Typische** Vereitelungshandlungen sind:[1937]
- Beseitigen von Tatspuren oder Ermittlungsakten
- Verbergen des Täters bzw. rechtskräftig Verurteilten
- Begünstigende Falschaussagen
- Befreiung des Verurteilten nach Haftantritt aus der JVA

Keine Strafvereitelung stellt hingegen nach der Rspr. die Bezahlung einer Geldstrafe durch Dritte dar.[1938]

1003 Eine Strafe wird **z. T.** vereitelt, wenn der Täter bewirkt, dass die Strafe in quantitativer Hinsicht milder als den wahren Umständen entsprechend ausfällt.[1939]

Beispiele:

Verurteilung wegen eines Vergehens statt eines Verbrechens oder aus dem Grunddelikt statt aus einer Qualifikation.

1004 Ein Begehen durch **Unterlassen** ist möglich, setzt aber insbesondere eine Garantenpflicht i. S. v. § 13 voraus. Für eine Strafbarkeit aus §§ 258, 13 bedeutet dies, dass eine **Garant**enpflicht nur solche Personen trifft, denen das Recht die Aufgabe zuweist, Belange der Strafrechtspflege wahrzunehmen oder zumindest zu fördern.[1940]

Bei § 258 *Abs. 1* müssen für die Abwendung des Vereitelungserfolgs bspw. Staatsanwältinnen und Staatsanwälte sowie Polizeibeamtinnen und Polizeibeamte einstehen, da diese von Rechts wegen dazu berufen sind, an der Strafverfolgung mitzuwirken.

1935 Wessels/Hettinger/Engländer, BT 1 Rn. 708.
1936 MüKo/Cramer, § 258 Rn. 34.
1937 Fischer, § 258 Rn. 10; Hilgendorf/Valerius, BT II § 20 Rn. 2.; Wessels/Hettinger/Engländer, BT 1 Rn. 714.
1938 Hierzu ausf. BGH 7.11.1990 – 2 StR 439/90, NJW 1991, 990 ff.
1939 Inkl. nachf. Bsp. Rengier, BT I § 21 Rn. 13.
1940 Inkl. nachf. Bsp. BGH 30.4.1997 – 2 StR 670/96, NJW 1997, 597.

Hingegen ist eine **Privatperson** grds. nicht zur Mitwirkung an der Strafverfolgung zum Schutze der Rechtspflege verpflichtet.[1941]

> Die Tathandlung muss für den Vereitelungserfolg **ursächlich** gewesen sein. Es muss also der Nachweis geführt werden, dass ohne die Handlung bzw. pflichtwidrige Unterlassung des Täters eine (schwerere oder geraume Zeit frühere) Bestrafung des Vortäters oder Vortatbeteiligten mit an Sicherheit grenzender Wahrscheinlichkeit erfolgt wäre.[1942] **1005**

3. Subjektiver Tatbestand

In subjektiver Hinsicht genügt nach Rspr. und h.M. **bedingter Vorsatz** hinsichtlich der Vortat (§ 258 Abs. 1) bzw. der rechtskräftigen Verurteilung (§ 258 Abs. 2).[1943] Das Vereiteln muss jedoch jeweils **absichtlich oder wissentlich** geschehen. Dem Täter muss es also entweder auf den Eintritt der Vereitelung als End-, Zwischen- oder zumindest Nebenziel ankommen oder er muss diesen Erfolg als sichere Folge seines Verhaltens voraussehen.[1944] **1006**

4. Versuch und Strafausschließungsgründe

a) Versuch

§ 258 Abs. 4 stellt den **Versuch** der Strafvereitelung unter Strafe. **1007**

b) Strafausschließungsgründe

Die Absätze fünf und sechs des § 258 enthalten **persönliche Strafausschließungsgründe**.[1945] Beide beruhen auf dem Gedanken einer notstandsähnlichen Lage.[1946] **1008**

Wegen Strafvereitelung wird nicht bestraft, wer durch die Tat zugleich ganz oder z. T. vereiteln will, dass er **selbst** bestraft oder einer Maßnahme unterworfen wird oder dass eine gegen ihn verhängte Strafe oder Maßnahme vollstreckt wird (§ 258 Abs. 5). **1009**

> Die *ausschließliche* Selbstbegünstigung verwirklicht bereits nicht den Tatbestand des § 258; will der Täter aber außer sich selbst **zugleich einen anderen** begünstigen, sieht § 258 Abs. 5 einen Strafausschluss vor.[1947]

1941 Eisele, BT II Rn. 1116.
1942 Sch/Sch/Hecker, § 258 Rn. 18.
1943 Fischer, § 258 Rn. 33.
1944 Sch/Sch/Hecker, § 258 Rn. 23, 32.
1945 Erhardt Rn. 529.
1946 Rengier, BT I § 21 Rn. 23, 25.
1947 Hilgendorf/Valerius, BT II § 20 Rn. 26.

Straffrei bleibt nach § 258 Abs. 5 aber **nur die Strafvereitelung** als solche, nicht aber eine damit zusammentreffende sonstige Straftat wie bspw. eine Falschverdächtigung, ein Betrug oder eine Falschaussage vor Gericht.[1948]

1010 Straffrei ist nach § 258 Abs. 6 auch, wer die Tat zugunsten eines Angehörigen (s. § 11 Abs. 1 Nr. 1) begeht (sog. **Angehörigenprivileg**). § 258 Abs. 6 greift jedoch nicht ein, wenn die Tat über § 258 hinausgehend ein weiteres strafrechtlich geschütztes Rechtsgut verletzt.[1949]

1011 Umstritten ist, ob bei einem **Zusammentreffen** von § 258 **mit der Begünstigung** (§ 257) die o.g. Strafausschließungsgründe auch auf eine Strafbarkeit aus § 257 Anwendung finden. Dies wird für den Fall, dass der Täter den Vereitelungserfolg ohne die Begünstigung nach seiner Vorstellung nicht erreichen kann, teilweise bejaht.[1950]

III. Strafvereitelung im Amt

1012 Ist Täter der Strafvereitelung nach § 258 ein Amtsträger, der zur Mitwirkung bei dem Strafverfahren/Verfahren zur Anordnung der Maßnahme oder – in den Fällen des § 258 Abs. 2 – zur Mitwirkung bei der Vollstreckung der Strafe/Maßnahme berufen ist, greift § 258a als **Qualifikation**statbestand[1951].

1013 § 258a stellt ein **unechtes Amtsdelikt** und Sonderdelikt (s. hierzu näher Rn. 1544 f.) dar, sodass für Beteiligte, bei denen die Amtsträgereigenschaft fehlt, gem. § 28 Abs. 2 nur das Grunddelikt des § 258 (damit aber auch die Privilegierung nach § 258 Abs. 3 und 6 (s. hierzu näher Rn. 1010 und Rn. 1028)) zur Anwendung kommt.[1952]

1. Anforderungen an Täterinnen und Täter

a) Amtsträger

1014 Täter des § 258a können nur Amtsträger sein, also Personen i. S. v. **§ 11 Abs. 1 Nr. 2**.

Beispiele:[1953]

Richterinnen und Richter, Staatsanwältinnen und Staatsanwälte, Polizeibeamtinnen und Polizeibeamte.

1948 Wessels/Hettinger/Engländer, BT 1 Rn. 716.
1949 Lackner/Kühl/Heger, § 258 Rn. 17 m. w. N.
1950 Bspw. Fischer, § 258 Rn. 36, 40 sowie Rengier, BT I § 21 Rn. 28, dort auch w. Nachw. zur Gegenauff.
1951 Zur dogmatischen Einordnung Lackner/Kühl/Heger, § 258a Rn. 1.
1952 BeckOK/Ruhmannseder, § 258a Rn. 1.
1953 Vgl. Fischer, § 258a Rn. 3.

b) Berufensein zur Mitwirkung

Um § 258a zu verwirklichen, müssen die Amtsträger aber zur Mitwirkung bei dem Strafverfahren/Verfahren zur Anordnung der Maßnahme bzw. bei der Vollstreckung der Strafe/Maßnahme **berufen** sein. 1015

Amtsträger, die in keinerlei Beziehungen zu dem konkreten Fall stehen, sind *nicht* „zur Mitwirkung berufen“ und können daher nur unter § 258 fallen.[1954]

aa) Verfolgungsvereitelung

Ein Kriminalbeamter ist nicht schon allein deshalb ein zur Mitwirkung bei dem Strafverfahren berufener Amtsträger i. S. d. § 258a, weil er gemäß § 163 Abs. 1 StPO zur Erforschung von Straftaten verpflichtet ist.[1955] 1016

Es muss vielmehr eine **konkrete Beziehung** zur Tat vorliegen, wobei es genügt, dass der Amtsträger am Verfahren lediglich mitwirkt.[1956] Dies kann auch der Fall sein bei der tatsächlichen Befassung mit einer zum Aufgabenbereich eines anderen Beamten gehörenden Sache[1957] (zur diesbzgl. etwas anderen Situation bei einem Unterlassen s. Rn. 1019).

Beispiel:

Polizeibeamter P nimmt auf seiner Dienststelle die Akten über eine von Polizeibeamtin S bearbeitete Anzeige gegen B weg und vernichtet diese, so wie er es B zuvor versprochen hatte.

Da sich die Akten auf der Dienststelle von P befanden, hatte er eine Zugriffsmöglichkeit auf die Akten, die sich gerade aus seiner dienstlichen Stellung und Tätigkeit ergab. Eine konkrete Beziehung zur Tat bestand daher.

bb) Vollstreckungsvereitelung

Im Fall der Vollstreckungsvereitelung genügt für die Annahme einer Beziehung zum Vollstreckungsverfahren, dass die konkrete Amtsstellung dem Täter **ermöglicht**, die Vollstreckung zu vereiteln.[1958] 1017

1954 Rengier, BT I § 21 Rn. 43.
1955 OLG Karlsruhe 9.8.1988 – 2 Ss 83/88, NStZ 1988, 503.
1956 BeckOK/Ruhmannseder, § 258a Rn. 3.
1957 Auch zu nachf. Bsp. BayObLG 2.11.1960 – Rev.Reg. 1 St 546/60, BayObLGSt 1960, 256, 257 f.; a. A. (eine funktionale Zuständigkeit auch bei aktivem Tun fordernd) NK/Altenhain, § 258a Rn. 5.
1958 BeckOK/Ruhmannseder, § 258a Rn. 4.

2. Besonderheiten bei der Verwirklichung durch Unterlassen

1018 Dem Begehen durch Unterlassen kommt bei Amtsträgern eine wesentlich höhere Bedeutung zu, da vielfach **Rechtspflichten zur Verfolgung oder zum sonstigen Einschreiten** bestehen.[1959]

a) Berufensein zur Mitwirkung

1019 Während nach h.M. bei einer Vereitelungshandlung durch aktives Tun die tatsächliche Möglichkeit, in das Verfahren – auch unter Verletzung der Zuständigkeitsregeln – einzugreifen, für ein Berufensein zur Mitwirkung reicht[1960] (s. auch Rn. 1016), ist dies bei einer Verwirklichung durch Unterlassen anders.

Da eine Rechtspflicht zum Einschreiten (§ 13) bestehen muss, kommt es beim Unterlassen entscheidend auf die **konkrete sachliche, örtliche und funktionale Zuständigkeit** des untätig bleibenden Amtsträgers an.[1961]

b) Garantenstellung und -pflichten

1020 Zu den grds. Anforderungen an eine Garantenpflicht im Zusammenhang mit einer Strafvereitelung durch Unterlassen sei zunächst auf die obigen Ausführungen verwiesen (s. Rn. 1004).

1021 Speziell für die **Staatsanwaltschaft und Polizei** als Strafverfolgungsbehörden folgt aus dem **Legalitätsprinzip** (§§ 152 Abs. 2, 160, 163 StPO) eine Verpflichtung zur Strafverfolgung, sodass diese (Anm.: grds.) als Garanten für die staatliche Strafrechtspflege anzusehen sind.[1962]

Umstritten ist jedoch, ob und in welchem Umfang dies auch gilt, wenn Staatsanwältinnen und Staatsanwälte oder Polizeibeamtinnen und Polizeibeamte außerhalb ihres Dienstes Kenntnis vom Vorliegen einer Straftat erlangen. Zu unterscheiden ist daher für die Frage einer Garantenstellung mit entsprechenden Garantenpflichten danach, ob die Kenntnis von Straftaten in dienstlicher Eigenschaft oder außerhalb des Dienstes erlangt worden ist.

aa) Dienstliche Kenntniserlangung

1022 Sofern ein Beamter der Strafverfolgungsbehörden (insbesondere von Staatsanwaltschaft oder Polizei) **in dienstlicher Eigenschaft** von der Begehung einer Straftat erfährt und untätig bleibt, verwirklicht er unstreitig eine Strafvereitelung im Amt durch Unterlassen.[1963]

1959 Fischer, § 258a Rn. 4.
1960 Zur Darstellung der h.M. und Kritik hieran NK/Altenhain, § 258a Rn. 5.
1961 Sch/Sch/Hecker, § 258a Rn. 9, dort auch zur Kritik von NK/Altenhain, § 258a Rn. 5.
1962 Hilgendorf/Valerius, BT II § 20 Rn. 23.
1963 Hilgendorf/Valerius, BT II § 20 Rn. 23.

bb) Außerdienstliche Kenntniserlangung

Einigkeit besteht darüber, dass auch Strafverfolgungsbeamte im Hinblick auf Art. 1 und 2 GG **Anspruch auf einen privaten Freiraum** besitzen, weshalb sie zwar innerhalb dieser dienstfreien Privatsphäre dem allgemeinen beamtenrechtlichen Verhaltenskodex unterliegen, aber keine konkreten Dienstpflichten bestehen, die uneingeschränkt zur Verhinderung oder Aufklärung von Straftaten bzw. Ergreifung von Straftätern verpflichten würden.[1964] **1023**

Teilweise wird jedoch mit Blick auf insbesondere die Achtung dieser Privatsphäre nach dem Dienst sowie die ansonsten gegebenen Unsicherheiten und Konflikte jegliche Handlungspflicht bei außerdienstlicher Kenntniserlangung abgelehnt.[1965] **1024**

Die **Rspr. und h. M.** bejahen aber bei **überwiegendem öffentlichen Interesse** – überzeugenderweise – eine Verpflichtung, auf privatem Wege bekannt gewordene Straftaten zu verfolgen.[1966] **1025**

Die Rspr. hat dies wie folgt konkretisiert:[1967] Bei Straftaten, die – wie Dauerdelikte, fortgesetzte oder auf ständige Wiederholung angelegte Handlungen – **während der Dienstausübung fortwirken**, bedürfe es einer **Abwägung** im Einzelfall, ob das öffentliche Interesse privaten Belangen vorgehe. Hierbei sei von entscheidender Bedeutung, ob durch die Straftat Rechtsgüter der Allgemeinheit oder des Einzelnen betroffen seien, denen jeweils ein besonderes Gewicht zukomme. Dies könne der Fall sein bei

- Delikten aus dem Katalog des § 138,
- schweren Straftaten wie z. B. schweren Körperverletzungen,
- erheblichen Straftaten gegen die Umwelt,
- Delikten mit hohem wirtschaftlichen Schaden oder besonderem Unrechtsgehalt.

Grundbedingung einer Handlungspflicht ist demnach die „Mitnahme" des privat erlangten Wissens um die Straftat oder den Straftäter in den Dienst und eine dann erst vorzunehmende Abwägung[1968] wie oben beschrieben. Der durch außerdienstlich erlangte Kenntnisse herbeigeführte Wissensstand löst (Anm.: was den Zeitpunkt der Handlungspflicht angeht[1969]) erst

1964 OLG Koblenz 5.2.1998 – 1 Ss 275/97, NStZ-RR 1998, 332.

1965 So bspw. MüKo/Cramer, § 258a Rn. 7; Mitsch, Anm. zu BGH 29.10.1992 – 4 StR 358/92, NStZ 1993, 384, 385.

1966 Fischer, § 258a Rn. 4a.

1967 Zum Ganzen BGH 29.10.1992 – 4 StR 358/92, NJW 1993, 544, 545 sowie zur Verfassungsmäßigkeit dieser Auff. BVerfG 21.11.2002 – 2 BvR 2202/01, NJW 2003, 1030, 1031.

1968 OLG Koblenz 5.2.1998 – 1 Ss 275/97, NStZ-RR 1998, 332, 333. Krit. zum Erfordernis des Fortwirkens der Vortat für §§ 258, 258a NK/Altenhain, § 258a Rn. 9.

1969 Hierzu näher Rengier, BT I § 21 Rn. 46; Eisele, BT II Rn. 1133.

dann eine gem. §§ 258a, 13 strafbewehrte Handlungspflicht aus, wenn sich der Amtsträger **wieder im Dienst** befindet.[1970]

> Vor diesem Hintergrund hat das OLG Koblenz[1971] eine außerdienstliche Garantenpflicht i. S. v. § 13 (und damit eine Strafbarkeit der untätigen Polizeibeamten wegen Strafvereitelung) für die *unverzügliche* Festnahme eines per Haftbefehl Gesuchten verneint (losgelöst von bestehenden beamtenrechtlichen Pflichten).

c) Möglichkeit und Zumutbarkeit

1026 Bei der Prüfung einer evtl. Strafbarkeit wegen Strafvereitelung (im Amt) durch Unterlassen können die bei jeglicher Strafbarkeit wegen eines unechten Unterlassungsdelikts notwendigen Punkte der Möglichkeit der Vornahme der gebotenen Handlung und der Zumutbarkeit normgemäßen Verhaltens besondere Bedeutung haben.[1972]

> So kann bspw. die Zumutbarkeit insbesondere problematisch sein, wenn ein Amtsträger gegen einen Angehörigen vorgehen soll, wobei angesichts der gesetzlichen Regelung des § 258a Abs. 3 zum Angehörigenprivileg die Grenzen der Zumutbarkeit nur selten erreicht werden dürften[1973] (s. auch Rn. 1028).

3. Versuch und Strafausschließungsgründe

1027 § 258a Abs. 2 stellt den **Versuch** der Strafvereitelung im Amt unter Strafe.

1028 Das sog. **Angehörigenprivileg** aus § 258 Abs. 6 gilt ausweislich der Regelung in § 258a Abs. 3 **nicht**: Die Belange der Allgemeinheit, denen der Amtsträger zu dienen verpflichtet ist, gehen der Rücksichtnahme auf Angehörige vor.[1974]

1029 **§ 258 Abs. 5** bleibt **anwendbar**, wie sich mittelbar aus § 258a Abs. 3 ergibt.[1975]

1970 Sch/Sch/Hecker, § 258a Rn. 11.

1971 S. OLG Koblenz 5.2.1998 – 1 Ss 275/97, NStZ-RR 1998, 332, 333. Einschränkend bei schweren Verbrechen Fischer, § 258a Rn. 4a.

1972 Hierzu näher Schütze, AT Rn. 579, 617.

1973 Eisele, BT II Rn. 1134.

1974 Hilgendorf/Valerius, BT II § 20 Rn. 28.

1975 Rengier, BT I § 21 Rn. 47.

IV. Abschließender Fall

Sachverhalt:[1976] **1030**

A und B haben zusammen eine Raubtat begangen. A wird deshalb rechtskräftig zu einer Freiheitsstrafe verurteilt. Den Ermittlungsbehörden ist nicht bekannt, wer B ist. Sie lassen A daher richterlich vernehmen, um von diesem Näheres zur Identität des B zu erfahren. A erklärt aber, B sei ihm nur flüchtig bekannt, und ist auch nicht bereit, Bs Telefonnummer herauszugeben.

Hat sich A wegen Strafvereitelung strafbar gemacht?

Lösungshinweise:

In Betracht käme eine Strafbarkeit gem. §§ 258 Abs. 1, 13, da A die ihm bekannte Telefonnummer seines Mittäters nicht herausgibt. Dies wäre ihm unproblematisch möglich gewesen und hätte aller Wahrscheinlichkeit nach auch zu einer Ermittlung und Bestrafung des B geführt.

Fraglich ist jedoch, ob vorliegend eine Garantenstellung mit entsprechenden -pflichten für A bestand. Angesichts des von § 258 Abs. 1 geschützten Rechtsguts der innerstaatlichen Strafrechtspflege trifft eine Garantenpflicht nur solche Personen, denen das Recht die Aufgabe zuweist, Belange der Strafrechtspflege wahrzunehmen oder zumindest zu fördern. Eine solche Garantenpflicht, die den A als Zeugen strafbewehrt zur Aussage über die Identität seines damaligen Mittäters verpflichten würde, oblag A jedoch nicht. Bei der Aussagepflicht eines Zeugen handelt es sich „lediglich" um eine ggü. den Gerichten bestehende **staatsbürgerliche Pflicht**, welche ggf. gem. § 70 StPO zwangsweise durchgesetzt werden kann. Hieraus lasse sich aber, so das LG Itzehoe, keine weitergehende Pflicht eines Zeugen ableiten, konkret zur Strafverfolgung beitragen zu müssen.[1977]

A hat sich nicht gem. §§ 258 Abs. 1, 13 strafbar gemacht (anders die wohl h. M.[1978]).

D. Hehlerei

I. Vorbemerkungen

Wegen Hehlerei gem. § 259 macht sich strafbar, wer in Bereicherungsabsicht eine der im Tatbestand umschriebenen Verhaltensweisen in Bezug **1031**

1976 Nach LG Itzehoe, 20.7.2009 – 1 Qs 63/09, NStZ-RR 2010, 10.

1977 Zur Begründung im Einzelnen und Auseinandersetzung mit a. A. LG Itzehoe, 20.7.2009 – 1 Qs 63/09, NStZ-RR 2010, 10, 11; das LG Itzehoe verneinte zudem eine Garantenpflicht aus Ingerenz, da die begangene Vortat zwar pflichtwidrig, aber gegen andere Rechtsgüter als die Strafrechtspflege gerichtet war.

1978 S. MüKo/Cramer, § 258 Rn. 22 (Fn. 133) mit Nachw. für die h. M., der sich Cramer a. a. O. aber nicht anschließt.

auf eine Sache vornimmt, die ein anderer durch einen Diebstahl oder eine Vermögensstraftat erlangt hat.

Strafgrund der Hehlerei ist in erster Linie die Aufrechterhaltung und Vertiefung der durch die Vortat geschaffenen rechtswidrigen Vermögenslage (sog. **Perpetuierung**stheorie).[1979] Die unrechtstypische Aufrechterhaltung des rechtswidrigen Vermögenszustandes findet hierbei ihren Ausdruck in dem Weiterschieben der Deliktsbeute in die Verfügungsgewalt einer anderen Person.[1980]

Zudem soll die Bereitschaft des Hehlers bekämpft werden, bei der Abnahme der Beute mitzuhelfen, da mit dieser Bereitschaft der Dieb der Sorge um die gefahrlose Verwertung der Beute enthoben und so ein ständiger Anreiz für die Begehung von Vermögensstraftaten geschaffen wird.[1981]

1032 Geschütztes Rechtsgut der Hehlerei ist – unstreitig – das **Vermögen**.[1982]

1033 Die §§ 260, 260a sind **Qualifikation**statbestände zu § 259.[1983]

II. Hehlerei

1034 Gem. § 259 Abs. 1 macht sich strafbar, wer eine Sache, die ein anderer gestohlen oder sonst durch eine gegen fremdes Vermögen gerichtete rechtswidrige Tat erlangt hat, ankauft oder sonst sich oder einem Dritten verschafft, sie absetzt oder absetzen hilft, um sich oder einen Dritten zu bereichern.

1. Prüfungsaufbau

1035 I. Tatbestandsmäßigkeit

1. Objektiver Tatbestand
   - rechtswidrige Vortat eines anderen
   - aus der Vortat erlangte Sache
   - Tathandlung: Sache
     - ankaufen oder
     - sich oder einem Dritten verschaffen oder

1979 BGH 10.10.2018 – 3 StR 504/17, NJW 2019, 1540, 1541.
1980 Rengier, BT I § 22 Rn. 2.
1981 Wessels/Hillenkamp/Schuhr, BT 2 Rn. 957; näher auch BeckOK/Ruhmannseder, § 259 Rn. 3.2. m.w.N.
1982 Wessels/Hillenkamp/Schuhr, BT 2 Rn. 957; dort auch dazu, ob darüber hinaus auch mitgeschützte Sicherheitsinteressen in den Rang eines mitgeschützten Rechtsguts erhoben werden sollten.
1983 Fischer, § 260 Rn. 1 und § 260a Rn. 1.

- absetzen oder
- beim Absetzen helfen

2. Subjektiver Tatbestand
   - Vorsatz
   - Bereicherungsabsicht

II. Rechtswidrigkeit

III. Schuld

2. Objektiver Tatbestand

a) Vortat

Als Vortat verlangt die Hehlerei einen Diebstahl oder eine gegen fremdes Vermögen gerichtete **rechtswidrige Tat** (s. § 11 Abs. 1 Nr. 5) eines anderen. **1036**

Das Vorliegen einer auch **schuldhaften** Tat ist nicht erforderlich.[1984]

Geeignete Vortaten sind letztlich alle Taten, die im Einzelfall **fremdes Vermögen** verletzen und eine rechtswidrige, fremden Vermögensinteressen entgegenstehende Besitzlage begründen.[1985]

Wie bspw. auch ein Raub, eine Unterschlagung, ein Betrug oder eine Nötigung.

Die Vortat muss durch einen **anderen** als den/die Hehler/-in begangen worden sein. Daraus folgt, dass der/die Hehler/-in nicht Vortäter/-in sein kann (weder in Allein- noch in Mittäterschaft); für Anstifter und Gehilfen der Vortat ist aber Hehlerei möglich an Sachen, die andere Beteiligte der Vortat durch diese erlangt haben.[1986] Für die Teilnehmer an der Vortat bleibt diese nämlich eine fremde Tat.[1987] **1037**

b) Tatobjekt

Tatobjekt der Hehlerei ist eine Sache, also ein **körperlicher Gegenstand**[1988]. **1038**

So scheiden bspw. **Daten** als taugliches Tatobjekt einer Hehlerei nach § 259 aus. Eine diesbzgl. Strafbarkeit kann sich jedoch bei Vorliegen der Voraussetzungen insbes. aus § 202d (Datenhehlerei) ergeben.

1984 Lackner/Kühl/Heger, § 259 Rn. 4.
1985 Inkl. nachf. Bsp. Sch/Sch/Hecker, § 259 Rn. 6.
1986 Fischer, § 259 Rn. 30f.
1987 Hilgendorf/Valerius, BT II § 21 Rn. 10.
1988 Hohmann/Sander § 49 Rn. 3.

1039 Der/die Vortäter/-in muss die Sache aus der Vortat erlangt haben. Dies ist dann der Fall, wenn die **rechtswidrige Besitzlage** bei ihm oder ihr **hergestellt** ist, er oder sie also tatsächliche Sachherrschaft über die Sache durch die Vortat begründet hat.[1989]

Nach der Rspr. und h. M. muss die Hehlerei der Vortat **zeitlich nachfolgen**, Letztere also vor der Hehlereihandlung abgeschlossen sein.[1990] Dies überzeugt insbesondere angesichts des klaren Wortlautes von § 259 Abs. 1 („… eine Sache … gestohlen oder … erlangt *hat*…“) und des Gedankens der Perpetuierung (s. o. Rn. 1031).

1040 Nach h. M. ist Hehlerei nur an solchen Sachen möglich, die **unmittelbar** durch die Vortat erlangt sind und hinsichtlich derer die dadurch begründete rechtswidrige Vermögenslage im Augenblick der Hehlereihandlung noch fortbesteht.[1991] Es muss also körperliche Identität bestehen zwischen der durch die Vortat erlangten und der dann gehehlten Sache; Ist dies nicht der Fall, liegt eine sog. **Ersatzhehlerei** vor, die nicht strafbar ist.[1992]

Beispiel:[1993]

Hehlerei ist möglich an dem vom Vortäter erlangten Diebesgut,

nicht hingegen an einem vom Vortäter mit dem gestohlenen Geld gekauften Gegenstand.

Zu beachten ist jedoch, dass in solchen Fällen sehr wohl eine Strafbarkeit aus § 261 (**Geldwäsche**) in Betracht kommen kann (s. hierzu auch den abschließenden Fall zur Geldwäsche Rn. 1076).

Wechselt der Vortäter gestohlene Geldscheine in anderes Geld um, tauscht er also etwa einen 100-Euro-Schein in zwei 50-Euro-Scheine, so ist an dem **umgewechselten Geld** nach ganz überwiegender Meinung eine Hehlerei (Anm.: ebenfalls) nicht möglich.[1994]

c) Tathandlung

1041 § 259 Abs. 1 sieht als mögliche Tathandlungen einer Hehlerei **vier verschiedene** Möglichkeiten vor: Das Ankaufen der aus der Vortat erlangten

1989 MüKo/Maier, § 259 Rn. 46.
1990 Rengier, BT I § 22 Rn. 15; BeckOK/Ruhmannseder, § 259 Rn. 14 ff., je m. w. N. und Argumenten zum Streitstand (sehr ausf. auch MüKo/Maier, § 259 Rn. 47 ff.).
1991 Wessels/Hillenkamp/Schuhr, BT 2 Rn. 969.
1992 Rengier, BT I § 22 Rn. 24; Wessels/Hillenkamp/Schuhr, BT 2 Rn. 969.
1993 Vgl. Nowrousian/Bahne, S. 378.
1994 MüKo/Maier, § 259 Rn. 54, in Rn. 55 auch zur Gegenauff. (Heranziehen der Wertsummentheorie), die angesichts des klaren Wortlauts abgelehnt wird. Dem ist zuzustimmen.

Sache, sich oder einem Dritten diese verschaffen, die Sache absetzen oder dabei zu helfen, diese abzusetzen.

Die Hehlerei setzt hierbei in all ihren Begehungsformen ein **einverständliches Zusammenwirken mit dem Vortäter** voraus.[1995] Diese Erfordernis stellt dabei den inneren Zusammenhang zur Vortat her, der für die Hehlerei charakteristisch ist.[1996] 1042

Ein solch einverständliches Zusammenwirken fehlt unstreitig, wenn sich jemand **eigenmächtig** die Verfügungsgewalt an der Sache verschafft.[1997]

> Bspw. durch Diebstahl oder Raub.

Auch wer dem Vortäter die Tatbeute durch erpresserische Drohungen **abnötigt**, macht sich nach der Rspr. *nicht* wegen Hehlerei strafbar.[1998]

Beruht das Einverständnis des Vortäters hingegen auf einer **Täuschung**, ist umstritten, ob eine Strafbarkeit wegen Hehlerei in Betracht kommt oder nicht. Während die h.M. in der Literatur eine Strafbarkeit aus § 259 auch in solchen Fällen ablehnt[1999], bejaht der BGH § 259 in diesen Konstellationen: Ist das Einverständnis an die durch Täuschung hervorgerufene irrtümliche Erwartung geknüpft, hierfür eine „Gegenleistung" zu erhalten, stelle dies die Annahme einverständlicher Übertragung der Verfügungsgewalt über die Sache nicht infrage; die Weitergabe der Sache an den Hehler erfolge – anders als in Fällen des Diebstahls oder der Nötigung des Vortäters – gleichwohl mit dem Willen des Vortäters.[2000]

aa) Sich oder einem Dritten verschaffen

Ein Sich-Verschaffen ist die **Herstellung tatsächlicher eigener Herrschaftsgewalt** über die Sache im Einverständnis mit dem Vortäter, wobei der Hehler die Sache zur eigenen Verfügungsgewalt erlangt haben muss, und zwar in dem Sinn, dass er über die Sache in ihrem wirtschaftlichen Wert als **eigene oder zu eigenen Zwecken verfügen kann** und dies auch will.[2001] 1043

1995 BGH 13.3.2013 – 2 StR 586/12, NJW 2013, 2211, 2212.
1996 BGH 10.10.2018 – 2 StR 564/17, NJW 2019, 1540, 1541.
1997 Inkl. nachf. Bsp. Hilgendorf/Valerius, BT II § 21 Rn. 19.
1998 BGH 25.7.1996 – 4 StR 202/96, NJW 1996, 2877, 2878.
1999 S. bspw. Rengier, BT I § 22 Rn. 36 f. m. w. N.
2000 BGH 10.10.2018 – 2 StR 564/17, NJW 2019, 1540, 1541; krit. dazu Jahn, Anm., NJW 2019, 1542, 1543.
2001 Fischer, § 259 Rn. 11; BGH 26.10.2023 – 2 StR 226/23, NStZ 2024, 171, 172.

Wer Sachen aus der Vortat für den Vortäter lediglich aufbewahrt, begeht keine Hehlerei, aber evtl. Begünstigung.[2002]

Das bloße **Mitverzehren** von Nahrungs- oder Genussmitteln, die ein anderer bspw. entwendet hat, stellt nach h.M. kein Sich-Verschaffen i.S.d. § 259 dar, da i.d.R. damit keine vom Gastgeber unabhängige Verfügungs- oder Mitverfügungsgewalt an dem Dargebotenen erlangt wird.[2003]

1044 Wird die Sache einem **Dritten** verschafft, wird die Verfügungsgewalt durch das Handeln des Täters unmittelbar vom Vorbesitzer an einen Dritten weitergeleitet.[2004]

bb) Ankaufen

1045 Das Ankaufen stellt nur einen – allerdings den häufigsten – **Unterfall des Verschaffens** dar.[2005] Auch insoweit kommt es nicht auf den schuldrechtlichen (Anm.: Kauf-)Vertrag, sondern auf die Übertragung des Besitzes und die Erlangung von Verfügungsgewalt des Hehlers an.[2006]

cc) Absetzen und beim Absetzen helfen

1046 **Absetzen** meint die im Interesse und mit Einverständnis des Vortäters, i.Ü. aber **selbstständig** vorgenommene **wirtschaftliche Verwertung** der bemakelten Sache durch entgeltliche rechtsgeschäftliche Weitergabe an einen gut- oder bösgläubigen Dritten.[2007]

Beispiele:

Verkauf, Tausch oder Verpfändung einer Sache.

Der Täter, der die Sache absetzt, handelt für **fremde Rechnung**, aber in **eigener Regie**.[2008]

1047 Unter Absatzhilfe versteht man hingegen das **weisungsgebundene, unselbstständige Unterstützen** des Vortäters bei dessen Bemühungen um eine wirtschaftliche Verwertung der bemakelten Sache.[2009] Hierbei handelt es sich letztlich um eine **Beihilfe**, die wegen der Straflosigkeit der „Haupttat" (Absatz durch den Vortäter) zur selbstständigen Tat aufgewertet ist.[2010]

2002 Erhardt Rn. 535b.
2003 Wessels/Hillenkamp/Schuhr, BT 2 Rn. 986.
2004 Wessels/Hillenkamp/Schuhr, BT 2 Rn. 979.
2005 MüKo/Maier, § 259 Rn. 100.
2006 Fischer, § 259 Rn. 10.
2007 Inkl. nachf. Bsp. Sch/Sch/Hecker, § 259 Rn. 28.
2008 Hohmann/Sander § 49 Rn. 49.
2009 Sch/Sch/Hecker, § 259 Rn. 31
2010 Fischer, § 259 Rn. 17.

Beispiele:[2011]

Hinweise auf Absatzmöglichkeiten, Vermittlung von Kontakten mit Interessenten, Bereitstellen von Räumen zur Durchführung von Verkaufsverhandlungen.

Beide Varianten – das Absetzen wie auch die Absatzhilfe – setzen nach der neueren Rechtsprechung voraus, dass ein **Absatzerfolg**, mithin eine Übertragung der Verfügungsgewalt auf den Erwerber[2012], eingetreten ist.[2013] Bei Ausbleiben dieses Erfolgs kommt lediglich **versuchte Hehlerei** in Betracht.[2014] **1048**

Die Annahme einer *vollendeten* Hehlerei scheidet nach der Rspr. auch dann aus, wenn ein Absetzen ggü. – als solche nicht erkannten – **Verdeckten Ermittlern, nicht offen ermittelnden Polizeibeamten oder Vertrauenspersonen** erfolgt, da die Absatzbemühungen dann nicht geeignet sind, den rechtswidrigen Vermögenszustand aufrechtzuerhalten oder zu vertiefen, sondern im Gegenteil dazu führen, dass der rechtmäßige Vermögenszustand wiederhergestellt wird (dann aber ggf. Versuchsstrafbarkeit!).[2015] **1049**

3. Subjektiver Tatbestand

a) Vorsatz

In subjektiver Hinsicht reicht **bedingter Vorsatz**.[2016] **1050**

b) Bereicherungsabsicht

Hinzukommen muss die **Absicht** (zielgerichtetes Wollen[2017]), sich oder einen Dritten **zu bereichern**. Dies entspricht weitgehend der beim Betrug verlangten besonderen Absicht, wobei – im Unterschied zum Betrug – der erstrebte Vermögensvorteil weder stoffgleich noch rechtswidrig sein muss[2018] (s. zum Betrug Rn. 847 ff.). **1051**

Zu beachten ist zudem, dass der bloße Besitz nach st. Rspr. kein Vermögensvorteil ist: Der Ankauf zum **Marktpreis** – den der Täter als solchen erkennt – erfüllt daher die Voraussetzung der Bereicherungsabsicht nicht.[2019] **1052**

Beim Erwerb gestohlener Sachen zum Eigenbesitz, die legal gar nicht erhältlich sind, kommt Bereicherungsabsicht nur in Betracht, wenn der Tä-

2011 Wessels/Hillenkamp/Schuhr, BT 2 Rn. 1001.
2012 BGH 31.10.2018 – 2 StR 281/18, NJW 2019, 1311, 1312.
2013 BGH 6.3.2019 – 3 StR 4/19, NStZ-RR 2019, 180; zur Entwicklung innerhalb der Rspr. näher BeckOK/Ruhmannseder, § 259 Rn. 29.
2014 BeckOK/Ruhmannseder, § 259 Rn. 29.
2015 Näher bspw. BGH 3.5.2019 – 3 StR 520/18, BeckRS 2019, 16115; BGH 17.6.1997 – 1 StR 119/97, NStZ 1997, 493; BGH 19.4.2000 – 5 StR 80/00, NStZ-RR 2000, 266.
2016 Fischer, § 259 Rn. 19.
2017 Lackner/Kühl/Heger, § 259 Rn. 17.
2018 MüKo/Maier, § 259 Rn. 137.
2019 Fischer, § 259 Rn. 23 m. w. N.

ter keinen oder einen hinter dem Schwarzmarktwert, dem **üblichen Schwarzmarktpreis**, zurückbleibenden Preis bezahlt hat.[2020]

> Bspw. beim Erwerb illegaler Waffen.

1053 Umstritten ist hinsichtlich der Absicht, einen **Dritten** zu bereichern, ob dieser Dritte auch der/die Vortäter/-in sein kann. Überzeugenderweise wird man dies insbesondere angesichts der Entstehungsgeschichte der Drittbereicherungsabsicht und mit Blick auf eine Abgrenzung zu § 257 mit der h. L. und einem Teil der Rspr. verneinen müssen.[2021]

4. Versuch und Strafverfolgungsvoraussetzungen

1054 Der **Versuch** ist gem. § 259 Abs. 3 strafbar.

1055 Gem. § 259 Abs. 2 gelten die §§ 247 und 248a sinngemäß; in diesen Fällen ist also das **Strafantrag**serfordernis zu beachten.

III. Gewerbsmäßige Hehlerei; Bandenhehlerei

1056 § 260 stellt (auch bei lediglich versuchter Begehungsweise, s. § 260 Abs. 2) **gewerbsmäßig**es Handeln *oder* Handeln als Mitglied einer **Bande**, die sich zur fortgesetzten Begehung von Raub, Diebstahl oder Hehlerei verbunden hat, unter eine erhöhte Strafandrohung (Freiheitsstrafe von sechs Monaten bis zu zehn Jahren).

Zum Begriff der Gewerbsmäßigkeit und der bandenmäßigen Begehungsweise sei auf die entsprechenden Ausführungen zum Diebstahl verwiesen (s. Rn. 475 f. und Rn. 511 ff., wobei es vorliegend um die fortgesetzte Begehung von Raub, Diebstahl oder Hehlerei gehen muss und die Mitwirkung eines anderen Bandenmitglieds nicht erforderlich ist).

> Anders als § 244 Abs. 1 Nr. 2 erfasst § 260 Abs. 1 Nr. 2 auch sog. „gemischte Banden" zur Begehung von Diebstahl *oder* Hehlerei.[2022]

IV. Gewerbsmäßige Bandenhehlerei

1057 § 260a Abs. 1 qualifiziert die Hehlerei zu einem Verbrechen (Freiheitsstrafe von einem Jahr bis zu zehn Jahren), wenn diese **sowohl banden- als auch gewerbsmäßig** begangen wird, kombiniert also beide Voraussetzungen.

2020 Inkl. nachf. Bsp. MüKo/Maier, § 259 Rn. 144.
2021 Zum genauen Streitstand in Schrifttum und Rspr. inkl. jeweiliger Argumentation und w. Nachw. s. bspw. MüKo/Maier, § 259 Rn. 153 ff.; Hohmann/Sander § 49 Rn. 65 ff.
2022 Fischer, § 260 Rn. 3; krit. dazu bspw. Hohmann/Sander § 49 Rn. 79.

V. Abschließender Fall

Sachverhalt:[2023] 1058

A stiehlt 500 Euro. Von dem gestohlenen Geld kauft A bei dem gutgläubigen Juwelier J einen Verlobungsring für seine Freundin F. F nimmt den Ring trotz Kenntnis der Herkunft des hierfür ausgegebenen Geldes freudestrahlend entgegen.

Hat sich F gem. § 259 Abs. 1 strafbar gemacht?

Lösungshinweise:

F verschafft sich einen körperlichen Gegenstand, den Ring, und zwar in Kenntnis der Herkunft des hierfür ausgegebenen Geldes. Jedoch stammt der Ring nicht unmittelbar aus der rechtswidrigen Vortat des A (des Diebstahls), sondern wurde erst mit dem von A entwendeten Geld gekauft. An sog. Ersatzgegenständen ist aber eine Hehlerei nicht möglich (straflose **Ersatzhehlerei**). Eine andere rechtswidrige Vortat liegt bzgl. des Ringes nicht vor (der Juwelier J hat angesichts seiner Gutgläubigkeit gem. §§ 929, 932, 935 Abs. 2 BGB Eigentum an dem Geld erworben, sodass ein diesbzgl. Betrug des A z.N. des J ausscheidet [Beachte aber § 935 Abs. 1 BGB für andere Sachen als Geld!]).

F hat sich daher nicht nach § 259 Abs. 1 strafbar gemacht.

[Zur Strafbarkeit bzgl. § 261 s. Rn. 1076]

E. Geldwäsche

I. Vorbemerkungen

§ 261 wurde im Jahr 1992 im Zuge der Bekämpfung der Organisierten Kriminalität eingeführt. Ausweislich der damaligen Gesetzesbegründung ist unter Geldwäsche die **Einschleusung** von Vermögensgegenständen aus organisierter Kriminalität **in den legalen Finanz- und Wirtschaftskreislauf** zum Zweck der Tarnung zu verstehen.[2024] 1059

Der Straftatbestand der **Hehlerei** hatte sich hierzu als **ungeeignet** erwiesen, da die Ersatzhehlerei nicht erfasst ist, der Hehler an der Vortat nicht beteiligt sein darf und das Tatobjekt der Hehlerei auf Sachen beschränkt ist.[2025] 1060

§ 261 ist zuletzt im Jahr 2021, und zwar deutlich, verändert worden. Hierbei wurde u.a. die bis dato geltende Voraussetzung einer bestimmten, in § 261 a.F. aufgelisteten rechtswidrigen Tat aufgegeben, sodass nunmehr 1061

2023 Aus Hilgendorf/Valerius, BT II § 21 Rn. 15.
2024 BT-Drs. 12/989, S. 26.
2025 Erhardt Rn. 538.

jede rechtswidrige Tat taugliche Vortat einer Geldwäsche sein kann (sog. **„All-Crime-Prinzip“**[2026]).

1062 Darüber hinaus sieht das **Geldwäschegesetz** bestimmte Sorgfalts- und Meldepflichten z. B. für Kreditinstitute vor.

1063 § 261 schützt nach h. M. sowohl die **inländische Rechtspflege** in ihrer Aufgabe, die Wirkung von Straftaten zu beseitigen, als auch die durch die **Vortaten geschützten Rechtsgüter**.[2027]

II. Prüfungsaufbau

1064 I. Tatbestandsmäßigkeit
   1. Objektiver Tatbestand
      - rechtswidrige Vortat
      - aus der Vortat herrührender Gegenstand
      - Tathandlung:

        Abs. 1: Gegenstand
        - verbergen oder
        - umtauschen, übertragen oder verbringen oder
        - sich oder einem Dritten verschaffen oder
        - verwahren oder für sich/einen Dritten verwenden

        Abs. 2:
        Verheimlichen oder Verschleiern bedeutsamer Tatsachen
   2. Subjektiver Tatbestand
      - Vorsatz
      - zumindest Leichtfertigkeit in Bezug auf Herkunft des Gegenstandes (Abs. 6)
      - bei Abs. 1 S. 2 Nr. 2: Vereitelungsabsicht

II. Rechtswidrigkeit

III. Schuld

2026 Fischer, § 261 Rn. 1; näher zum Ganzen inkl. Kritik an der Neufassung Wessels/Hillenkamp/Schuhr, BT 2 Rn. 1028 ff.

2027 Lackner/Kühl/Heger, § 261 Rn. 1; BeckOK/Ruhmannseder, § 261 Rn. 7.

III. Objektiver Tatbestand

1. Vortat

Als Vortat einer Geldwäsche genügt (mittlerweile) das Vorliegen irgendeiner **rechtswidrigen Tat** (s. § 11 Abs. 1 Nr. 5). Im Gegensatz zur Hehlerei muss diese nicht durch einen anderen begangen sein. 1065

Unter Strafe steht daher auch die sog. **Selbstgeldwäsche**[2028]. Allerdings ist in diesen Fällen § 261 Abs. 7 zu beachten, wonach diejenigen, die wegen Beteiligung an der Vortat strafbar sind, nur dann wegen Geldwäsche bestraft werden, wenn sie den Gegenstand in den Verkehr gebracht und dabei dessen rechtswidrige Herkunft verschleiert haben.

2. Tatobjekt

Tatobjekt ist jeder Gegenstand, der aus einer rechtswidrigen Tat herrührt. 1066

Der Begriff des Gegenstands ist **weit** zu verstehen[2029] und umfasst alle Rechtsobjekte, die einen **Vermögenswert** haben[2030]. 1067

Beispiele:[2031]

Bargeld, Buchgeld in inländischer und ausländischer Währung, Wertpapiere, Forderungen, Grundstücke, Bitcoins, Falschgeld.

Ein Herrühren aus der Vortat ist immer gegeben bei dem aus der Vortat **unmittelbar Erlangten** (sog. Ursprungsgegenstand).[2032] 1068

Beispiele:[2033]

Tatbeute; Entgelt für die Tatbegehung; hergestellte Betäubungsmittel.

Darüber hinaus werden aber – anders als bei der Hehlerei (s. Rn. 1040) – **auch Ersatzgegenstände** einbezogen, also auch „solche Vermögenswerte ..., die erst durch eine Verwertung des vom Vortäter ursprünglich Erlangten als Surrogat erworben werden und daher nur mittelbar aus der Vortat stammen“[2034].

2028 Zum Begriff Fischer, § 261 Rn. 68.
2029 Rengier, BT I § 23 Rn. 11.
2030 BeckOK/Ruhmannseder, § 261 Rn. 9.
2031 MüKo/Neuheuser, § 261 Rn. 35.
2032 MüKo/Neuheuser, § 261 Rn. 55.
2033 Rengier, BT I § 23 Rn. 14 f.
2034 BGH 27.7.2016 – 2 StR 451/15, NStZ 2017, 28, 29. Zu hierbei evtl. auftretenden Problemen bei der Vermischung von bemakelten und unbemakelten Vermögensgegenständen näher bspw. Wessels/Hillenkamp/Schuhr, BT 2 Rn. 1042, BeckOK/Ruhmannseder, § 261 Rn. 18 ff. und Rengier, BT I § 23 Rn. 19 ff.

Beispiel:[2035]

Dealer D kauft sich mit dem Erlös aus einem Betäubungsmittelgeschäft ein Kfz.

1069 § 261 Abs. 9 stellt klar, dass geldwäschetaugliche Gegenstände auch aus einer im **Ausland** begangenen Tat herrühren können, allerdings nur unter den dort im Einzelnen geregelten Voraussetzungen.

3. Tathandlung

1070 § 261 Abs. 1 und Abs. 2 umschreiben unterschiedliche Tathandlungen. In nachfolgender Tabelle sind die wesentlichen Definitionen der jeweiligen Tathandlungen kompakt dargestellt:

Tab. 10 § 261: Tathandlungen

Regelung des § 261		Tathandlung	Definition[2036]
1	Abs. 1 S. 1 Nr. 1	verbergen	Zielgerichtete Tätigkeiten, die d. Zugriff auf d. Vermögensgegenstand erschweren (bspw. Verstecken)
2	Abs. 1 S. 1 Nr. 2	umtauschen	Weggabe d. Gegenstandes und Erlangung einer dafür erfolgenden Gegenleistung
3		übertragen	Rechtliches Übertragen d. Gegenstandes auf eine andere Person
4		verbringen	Beförderung d. Gegenstands zu einem anderen Ort, durch die der bisherige Inhaber die rechtliche oder tatsächliche Verfügungsmacht verliert
5	Abs. 1 S. 1 Nr. 3	sich/Drittem verschaffen	Herstellung tatsächlich eigener Verfügungsgewalt (bzw. bei einem Dritten) mit Einverständnis d. Vortäters; nach der Rspr. auch bei Täuschung oder Nötigung (insoweit anders als bei § 259, s. Rn. 1042) d. Vortäters
6	Abs. 1 S. 1 Nr. 4	verwahren	Ausüben der tatsächlichen Sachherrschaft/Verfügungsgewalt
7		für sich/Dritten verwenden	Verfügungen über d. Gegenstand, nach h. M. aber auch bestimmungsgemäßes Gebrauchen

2035 Nach Erhardt Rn. 538b.

2036 Zu Nr. 1, 2, 6, 7: Rengier, BT I § 23 Rn. 23 f., 29 f.; zu Nr. 3, 8, 9: Wessels/Hillenkamp/Schuhr, BT 2 Rn. 1049, 1056 f.; zu Nr. 4: NK/Altenhain, § 261 Rn. 52; zu Nr. 5: BeckOK/Ruhmannseder, § 261 Rn. 26, BGH 4.2.2010 – 1 StR 95/09, NStZ 2010, 517, 518 (zu § 261 Abs. 2 Nr. 1 a. F., der aber ebenfalls das sich oder einem Dritten Verschaffen unter Strafe stellte).

Tab. 10 § 261: Tathandlungen

Regelung des § 261		Tathandlung	Definition[2036]
8	Abs. 2	verheimlichen	Nichtinformation trotz bestehender Aufklärungspflicht
9		verschleiern	Vorgänge, Zustände etc. werden in einen tatsächlich unzutreffenden Kontext gerückt, sodass der Anschein einer legalen Herkunft entsteht

Bei § 261 Abs. 1 S. 1 Nr. 3 und Nr. 4 ist die Einschränkung des § 261 Abs. 1 S. 2 zu beachten: Hat vor den „Tathandlungen" ein Dritter den Gegenstand erlangt, ohne hierdurch eine rechtswidrige Tat zu begehen, entfällt eine Strafbarkeit nach § 261 Abs. 1 S. 1 Nr. 3 und Nr. 4. Durch diese Regelung zum sog. **straflosen Vorerwerb** soll eine Blockade des Wirtschaftsverkehrs vermieden werden[2037] (s. hierzu auch den abschließenden Fall in Rn. 1076).

IV. Subjektiver Tatbestand

In subjektiver Hinsicht reicht **bedingter Vorsatz**.[2038] **1071**

Hinzukommen muss bei § 261 Abs. 1 S. 1 **Nr. 2** die Absicht, Auffinden, Einziehung oder Ermittlung der Herkunft des Gegenstandes zu vereiteln (**Vereitelungsabsicht**).

§ 261 Abs. 1 S. 1 **Nr. 4** stellt klar, dass die Täterin oder der Täter Kenntnis von der Herkunft des Gegenstandes zu dem Zeitpunkt gehabt haben muss, zu dem der Gegenstand erlangt worden ist. Auch hier genügt nach h.M. bedingter Vorsatz.[2039]

Gem. § 261 Abs. 6 genügt für eine Strafbarkeit (bei geringer Strafandrohung), wenn die Täterin oder der Täter **leichtfertig** nicht erkannt hat, dass ein Gegenstand nach § 261 Abs. 1 vorliegt. **1072**

Leichtfertigkeit ist dann gegeben, „wenn sich die Herkunft des Gegenstands … (Anm.: nach heutiger Rechtslage aus einer rechtswidrigen Tat) nach der Sachlage geradezu aufdrängt und der Täter gleichwohl handelt, weil er dies aus besonderer Gleichgültigkeit oder grober Unachtsamkeit außer acht lässt"[2040].

2037 Fischer, § 261 Rn. 33.
2038 Fischer, § 261 Rn. 51.
2039 Fischer, § 261 Rn. 31.
2040 BGH 17.7.1997 – 1 StR 791/96, NJW 1997, 3323, 3325 f. [zum damals die Leichtfertigkeit regelnden § 261 Abs. 5 a.F.].

1073 Für **Strafverteidigerinnen und Strafverteidiger** gilt eine weitere Besonderheit: In den Fällen des § 261 Abs. 1 S. 1 Nr. 3 und 4 liegt bei Annahme eines **Honorars** Vorsatz nur vor, wenn die Strafverteidigerin oder der Strafverteidiger zum Zeitpunkt der Annahme des Honorars **sichere Kenntnis von dessen Herkunft** hatte (§ 261 Abs. 1 S. 3). In diesen Fällen gilt die Regelung hinsichtlich der Leichtfertigkeit nicht (§ 261 Abs. 6 S. 2).

Diese Regelungen gehen zurück auf eine Entscheidung des BVerfG[2041] zur – im Hinblick insbesondere auf die Berufsausübungsfreiheit aus Art. 12 Abs. 1 GG – verfassungskonformen Auslegung des Straftatbestandes der Geldwäsche im Zusammenhang mit der Annahme von Honoraren durch Strafverteidigerinnen und Strafverteidiger.[2042]

V. Versuch und besonders schwere Fälle

1074 Der **Versuch** ist gem. § 261 Abs. 3 strafbar.

1075 **Besonders schwere Fälle** der Geldwäsche sind in § 261 Abs. 5 geregelt. Als Regelbeispiele benennt der Gesetzgeber die gewerbsmäßige oder die bandenmäßige Begehungsweise.

VI. Abschließender Fall

1076 ***Sachverhalt:***[2043]

A stiehlt 500 Euro. Von dem gestohlenen Geld kauft A bei dem gutgläubigen Juwelier J einen Verlobungsring für seine Freundin F. F nimmt den Ring trotz Kenntnis der Herkunft des hierfür ausgegebenen Geldes freudestrahlend entgegen.

Haben sich J und F gem. § 261 strafbar gemacht?

Ergänzung:[2044]

J erfährt später, woher das Geld stammt, erwirbt aber trotzdem mit diesem Geld bei dem eingeweihten V ein Schmuckstück, das er seiner ebenfalls eingeweihten Freundin M schenkt.

Haben sich J, V und M hierdurch gem. § 261 strafbar gemacht?

2041 S. BT-Drs. 19/24180, S. 32, 34.
2042 BVerfG 30.3.2004 – 2 BvR 1520/01 u. 2 BvR 1521/01, NJW 2004, 1305 ff.
2043 Aus Hilgendorf/Valerius, BT II § 21 Rn. 15 (zur Hehlerei).
2044 Nach Rengier, BT I § 23 Rn. 34.

Lösungshinweise:

Bei den Geldscheinen handelt es sich um Gegenstände, die aus einer rechtswidrigen Tat (Diebstahl des A) stammen. An diesen erlangt Juwelier **J** tatsächliche eigene Herrschaftsgewalt mit Einverständnis des A, verschafft sich diese also i. S. v. § 261 Abs. 1 S. 1 Nr. 3. Allerdings war er gutgläubig, handelte also weder vorsätzlich noch leichtfertig i. S. v. § 261 Abs. 6, sodass keine Strafbarkeit gem. § 261 gegeben ist.

Auch **F** verschafft sich einen Gegenstand, der aus einer rechtswidrigen Tat stammt. Im Gegensatz zur Hehlerei erfasst die Geldwäsche nämlich **auch sog. Ersatzgegenstände**. Da der Ring mit den erbeuteten 500 Euro gekauft worden ist, stammt auch der Ring aus der Vortat, wenn auch nur mittelbar, was hier aber genügt. Aufgrund ihrer Kenntnis der Herkunft des hierfür ausgegebenen Geldes handelt sie auch vorsätzlich. Rechtswidrigkeit und Schuld liegen ebenfalls vor, sodass F sich gem. § 261 Abs. 1 S. 1 Nr. 3 strafbar gemacht hat.

[Zur Strafbarkeit bzgl. § 259 s. Rn. 1058]

Zur Ergänzung:

J wusste im Zeitpunkt der Verwendung der Geldscheine zwar um deren Herkunft, § 261 Abs. 1 S. 1 Nr. 4 fordert aber, dass diese Kenntnis bereits zum Zeitpunkt des Erlangens des Gegenstands vorgelegen haben muss. Dies war nicht der Fall.

Da J die Geldscheine erlangt hat, ohne hierdurch eine rechtswidrige Tat zu begehen, liegt ein sog. **strafloser Vorerwerb** vor (§ 261 Abs. 1 S. 2). V und M können bzgl. dieses Gegenstandes daher keine Straftaten nach § 261 Abs. 1 S. 1 Nr. 3 oder 4 begehen.

11. KAPITEL Straftaten gegen die persönliche Freiheit

A. Überblick zu den §§ 238 ff.

Die Straftaten gegen die persönliche Freiheit **schützen allein oder vorrangig die Freiheit der Person** – also generell die Freiheit der Willensentschließung und Willensbetätigung[2045] –, jeweils allerdings in speziellen Ausprägungen.[2046] 1077

So schützt bspw. die Freiheitsberaubung „nur" die sog. Fortbewegungsfreiheit.

Gemeinsam ist allen Vorschriften, dass sie ein Handeln **gegen des Willen** des Verletzten voraussetzen, sodass nach h.M. bereits der Tatbestand entfällt, wenn die betroffene Person mit dem Handeln einverstanden ist (sog. tatbestandsausschließendes Einverständnis).[2047] 1078

Aus dem Bereich der Straftaten gegen die persönliche Freiheit sollen nachfolgend die Freiheitsberaubung (§ 239), der erpresserische Menschenraub (§ 239a), die Geiselnahme (§ 239b), die Nötigung (§ 240), die Bedrohung (§ 241) und die Nachstellung (§ 238) dargestellt werden. 1079

B. Freiheitsberaubung

I. Vorbemerkungen

§ 239 schützt nach h.M. die **potenzielle** persönliche **Bewegungsfreiheit**[2048], also die Freiheit des Einzelnen, nach Belieben den jeweiligen Aufenthaltsort verlassen zu *können*[2049]. Freiheitsberaubung kann daher auch dann vorliegen, wenn die betroffene Person sich nicht fortbewegen will[2050] oder von der Einsperrung nichts merkt[2051]. 1080

2045 Wessels/Hettinger/Engländer, BT 1 Rn. 334.
2046 Inkl. nachf. Bsp. Hohmann/Sander vor § 11 Rn. 1.
2047 Hohmann/Sander vor § 11 Rn. 2.
2048 Lackner/Kühl/Heger, § 239 Rn. 1. Zur Gegenauffassung, die nur den sog. aktuellen Fortbewegungswillen schützen will, s. bspw. Sch/Sch/Eisele, § 239 Rn. 1 und mit ausf. Kritik an der h.M. Fischer, § 239 Rn. 4 f.
2049 Hohmann/Sander § 11 Rn. 1.
2050 S. hierzu bspw. BGH 31.5.1960 – 1 StR 212/60, NJW 1960, 1629.
2051 Wessels/Hettinger/Engländer, BT 1 Rn. 345.

> Nicht geschützt ist hingegen das Interesse, einen bestimmten Ort aufzusuchen oder dort verweilen zu können.[2052]

Teilweise wird § 239 aber bei **schlafenden oder bewusstlosen** Personen verneint, da diese während der Dauer dieses Zustands keinen Fortbewegungswillen bilden könnten.[2053] Teilweise wird § 239 wiederum aber doch angenommen, wenn sich die Möglichkeit ihres Erwachens während der Einsperrung nicht mit an Sicherheit grenzender Wahrscheinlichkeit ausschließen lässt.[2054]

1081 § 239 Abs. 3 und Abs. 4 normieren **(Erfolgs-)Qualifikationen**.

II. Prüfungsaufbau

1082 I. Tatbestandsmäßigkeit
  1. Objektiver Tatbestand
    – Tatobjekt: Mensch
    – Tathandlung: der Freiheit berauben durch
      – Einsperren
      oder
      – auf andere Weise
  2. Subjektiver Tatbestand
    Vorsatz
II. Rechtswidrigkeit
III. Schuld

III. Objektiver Tatbestand

1. Tatobjekt

1083 Tatobjekt der Freiheitsberaubung ist **jeder Mensch**, sofern dieser in natürlichem Sinn überhaupt die Fähigkeit hat, willkürlich seinen Aufenthalt zu verändern.[2055]

2052 BGH 6.12.1983 – 1 StR 651/83, NJW 1984, 673, 674.
2053 Rengier, BT II § 22 Rn. 5.
2054 S. Wessels/Hettinger/Engländer, BT 1 Rn. 345 m. w. N.; zum Ganzen auch ausf. LK/Schluckebier, § 239 Rn. 7 ff.
2055 Sch/Sch/Eisele, § 239 Rn. 2.

Hieran kann es bspw. bei Kleinstkindern fehlen.[2056]

2. Tathandlung

Tathandlung des § 239 ist es, einen Menschen der Freiheit zu berauben, sei es durch Einsperren oder auf andere Weise. **1084**

a) Anforderungen an das Berauben der Freiheit

Ein Mensch ist seiner Freiheit **beraubt**, wenn und solange er gehindert wird, seinen Aufenthaltsort frei zu verlassen.[2057] **1085**

Zu beachten ist, dass die Fortbewegungsfreiheit **vollständig aufgehoben** sein muss; eine Bestrafung wegen Freiheitsberaubung kommt deshalb nicht in Betracht, wenn ein Fortbewegen – wenn auch unter erschwerten Bedingungen – möglich bleibt.[2058] Anders ist es nur, wenn im Einzelfall das Überwinden der Hemmnisse **unzumutbar gefährlich** ist.[2059]

So bspw.[2060], wenn ein Sprung in großer Höhe aus dem Fenster erforderlich wäre oder der Lenker eines Wagens durch rasches Fahren dem Fahrgast das Aussteigen faktisch unmöglich macht.

Unerhebliche Beeinträchtigungen, die lediglich einen kurzen Augenblick oder einige Sekunden dauern, reichen für ein Aufheben der Fortbewegungsfreiheit nicht aus[2061] – dem Reichsgericht genügte aber die Dauer eines „Vaterunser".[2062] Allerdings kommt es nicht allein auf die Dauer der Tathandlung, sondern auch auf das Gewicht der Einwirkung auf das geschützte Rechtsgut an.[2063] **1086**

b) Einsperren

Das **Einsperren**, das der Gesetzgeber exemplarisch nennt[2064], ist das Festhalten in einem umschlossenen Raum durch äußere Vorrichtungen.[2065] **1087**

2056 Näher hierzu MüKo/Wieck-Noodt, § 239 Rn. 14.
2057 Lackner/Kühl/Heger, § 239 Rn. 2.
2058 BGH 22.1.2015 – 3 StR 410/14, NStZ 2015, 338, 339.
2059 Wessels/Hettinger/Engländer, BT 1 Rn. 347; Rengier, BT II § 22 Rn. 12.
2060 Aus Sch/Sch/Eisele, § 239 Rn. 6b.
2061 MüKo/Wieck-Noodt, § 239 Rn. 19; ein nur kurzzeitiges Festhalten des Gegners im Verlauf einer körperlichen Auseinandersetzung, das zu einer zeitlich nur unerheblichen Beeinträchtigung der Fortbewegungsfreiheit führt, hat der BGH als nicht ausreichend angesehen: BGH 3.12.2002 – 4 StR 432/02, NStZ 2003, 371.
2062 RG 28.11.1882 – 2659/82, RGSt 7, 259, 260.
2063 BGH 20.1.2005 – 4 StR 366/04, NStZ 2005, 507, 508.
2064 BeckOK/Valerius, § 239 Rn. 9.
2065 Fischer, § 239 Rn. 7.

Beispiele:[2066]

Verriegeln der einzigen Tür, Versperren des Ausgangs durch Wachposten, geschlossene „Menschenmauer".

Das Opfer ist nach h. M. auch dann eingesperrt, wenn ein nicht geschlossener Ausgang vorhanden ist, das Opfer diesen aber nicht kennt oder aber einen vorhandenen Ausgang nach seinen Möglichkeiten nicht nutzen kann[2067], z. B. den Öffnungsmechanismus nicht zu betätigen weiß[2068].

c) Freiheitsberaubung auf andere Weise

1088 Für eine Freiheitsberaubung **auf andere Weise** reicht jedes Mittel, das geeignet ist, einem anderen die Fortbewegungsfreiheit zu nehmen.[2069]

Beispiele:[2070]

Betäuben, Festbinden auf einem Stuhl, Festhalten

nicht aber: das Fesseln nur der Hände.

1089 Auch **List und Drohung** können grds. Tatmittel sein, soweit die eingesetzte Täuschung oder Drohung gerade Tatmittel der Freiheitsberaubung ist.[2071]

Beispiel:

Ein Straftäter lässt sich von einem angeblichen Polizeibeamten festnehmen.

Drohungen müssen i. d. R. jedoch den Grad **einer Drohung mit gegenwärtiger Gefahr für Leib oder Leben** erreichen. Die Drohung mit einem sonst empfindlichen Übel reicht nach der Rspr. regelmäßig nicht aus.[2072]

IV. Subjektiver Tatbestand

1090 In subjektiver Hinsicht ist (zumindest **bedingter) Vorsatz** erforderlich.[2073]

2066 Hohmann/Sander § 11 Rn. 10 m. w. N.
2067 Fischer, § 239 Rn. 7.
2068 Wessels/Hettinger/Engländer, BT 1 Rn. 347.
2069 Rengier, BT II § 22 Rn. 7.
2070 Hohmann/Sander § 11 Rn. 11.
2071 Auch zu nachf. Bsp. Rengier, BT II § 22 Rn. 7 ff.; Hohmann/Sander § 11 Rn. 15.
2072 S. BGH 22.1.2015 – 3 StR 410/14, NStZ 2015, 338, 339.
2073 BeckOK/Valerius, § 239 Rn. 15.

V. Rechtswidrigkeit

Als Rechtfertigungsgrund kommt bei § 239 – neben den allgemeinen Rechtfertigungsgründen – vor allem die **Ausübung amtlicher Rechte** in Betracht[2074] (s. hierzu auch den abschließenden Fall in Rn. 1095). 1091

Beispiele:[2075]

Vorläufige Festnahme; Untersuchungshaft; Strafhaft.

VI. Versuch und (Erfolgs-)Qualifikationen

Der **Versuch** ist gem. § 239 Abs. 2 strafbar. 1092

Wird das Opfer **länger als eine Woche** der Freiheit beraubt, ist § 239 Abs. 3 Nr. 1 verwirklicht, der die Freiheitsberaubung mit Freiheitsstrafe von einem bis zu zehn Jahren bedroht. Umstritten ist, ob § 239 Abs. 3 Nr. 1 ein echter Qualifikationstatbestand oder ein erfolgsqualifiziertes Delikt i. S. v. § 18 ist, was für die Notwendigkeit des Vorsatzes bedeutsam ist[2076]. Für eine Qualifikation wird der vom Gesetzgeber im Jahr 1998 in eine aktive Form geänderte Wortlaut („beraubt" statt wie zuvor „... über eine Woche gedauert hat"), auch im Vergleich mit Abs. 3 Nr. 2 und Abs. 4, angeführt.[2077] Die Gegenmeinung verweist insbesondere darauf, dass der Gesetzgeber mit dieser Änderung keine Änderung der dogmatischen Einordnung als erfolgsqualifiziertes Delikt herbeiführen wollte.[2078] 1093

§ 239 Abs. 3 Nr. 2 und Abs. 4 enthalten hingegen nach allgemeiner Meinung erfolgsqualifizierte Delikte.[2079] Diese setzen voraus, dass vom Täter durch die Tat oder eine während der Tat begangene Handlung – wenigstens fahrlässig (§ 18) – eine **schwere Gesundheitsschädigung** (Abs. 3 Nr. 2) oder der **Tod des Opfers** (Abs. 4) verursacht wird. 1094

2074 Erhardt Fn. 328; MüKo/Wieck-Noodt, § 239 Rn. 38 f.
2075 MüKo/Wieck-Noodt, § 239 Rn. 39.
2076 Näher Schütze, AT Rn. 654 f.
2077 S. bspw. NK/Sonnen, § 239 Rn. 26; MüKo/Wieck-Noodt, § 239 Rn. 44; Hohmann/Sander § 11 Rn. 17.
2078 So bspw. Kindhäuser/Schramm, BT I § 15 Rn. 22; Rengier, BT II § 22 Rn. 19.
2079 Rengier, BT II § 22 Rn. 19.

VII. Abschließender Fall

1095 ***Sachverhalt:***[2080]

Lehrerin L erstattet gegen ihren Kollegen K bei der Kriminalpolizei Anzeige und gibt wahrheitswidrig an, von K vergewaltigt worden zu sein. K bestreitet den Tatvorwurf. Im Rahmen der nach Anklageerhebung durchgeführten Hauptverhandlung gibt L in Kenntnis des Umstands, dass ihre Aussage zu einer Verurteilung des K zu einer mehrjährigen zu verbüßenden Freiheitsstrafe führen könnte, was sie zumindest billigend in Kauf nimmt, erneut wahrheitswidrig an, von K vergewaltigt worden zu sein. Mit ihrer Aussage will L das Gericht von der Richtigkeit des gegen K erhobenen Vorwurfs überzeugen und dadurch seine Verurteilung erreichen. K wird u. a. zu einer Freiheitsstrafe von fünf Jahren verurteilt, die er komplett verbüßt. Viele Jahre später wird offenbar, dass L den K falsch bezichtigt hat. K wird in einem Wiederaufnahmeverfahren freigesprochen.

Hat sich L gem. § 239 strafbar gemacht?

Lösungshinweise:

K war durch die mehrjährige Inhaftierung in seiner Freiheit beraubt. Dies geschah aufgrund der Verurteilung durch das Gericht zu einer unbedingten Freiheitsstrafe, also in sonstiger Weise. Allerdings hat L hier nicht selbst unmittelbar gehandelt. Sie muss sich aber das Verhalten der Richterinnen und Richter gem. § 25 Abs. 1 Alt. 2 zurechnen lassen. Da L wusste, dass ihre Angaben wahrheitswidrig sind und sie hierüber täuschte, hatte sie ggü. dem Gericht überlegene Wissensherrschaft und machte sich somit vorsätzlich die Richterinnen und Richter als (gerechtfertigt handelnde) Werkzeuge zur Begehung der Tat zunutze. L handelte auch rechtswidrig und schuldhaft.

Da die Freiheitsentziehung länger als eine Woche dauerte, was L auch zumindest für möglich gehalten und billigend in Kauf genommen hat, ist auch § 239 Abs. 3 Nr. 1 erfüllt, sodass sich L wegen schwerer Freiheitsberaubung in mittelbarer Täterschaft gem. §§ 239 Abs. 1, Abs. 3 Nr. 1, 25 Abs. 1 Alt. 2 strafbar gemacht hat.

2080 Nach LG Darmstadt 13.9.2013 – 15 KLs 331 Js 7379/08, BeckRS 2013, 16243.

C. Erpresserischer Menschenraub und Geiselnahme

I. Vorbemerkungen

Die Straftatbestände des erpresserischen Menschenraubes (§ 239a) und der Geiselnahme (§ 239b) sind ganz **ähnlich** ausgestaltet. 1096

In beiden Fällen muss gem. Abs. 1 Alt. 1 ein Mensch entführt oder sich eines Menschen bemächtigt werden. In beiden Tatbeständen muss damit eine bestimmte Absicht verbunden sein: bei § 239a eine Erpressung, bei § 239b eine (bloße) Nötigung, wenn auch mit qualifizierten Drohungsmitteln.

In beiden Tatbeständen gibt es zudem eine weitere Begehungsform, das Ausnutzen einer von Täterin oder Täter durch eine solche Handlung geschaffenen Lage zu einer Erpressung (§ 239a) bzw. einer Nötigung (§ 239b).

§ 239a und § 239b sind in der jeweils ersten Begehungsform sog. **unvollkommen zweiaktige Delikte**: Auf den ersten Akt – dem Entführen bzw. Sich-Bemächtigen – soll nach der Vorstellung des Täters noch ein zweiter Akt – die Erpressung bzw. weitergehende Nötigung – folgen.[2081] 1097

Die frühere Dreiecksstruktur (Täter – Entführter – Genötigter) wurde im Jahr 1989 aufgehoben, sodass auch das Entführungsopfer selbst Genötigter sein kann.[2082] Liegt ein solches bloßes Zwei-Personen-Verhältnis vor, sind nach der Rspr. aber weitere Besonderheiten zu beachten (näher Rn. 1114 ff.). 1098

Beide Vorschriften schützen vornehmlich die **persönliche Freiheit und Unversehrtheit des Opfers**, daneben die persönliche Freiheit des Dritten, dessen Sorge ausgenutzt werden soll, § 239a zudem auch das Vermögen, wobei im Einzelnen streitig ist, in welchem Rang.[2083] 1099

Beide Vorschriften sind im Grundtatbestand mit Freiheitsstrafe **nicht unter fünf Jahren** bedroht. 1100

In der **Fallbearbeitung** empfiehlt es sich, *vor* der Prüfung der §§ 239a und b die jeweils beabsichtigten oder verwirklichten anderen Delikte zu prüfen.[2084] 1101

2081 Hilgendorf/Valerius, BT I § 4 Rn. 69; NK/Sonnen, § 239a Rn. 29.
2082 Sch/Sch/Eisele, § 239a Rn. 1.
2083 Lackner/Kühl/Heger, § 239a Rn. 1, § 239b Rn. 1; Sch/Sch/Eisele, § 239a Rn. 2.
2084 Ausf. Rengier, BT II § 24 Rn. 2.

II. Prüfungsaufbau

1102 I. Tatbestandsmäßigkeit

1. Objektiver Tatbestand
   - Entführen/Sich-Bemächtigen eines Menschen

   oder

   - Entführen/Sich-Bemächtigen eines Menschen und Ausnutzen einer durch eine solche Handlung geschaffenen Lage

     entweder

     - zu einer Erpressung (§ 239a Abs. 1 Alt. 2)

     oder

     - zu einer Nötigung (§ 239b Abs. 1 Alt. 2)
2. Subjektiver Tatbestand
   - Vorsatz

   und (je nur bei Abs. 1 Alt. 1)

   - Erpressungsabsicht (§ 239a Abs. 1 Alt. 1)

   oder

   - qualifizierte Nötigungsabsicht (§ 239b Abs. 1 Alt. 1)

II. Rechtswidrigkeit

III. Schuld

III. Objektiver Tatbestand

1103 Sowohl beim erpresserischen Menschenraub als auch bei der Geiselnahme sind der sog. **Entführungs-/Bemächtigungstatbestand** (jeweils Abs. 1 Alt. 1) und der sog. **Ausnutzungstatbestand** (jeweils Abs. 1 Alt. 2) zu unterscheiden.[2085]

> Von der grds. Struktur unterscheiden sich beide im Wesentlichen dadurch, dass beim Entführungs-/Bemächtigungstatbestand die Herrschaftslage in der besonderen (Erpressungs-/Nötigungs-)Absicht hergestellt wird, wohingegen beim Ausnutzungstatbestand das Entführen/Bemächtigen gerade ohne diese Absicht erfolgt (s. Rn. 1112).

2085 Zu beiden Begriffen bspw. Rengier, BT II § 24 Rn. 1.

1. Entführungs-/Bemächtigungstatbestand

Der Entführungs-/Bemächtigungstatbestand sieht vor, dass die Täterin oder der Täter (mit besonderer Absicht, s. hierzu Rn. 1112 f.) einen Menschen entführt oder sich eines Menschen bemächtigt. 1104

Ob das Opfer die Bemächtigungslage wahrnimmt oder wahrnehmen kann, ist unerheblich, sodass auch das eigene Kind Entführungsopfer sein kann.[2086]

a) Entführen

Entführen bedeutet das Verbringen eines anderen Menschen an einen Ort, an dem er dem uneingeschränkten Einfluss des Täters ausgesetzt ist.[2087] Die Ortsveränderung muss hierbei **gegen oder ohne den Willen** des Opfers bewirkt werden, wobei als Tatmittel Gewalt, Drohung und List in Betracht kommen.[2088] 1105

Willigt das Opfer in die Ortsveränderung als solche ein, wird aber über ihren Zweck im Unklaren gelassen, liegt kein tatbestandsausschließendes Einverständnis vor.[2089]

b) Sich-Bemächtigen

Sich-Bemächtigen setzt voraus, dass der Täter die physische Verfügungsgewalt über den Körper eines anderen erlangt, und zwar auf sonstige Weise, also nicht erst durch eine Ortsveränderung.[2090] 1106

Beispiel:[2091]

Fesseln oder Einsperren eines anderen; Bedrohen eines Bankkunden mit einer Schusswaffe, bis der Kassierer das verfügbare Geld übergeben hat.

Umstritten ist, ob das Bedrohen eines anderen mit einer Waffe auch dann genügt, wenn es sich hierbei um eine **Scheinwaffe** handelt. Die Rspr. bejaht die Möglichkeit eines Sich-Bemächtigens auch dann, wenn das Opfer – selbst über eine größere Distanz – mit einer scheinbar echten Schusswaffe bedroht und derart in Schach gehalten werde, dass es an einer freien Bestimmung über sich selbst gehindert ist.[2092] 1107

2086 BeckOK/Valerius, § 239a Rn. 3.
2087 BeckOK/Valerius, § 239a Rn. 4.
2088 Rengier, BT II § 24 Rn. 6.
2089 MüKo/Renzikowski, § 239a Rn. 29.
2090 MüKo/Renzikowski, § 239a Rn. 31 m. w. N. und § 239b Rn. 14.
2091 Kindhäuser/Schramm, BT I § 16 Rn. 11.
2092 BGH 19.9.2001 – 2 StR 240/01, NStZ 2002, 31, 32. Befürwortend angesichts eines tatsächlich begründeten Gewaltverhältnisses, kraft dessen der Täter den anderen beherrscht Sch/Sch/Eisele, § 239a Rn. 8; a. A. angesichts der hohen Strafandrohung BeckOK/Valerius, § 239a Rn. 7.

1108 Ein Sich-Bemächtigen entfällt nicht bei sog. **Austausch- oder Ersatzgeiseln**, bei denen sich ein Dritter als Ersatz für das Opfer in die Gewalt des Täters begibt. Hiervon zu unterscheiden sind bloße sog. Scheingeiseln, die mit dem Täter zusammenwirken, das Sich-Bemächtigen also in Wirklichkeit nur vortäuschen. Bei Letzteren scheidet der Tatbestand aufgrund des Einverständnisses des Opfers aus[2093], wohingegen Austauschgeiseln nicht mit dem Erpressungsziel des Täters einverstanden sind[2094].

2. Ausnutzungstatbestand

1109 Auch der Ausnutzungstatbestand (je Abs. 1 Alt. 2 der §§ 239a bzw. b) sieht vor, dass die Täterin oder der Täter einen Menschen entführt oder sich eines Menschen bemächtigt hat (s. den Wortlaut „von ihm … geschaffene Lage"). Der Unterschied zum Entführungs-/Bemächtigungstatbestand besteht aber darin, dass die Erpressungs- bzw. qualifizierte Nötigungsabsicht im Augenblick der Tathandlung noch nicht bestand.[2095]

Stattdessen muss aber die geschaffene Lage dann zu einer Erpressung bzw. einer Nötigung ausgenutzt werden.

> **Beispiel:**[2096]
>
> T nimmt das Fahrzeug der O weg und zwingt diese mitzufahren. Als unterwegs plötzlich das Benzin ausgeht, verlangt er von O unter Vorhalten einer Waffe die Herausgabe von 50 Euro, um den Wagen zu betanken.

1110 Nach h.M. genügt es für eine Vollendung, wenn die Erpressung bzw. Nötigung nur **versucht** wird.[2097]

IV. Subjektiver Tatbestand

1. Entführungs-/Bemächtigungstatbestand

a) Vorsatz

1111 Es muss (zumindest bedingter) **Vorsatz** hinsichtlich des Entführens bzw. Sich-Bemächtigens vorliegen.[2098]

2093 Zum Ganzen Eisele, BT II Rn. 820; Rengier, BT II § 24 Rn. 8.
2094 Hilgendorf/Valerius, BT I § 4 Rn. 54.
2095 Rengier, BT II § 24 Rn. 26, 33.
2096 Eisele, BT II Rn. 832.
2097 BGH 2.2.2012 – 3 StR 385/11, NStZ-RR 2012, 173, 174 (zu § 239a); Rengier, BT II § 24 Rn. 27, 33 auch mit Nachw. a. A.; Sch/Sch/Eisele, § 239b Rn. 14.
2098 Sch/Sch/Eisele, § 239a Rn. 10; § 239b Rn. 16.

b) Besondere Absicht

Hinzukommen muss bei § 239a die **Absicht**, die Sorge des Opfers um sein Wohl oder die Sorge eines Dritten um das Wohl des Opfers zu einer **Erpressung** (§ 253) auszunutzen. 1112

BEACHTE:
- Diese Absicht muss bereits zum Zeitpunkt der Entführung oder des Sich-Bemächtigens vorliegen – die Tat ist dann bereits vollendet.[2099]
- Zwischen der Begründung der Herrschaft über das Opfer und der geplanten Erpressung muss ein funktionaler und zeitlicher Zusammenhang bestehen.[2100] [zu Besonderheiten bei Zwei-Personen-Verhältnissen s. Rn. 1114 ff.]
- Nach der Rspr. bezieht sich § 239a auch auf beabsichtigte Raubtaten, weil die Vorschriften der §§ 253, 255 den engeren Tatbestand des Raubes mitumfassen[2101] (s. hierzu auch Rn. 743).

Bei § 239b muss die **Absicht** zu einer **Nötigung durch eine qualifizierte Drohung** hinzukommen.[2102] Es braucht also zum einen Absicht zu einer Drohung mit dem Tod, einer schweren Körperverletzung (§ 226) des Opfers oder mit dessen Freiheitsentziehung von über eine Woche Dauer. Zum anderen muss der Täter einen Dritten oder das Opfer selbst zu einer beliebigen Handlung, Duldung oder Unterlassung nötigen wollen.[2103] 1113

Beispiele:[2104]

Freilassung politischer Häftlinge, die Gewährung freien Geleits an einen Straftäter, die Vornahme oder Duldung sexueller Handlungen.

Auch diese Absicht muss zum Zeitpunkt des Schaffens der Bemächtigungslage vorliegen[2105] und auch bei dieser Absicht muss nach der Rspr. zwischen der Bemächtigungslage und der beabsichtigten Nötigung ein funktionaler und zeitlicher Zusammenhang in der Weise bestehen, dass der Täter das Opfer während der Dauer der Zwangslage nötigen will und die abgenötigte Handlung während der Dauer der Zwangslage vorgenommen werden soll[2106].

2099 Hilgendorf/Valerius, BT I § 4 Rn. 56.
2100 MüKo/Renzikowski, § 239a Rn. 44.
2101 BGH 11.8.2021 – 3 StR 63/21, NStZ-RR 2022, 14, 15.
2102 BeckOK/Valerius, § 239b Rn. 4.
2103 BeckOK/Valerius, § 239b Rn. 6.
2104 MüKo/Renzikowski, § 239b Rn. 17.
2105 Fischer, § 239b Rn. 4.
2106 S. bspw. BGH 27.1.2017 – 1 StR 532/16, NStZ-RR 2017, 176.

c) Besonderheiten bei Zwei-Personen-Verhältnissen

1114 Sind das Entführungs-/Bemächtigungsopfer und das Erpressungs-/Nötigungsopfer identisch, liegt ein „bloßes" Zwei-Personen-Verhältnis vor.

Beispiel 1:[2107]

A bedroht B mit einer Pistole und verlangt von ihm die Herausgabe seiner Geldbörse.

Beispiel 2:[2108]

A und zwei Mittäter vergewaltigen die F. Hierzu haben sie die F gemeinsam zu Boden gedrückt, sie gewaltsam entkleidet, ihr ein Messer an den Hals gehalten und sie mit dem Tod bedroht, falls sie sich weiter wehre.

1115 Die Einbeziehung von Zwei-Personen-Verhältnissen hat zur Folge, dass nach dem Wortlaut auch Sachverhalte, die bereits durch §§ 253, 255 (Anm.: wie obiges Bsp. 1) oder z.B. § 177 (Anm.: wie obiges Bsp. 2) erfasst sind, den §§ 239a, 239b unterfallen.[2109]

Dies ist in mehrfacher Hinsicht **problematisch**: Der eigentliche „Unrechtskern" bspw. einer räuberischen Erpressung oder Vergewaltigung würde auf das bloße „Vorbereitungsdelikt" § 239a bzw. § 239b verschoben.[2110] Durch die Anwendung der §§ 239a, b würde sich ggf. auch der anzuwendende Mindeststrafrahmen zu Lasten der Täter erhöhen sowie angesichts deren frühen Vollendungszeitpunktes die Möglichkeit des strafbefreienden Rücktritts (bspw. im Stadium der §§ 255, 22) ins Leere laufen.[2111]

1116 Nachdem verschiedene Senate des **BGH** unterschiedliche Ansätze zur Lösung der Problematik entwickelt hatten, entschied der Große Senat für Strafsachen nach Anfrage gem. § 132 Abs. 2 GVG, dass § 239b Abs. 1 Alt. 1 nicht von vornherein ausgeschlossen sei in Fällen, in denen der Täter sein Opfer zum Zwecke einer Vergewaltigung oder sexuellen Nötigung entführe oder sich seiner bemächtige. Entscheidend sei, dass der Täter beabsichtige, die durch die Entführung oder das Sich-Bemächtigen für das Opfer geschaffene Lage zur qualifizierten Drohung **auszunutzen** und durch sie zu nötigen (funktionaler Zusammenhang), was aber eine **gewisse Stabilisierung** dieser Lage voraussetze. Der BGH geht hierbei davon aus, dass bei

2107 Hilgendorf/Valerius, BT I § 4 Rn. 72.
2108 Nach BGH 22.11.1994 – GSSt 1/94, NJW 1995, 471.
2109 Fischer, § 239a Rn. 6.
2110 K/H/H, BT 2 Rn. 544.
2111 Rengier, BT II § 24 Rn. 17; Hilgendorf/Valerius, BT I § 4 Rn. 68.

einem „bloßen" Sich-Bemächtigen eine solche stabilisierte Lage – anders als beim Entführen – vielfach *nicht* gegeben ist, weil die abgenötigte Handlung dann in der Regel ausschließlich durch bspw. die Bedrohung mit der Waffe durchgesetzt werde und der Bemächtigungssituation dann nicht die vorausgesetzte **eigenständige Bedeutung** zukommt.[2112]

Mit der eigenständigen Bedeutung ist gemeint, dass über die Beherrschungssituation hinaus sich gerade aus der stabilisierten Bemächtigungslage eine „**weitergehende Druckwirkung**" auf das Opfer ergeben und der Täter beabsichtigen muss, gerade dies für sein erpresserisches (Anm.: bzw. nötigendes) Vorhaben zu nutzen.[2113]

Daran fehlt es, wenn sich der Täter des Opfers bemächtigt, indem er ihm eine Schusswaffe vorhält und gleichzeitig durch dieselbe Bedrohung mit der Schusswaffe eine Vermögensleistung erpresst.[2114]

Hingegen liegt eine stabile Zwischenlage vor, wenn der Täter das Opfer fesselt, um es anschließend mit der Drohung, es zu töten, zur Preisgabe einer Information zu zwingen.[2115]

Diese Grundsätze gelten sowohl für § 239b als auch für § 239a.[2116]

2. Ausnutzungstatbestand

Beim Ausnutzungstatbestand muss **Vorsatz** vorliegen, wobei bedingter Vorsatz genügt.[2117] 1117

V. Erfolgsqualifikation

§ 239a Abs. 3, der über § 239b Abs. 2 auch für die Geiselnahme gilt, enthält eine **Erfolgsqualifikation** für den Fall, dass durch die Tat wenigstens leichtfertig der Tod des Opfers (also nicht der eines Dritten[2118]) verursacht worden ist. 1118

2112 Zum Ganzen inkl. der erwähnten unterschiedlichen Ansätze der einzelnen Strafsenate BGH 22.11.1994 – GSSt 1/94, NJW 1995, 471 f.
2113 Fischer, § 239a Rn. 7a m. w. N.
2114 MüKo/Renzikowski, § 239a Rn. 52.
2115 Wessels/Hettinger/Engländer, BT 1 Rn. 413.
2116 Vgl. Lackner/Kühl/Heger, § 239a Rn. 4a. Zur Kritik an der Rspr. s. bspw. Fischer, § 239a Rn. 8a ff.; MüKo/Renzikowski, § 239a Rn. 55 ff.
2117 Eisele, BT II Rn. 834; NK/Sonnen, § 239b Rn. 12a.
2118 Fischer, § 239a Rn. 18.

1119 Der sog. **tatbestandsspezifische Gefahrzusammenhang** ist dabei auch beim Eintritt des Todes des Opfers als Folge einer Befreiungsaktion, bspw. durch die Polizei, gegeben.[2119]

Zum „**wenigstens leichtfertig**en" Handeln vgl. Rn. 651 ff.

VI. Abschließender Fall

1120 ***Sachverhalt:***[2120]

A lebt mit seiner Verlobten M und der gemeinsamen, fünf Monate alten Tochter zusammen. Aufgrund eines Vollstreckungshaftbefehls soll A in der gemeinsamen Wohnung festgenommen werden. Um dies zu verhindern, richtet A – möglicherweise auf Veranlassung der M – ein Brotmesser auf seine Tochter und droht, er werde das Kind umbringen, falls die Beamten nicht von ihrem Vorhaben, ihn zu verhaften, abließen. Nach zweistündigen Verhandlungen, während derer A das Kind fortwährend bedroht, geben die Beamten ihr Vorhaben auf.

Hat sich A gem. §§ 239a, b strafbar gemacht?

Lösungshinweise:

In Betracht kommt vorliegend, da A keine Erpressung beabsichtigt hat, allein § 239b.

A hat sich seiner Tochter bemächtigt i.S.d. § 239b Abs. 1 Alt. 1, da er – ohne Ortsveränderung – die physische Verfügungsgewalt über ihren Körper erlangt hat, indem er sie mit dem Messer bedrohte, und zwar obwohl A bereits zuvor „physische Gewalt" über das Kind hatte. Der BGH betont in diesem Zusammenhang den offensichtlichen Missbrauch der Zugriffsmöglichkeit auf das Kind[2121]; in der Literatur wird zur Begründung auf eine „Verminderung der Geborgenheit des Opfers" abgestellt[2122]. Da unerheblich ist, ob das Opfer die Bemächtigungslage wahrnimmt oder wahrnehmen kann, ist die Geiselnahme auch z.N.d. erst fünf Monate alten Tochter des A möglich. Das evtl. vorliegende Einverständnis der Mutter hat weder tatbestandsausschließende noch rechtfertigende Wirkung; das Einverständnis eines noch willensunfähigen Kleinkindes kann nicht durch den Erziehungsberechtigten ersetzt werden.[2123]

A handelte vorsätzlich. Es kam ihm auch darauf an, durch eine Drohung mit dem Tod die Beamten dazu zu bringen, von der Verhaftung abzusehen, sodass die erforderliche qualifizierte Nötigungsabsicht ebenfalls vorlag. A handelte rechtswidrig und schuldhaft. Er hat sich daher gem. § 239b Abs. 1 Alt. 1 strafbar gemacht.

2119 BGH 18.9.1985 – 2 StR 378/85, NJW 1986, 438, 439; dort auch weiterführend zur anders liegenden Konstellation einer Tötung der Geiseln durch Polizeibeamte aufgrund einer Verwechslung in Unkenntnis der Geiselnahme (hierzu a. A. MüKo/Renzikowski, § 239a Rn. 76).

2120 Nach BGH 21.11.1974 – 4 StR 502/74, NJW 1975, 269.

2121 BGH a.a.O.

2122 K/H/H, BT 2 Rn. 540 f. m. w. N.; Wessels/Hettinger/Engländer, BT 1 Rn. 411.

2123 BGH a.a.O.

D. Nötigung

I. Vorbemerkungen

Schutzgut der Nötigung (§ 240) ist die **Freiheit der Willensentschließung und Willensbetätigung.**[2124] 1121

Als Besonderheit weist § 240 das Erfordernis einer besonderen Rechtswidrigkeitsprüfung auf (sog. **Verwerflichkeitsklausel** in § 240 Abs. 2). 1122

§ 240 Abs. 4 regelt **besonders schwere Fälle** der Nötigung. 1123

II. Prüfungsaufbau

I. Tatbestandsmäßigkeit 1124

1. Objektiver Tatbestand
   - Nötigung unter Einsatz des Nötigungsmittels
     - Gewalt

     oder
     - Drohung mit einem empfindlichen Übel
   - Nötigungserfolg: Handlung, Duldung oder Unterlassung
   - Kausalität und obj. Zurechnung
2. Subjektiver Tatbestand

   Vorsatz

II. Rechtswidrigkeit

zusätzlich: Verwerflichkeit gem. § 240 Abs. 2

III. Schuld

III. Objektiver Tatbestand

Der objektive Tatbestand der Nötigung setzt eine Nötigungshandlung unter Einsatz von Gewalt oder Drohung mit einem empfindlichen Übel als Nötigungsmittel voraus sowie einen dadurch eingetretenen Nötigungserfolg. 1125

2124 BVerfG 11.11.1986 – 1 BvR 713/83 u.a., NJW 1987, 43, 44.

1. Nötigungshandlung

1126 Nötigen bedeutet seinem Wortsinn nach, einem anderen ein von ihm nicht gewolltes Verhalten **aufzwingen**, ihn gegen seinen Willen zu einem Tun, Dulden oder Unterlassen bestimmen.[2125]

Für eine Strafbarkeit nach § 240 muss dieses Nötigen mit Gewalt oder durch Drohung mit einem empfindlichen Übel erfolgen.

> Dies ist weniger als bspw. beim Raub und der räuberischen Erpressung, da §§ 249, 255 Gewalt *gegen eine Person* oder Drohungen mit *gegenwärtiger Gefahr für Leib oder Leben* voraussetzen.

a) Gewalt

aa) Begriff und dessen Entwicklung in der Rechtsprechung

1127 Was unter Gewalt i.S.v. § 240 Abs. 1 zu verstehen ist, ist umstritten[2126] und hat sich über viele Jahrzehnte entwickelt und gewandelt.

Ausgangspunkt der Entwicklung in der Rechtsprechung war die vom Reichsgericht verwendete Definition, nach der unter Gewalt die unter Anwendung **physischer (körperlicher) Kraft** erfolgende Einwirkung auf einen anderen zur Beseitigung eines tatsächlich geleisteten oder bestimmt erwarteten Widerstandes zu verstehen ist[2127] (sog. klassischer Gewaltbegriff[2128]).

In der Folge hat in der Rechtsprechung das Maß der körperlichen Kraftentfaltung immer mehr an Bedeutung verloren, sodass bereits ein nicht erheblicher Kraftaufwand genügte; als entscheidend wurde stattdessen das Maß der bei dem Genötigten eingetretenen **Zwangswirkung** erachtet.[2129] Den Abschluss dieser Entwicklung bildete dann die Gleichstellung von körperlich und psychisch wirkendem Zwang durch den BGH (sog. vergeistigter Gewaltbegriff).[2130]

> So nahm der BGH[2131] bspw. Gewalt i.S.v. § 240 auch in einem Fall an, in welchem sich Studierende auf den Gleiskörper einer Straßenbahn setzten und dadurch den Straßenbahnverkehr blockierten, um gegen eine Preiserhöhung der

2125 BGH 20.10.1999 – 2 StR 248/99, NStZ 2000, 140, 141.
2126 Ein Überblick zum Streitstand in der Literatur findet sich bei MüKo/Sinn, § 240 Rn. 55 ff.
2127 RG 2.12.1929 – II 369/28, RGSt 64, 113, 115.
2128 Wessels/Hettinger/Engländer, BT 1 Rn. 358.
2129 LK/Altvater/Coen, § 240 Rn. 12.
2130 Wessels/Hettinger/Engländer, BT 1 Rn. 359.
2131 Sog. Laepple-Urteil (benannt nach dem angeklagten Studenten Laepple, Erhardt Fn. 89 zu Rn. 335), BGH 8.8.1969 – 2 StR 171/69, NJW 1969, 1770 ff.

Verkehrsbetriebe zu protestieren: Zwar sei nur mit geringem körperlichem Kraftaufwand ein psychisch determinierter Prozess in Lauf gesetzt worden, entscheidend sei dann aber, welches Gewicht der ausgeübten psychischen Einwirkung zugekommen sei. Stelle sich ein Mensch der Bahn auf den Schienen entgegen, so liege darin die Ausübung eines Zwanges, der für den Fahrer sogar unwiderstehlich sei, denn er *müsse* halten, weil er sonst einen Totschlag beginge.[2132]

Im Zusammenhang mit Sitzdemonstrationen vor militärischen Einrichtungen in den 1980er und 1990er-Jahren hat sich auch das **BVerfG** mehrfach mit § 240 beschäftigt. Während es § 240 hinsichtlich der Normierung der Gewaltalternative an sich für vereinbar mit Art. 103 Abs. 2 GG hielt[2133], entschied das BVerfG im Jahr 1995, dass die erweiternde Auslegung des Gewaltbegriffs in § 240 Abs. 1 (im Sinne des vergeistigen Gewaltbegriffs) gegen Art. 103 Abs. 2 GG verstoße: Es lasse sich nicht mehr mit ausreichender Sicherheit vorhersehen, welches körperliche Verhalten, das andere psychisch an der Durchsetzung ihres Willens hindert, verboten sein soll und welches nicht[2134]. **1128**

Reine körperliche Anwesenheit und eine Zwangswirkung nur psychischer Natur reichen daher für das Vorliegen von Gewalt i. S. v. § 240 nicht aus. Es muss vielmehr durch **körperliche Kraftentfaltung** Zwang auf das Opfer ausgeübt werden und dieser Zwang darf nicht lediglich psychisch wirken, sondern muss **körperlich empfunden** werden.[2135]

Zusammenfassend lässt sich festhalten: **1129**

Gewalt i. S. d. § 240 Abs. 1 liegt vor, wenn der Täter durch **Entfaltung körperlicher Kraft** unmittelbar oder mittelbar **auf den Körper** eines anderen wirkenden **Zwang** ausübt, um einen geleisteten oder erwarteten Widerstand zu überwinden oder von vornherein auszuschließen.[2136]

Welche Anforderungen aber konkret an die körperliche Kraftentfaltung und die körperliche Zwangswirkung zu stellen sind, soll nachfolgend noch etwas genauer beleuchtet werden.

2132 BGH 8.8.1969 – 2 StR 171/69, NJW 1969, 1770, 1772.
2133 BVerfG 11.11.1986 – 1 BvR 713/83 u. a., NJW 1987, 43 ff.
2134 BVerfG 10.1.1995 – 1 BvR 718/89 u. a., NStZ 1995, 275, 276.
2135 BVerfG 29.3.2007 – 2 BvR 932/06, NJW 2007, 1669.
2136 Hohmann/Sander § 12 Rn. 5 m. w. N.

bb) Anforderungen an körperliche Kraftentfaltung und körperliche Zwangswirkung

1130 Was das Ausmaß der vonseiten der Täterin oder des Täters erforderlichen körperlichen Kraftentfaltung angeht, hat das BVerfG entschieden, dass aus verfassungsrechtlicher Sicht **keine bestimmte Intensität** der Kraftentfaltung des Täters erforderlich sei.[2137]

1131 Eine ausreichende körperliche Kraftentfaltung nimmt die Rspr. bspw. bei Errichtung von **physischen Barrieren** an:

> **Beispiele:**[2138]
>
> - Blockade einer Zufahrt durch mehrere Personen, die alle aneinander und zusätzlich die jeweils an den Enden stehenden Personen an die Pfosten des Zufahrttores gekettet sind.
> - Abstellen mehrerer Kfz auf beiden Fahrstreifen und dem Seitenstreifen einer Autobahn, sodass ein Durchkommen des nachfolgenden Verkehrs ausgeschlossen ist.

1132 Im **Straßenverkehr** kann nötigende Gewalt auch im Betätigen des Gaspedals zu sehen sein; die Auswirkungen müssen aber körperlich empfunden werden, also zu physisch merkbaren Angstreaktionen führen.[2139]

> Dementsprechend hat die Rspr.[2140] bspw. entschieden, dass dichtes Auffahren im Straßenverkehr unter Einsatz der Lichthupe und teilweise auch des Signalhorns, um den voranfahrenden Verkehrsteilnehmer zu schnellerem Fahren/Freigabe der Fahrbahn zu veranlassen, Gewalt i. S. d. § 240 sein kann.

1133 Im Zusammenhang mit Fällen von **Sitzblockaden** kann nach der Rspr. des BGH[2141] aber auch bei nur geringem körperlichen Aufwand (wie das Sich-Hinsetzen/Sich-auf-die-Fahrbahn-Begeben) Gewalt i. S. v. § 240 vorliegen, wenn seine Auswirkungen den Bereich des rein Psychischen verlassen und (auch) physisch wirkend sich als körperlichen Zwang darstellen. Dies ist nach Auffassung des BGH dann der Fall, wenn Kraftfahrer an der Weiterfahrt gehindert und deren Fahrzeuge bewusst dazu benutzt werden, die Durchfahrt für weitere Kraftfahrer tatsächlich zu versperren (sog. **Zweite-Reihe-Rechtsprechung**[2142]).

2137 BVerfG 29.3.2007 – 2 BvR 932/06, NJW 2007, 1669.
2138 Beide aus BVerfG 24.10.2001 – 1 BvR 1190/90 u. a., NJW 2002, 1031 f.
2139 BVerfG 29.3.2007 – 2 BvR 932/06, NJW 2007, 1669, 1670.
2140 BVerfG 29.3.2007 – 2 BvR 932/06, NJW 2007, 1669.
2141 S. zum Ganzen inkl. nachf. Bsp. BGH 20.7.1995 – 1 StR 126/95, NJW 1995, 2643 f.
2142 Zum Begriff s. bspw. Hilgendorf/Valerius, BT I § 4 Rn. 12.

Beispiel:

Insassen mehrerer Busse verteilen sich auf den Fahrbahnen einer Autobahn, stellen sich den herannahenden Fahrzeugen in den Weg und sperren auf diese Weise den Verkehr, in dem Bewusstsein, dass hierdurch eine Vielzahl von Autofahrern an der Weiterfahrt gehindert wird.

Bzgl. der Kraftfahrer/-innen, die die Personengruppe als erste erreichen, ist Gewalt angesichts einer rein psychischen Zwangswirkung abzulehnen. Da aber darüber hinaus die nachfolgenden Kraftfahrer/-innen (sozusagen die „zweite Reihe") ihre Fahrt nicht fortsetzen konnten, da ihnen – in Form der vor und hinter ihnen stehenden Fahrzeuge – nicht zu beseitigende physische Hindernisse entgegenstanden, beanstandete der BGH die Verurteilung wegen Nötigung nicht.

Was die strafrechtliche Beteiligungsform in solchen Fällen angeht, handelt es sich um die Konstellation einer **mittelbaren Täterschaft** gem. § 25 Abs. 1 Alt. 2: Die Demonstranten wenden nicht eigenhändig Gewalt an, sondern durch den ersten Fahrzeugführer als (gem. § 34 gerechtfertigter) Tatmittler. Dieser bremst aus Rücksicht auf die Rechtsgüter der Demonstranten ab und zwingt die nachfolgenden Fahrzeugführer zum Anhalten.[2143] Der Fahrer des ersten haltenden Wagens wird also als Werkzeug zur Blockade weiterer Fahrzeuge eingesetzt.[2144]

Die Zweite-Reihe-Rechtsprechung wurde vom BVerfG verfassungsrechtlich nicht beanstandet.[2145]

cc) Erscheinungsformen der Gewalt

Die Gewalt kann als **vis compulsiva** (Gewalt, durch die der Wille des Op- **1134**
fers gebeugt und dieses in die gewünschte Richtung gedrängt wird), aber auch als **vis absoluta** (Gewalt, die den Willen des Tatopfers vollkommen ausschaltet) ausgeübt werden.[2146]

Beispiele:[2147]

- Zufahren mit einem Pkw auf das Opfer, damit es zur Seite springt (vis compulsiva)
- Fesseln des Opfers (vis absoluta)

2143 BVerfG 7.3.2011 – 1 BvR 388/05, NJW 2011, 3020, 3021 f.
2144 Eisele, BT I Rn. 464, auch zur Gegenargumentation.
2145 BVerfG 7.3.2011 – 1 BvR 388/05, NJW 2011, 3020, 3021.
2146 Hilgendorf/Valerius, BT I § 4 Rn. 15.
2147 BeckOK/Valerius, § 240 Rn. 25.

Die vis absoluta muss vom Opfer nicht wahrgenommen werden, sodass sie auch gegen Bewusstlose oder Schlafende ausgeübt werden kann.[2148]

1135 Gewalt **gegen Sachen** kann auch Gewalt i. S. v. § 240 sein, wenn sie sich physisch auf die Person des Genötigten auswirkt.[2149]

Beispiele:[2150]

Einer gehunfähigen Person wird der Rollstuhl weggenommen; einem zahlungsunwilligen Mieter wird die Heizung abgestellt, um ihn zur Zahlung der Mietrückstände zu zwingen: Gewalt liegt vor, sobald der Mieter zu frieren beginnt.

1136 Gewalt **gegen Dritte** kann Gewalt gegen den Genötigten sein (Dreiecksnötigung), sofern sie sich auch auf den Genötigten physisch auswirkt.[2151]

dd) Subjektives Element des Gewaltbegriffs

1137 Nötigen mit Gewalt setzt den Willen des Täters voraus, durch sein Vorgehen einen tatsächlich geleisteten oder erwarteten Widerstand des Betroffenen zu überwinden oder unmöglich zu machen.[2152]

Daran fehlt es bspw.[2153], wenn ein Kfz-Führer am Weiterfahren durch einen Lastzug gehindert wird, der lediglich zwecks Abladens von Waren auf die – dadurch blockierte – Straße gestellt worden ist; hier war es nicht Ziel des Lkw-Fahrers, zu einem ungewollten Warten/Umweg zu zwingen, sondern dies wurde nur als bloße Folge in Kauf genommen.

b) Drohung mit einem empfindlichen Übel

1138 Als zweites mögliches Nötigungsmittel sieht § 240 Abs. 1 die Drohung mit einem empfindlichen Übel vor.

1139 Ein Übel ist jede vom Betroffenen als **nachteilig empfundene Veränderung** in der Außenwelt.[2154]

Auch eine Strafanzeige ist ein solches Übel, weil daraus zumindest ein Ermittlungsverfahren mit seinen vielfältigen nachteiligen Folgen erwachsen kann.[2155]

2148 Wessels/Hettinger/Engländer, BT 1 Rn. 362 m. w. N.
2149 Hilgendorf/Valerius, BT I § 4 Rn. 16.
2150 Sch/Sch/Eisele, vor §§ 234–241a, Rn. 13a; Hilgendorf/Valerius, BT I § 4 Rn. 16.
2151 LK/Altvater/Coen, § 240 Rn. 57; Rengier, BT II § 23 Rn. 35, wobei im Detail und für Fälle fehlender körperlicher Zwangswirkung Streit herrscht, s. hierzu näher MüKo/Sinn, § 240 Rn. 66 und Rengier, BT II a. a. O.
2152 Wessels/Hettinger/Engländer, BT 1 Rn. 366.
2153 OLG Hamm 25.6.2008 – 4 Ss 234/08, NStZ 2009, 213, 213 f.
2154 Fischer, § 240 Rn. 32.
2155 BGH 5.9.2013 – 1 StR 162/13, NJW 2014, 401, 403.

Empfindlich ist das Übel dann, wenn der in Aussicht gestellte Nachteil von einer **Erheblichkeit** ist, dass seine Ankündigung geeignet erscheint, den Bedrohten i. S. d. Täterverlangens zu motivieren.[2156] Dies ist allerdings nicht der Fall, wenn von dem Bedrohten in seiner Lage erwartet werden kann, dass er der Drohung in **besonnener Selbstbehauptung** standhält.[2157] **1140**

So stellt bspw. die Ankündigung einer Dienstaufsichtsbeschwerde im Allgemeinen keine Drohung mit einem empfindlichen Übel dar: Die Unannehmlichkeiten, die mit einer Dienstaufsichtsbeschwerde zwangsläufig verbunden seien, müsse grds. jeder Beamte tragen.[2158]

Das empfindliche Übel muss angedroht werden, also **ausdrücklich oder schlüssig in Aussicht gestellt** werden. Im Unterschied zur bloßen Warnung muss bei der Drohung ein Übel in Aussicht gestellt werden, auf dessen Eintritt der Drohende **Einfluss** hat oder zu haben vorgibt.[2159] **1141**

BEACHTE:

- Es kommt nicht darauf an, ob der Täter die Drohung wahr machen will oder kann, entscheidend ist, dass das Opfer die Drohung **ernst nehmen soll** und nimmt.[2160]
- Die Drohung bezieht sich nur auf **künftige Übel**; gegenwärtige Übelszufügungen können nur unter das Gewaltmerkmal fallen.[2161]
- Die Drohung mit einem empfindlichen Übel kann auch in der Ankündigung liegen, ein Handeln zu **unterlassen**, egal ob dieses Handeln rechtlich geboten[2162] ist oder nicht[2163] (solange es nicht verboten ist, da das Ausbleiben eines rechtlich unzulässigen Vorteils kein empfindliches Übel sein kann[2164]):[2165]
  - Bsp. 1 (rechtlich geboten):
    V droht M, seinen Unterhaltsverpflichtungen nicht nachzukommen, wenn er nicht die gemeinsame Tochter häufiger sehen dürfe.

2156 Fischer, § 240 Rn. 32a.
2157 BGH 13.1.1983 – 1 StR 737/81, NJW 1983, 765, 767.
2158 BGH 28.1.1976 – 2 StR 696/75, NJW 1976, 760; anders bei über die Ankündigung einer Beschwerde hinausgehenden Äußerungen KG 18.3.2021 – (3) 121 Ss 14/21 (10/21), juris-Rn. 20ff.
2159 Lackner/Kühl/Heger, § 240 Rn. 12; BeckOK/Valerius, § 240 Rn. 34f.
2160 Hohmann/Sander § 12 Rn. 11; Rengier, BT II § 23 Rn. 39, auch weiterführend zur str. Frage der tatsächlichen Ernstnahme.
2161 Rengier, BT II § 23 Rn. 41.
2162 Näher hierzu bspw. Rengier, BT II § 23 Rn. 47.
2163 BGH 13.1.1983 – 1 StR 737/81, NJW 1983, 765; ausf. dazu bspw. Hohmann/Sander § 12 Rn. 16ff.
2164 Wessels/Hettinger/Engländer, BT 1 Rn. 371.
2165 Nachf. Bsp. 1 und 3 aus Wessels/Hettinger/Engländer, BT 1 Rn. 371; Bsp. 2 nach BGH 13.1.1983 – 1 StR 737/81, NJW 1983, 765.

- Bsp. 2 (rechtlich nicht geboten):
  Ladendetektiv L droht B nach einem Ladendiebstahl, die Übermittlung der Strafanzeige an die Polizei nicht zu verhindern, wenn sie nicht mit ihm schlafe
- Bsp. 3 (rechtlich verboten):
  Zeuge Z droht dem Angeklagten, nicht falsch zu seinen Gunsten auszusagen, wenn er ihn nicht zuvor dafür bezahle.

1142 Angedroht werden kann auch ein Übel für einen **Dritten**. Dies genügt, wenn dies für das Nötigungsopfer ein empfindliches Übel darstellt.[2166]

Beispiel:[2167]

Der Täter droht dem Vater mit der Ermordung seiner Tochter.

2. Nötigungserfolg

1143 Durch die Nötigungshandlung muss kausal und objektiv zurechenbar ein Nötigungserfolg in Form einer **Handlung, Duldung oder Unterlassung** eintreten.[2168]

IV. Subjektiver Tatbestand

1144 In subjektiver Hinsicht reicht nach h. A. **bedingter Vorsatz**[2169]; mit Blick auf das subjektive Element des Gewaltbegriffs (s. Rn. 1137) bzw. die Formulierung in § 240 Abs. 2 („zu dem angestrebten Zweck") wird teilweise das Vorliegen von Absicht gefordert.[2170]

V. Rechtswidrigkeit

1145 Auf der Ebene der Rechtswidrigkeit muss neben der üblichen Prüfung etwaiger **Rechtfertigungsgründe** eine zusätzliche **Verwerflichkeit**sprüfung nach § 240 Abs. 2 erfolgen: Die Tat ist nur rechtswidrig, wenn die Anwendung der Gewalt oder die Androhung des Übels zu dem angestrebten Zweck als verwerflich anzusehen ist.

Die Klausel ist als **Korrektiv** entwickelt worden, um den tatbestandlich auf alle Rechtsbereiche ausgedehnten Schutz der Freiheit der Willensentschließung und Willensbetätigung auf die strafwürdigen Fälle einzugrenzen.[2171]

2166 MüKo/Sinn, § 240 Rn. 84.
2167 Wessels/Hettinger/Engländer, BT 1 Rn. 369.
2168 Eisele, BT I, Rn. 480.
2169 BeckOK/Valerius, § 240 Rn. 42.
2170 Zum Streitstand m. w. N. Rengier, BT II § 23 Rn. 70.
2171 Fischer, § 240 Rn. 40.

Die Rspr. nimmt eine Verwerflichkeit an, wenn die Verquickung von Mittel und Zweck mit den Grundsätzen eines geordneten Zusammenlebens unvereinbar, also „**sozial unerträglich**" ist.[2172] 1146

Die Verwerflichkeit kann sich hierbei ergeben aus
1. dem angestrebten Nötigungs*erfolg*,
2. dem konkret eingesetzten Nötigungs*mittel* oder
3. der Zweck-Mittel-*Relation*.[2173]

Sind **sowohl** das Nötigungsmittel **als auch** der Nötigungszweck **rechtswidrig**, ist auch die Anwendung des Mittels zur Zweckerreichung verwerflich.[2174]

Beispiel:[2175]

T zwingt O durch Bedrohung mit einer Pistole zur Begehung einer Straftat.

Verwerflichkeit i. S. v. § 240 Abs. 2 kann aber auch vorliegen, wenn **nur eines** von beidem – Nötigungszweck oder -mittel – **rechtlich zu missbilligen** ist.[2176]

Beispiel:[2177]

T droht den O zu erschießen, falls dieser nicht endlich seine Schulden bezahle.

Hier ist die Grenze erlaubter Selbsthilfe überschritten, T hätte ggf. den Rechtsweg beschreiten müssen.

Sind **sowohl** das Nötigungsmittel **als auch** der Nötigungszweck **rechtmäßig**, ist für die Frage der Verwerflichkeit entscheidend, ob Zweck und Mittel in einem inneren Zusammenhang stehen oder nicht (sog. **Konnexität bzw. Inkonnexität**).[2178]

2172 BGH 5.9.2013 – 1 StR 162/13, NStZ 2014, 149, 152.
2173 Wessels/Hettinger/Engländer, BT 1 Rn. 379.
2174 Kindhäuser/Schramm, BT I § 13 Rn. 41.
2175 Eisele, BT I Rn. 490.
2176 Rengier, BT II § 23 Rn. 61.
2177 Eisele, BT I Rn. 491.
2178 Kindhäuser/Schramm, BT I § 13 Rn. 44, 46.

> Erfährt bspw.[2179] O, dass er von D bestohlen wurde, und droht ihm mit einer Strafanzeige, wenn D ihm die entwendete Sache nicht zurückgibt, besteht ein innerer Zusammenhang zwischen Nötigungsmittel und Nötigungszweck, sodass keine Verwerflichkeit gegeben ist.
>
> Droht hingegen Ladendetektiv L der B nach einem Ladendiebstahl, Strafanzeige gegen sie zu erstatten, wenn sie ihm nicht 1000 Euro bezahlt, besteht keinerlei innerer Zusammenhang zwischen Nötigungsmittel und Nötigungszweck, sodass die Verwerflichkeit zu bejahen ist.

1147 Für die Beurteilung der Verwerflichkeit i. S. v. § 240 Abs. 2 ist speziell im Zusammenhang mit **Blockadeaktionen** nach der Rspr.[2180] Folgendes zu beachten:

- Auch Sitzblockaden fallen, solange sie friedlich sind, unter den Schutz des Art. 8 GG, auch unabhängig davon, ob sie anmeldepflichtig und angemeldet sind.
- Im Rahmen der Prüfung der Verwerflichkeit sind alle für die Mittel-Zweck-Relation wesentlichen Umstände und Beziehungen zu erfassen und die auf dem Spiel stehenden Rechte, Güter und Interessen nach ihrem Gewicht in der sie betreffenden Situation **abzuwägen**.
  Wichtige Abwägungselemente sind:
  - Dauer und Intensität der Aktion,
  - ihre vorherige Bekanntgabe,
  - Ausweichmöglichkeiten über andere Zufahrten,
  - Dringlichkeit des blockierten Transports,
  - Sachbezug zwischen den in ihrer Fortbewegungsfreiheit beeinträchtigten Personen und dem Protestgegenstand.

Umstritten ist, ob nur sog. Nahziele (also Verkehrsbehinderungen[2181]) oder auch **Fernziele** (wie bspw. Abrüstung, Friedenssicherung, Umweltschutz[2182]) im Rahmen der Verwerflichkeitsprüfung berücksichtigt werden sollen.

Der **BGH** lehnte in einem Beschluss aus dem Jahr 1988 eine Berücksichtigung von Fernzielen im Rahmen der Prüfung der Rechtswidrigkeit der Nötigung ab und wollte diese ausschließlich bei der Strafzumessung be-

2179 Bsp. aus Kindhäuser/Schramm, BT I § 13 vor Rn. 40 sowie Rn. 46 und zu Bsp. 2 OLG Karlsruhe 20.10.2004 – 1 Ss 76/03, NJW 2004, 3724 (zu § 253).
2180 BVerfG 7.3.2011 – 1 BvR 388/05, NJW 2011, 3020, 3022 f.; BVerfG 24.10.2001 – 1 BvR 1190/90 u. a., NJW 2002, 1031, 1033.
2181 Erhardt Rn. 339.
2182 Eisele, BT I Rn. 495.

rücksichtigen.[2183] Das **BVerfG** fordert aber, dass das Gewicht solcher demonstrationsspezifischen Umstände mit Blick auf das kommunikative Anliegen der Versammlung (also das Ziel der Erregung von Aufmerksamkeit für ein politisches Anliegen[2184]) zu bestimmen sei, ohne dass aber dem Strafgericht eine Bewertung zustehe, ob es dieses Anliegen als nützlich und wertvoll einschätzt oder es missbilligt.[2185] Dies bedeutet jedoch nicht, dass einer Fernzielberücksichtigung „generell Tür und Tor geöffnet" würde; Fernziele spielen jedoch dann eine Rolle, wo es um die Bewertung geht, ob eine Frage im öffentlichen Interesse steht.[2186]

VI. Versuch und besonders schwere Fälle

Der **Versuch** ist gem. § 240 Abs. 3 strafbar. 1148

Besonders schwere Fälle der Nötigung sind in § 240 Abs. 4 geregelt. Als Regelbeispiele benennt der Gesetzgeber das Nötigen einer Schwangeren zum Schwangerschaftsabbruch (Nr. 1) sowie den Missbrauch der Befugnisse/Stellung als Amtsträger (Nr. 2; s. zur Amtsträgereigenschaft § 11 Abs. 1 Nr. 2). 1149

VII. Abschließender Fall

Sachverhalt:[2187] 1150

Die A setzt sich an einem Montag gegen 8.20 Uhr während der Grünphase einer Fußgängerampel mit 13 weiteren Demonstrantinnen und Demonstranten vom Aktionsbündnis „Aufstand letzte Generation" auf die Fahrbahn der mehrspurigen X-Straße. Hierdurch soll unter dem Motto „Essen retten Leben retten" auf das Problem der Lebensmittelverschwendung hingewiesen werden, die auch erhebliche Auswirkungen auf den CO_2*-Ausstoß hat.*

Die Demonstrantinnen und Demonstranten geben die Fahrbahn auch nach Umspringen der Ampel für den Verkehr auf Grün nicht frei. Hierdurch werden die Fahrzeuge ab der zweiten Reihe durch die voraus- und nebenstehenden Fahrzeuge an der Weiterfahrt gehindert. Die Staulänge beträgt mindestens 2,6 km.

2183 BGH 5.5.1988 – 1 StR 5/88, NStZ 1988, 362 ff.
2184 Zimmermann/Griesar, JuS 2023, 401, 407.
2185 BVerfG 7.3.2011 – 1 BvR 388/05, NJW 2011, 3020, 3023. Näher dazu bspw. MüKo/Sinn, § 240 Rn. 143 ff.
2186 MüKo/Sinn, § 240 Rn. 144.
2187 Nach LG Freiburg 8.12.2023 – 64/23 17 NBs 450 Js 23772/22, BeckRS 2023, 40734.

Um 9.18 Uhr kann eine Spur für den Verkehr wieder geöffnet werden, ab 10.10 Uhr wird die gesamte Fahrbahn für den Fahrzeugverkehr wieder freigegeben.

Hat sich A gem. § 240 strafbar gemacht?

Lösungshinweise:

Für die ersten Fahrzeuge direkt vor den Demonstrantinnen und Demonstranten wirkt sich das Sich-auf-die-Fahrbahn-Setzen, was als körperliche Kraftentfaltung ausreichend ist, rein psychisch aus, sodass bzgl. der ersten Reihe keine Gewalt als Nötigungsmittel eingesetzt worden ist. Die Fahrzeuge der ersten Reihe werden aber von den Demonstrantinnen und Demonstranten bewusst als Werkzeug dazu benutzt, eine Weiterfahrt für die weiteren Kfz-Führerinnen und -Führer zu verhindern, insoweit also physische Hindernisse zu errichten. Eine körperliche Zwangswirkung liegt daher vor (**Zweite-Reihe-Rspr.**). Auch die weiteren objektiven und subjektiven Voraussetzungen einer Nötigung in mittelbarer Täterschaft sind erfüllt.

Eine Rechtfertigung über § 34 scheitert (spätestens) an der Angemessenheit nach § 34 S. 2, eine Rechtfertigung aus sog. zivilem Ungehorsam ist nicht möglich.[2188]

Fraglich ist, ob die Anwendung von Gewalt als verwerflich und damit rechtswidrig i. S. v. § 240 Abs. 2 anzusehen ist.

Im Rahmen der Abwägung stehen sich einerseits insbesondere Art. 8 GG und andererseits insbesondere die Fortbewegungsfreiheit aus Art. 2 Abs. 2 S. 2 GG gegenüber. Das LG Freiburg bejahte die Verwerflichkeit im konkreten Fall spätestens nach Ablauf von 30 Minuten. Zwar sei die Blockade einer Straße zur Erzeugung öffentlicher Aufmerksamkeit nicht per se rechtswidrig. Es habe aber kaum ein konkreter Sachbezug zwischen Versammlungsthema (Klimakrise und Lebensmittelverschwendung) und Versammlungsort/den von der Aktion Betroffenen bestanden. Die Blockade habe hier auch wahllos Wenigfahrer, Carsharing-Nutzer, Elektrofahrzeuge etc. getroffen.

Die Gruppe an Versammlungsteilnehmern sei klein gewesen (14–15 Personen) und ihr mehrere Hundert Fahrzeugführer/Insassen der Kfz gegenübergestanden. Die Dauer sei mit knapp zwei Stunden bis zur vollständigen Freigabe des Verkehrs sehr lang (wenn auch nach etwa einer Stunde ein einspuriger Abfluss erfolgen konnte) und weit außerhalb normaler Behinderungen im Morgenverkehr gewesen. Schließlich sei die Verkehrsbehinderung auch nicht angekündigt gewesen, sodass keine Möglichkeit auszuweichen bestanden habe.[2189]

Eine Strafbarkeit wegen Nötigung (Anm.: in mittelbarer Täterschaft, § 25 Abs. 1 Alt. 2) wurde daher im konkreten Fall bejaht.

Interessanterweise ist ein anderer an der Aktion beteiligter Demonstrant – ebenfalls vom AG Freiburg – freigesprochen worden, nachdem die Verwerf-

2188 Zu beidem näher bspw. Zimmermann/Griesar, JuS 2023, 401, 403 ff. sowie BayObLG 21.4.2023 – 205 StRR 63/23, NStZ 2023, 747; OLG Celle 29.7.2022 – 2 Ss 91/22, NStZ 2023, 113. Zu § 34 ausf. auch Erb, NStZ 2023, 577, 580 ff.

2189 LG Freiburg 8.12.2023 – 64/23 17 NBs 450 Js 23772/22, BeckRS 2023, 40734, Rn. 69, 72 ff.

lichkeit verneint worden war.[2190] Diese Entscheidung wurde jedoch vom OLG Karlsruhe aufgehoben und zur neuen Verhandlung und Entscheidung zurückverwiesen. In diesem Zusammenhang wies das OLG Karlsruhe aber darauf hin, dass jedenfalls bei einer unangekündigten Blockade einer Hauptverkehrsstraße über einen nicht unerheblichen Zeitraum hinaus, die mangels hinreichender Ausweichmöglichkeiten zu einem erheblichen Rückstau mit erheblicher Zeitverzögerung für die davon betroffenen Personen führt, angesichts des nur teilweisen Bezugs der von der Blockade betroffenen Personen zu den verfolgten Zielen die Verneinung der Verwerflichkeit eher fernliegen dürfte.[2191]

E. Bedrohung

I. Vorbemerkungen

§ 241 stellte in seiner bis ins Jahr 2021 geltenden Fassung „allein" die Be- **1151**
drohung mit einem **Verbrechen** (sowie das Vortäuschen der bevorstehenden Verwirklichung eines solchen) unter Strafe. Dies ist auch nach wie vor der Fall (s. § 241 Abs. 2 und 3), im Vergleich zur früheren Fassung aber mit erhöhter Strafandrohung.

Neu eingeführt wurden aber im März 2021 die Absätze 1, 4 und 5 der Vorschrift: Abs. 1 erweitert den Anwendungsbereich über Verbrechen hinaus auf **bestimmte andere rechtswidrige Taten**, Abs. 4 enthält einen Qualifikationstatbestand und Abs. 5 eine **Strafantrag**sregelung.

Hintergrund dieser (und anderer in diesem Zusammenhang eingeführten) Neuregelung(en) war das Ziel einer intensiveren und effektiveren Strafverfolgung insbesondere zur Bekämpfung des Rechtsextremismus und der Hasskriminalität, nachdem, so die Gesetzesinitiativen, im Internet und insbesondere in den sog. sozialen Medien eine zunehmende Verrohung der Kommunikation zu beobachten sei.[2192]

Geschütztes Rechtsgut ist nach h. M. der **individuelle Rechtsfrieden**, d. h. das **1152**
Gefühl der durch das Recht gewährleisteten Sicherheit des Einzelnen.[2193]

2190 Näher dazu AG Freiburg 21.11.2022 – 24 Cs 18098/22, BeckRS 2022, 38214.
2191 OLG Karlsruhe 20.2.2024 – 2 ORs 35 Ss 120/23, BeckRS 2024, 2340, Rn. 24.
2192 BT-Drs. 19/20163, S. 1.
2193 BeckOK/Valerius, § 241 Rn. 1.

II. Prüfungsaufbau

1153 I. Tatbestandsmäßigkeit
   1. Objektiver Tatbestand
      – Bedrohen eines anderen mit
         – einer bestimmten rechtswidrigen Tat (Abs. 1)
         oder
         – einem Verbrechen (Abs. 2)
      oder
      – Vortäuschen eines bevorstehenden Verbrechens (Abs. 3)
   2. Subjektiver Tatbestand
      Vorsatz
      und (bei Abs. 3)
      wider besseres Wissen
II. Rechtswidrigkeit
III. Schuld

III. Objektiver Tatbestand

1. Bedrohungstatbestände

1154 Unter Strafe steht gem. § 241 das Bedrohen eines Menschen mit der Begehung einer gegen ihn oder eine ihm nahestehende Person gerichteten rechtswidrigen Tat bestimmter Art.

a) Bedrohen

1155 Bedrohen ist das Inaussichtstellen einer Tat, das bei dem Bedrohten den Eindruck der Ernstlichkeit erwecken **soll** und hierzu nach seinem objektiven Erklärungswert auch **geeignet** ist.[2194] Es kommt also nicht darauf an, ob der Drohungsadressat die Drohung wirklich für ernst nimmt, sondern nur darauf, ob er sie als ernst gemeint empfinden durfte.[2195] Unerheblich ist auch, ob der Täter tatsächlich willens ist, die Tat auszuführen, oder ob er dazu überhaupt in der Lage ist.[2196]

2194 Fischer, § 241 Rn. 4.
2195 NK/Toepel, § 241 Rn. 10.
2196 LK/Schluckebier, § 241 Rn. 10.

Die Drohung kann **mündlich, schriftlich**, aber auch durch **schlüssig**es Verhalten erfolgen.[2197] 1156

Die angedrohte Straftat kann sich gegen den Drohungsadressaten, aber auch gegen eine dem Adressaten der Drohung **nahestehende Person** richten. Die nahestehende Person ist wie in § 35 Abs. 1 S. 1 zu verstehen, muss aber tatsächlich – also nicht nur in der Vorstellung des Drohenden – existieren.[2198] 1157

Vollendet ist die Tat, wenn die Drohung zur Kenntnis des Adressaten gelangt und dieser auch den Sinngehalt der Drohung versteht.[2199] 1158

b) Art der Straftat

Gem. **Abs. 1** der Vorschrift muss es sich bei dieser rechtswidrigen Tat um eine Tat gegen die sexuelle Selbstbestimmung, die körperliche Unversehrtheit oder die persönliche Freiheit handeln oder eine Tat, die sich gegen eine Sache von bedeutendem Wert (Wertgrenze ca. 750–1500 Euro[2200]) richtet. 1159

Da angesichts dieser gesetzlichen Formulierung auch „bagatellartige Fallkonstellationen wie das Inaussichtstellen einer Ohrfeige“[2201] von § 241 Abs. 1 erfasst werden, wird hieran in der Literatur zu Recht Kritik geäußert.[2202]

Abs. 2 der Vorschrift erfasst die Bedrohung mit einem Verbrechen. 1160

2. Vortäuschungstatbestand

Der sog. Vortäuschungstatbestand des § 241 Abs. 3 bestraft, wer einem Menschen vortäuscht, dass die Verwirklichung eines gegen ihn oder eine ihm nahestehende Person gerichteten **Verbrechen**s bevorstehe. 1161

Ein Vortäuschen liegt hierbei nur vor, wenn die angekündigte Tat **in Wahrheit nicht bevorsteht**.[2203]

Im Gegensatz zu den Bedrohungstatbeständen handelt es sich hier um Fälle der **„falschen Warnung“**, durch die der Täter ein (tatsächlich nicht geplantes) Verbrechen in Aussicht stellt, ohne aber dabei vorzugeben, auf dessen Verwirklichung (noch) Einfluss zu haben: Entweder wird das Verbrechen als von dritter Seite drohend dargestellt oder dahin gehend, dass 1162

2197 LK/Schluckebier, § 241 Rn. 11.
2198 Rengier, BT II § 27 Rn. 3; BVerfG 19.12.1994 – 2 BvR 1146/94, NJW 1995, 2776, 2777.
2199 Wessels/Hettinger/Engländer, BT 1 Rn. 389.
2200 Fischer, § 241 Rn. 14 m.w.N. aus der Rspr.; BeckOK/Valerius, § 241 Rn. 6 plädiert für 750 Euro, NK/Toepel, § 241 Rn. 8 für ca. 1300 Euro.
2201 Wessels/Hettinger/Engländer, BT 1 Rn. 389.
2202 Näher s. bspw. Wessels/Hettinger/Engländer a.a.O. und Fischer, § 241 Rn. 10.
2203 BeckOK/Valerius, § 241 Rn. 9.

der Täter das von ihm eingeleitete Verbrechen als nicht mehr beeinflussbar bevorstehend vorspiegelt.[2204]

Beispiel:

Vortäuschen, eine Bombe versteckt zu haben, die jeden Moment explodieren könne.

Absatz 2 und Absatz 3 schließen sich wechselseitig aus.[2205]

IV. Subjektiver Tatbestand

1163 In subjektiver Hinsicht genügt für die Bedrohungstatbestände **bedingter Vorsatz**.[2206]

1164 Auch für den Vortäuschungstatbestand ist (zumindest bedingter) **Vorsatz** erforderlich, allerdings muss hinsichtlich der angeblichen Verbrechensverwirklichung **wider besseres Wissen** gehandelt werden, also die Überzeugung bestehen, dass das in Aussicht gestellte Verbrechen tatsächlich nicht bevorsteht.[2207]

V. Qualifikation und Strafverfolgungsvoraussetzung

1165 Der Qualifikationstatbestand des § 241 Abs. 4 sieht eine erhöhte Strafandrohung vor, wenn die Tat **öffentlich**, in einer **Versammlung** oder durch **Verbreiten eines Inhalts** (§ 11 Abs. 3) begangen wird.

1166 § 241 Abs. 5 überträgt schließlich evtl. für die angedrohte Tat geltende **Strafantrag**serfordernisse auf § 241, sodass dessen Strafverfolgung dann ebenfalls nur bei Vorliegen der entsprechenden Strafantragserfordernisse möglich ist.

F. Nachstellung

I. Vorbemerkungen

1167 Der Straftatbestand der Nachstellung ist im Jahr 2007 in das StGB aufgenommen worden. Hierdurch sollte ein besserer Schutz der Opfer des sog.

2204 Zum Ganzen inkl. nachf. Bsp. Sch/Sch/Eisele, § 241 Rn. 10.
2205 LK/Schluckebier, § 241 Rn. 29.
2206 LK/Schluckebier, § 241 Rn. 22.
2207 LK/Schluckebier, § 241 Rn. 31; Sch/Sch/Eisele, § 241 Rn. 11; Kindhäuser/Schramm, BT I § 14 Rn. 9.

Stalking erreicht und Strafbarkeitslücken geschlossen werden, die insbesondere darin gesehen wurden, dass der **typische Unrechtsgehalt** der Nachstellung vom bis dahin geltenden Strafrecht nicht ausreichend erfasst werde.[2208] Stalking ist dadurch gekennzeichnet, dass einer anderen Person fortwährend nachgestellt, aufgelauert oder auf andere Weise mit hoher Intensität Kontakt zu ihr gesucht bzw. in ihren individuellen Lebensbereich eingegriffen wird.[2209]

Eine umfangreiche Neufassung des § 238 erfolgte zuletzt im Jahr 2021, **1168** nachdem zum einen ein Evaluierungsbericht der Bundesregierung **Probleme der Strafverfolgungspraxis** mit der bisherigen gesetzlichen Fassung erbrachte und zum anderen angesichts der Zunahme des **Cyberstalking**s gesetzlicher Anpassungsbedarf gesehen wurde.[2210]

Wie genau das Schutzgut des § 238 zu umschreiben ist, ist im Einzelnen **1169** umstritten. Zusammenfassend wird man aber sagen können, dass § 238 den **individuellen Rechtsfrieden** eines Menschen vor **nicht nur unerheblichen Freiheitsbeschränkungen** schützt.[2211]

§ 238 Abs. 2 normiert **besonders schwere Fälle** der Nachstellung, Abs. 3 **1170** eine **Erfolgsqualifikation**.

Vier Fünftel der **Tatverdächtige**n sind männlich, ein Fünftel weiblich.[2212] **1171** Betroffen sind überwiegend Frauen in Trennungssituationen, aber auch andere ehemalige Partner sowie prominente Personen des öffentlichen Lebens, Ärzte und Rechtsanwälte.[2213]

II. Prüfungsaufbau

I. Tatbestandsmäßigkeit **1172**

1. Objektiver Tatbestand
   - Nachstellen einer anderen Person durch
     - mind. eine Tatvariante nach Abs. 1 Nr. 1–8

     und zwar
     - wiederholt

2208 BT-Drs. 16/575, S. 1 f., 6.
2209 BT-Drs. 16/575, S 1.
2210 BT-Drs. 19/28679, S. 1.
2211 LK/Krehl/Güntge, § 238 Rn. 14 m. w. N.
2212 Fischer, § 238 Rn. 1.
2213 Rengier, BT II § 26a Rn. 3.

<u>und</u>

- unbefugt
- Eignung der Tathandlung zur nicht unerheblichen Beeinträchtigung der Lebensgestaltung der anderen Person

2. Subjektiver Tatbestand

   Vorsatz

II. Rechtswidrigkeit

III. Schuld

III. Objektiver Tatbestand

1. Tathandlung

1173 Tathandlung des § 238 Abs. 1 ist das unbefugte Nachstellen einer anderen Person durch das wiederholte Begehen (mindestens) einer der in § 238 Abs. 1 Nr. 1–8 umschriebenen Verhaltensweisen.

a) Nachstellen durch Verwirklichen der Tatvarianten des Abs. 1 Nr. 1 bis 8

1174 Der Begriff des Nachstellens umschreibt Handlungen, die darauf ausgerichtet sind, durch unmittelbare oder mittelbare **Annäherung an das Opfer** in dessen persönlichen Lebensbereich einzugreifen und dadurch seine Handlungs- und Entschließungsfreiheit zu **beeinträchtigen**.[2214]

1175 § 238 Abs. 1 sieht **acht verschiedene Tatvarianten** vor.

1176 § 238 Abs. 1 **Nr. 1** erfasst das Aufsuchen der räumlichen Nähe der/des Geschädigten, **Nr. 2** den Versuch der Kontaktaufnahme unter Verwendung von Telekommunikations- oder sonstigen Mitteln oder über Dritte.

Beispiele:

- Auflauern, Verfolgen, Vor-dem Haus-Stehen[2215]
- unerwünschte Anrufe, elektronische Nachrichten (SMS, WhatsApp, E-Mails), schriftliche Botschaften an der Windschutzscheibe, versuchte Kontaktaufnahme bspw. über Kollegen[2216]

2214 BGH 19.12.2012 – 4 StR 417/12, NStZ-RR 2013, 145, 146.
2215 Wessels/Hettinger/Engländer, BT 1 Rn. 339
2216 BT-Drs. 16/575, S. 7; Rengier, BT II § 26a Rn. 10.

Für Nr. 1 ist ein Sichtkontakt bzw. eine Wahrnehmung durch das Opfer nicht erforderlich.[2217]

§ 238 Abs. 1 **Nr. 3** erfasst das Bestellen von Waren oder Dienstleistungen bzw. das Veranlassen eines Dritten zur Kontaktaufnahme mit dem/der Geschädigten, jeweils unter missbräuchlicher Verwendung von personenbezogenen Daten der/des Geschädigten. **1177**

Beispiele.:

- Bestellen von Pizzen unter dem Namen d. Geschädigten[2218]
- Aufgabe einer Kontaktanzeige durch den Täter mit dem Angebot sexueller Dienstleistungen unter Angabe der Telefonnummer d. Geschädigten[2219]

Die Tatvariante des § 238 Abs. 1 **Nr. 4** ist erfüllt, wenn bestimmte, im Gesetz näher umschriebene Formen der Bedrohung der geschädigten Person ggü. erfolgen (in Bezug auf sie selbst, einen Angehörigen oder eine andere ihr nahestehende Person). **1178**

§ 238 Abs. 1 **Nr. 5–7** erfassen bestimmte Formen des Cyberstalkings: Neben der Verwirklichung einer Straftat aus §§ 202a–202c (s. hierzu näher Rn. 190 ff.) dem beschriebenen Personenkreis ggü. fällt hierunter auch das Verbreiten oder der Öffentlichkeit Zugänglichmachen bestimmter (vgl. die genauen gesetzlichen Anforderungen) Abbildungen oder Inhalte. **1179**

Beispiele:[2220]

- Der Täter hackt sich in E-Mail-/Social-Media-Konten d. Geschädigten ein.
- Der Täter veröffentlicht nach Beziehungsende intime Aufnahmen seiner ehemaligen Partnerin (sog. „Racheporno").
- Der Täter legt ein Social-Media-Konto unter dem Namen d. Geschädigten an und kündigt darüber einen Amoklauf an.

Als Auffangtatbestand erfasst schließlich § 238 Abs. 1 **Nr. 8** die Vornahme einer mit Nr. 1 bis 7 vergleichbaren Handlung. Erforderlich ist hierfür eine Tätigkeit, die nach Art und Schwere des damit verbundenen Ein- **1180**

2217 BeckOK/Valerius, § 238 Rn. 5 m. w. N. auch zu a. A.
2218 Wessels/Hettinger/Engländer, BT 1 Rn. 340.
2219 BT-Drs. 16/575, S. 7 f.
2220 Nach BT-Drs. 19/28679, S. 12.

griffs in die Lebensgestaltung des Opfers den anderen Katalogvarianten der Nr. 1 bis 7 entspricht.[2221]

Beispiel:[2222]

Ständiges Beobachten mit einem Fernglas oder einer Kamera.

b) Wiederholte und unbefugte Begehungsweise

1181 Mindestens eine der oben beschriebenen Verhaltensweisen muss **wiederholt** begangen werden. Eine nur einmalige Verwirklichung nur einer der Tatvarianten reicht daher nicht aus.[2223]

Wie vieler Wiederholungen es für ein Vorliegen des Tatbestandsmerkmals „wiederholt" bedarf, ist ausweislich der Gesetzesbegründung **vom Einzelfall abhängig**. Bei schwerer wiegenden Einzelhandlungen könne schon eine geringe einstellige Anzahl von Wiederholungen hinreichend für eine Strafbarkeit sein.

Nicht erforderlich sei hierbei, dass *ein und dasselbe* in Abs. 1 Nr. 1 bis 8 abstrakt beschriebene Verhalten wiederholt wird. Ausreichend sei vielmehr, wenn es zu mehreren, verschiedenartigen Handlungen im Sinne des Abs. 1 Nr. 1 bis 8 durch den Täter komme.[2224]

1182 Das Erfordernis der **unbefugt**en Begehungsweise (Tatbestandsmerkmal!) soll den Anwendungsbereich von § 238 auf strafwürdige Fälle beschränken[2225] und ist gegeben, wenn sich der Täter weder auf eine amtliche oder privatautonome Befugnisnorm noch auf ein Einverständnis des Opfers berufen kann[2226].

So handeln bspw.[2227] weder Gerichtsvollzieherinnen und Gerichtsvollzieher im Rahmen ihrer amtlichen Tätigkeit noch Journalistinnen und Journalisten, die sich im Rahmen der Pressefreiheit bewegen, unbefugt.

2. Eignung der Tathandlung zur nicht unerheblichen Beeinträchtigung der Lebensgestaltung

1183 Das Nachstellen muss gem. § 238 Abs. 1 **geeignet** sein, die Lebensgestaltung der Person, der nachgestellt wird, nicht unerheblich zu beeinträchtigen.

2221 BeckOK/Valerius, § 238 Rn. 12; Zur Kritik an dieser Regelung bspw. Lackner/Kühl/Heger, § 238 Rn. 5.
2222 Rengier, BT II § 26a Rn. 14.
2223 Wessels/Hettinger/Engländer, BT 1 Rn. 342.
2224 Zum Ganzen BT-Drs. 19/28679, S. 12.
2225 BeckOK/Valerius, § 238 Rn. 14.
2226 Wessels/Hettinger/Engländer, BT 1 Rn. 343.
2227 Vgl. Rengier, BT II § 26a Rn. 8; BeckOK/Valerius, § 238 Rn. 15.

Es muss also *nicht* zu einer tatsächlichen Beeinträchtigung kommen, die **Eignung genügt**.[2228] Eine strafwürdige Handlung des Täters liegt hierbei ausweislich der Gesetzesbegründung bereits dann vor, wenn sein Verhalten einen so hohen Druck auf das Opfer erzeuge, dass ein objektivierbarer Anlass für eine Verhaltensänderung bestehe.[2229]

Es gilt also ein **objektivierender Maßstab aus der Perspektive des Opfers.**[2230]

Die (potenzielle) Beeinträchtigung muss **nicht unerheblich** sein, wovon eine über das „übliche" Maß hinausgehende, von der betroffenen Person zu Recht als aufgezwungen empfundene negative Veränderung erfasst sein soll.[2231] 1184

Beispiele:

Aufgeben der Wohnung; Umzug in eine andere Stadt; Veränderungen im Sozialverhalten wie z.B. durch Aufgeben von Freizeitaktivitäten[2232]; u.U. aber auch schon bei einem Wechsel der Telefonnummer[2233].

IV. Subjektiver Tatbestand

In subjektiver Hinsicht setzt § 238 (zumindest **bedingten) Vorsatz** voraus.[2234] 1185

V. Besonders schwere Fälle und Erfolgsqualifikation

1. Besonders schwere Fälle

§ 238 Abs. 2 normiert für besonders schwere Fälle der Nachstellung nach § 238 Abs. 1 Nr. 1 bis 7 (*nicht Nr. 8!*) eine **Freiheitsstrafe von drei Monaten bis zu fünf Jahren**. 1186

§ 238 Abs. 2 **Nr. 1** und **Nr. 2** sehen besonders schwere Fälle vor, wenn durch die Tat eine Gesundheitsschädigung oder die (konkrete[2235]) Gefahr des Todes bzw. einer *schweren* Gesundheitsschädigung, je in Bezug auf das Opfer, einen Angehörigen oder eine andere dem Opfer nahestehende Person verursacht worden ist. 1187

2228 BeckOK/Valerius, § 238 Rn. 17.
2229 BT-Drs. 18/9946, S. 13.
2230 Wessels/Hettinger/Engländer, BT 1 Rn. 343.
2231 Fischer, § 238 Rn. 33 m.w.N.
2232 Fischer, § 238 Rn. 34.
2233 BT-Drs. 19/28679, S. 11.
2234 Fischer, § 238 Rn. 40.
2235 Fischer, § 238 Rn. 49.

1188 Erfolgt die Nachstellung durch eine Vielzahl von Tathandlungen (mindestens eine zweistellige Anzahl[2236]) über einen Zeitraum von mindestens sechs Monaten, ist § 238 Abs. 2 **Nr. 3** erfüllt.

1189 Wird bei einer Tathandlung nach § 238 Abs. 1 Nr. 5 ein Computerprogramm eingesetzt, dessen Zweck das digitale Ausspähen anderer Personen ist, greift § 238 Abs. 2 **Nr. 4**.

1190 Verwirklicht der Täter § 238 Abs. 1 Nr. 6 bzw. Nr. 7 und verwendet hierbei eine Abbildung bzw. einen Inhalt, den er durch eine Tathandlung nach § 238 Abs. 1 Nr. 5 erlangt hat, liegen besonders schwere Fällen nach § 238 Abs. 2 **Nr. 5 bzw. 6** vor.

Beispiel:[2237]

Veröffentlichen von Bildaufnahmen d. Geschädigten, die mittels „Hacken" des Mobiltelefons d. Geschädigten vom Täter erlangt wurden.

1191 § 238 Abs. 2 **Nr. 7** erfasst schließlich die Konstellation eines über 21-jährigen Täters und eines Opfers unter 16 Jahren.

2. Erfolgsqualifikation

1192 § 238 Abs. 3 enthält eine **Erfolgsqualifikation** i. S. v. § 18 für den Fall, dass durch die Tat der Tod des Opfers, eines Angehörigen des Opfers oder einer anderen dem Opfer nahestehenden Person verursacht wird.

In Betracht kommen neben Sachverhalten, in denen das Opfer durch den Täter in den Selbstmord getrieben wird, auch Konstellationen, in denen das Opfer oder ihm nahestehende Menschen auf der Flucht vor dem nachstellenden Täter zu Tode kommen.[2238]

VI. Abschließender Fall

1193 ***Sachverhalt:***[2239]

A und B nahmen eine Beziehung auf. B störte sich aber bald u. a. an As zunehmend kontrollierenden, eifersüchtigen Verhalten ihr gegenüber. Als die B den A in einem Telefonat versehentlich mit dem Vornamen ihres früheren Freundes ansprach, warf ihr der A Untreue vor und beendete die Beziehung umgehend.

2236 Wessels/Hettinger/Engländer, BT 1 Rn. 344.
2237 Nach Fischer, § 238 Rn. 52.
2238 So der Rechtsausschuss des Deutschen Bundestages in der Begründung seiner Beschlussempfehlung, BT-Drs. 16/3641, S. 14.
2239 Nach BGH 15.12.2017 – 4 StR 375/16, NJW 2017, 2211 f.

In den folgenden knapp zwei Wochen versendete A zahllose Textnachrichten mit hasserfüllten Beleidigungen und Bedrohungen an B u. a. mit der Ankündigung ihrer baldigen Tötung; zudem verfolgte er sie, ihre Eltern und Freunde mit Telefonanrufen sowie Sachbeschädigungen und versuchte, die B bei ihrem Arbeitgeber durch erfundene Mitteilungen in ein ungünstiges Licht zu rücken. Hierbei ging es ihm nicht um die Fortsetzung seiner Beziehung mit B, sondern darum, sie zu demütigen, in Angst zu versetzen und psychisch zu verletzen.

B wurde als Folge der Handlungen von A verängstigt, verzweifelt und schließlich arbeitsunfähig. Sie konnte nicht mehr allein sein und übernachtete dauerhaft bei ihren Eltern. Sie wurde wegen einer schweren depressiven Episode in verschiedenen Kliniken behandelt, brach die Behandlung aber schlussendlich ab. Eines Nachmittags, ca. acht Monate nach Beendigung der Nachstellungshandlungen, nimmt B ein Seil und erhängt sich.

Hat sich A gem. § 238 strafbar gemacht?

Lösungshinweise:

A hat durch sein Verhalten § 238 Abs. 1 Nr. 1, 2 und 4 verwirklicht, und zwar wiederholt und unbefugt. Das Nachstellen war auch geeignet, die Lebensgestaltung der B nicht unerheblich zu beeinträchtigen: Der Druck von A war so groß, dass dieser objektiv geeignet war, als negativ empfundene Verhaltensveränderungen bei B zu bewirken (und im konkreten Fall sogar bewirkt hat). A handelte vorsätzlich.

Fraglich ist, ob auch die Erfolgsqualifikation aus § 238 Abs. 3, und hier insbesondere der erforderliche tatbestandsspezifische Gefahrzusammenhang, gegeben ist. Dies hat der BGH vorliegend angenommen: Der gefahrspezifische Zusammenhang sei bereits dann zu bejahen, wenn das Verhalten des Opfers motivational auf die Verwirklichung des Grundtatbestands zurückzuführen und diese Motivation für sein selbstschädigendes Verhalten handlungsleitend gewesen sei.[2240] Dies war vorliegend gegeben, wobei, so der BGH a. a. O., hieran weder die Weigerung der B, sich (weiterhin) psychiatrisch behandeln zu lassen, noch der Suizid acht Monate nach Beendigung der Nachstellungshandlungen etwas ändere.

A handelte rechtswidrig und schuldhaft. Der Todeseintritt war hierbei auch für ihn angesichts der intensiven Nachstellungshandlungen, mit denen er gezielt zerstörerisch in alle Lebensbereiche von B eingewirkt habe, vorhersehbar[2241] und vermeidbar.

A hat sich somit wegen Nachstellung mit Todesfolge gem. § 238 Abs. 1 Nr. 1, 2, 4, Abs. 3 strafbar gemacht.

2240 BGH 15.12.2017 – 4 StR 375/16, NJW 2017, 2211, 2213.
2241 BGH 15.12.2017 – 4 StR 375/16, NJW 2017, 2211, 2213 f.

12. KAPITEL Widerstand gegen die Staatsgewalt

A. Überblick zu den §§ 111 ff.

Der sechste Abschnitt des Besonderen Teils des StGB ist als „Widerstand gegen die Staatsgewalt" bezeichnet. Er beginnt mit dem Straftatbestand der Öffentlichen Aufforderung zu Straftaten (§ 111), regelt die Strafbarkeit bei Widerstand oder tätlichem Angriff auf Vollstreckungsbeamte oder ihnen gleichstehende Personen (§ 113 bis § 115) und schließt mit den Straftatbeständen der Gefangenenbefreiung (§ 120) und Gefangenenmeuterei (§ 121). **1194**

Nachfolgend sollen die **§§ 113 bis 115** dargestellt werden. **1195**

§ 114, der tätliche Angriff auf Vollstreckungsbeamte, wurde im Jahr 2017 **neu eingeführt**. Diese Begehungsform war bis dahin in § 113 a. F. geregelt gewesen, wurde im Jahr 2017 aber aus diesem herausgelöst und als selbstständiger Straftatbestand mit verschärftem Strafrahmen ausgestaltet.[2242] **1196**

Der bis dahin geltende § 114 a. F. (Widerstand gegen Personen, die Vollstreckungsbeamten gleichstehen) wurde zum neuen § 115 und hierbei entsprechend angepasst.

B. Widerstand gegen Vollstreckungsbeamte

I. Vorbemerkungen

Nach h. M. schützt § 113 die **rechtmäßig betätigte Vollstreckungsgewalt des Staates** und dient zugleich dem Schutz der zu ihrer Ausübung berufenen Organe.[2243] **1197**

§ 113 Abs. 3 S. 1 stellt klar, dass die Tat nicht nach § 113 strafbar ist, wenn die vorgenommene **Diensthandlung**, bei der Widerstand geleistet wird, nicht **rechtmäßig** ist. **1198**

§ 113 Abs. 2 normiert **besonders schwere Fälle** des Widerstands gegen Vollstreckungsbeamte, Abs. 4 besondere **Irrtum**skonstellationen. **1199**

§ 113 ist **gegenüber § 240 lex specialis** und daher allein anzuwenden.[2244] **1200**
Dies gilt zumindest für den Fall, dass Nötigungsmittel des § 113 Abs. 1

2242 BT-Drs. 18/11161, S. 2, auch zu den Änderungen im Einzelnen.
2243 MüKo/Bosch, § 113 Rn. 1.
2244 BGH 20.2.2003 – 4 StR 228/02, NJW 2003, 1613, 1614.

angewendet werden; wird hingegen in Widerstandsfällen „nur“ mit einem empfindlichen Übel gedroht, ist umstritten, ob § 240 – ggf. unter Anwendung von § 113 Abs. 3 und 4 analog – anwendbar oder „gesperrt“ ist.[2245]

II. Prüfungsaufbau

1201 I. Tatbestandsmäßigkeit
   1. Objektiver Tatbestand
      – Tatobjekt: Amtsträger/Soldat der Bundeswehr, der zur Vollstreckung von Gesetzen etc. berufen ist
      – Tatsituation: bei Vornahme einer solchen Diensthandlung
      – Tathandlung: Widerstand leisten
         – mit Gewalt
         oder
         – durch Drohung mit Gewalt
   2. Subjektiver Tatbestand
      Vorsatz
II. Rechtmäßigkeit der Diensthandlung
III. Rechtswidrigkeit
IV. Schuld

III. Objektiver Tatbestand

1. Tatobjekt

1202 Der geleistete Widerstand muss sich gegen einen Amtsträger (s. § 11 Abs. 1 Nr. 2) oder Soldaten der Bundeswehr (s. § 1 Abs. 1 SoldG) richten, der zur Vollstreckung von Gesetzen, Rechtsverordnungen, Urteilen, Gerichtsbeschlüssen oder Verfügungen berufen ist.

1203 Zur Vollstreckung berufen ist jeder inländische Amtsträger oder Soldat der Bundeswehr, dem die Verwirklichung des **auf den Einzelfall konkretisierten Staatswillens** übertragen ist.[2246]

2245 Näher zum Streitstand m.w.N. Rengier, BT II § 53 Rn. 41f.; Fischer, § 113 Rn. 2a.; Hilgendorf/Valerius, BT I § 9 Rn. 13.

2246 Inkl. der nachf. ersten vier Bsp. Lackner/Kühl/Heger, § 113 Rn. 2.

Beispiele:

Polizeibeamte, Zollbeamte, Gerichtsvollzieher, Strafvollzugsbeamte; Feldjäger und militärische Wachen[2247].

Auch **ausländische Beamte und Soldaten** können unter bestimmten Voraussetzungen von § 113 geschützt sein.[2248] 1204

2. Tatsituation[2249]

Der Widerstand muss **bei** der Vornahme einer „solchen Diensthandlung" – also einer **Vollstreckungshandlung**[2250] – geleistet werden. 1205

Vollstreckungshandlungen sind Tätigkeiten, bei denen der konkretisierte, also der auf die **Regelung eines bestimmten Einzelfalles** abzielende, **staatliche Wille** durch eine dazu berufene Person **verwirklicht** werden soll, und zwar notfalls mit den Mitteln staatlichen Zwangs.[2251] 1206

Um Vollstreckungshandlungen handelt es sich daher bspw. bei

einer vorläufigen Festnahme durch Polizeibeamte, Durchsuchungen nach §§ 102 ff. StPO, der Entnahme einer Blutprobe nach § 81a StPO[2252] und nach der Rspr. auch bei einem Haltegebot im Rahmen einer allgemeinen Verkehrskontrolle[2253],

nicht aber bei

Streifenfahrten, Beschuldigtenvernehmungen, Befragungen von Straßenpassanten und anderen bloßen Ermittlungstätigkeiten von Polizeibeamten[2254] sowie dem bloßen präventiv-polizeilichen Beobachten von Personen[2255].

Da Widerstand geleistet werden muss **bei** der Vornahme einer Vollstreckungshandlung, muss diese **unmittelbar bevorstehen** oder **schon begonnen haben** und darf **noch nicht beendigt** sein[2256]. 1207

2247 Fischer, § 113 Rn. 5.
2248 Näher dazu MüKo/Bosch, § 113 Rn. 8; LK/Rosenau, § 113 Rn. 13.
2249 Zu dieser Begrifflichkeit Kindhäuser/Schramm, BT I § 36 Rn. 71.
2250 Wessels/Hettinger/Engländer, BT 1 Rn. 595.
2251 Rengier, BT II § 53 Rn. 6 m. w. N.
2252 Rengier, BT II § 53 Rn. 7.
2253 BGH 30.4.1974 – 4 StR 67/74, NJW 1974, 1254, 1255; krit. dazu bspw. Wessels/Hettinger/Engländer, BT 1 Rn. 597.
2254 BGH 30.4.1974 – 4 StR 67/74, NJW 1974, 1254, 1255.
2255 KG 24.11.1988 – (4) 1 Ss 132/88 (83/88), NStZ 1989, 121.
2256 Lackner/Kühl/Heger, § 113 Rn. 4 m. w. N.

Beginn und Ende der Vollstreckungshandlung sind „nicht rein förmlich zu verstehen": Eine Vollstreckungshandlung ist so lange nicht beendet, wie das Verhalten des Vollstreckungsbeamten in so **engem Zusammenhang** mit der Durchsetzung des Staatswillens steht, dass es nach natürlicher Lebensauffassung als Bestandteil der zur Regelung des Einzelfalls ergriffenen Maßnahme angesehen werden kann.[2257]

1208 Angriffe, die sich gegen *andere* Amtshandlungen oder eine erst *künftig drohende* Vollstreckung richten, werden nicht durch § 113, sondern § 114 und § 240 erfasst.[2258]

3. Tathandlung

1209 Tathandlung des § 113 Abs. 1 ist es, in der beschriebenen Tatsituation **Widerstand** zu leisten, und zwar mit **Gewalt oder durch Drohung mit Gewalt**.

Täter des § 113 kann nach h. M. nicht nur der Adressat des Vollstreckungsaktes, sondern **jeder** sein, der sich in die Vollstreckungstätigkeit „einmischt" oder dem Betroffenen „zu Hilfe" eilt.[2259]

1210 Unter Widerstand ist eine **aktive** Tätigkeit **gegenüber dem Vollstreckungsbeamten** zu verstehen, mit der die Durchführung einer Vollstreckungsmaßnahme **verhindert oder erschwert werden soll**; es muss also **Nötigungscharakter** bestehen.[2260] Keine Rolle spielt hierbei, ob das Widerstandleisten erfolgreich oder erfolglos oder sogar untauglich war.[2261]

1211 Widerstand geleistet werden muss mit **Gewalt** oder durch **Drohung mit Gewalt**. Hierfür braucht es eine durch tätiges Handeln bewirkte Kraftäußerung, die gegen den Amtsträger gerichtet ist, wobei bei einer unmittelbar gegen Sachen gerichteten Einwirkung ausreicht, wenn sie von dem Vollstreckungsbeamten körperlich empfunden wird (mittelbare Wirkung gegen die Person).[2262]

2257 Aus diesem Grund zählte der BGH bspw. auch noch den Rückweg eines Polizeibeamten über das Gelände, das er nur zur Vornahme einer bestimmten Vollstreckungshandlung betreten hatte, zu der vorgenommenen Vollstreckungshandlung, zum Ganzen BGH 6.5.1982 – 4 StR 127/82, NJW 1982, 2081.
Zu beachten ist aber, dass der Weg einschließlich der Fahrt zum Vollstreckungsort selbst *nicht* zur geschützten Vollstreckungstätigkeit gehört; die Vollstreckungstätigkeit kann erst mit Eintreffen des Amtsträgers am Einsatzort beginnen, AG Berlin-Tiergarten 3.7.1987 – (269) 2 P JS 243/87 Ls, NJW 1988, 3218.

2258 Wessels/Hettinger/Engländer, BT 1 Rn. 595.

2259 MüKo/Bosch, § 113 Rn. 6.

2260 BGH 19.12.2012 – 4 StR 497/12, NStZ 2013, 336.

2261 Fischer, § 113 Rn. 22; Wessels/Hettinger/Engländer, BT 1 Rn. 600.

2262 BGH 9.11.2022 – 4 StR 272/22, NStZ 2023, 286, 286 f.; Fischer, § 113 Rn. 23.

Der Begriff der Drohung entspricht dem des § 240 Abs. 1[2263] (vgl. Rn. 1141). Angedroht werden muss aber Gewalt, nicht nur ein empfindliches Übel.

Daraus folgt, dass für ein Widerstandleisten i. S. d. § 113 Abs. 1 nicht ausreicht: 1212

- **rein passiver** Widerstand wie bspw. das untätige Sitzenbleiben eines Demonstranten oder Festzunehmenden[2264],
- (Androhung von) Gewalt, die sich nicht zumindest mittelbar gegen die Person des Vollstreckenden richtet, also **nur gegen Dritte** gerichtet ist[2265] (s. hierzu auch den abschließenden Fall unter Rn. 1227),
- die **bloße Flucht** vor der Polizei, auch wenn dabei andere Verkehrsteilnehmer behindert oder gefährdet werden[2266].

Ein **ausreichendes Widerstandleisten** mit Gewalt liegt aber bspw. bei einem Herumschlagen oder heftigen Sträuben[2267] vor. 1213

Als ausreichend hat die Rspr auch bspw. folgendes Verhalten anerkannt:

- Festhalten an Gegenständen/Stemmen der Füße gegen den Boden, wodurch ein Verbringen an einen anderen Ort verhindert werden soll[2268],
- Entwinden aus einem Festhaltegriff, sofern es mit nicht unerheblichem Kraftaufwand erfolgt (*aber nicht*: bloßes Sich-Entziehen aus einem lockeren Griff)[2269],
- Zufahren mit einem Kfz auf einen Polizeibeamten, um ihn zum Wegfahren oder zur Freigabe der Fahrbahn zu nötigen[2270].

Intensiv diskutiert wurde die Frage einer Strafbarkeit gem. § 113 Abs. 1 jüngst auch im Zusammenhang mit **Festklebeaktionen von Klimaaktivistinnen und -aktivisten**. Diskutiert wird hier insbesondere, ob es sich hierbei wirklich um ein Widerstandleisten mit Gewalt handelt (wozu unterschiedliche Auffassungen vertreten werden) und ob bei einem Ankleben vor Eintreffen der Polizei die Voraussetzung *bei* Vornahme einer Vollstreckungshandlung gegeben ist.[2271] 1214

2263 Fischer, § 113 Rn. 26.
2264 Rengier, BT II § 53 Rn. 14.
2265 Sch/Sch/Eser, § 113 Rn. 42, 45/46; Hohmann/Sander § 26 Rn. 9; Wessels/Hettinger/Engländer, BT 1 Rn. 601.
2266 BGH 19.12.2012 – 4 StR 497/12, NStZ 2013, 336, 337.
2267 Rengier, BT II § 53 Rn. 13.
2268 BVerfG 23.8.2005 – 2 BvR 1066/05, NJW 2006, 136; dagegen bspw. MüKo/Bosch, § 113 Rn. 20.
2269 OLG Dresden 21.7.2014 – 2 OLG 21 Ss 319/14, NStZ-RR 2015, 10.
2270 BGH 9.11.2022 – 4 StR 272/22, BeckRS 2022, 35746, Rn. 6.
2271 Zu beiden Punkten zusammenfassend bspw. Preuß, NZV 2024, 61, 63 m. w. N.

IV. Subjektiver Tatbestand

1215 In subjektiver Hinsicht setzt § 113 (zumindest **bedingten) Vorsatz** voraus.[2272]

V. Rechtmäßigkeit der Diensthandlung

1216 Gem. § 113 Abs. 3 ist eine Tat nicht nach § 113 strafbar, wenn die Diensthandlung nicht rechtmäßig ist. Anders gewendet bedeutet dies, dass für eine Strafbarkeit nach § 113 erforderlich ist, dass die Diensthandlung, gegen die Widerstand geleistet worden ist, rechtmäßig war.

> Diese Regelung bezieht sich nur auf eine evtl. Strafbarkeit gem. § 113. Die Strafbarkeit nach anderen Vorschriften (z.B. nach §§ 223ff.) bleibt davon unberührt.[2273]

1. Dogmatische Einordnung

1217 Umstritten ist, wie dieses Erfordernis der Rechtmäßigkeit der Diensthandlung **dogmatisch einzuordnen** ist, ob es also Tatbestandsmerkmal, objektive Bedingung der Strafbarkeit mit einer modifizierten Irrtumsregelung oder Rechtfertigungsgrund darstellt.[2274]

Überzeugend erscheint angesichts der systematischen Stellung des § 113 Abs. 3 gegenüber § 113 Abs. 1[2275] und der Tatsache, dass § 113 Abs. 3 nur auf die objektive Lage abstellt[2276], die Annahme einer **objektiven Bedingung der Strafbarkeit**.

> Hieraus folgt für den Prüfungsaufbau, dass die Rechtmäßigkeit der Vollstreckungshandlung – da diese nicht vom Vorsatz umfasst sein muss – nach dem subjektiven Tatbestand und vor der Rechtswidrigkeit zu prüfen ist.[2277]

Die praktische Bedeutung der Streitfrage ist jedoch gering.[2278]

2. Begriff der Rechtmäßigkeit

1218 Umstritten ist zudem, wann die Rechtmäßigkeit der Diensthandlung gegeben ist. Die Rspr. und die wohl überwiegende Literatur folgt dem sog. **strafrechtlichen Rechtmäßigkeitsbegriff**.[2279] Danach ist grds. nicht die materielle Rechtmäßigkeit maßgeblich, sondern die formale Rechtmäßig-

2272 Fischer, § 113 Rn. 27.
2273 Wessels/Hettinger/Engländer, BT 1 Rn. 603.
2274 Zum Streitstand m. entspr. Nachw. bspw. Hohmann/Sander § 26 Rn. 11ff.
2275 So Wessels/Hettinger/Engländer, BT 1 Rn. 604.
2276 Hohmann/Sander § 26 Rn. 15.
2277 Hohmann/Sander § 26 Rn. 15.
2278 Fischer, § 113 Rn. 10.
2279 Vgl. MuKo/Bosch, § 113 Rn. 31.

keit – unter besonderer Berücksichtigung der subjektiven (Möglichkeit zur) Rechts- und Situations-Einschätzung durch den Amtswalter.[2280] Die Rechtmäßigkeit hängt, so der BGH, lediglich davon ab, dass „die äußeren Voraussetzungen zum Eingreifen des Beamten" gegeben sind,

1. „er also **örtlich und sachlich zuständig**" ist,
2. er die vorgeschriebenen **wesentlichen Förmlichkeiten** einhält (wie bspw. die vorherige Eröffnung eines Vorführungsbefehls[2281] oder die grds. Eröffnung des Tatverdachts im Rahmen der §§ 163b Abs. 1 S. 1 HS 2, 163a Abs. 4 S. 1 StPO[2282]) und
3. der Hoheitsträger sein – ihm ggf. eingeräumtes – **Ermessen pflichtgemäß** ausübt, wobei es darauf ankommt, ob der Beamte im Bewusstsein seiner Verantwortung und unter bestmöglicher pflichtgemäßer Abwägung aller ihm erkennbaren Umstände die Handlung für nötig und sachlich gerechtfertigt halten durfte.[2283]

Für den strafrechtlichen Rechtmäßigkeitsbegriff wird vorgetragen, dass Voll- **1219**
streckungsbeamte oftmals in einer unübersichtlichen Situation eine schnelle Entscheidung treffen müssten, ohne die sachlichen Voraussetzungen eingehend und in eigener Verantwortung prüfen zu können. Deshalb müsse die Allgemeinheit die Amtsträger, die in ihrem Interesse tätig würden, auch dann vor gewaltsamer Gegenwehr und handgreiflichem Widerstand bewahren, wenn ihnen ein entsprechender Irrtum unterlaufe; anderenfalls drohe ihre **Entschlusskraft zum Nachteil aller gelähmt** zu werden.[2284]

Das **BVerfG** hat es verfassungsrechtlich nicht beanstandet, dass die Fach- **1220**
gerichte nicht verlangen, dass alle in dem jeweiligen in Bezug genommenen Rechtsgebiet normierten Anforderungen an die Rechtmäßigkeit der Diensthandlung erfüllt sein müssen, allerdings müsse der Schutzgehalt evtl. betroffener Grundrechte berücksichtigt werden.[2285]

Dies bedeutet für **Irrtümer des Amtsträgers** nach h. M.:[2286] **1221**

- *Recht*sirrtümer führen stets zur Rechtswidrigkeit der Handlung.
- Bei *Tatsachen*irrtümern bleibt die Vollstreckungshandlung rechtmäßig, wenn die Sachlage pflichtgemäß geprüft wurde.

2280 NK/Paeffgen, § 113 Rn. 35.
2281 BGH 16.7.1980 – 2 StR 127/80, NStZ 1981, 22, 23.
2282 KG 12.6.2002 – (5) 1 Ss 424/00 (6/01), NJW 2002, 3789, 3790.
2283 BGH 10.11.1967 – 4 StR 512/66, NJW 1968, 710, 713 f.; BGH 9.6.2015 – 1 StR 606/14, NStZ 2015, 574, 575.
2284 Zum Ganzen Wessels/Hettinger/Engländer, BT 1 Rn. 607.
Die Gegenauffassung argumentiert insbesondere, es könne kein „Irrtumsprivileg" des Staats zulasten des Bürgers geben, s. Rengier, BT II § 53 Rn. 27; im Übrigen ausführlich zu den unterschiedlichen a. A. bspw. Wessels/Hettinger/Engländer, BT 1 Rn. 610.
2285 BVerfG 30.4.2007 – 1 BvR 1090/06, NVwZ 2007, 1180, 1181 f.
2286 Eisele, BT I Rn. 1533 f.

1222 Unabhängig davon, welchen Begriff man der Annahme von Rechtmäßigkeit oder Rechtswidrigkeit der Diensthandlung zugrundelegt, sei noch auf Folgendes hingewiesen:

Ist die vorgenommene Diensthandlung als rechtswidrig anzusehen, stellt sich das Handeln der/des Vollstreckungsbeamtin/-en als gegenwärtiger rechtswidriger Angriff dar, sodass bzgl. etwaiger anderer durch die „Gegenwehr“ verwirklichter Straftatbestände (§ 113 entfällt ja bereits über § 113 Abs. 3 S. 1) eine Rechtfertigung über **§ 32** in Betracht kommt. Bei gegebener Notwehrlage bleibt aber stets zu prüfen, ob die Art der Verteidigung nicht rechtsmissbräuchlich ist und daher als nicht **geboten** angesehen werden muss.[2287]

VI. Besondere Irrtumsregelungen

1223 § 113 Abs. 3 S. 2 und Abs. 4 sehen besondere – den allgemeinen Regeln der §§ 16 und 17 vorgehende[2288] – Regelungen für **Irrtümer des Täters bzw. der Täterin** über die Rechtmäßigkeit der Diensthandlung vor.

1224 Ist die Diensthandlung rechtswidrig, ist die Tat nach § 113 auch dann nicht strafbar, wenn der Täter **irrig** annimmt, die Diensthandlung sei **rechtmäßig**, § 113 Abs. 3 S. 2.

1225 Ist die Diensthandlung hingegen rechtmäßig, nimmt der Täter aber **irrig** an, sie sei **nicht rechtmäßig**, hängen die weiteren Rechtsfolgen gem. § 113 Abs. 4 zunächst davon ab, ob der Täter den Irrtum vermeiden konnte, im Weiteren – falls der Irrtum nicht vermeidbar war – von der Zumutbarkeit von Rechtsbehelfen.

VII. Besonders schwere Fälle

1226 § 113 Abs. 2 normiert für besonders schwere Fälle eine **Freiheitsstrafe von sechs Monaten bis zu fünf Jahren**.

Als Regelbeispiele benennt der Gesetzgeber das Beisichführen einer Waffe oder eines anderen gefährlichen Werkzeuges (Nr. 1), das Verursachen einer (konkreten[2289]) Gefahr des Todes oder einer schweren Gesundheitsschädigung durch eine Gewalttätigkeit (Nr. 2) sowie die gemeinschaftliche Begehungsweise mit einem anderen Beteiligten (Nr. 3).

2287 LK/Rosenau, § 113 Rn. 62; näher MüKo/Bosch, § 113 Rn. 53 und Sch/Sch/Eser, § 113 Rn. 37.
2288 Hohmann/Sander § 26 Rn. 28.
2289 Fischer, § 113 Rn. 38.

VIII. Abschließender Fall

Sachverhalt:[2290] 1227

A führt im Rahmen einer politisch motivierten Blockadeaktion einen mit Benzin gefüllten 5-Liter-Plastikkanister mit sich. Er droht damit, sich im Falle eines gewaltsamen Vorgehens der Polizei gegen die Aktion mit dem mitgeführten Benzin zu übergießen und sich selbst zu verbrennen. In unmittelbarer Nähe des A befinden sich weitere Teilnehmer der Demonstration. Da kein medizinisches Personal vor Ort ist, sieht die Polizei von der beabsichtigten gewaltsamen Beendigung der Aktion ab. Nach längerer Verhandlung mit den Teilnehmern löst sich das Geschehen auf.

Hat sich A gem. § 113 strafbar gemacht?

Lösungshinweise:

Indem A ggü. den Polizeibeamten, die als Amtsträger gem. § 11 Abs. 1 Nr. 2a) zur Vollstreckung von Gesetzen etc. berufen sind, ankündigte, sich selbst zu verbrennen, leistete er Widerstand bei der Vornahme einer Vollstreckungshandlung: Die gewaltsame Auflösung der Versammlung stand unmittelbar bevor, dies wollte A verhindern. Fraglich ist aber, ob A mit Gewalt oder Drohung mit Gewalt Widerstand geleistet hat. Angesichts des Schutzzwecks des § 113 (Schutz staatlicher Vollstreckungshandlungen und Schutz der dazu berufenen Organe) muss sich die angekündigte Gewalt gegen den Vollstreckenden wenden, also mit einer durch tätiges Handeln **gegen die Person des Vollstreckenden** gerichteten Kraftäußerung gedroht werden, was bei einer „bloßen Selbsttötungsdrohung" nicht der Fall ist.[2291]

Eine Strafbarkeit gem. § 113 scheidet daher aus.

C. Tätlicher Angriff auf Vollstreckungsbeamte

I. Vorbemerkungen

§ 114 normiert den tätlichen Angriff auf Vollstreckungsbeamte. Dieser war bis zum Jahr 2017 in § 113 a.F. geregelt, wurde dann aber aus diesem herausgelöst (s. auch Rn. 1196). 1228

Hierdurch wollte der Gesetzgeber eine Stärkung des **Schutz**es von Vollstreckungsbeamten sowie eine **stärkere Sanktionierung** erzielen und den **spezifischen Unrechtsgehalt** des Angriffs auf einen „Repräsentanten der staatlichen Gewalt" im Strafausspruch deutlich werden lassen.[2292] 1229

2290 Nach OLG Hamm 24.4.1995 – 2 Ss 365/95, NStZ 1995, 547.
2291 OLG Hamm 24.4.1995 – 2 Ss 365/95, NStZ 1995, 547, 548.
2292 BT-Drs. 18/11161, S. 1: krit. dazu bspw. MüKo/Bosch, § 114 Rn. 1 f.

1230 § 114 Abs. 1 sieht einen Strafrahmen von Freiheitsstrafe von **drei Monaten bis zu fünf Jahren** vor.

1231 Bei § 114 handelt es sich – angesichts seines „Mehrs“ (tätlicher Angriff) und seines „Weniger“ (Diensthandlung) ggü. § 113[2293] – im Verhältnis zu § 113 um ein **eigenständiges Delikt.**[2294] Bei Verwirklichung sowohl von § 113 als auch von § 114 und bspw. auch einer (versuchten) Körperverletzung tritt nach Auffassung der Rspr. keines der Delikte zurück, sie stehen vielmehr alle drei im Verhältnis der Tateinheit zueinander.[2295]

II. Prüfungsaufbau

1232 I. Tatbestandsmäßigkeit
   1. Objektiver Tatbestand
      - Tatobjekt: Amtsträger/Soldat der Bundeswehr, der zur Vollstreckung von Gesetzen etc. berufen ist
      - Tatsituation: bei einer Diensthandlung
      - Tathandlung: tätlicher Angriff
   2. Subjektiver Tatbestand
      Vorsatz

II. Bei einer Vollstreckungshandlung: Rechtmäßigkeit der Diensthandlung

III. Rechtswidrigkeit

IV. Schuld

III. Objektiver Tatbestand

1233 Tatobjekt des § 114 sind, genauso wie bei § 113, **Amtsträger** (s. § 11 Abs. 1 Nr. 2) oder Soldaten der Bundeswehr (s. § 1 Abs. 1 SoldG), die zur **Vollstreckung** von Gesetzen, Rechtsverordnungen, Urteilen, Gerichtsbeschlüssen oder Verfügungen **berufen** sind.

1234 Im Unterschied zu § 113 bestehen in objektiver Hinsicht aber zwei Unterschiede: Zum einen ist die Tathandlung ein tätlicher Angriff, zum anderen muss dieser tätliche Angriff bei einer Diensthandlung (und nicht wie bei § 113 bei einer *solchen* Diensthandlung = Vollstreckungshandlung) erfolgen.

2293 Kindhäuser/Schramm, BT I § 36 Rn. 59.

2294 LK/Rosenau, § 114 Rn. 7, auch zu a. A.

2295 BGH 11.6.2020 – 5 StR 157/20, NJW 2020, 2347, 2348; BGH 29.4.2020 – 3 StR 532/19, NStZ-RR 2020, 243, 243 f. A. A. Wessels/Hettinger/Engländer, BT 1 Rn. 625.

Der Begriff der **Diensthandlung** ist **weiter** als der der Vollstreckungshandlung, weil er auch Handlungen umfasst, die als schlichte Ausübung des Dienstes nicht darauf abzielen, den staatlichen Willen notfalls mit Mitteln des hoheitlichen Zwangs gegenüber bestimmten oder bestimmbaren Personen durchzusetzen.[2296] Damit werden auch schon tätliche Angriffe auf Vollstreckungsbeamte, die lediglich allgemeine Diensthandlungen vornehmen, erfasst.[2297] **1235**

Wie bspw. tätliche Angriffe bei Streifenfahrten, Befragungen von Straßenpassanten, Unfallaufnahmen oder Beschuldigtenvernehmungen.

Ein **tätlicher Angriff** ist eine unmittelbar auf den Körper des Vollstreckungsbeamten abzielende feindselige Aktion ohne Rücksicht auf ihren Erfolg.[2298] **1236**

Beispiele:

Wuchtiger Faustschlag[2299], aber auch gezielter Wurf einer Flasche gegen Polizeibeamte (selbst bei Fehlgehen)[2300]; Übergießen mit einer erheblichen Menge Brennspiritus, wodurch Haare und Oberbekleidung bis auf die Haut durchnässt werden[2301]; plötzliches Beschleunigen und Zufahren auf einen Polizeibeamten, um (ohne Verletzungsvorsatz)[2302] ungehindert passieren zu können.

In der Literatur wird **teilweise** angesichts des erhöhten Strafrahmens eine **einschränkende Auslegung** des tätlichen Angriffs dahin gehend gefordert, dass nur solche Einwirkungen erfasst werden, die von einigem Gewicht sind.[2303] Der BGH hat hierfür aber – angesichts der vom Gesetzgeber nicht beabsichtigten Änderung der Auslegung dieses Merkmals – bislang keinen Anlass gesehen.[2304] **1237**

2296 MüKo/Bosch, § 114 Rn. 7.
2297 Inkl. nachf. Bsp. BT-Drs. 18/11161, S. 9.
2298 Sch/Sch/Eser, § 114 Rn. 4.
2299 BeckOK/Dallmeyer, § 114 Rn. 5.
2300 Vgl. KG 9.6.1988 – (4) 1 Ss 75/88 (44/88), StV 1988, 437 (wobei im konkreten Fall eine Verwirklichung des § 113 a.F. mangels Vollstreckungshandlung verneint wurde); MüKo/Bosch, § 114 Rn. 6.
2301 BGH 28.6.2007 – 3 StR 234/07, NStZ 2007, 701, 702.
2302 OLG Hamm 12.2.2019 – 4 RVs 9/19, BeckRS 2019, 3129.
2303 Näher dazu und dies befürwortend BeckOK/Dallmeyer, § 114 Rn. 5.
2304 S. bspw. BGH 9.8.2023 – 6 StR 182/23, NStZ 2024, 36, 37; BGH 11.6.2020 – 5 StR 157/20, NJW 2020, 2347, 2348. Dallmeyer weist bzgl. der bisher veröffentlichten höchstrichterlichen und obergerichtlichen Rechtsprechung aber darauf hin, dass die dort abgeurteilten Sachverhalte auch in einem restriktiv ausgelegten Tatbestand als tätliche Angriffe anzusehen wären, sodass abzuwarten bleibe, wie sich die Rspr. zu Sachverhalten verhalten wird, die eine etwaige Erheblichkeitsschwelle nicht überschreiten würden, wie z.B. ein leichtes (!) Anrempeln, BeckOK/Dallmeyer, § 114 Rn. 5.

IV. Subjektiver Tatbestand

1238 In subjektiver Hinsicht setzt § 114 (zumindest **bedingten) Vorsatz** voraus.[2305]

V. Rechtmäßigkeit der Diensthandlung

1239 Gemäß § 114 Abs. 3 gilt § 113 Abs. 3 (also u.a. das Erfordernis der Rechtmäßigkeit der Diensthandlung, s. Rn. 1216 ff.) entsprechend, wenn die Diensthandlung eine Vollstreckungshandlung i.S.d. § 113 Abs. 1 (s. Rn. 1206) ist.

VI. Besondere Irrtumsregelungen und besonders schwere Fälle

1240 Auch die besonderen **Irrtumsregelungen** des § 113 Abs. 3 S. 2 und des Abs. 4 (s. Rn. 1223 ff.) gelten bei tätlichen Angriffen entsprechend, wenn die Diensthandlung eine Vollstreckungshandlung i.S.d. § 113 Abs. 1 (s. Rn. 1206) ist, § 114 Abs. 3.

1241 Schließlich sind gemäß § 114 Abs. 2 auch die **besonders schweren Fälle** des § 113 Abs. 2 (s. Rn. 1226) entsprechend anzuwenden.

D. Widerstand gegen oder tätlicher Angriff auf Personen, die Vollstreckungsbeamten gleichstehen

1242 § 115 erweitert den Anwendungsbereich der §§ 113, 114 auf bestimmte andere Personen im Allgemeinen bzw. in besonderen Situationen.

1243 So gelten gem. § 115 Abs. 1 und 2 die §§ 113, 114 entsprechend zum Schutz von Personen, die
- die Rechte und Pflichten eines Polizeibeamten haben oder Ermittlungspersonen der Staatsanwaltschaft sind, **ohne Amtsträger** zu sein,[2306] sowie
- zur **Unterstützung** bei der Diensthandlung **hinzugezogen** sind.

Beispiele:[2307]

Zu Durchsuchungen zugezogene Zeugen, Beauftragte eines Abschleppdienstes.

1244 Werden bei Unglücksfällen, gemeiner Gefahr oder Not bestimmte, in § 115 Abs. 3 aufgelistete **Hilfeleistende** (z.B. der Feuerwehr oder eines Rettungsdienstes) durch Gewalt oder durch Drohung mit Gewalt behindert bzw. tätlich angegriffen, gelten ebenfalls die §§ 113, 114 entsprechend.

2305 Fischer, § 114 Rn. 7.
2306 Bspw. bestätigte Jagdaufseher nach § 25 Abs. 2 BJagdG, näher Fischer, § 115 Rn. 3.
2307 MüKo/Bosch, § 115 Rn. 8.

13. KAPITEL Straftaten gegen die sexuelle Selbstbestimmung

A. Überblick zu den §§ 174 ff.

Der 13. Abschnitt des Besonderen Teils des StGB regelt die Straftaten gegen die sexuelle Selbstbestimmung. Er enthält zahlreiche Strafbestimmungen, die sich folgendermaßen grob einteilen lassen:[2308] **1245**

- Sexueller Übergriff, sexuelle Nötigung, Vergewaltigung (§ 177)
- Missbrauch institutioneller Abhängigkeit (§§ 174a–c)
- Jugendschutzdelikte (insbes. §§ 174, 176, 180, 182)
- Schutz vor sexueller Belästigung (insbes. §§ 183, 183a, 184i)
- Prostitutionsdelikte (insbes. §§ 180a, 181a, 184 f., 184g)
- Pornografie (§§ 184–184e)

Hinzu kommt als weiteres im 13. Abschnitt geregeltes Delikt die Verletzung des Intimbereichs durch Bildaufnahmen (§ 184k).[2309]

Die Vorschriften des 13. Abschnitts des Besonderen Teils des StGB schützen die **sexuelle Selbstbestimmung**, wobei sich dieses Rechtsgut in den einzelnen Tatbeständen auf verschiedene Weise konkretisiert.[2310] **1246**

Die sexuelle Selbstbestimmung soll als Abwehrrecht die **Freiheit vor Fremdbestimmung auf sexuellem Gebiet** garantieren, also die Möglichkeit erhalten, selbst zu entscheiden, ob und auf welche Art und Weise man wann und wo in ein sexualbezogenes Geschehen einbezogen werden will oder nicht.[2311] Diese Selbstbestimmung ist Teil des allgemeinen, der Menschenwürde entspringenden Persönlichkeitsrechts.[2312]

Die Vorschriften des 13. Abschnittes des Besonderen Teils des StGB sind in den letzten Jahrzehnten vielfach verändert worden[2313], was in der Literatur deutlich kritisiert wird.[2314] **1247**

2308 Nach und weiterf. MüKo/Renzikowski, vor § 174 Rn. 12 ff.

2309 Krit. zur Einordnung von § 184k in den 13. Abschnitt des Besonderen Teils des StGB MüKo/Renzikowski, § 184k Rn. 1 ff.

2310 S. den Bericht des Sonderausschusses für die Strafrechtsreform (4. StrRG aus dem Jahr 1973) in BT-Drs. 7/514, S. 12. Dem entsprechend verweist § 184h Nr. 1 auch auf „das jeweils geschützte Rechtsgut".

2311 NK/K. Schumann/Papathanasiou, vor §§ 174–184j Rn. 2 m. w. N., in Rn. 1 auch zum früheren Schutzzweck der Sicherung der „Sittlichkeit".

2312 Fischer, vor § 174 Rn. 5.

2313 S. zur Entwicklung seit dem 4. StrRG (1973) ausf. bspw. MüKo/Renzikowski, vor § 174 Rn. 80 ff.

2314 S. bspw. Kindhäuser/Schramm, BT I § 20 Rn. 2, der kritisiert, dass die Gesetzesmaterie kompliziert, unsystematisch und schwer durchschaubar geworden sei, oder Fischer, vor § 174 Rn. 4, der kritisiert, dass der erreichte Grad von Kompliziertheit und Unübersichtlichkeit ein Verständnis durch Laien fast ausschließe.

Grundlegend reformiert wurde in jüngerer Zeit § 177, indem **im Jahr 2016** in § 177 Abs. 1 das sog. **„Nein heißt Nein"-Prinzip**, in § 177 Abs. 2 Nr. 2 sogar das sog. „Ja heißt Ja"-Prinzip (s. Rn. 1249), eingeführt wurde; neu eingefügt in das StGB wurden zudem § 184i (sexuelle Belästigung) und § 184j (Straftaten aus Gruppen).[2315]

Im Jahr 2021 trat als weitere neue Vorschrift u. a. § 184k (Verletzung des Intimbereichs durch Bildaufnahmen, sog. **Upskirting**) in Kraft.

1248 Im nachfolgenden sollen die **§§ 177, 178, 184i, 184k, 183, 183a, 176a** dargestellt sowie ein **Überblick über die Pornografiedelikte** gegeben werden.

B. Sexueller Übergriff, sexuelle Nötigung und Vergewaltigung inkl. Todesfolge

I. Vorbemerkungen

1249 § 177 ist im Jahr 2016 grundlegend neu gefasst worden.

In Abs. 1 findet sich nun die Regelung des sog. **sexuellen Übergriffs**, der ein Handeln, wie im Gesetz umschrieben, **gegen den erkennbaren Willen** genügen lässt.

Abs. 2 und Abs. 4 (= Qualifikation zu Abs. 2 Nr. 1[2316]) enthalten Tatbestände, bei denen der Täter eine besondere Lage ausnutzt (**„Missbrauchstatbestände"**)[2317] bzw. (in Abs. 2 Nr. 5) eine bestimmte Nötigungshandlung vornimmt.

Angestoßen wurde die Reform durch Art. 36 der sog. Istanbul-Konvention[2318], der die Bestrafung jedes nicht einverständlichen Sexualkontakts verlangt.[2319] Nach intensiven Diskussionen und unterschiedlichen Reformvorschlägen[2320] setzte sich schließlich das sog. „**Nein heißt Nein**"-Konzept durch, das die Strafbarkeit von einer ablehnenden Erklärung einer Person abhängig macht; dieses Konzept ist in § 177 Abs. 1 umgesetzt, wohingegen in § 177 Abs. 2 Nr. 2 das sog. „**Ja heißt Ja**"-Konzept eingeführt wurde, wonach jede sexuelle Handlung unter Strafe gestellt wird, der nicht zuvor ausdrücklich zugestimmt wurde.[2321]

2315 Lackner/Kühl/Heger, vor § 174 Rn. 14.
2316 Fischer, § 177 Rn. 53.
2317 Fischer, § 177 Rn. 5.
2318 Übereinkommen des Europarats zur Verhütung und Bekämpfung von Gewalt gegen Frauen und häuslicher Gewalt vom 11.5.2011, MüKo/Renzikowski, § 177 Rn. 44.
2319 MüKo/Renzikowski, § 177 Rn. 30.
2320 S. hierzu ausf. MüKo/Renzikowski, § 177 Rn. 30
2321 Fischer, § 177 Rn. 6.

§ 177 Abs. 6 normiert **besonders schwere Fälle** – darunter die Vergewaltigung –; (weitere) **Qualifikation**statbestände finden sich in Abs. 5, 7 und 8. **1250**

§ 178 enthält nach h. M. eine **Erfolgsqualifikation** i. S. v. § 18.[2322] **1251**

II. Sexueller Übergriff, sexuelle Nötigung und Vergewaltigung

1. Der sexuelle Übergriff

§ 177 Abs. 1 stellt unter Strafe, wer **gegen den erkennbaren Willen** einer anderen Person sexuelle Handlungen an dieser Person vornimmt oder von ihr vornehmen lässt oder diese Person zur Vornahme oder Duldung sexueller Handlungen an oder von einem Dritten bestimmt. **1252**

a) Prüfungsaufbau des § 177 Abs. 1

I. Tatbestandsmäßigkeit **1253**
  1. Objektiver Tatbestand
    - Tathandlung:
      - Vornehmen/Vornehmen-Lassen von sex. Handlungen an/von einem anderen

      oder

      - Bestimmen eines anderen zur Vornahme/Duldung von sex. Handlungen an/von einem Drittem
    - gegen den erkennbaren Willen
  2. Subjektiver Tatbestand

     Vorsatz

II. Rechtswidrigkeit

III. Schuld

b) Objektiver Tatbestand

aa) Tathandlung

§ 177 Abs. 1 sieht als Tathandlung *einerseits* die Vornahme sexueller Handlungen an einer anderen Person oder das Vornehmen-Lassen sexueller Handlungen von dieser Person vor. Dies umfasst[2323] **1254**
- eigenhändige sexuelle Handlungen des Täters am Opfer,
- sexuelle Handlungen des Opfers, die der Täter an sich (dem Täter) vornehmen lässt, und

2322 Fischer, § 178 Rn. 2.

2323 S. zu den nachfolgenden Fallkonstellationen BeckOK/Ziegler, § 177 Rn. 8.

- sexuelle Handlungen des Opfers, die der Täter das Opfer an sich selbst (dem Opfer) vornehmen lässt, wobei nicht erforderlich ist, dass der Täter räumlich anwesend ist[2324].

Andererseits erfasst § 177 Abs. 1 das Bestimmen einer anderen Person zur Vornahme oder Duldung sexueller Handlungen an oder von einem Dritten. Dies umfasst
- das Bestimmen des Opfers zur Vornahme sexueller Handlungen an einem Dritten,
- das Bestimmen des Opfers, sexuelle Handlungen eines Dritten an sich (dem Opfer) zu dulden.

1255 Eine **sexuelle Handlung** liegt vor, wenn die Handlung (bloßes Reden genügt nicht[2325]) nach ihrem *äußeren Erscheinungsbild* einen Bezug zu Sexualität aufweist.[2326] Handelt es sich danach eindeutig um eine sexualbezogene Handlung, ist es bei entsprechendem Vorsatz gleichgültig, ob sie mit sexueller Motivation vorgenommen wird.[2327] Darüber hinaus können aber auch sog. ambivalente Handlungen, die für sich betrachtet nicht ohne Weiteres einen sexuellen Charakter aufweisen, tatbestandsmäßig sein; insoweit ist auf das Urteil eines objektiven Betrachters abzustellen, der alle Umstände des Einzelfalles kennt, wobei auch zu berücksichtigen ist, ob der Täter von sexuellen Absichten geleitet war.[2328]

Zu beachten ist, dass als sexuelle Handlungen im Sinne des StGB gem. **§ 184h Nr. 1** nur solche gelten, die im Hinblick auf das jeweils geschützte Rechtsgut von **einiger Erheblichkeit** sind. Ob die Erheblichkeitsschwelle überschritten ist, bestimmt sich vor allem nach Art, Intensität und Dauer des sexualbezogenen Vorgehens; zusätzlich ist der Handlungsrahmen des sexualbezogenen Akts sowie die Beziehung der Beteiligten untereinander zu berücksichtigen.[2329]

2324 BGH 10.3.2020 – 4 StR 624/19, NStZ-RR 2020, 276, 277.
2325 LK/Nestler, § 184h Rn. 2.
2326 MüKo/Hörnle, § 184h Rn. 3 m. w. N.
2327 Fischer, § 184h Rn. 4 m. w. N.
2328 BGH 6.6.2017 – 2 StR 452/16, BeckRS 2017, 120324.
2329 BeckOK/Ziegler, § 184h Rn. 5.

Als erheblich werden/wurden bspw. angesehen:

Jede Form des Geschlechtsverkehrs[2330], Betasten des bekleideten Geschlechtsteils des Opfers[2331], unvermitteltes Umarmen mit mind. zwei Küssen auf den Hals und Riechen („Schnüffeln") daran sowie Loslassen erst nach mehrmaliger Aufforderung[2332]

nicht hingegen bspw. das Streicheln des (bedeckten) Beines der Geschädigten und ein misslungener Kussversuch[2333].

Liegt keine erhebliche sexuelle Handlung in diesem Sinne vor, kann trotzdem eine Strafbarkeit in Form einer sexuellen Belästigung i. S. d. **§ 184i** in Betracht kommen (hierzu näher unter Rn. 1272 ff.).

Bestimmen heißt, in welcher Weise auch immer auf das Opfer mental und kommunikativ einzuwirken, wobei ein Nötigen möglich, aber nicht notwendig ist.[2334] **1256**

bb) gegen den erkennbaren Willen

§ 177 Abs. 1 fordert ein Handeln **gegen den erkennbaren Willen** der/des Geschädigten. Ob der entgegenstehende Wille erkennbar ist, ist aus der Sicht eines **objektiven Dritten** zu beurteilen; für diesen ist der entgegenstehende Wille erkennbar, wenn das Opfer ihn zum Tatzeitpunkt entweder ausdrücklich (verbal) erklärt oder konkludent (z. B. durch Weinen oder Abwehren der sexuellen Handlung) zum Ausdruck bringt.[2335] **1257**

(Beweis-)Rechtliche Schwierigkeiten können bei **ambivalentem Verhalten** des Opfers auftreten, bspw. dann, wenn zunächst ausdrücklich eine Ablehnung der sexuellen Handlung erklärt worden ist, diese sodann jedoch ohne Einwirkung von Zwang vom Opfer trotzdem vorgenommen wird.[2336] **1258**

c) Subjektiver Tatbestand

In subjektiver Hinsicht setzt § 177 Abs. 1 (zumindest **bedingten) Vorsatz** voraus.[2337] **1259**

2330 BeckOK/Ziegler, § 184h Rn. 5.1.
2331 BGH 23.7.2013 – 1 StR 204/13, NStZ 2013, 708.
2332 BGH 6.12.2023 – 5 StR 383/23, BeckRS 2023, 44263.
2333 BGH 30.1.2001 – 4 StR 569/00, NStZ 2001, 370, 371.
2334 Lackner/Kühl/Heger, § 177 Rn. 5. Umstritten ist, ob bloßes Überreden ausreicht (so Lackner/Kühl/Heger, § 177 Rn. 5 a. a. O, a. A. bspw. Fischer, § 177 Rn. 8, da dies zu einem Einverständnis führe).
2335 BT-Drs. 18/9097, S. 22 f.
2336 Näher hierzu bspw. BGH 21.11.2018 – 1 StR 290/18, NStZ 2019, 717, 718 m. Praxiskommentar Ziegler, NStZ 2019, 718 f. m. w. N.
2337 MüKo/Renzikowski, § 177 Rn. 62.

2. Missbrauchs- und Nötigungstatbestände

1260 § 177 Abs. 2 Nr. 1–4 stellen das Vornehmen oder Vornehmen-Lassen sexueller Handlungen an einer anderen Person bzw. das Bestimmen einer Person zur Vornahme oder Duldung sexueller Handlungen an bzw. von einem Dritten unter Strafe, wenn eine der in Abs. 2 Nr. 1–4 **umschriebenen Situationen ausgenutzt** wird. Erfasst sind hiervon das Ausnutzen der Unfähigkeit des Opfers, einen entgegenstehenden Willen zu bilden oder zu äußern (Nr. 1) bzw. diesbzgl. erhebliche Einschränkungen (Nr. 2, es sei denn, der Täter hat sich der Zustimmung dieser Person versichert: „Ja heißt Ja"-Konzept, s. Rn. 1249), das Ausnutzen eines Überraschungsmoments (Nr. 3) sowie einer Lage, in der dem Opfer bei Widerstand ein empfindliches Übel droht (Nr. 4; insbesondere „Klima der Gewalt"-Fälle[2338]).

Es handelt sich bei diesen vier Fallvarianten um Konstellationen, in denen dem Opfer das Erklären eines entgegenstehenden Willens entweder nicht zumutbar ist, sodass selbst eine geäußerte Zustimmung nicht tragfähig wäre, oder ihm das Erklären eines entgegenstehenden Willens objektiv nicht möglich ist.[2339] § 177 Abs. 2 Nr. 1 und Nr. 3 und § 177 Abs. 1 schließen sich wechselseitig aus, da § 177 Abs. 1 nur kommunikationsfähige Opfer erfasst.[2340]

Da der Täter die jeweilige Situation ausnutzen muss, muss er die Lage **erkennen und sich zunutze machen**.[2341]

1261 Kommt es tatsächlich zu einer **Nötigung** zur Vornahme oder Duldung der sexuellen Handlung, und zwar durch Drohung mit einem empfindlichen Übel, ist § 177 Abs. 2 Nr. 5 verwirklicht.

1262 Beruht die Unfähigkeit, einen Willen zu bilden oder zu äußern (§ 177 Abs. 2 Nr. 1), auf einer Krankheit oder Behinderung des Opfers, greift der **Qualifikation**statbestand des **§ 177 Abs. 4**, der eine Freiheitsstrafe nicht unter einem Jahr vorsieht.

> Ausweislich der Gesetzesmaterialien sind von § 177 Abs. 4 Personen nicht erfasst, „die sich z. B. durch Rauschmittel oder Alkohol in einen Zustand der absoluten Unfähigkeit zur Willensbildung oder -äußerung bringen."[2342]

2338 BT-Drs. 18/9097, S. 26.
2339 BT-Drs. 18/9097, S. 23.
2340 MüKo/Renzikowski, § 177 Rn. 189 (bzgl. der übrigen Nummern des Abs. 2 bestehe Spezialität ggü. Abs. 1); zu § 177 Abs. 2 Nr. 3 so auch BGH 13.12.2022 – 3 StR 372/22, NStZ 2023, 229, 230. A. A. bzgl. § 177 Abs. 2 Nr. 2 Fischer, § 177 Rn. 177, 178.
2341 Kindhäuser/Schramm, BT I § 21 Rn. 5
2342 BT-Drs. 18/9097, S. 26; krit. dazu bspw. LK/Hörnle, § 177 Rn. 67 f.

3. Versuch

Der **Versuch** ist gem. § 177 Abs. 3 strafbar. **1263**

4. Besonders schwere Fälle

§ 177 Abs. 6 sieht für **besonders schwere Fälle** eine Freiheitsstrafe nicht unter zwei Jahren vor. **1264**

Ein besonders schwerer Fall liegt gem. § 177 Abs. 6 S. 2 Nr. 1 in der Regel vor, wenn der Täter mit dem Opfer den Beischlaf vollzieht oder vollziehen lässt oder ähnliche sexuelle Handlungen an dem Opfer vornimmt oder von ihm vornehmen lässt, die dieses besonders erniedrigen, insbesondere wenn sie mit einem Eindringen in den Körper verbunden sind (**Vergewaltigung**). **1265**

> Eine Vergewaltigung i.S.d. § 177 Abs. 6 S. 2 Nr. 1 setzt nach dem Willen des Gesetzgebers (Anm.: s. die Formulierung im Gesetz: „vollziehen lässt") **keine eigenhändige Verwirklichung** voraus. Es genügt daher, wenn ein Mittäter den Beischlaf mit dem Opfer vollzieht.[2343]

Beischlaf ist das Eindringen des männlichen Gliedes in die Scheide.[2344] Dem Beischlaf gleichgestellt sind ähnliche sexuelle Handlungen, die das Opfer besonders erniedrigen.[2345] Das ist v.a. und i.d.R. dann der Fall, wenn die Handlung mit dem Eindringen in den Körper (Anm.: des Opfers, des Täters oder eines Dritten[2346]) verbunden ist.[2347]

Beispiele:[2348]

Oral- und Analverkehr, Eindringen mit Gegenständen oder anderen Körpergliedern in Vagina oder Anus.

Erfasst werden aber auch Ejakulationen in den Mund des Opfers ohne Eindringen mit dem Penis sowie Selbstpenetrationen des Opfers.

Aber auch ohne ein Eindringen in den Körper kann eine ähnliche sexuelle Handlung das Opfer besonders erniedrigen, bspw. in Fällen der Fäkalerotik oder bei sadistischen Rollenspielen.[2349]

2343 BGH 24.9.2018 – 5 StR 358/18, NStZ-RR 2019, 76.
2344 Fischer, § 177 Rn. 120.
2345 Fischer, § 177 Rn. 126.
2346 MüKo/Renzikowski, § 177 Rn. 155.
2347 BeckOK/Ziegler, § 177 Rn. 50.
2348 MüKo/Renzikowski, § 177 Rn. 157; BGH 19.12.2008 – 2 StR 383/08, NJW 2009, 1893 (zu § 176a Abs. 2 Nr. 1 a.F.); BGH 10.3.2020 – 4 StR 624/19, NStZ-RR 2020, 276, 277.
2349 NK/K. Schumann, § 177 Rn. 49.

1266 Wird die Tat **von mehreren gemeinschaftlich** begangen, liegt ebenfalls in der Regel ein besonders schwerer Fall vor (§ 177 Abs. 6 S. 2 Nr. 2). Die Strafschärfung hat ihren Grund in der Verringerung der Abwehrchancen des Opfers und in der erhöhten Gefahr massiver sexueller Handlungen.[2350]

5. (Weitere) Qualifikationstatbestände

1267 Neben § 177 Abs. 4 (s. dazu Rn. 1262) finden sich in **§ 177 Abs. 5, 7 und 8** weitere Qualifikationstatbestände.

1268 Wenn der Täter gegenüber dem Opfer Gewalt anwendet (Nr. 1), ihm mit gegenwärtiger Gefahr für Leib oder Leben droht (Nr. 2) oder eine Lage ausnutzt, in der das Opfer der Einwirkung des Täters schutzlos ausgeliefert ist (Nr. 3), sind die Qualifikationstatbestände aus § 177 **Abs. 5** verwirklicht.

> § 177 Abs. 5 Nr. 1 setzt nicht voraus, dass die Gewalt als Nötigungsmittel eingesetzt wird.[2351] Gleiches gilt auch für die Drohung mit gegenwärtiger Gefahr für Leib oder Leben i. S. v. § 177 Abs. 5 Nr. 2: Die Drohung kann, muss aber nicht Mittel zur Erzwingung der sexuellen Handlung oder ihrer Duldung sein.[2352]

Für die Verwirklichung von § 177 Abs. 5 Nr. 3 ist, da auch hier eine Nötigung des Tatopfers nicht mehr vorausgesetzt ist, allein die *objektive* Schutzlosigkeit des Tatopfers ausreichend, wobei eine schutzlose Lage i. d. R. vorliegt, wenn sich das Opfer dem überlegenen Täter allein gegenübersieht und auf fremde Hilfe nicht rechnen kann; eine gänzliche Beseitigung jeglicher Verteidigungsmöglichkeiten ist aber nicht vorausgesetzt.[2353]

Das erforderliche Ausnutzen dieser Lage ist dann gegeben, wenn der Täter die Lage des Opfers erkennt und sie sich zur Begehung des sexuellen Übergriffs zunutze macht.[2354]

1269 § 177 **Abs. 7 und 8** sehen weitere Qualifikationstatbestände im Zusammenhang mit Waffen, gefährlichen oder sonstigen Werkzeugen bzw. schweren körperlichen Misshandlungen oder Gefahren einer schweren Gesundheitsschädigung/des Todes vor.

2350 Lackner/Kühl/Heger, § 177 Rn. 23 m. w. N.
2351 Fischer, § 177 Rn. 63, 74, in Rn. 74a f. hierzu näher und auch krit. NK/K. Schumann, § 177 Rn. 32 m. w. N.
2352 Fischer, § 177 Rn. 75, 82, dort auch krit.
2353 BGH 2.7.2020 – 4 StR 678/19, NStZ 2020, 662, 663, mit krit. Anm. Fischer, NStZ 2020, 665 ff.
2354 NK/K. Schumann, § 177 Rn. 42.

6. Abschließender Fall

Sachverhalt:[2355] **1270**

A und F sind sich einig, miteinander schlafen zu wollen. A holt aus einer Kommode sichtbar ein Kondom heraus und öffnet die Verpackung. Ihm kommt es dabei darauf an, dass die F davon ausgeht, er werde es beim Geschlechtsverkehr überziehen. Tatsächlich belässt A es aber ausgepackt und nicht abgerollt im Bett. Da F sich kurz umdreht, sieht sie dies nicht und geht davon aus, er werde das Kondom benutzen. Ungeschützter Geschlechtsverkehr wäre – wie vorab kommuniziert – für sie nicht infrage gekommen. A führt sodann einige Zeit bewusst ohne Kondom vaginalen Geschlechtsverkehr mit F durch.

Hat sich A strafbar gemacht?

Lösungshinweise:

Da A und F miteinander Geschlechtsverkehr hatten, hat A sexuelle Handlungen i.S.d. §§ 177 Abs. 1, 184h Nr. 1 vorgenommen. Fraglich ist, ob dies gegen den erkennbaren Willen der F geschah. Mit dem Geschlechtsverkehr an sich war F einverstanden, nicht jedoch mit dem ungeschützten Geschlechtsverkehr. Geschlechtsverkehr unter Nutzung eines Kondoms einerseits und ohne ein solches andererseits stellen aber, so der BGH, **unterschiedliche sexuelle Handlungen** dar. Der BGH verweist in diesem Zusammenhang auf die Eignung eines Kondoms, eine unerwünschte Schwangerschaft oder die Übertragung von Krankheiten zu verhindern, weshalb dessen Gebrauch zu einer **anderen qualitativen Bewertung** führe.[2356] In die konkrete sexuelle Handlung, den ungeschützten Geschlechtsverkehr, hat F aber nicht eingewilligt, was auch erkennbar war: F hatte dies vorab kommuniziert und A kam es deshalb ja gerade darauf an, dass F davon ausgeht, er werde das Kondom überziehen.

Da A auch vorsätzlich, rechtswidrig und schuldhaft handelte, hat er sich durch sein Verhalten (sog. **Stealthing**) gem. § 177 Abs. 1 strafbar gemacht.

In Betracht käme auch die Verwirklichung eines besonders schweren Falls gem. § 177 Abs. 6 S. 2 Nr. 1 (**Vergewaltigung**). Hierzu bestehen unterschiedliche Auffassungen[2357]; der BGH hatte im konkreten Fall hierüber aus revisionsrechtlichen Gründen nicht zu entscheiden[2358].

2355 Nach BGH 13.12.2022 – 3 StR 372/22, NStZ 2023, 229.

2356 BGH 13.12.2022 – 3 StR 372/22, NStZ 2023, 229. Andere argumentieren auch mit der „ungewollten Berührung der Schleimhäute der Genitalien“ (KG 27.7.2020 – (4) 161 Ss 48/20 (58/20), BeckRS 2020, 17857), dem Entfallen einer weiteren Barriere ggü. Intimität bei Fortfall des Kondoms (OLG Schleswig 19.3.2021 – 2 OLG 4 Ss 13/21, NStZ 2021, 619, 620) oder dem Austausch von Körperflüssigkeiten (MüKo/Renzikowski, § 177 Rn. 51).

2357 Grds. befürwortend: Makepeace, KriPoZ 2021, 10, 14; Schneider ZJS 2023, 360, 369ff., unter Hinweis auf die Möglichkeit eines ausnahmsweisen Abweichens vom Regelbeispiel im Rahmen einer Gesamtwürdigung (so bspw. erfolgt durch AG Freiburg 22.7.2020 – 25 Ds 230 Js 23725/18, BeckRS 2020, 41446); ablehnend: Hoven, NStZ 2020, 578, 584.

2358 S. BGH 13.12.2022 – 3 StR 372/22, NJW 2023, 701, 702.

III. Sexueller Übergriff, sexuelle Nötigung und Vergewaltigung mit Todesfolge

1271 Verursacht der Täter durch eine Tat nach § 177 wenigstens leichtfertig den Tod des *Opfers* (also nicht eines schutzwilligen Dritten[2359]), so ist gem. **§ 178** die Strafe lebenslange Freiheitsstrafe oder Freiheitsstrafe nicht unter zehn Jahren. Nach h. M. handelt es sich hierbei um eine **Erfolgsqualifikation** i. S. v. § 18.[2360]

Zum „**wenigstens leichtfertig**en" Handeln vgl. Rn. 651 ff.

C. Sexuelle Belästigung

1272 Wer eine andere Person in sexuell bestimmter Weise körperlich berührt und dadurch belästigt, wird gem. **§ 184i Abs. 1** mit Freiheitsstrafe bis zu zwei Jahren oder mit Geldstrafe bestraft. Dies gilt jedoch nicht, wenn die Tat in anderen Vorschriften des 13. Abschnitts des Besonderen Teils des StGB mit schwererer Strafe bedroht ist (sog. **Subsidiaritätsklausel**).

1273 § 184i ist **im Jahr 2016** in das StGB eingefügt worden und schützt die **sexuelle Selbstbestimmung**, indem er Fälle erfasst, in denen die Handlung die Erheblichkeitsschwelle des § 184h nicht überschreitet.[2361]

1274 Umstritten ist, wann ein **körperliches Berühren in sexuell bestimmter Weise** vorliegt. Während in der juristischen Literatur teilweise eine rein objektive Betrachtungsweise vertreten wird[2362], hat sich der BGH einer **gemischt objektiv-subjektiven Auslegung** angeschlossen: Eine Berührung könne sowohl objektiv – nach dem äußeren Erscheinungsbild – als auch subjektiv – nach den Umständen des Einzelfalls – sexuell bestimmt sein, wobei bei äußerlich eindeutig sexualbezogenen Körperkontakten eine fehlende sexuelle Motivation unerheblich sei. Nicht ausreichend sei aber, dass die Handlung allein nach der subjektiven Vorstellung des Täters sexuellen Charakter habe.[2363]

2359 MüKo/Renzikowski, § 178 Rn. 1.
2360 Fischer, § 178 Rn. 2.
2361 Kindhäuser/Schramm, BT I § 21 Rn. 25.
2362 Bspw. MüKo/Renzikowski, § 184i Rn. 11.
2363 BGH 13.3.2018 – 4 StR 570/17, NJW 2018, 2655, 2656 f.

Beispiele:[2364]

Berührungen im Genitalbereich oder der weiblichen Brust; „Begrapschen“ des Gesäßes; Küssen des Mundes oder des Halses

nicht aber: Kuss auf die Wange unter Bekannten.

Als **Taterfolg** muss durch die Berührung eine **Belästigung** eintreten, womit eine „sexuelle Belästigung“ gemeint ist, welche die sexuelle Selbstbestimmung des Opfers tangiert.[2365] Die Rspr. hat bislang offengelassen, ob es hierbei allein auf das individuelle Empfinden des Tatopfers ankommt oder ob zusätzlich eine aus objektiver Perspektive zu bestimmende Eignung zur Belästigung vorliegen muss; der BGH hat aber angedeutet, zu Letzterem zu neigen.[2366] 1275

An einer Belästigung fehlt es, wenn die betroffene Person einwilligt oder der Vorgang bei ihr nur Interesse, Verwunderung oder Vergnügen auslöst.[2367]

In subjektiver Hinsicht setzt § 184i (zumindest **bedingten) Vorsatz** voraus.[2368] 1276

§ 184i Abs. 2 sieht für **besonders schwere Fälle** eine Freiheitsstrafe von drei Monaten bis zu fünf Jahren vor. Als Regelbeispiel benennt der Gesetzgeber die gemeinschaftliche Begehungsweise durch mehrere. 1277

§ 184i Abs. 3 regelt das Erfordernis eines **Strafantrags**, es sei denn, dass die Strafverfolgungsbehörde wegen des besonderen öffentlichen Interesses an der Strafverfolgung ein Einschreiten von Amts wegen für geboten hält. 1278

D. Verletzung des Intimbereichs durch Bildaufnahmen

Zum 1.1.2021 wurde **§ 184k** neu eingeführt, mit dem die Schutzlücke geschlossen werden soll, die mit der zunehmenden Verfügbarkeit von Kameras mit hoher Bildqualität in Alltagsgeräten, insbes. Mobiltelefonen, entstanden ist, indem sie einfach und unauffällig ermöglichen, in grob unanständiger und ungehöriger Weise Bilder von intimen Körperregio- 1279

2364 LK/Hörnle, § 184i Rn. 7, 10; BT-Drs. 18/9097, S. 30.
2365 Fischer, § 184i Rn. 6.
2366 BGH 13.3.2018 – 4 StR 570/17, NJW 2018, 2655, 2657; BGH 6.5.2020 – 2 StR 543/19, BeckRS 2020, 12562.
2367 BT-Drs. 18/9097, S. 30.
2368 Fischer, § 184i Rn. 8.

nen zu fertigen, die den Blicken fremder Menschen gerade entzogen werden sollen (sog. **Upskirting**).[2369]

1280 Der Ausschuss für Recht und Verbraucherschutz empfahl, die Vorschrift in den 13. Abschnitt des Besonderen Teils des StGB einzufügen (und nicht, entgegen anderer Vorschläge, in den 15. Abschnitt), da gerade auch für die betroffenen Personen selbst die Verletzung ihres **sexuellen Selbstbestimmungsrecht**s im Vordergrund stehe; denn der Täter verschaffe sich über die Bildaufnahme visuellen Zugriff auf den körperlichen Intimbereich, der typischerweise der Sexualsphäre zuzuordnen ist.[2370]

1281 § 184k Abs. 1 stellt **drei verschiedene Tathandlungen** unter Strafe:

1282 § 184k **Abs. 1** Nr. 1 stellt das unbefugte Herstellen oder Übertragen einer Bildaufnahme **bestimmter Körperteile** (Genitalien, Gesäß, weibliche Brust[2371]) oder der diese Körperteile bedeckenden Unterwäsche (Unterhose, Unterhemd, Büstenhalter[2372]) unter Strafe, soweit diese Bereiche gegen Anblick geschützt sind. Gemeint ist mit der Formulierung „**gegen Anblick geschützt**", dass für einen außenstehenden Dritten erkennbar ist, dass das Opfer die genannten Körperregionen – ggf. neben sonstigen Funktionen von Bekleidung wie z. B. Witterungsschutz auch – gegen Anblick schützen will.[2373]

Nicht erfasst sind daher bspw.[2374]
- Nacktaufnahmen in der Sauna oder im Nacktbadebereich,
- Aufnahmen sportlicher Betätigung, wenn bei regelkonformer Ausführung die Unterwäsche sichtbar ist (z. B. Eiskunstlauf, Tennis),
- voyeuristische Aufnahmen von Personen in Toilettenkabinen oder Umkleideräumen (Sichtschutz wird nicht durch die Bekleidung vermittelt, ggf. liegt aber § 201a Abs. 1 Nr. 1 (s. Rn. 176 ff.) vor).

Bildaufnahmen sind zum einen einzelne Bilder und Bildfolgen wie Filme, die auf einem Aufnahmemedium aufgezeichnet werden, aber zum anderen auch solche Aufnahmen, die nicht oder jedenfalls nicht dauerhaft abgespeichert sind.[2375] Die Bildaufnahmen müssen **hergestellt**, also hervorgebracht, oder **übertragen**, also zu anderen Geräten oder ins Inter-

2369 BeckOK/Ziegler, § 184k Rn. 1.
2370 BT-Drs. 19/20668, S. 15, 2 f.; krit. dazu MüKo/Renzikowski, § 184k Rn. 1; zust. hingegen NK/K. Schumann, § 184k Rn. 2.
2371 Sog. Downblousing = in den Ausschnitt von Bluse oder Kleid fotografieren, Fischer, § 184k Rn. 4.
2372 BeckOK/Ziegler, § 184k Rn. 3.
2373 BeckOK/Ziegler, § 184k Rn. 4; Fischer, § 184k Rn. 6.
2374 Bsp. aus MüKo/Renzikowski, § 184k Rn. 15.
2375 LK/Berghäuser, § 184k Rn. 13.

net (ohne dauernde Speicherung in Echtzeit oder leicht verzögert) übermittelt werden.[2376]

Unbefugt sind die Bildaufnahmen hergestellt bzw. übertragen, wenn dies ohne (konkludente) Einwilligung der abgebildeten Person stattfindet.[2377]

In subjektiver Hinsicht muss dies jedoch **absichtlich oder wissentlich** (dolus directus 1. oder 2. Grades[2378]) geschehen.

§ 184k **Abs. 1** Nr. 2 stellt unter Strafe, wenn eine durch eine Tat nach **1283**
§ 184k Abs. 1 Nr. 1 hergestellte Bildaufnahme gebraucht oder einer dritten Person zugänglich gemacht wird.

Gebrauchen meint jede Nutzung der Bildaufnahme etwa durch Archivieren, Speichern oder Kopieren; ein **Zugänglichmachen** liegt vor, wenn einem Dritten die Möglichkeit eingeräumt wird, sich durch sinnliche Wahrnehmung Kenntnis vom Inhalt der Bildaufnahme zu verschaffen (eine tatsächliche Kenntnisnahme ist nicht erforderlich).[2379]

In **subjektiver** Hinsicht genügt hier bedingter Vorsatz.[2380]

Nach § 184k **Abs. 1** Nr. 3 macht sich strafbar, wer eine **befugt hergestellte** **1284**
Bildaufnahme der in § 184k Nr. 1 bezeichneten Art wissentlich unbefugt einer dritten Person zugänglich macht. Da das (Anm.: ursprünglich erteilte) Einverständnis mit der Herstellung noch keine Zustimmung zur Weitergabe impliziert, ist das Zugänglichmachen der Aufnahme für Dritte strafbar.[2381]

In subjektiver Hinsicht verlangt § 184k Abs. 1 Nr. 3 **Wissentlichkeit** im Hinblick auf das unbefugte Zugänglichmachen an eine dritte Person.[2382]

§ 184k **Abs. 2** regelt das Erfordernis eines **Strafantrag**s, es sei denn, dass die **1285**
Strafverfolgungsbehörde wegen des besonderen öffentlichen Interesses an der Strafverfolgung ein Einschreiten von Amts wegen für geboten hält.

§ 184k **Abs. 3** übernimmt die Sozialadäquanzklausel des nahezu wort- **1286**
gleichen § 201a Abs. 4.[2383]

§ 184k **Abs. 4** regelt Möglichkeiten zur **Einziehung** von Bildträgern sowie **1287**
Bildaufnahmegeräten oder anderer verwendeter technischer Mittel.

2376 LK/Berghäuser, § 184k Rn. 32 f.
2377 Kindhäuser/Schramm, BT I § 21 Rn. 33.
2378 Kindhäuser/Schramm, BT I § 21 Rn. 32.
2379 BeckOK/Ziegler, § 184k Rn. 9 f.
2380 Lackner/Kühl/Heger, § 184k Rn. 5.
2381 MüKo/Renzikowski, § 184k Rn. 20.
2382 LK/Berghäuser, § 184k Rn. 42.
2383 NK/K. Schumann, § 184k Rn. 3.

E. Exhibitionistische Handlungen

1288 **§ 183** stellt das Belästigen einer anderen Person durch eine exhibitionistische Handlung unter Strafe. Täter kann ausweislich des eindeutigen Gesetzeswortlauts **nur ein Mann** sein.

1289 Eine **exhibitionistische Handlung** ist dadurch gekennzeichnet, dass der Täter einem anderen ohne dessen Einverständnis sein entblößtes Glied vorweist, um sich dadurch oder zusätzlich durch Beobachten der Reaktion der anderen Person oder durch Masturbieren sexuell zu erregen, seine Erregung zu steigern oder zu befriedigen. Die Tathandlung liegt in dem **Vorzeigen** des entblößten Gliedes mit dem **Ziel des hierdurch bewirkten sexuellen Lustgewinns**. Dient die Handlung dagegen lediglich der Vorbereitung eines anderen Sexualdelikts, ist sie nicht exhibitionistisch.[2384]

Nicht exhibitionistisch i. S. v. § 183 sind daher auch bspw. das Urinieren im Freien und das unbekleidete Zeigen in der Sauna, als „Nackt-Jogger" oder „Flitzer" bei öffentlichen Veranstaltungen.[2385]

Schließlich genügt auch nicht, dass der Täter lediglich eine Provokation oder eine Demütigung des Tatopfers beabsichtigt.[2386]

Erforderlich ist eine **gleichzeitige körperliche Anwesenheit** von Täter und Opfer: Das Vorzeigen bloßer Abbildungen, das Abspielen von Filmaufnahmen oder Übertragungen per Internet genügen daher nicht.[2387] Jedoch kann zwischen Täter und Opfer ein größerer räumlicher Abstand sein, falls das Opfer noch in der Lage ist, den Vorgang unmittelbar wahrzunehmen.[2388]

1290 Als **Taterfolg** muss die **Belästigung** einer anderen Person eintreten. Dies erfordert zum einen, dass (irgendeine) andere Person das Geschehen wahrnimmt und als sexualbezogene Handlung versteht und zum anderen in erheblichem Ausmaß negative Gefühle wie Schrecken, Angst, Verärgerung, Ekel, Abscheu oder Verletzung des Schamgefühls empfindet.[2389]

Ist das Tatopfer ein Kind, so ist § 176a Abs. 1 Nr. 1 zu beachten.[2390]

2384 Zum Ganzen BGH 19.9.2018 – 2 StR 153/18, NStZ-RR 2019, 44. A. A. bzgl. sexueller Absichten des Täters MüKo/Hörnle, § 183 Rn. 6 f. und NK/K. Schumann, § 183 Rn. 7.

2385 MüKo/Hörnle, § 183 Rn. 7.

2386 BGH 18.3.2021 – 4 StR 467/20, BeckRS 2021, 9826.

2387 Sch/Sch/Eisele, § 183 Rn. 3, a. A. für „Live-Übertragungen" MüKo/Hörnle, § 183 Rn. 8.

2388 BeckOK/Ziegler, § 183 Rn. 4.

2389 MüKo/Hörnle, § 183 Rn. 10 f.; in Rn. 12 auch mit Hinweis auf Teile des Schrifttums, die zusätzlich fordern, dass die exhibitionistische Handlung zur Belästigung auch objektiv geeignet sein müsse.

2390 Fischer, § 183 Rn. 4.

In **subjektiver** Hinsicht ist hinsichtlich der sexuellen Tendenz der Entblößungshandlung Absicht erforderlich[2391]; hinsichtlich der **Wahrnehmung** durch eine andere Person muss der Täter mit **direktem Vorsatz** handeln, wohingegen hinsichtlich der **Belästigung bedingter Vorsatz** genügt.[2392] **1291**

§ 183 **Abs. 2** regelt das Erfordernis eines **Strafantrags**, es sei denn, dass die Strafverfolgungsbehörde wegen des besonderen öffentlichen Interesses an der Strafverfolgung ein Einschreiten von Amts wegen für geboten hält. **1292**

Die **Absätze 3 und 4** des § 183 enthalten Sonderregelungen für die – im Rahmen der Frage der Aussetzung der Vollstreckung einer Freiheitsstrafe zur Bewährung – zu prüfende **Prognose** i. S. d. § 56 Abs. 1[2393], um dem Interesse an Heilung und Resozialisierung der Exhibitionisten Rechnung zu tragen[2394]. **1293**

F. Erregung öffentlichen Ärgernisses

Wer öffentlich sexuelle Handlungen vornimmt und dadurch absichtlich oder wissentlich ein Ärgernis erregt, wird gem. **§ 183a** bestraft, wenn die Tat nicht in § 183 mit Strafe bedroht ist. **1294**

Nach h.M. schützt § 183a als einen Aspekt des sexuellen Selbstbestimmungsrechts, **nicht ungewollt mit sexuellen Verhaltensweisen Dritter konfrontiert** zu werden bzw. diese nicht ungewollt wahrnehmen zu müssen.[2395] **1295**

Sexuelle Handlungen sind die des § 184h Nr. 1[2396] (s. hierzu Rn. 1255), wobei bei § 183a im Hinblick darauf, dass es „nur" um ein ungewolltes Wahrnehmen geht und innerhalb bestimmter Grenzen ein Interesse am Austausch von Zärtlichkeiten auch in der Öffentlichkeit besteht, hohe Anforderungen an die Erheblichkeit zu stellen sind[2397]. **1296**

> § 183a wird daher bspw.[2398] nicht von einem sich in der Öffentlichkeit küssenden Liebespaar verwirklicht (anders hingegen, wenn es zum Geschlechtsverkehr oder ähnlichen Handlungen kommt).

2391 Fischer, § 183 Rn. 7 mit Verweis auf Rn. 5.
2392 BGH 8.8.2007 – 2 StR 235/07, NStZ-RR 2007, 374. Tw. a. A. bspw. MüKo/Hörnle, § 183 Rn. 13.
2393 Fischer, § 183 Rn. 12.
2394 Lackner/Kühl/Heger, § 183 Rn. 7.
2395 NK/Papathanasiou, § 183a Rn. 2, dort auch zur a. A.
2396 LK/Nestler, § 183a Rn. 3.
2397 MüKo/Hörnle, § 183a Rn. 5.
2398 LK/Nestler, § 183a Rn. 3; Sch/Sch/Eisele, § 183a Rn. 3.

1297 Die sexuelle Handlung muss **öffentlich** vorgenommen werden. Dies ist der Fall, wenn entweder eine unbestimmte Vielzahl oder eine bestimmte, nicht durch persönliche Beziehungen miteinander verbundene Mehrzahl von Personen sie wahrgenommen hat oder hätte wahrnehmen können.[2399]

Beispiele[2400] für Öffentlichkeit in diesem Sinne sind sexuelle Handlungen an:

- öffentlichen Orten (Straßen, Parks, Fahrzeuge auf öffentlichen Parkplätzen [außer der Täter trifft Vorkehrungen, um eine Kenntnisnahme durch Dritte zu verhindern[2401]]),
- am Fenster/Balkon einer Wohnung, wenn der Täter von einem unbestimmten Personenkreis gesehen werden kann.

Aber auch Live-Stream-Übertragungen entsprechender Handlungen in einen Chatroom, an dem nicht nur ein geschlossener Personenkreis teilnehmen kann, sind öffentlich.[2402]

1298 Die **Erregung von Ärgernis** erfordert, dass sich zumindest eine Person durch die Handlung des Täters in ihren Anschauungen, die nicht überzogen sein dürfen, unmittelbar verletzt fühlt.[2403]

1299 In **subjektiver** Hinsicht setzt § 183a (bedingten) Vorsatz voraus; darüber hinaus muss der Täter die Absicht haben (es muss ihm also darauf ankommen), dass er Ärgernis erregt, oder er muss wissen (also als sicher voraussehen), dass dies geschieht.[2404]

G. Sexueller Missbrauch von Kindern ohne Körperkontakt

1300 **§ 176a** erfasst seit dem Jahr 2021 bestimmte sexuelle Handlungen mit einem Kind, aber ohne Körperkontakt (sog. „**hands-off**"-Konstellationen[2405]). § 176a wurde neu gefasst, indem Tatvarianten des sexuellen Missbrauchs von Kindern ohne Körperkontakt mit dem Kind, die bis dahin in § 176[2406] normiert waren, nunmehr eigenständig in § 176a geregelt wurden, wodurch dem

2399 Lackner/Kühl/Heger, § 183a Rn. 2.
2400 MüKo/Hörnle, § 183a Rn. 6.
2401 LK/Nestler, § 183a Rn. 4.
2402 OLG Karlsruhe, 29.3.2016 – 1 (3) Ss 163/15, BeckRS 2016, 6862.
2403 BeckOK/Ziegler, § 183a Rn. 5.
2404 Fischer, § 183a Rn. 6.
2405 BeckOK/Ziegler, § 176a vor Rn. 1.
2406 Zur Gesetzeshistorie des sexuellen Missbrauchs von Kindern näher NK/Papathanasiou, § 176 Rn. 2ff.

unterschiedlichen Unrechtsgehalt von Tathandlungen mit und ohne Körperkontakt zwischen Täter und Opfer Rechnung getragen und eine tatangemessene Differenzierung bei den Strafrahmen ermöglicht werden sollte.[2407]

§ 176a **Abs. 1** Nr. 1 erfasst bestimmte, im Gesetz näher umschriebene sexuelle Handlungen (i. S. v. § 184h Nr. 1[2408], s. hierzu Rn. 1255) **vor einem Kind**, also einer Person unter vierzehn Jahren (s. § 176 Abs. 1 Nr. 1). **1301**

Gem. § 184h Nr. 2 muss das Kind den Vorgang **wahrnehmen**, sich aber seiner sexuellen Bedeutung nicht bewusst sein.[2409] Eine unmittelbare räumliche Nähe zwischen Täter und Opfer ist hierbei nicht erforderlich, sodass **auch** eine **Live-Übertragung über das Internet**[2410] oder eine zeitgleiche **bloß akustische Wahrnehmung**[2411] genügen.

Darüber hinaus hält es der BGH aber – zumindest grundsätzlich – für erforderlich, dass der Täter das Kind in der Weise in das sexuelle Geschehen einbezieht, dass für ihn gerade die Wahrnehmung der sexuellen Handlung durch das Tatopfer von **handlungsleitender Bedeutung** ist, es ihm hierauf also ankommt.[2412]

Unter § 176a Abs. 1 Nr. 1 fällt bspw. die Vornahme exhibitionistischer Handlungen vor einem Kind[2413]; hinsichtlich der Rechtsfolge gelten dann § 183 Abs. 4 Nr. 2, Abs. 3.

Wird ein Kind dazu bestimmt, dass es sexuelle Handlungen vornimmt, ist dies gem. § 176a **Abs. 1** Nr. 2 strafbar, soweit die Tat nicht nach § 176 Abs. 1 Nr. 1 oder Nr. 2 mit Strafe bedroht ist. **1302**

Beispiel:[2414]

Täter T bestimmt das Kind K dazu, sich nackt auszuziehen und vor ihm die Beine so zu spreizen, dass er den Schambereich fotografieren kann, was er sodann auch tut („Posing").

2407 BT-Drs. 19/23707, S. 39.
2408 BeckOK/Ziegler, § 176a Rn. 3.
2409 Fischer, § 176a Rn. 2 auch mit Nachw. tw. a. A.
2410 BGH 21.4.2009 – 1 StR 105/09, NStZ 2009, 500 (zu § 176 Abs. 4 Nr. 1 a. F.).
2411 BGH 21.10.2014 – 1 StR 79/14, NStZ 2015, 27, 28 f. (zu § 176 Abs. 4 Nr. 1 a. F.), a. A. bspw. NK/Papathanasiou, § 176a Rn. 6 m. w. N.
2412 So bspw. BGH 17.1.2023 – 4 StR 216/22, NStZ-RR 2023, 110; zweifelnd mit Blick auf den Schutzzweck der ungestörten sexuellen Entwicklung von Kindern für eine Konstellation, in der das Kind Zeuge einer Vergewaltigung der Mutter wird BGH 18.12.2018 – 3 StR 427/18, NStZ 2019, 203, 203 f. Krit. daher auch bspw. NK/Papathanasiou, § 176a Rn. 19.
2413 LK/Hörnle, § 176a Rn. 9.
2414 Nach BGH 14.6.2016 – 3 StR 72/16, BeckRS 2016, 16238 (zu § 176 Abs. 4 Nr. 2 a. F.); s. auch BeckOK/Ziegler, § 176a Rn. 5.

Die Vornahme der sexuellen Handlungen braucht weder unmittelbar vor noch in räumlicher Nähe zu dem Täter oder einem Dritten zu erfolgen. Es genügt, wenn der Täter oder ein Dritter die sexuellen Handlungen akustisch oder durch **Webcam-Übertragung** oder sonst als optische/akustische Aufzeichnung wahrnimmt bzw. sich durch Gespräche darüber erregt.[2415]

1303 § 176a **Abs. 1** Nr. 3 erfasst das Einwirken auf ein Kind durch einen pornografischen Inhalt (§ 11 Abs. 3) oder durch entsprechende Reden (also unmittelbare akustische Äußerungen mit pornografischem Sinngehalt[2416]).

Das **Einwirken** setzt eine psychische Einflussnahme tiefergehender Art voraus, die etwa beim bloßen Vorzeigen pornografischer Bilder in aller Regel nicht vorliegt, jedoch dann angenommen werden kann, wenn das Vorspielen (Anm.: eines Films) mit sexualbezogenen Nachrichten oder körperlichen sexuellen Übergriffen verbunden ist, zudem, wenn einer Vier- bis Fünfjährigen ein Film mit Darstellungen harter Pornografie gezeigt wird, um sich sexuell zu erregen.[2417]

1304 § 176a **Abs. 2** stellt das Anbieten eines Kindes für eine Tat nach § 176a Abs. 1, das Versprechen, ein Kind hierfür nachzuweisen, und das Verabreden zu einer Tat nach § 176a Abs. 1 unter Strafe.

Während das Anbieten die Erklärung des Täters meint, willens und in der Lage zu sein, ein bestimmtes Kind für einen sexuellen Missbrauch zur Verfügung zu stellen, muss der Täter für das Versprechen des Nachweises eines Kindes noch kein bestimmtes Kind im Auge haben, jedoch, ähnlich einem „Makler", einen Erfolg oder eine Tätigkeit – die erfolgreiche Vermittlung des Kontakts zu einem Kind bzw. das Bemühen darum (str.)[2418] – zusagen.[2419]

1305 Gem. § 176a **Abs. 3** ist der Versuch in den Fällen des § 176a Abs. 1 Nr. 1 und Nr. 2 (uneingeschränkt) strafbar, bei Taten nach § 176a Abs. 1 Nr. 3 nur, wenn eine Vollendung der Tat allein daran scheitert, dass der Täter irrig annimmt, sein Einwirken beziehe sich auf ein Kind. Letzteres ermöglicht auch eine Bestrafung in Konstellationen des untauglichen Versuchs des sog. **Cybergroomings**, also des gezielten Ansprechens von Kindern im Internet mit dem Ziel der Anbahnung sexueller Kontakte[2420]: Strafrechtlich verfolgt werden kann daher auch ein Täter, der lediglich

2415 Zum Ganzen und auch weiterf. NK/Papathanasiou, § 176a Rn. 10 f.
2416 Fischer, § 176a Rn. 7.
2417 BGH 25.10.2023 – 2 StR 285/23, BeckRS 2023, 38496 (zu § 176 Abs. 4 Nr. 4 a. F.).
2418 LK/Hörnle, § 176a Rn. 29 und § 176 Rn. 69.
2419 BeckOK/Ziegler, § 176a Rn. 12 f.; Fischer, § 176a Rn. 11 und § 176 Rn. 12 f.
2420 BT-Drs. 19/13836, S. 1.

glaubt, auf ein Kind einzuwirken, der tatsächlich aber mit einem Jugendlichen oder Erwachsenen Kontakt hat, z.B. mit einem Polizeibeamten oder einem Elternteil.[2421]

In **subjektiver** Hinsicht erfordert § 176a in allen Fällen (mind. **bedingten) Vorsatz**.[2422] Zu beachten ist aber das zusätzliche Erfordernis der Rspr. bei § 176a Abs. 1 Nr. 1, s. Rn. 1301.[2423] **1306**

H. Pornografiedelikte (Überblick)

Die Pornografiedelikte sind in **§ 184 bis § 184e** geregelt. Während § 184 die Verbreitung pornografischer Inhalte im dort geregelten Umfang unter Strafe stellt (sog. „einfache" Pornografie[2424]), normieren §§ 184a bis 184c darüber hinausgehend eine Strafbarkeit in Bezug auf spezielle Arten der Pornografie (sog. „harte" Pornografie[2425]): Die Verbreitung gewalt- oder tierpornografischer Inhalte steht gem. § 184a unter Strafe, die Verbreitung, der Erwerb und der Besitz kinderpornografischer Inhalte gem. § 184b und Letzteres in Bezug auf jugendpornografische Inhalte gem. § 184c. **1307**

§ 184e stellt schließlich die Veranstaltung und den Besuch kinder- und jugendpornografischer Darbietungen unter Strafe.

Bisher ist es nicht gelungen, eine konsensfähige Definition der „einfachen Pornografie" zu erstellen.[2426] **1308**

Nach der Rechtsprechung des BGH und der Oberlandesgerichte liegt, so das KG zusammenfassend[2427], **Pornografie** vor, wenn eine Darstellung unter Ausklammerung aller sonstigen menschlichen Bezüge sexuelle Vorgänge in grob aufdringlicher Weise in den Vordergrund rückt und ihre Gesamttendenz ausschließlich oder überwiegend auf die Erregung eines sexuellen Reizes abzielt. Die Funktion des Produktes muss darin liegen, als Anregung für Masturbation oder andere Formen der Hervorrufung oder Steigerung sexueller Erregung zu dienen, wobei maßgeblich die sich einem *objektiven* Betrachter ohne Weiteres erschließende Funktion ist.[2428]

2421 BT-Drs. 19/23707, S. 20.
2422 Fischer, § 176a Rn. 13.
2423 A. A. LK/Hörnle, § 176a Rn. 21, wonach auch insoweit bedingter Vorsatz genüge.
2424 Zum Begriff Fischer, § 184 Rn. 5.
2425 Zum Begriff Fischer, § 184 Rn. 5.
2426 HK-GS/Laue, § 184 Rn. 4. Zur historischen Entwicklung des Begriffs der Pornografie und zu den unterschiedlichen Definitionsversuchen bspw. LK/Nestler, § 184 Rn. 8ff.
2427 KG 8.2.2008 – (4) 1 Ss 312/07 (192/07, NStZ 2009, 446, 447.
2428 MüKo/Hörnle, § 184 Rn. 21.

Wird bspw. das Bild eines erigierten Penis (sog. Dickpic) unaufgefordert an eine(n) andere(n) versendet, wird, zumindest, wenn dieser fokussiert wird und die Gesamtumstände einen vorwiegenden Sexualbezug begründen, § 184 Abs. 1 Nr. 6 verwirklicht sein.[2429]

Wann ein pornografischer Inhalt **kinderpornografisch** ist, ist in § 184b Abs. 1 S. 1 Nr. 1 HS 2 definiert. Wann ein pornografischer Inhalt **jugendpornografisch** ist, ist ebenfalls legaldefiniert, und zwar in § 184c Abs. 1 Nr. 1 HS 2.

1309 Im Gesetz verwiesen wird im Zusammenhang mit den pornografischen Inhalten jeweils immer auf **§ 11 Abs. 3**. Hiernach sind Inhalte solche, die in Schriften, auf Ton- oder Bildträgern, in Datenspeichern, Abbildungen oder anderen Verkörperungen enthalten sind oder auch unabhängig von einer Speicherung mittels Informations- oder Kommunikationstechnik übertragen werden.

Bspw. fallen hierunter Zeitschriften, gespeicherte Daten auf Smartphones, Live-/Echtzeitübertragungen, Messenger-Dienste.[2430]

2429 Krebs/Nitschke/Noak/Steinhorst/Zenger, S. 86.
2430 Lackner/Kühl/Heger, § 11 Rn. 27 ff.

14. KAPITEL Urkundendelikte

A. § 267 Urkundenfälschung

I. Einführung

Der Tatbestand soll die **Sicherheit und Zuverlässigkeit des Rechtsverkehrs** im Umgang mit Urkunden gewährleisten.[2431] Man soll darauf vertrauen dürfen, dass dem einer Urkunde zu entnehmende Aussteller die entsprechende Erklärung zuzurechnen ist. Nicht vom Schutzbereich erfasst ist hingegen das Interesse an der Wahrheit der abgegebenen Erklärungen. Schriftliche Lügen, also inhaltlich nicht der Wahrheit entsprechende Erklärungen, fallen deshalb nicht unter den Tatbestand. 1310

II. Prüfungsaufbau

I. Tatbestandsmäßigkeit 1311
   1. Objektiver Tatbestand
      a) § 267 Abs. 1 Var. 1: Herstellen einer unechten Urkunde
      b) § 267 Abs. 1 Var. 2: Verfälschen einer echten Urkunde
      c) § 267 Abs. 1 Var. 3: Gebrauchen einer unechten oder verfälschten Urkunde
   2. Subjektiver Tatbestand
      – Vorsatz (§ 15)
      – Absicht zur Täuschung des Rechtsverkehrs
II. Rechtswidrigkeit
III. Schuld
IV. Qualifikationstatbestand gemäß § 267 Abs. 4
V. Regelbeispiele gemäß § 267 Abs. 3 S. 2 Nr. 1–4

2431 BGH 11.12.1951 – 1 StR 567/51, BGHSt 2, 50, NJW 1952, 231, 231; Sch/Sch/Heine/Schuster, § 267 Rn. 1.

III. Tatbestand

1. Begriff der Urkunde

1312 Der **Begriff der Urkunde ist dreigliedrig**: Urkunde ist eine verkörperte menschliche Gedankenerklärung (Perpetuierungsfunktion), die zum Beweis einer rechtserheblichen Tatsache geeignet und bestimmt ist (Beweisfunktion) und den Aussteller erkennen lässt (Garantiefunktion).[2432]

1313 Die **Perpetuierungsfunktion** verlangt zunächst das Vorliegen einer **menschlichen Gedankenerklärung**. An einem solchen gedanklichen Inhalt fehlt es etwa bei Augenscheinsobjekten. Diese sind sachliche Beweismittel, deren Beweisbedeutung aus der natürlichen Eigenschaft oder Beschaffenheit eines Objekts, nicht aber aus menschlichen Ausführungen folgt.[2433]

Beispiele für Augenscheinsobjekte:

Beispiele für Augenscheinsobjekte: Fingerabdrücke, Blutflecken, Fußspuren.

1314 Ebenso fehlt es an einer menschlichen Gedankenerklärung, wenn entsprechende Erklärungen geräteautonom – etwa durch ein Computerprogramm – produziert werden.[2434] Die Unterscheidung zur Urkunde kann im Einzelfall diffizil sein, da sich Menschen zur Herstellung ihrer Erklärungen vielfach technischer Hilfsmittel als „Schreibhilfe" bedienen und sich deren Ergebnis zu eigen machen. Für die menschliche Gedankenerklärung ist nicht erforderlich, dass der Erklärende das Ergebnis des Datenverarbeitungsvorgangs im Einzelfall überprüft. Vielmehr kann eine Autorisierung bereits im Vorfeld und pauschal für eine Vielzahl von Fällen erfolgen.[2435] Hierfür besteht gerade im unternehmerischen Verkehr bei massenhaft zu erstellenden Erklärungen – etwa bei Rechnungen von Energieversorgungsunternehmen – ein praktisches Bedürfnis. Fehlt es indes an der menschlichen Autorisierung des Erklärungsinhalts, liegt keine Urkunde vor. Hieraus resultierende Strafbarkeitslücken schließt in bestimmten Konstellationen § 268 (Fälschung technischer Aufzeichnungen).

2432 BGH 19.5.1961 – 1 StR 620/60, BGHSt 16, 94, NJW 1961, 1542; BGH 1.7.1959 – 2 StR 191/59, BGHSt 13, 235, NJW 1959, 2173.

2433 BeckOK/Weidemann, § 267 Rn. 5; Sch/Sch/Heine/Schuster, § 267 Rn. 4 m.w.N.

2434 Vgl. zu den folgenden Grundsätzen etwa OLG Köln 10.8.2001 – Ss 264/01, NJW 2002, 527; NK/Puppe/Schumann, § 267 Rn. 28 ff.

2435 OLG Köln 10.8.2001 – Ss 264/01, NJW 2002, 527.

Urkundenqualität kommt einem an einem Automaten erworbenen Parkschein zu.[2436] Der rein maschinellen Erstellung des konkreten Scheins geht eine Programmierung des Automaten durch einen Menschen voraus. Hierbei wurde abstrakt festgelegt, dass jeder Person, die einen festgelegten Betrag entrichtet, ein Parkberechtigungsschein für eine gewisse Zeit auszustellen ist. Der im Ausdruck enthaltene Erklärungsinhalt ist daher auf die freie Entscheidung des menschlichen Programmierers zurückzuführen und bereits im Vorfeld pauschal autorisiert. Anders zu bewerten ist indes die Aufzeichnung eines sogenannten Fahrtenschreibers in einem Lkw, die keine Urkunde, sondern eine technische Aufzeichnung (§ 268 Abs. 2) darstellt. Der Fahrtenschreiber registriert eigenständig das an den Tag gelegte Fahrverhalten des Fahrzeugführers. Weder dieser noch der Hersteller können bewirken, dass ein anderes Fahrverhalten dargestellt wird. Keine Person kann daher frei über den Erklärungsinhalt der Aufzeichnung bestimmen; die in der Aufzeichnung enthaltene Erklärung ist also keine menschliche.

Die menschliche Gedankenerklärung muss **dauerhaft verkörpert**, also 1315
perpetuiert sein. Das gesprochene Wort unterfällt daher nicht dem Urkundenbegriff. An die Dauerhaftigkeit der Verkörperung sind keine allzu hohen Anforderungen zu stellen. Hieran fehlt es, wenn die Erklärung – wie etwa bei Zeichen im Schnee – innerhalb kurzer Zeit von selbst verschwindet. Kann diese aber lediglich leicht durch menschliches Handeln eliminiert werden, steht dies der Urkundeneigenschaft nicht entgegen. Daher kann auch die mit Bleistift verfassten Gedankenerklärung, die einfach auszuradieren ist, Urkunde sein. Zudem verlangt die Verkörperung die **visuelle Wahrnehmbarkeit** der Gedankenerklärung. Auf Speichermedien wie USB-Sticks oder Festplatten elektronisch niedergelegte Daten genügen nicht, da diese erst durch entsprechende maschinelle Rechenvorgänge in Schriftzeichen umgewandelt werden müssen, um wahrgenommen werden zu können.[2437]

Die Erklärung menschlicher Gedanken ist nicht auf die Schriftform be- 1316
schränkt, sondern kann auch durch Zeichen und Symbole niedergelegt sein. Erforderlich ist aber stets, dass diesen eine Gedankenäußerung ihres Urhebers zukommt.

2436 OLG Köln 10.8.2001 – Ss 264/01, NJW 2002, 527.
2437 Zieschang, BT I Rn. 787.

Beispiel:

Künstlerzeichen auf einem Bild, da der Künstler damit zum Ausdruck bringt, das Bild gemalt und fertig gestellt zu haben.[2438]

1317 Die **Beweisfunktion** verlangt die Beweiseignung und Beweisbestimmung der Urkunde. Die Gedankenerklärung muss zum Beweis im Rechtsverkehr objektiv geeignet sein (sog. **Beweiseignung**). Es ist nicht erforderlich, dass die Urkunde eine Tatsache vollumfänglich beweist; ausreichend ist, dass sie zum Beweis einer Tatsache – etwa im Rahmen eines möglichen Gerichtsverfahrens – einen Beitrag leisten kann.[2439] Es ist ein objektiver Maßstab anzulegen. Ist eine manipulierte Urkunde „auf den ersten Blick"[2440] als solche zu erkennen, fehlt es an der erforderlichen Beweiseignung.

Die Beweiseignung fehlt ebenso bei einem Parkberechtigungsschein, bei dem die Felder „Genehmigungsnummer" und „Name des Berechtigten" nicht ausgefüllt sind.[2441] Ist im Strafprozess fraglich, ob der Angeklagte seine Ehefrau getötet hat, kann ein Brief des Angeklagten, in dem er von seiner Antipathie gegenüber der Getöteten berichtet, einen (geringen) Beitrag zur Sachverhaltsaufklärung leisten, sodass die Beweiseignung zu bejahen ist.

1318 Die verkörperte menschliche Gedankenerklärung muss zudem dazu bestimmt sein, Beweis zu erbringen (**sog. Beweisbestimmung**). Insoweit sind subjektive Kriterien maßgeblich: **Absichtsurkunden** sind von Anfang zur Beweisführung bestimmt. Dies ist der Fall, wenn dem Erklärenden bereits bei Abgabe seiner Gedankenerklärung bewusst ist, rechtserhebliche Äußerungen zu tätigen. Bloßen vorbereitenden Entwürfen oder nicht vollständig ausgefüllten Formularen kommt hingegen keine Urkundenqualität zu, da diese nicht in den Rechtsverkehr gelangen sollen und es daher grundsätzlich an der Beweisbestimmung fehlt.[2442]

Beispiele für Absichtsurkunden: schriftlicher Kaufvertrag, Strafantrag, Schuldanerkenntnis, Zeugnisse

2438 OLG Frankfurt a.M. 22.10.1969 – 1 Ss 409/69, NJW 1970, 673, 674.
2439 Fischer, § 267 Rn. 14.
2440 OLG Celle 19.10.2007 – 32 Ss 90/07, NStZ-RR 2008, 76, 77; zu gefälschten Attesten Anm. Kaltenbach, CoVuR 2021, 619, 620.
2441 Beispiel nach Fischer, § 267 Rn. 14.
2442 Fischer, § 267 Rn. 15.

Demgegenüber ist denkbar, dass Gedankenerklärungen erst nach ihrer Erstellung die Beweisbestimmung beigemessen wird (sog. **Zufallsurkunde**).[2443] Hierfür ist unerheblich, ob diese Bestimmung durch den Aussteller der Erklärung oder eine andere Person erfolgt.

Beleidigt also eine Person im Rahmen eines Briefes den Empfänger, liegt zunächst keine Urkunde vor, da seitens des Erklärenden nicht beabsichtigt ist, mit dem Schriftstück Beweis zu erbringen. Entscheidet sich der Empfänger sodann, Strafanzeige zu erstatten und den Brief an die Strafverfolgungsbehörden zu übersenden, soll der Brief entsprechend der Absicht des Empfängers als Beweismittel in einem Strafverfahren dienen, sodass der Brief nunmehr Beweisbestimmung erlangt.[2444]

Die **Garantiefunktion** verlangt, dass eine Person als geistiger Aussteller **1319** erkennbar ist.[2445] Aussteller kann jede natürliche oder juristische Person sein. Einem Schreiben, bei dem der Aussteller anonym bleiben will – etwa bei fehlender Angabe eines Namens, bei der Unterzeichnung mit einem Phantasienamen oder mit einer bewusst unleserlichen Unterschrift – kommt daher keine Urkundenqualität zu. Es ist für die geforderte Erkennbarkeit des Ausstellers nicht zwingend, dass dieser namentlich in der Urkunde genannt ist. Vielmehr genügt, wenn er nach den konkreten Umständen des Einzelfalls, die nicht völlig außerhalb der Urkunde liegen dürfen, für die Beteiligten individualisierbar ist.[2446] Die Verwendung eines Spitznamens oder von Initialen kann daher genügen.

A erhält einen mit „S." unterzeichneten Brief, in dem ihm „mein gebrauchter Tesla" zum Preis von 100.000 Euro angeboten wird. Die Garantiefunktion ist gewahrt, wenn sich aus den Gesamtumständen zu ergeben scheint, dass es sich um den Brief eines Bekannten des A handelt, dessen Fahrzeug A in der vergangenen Woche in Kaufabsicht besichtigt hatte und dessen Vornamen mit „S" beginnt.

Aussteller ist nicht zwingend die Person, die eine Erklärung körperlich **1320** herstellt – also etwa die Gedanken handschriftlich niederlegt. Nach der sogenannten **Geistigkeitstheorie** ist Aussteller, wem das Erklärte im Rechtsverkehr zugerechnet wird und der daher als geistiger Urheber erscheint.[2447] Maßgeblich ist also nicht der Schreiber, sondern der „Erklä-

2443 BGH 1.7.1959 – 2 StR 191/59, BGHSt 13, 235, NJW 1959, 2173, 2174.
2444 Beispiel nach Hohmann/Sander, § 17 Rn. 17.
2445 BGH 22.12.1959 – 1 StR 591/59, BGHSt 13, 382, NJW 1960, 444.
2446 BeckOK/Weidemann, § 267 Rn. 13; Fischer, § 267 Rn. 11 m.w.N.
2447 BGH 22.12.1959 – 1 StR 591/59, BGHSt 13, 382, NJW 1960, 444.

rer".[2448] Fälle, bei denen der Schreiber in fremden Namen handelt, bedürfen daher eingehender Betrachtung. Es ist stets zu fragen, ob und wer für die Gedankenerklärung bei objektiver Betrachtung einstehen will.

C diktiert seinem Sekretär S einen Brief an einen Geschäftspartner, in dem er den Erhalt bestimmter Waren bestätigt. S tippt den Text in seinen PC ein, druckt ihn aus und unterschreibt handschriftlich mit dem Namen des C (ohne einen Zusatz „i. A."). C ist als geistiger Urheber Aussteller der Urkunde. Es liegt daher eine (echte) Urkunde vor.

1321 Bei der Stellvertretung (§§ 164 ff. BGB), die sich im Vergleich zu obigem Beispielsfall durch einen eingeräumten Handlungs- und Entscheidungsspielraum des Vertreters unterscheidet, ist zwischen der offenen und verdeckten Stellvertretung zu unterscheiden. Legt der Vertreter nicht offen, dass er als Vertreter handelt, sondern unterzeichnet im Namen des Vertretenen (**verdeckte Stellvertretung**), ist der Vertretene Aussteller, wenn die folgenden drei Voraussetzungen erfüllt sind: Der unterzeichnende Vertreter will vertreten werden, er ist vom Vertretenen hierzu ermächtigt und die Vertretung ist zulässig.[2449] An der letztgenannten Voraussetzung fehlt es etwa bei höchstpersönlichen Rechtsgeschäften wie der Errichtung eines Testaments (§ 2247 Abs. 1 BGB) oder der Eheschließung (§ 1311 BGB). Legt der Vertreter hingegen offen, für einen anderen zu handeln, ist der Vertreter regelmäßig geistiger Urheber der Erklärung, mit Vertretungsmacht für den Vertretenen eine entsprechende Erklärung abzugeben (**offene Stellvertretung**[2450]).

Unterzeichnet S eine Urkunde mit „S als Vertreter für C", ist S der Aussteller der Gedankenerklärung, er sei von C ermächtigt, die entsprechende Erklärung für ihn abzugeben.

1322 Etwas anderes kann gerade bei Erklärungen von Unternehmen und Behörden gelten, da in diesen Fällen die Identität der für diese Einrichtungen handelnden Personen im Rechtsverkehr in den Hintergrund tritt. Die entsprechenden Erklärungen sind den Behörden oder Unternehmen unmittelbar zuzurechnen.[2451]

2448 Sch/Sch/Heine/Schuster, § 267 Rn. 16.
2449 BGH 21.3.1985 – 1 StR 520/84, BGHSt 33, 159, NJW 1985, 2487, 2488.
2450 Vgl. BGH 24.6.1993 – 4 StR 570/92, NJW 1993, 2759.
2451 Zu Behörden BGH 11.1.1955 – 5 StR 290/54, BGHSt 7, 149, NJW 1955, 509; zu Unternehmen: MüKo/Erb, § 267 Rn. 130.

> Erklärt ein namentlich genannter Mitarbeiter eines großen Versicherungsunternehmens schriftlich, die Schadensregulierung abzulehnen, ist diese Erklärung dem Unternehmen zuzurechnen und daher das Unternehmen als solches Aussteller der Urkunde. Der Name des erklärenden Mitarbeiters ist im Rechtsverkehr praktisch bedeutungslos.

Kopien, **Abschriften** oder **Ausdrucke gescannter Dokumente** sind in der Regel keine Urkunden, da nicht erkennbar ist, wer diese angefertigt hat. Etwas anderes gilt, wenn mit diesen der Anschein eines Originaldokuments erweckt werden soll, da dann der Aussteller des Originals auch als Aussteller der Reproduktion erscheint.[2452] Handelt es sich um beglaubigte Abschriften, ist hingegen der Beglaubigungsvermerk eine Urkunde, da diesem die Erklärung des Ausstellers, die Abschrift stimme mit dem Original überein, zu entnehmen ist.[2453] Auch ausgedruckte **E-Mails** stellen richtigerweise keine Urkunden dar, da der Ersteller des Ausdrucks nicht erkennbar ist.[2454] 1323

Von hoher praktischer Relevanz sind sogenannte **zusammengesetzte Urkunden**. Hierunter versteht man die feste Verbindung einer verkörperten Gedankenerklärung mit einem bestimmten Bezugsobjekt.[2455] Zumeist kommt der verkörperten Gedankenerklärung alleine keinen Beweiswert und daher kein Urkundencharakter zu. Dieser entsteht regelmäßig erst durch die Verbindung der Gedankenerklärung mit dem Bezugsobjekt zu einer Beweiseinheit.[2456] 1324

> Einem Preisetikett alleine kann kein Erklärungswert beigemessen werden. Wird dieses indes hinreichend fest an einem Artikel angebracht, liegt eine zusammengesetzte Urkunde vor. Der Erklärungs- und Beweiswert entsteht erst durch die Verbindung des Preisschildes als menschliche verkörperte Gedankenerklärung mit dem Artikel als Bezugsobjekt.

Selten kommt bereits der (isolierten) Gedankenerklärung ein Erklärungs- und Beweiswert zu, der sich sodann durch die Verbindung mit dem Bezugsobjekt verändert, sodass im Ergebnis gleichermaßen eine zusammengesetzte Urkunde vorliegt.[2457]

2452 OLG Stuttgart 22.5.2006 – 1 Ss 13/06, NJW 2006, 2869.
2453 Sch/Sch/Heine/Schuster, § 267 Rn. 40a.
2454 Str., vgl. etwa Sch/Sch/Heine/Schuster, § 267 Rn. 43a; LK/Zieschang, § 267 Rn. 130ff.; MüKo/Erb, § 269 Rn. 89.
2455 BGH 19.5.1961 – 1 StR 620/60, BGHSt 5, 75, 79, NJW 1961, 1542.
2456 Heinrich, JA 2011, 423, 424.
2457 MüKo/Erb, § 267 Rn. 49.

Einer unterschriebenen Rechnung über Handwerkerarbeiten kommt Urkundenqualität zu. Wird auf der Rechnung sodann der vom Handwerker unterzeichnete Zusatz „Bezahlt" angebracht, entsteht eine neue zusammengesetzte Urkunde: Durch den unterschriebenen Zusatz „Bezahlt" entsteht ein neuer Erklärungsinhalt, der über den der ursprünglichen Rechnung hinausgeht, sodass eine neue zusammengesetzte Urkunde vorliegt.[2458]

Voraussetzung der Annahme einer Beweiseinheit und daher einer zusammengesetzten Urkunde ist eine hinreichend feste Verbindung zwischen Gedankenerklärung und Bezugsobjekt. Hierbei sind die jeweiligen Umstände des Einzelfalls in den Blick zu nehmen. Die Verbindung braucht jedenfalls nicht untrennbar zu sein. Es genügt, wenn zu deren Lösung ein gewisser Kraftaufwand oder eine Substanzverletzung notwendig ist.[2459]

Ausreichend: Aufgeklebte Preisetikette, sämtliche Verbindungen durch Nägel, Tackern, Schrauben; nicht ausreichend hingegen: Verbindung von Papierseiten mit einer Büroklammer, Verpackung eines Hemdes in einer unverschlossenen Klarsichthülle, auf der sich das Preisetikett befindet[2460]

2. Tathandlungen

1325 § 267 Abs. 1 kennt drei Tathandlungen: Herstellen einer unechten Urkunde (Var. 1), Verfälschen einer echten Urkunde (Var. 2) und der Gebrauch einer unechten oder verfälschten Urkunde (Var. 3). Steht eine Manipulation einer echten Urkunde im Raum, empfiehlt es sich im Rahmen des objektiven Tatbestands zunächst § 267 Abs. 1 Var. 2 zu prüfen. Kommt der Gebrauch einer vom Täter hergestellten unechten oder verfälschten Urkunde in Betracht, sind die ersten beiden Varianten im Rahmen des objektiven Tatbestands denklogisch zuerst zu prüfen.

1326 Eine **unechte Urkunde stellt her** (Var. 1), wer eine Urkunde hervorbringt, die den Anschein erweckt, sie stamme von einer anderen Person als dem tatsächlichen Aussteller. Es muss also eine **Identitätstäuschung** vorliegen. Keine unechte Urkunde liegt hingegen bei schriftlichen Lügen vor. Es ist daher stets zu fragen, wer als Aussteller der Urkunde erscheint und wer der wahre Aussteller ist. Liegt Personenverschiedenheit vor, ist die Urkunde unecht.

2458 Beispiel nach Heinrich, JA 2011, 423, 424.
2459 Heinrich, JA 2011, 423, 424
2460 Beispiele nach MüKo/Erb, § 267 Rn. 53 m. w. N.

Geht es um die Beschaffung eines Alibis im Rahmen eines Ermittlungsverfahrens und fertigt der Beschuldigte B eine entsprechende schriftliche Erklärung im Namen des A zur Vorlage bei den Ermittlungsbehörden an, hat er eine unechte Urkunde hergestellt. Erklärt hingegen A selbst schriftlich wahrheitswidrig, den Tattag gemeinsam mit B in den USA verbracht zu haben, liegt keine Identitätstäuschung und daher keine unechte Urkunde vor (schriftliche Lüge).

Mit der Verwendung eines dem Aussteller nicht zustehenden Namens **1327** geht nicht stets die Herstellung einer unechten Urkunde einher. Nicht tatbestandsmäßig ist die bloße **Namenstäuschung**, die dadurch gekennzeichnet ist, dass der Aussteller nur über seinen Namen täuscht, nicht aber über seine Identität. Dies gilt insbesondere in Konstellationen, in denen die Wahrheit der Namensangabe für die jeweilige Beweissituation ohne Bedeutung ist und die Beteiligten kein Interesse daran haben, ob sich der Aussteller der Urkunde seines richtigen Namens bedient.[2461] In diesen Konstellationen ist die Sicherheit und Zuverlässigkeit des Rechtsverkehrs mit Urkunden nicht (abstrakt) beeinträchtigt.

Mietet A unter dem falschen Namen B unter Barzahlung ein Hotelzimmer für sich und unterschreibt er entsprechende Erklärungen, ist § 267 Abs. 1 Var. 1 zu verneinen, sofern A für seine Verpflichtungen einstehen will und der Hotelbetreiber in dieser Konstellation folglich kein Interesse am wahren Vor- und Zunamen des B hat.[2462] Bekennt sich A hingegen nicht zu seiner Erklärung und möchte etwa nach Abreise den Mietpreis nicht bezahlen, liegt eine Identitätstäuschung und daher § 267 Abs. 1 vor.

Die Tathandlung des **Verfälschens** (§ 267 Abs. 1 Var. 2) erfordert ausweis- **1328** lich des Gesetzeswortlauts eine echte Urkunde als Tatobjekt. Verfälschen ist jede nachträgliche Veränderung des gedanklichen Inhalts, durch die der Anschein erweckt wird, als habe der Aussteller die Erklärung in der so veränderten Form abgegeben.[2463] Auch nach der Tathandlung muss indes eine (echte oder unechte) Urkunde vorliegen, da nur dann eine Beein-

2461 Vgl. zur Namenstäuschung BGH 21.3.1985 – 1 StR 520/84, BGHSt 33, 159, NJW 1985, 2487.

2462 Vgl. zu einer parallelen Situation BGH 21.3.1985 – 1 StR 520/84, BGHSt 33, 159, NJW 1985, 2487. Nach durchaus überzeugender Literaturauffassung soll in diesen Konstellationen nicht der objektive Tatbestand, sondern mangels Täuschungsabsicht erst der subjektive Tatbestand zu verneinen sein, so etwa MüKo/Erb, § 267 Rn. 157.

2463 Allg. Meinung, vgl. nur BGH 5.12.1961 – 1 StR 373/61; OLG Köln 6.10.2009 – 81 Ss 43/09, NStZ 2010, 520, 521; BayObLG 27.3.2002 – 5 StR 71/02, NStZ-RR 2002, 305, 305.

trächtigung der Sicherheit und Zuverlässigkeit des Rechtsverkehrs denkbar ist. Mithin kommt ein Verfälschen nicht in Betracht, wenn infolge der nachträglichen Veränderung der Urkunde der gedankliche Inhalt beseitigt wird oder aber der Aussteller nicht mehr erkennbar ist.[2464] In diesen Fällen kann § 274 (Urkundenunterdrückung) einschlägig sein.

Wird ein Kfz-Kennzeichenschild vollständig mit gelber Folie und schwarzen Buchstaben überklebt, um für Dritte den Anschein eines in Holland oder Großbritannien von den dort zuständigen Behörden ordnungsgemäß zugelassenen Fahrzeugs zu erwecken, liegt keine Strafbarkeit nach § 267 Abs. 1 vor, da infolge der Veränderung mangels Erkennbarkeit des Ausstellers (Dienststempel der Zulassungsbehörde) keine (zusammengesetzte) Urkunde mehr gegeben ist. Einschlägig ist indes § 274 Abs. 1 Nr. 1.[2465]

Soweit eine Person eine Urkunde verfälscht, die sie nicht ausgestellt hat, geht hiermit zugleich das Herstellen einer unechten Urkunde einher, da der Erklärungsinhalt nicht vom scheinbaren Aussteller, sondern der Person, die die Urkunde verfälscht hat, herrührt und daher zugleich eine Identitätstäuschung vorliegt.[2466] Das Verfälschen ist insoweit ein Spezialfall des Herstellens einer unechten Urkunde.

Ändert der Absolvent eines Studiums in dem ihm erteilten Zeugnis die Abschlussnote von gut auf sehr gut, hat er eine Urkunde verfälscht (Var. 2). Zugleich ist eine unechte Urkunde hergestellt (Var. 1), da als Aussteller der Gedankenerklärung („sehr gute Studienleistung") die Hochschule erscheint. Wahrer Aussteller ist indes der Absolvent.

1329 Nach herrschender Auffassung kann auch **der Aussteller** die von ihm erstellte Urkunde verfälschen, wenn bereits andere Personen ein Beweisführungsrecht an der Urkunde erlangt haben und der Aussteller daher die Dispositionsbefugnis über die Urkunde – also das Recht, diese zu ändern – verloren hat.[2467] Hierfür spricht, dass dem „Verfälschen" nur in diesen Konstellationen ein eigenständiger, über das Herstellen der unechten Urkunde hinausgehender eigenständiger Anwendungsbereich verbleibt.

2464 BayObLG 21.8.1989 – RReg. 4 St 131/89, NJW 1990, 264; OLG Frankfurt a.M. 28.1.2020 – 3 Ss 350/19, NStZ 2020, 619.
2465 Nach OLG Frankfurt a.M. 28.1.2020 – 3 Ss 350/19, NStZ 2020, 619.
2466 Wessels/Hettinger/Engländer, BT I Rn. 830.
2467 Fischer, § 267 Rn. 34 m.w.N.

Hat der Student seine Klausur abgegeben und schleicht sich einige Tage später in das Büro seines Professors, um noch vor der Korrektur einige Fehler auszubessern, liegt ein Verfälschen der Urkunde durch den Aussteller vor. Mit Abgabe der Klausur hat der Student seine Dispositionsbefugnis über die Urkunde verloren, da das Beweisführungsrecht nunmehr auch seiner Hochschule zusteht. Demgegenüber ist keine unechte Urkunde hergestellt, da scheinbarer und wahrer Aussteller übereinstimmen.

Zusammengesetzte Urkunden können insbesondere durch den Austausch des Bezugsobjekts verfälscht werden, sofern hierdurch der Beweiswert, der sich aus der bestehenden Beweiseinheit ergibt, verändert wird. **1330**

Überklebt ein Supermarktkunde das an einer Champagnerflasche klebend angebrachte Preisschild, welches einen Verkaufspreis von 60 Euro aufweist, mit einem Preisetikett von 10 Euro, ist eine zusammengesetzte Urkunde verfälscht, da der vom Geschäftsinhaber beigemessene Beweiswert (Verkaufspreis 60 Euro) nachträglich verändert wird.[2468]

Der **Gebrauch einer unechten oder verfälschte Urkunde** (Var. 3) setzt voraus, dass die Urkunde dem zu Täuschenden so zugänglich gemacht wird, dass er die Möglichkeit hat, Kenntnis zu nehmen.[2469] Eine tatsächliche Kenntnisnahme ist nicht erforderlich. **1331**

Ein Gebrauch wäre daher anzunehmen, wenn der als Urkunde ausgestaltete verfälschte Bewohnerparkausweis während des Parkens des Fahrzeugs im öffentlichen Verkehrsraum hinter die Heckscheibe gelegt wird, da die Möglichkeit einer Kontrolle und daher einer entsprechenden Täuschung besteht. Das bloße Verwahren des gefälschten Anwohnerparkausweises im Handschuhfach des Fahrzeugs genügt hingegen nicht, da die Möglichkeit der Kenntnisnahme durch Dritte nicht besteht.[2470]

3. Subjektiver Tatbestand

Als besonderes subjektives Merkmal verlangt § 267 Abs. 1 ein Handeln **„zur Täuschung im Rechtsverkehr"**. Zu fordern ist insoweit direkter Vorsatz.[2471] Maßgeblich ist, dass der Täter eine andere Person aufgrund der Täu- **1332**

2468 Fallbeispiel nach Rengier, BT II § 33 Rn. 47.
2469 BGH 21.12.1988 – 2 StR 613/88, NStZ 1989, 178, 179; Fischer, § 267 Rn. 36.
2470 Zu einer ähnlichen Konstellation BGH 9.2.1989 – 4 StR 21/89.
2471 BGH 8.7.1999 – 3 StR 68/99, NStZ 1999, 619.

schung zu rechtserheblichem Verhalten veranlassen will (dolus directus 1. Grades) oder diese Folge seines Verhaltens zumindest sicher voraussieht (dolus directus 2. Grades).[2472] Es ist nicht erforderlich, dass der Täter bereits bei der Fälschungshandlung im Sinne hat, eine konkret bestimmte Person zu täuschen. Es genügt, wenn er allgemein den Gedanken verfolgt, mit der falschen Urkunde auf den Rechtsverkehr entsprechend einzuwirken.[2473]

Entscheidet sich A bei der Durchsicht von Stellenanzeigen dazu, sein Abschlusszeugnis „aufzubessern", um dieses – sofern er eine ansprechende Stellenanzeige finden sollte – vorzulegen, liegt die Täuschungsabsicht vor, da er zum Zeitpunkt des Verfälschens den Gedanken verfolgt, potenzielle Arbeitgeber, die ihm noch nicht bekannt sind, über seine erbrachten Leistungen zu täuschen. Erfolgt die Aufbesserung seines Abschlusszeugnisses zu dem Zweck, seine Freunde zu beeindrucken, handelt er nicht zur Täuschung des Rechtsverkehrs, sondern lediglich zur nicht vom Tatbestand erfassten Täuschung im privaten Bereich.

IV. Strafzumessung/Qualifikation

1333 § 267 Abs. 3 enthält **Strafzumessungsregeln** nach der Regelbeispielsmethode.[2474] Hinsichtlich der in Nr. 1, 2, 4 genannten Regelbeispiele kann auf § 263 Abs. 3 S. 2 Nr. 1, 2, 4 verwiesen werden. Eine große Anzahl von Urkunden im Sinne von § 267 Abs. 3 Nr. 3 ist etwa ab 20 anzunehmen.[2475] Demgegenüber stellt § 267 Abs. 4 einen **Qualifikationstatbestand** dar, der § 263 Abs. 5 entspricht.

V. Konkurrenzen der einzelnen Tathandlungen

1334 Betrachtet man das **Verhältnis der einzelnen Tathandlungen** des Grundtatbestands zueinander ist zu sehen: Erfolgte die Herstellung der unechten Urkunde (§ 267 Abs. 1 Var. 1) oder das Verfälschen der echten Urkunde (§ 267 Abs. 1 Var. 2) zu einem ganz bestimmten, schon konkretisierten Gebrauch der Urkunde (§ 267 Abs. 1 Var. 3) und wird sie sodann entsprechend eingesetzt, liegt eine tatbestandliche Handlungseinheit und damit nur eine Urkundenfälschung vor, da das Herstellen bzw. Verfälschen insoweit lediglich als Vorbereitungshandlung zu bewerten ist.[2476] Ist bei der

2472 Zum dolus directus 2. Grades BayObLG 31.3.1998 – 2 St RR 44–98, NJW 1998, 2917; Fischer, § 267 Rn. 42.
2473 BGH 29.9.1953 – 1 StR 367/53, BGHSt 5, 149, 152, NJW 1954, 320.
2474 Zu dieser Methode Schütze, AT Rn. 21.
2475 Fischer, § 267 Rn. 54 m.w.N.
2476 BGH 5.9.2018 – 2 StR 400/17, NStZ-RR 2019, 7, 8.

Herstellung oder der Verfälschung der Gebrauch hingegen nicht konkret geplant, tritt der spätere Gebrauch als zusätzliche Tat in Tatmehrheit (§ 53) hinzu.[2477]

VI. Übungsfall

Sachverhalt: 1335

Student S bittet seinen Kommilitonen K, ihm bei der Anfertigung einer Abschlussklausur behilflich zu sein, wozu sich K bereit erklärt. Nachdem K nach etwa der Hälfte der Bearbeitungszeit seine eigene Klausur gelöst hat, schreibt er die Lösung nochmals nieder. Entsprechend der vorangegangenen Absprache mit S versieht K die von ihm angefertigte zweite Bearbeitung mit der von der Hochschule vergebenen Kennziffer des S und übergibt sie der Klausuraufsicht. Strafbarkeit des K?

Abwandlung:[2478]

Entsprechend der vorangegangenen Absprache übergibt K die von ihm angefertigte zweite Lösung, die noch keine Kennziffer erhält, von den Aufsichtspersonen unbemerkt gegen Ende der Bearbeitungszeit dem S. S ergänzt seine Kennziffer und gibt die Klausurbearbeitung sodann ab. Strafbarkeit des S?

Im **Ausgangsfall** ist das Herstellen einer unechten Urkunde (§ 267 Abs. 1 Var. 1) zu bejahen. Die Klausur ist eine verkörperte menschliche Gedankenerklärung (Perpetuierungsfunktion), die Nachweis über den Leistungsstand des Studenten S erbringen und letztlich zu einer Bewertung der Studienleistung führen soll. Sie ist zum Beweis im Rechtsverkehr geeignet und infolge der Klausurabgabe sowohl von S als auch der Hochschule hierzu bestimmt (Beweisfunktion). Weiter ist der Aussteller erkennbar (Garantiefunktion), da anhand der Kennziffer die Bearbeitung S zugeordnet werden kann. Es handelt sich daher um eine Urkunde. Als Aussteller der Klausur erscheint S, dessen Kennziffer verwendet wurde. Wahrer Aussteller ist hingegen K, der die Bearbeitung körperlich erstellt hat. Auch das vorherige Einverständnis des S führt unter Berücksichtigung der Geistigkeitstheorie zu keinem anderen Ergebnis. Zwar möchte sich S von K vertreten lassen und K ist gewillt, den S zu vertreten, indes ist eine solche Vertretung bei Prüfungsleistungen naturgemäß unzulässig. Mithin ist K wahrer Aussteller, sodass er eine unechte Urkunde hergestellt hat. Mit der Abgabe der Klausur hat er die unechte Urkunde gebraucht (Var. 3), da ab diesem Zeitpunkt die Möglichkeit der Kenntnisnahme durch die Prüfer bestand. K handelte vorsätzlich (§ 15) und in der Absicht, bei der Bewertung der Klausurleistung und daher im Rechtsverkehr zu täuschen. Da zum Zeitpunkt des Her-

2477 BGH 5.9.2018 – 2 StR 400/17, NStZ-RR 2019, 7, 8.
2478 Abwandlung nachgebildet: BayObLG 17.12.1980 – RReg. 3 St 250/79 a-f, NJW 1981, 772.

stellens der unechten Urkunde bereits der konkrete Gebrauch beabsichtigt war, handelt es sich bei der Herstellung um eine bloße Vorbereitungshandlung. Es liegt daher (nur) eine Urkundenfälschung vor.

In der Abwandlung ist die Urkunde hingegen nicht unecht (§ 267 Abs. 1 Var. 1), da es an der erforderlichen Identitätstäuschung fehlt. Als Aussteller erscheint aufgrund der Verwendung der an ihn vergebenen Kennziffer S. Wahrer Aussteller ist gleichermaßen S, der den schriftlich niedergelegten Lösungsvorschlag des K mit seiner Kennziffer versah und hiermit den von K verfassten Lösungsvorschlag billigte. Der Wille des S, sich zur von K angefertigten Lösung zu bekennen, ergab sich gleichermaßen aus der folgenden Abgabe der Klausurbearbeitung. Die vorangegangene unbefugte Übernahme der geistigen Leistung des K und die damit einhergehende Vortäuschung, die geistige Arbeit selbst erbracht zu haben, ist für die Frage des Ausstellers und damit der Echtheit der Urkunde als bloße schriftliche Lüge irrelevant. Weiter kommt ein Gebrauchmachen einer unechten Urkunde (Var. 3) durch die Verwendung der Klausurbearbeitung des K nicht in Betracht. Die von K angefertigte Klausurbearbeitung stellt bereits keine Urkunde dar, da der Aussteller der Bearbeitung mangels angebrachter Kennziffer nicht erkennbar ist (Garantiefunktion). S bleibt daher straflos.

B. § 268 Fälschung technischer Aufzeichnungen

I. Einführung

1336 § 268 schützt wie § 267 die **Sicherheit und Zuverlässigkeit des Rechtsverkehrs**, wobei sich dieser Schutz nicht auf den Umgang mit Urkunden, sondern mit technischen Aufzeichnungen bezieht. Personen, die am Rechtsverkehr teilnehmen, sollen sich darauf verlassen können, dass ein Gegenstand, der im Rechtsverkehr als technische Aufzeichnung präsentiert wird, auch in dieser Form ohne Manipulationen entstanden ist. Das automatisiert entstandene Ergebnis darf die Vermutung inhaltlicher Richtigkeit für sich in Anspruch nehmen.[2479] Der Tatbestand schließt Strafbarkeitslücken, die sich aus dem Erfordernis der menschlichen Gedankenerklärung bei § 267 ergeben. Konsequenterweise ist der Tatbestand dem der Urkundenfälschung nachgebildet, sodass hinsichtlich des Prüfungsaufbaus auf die zur Urkundenfälschung erworbenen Kenntnisse zurückgegriffen werden kann. Die die Urkunde ersetzende technische Aufzeichnung ist in § 268 Abs. 2 legaldefiniert. Hinsichtlich der Qualifikationen und Regelbeispiele verweist der Tatbestand in § 268 Abs. 5 auf die Bestimmungen zur Urkundenfälschung.

2479 BGH 10.12.1993 – StR 212/93, NJW 1994, 743.

II. Prüfungsaufbau

I. Tatbestandsmäßigkeit 1337
1. Objektiver Tatbestand
a) § 268 Abs. 1 Nr. 1: Herstellen einer unechten technischen Aufzeichnung
b) § 268 Abs. 1 Nr. 2: Verfälschen einer echten technischen Aufzeichnung
c) § 268 Abs. 1 Nr. 3: Gebrauchen einer unechten oder verfälschten technischen Aufzeichnung
2. Subjektiver Tatbestand
- Vorsatz (§ 15)
- Absicht zur Täuschung des Rechtsverkehrs (dolus directus 1./2 Grades)

II. Rechtswidrigkeit
III. Schuld
IV. Qualifikationstatbestand gemäß §§ 268 Abs. 5, 267 Abs. 4
V. Regelbeispiele gemäß §§ 268 Abs. 5, 267 Abs. 3 S. 2 Nr. 1–4

III. Tatbestand

1. Technische Aufzeichnung

§ 268 Abs. 2 definiert die technische Aufzeichnung als „Darstellung von Daten, Mess- oder Rechenwerten, Zuständen oder Geschehensabläufen, die durch ein technisches Gerät ganz oder z. T. selbsttätig bewirkt wird, den Gegenstand der Aufzeichnung allgemein oder für Eingeweihte erkennen lässt und zum Beweis einer rechtlich erheblichen Tatsache bestimmt ist, gleichviel ob ihr die Bestimmung schon bei der Herstellung oder erst später gegeben wird“. Dieses Verständnis entspricht daher in weiten Teilen dem Urkundenbegriff. Jedoch ergeben sich folgende Unterschiede: Die technische Aufzeichnung enthält keine menschliche Gedankenerklärung und lässt ihren Aussteller nicht erkennen.[2480] Technische Aufzeichnungen sind maschinelle Augenscheinsobjekte, denen im Vergleich zu den natürlichen Augenscheinsobjekten (Fingerabdrücke etc.) ein besonderer strafrechtlicher Schutz zukommt.[2481] 1338

2480 Rengier, BT II § 34 Rn. 6.
2481 Wessels/Hettinger/Engländer, BT I Rn. 847.

> Technische Aufzeichnungen können etwa (den Namen des Patienten ausweisende) Röntgenaufnahmen oder automatisiert hergestellte Gebührenbescheide eines Entsorgungsunternehmens sein.[2482]

1339 Die technische Aufzeichnung verlangt eine **Perpetuierung** der beweiserheblichen Information, was sich aus den Begriffen „Darstellung“ und „Aufzeichnung“ ergibt. Darstellungen sind sämtliche Aufzeichnungen, bei denen die Informationen in einem selbstständig verkörperten, vom Gerät abtrennbaren Stück enthalten sind.[2483] Die Informationen müssen entgegen den an Urkunden zu stellenden Anforderungen weder visuell noch auf sonstige Weise sinnlich wahrnehmbar sein.[2484] Vielmehr genügt jede auf Dauer angelegte feste Verkörperung.[2485]

> Schlichte Anzeigegeräte (Tachometer am Kraftfahrzeug, Waage, Strom- oder Wasserzähler mit ablesbarem Display) sind daher nicht vom Begriff der technischen Aufzeichnung umfasst, da sie fortlaufenden Änderungen unterworfen sind.[2486]

1340 Die Darstellung muss durch das Gerät ganz oder teilweise **selbstständig bewirkt** werden, sodass die Darstellung auf das Prinzip der Automation und nicht auf menschliche Eigenleistung zurückzuführen ist.[2487] Da die teilweise selbstständige Herstellung ausreicht, schließt eine menschliche Mitwirkung die Annahme einer technischen Aufzeichnung nicht aus. Zu fordern ist, dass der „Output“ gegenüber dem menschlichen „Input“ einen Informationszuwachs enthält.[2488]

> Daher sind gescannte Daten oder Fotokopien keine technischen Aufzeichnungen. Demgegenüber stellt das vollautomatisiert hergestellte Lichtbild einer Radaranlage in der Regel eine technische Aufzeichnung dar, da insoweit der Output (insbesondere visuelle Aufzeichnung des Messwertes der festgestellten Geschwindigkeit, der Uhrzeit, des Tatorts und des Fahrzeuges) über den menschlichen Input hinausgeht.[2489]

2482 Beispiele nach BeckOK/Weidemann, § 268 Rn. 5; Hohmann/Sander, § 18 Rn. 2.
2483 BGH 7.2.1980 – 4 StR 654/79, BGHSt 29, 204, NJW 1980, 1638, 1638; Fischer, § 268 Rn. 4.
2484 MüKo/Erb, § 268 Rn. 9.
2485 BGH 16.4.2015 – 1 StR 490/14, NStZ 2016, 42, 44 f.
2486 BGH 16.4.2015 – 1 StR 490/14, NStZ 2016, 42, 44 f.
2487 Wessels/Hettinger/Engländer, BT I Rn. 854; Fischer § 268 Rn. 10.
2488 BeckOK/Weidemann, § 268 Rn. 6.
2489 Beispiele nach Lackner/Kühl/Heger, § 268 Rn. 4.

2. Übrige Tatbestandsmerkmale

Zu den **drei Tathandlungen** (Herstellen, Verfälschen, Gebrauch machen) sowie dem besonderen subjektiven Tatbestandsmerkmal der **Täuschungsabsicht** kann im Ausgangspunkt sinngemäß auf die Ausführungen zu § 267 Abs. 1 verwiesen werden.[2490] 1341

Zur Frage, ob eine **technische Aufzeichnung unecht** ist, kann hingegen nicht auf die Erwägungen zur Urkundenfälschung und daher das Vorliegen einer Identitätstäuschung zurückgegriffen werden, da die technische Aufzeichnung weder eine Erklärung noch einen erkennbaren Aussteller verlangt. Vielmehr geht es um die Authentizität des automatisierten Herstellungsprozesses: Die Aufzeichnung ist unecht, wenn sie den unwahren Anschein erweckt, Ergebnis eines ordnungsgemäßen Aufzeichnungsvorgangs zu sein.[2491] Als Herstellungshandlungen unechter Aufzeichnungen kommen daher die Imitation (Nachzeichnen etc.) entsprechender Aufzeichnungen oder die störende Einwirkung auf den maschinellen Aufzeichnungsvorgang (Manipulationen) in Betracht. § 268 Abs. 3 beschreibt mit der störenden Einwirkung auf den Aufzeichnungsvorgang einen Unterfall der ersten Variante.[2492] 1342

Beispiel störender Einwirkungen auf den Aufzeichnungsvorgang: Verbiegen des Schreibstifts eines Tachometers, um die Aufzeichnung einer geringeren Geschwindigkeit zu erreichen.[2493] Demgegenüber keine störende Einwirkung auf den Aufzeichnungsvorgang: Inputmanipulationen (Eingabe unzutreffender Daten); Einsatz einer Gegenblitzanlage[2494], „Weiterarbeitenlassen" eines Geräts in Kenntnis eines „Eigendefekts"[2495].

C. § 269 Fälschung beweiserheblicher Daten

I. Einführung

Der Tatbestand dient – wie § 267 und § 268 – der **Sicherheit und Zuverlässigkeit des Rechtsverkehrs**, wobei dieser Schutz durch den Tatbestand auf beweiserhebliche Daten erstreckt wird. In Zeiten der Digitalisierung werden viele beweiserhebliche Dokumente elektronisch erstellt und selte- 1343

2490 Siehe Rn. 1325 ff.
2491 Fischer, § 268 Rn. 15 f.
2492 BGH 6.2.1979 – 1 StR 648/78, BGHSt 28, 300, NJW 1979, 1466, 1466.
2493 BayObLG 2.3.1995 – 4 St RR 30/95, NStZ-RR 1996, 36.
2494 LG Flensburg 20.1.1999 – II Qs 131/98, NJW 2000, 1664.
2495 Fischer, § 268 Rn. 25; auch zum „Weiterarbeiten" bei einem vom Täter oder einer dritten Person herbeigeführten Defekt.

ner ausgedruckt. Dann liegen keine Urkunden vor, da es bereits an der erforderlichen visuellen Wahrnehmbarkeit der menschlichen Gedankenerklärung und daher der Verkörperung fehlt. Diese Strafbarkeitslücke schließt § 269, dessen Struktur an die Urkundenfälschung angelehnt ist. Hinsichtlich der Qualifikationen und Regelbeispiele wird in § 269 Abs. 3 auf die entsprechenden Regelungen der Urkundenfälschung verwiesen.

II. Prüfungsaufbau

1344 I. Tatbestandsmäßigkeit
   1. Objektiver Tatbestand
      - Vorliegen beweiserheblicher Daten
      - § 269 Abs. 1 Var. 1: Speicherung von Daten, sodass bei Wahrnehmung unechte Urkunde vorliegen würde
      - § 269 Abs. 1 Var. 2: Veränderung von Daten, sodass bei Wahrnehmung verfälschte Urkunde vorliegen würde
      - § 269 Abs. 1 Var. 3: Gebrauch der unechten oder verfälschten beweiserheblichen Daten
   2. Subjektiver Tatbestand
      - Vorsatz (§ 15)
      - Absicht zur Täuschung des Rechtsverkehrs (dolus directus 1./2 Grades)

II. Rechtswidrigkeit

III. Schuld

IV. Qualifiktionstatbestand gemäß §§ 269 Abs. 3, 267 Abs. 4

V. Regelbeispiele gemäß §§ 269 Abs. 3, 267 Abs. 3 S. 2 Nr. 1–4

III. Tatbestand

1. Beweiserhebliche Daten

1345 Daten im Sinne der Vorschrift können alle Informationen, die in einer für eine Datenverarbeitungsanlage (etwa einem Computer) erkennbaren Form codiert sind, sein.[2496] Wie sich aus dem Gesetzeswortlaut ergibt („Urkunde vorliegen würde"), müssen, abgesehen von der stofflichen Fixierung, alle Merkmale einer Urkunde vorliegen.[2497] Anstatt dieser unmittelbaren Wahr-

2496 BGH 16.4.2015 – 1 StR 490/14, NStZ 2016, 42, 45.

2497 BeckOK/Weidemann, § 269 Rn. 4

nehmbarkeit ist im Hinblick auf die **Perpetuierungsfunktion** der „Datenurkunde“ zu verlangen, dass die codierten Informationen gespeichert werden sollen oder dies bereits sind.[2498] Die **Beweis- und Garantiefunktion** entspricht § 267. Es ist daher zu fragen: Würden die nicht unmittelbar wahrnehmbar gespeicherten oder veränderten Daten, wenn sie ausgedruckt oder in sonstiger Weise unmittelbar wahrnehmbar wären, eine Urkunde im Sinne von § 267 darstellen?[2499] Zu fordern ist also neben der Erkennbarkeit des Ausstellers die Beweiseignung und -bestimmung der menschlichen Gedankenerklärung.

Beweiserhebliche Daten können etwa elektronisch gespeicherte PDF-Dokumente, E-Mails, die digitale Empfangsquittung mit der Unterschrift eines Paketempfängers (digitales Lesegerät)[2500] oder Mitgliedskonten einer Online-Auktionsplattform[2501] sein.

2. Tatbestand

Die einzelnen **Tathandlungen** entsprechen denen der Urkundenfälschung: **1346**
Var. 1 sanktioniert das Herstellen einer unechten Datenurkunde und daher die Identitätstäuschung (Speicherung von Daten, sodass bei Wahrnehmung unechte Urkunde vorliegen würde). Demgegenüber erfasst Var. 2 das Verfälschen einer echten Datenurkunde (Veränderung von Daten, sodass bei Wahrnehmung verfälschte Urkunde vorliegen würde) und Var. 3 den Gebrauch dieser Daten.

Beispiel für Var. 1[2502]: Erstellen und Abspeichern einer rechtserheblichen E-Mail mit falschen Absenderangaben, unbefugtes Abheben von Geld am Geldautomaten unter Verwendung einer fremden Girokarte; Var. 2[2503]: Veränderung der das Kreditlimit ausweisenden Daten von Scheckkarten: Var. 3: Versenden der E-Mail mit falschen Absenderangaben

Hinsichtlich des **subjektiven Tatbestands** kann auf die Ausführungen zu **1347**
§ 267 verwiesen werden.

2498 Lackner/Kühl/Heger, § 269 Rn. 7; Sch/Sch/Heine/Schuster, § 269 Rn. 7.
2499 BT-Drs. 10/5058, 34.
2500 OLG Köln 1.10.2013 – 1 RVs 191/13, NStZ 2014, 276.
2501 So etwa KG 22.7.2009 – (4) 1 Ss 181/09 (139/09), NStZ 2010, 576; a. A. hingegen: OLG Hamm 18.11.2008 – 5 Ss 347/08, StV 2009, 475; vgl. hierzu eingehend Willer, NStZ 2010, 553, 553 ff.
2502 Beispiele nach MüKo/Erb, § 269 Rn. 33 ff.
2503 Beispiele nach Sch/Sch/Heine/Schuster, § 269 Rn. 17.

D. § 274 Urkundenunterdrückung

I. Einführung

1348 § 274 enthält – wie sich aus der Nummerierung des Absatzes 1 ergibt – drei Tatbestände. Geschützt wird in § 274 Abs. 1 Nr. 1 das persönliche Recht des Berechtigten, mit echten Urkunden oder technischen Aufzeichnungen Beweis zu erbringen.[2504] Im Übrigen ist das Beweisführungsrecht mit Daten (Abs. 1 Nr. 2) und Grenz- und Wasserstandszeichen (Abs. 1 Nr. 3) geschützt. Während §§ 267–269 die Herstellung und den Gebrauch unechter Beweismittel sanktionieren, bezweckt § 274 den **Erhalt bestimmter echter Beweismittel**. Praktischer Hauptanwendungsfälle sind indes § 274 Abs. 1 Nr. 1 und Nr. 2, die einzig Gegenstand der folgenden Ausführungen sein sollen.

II. Prüfungsaufbau § 274 Abs. 1 Nr. 1, Nr. 2

1349

I. Tatbestandsmäßigkeit
   1. Objektiver Tatbestand
      a) Tatsituation § 274 Abs. 1 Nr. 1
         - Tatobjekt: Urkunde oder technischen Aufzeichnung, die dem Täter nicht ausschließlich gehört
         - Tathandlung: Vernichten, Beschädigen oder Unterdrücken des Tatobjekts
      b) Tatsituation § 274 Abs. 1 Nr. 2
         - Tatobjekt: beweiserhebliche Daten (§ 202a Abs. 2), über die der Täter nicht (ausschließlich) verfügen darf
         - Tathandlung: Löschen, Unterdrücken, unbrauchbar machen, Verändern
   2. Subjektiver Tatbestand
      - Vorsatz (§ 15)
      - Nachteilszufügungsabsicht

II. Rechtswidrigkeit

III. Schuld

2504 BVerfG 2.7.2020 – 1 BvR 1627/19, NJW 2020, 3709, 3710.

III. § 274 Abs. 1 Nr. 1

Als **Tatobjekte** kommen Urkunden (§ 267) sowie technische Aufzeichnungen (§ 268 Abs. 2) in Betracht. Diese Beweismittel müssen echt sein, da nur dann ein berechtigtes Beweisführungsrecht bestehen kann.[2505] Urkunden, die etwa nicht vom scheinbaren Aussteller erstellt wurden, werden logischerweise nicht von § 274 Abs. 1 Nr. 1 erfasst. 1350

Die Tatobjekte dürfen dem Täter nicht oder nicht ausschließlich **gehören**. 1351
Auch dieses Merkmal ist schutzgutbezogen auszulegen: Die Urkunde oder technische Aufzeichnung gehört dem, der das Recht hat, hiermit Beweis im Rechtsverkehr zu bringen (Beweisführungsrecht).[2506] Die Eigentumsverhältnisse sind unbeachtlich.

> So „gehört" ein Führerschein trotz staatlichen Eigentums grundsätzlich ausschließlich dem Inhaber. Dieser ermöglicht ihm in seinem eigenen Interesse den Nachweis der erteilten Fahrerlaubnis. Ein Recht von Polizeibeamten, den Führerschein als Beweismittel zu gebrauchen, besteht per se nicht. Im Rahmen einer allgemeinen Verkehrskontrolle (§ 36 Abs. 5 StVO) steht Polizeibeamten etwa lediglich das Recht zu, die Beweisführung durch den Inhaber selbst zu verlangen.[2507] Eine andere Sachlage ergibt sich etwa, wenn der Führerschein beschlagnahmt ist (§ 94 Abs. 3 StPO): Dann entsteht (auch) ein Beweisführungsrecht der Verfolgungsbehörden, sodass der Führerschein dem Inhaber nicht mehr ausschließlich gehört.

Auch im Hinblick auf die im Tatbestand genannten Tathandlungen ist 1352
eine schutzgutbezogene Auslegung angezeigt. Für eine **Vernichtung** ist zu fordern, dass das Beweismittel nicht mehr vorhanden ist. Insoweit entspricht die Vernichtung sinngemäß dem Zerstören bei § 303, wobei Anknüpfungspunkt das Beweisführungsrecht und nicht die Sachsubstanz oder Brauchbarkeit der Sache ist. Eine **Beschädigung** erfordert, dass an dem Tatobjekt Veränderungen vorgenommen werden, die seinen Wert als Beweismittel beeinträchtigen. Ist eine sonstige Substanzverletzung gegeben, die den Beweiswert nicht beeinträchtigt, kann nur § 303 in Betracht kommen. Demgegenüber verlangt eine **Unterdrückung**, dass das Tatobjekt der Beweisführung des Berechtigten entzogen wird.[2508]

2505 BGH 27.9.2007 – 5 StR 171/07, BeckRS 2007, 17605.
2506 BGH 9.7.1954 – 1 StR 677/53, BGHSt 6, 251, NJW 1954, 1576, 1576.
2507 OLG Braunschweig 18.12.1959 – Ss 179/59, NJW 1960, 1120.
2508 Zu den Definitionen der Tathandlungen vgl. etwa Fischer, § 274 Rn. 4 ff.

Beispiele einer Vernichtung: Verbrennen der Urkunde; Überschreiben der Unterschrift, sodass Aussteller der Urkunde nicht mehr erkennbar und Erklärung völlig nutzlos ist; Beschädigung: Überschreiben einzelner Regelungen in einem Vertrag, sodass diese nicht mehr lesbar sind; Unterdrückung: Verstecken eines Führerscheins für eine gewisse Zeit; Verweigerung der Herausgabe einer Urkunde an den Berechtigten

Streitig ist, wie sich das Einverständnis des Beweisführungsberechtigten mit der Beeinträchtigung auswirkt.

Beispiel:

A verbrennt mit Einverständnis des B dessen Personalausweis.

Nach wohl herrschender Auffassung soll die wirksame Einwilligung rechtfertigender Natur sein.[2509] Überzeugender erscheint es indes bereits den objektiven Tatbestand zu verneinen, da die Urkunde, die der ursprünglich Berechtigte nicht mehr zur Beweisführung nutzen möchte, diesem nicht mehr „gehört".[2510] Im Ergebnis jedenfalls ist eine Strafbarkeit nach § 274 Abs. 1 Nr. 1 abzulehnen. Ist indes der Beweisführungsberechtigte nicht der Eigentümer des Tatobjekts – wie in vorgenanntem Beispielsfall (Personalausweis) – kann eine Strafbarkeit wegen Sachbeschädigung (§ 303) in Betracht zu ziehen sein.

1353 Der **subjektive Tatbestand** verlangt neben dem Vorsatz (§ 15) die Absicht, einer anderen Person durch die Beeinträchtigung des Beweisführungsrechts einen Nachteil zuzufügen, der nicht zwingend vermögensrechtlicher Natur sein muss. Ausreichend ist insoweit nach herrschender Auffassung sicheres Wissen, also dolus directus 2. Grades.[2511] Die Vereitelung eines staatlichen Straf- oder Bußgeldanspruches gehört allerdings nicht dazu, da insoweit kein „anderer" benachteiligt wird.[2512]

IV. § 274 Abs. 1 Nr. 2

1354 § 274 Abs. 1 Nr. 2 lehnt sich an § 269 (Fälschung beweiserheblicher Daten) an und ergänzt den dort gewährten strafrechtlichen Schutz um den Erhalt

2509 So wohl etwa BGH 9.7.1954 – 1 StR 677/53, BGHSt 6, 251, NJW 1954, 1576, 1576; Fischer, § 274 Rn. 10.

2510 So etwa MüKo/Erb, § 274 Rn. 32.

2511 OLG Düsseldorf 22.8.1988 – 5 Ss 231/88 – 195/88 I, NJW 1989, 115, 116; Fischer, § 274 Rn. 9a.

2512 BGH 15.7.2010 – 4 StR 164/10, NStZ-RR 2011, 276, 277.

dieser Daten. Daher sind beweiserhebliche Daten nur solche, die entsprechend den Ausführungen zu § 269 urkundengleiche Funktion haben.[2513] Insoweit erscheint der Verweis auf § 202a Abs. 2 statt auf § 269 als gesetzgeberischer Fehlgriff.[2514] Durch den Verweis auf § 202a Abs. 2 wird der Anwendungsbereich des Tatbestands angesichts Art. 103 Abs. 2 GG überdies (wenig sinnhaft) in zweifacher Hinsicht begrenzt: Die Daten dürfen nicht unmittelbar wahrnehmbar sein und müssen gespeichert sein oder übermittelt werden.[2515]

Daher sind Strichcodes und Barcodes auf Waren nach herrschender Auffassung keine geeigneten Tatobjekte, da diese – obgleich es zu deren Erfassung der Entschlüsselung bedarf – visuell wahrnehmbar sind.[2516]

Das Merkmal der **Verfügungsbefugnis** deckt sich mit dem „gehören" im Sinne von § 274 Abs. 1 Nr. 1. Maßgeblich kommt es im Hinblick auf Sinn und Zweck des Tatbestands nicht auf die Eigentumsverhältnisse, sondern die Existenz eines fremden Beweisführungsrechts an den Daten an.[2517] **1355**

Hinsichtlich der **Tathandlungen** (löschen, unterdrücken, unbrauchbar machen, verändern) kann auf Erlerntes zu § 303a zurückgegriffen werden, wobei sich die Anforderungen im Hinblick auf den Wortsinn der Tathandlungen leicht erschließen lassen. Der **subjektive Tatbestand** entspricht § 274 Abs. 1 Nr. 1. **1356**

E. § 281 Missbrauch von Ausweispapieren

I. Einführung

Geschütztes Rechtsgut des Tatbestands ist die **Sicherheit des Rechtsverkehrs im Umgang mit Ausweisen und gleichgestellten Papieren.** In Abweichung zu § 267 knüpft der Tatbestand daher an die missbräuchliche Verwendung „echter" und daher inhaltlich zutreffender Urkunden an.[2518] § 281 verdeutlicht, dass den im Tatbestand genannten Dokumenten ein besonders hoher Beweiswert zukommt, der umfassenden strafrechtlichen Schutz bedarf. **1357**

2513 OLG Nürnberg 23.1.2013 – 1 Ws 445/12.
2514 MüKo/Erb, § 274 Rn. 22.
2515 Ausführlich Sch/Sch/Eisele, § 202a Rn. 4 ff.
2516 So etwa Sch/Sch/Eisele, § 202a Rn. 5 m. w. N. zur h. M.; a. A.:MüKo/Erb, § 274 Rn. 22.
2517 Statt vieler: Fischer, § 274 Rn. 3.
2518 MüKo/Erb, § 281 Rn. 1.

II. Tatbestand

1358 **Ausweispapiere** sind Urkunden, die von einer Behörde oder sonstigen Stelle der öffentlichen Verwaltung ausgestellt wurden, um zumindest auch die Identität einer Person nachzuweisen.[2519]

> **Beispiele:**
>
> Personalausweise, Waffenschein, Studenten-/Schülerausweise

§ 281 Abs. 2 erweitert den strafrechtlichen Schutz auf sogenannte **ausweisgleiche Papiere**, also solche, die üblicherweise dem Nachweis der Identität des Inhabers dienen sollen. Es ist nach herrschender Auffassung zu fragen, ob der Gegenstand geeignet ist, wie ein Ausweispapier – lediglich ohne dessen hoheitliche Zweckbestimmung und amtliche Richtigkeitsgewähr – Beweis über die Identität einer Person zu erbringen.[2520]

> **Beispiele**
>
> Werksausweis eines privaten Unternehmens, Bahncard; Schüler-/Studentenausweise privater Bildungsträger

Aufgrund der Erfahrungen im Zuge der Corona-Pandemie sind nunmehr überdies **Gesundheitszeugnisse,** also Erklärungen über die Gesundheit eines Menschen[2521], durch § 281 Abs. 2 Ausweisen gleichgestellt. Hiermit soll insbesondere die Verwendung fremder Atteste, die zur Täuschung im Rechtsverkehr als eigene verwendet werden, erfasst werden.[2522]

1359 Sämtliche Papiere müssen **echt** sein. Sind diese unecht oder verfälscht, richtet sich die Strafbarkeit insbesondere nach § 267. Das Tatobjekt muss überdies **für einen anderen** ausgestellt sein.

1360 Während § 281 Abs. 1 Var. 1 den **Gebrauch** im Rechtsverkehr sanktioniert, erfasst die 2. Variante das **Überlassen** an eine andere Person. Hinsichtlich des Gebrauchs kann auf die entsprechenden Ausführungen zu § 267 Abs. 1 Var. 3[2523] verwiesen werden. **Überlassen** ist eine tatbestandlich verselbstständigte Beihilfehandlung zum Gebrauch.[2524]

2519 BGH 10.8.2022 – 6 StR 519/21, BeckRS 2022, 22752 Rn. 33 (zu dem inhaltsgleichen Begriff in § 276 Abs. 1).
2520 H. M., vgl. nur MüKo/Erb, § 281 Rn. 3; Lackner/Kühl/Heger, § 281 Rn. 2.
2521 Zum Begriff des Gesundheitszeugnisses Anm. Kaltenbach, CoVuR 2021, 249, 249f. m. w. N
2522 BT-Drs 20/15, 35.
2523 Rn. 1331.
2524 So zu § 281: BeckOK/Weidemann, § 281 Rn. 10.

> Gibt der volljährige A seinen Personalausweis dem minderjährigen B, um diesem nach Vorlage seines Personalausweises Zutritt zu einem Nachtclub zu verschaffen, richtet sich die Strafbarkeit des A nach § 281 Abs. 1 Var. 2. B macht sich bei Vorlage des Ausweises des B an den Türsteher nach § 281 Abs. 1 Var. 1 strafbar.

Subjektiv ist neben vorsätzlichem Handeln (§ 15) die **Absicht zur Täuschung im Rechtsverkehr** gefordert. Zu verlangen ist insoweit eine Identitätstäuschung in einem rechtserheblichen Zusammenhang, die mit dem Gebrauch des Dokuments einhergeht oder durch die Überlassung ermöglicht werden soll. Daher ist das besondere subjektive Merkmal mangels Identitätstäuschung nicht erfüllt, wenn ein fremder Ausweis vorgelegt wird, um nachzuweisen, im Auftrag des Ausweisinhabers zu handeln[2525] oder – insoweit mangels Handelns im Rechtsverkehr – wenn im Rahmen eines rein privaten Treffens ein Ausweis einer dritten Person vorgelegt wird, um über seinen Namen oder sein Alter zu täuschen. 1361

2525 Fischer, § 281 Rn. 4.

15. KAPITEL Sachbeschädigung

A. Grundsätzliches

Der 27. Abschnitt trägt die Überschrift „Sachbeschädigung". § 303 ist der **Grundtatbestand**, die Zerstörung von Bauwerken (§ 305) und die Zerstörung wichtiger Arbeitsmittel (§ 305a) sind **Qualifikationen**. Ein Spezialfall der Beeinträchtigung fremder Sachen durch Brandstiftung findet sich in § 306, s. Rn. 1411. **1362**

§ 303 schützt das **Eigentum**, d.h. die Verfügungsbefugnis über Sachen (§ 903 BGB).[2526] Es handelt sich um ein relatives Antragsdelikt (§ 303c). **1363**

Der Eigentumsschutz in den verschiedenen Normen des StGB ist fragmentarisch ausgestaltet, begrenzt auf die jeweiligen Tathandlungen. Weshalb daran unterschiedliche Strafrahmen geknüpft werden, ist schwer verständlich, bspw. hinsichtlich der Zerstörung von Sachen in § 303 bis zu zwei Jahre und hinsichtlich einer Wegnahme beim Diebstahl (§ 242) bis zu fünf Jahre Freiheitsstrafe.[2527]

Da Eigentumsinteressen an **Tieren** geschützt sind (s. Rn. 1367), kann neben § 303 auch § 17 TierSchG in Betracht kommen.[2528]

Ein eigenständiger Tatbestand ist § 304, der **öffentliche Interessen** schützt.[2529] **1364**
Es handelt sich um ein Offizialdelikt.

Regelungen zum Schutz der **Verfügungsbefugnis an Daten** in § 303a[2530] **1365**
und der **Funktionsfähigkeit der Datenverarbeitung** hat der Gesetzgeber in § 303b geschaffen.[2531] Es handelt sich ebenfalls um relative Antragsdelikte (§ 303c).

2526 HK-GS/Weiler, § 303 Rn. 1.
2527 Lackner/Kühl/Heger, § 303 Rn. 1; M/R/Altenhain, § 303 Rn. 1.
2528 BeckOK/Schrott, § 17 TierSchG Rn. 167.
2529 BGH 22.12.1982 – 1 StR 707/82, NJW 1983, 1437; BayObLG 27.2.1987 – RReg. 3 St 23/87, NJW 1988, 837, 838; Fischer, § 304 Rn. 2.
2530 BeckOK/Weidemann, § 303a Rn. 2.
2531 LK/Goeckenjan, § 303b Rn. 2.

B. Sachbeschädigung

I. Aufbau

1366 **Aufbauschema § 303**

I. Tatbestand
   1. Objektiv:
      a) Fremde Sache
      b) Tathandlung:
         – Beschädigen oder Zerstören (Abs. 1)
         – unbefugte, nicht unerhebliche und nicht nur vorübergehende Veränderung des Erscheinungsbildes (Abs. 2)
   2. Subjektiv: Vorsatz
II. Rechtswidrigkeit
III. Schuld
IV. Strafverfolgungsvoraussetzung: Antrag gem. § 303c

II. Tatbestand

1. Fremde Sache

1367 **Tatobjekt** ist eine fremde Sache. Anders als beim Diebstahl sind hier auch unbewegliche Sachen erfasst; sonst kann auf die obige Darstellung beim Diebstahl (Rn. 405 ff., Rn. 409 ff.) verwiesen werden.

Beispiele:

Gebäude, Felder, Bahngleise, Wasserturm, -flasche, Handy, Haustiere.

Gegenbeispiele:

Wasser im Fluss oder Meer, Langlaufloipe,[2532] Daten (vgl. §§ 303a, b), Wildtiere (vgl. §§ 292 f.).

2532 BayObLG 16.8.1979 – RReg. 5 St 241/79 a, b, NJW 1980, 132 f., da die Loipe anders als Wasser in Flaschen keine vom gefallenen Schnee abgrenzbare Sachqualität hat.

2. Beschädigen

Als **Tathandlungen** sind in Abs. 1 die Beschädigung und die Zerstörung genannt. 1368

Die **Beschädigung** bedeutet, dass in erster Linie die **Sachsubstanz** durch eine körperliche Einwirkung nicht unerheblich beeinträchtigt wird;[2533] ergänzend stellt man darauf ab, dass die **Funktionstauglichkeit** zum bestimmungsgemäßen Gebrauch nicht unerheblich beeinträchtigt wird.[2534] 1369

Eindeutig ist die Beschädigung zu bejahen bei einer **Substanzbeeinträchtigung**, bspw. bei der Anwendung von Stop-Sticks gegenüber dem Reifen an einem Fluchtfahrzeug oder Fälle des Bemalens oder Beklebens fremder Mauern oder Verteilerkästen mit stark anhaftenden Substanzen, wenn entweder schon die Verbindung mit der Oberfläche zu einer Substanzveränderung führt oder erst die Beseitigung;[2535] bereits **vorgeschädigte** Sachen können noch weitergehend beschädigt werden.[2536] Dagegen wird auf die **Funktionstauglichkeit** abgestellt, wenn Luft aus einem Reifen abgelassen (s. Rn. 1371) oder ein Metallteil auf Schienen angeschraubt wird.[2537] **Zusammengesetzte Funktionseinheiten** können durch Zerlegen beschädigt werden, etwa ein Motor in Einzelteile; mangels Erheblichkeit liegt dies anders bei einem Kugelschreiber, der unschwer wieder zusammengeschraubt werden kann.[2538]

Nach h. M. umfasst der Wortlaut „beschädigen" oder „zerstören" nicht die **bestimmungsgemäße Verwendung**[2539] oder die fachgerechte Reparatur.[2540] 1370

2533 Nachweise zur Entwicklung der historischen Rechtsprechung: BGH 14.7.1959 – 1 StR 296/59, NJW 1959, 1547.

2534 BGH 12.2.1998 – 4 StR 428/97, NJW 1998, 2149, 2150; 19.8.1982 – 4 StR 387/82, NStZ 1982, 508, 509; 13.11.1979 – 5 StR 166/79, NJW 1980, 350 m. w. N.

2535 BayObLG 17.5.1999 – 2 St RR 84/99, BeckRS 1999, 11529 m. w. N.; BGH 13.11.1979 – 5 StR 166/79, NJW 1980, 350 einschränkend beim Bekleben eines Verteilerkastens auf dessen Funktion, aber nicht auf ästhetische Aspekte abstellend. M/R/Altenhain, § 303 Rn. 8.

2536 OLG Celle 17.11.1980 – 2 Ss 239/80, NStZ 1981, 223, 224 zum Bemalen einer Wand mit Ölfarbe, deren Entfernung erst die Substanz schädigt; bei einer zuvor schon mit Graffiti überzogenen Mauer muss festgestellt werden, ob eine erhebliche Veränderung durch das erneute Sprayen entstanden ist.

2537 BGH 12.2.1998 – 4 StR 428/97, NJW 1998, 2149, 2150; Eisele, BT II Rn. 462.

2538 Brodag, BT 18. Teil Rn. 4; Fischer, § 303 Rn. 10 m. w. N.

2539 Fischer, § 303 Rn. 12a; NK/Kargl, § 303 Rn. 28 m. w. N.

2540 Fischer, § 303 Rn. 11; M/R/Altenhain, § 303 Rn. 8, der zutreffend darauf hinweist, dass eine uralte Burgruine keine beschädigte Burg ist, weshalb deren Instandsetzung eine Sachbeschädigung darstellen kann. Anders bei Beweisinteresse hinsichtlich einer beschädigten Sache: Brodag, BT 18. Teil Rn. 8.

Beispiele:

Keine Sachbeschädigung durch Konsum eines fremden Bieres[2541], Löschen eines Brandes mit fremdem Feuerlöscher oder dem Abweiden einer fremden Wiese[2542]; stattdessen ist Diebstahl anzunehmen.

Sachbeschädigung ist anzunehmen beim sinnfreien Entleeren eines Feuerlöschers, Ausgießen oder Antrinken eines Getränkes oder beim Aufreißen von Verpackungen bzw. Aufstellen verderblicher Ware außerhalb der Kühlung.[2543]

Das bloße Verstecken reicht dagegen nicht, wenn die Sachsubstanz dabei unverändert bleibt, etwa ein Goldring, der in einen See geworfen wird; anders liegt dies bei Befreiung nicht in der Natur allein überlebensfähiger Tiere.[2544]

1371 Streit besteht, wo die **Erheblichkeitsschwelle** im Einzelfall verläuft.

Beispiele:

Erhebliche Beschädigungen: Ablassen der Luft aus Reifen als Beschädigung eines Pkw (nicht des Reifens) oder Fahrrads, wenn kein Kompressor oder Reserverad vor Ort verfügbar, also die Fahrfunktion beeinträchtigt ist [2545]; Bespritzen des Diensthemdes eines Polizeibeamten mit Bier[2546]; Entfernen bzw. Unkenntlichmachen eines Codes auf einem leeren Datenerhebungsbogen[2547]; Überkleben eines Wahlplakates mit Gegenplakat[2548]; Besprühen einer Mauer mit Farbe, die in den Stein eindringt[2549].

2541 BGH 12.3.2015 – 4 StR 538/14, BeckRS 2015, 6119: Bei Wegnahme von Rauschgift Diebstahl bzw. Raub bejahend, aber keine Sachbeschädigung wegen „Vernichtung" beim Konsum.

2542 OLG Karlsruhe 21.6.1993 – 8 AK 25/93, NStZ 1993, 543 f. sowohl für das von Schafen abgeweidete Gras als auch für die dabei verkotete und abgerupfte Wiese. Richtigerweise handelt es sich um einen Diebstahl. Zum gegenüber der Sachbeschädigung beim Schutz von Feldern in Sonderfällen vorrangigem Landesrecht (Art. 4 Abs. 4 EGStGB): OLG Stuttgart 9.7.2001 – 2 Ss (26) 298/01, NStZ-RR 2002, 47.

2543 OLG Köln 21.5.1985 – Ss 103/85, NJW 1986, 392.

2544 BGH 12.2.1998 – 4 StR 428/97, NJW 1998, 2149, 2150; Fischer, § 303 Rn. 12 m. w. N.

2545 BGH 14.7.1959 – 1 StR 296/59, NJW 1959, 1547; bedenklich weitgehend soll nach BayObLG 21.8.1987 – RReg. 1 St 98/87, NJW 1987, 3271 trotz vorhandener Pumpe das Ablassen von Luft aus Fahrradreifen eine erhebliche Beschädigung wegen der Mühe des Aufpumpens sein, abl. Anm. Behm NStZ 1988, 275.

2546 OLG Frankfurt/M. 25.4.1986 – 2 Ss 27/86, NJW 1987, 389, 390, was die Erheblichkeit bedenklich weit ausdehnt, da eine einfache Wäsche ausreicht, um das Bier zu entfernen.

2547 OLG Celle 20.1.1988 – 3 Ss 214/87, NJW 1988, 1101; BayObLG 26.10.1988 – RReg. 5 St 116/88, BayObLGSt 1988, 157, 158.

2548 BGH 10.8.1982 – 1 StR [illegible]/82, NStZ 1982, 508.

2549 KG 1.3.2006 – (5) 1 Ss 479/05 (89/05), NStZ 2007, 223; OLG Celle 17.11.1980 – 2 Ss 239/80, NStZ 1981, 223, 224: Bei einer zuvor schon mit Graffiti überzogenen Mauer muss festgestellt werden, ob eine erhebliche Veränderung durch das erneute Sprayen entstanden ist.

Unerheblich ist das Verstellen eines Außenspiegels, das Abziehen von Radkappen oder Abschrauben von Rädern von einem Pkw.[2550]

3. Zerstören

Die **Zerstörung** ist ein Sonderfall einer umfassenden Beschädigung, die die Substanz **vollständig vernichtet** oder die **Funktionstauglichkeit** zum bestimmungsgemäßen Gebrauch **gänzlich aufhebt**,[2551] bspw. die Tötung eines Rennpferdes oder die Verformung eines Autos in einer Schrottpresse. **1372**

4. Veränderung des Erscheinungsbildes

2005 hat der Gesetzgeber in § 303 Abs. 2 einen Auffangtatbestand bei **Veränderung des äußeren Erscheinungsbildes** geschaffen. Damit wird, über die in Abs. 1 geschützte *körperliche* Unversehrtheit der Sachen hinaus, eine Veränderung ohne Substanzverletzung erfasst.[2552] **1373**

Die Regelung zielt insbesondere auf Graffiti, wenn sie weder die Sachsubstanz angreifen noch bei Entfernung eine Substanzeinbuße hervorrufen, um so aufwendige Gutachten entbehrlich zu machen.[2553]

Beispiele:

Beschmieren, Beschreiben, Bekleben, Bemalen, Streichen, Tapezieren, Verlegung von Fliesen.[2554]

Um das Merkmal nicht uferlos werden zu lassen, muss es zu einer Veränderung der Oberflächenbeschaffenheit kommen, weshalb die Lichtprojektion auf eine Wand oder das Aufstellen von Sichthindernissen *nicht* erfasst werden.[2555]

Die Veränderung des äußeren Erscheinungsbildes muss *objektiv* festgestellt werden, wobei es auf eine subjektiv-ästhetische Einschätzung nicht ankommt, sondern allein auf die **Abweichung vom vorherigen Zustand**.

2550 BGH 13.10.2016 – 4 StR 239/16, HRRS 2016 Nr. 1161, Rn. 66; Fischer, § 303 Rn. 10.
2551 M/R/Altenhain, § 303 Rn. 11; Nimtz, Strafrecht II, Rn. 290; Eisele, BT II Rn. 467.
2552 Fischer, § 303 Rn. 8.
2553 Lackner/Kühl/Heger, § 303 Rn. 7a. In den Fällen einer Substanzeinwirkung durch die Farbe oder bei deren Beseitigung kann dagegen § 303 Abs. 1 vorliegen (s. Rn. 1369).
2554 Sch/Sch/Hecker, § 303 Rn. 16.
2555 M/R/Altenhain, § 303 Rn. 13.

Deshalb ist nicht bedeutsam, ob dem Betrachter ein Graffito gefällt,[2556] weshalb auch sog. reverse graffiti erfasst sein können.[2557]

1374 Da diese Tathandlung (bedenklich) weit gefasst ist, darf die Veränderung nicht unerheblich und nicht nur vorübergehend sein. **Unerheblich** sind Veränderungen, die entweder so geringfügig sind, dass sie üblicherweise gar nicht oder mit minimalem Aufwand an Zeit, Arbeit und Kosten beseitigt werden können (s. Rn. 1371),[2558] bspw. das Bekritzeln einer schon vollgekritzelten Wand[2559] oder rückstandsfrei abziehbare Klebestreifen.[2560]

Vorübergehend sind Veränderungen, die von alleine wieder verschwinden, bspw. Malkreide oder Wasserfarben, die vom Regen abgewaschen werden.[2561]

1375 Das Merkmal „**unbefugt**" gehört zum Tatbestand, muss also auch vom Vorsatz umfasst sein. Unter befugtem Handeln ist zu verstehen, wenn der Berechtigte zustimmt oder eine Befugnis vorliegt, bspw. aufgrund eines Vertrages oder einer öffentlich-rechtlichen Norm.[2562]

5. Subjektiver Tatbestand

1376 § 303 setzt nach allgemeinen Regeln (§ 15) **Vorsatz** voraus. Eine fahrlässige Sachbeschädigung ist nur in Sondertatbeständen vorgesehen, bspw. bei einer fahrlässigen Brandstiftung (§ 306d) oder einer fahrlässig herbeigeführten Sprengstoffexplosion gem. § 308 Abs. 6.

III. Rechtswidrigkeit

1377 Der Begriff „**rechtswidrig**" in § 303 Abs. 1 wird überwiegend als allgemeiner Hinweis auf Rechtfertigungsgründe verstanden.[2563] Neben den zivilrechtlichen Rechtfertigungsgründen (bspw. § 228, § 904 BGB)[2564] hat die **Einwilligung** besondere Bedeutung.[2565]

2556 MüKo/Wieck-Noodt, § 303 Rn. 55.
2557 Darunter ist zu verstehen, dass eine verschmutzte Fläche partiell gereinigt wird, bspw. mit einem Hochdruckreiniger und einer Schablone ein Emblem als Kontur hervorgehoben wird. NK/Kargl, § 303 Rn. 35 m. w. N.
2558 MüKo/Wieck-Noodt, § 303 Rn. 57.
2559 KG 23.11.2012 – (4) 161 Ss 249/12 (311/12), BeckRS 2013, 4002.
2560 SK/Hoyer, § 303 Rn. 21.
2561 Fischer, § 303 Rn. 19.
2562 Fischer, § 303 Rn. 20.
2563 Eisele/Heinrich, BT Rn. 1291.
2564 Fallbeispiel mit Lösung: Blum/Hofmann/Kohler, Fall 11, S. 115 ff.
2565 BGH 11.10.2016 – 1 StR 462/16, NJW 2017, 1186 Rn. 16 m. Anm. Mitsch; Sch/Sch/Hecker, § 303 Rn. 22; Lackner/Kühl/Heger, § 303 Rn. 9 m. w. N.; eine a. A. nimmt ein tatbestandsausschließendes Einverständnis an, um eine Einheitlichkeit angesichts des Tatbestandsmerkmals „unbefugt" in Abs. 2 zu gewährleisten, M/R/Altenhain, § 303 Rn. 1, 19 m. w. N.

Die **Meinungs- oder Kunstfreiheit** (Art. 5 GG) gibt nicht das Recht zur Beschädigung fremder Sachen.[2566]

C. Datenveränderung

I. Aufbau

Aufbauschema § 303a 1378

I. Tatbestand
   1. Objektiv:
      a) („Fremde") Daten gem. § 202a Abs. 2
      b) Tathandlung: Löschen, unterdrücken, unbrauchbar machen oder verändern
   2. Subjektiv: Vorsatz

II. Rechtswidrigkeit

III. Schuld

IV. Strafverfolgungsvoraussetzung: Strafantrag gem. § 303c

II. Tatbestand

§ 303a und § 303b haben eine geringe praktische Relevanz,[2567] sie können 1379
aber als Grundlage zivilrechtlicher Ansprüche Bedeutung erlangen.[2568]

1. Tatobjekt

§ 303a verweist zur Definition von **Daten** auf § 202a Abs. 2, s. Rn. 190. 1380

Es bestehen **verfassungsrechtliche Zweifel**, da der Wortlaut alle Daten er- 1381
fasst, also auch diejenigen, an denen dem Täter die Verfügungsbefugnis zusteht, weshalb die h. M. das ungeschriebene Merkmal „**fremd**" hineinliest.[2569] Fremd ist in einem alltagssprachlichen Sinn und nicht technisch zu verstehen, da Daten mangels Sachqualität nicht eigentumsfähig sind;

2566 BVerfG 19.3.1984 – 2 BvR 1/84, NJW 1984, 1293, 1294 f. zum Sprayer von Zürich; BVerfG 5.12.2023 – 2 BvR 1749/20, NJW 2024, 575 zum sog. Adbusting.

2567 Die PKS weist für 2023 für § 303a nur 1980 und für beide Normen zusammen 2293 Fälle aus.

2568 L/T/Z/Popp, Anwaltkommentar § 303a Rn. 19 f.

2569 OLG Nürnberg 23.1.2013 – 1 Ws 445/12, juris-Rn. 11 ff.; Fischer, § 303a Rn. 4 f.; diff. LK/Goeckenjan, § 303a Rn. 10; a. A. L/T/Z/Popp, Anwaltkommentar § 303a Rn. 3 m. w. N.

die h. M. stellt darauf ab, wer sie gespeichert hat (**Skripturakt**).[2570] Deshalb werden bspw. vertragswidrig angefertigte Kopien von Daten nicht von § 303a erfasst.[2571]

2. Tathandlungen

1382 Die Tathandlungen können sich überschneiden:

1383 Da sich der Gesetzgeber an § 303 orientiert hat, entspricht das **Löschen** dem Zerstören und bedeutet die unwiederbringliche Unkenntlichmachung der konkreten Speicherung, bspw. das Überschreiben.[2572]

1384 **Unbrauchbarmachen** entspricht dem Beschädigen und bedeutet die Aufhebung der Verwendbarkeit der Daten zum vorgesehenen Zweck, bspw. durch zusätzliche Einfügung oder Verfälschung verknüpfter Daten.[2573]

1385 **Unterdrücken** bedeutet, den Zugriff des Berechtigten auf die Daten zumindest für einen erheblichen Zeitraum zu entziehen, bspw. Passwortverschlüsselung oder Löschen des Inhaltsverzeichnisses.[2574]

1386 **Verändern** ist die inhaltliche Umgestaltung von Daten, das Herbeiführen eines neuen Informationsgehalts oder Aussagewerts, bspw. durch Einschleusen von Viren.[2575]

1387 Der **Versuch** ist gem. § 303a Abs. 2 pönalisiert und die **Vorbereitung** durch § 303a Abs. 3, § 202c erfasst, was wegen der Nachweisschwierigkeiten kaum relevant wird.[2576]

D. Computersabotage

I. Überblick

1388 § 303b Abs. 1 Nr. 1 ist eine **Qualifikation** zu § 303a.[2577]

§ 303b Abs. 1 Nr. 2 und Nr. 3 sind **selbstständige Tatbestände**;[2578] insbesondere Abs. 1 Nr. 3 ist keine Qualifikation zur Sachbeschädigung, da keine Fremdheit der zerstörten Hardware verlangt wird.[2579]

2570 OLG Nürnberg 23.1.2013 – 1 Ws 445/12 –, juris-Rn. 14.
2571 OLG Nürnberg 23.1.2013 – 1 Ws 445/12 –, juris-Rn. 18.
2572 Fischer, § 303a Rn. 9.
2573 Fischer, § 303a Rn. 11.
2574 Fischer, § 303a Rn. 10.
2575 Fischer, § 303a Rn. 12.
2576 Nimtz, Strafrecht II Rn. 309.
2577 LK/Goeckenjan, § 303b Rn. 2, vgl. ebd. Rn. 1 zur geschichtlichen Entwicklung.
2578 LK/Goeckenjan, § 303b Rn. 2; Nimtz, Strafrecht II Rn. 316.
2579 Fischer, § 303b Rn. 13.

§ 303b Abs. 2 enthält eine Qualifikation zu § 303b Abs. 1, wenn mit Nachteilszufügungsabsicht gehandelt wird; § 303b Abs. 4 enthält Regelbeispiele[2580], die nicht zum Tatbestand zählen.

II. Tatbestand

1. Tatobjekt

§ 303b setzt als **Tatobjekt** eine Datenverarbeitung von wesentlicher Bedeutung für einen anderen voraus. **1389**

Datenverarbeitung soll nicht nur den einzelnen Verarbeitungsvorgang, sondern auch die Gesamtheit aller Vorgänge, d. h. den weiteren Umgang und die Verwertung umfassen.[2581] Auch Datenverarbeitung zu kriminellen Zwecken ist geschützt.[2582]

Es bestehen **verfassungsrechtliche Bedenken**, da zu unbestimmt ist, wann eine **wesentliche Bedeutung** vorliegt.[2583] Der Gesetzgeber ging davon aus, dass dies bspw. der Fall sei bei Angriffen auf Daten in Rechenzentren von Großunternehmen oder Behörden mit zentraler Bedeutung für deren Funktionsfähigkeit.[2584] Soweit inzwischen Privatpersonen einbezogen sind, soll auf die zentrale Bedeutung für die Lebensgestaltung abgestellt werden.[2585] **1390**

2. Tathandlung

Für die Tathandlungen in Abs. 1 Nr. 1 und Nr. 3 kann auf § 303a verwiesen werden (s. Rn. 1382). **1391**

§ 303b Abs. 1 Nr. 2 bezieht sich auf neutrale Handlungen des **Eingebens** und **Übermittelns** von Daten. Deshalb ist zusätzlich das subjektive Merkmal der **Nachteilszufügungsabsicht** erforderlich (s. Rn. 1353, § 274).

Beispiele:

Denial-of-service-Attacke (DoS, auch DDoS, DRDoS);[2586] Mailbombing, -spamming.[2587]

2580 Näher zur Regelbeispielstechnik: Schütze, AT Rn. 21.
2581 BT-Drs. 10/5058, S. 35.
2582 BGH 11.1.2017 – 5 StR 164/16, juris-Rn. 20.
2583 LK/Goeckenjan, § 303b Rn. 3.
2584 BT-Drs. 10/5058, S. 35.
2585 BT-Drs. 16/3656, S. 13.
2586 Fischer, § 303b Rn. 12; zur „online-Demo“, die nicht § 303a erfüllt: OLG Frankfurt 22.5.2006 – 1 Ss 319/05, juris-Rn. 29.
2587 LK/Goeckenjan, § 303b Rn. 23.

3. Taterfolg

1392 Als Erfolg muss eine erhebliche **Störung der Datenverarbeitung** eintreten, d.h. eine tatsächliche Beeinträchtigung des reibungslosen Ablaufs. **Erheblich** ist diese, wenn sie allenfalls mit größerem zeitlichen und finanziellen Aufwand zu beheben ist.[2588]

E. Gemeinschädliche Sachbeschädigung

I. Aufbau

1393 **Aufbauschema § 304**

I. Tatbestand
   1. Objektiv:
      a) Sachen mit besonderer Zweckbestimmung gem. § 304 Abs. 1
      b) Tathandlung: Beschädigen, Zerstören (Abs. 1) oder nicht nur unerhebliche und nicht vorübergehende Veränderung des Erscheinungsbildes (Abs. 2)
      c) Beeinträchtigung der öffentlichen Funktion beim Schutzobjekt durch die Handlung
   2. Subjektiv: Vorsatz
II. Rechtswidrigkeit
III. Schuld

II. Tatbestand

1. Geschützte Gegenstände

1394 Bei den geschützten Gegenständen kommt es – anders als bei § 303 – *nicht* auf die Eigentumslage an, weshalb sowohl herrenlose als auch **tätereigene** Sachen erfasst werden. Entscheidend ist vielmehr eine (auch) **öffentliche Zweckbestimmung**, die durch einen (konkludenten) Widmungsakt begründet wird.[2589]

1395 Das Merkmal **Gegenstände der Verehrung einer Religionsgesellschaft** umfasst nur die Sachen, die von den Mitgliedern als heilig, gottgeweiht

2588 L/T/Z/Popp, Anwaltkommentar § 303b Rn. 5.
2589 OLG Celle 28.1.1974 – 2 Ss 301/73, NJW 1974, 1291; Fischer, § 304 Rn. 3.

oder sonst transzendent angesehen werden.[2590] Zu dem Gottesdienst gewidmeten Sachen s. Rn. 478.

Beispiele:

Altar, Abendmahlskelch, Taufstein, Monstranz, Kapelle, Sakristei.[2591]

Gegenbeispiele:

Vase, Opferstock[2592], privates Kruzifix.

Grab(denk)**mäler**, setzen ein Pietätsinteresse[2593], öffentliche (Kultur-, Bau-, 1396
Boden-)**Denkmäler, Naturdenkmäler** setzen eine Widmung voraus.[2594]

Beispiele:

Grabstein,[2595] Stele, Statue, Kirchturm, Burg, Hünengrab[2596].

Gegenstände in **öffentlichen Sammlungen der Kunst, Wissenschaft** bzw. 1397
des Gewerbes sind nur geschützt, wenn sie der Allgemeinheit, ggf. gegen Entgelt, zugänglich sind.[2597] Vgl. zu § 243 Rn. 479.

Beispiele:

Bücher einer Hochschul- oder Gemeindebibliothek[2598]; Gemälde und Skulpturen, die in städtischer Kunsthalle ausgestellt oder im Magazin aufbewahrt sind.

Gegenbeispiele:

Bilder in einer nur für ausgewählte Gäste zugänglichen Privatsammlung; Gesetzeskommentare in der Handbibliothek einer Strafverfolgungsbehörde oder eines Gerichts[2599].

Gegenstände des öffentlichen Nutzens oder der öffentlichen **Verschöne-** 1398
rung sind Sachen, die *unmittelbar* für die Allgemeinheit von Nutzen sind,

2590 Fischer, § 304 Rn. 4.
2591 M/R/Altenhain, § 304 Rn. 6.
2592 BGH 22.4.1955 – 2 StR 8/55, NJW 1955, 1119, denn sie dienen nicht dem Gottesdienst.
2593 BGH 9.11.1965 – 1 StR 426/65, NJW 1966, 164.
2594 Vert. M/R/Altenhain, § 304 Rn. 8 m. w. N.
2595 BGH 9.11.1965 – 1 StR 426/65, NJW 1966, 164.
2596 OLG Celle 28.1.1974 – 2 Ss 301/73, NJW 1974, 1291.
2597 OLG Hamm 26.2.2015 – 5 RVs 7/15, BeckRS 2015, 5465, Rn. 14.
2598 BGH 31.5.1957 – 1 StR 155/57, NJW 1957, 1158.
2599 BGH 31.5.1957 – 1 StR 155/57, NJW 1957, 1158.

nicht aber der Verwaltung dienende Hilfsmittel, die nur zu einem mittelbaren Nutzen der Allgemeinheit führen.[2600]

Beispiele:

Postkasten, Parkbank, Geräte auf kommunalem Kinderspielplatz, öffentliche Feuermelder/-löscher[2601], Rettungswagen[2602], Straßenbahnwagen[2603], Linienbus, Verkehrszeichen[2604], Wegweiser[2605], Alleebäume[2606], zweifelhaft bei Fenstergitter einer JVA.[2607]

Gegenbeispiele:

Streifenwagen[2608], Geschwindigkeitsmessanlage[2609], Wahlplakate[2610].

2. Tathandlungen

1399 Für die Tathandlungen gelten die Ausführungen zu § 303, s. Rn. 1368 ff.

3. Beeinträchtigung der besonderen Zweckbestimmung

1400 Die bloße Beschädigung einer geschützten Sache reicht noch nicht aus, sondern es muss bei § 304 Abs. 1 auch spezifisch zu einer **Beeinträchtigung der besonderen öffentlichen Funktion** kommen;[2611] nach h.M. ist auch bei der Modalität einer Veränderung des Erscheinungsbildes (Abs. 2) dieses Merkmal hineinzulesen, um die Norm einheitlich auszulegen.[2612]

2600 BGH 7.8.1990 – 1 StR 380/90, NJW 1990, 3029; 22.12.1982 – 1 StR 707/82, NJW 1983, 1437 m. w. N.

2601 BayObLG 27.2.1987 – RReg. 3 St 23/87, NJW 1988, 837, 838.

2602 OLG Düsseldorf 10.12.1985 – 2 Ss 382/85 – 233/85 II, NJW 1986, 2122, 2123.

2603 KG 1.3.2006 – (5) 1 Ss 479/05 (89/05), NStZ 2007, 223.

2604 OLG Köln 15.9.1998 – Ss 395/98, NJW 1999, 1042, 1044.

2605 BayObLG 31.5.1985 – RReg. 1 St 42/85, BayObLGSt 1985, 76, 77.

2606 BayObLG 8.2.1977 – 3 Ob OWi 111/76, BayObLGSt 1977, 21, 23; dagegen ist die ökologische Funktion von Bäumen nicht allein ausreichend: OLG Oldenburg 14.9.1987 – Ss 403/87, NJW 1988, 924; OLG Düsseldorf 30.11.1995 – 2 Ss 252/95 – 73/95 III, LSK 1997, 400397.

2607 BGH 24.1.2006 – 3 StR 445/05, NStZ 2006, 345; krit. L/T/Z/Popp, Anwaltkommentar § 304 Rn. 9 m. w. Bsp.

2608 BGH 22.12.1982 – 1 StR 707/82, NJW 1983, 1437; a. A. OLG Hamm 8.7.1981 – 4 Ss 945/81, NStZ 1982, 31.

2609 OLG Stuttgart 3.3.1997 – 2 Ss 59/97, juris-Rn. 11; Fischer, § 304 Rn. 11a.

2610 LG Wiesbaden 16.2.1978 – 14 Qs 16 10/78 D, NJW 1978, 2107.

2611 BayObLG 17.5.1999 – 2 St RR 84/99, juris-Rn. 13; Lackner/Kühl/Heger, § 304 Rn. 4.

2612 OLG Jena 27.4.2007 – 1 Ss 337/06, NJW 2008, 776; KG 15.12.2008 – (4) 1 Ss 442/08 (243/08), NStZ-RR 2009, 310, 311; Fischer, § 304 Rn. 13a.

Beispiele:

Das Besprühen eines U-Bahn-Wagens hebt nicht dessen Nutzbarkeit als öffentliches Transportmittel auf, wenn nur die Metallwände betroffen sind;[2613] anders aber bei längerem, ungeplantem Ausfall durch die Reinigung bzw. beim blickdichten Beschmieren der Fenster.[2614]

Das Pflücken einzelner Blumen aus einer Blumenrabatte oder von Blättern eines Strauches im Park reicht nicht, anders dagegen bei Beseitigung aller Pflanzen.[2615]

Im subjektiven Tatbestand ist zumindest bedingter Vorsatz auch bezüglich der besonderen Zweckbestimmung erforderlich.[2616] **1401**

F. Zerstörung wichtiger Arbeitsmittel

I. Aufbau

Aufbauschema § 305a **1402**

I. Tatbestand
   1. Objektiv:
      a) Tatobjekte:
         – Fremde technische Arbeitsmittel von bedeutendem Wert und wesentlicher Bedeutung für die Errichtung von Anlagen öffentlicher Betriebe (Abs. 1 Nr. 1) oder den Einsatz von Sicherheits- und Rettungskräften (Abs. 1 Nr. 2)
         – Kraftfahrzeuge von Sicherheits- und Rettungskräften (Abs. 1 Nr. 3)
      b) Tathandlung: ganz oder teilweises Zerstören
   2. Subjektiv: Vorsatz
II. Rechtswidrigkeit
III. Schuld

2613 KG 1.3.2006 – (5) 1 Ss 479/05 (89/05), NStZ 2007, 223.

2614 OLG Köln 17.11.2017 – 1 RVs 285/17, juris-Rn. 18f.; KG 15.12.2008 – (4) 1 Ss 442/08 (243/08), NStZ-RR 2009, 310, 311. Zu weitgehend auf bloße Minderung eines entsprechenden Erscheinungsbildes des Verkehrsmittels abstellend: HansOLG 4.12.2013 – 2 REV 72/13 (2), NStZ 2015, 37, 39.

2615 Fischer, § 304 Rn. 12. Anders kann dies liegen, wenn eine besondere Einzelblüte den Schmuck der ganzen Anlage prägt.

2616 Fischer, § 304 Rn. 14.

II. Tatbestand

1. Objektiv

a) Tatobjekte

1403 § 305a schützt als Qualifikationstatbestand zu § 303 abschließend aufgezählte Gegenstände, die dem **öffentlichen Nutzen** dienen.[2617] Besondere Bedeutung für die polizeiliche Tätigkeit hat der Schutz bestimmter Arbeitsmittel und von Kraftfahrzeugen.

1404 Es werden in § 305a Abs. 1 Nr. 1 **Arbeitsmittel** zur *Errichtung* (nicht dem Betrieb) bestimmter Anlagen **öffentlicher Betriebe** oder bestimmter **Unternehmen der öffentlichen Daseinsvorsorge** geschützt. Das können Arbeits- und Kraftmaschinen, Hebe- und Fördereinrichtungen sowie bestimmte Baumaschinen sein[2618] bspw. ein nicht ersetzbarer Spezialbagger zur Reparatur einer (Ab-)Wasserleitung.[2619]

1405 Technische **Arbeitsmittel** von **Sicherheits- oder Rettungskräften** (§ 305a Abs. 1 Nr. 2) sind Einrichtungen, die bestimmungsgemäß ausschließlich bei der Arbeit dieser Organisationen verwendet werden, wie Werkzeuge, Maschinen, Computer, die prägend für den Einsatz sind.[2620]

Beispiele:

Funkgerät, Schusswaffen der Polizei; Trage, Beatmungsgerät und Sauerstoffflasche des Rettungsdienstes; Feuerwehrschlauch, -pumpe.[2621]

1406 **Kraftfahrzeuge** der Polizei, der Bundeswehr, der Feuerwehr, des Katastrophenschutzes oder Rettungsdienstes (§ 305a Abs. 1 Nr. 3) sind unabhängig vom Eigentum dienstlich verwendete Fahrzeuge, einschließlich Luft- und Wasserfahrzeuge (s. zu § 248b Rn. 566).[2622] Auch Angehörige der jeweiligen Einheiten können Täter sein.[2623]

Beispiele:

Geleaster Streifenwagen; Rettungshubschrauber; Drehleiter-Lkw der Feuerwehr; Motorboot des THW.

2617 Fischer, § 305a Rn. 3.
2618 Fischer, § 305a Rn. 4.
2619 M/R/Altenhain, § 305a Rn. 4; Fischer, § 305a Rn. 7.
2620 Fischer, § 305a Rn. 8.
2621 M/R/Altenhain, § 305a Rn. 6.
2622 Fischer, § 305a Rn. 9.
2623 M/R/Altenhain, § 305a Rn. 7.

b) Tathandlung

Die Tathandlung muss zu einer zumindest **teilweisen Zerstörung** des Schutzobjektes führen. Wegen des im Vergleich zum Beschädigen gem. § 303 engeren Wortlauts muss hier die **Gesamtfunktionsfähigkeit** der Sache **nachhaltig beeinträchtigt** sein. Daher reicht das Zertrümmern der Seitenspiegel oder -scheiben am Streifenwagen nicht.[2624] Umstritten ist, ob das Zerstechen von Reifen genügt, weil das Kfz dann nicht zum Fahren benutzbar ist,[2625] wogegen allerdings spricht, dass dies nicht nachhaltig ist.[2626] Ausreichend wäre dagegen eine Zerstörung des Motors.[2627] **1407**

2. Subjektiv

Der **Vorsatz** muss sich auf das besondere Tatobjekt beziehen,[2628] was bspw. bei polizeilichen Zivilfahrzeugen schwer nachzuweisen ist.[2629] **1408**

G. Abschlussfall

Sachverhalt: **1409**

G betätigt sich als Graffiti-Sprayer. Er verwendet die Buchstabenfolge „RUDE" als sein Zeichen und sprüht dies jeweils in einer Größe von 50 x 100 cm mit einer hochdeckenden, fest haftenden, witterungs- und UV-beständigen Sprühfarbe (Nitro-Alkydal) auf eine bereits flächig mit anderen Graffiti überzogenen Wand einer Bahnhofsunterführung. Ebenfalls sprüht er sein „tag" auf die Metallwand eines S-Bahn-Waggons, die bislang nicht mit Graffiti überzogen war und bei der deshalb keine planmäßige Reinigung anstand. Die Farbe auf dem glatten Metall des Waggons lässt sich zwar verwischen, aber nur noch mit Lösemitteln vollständig entfernen.

Die Polizeibeamtinnen P1 und P2 nehmen G auf frischer Tat fest. Sie verbringen ihn mit Krafteinsatz in den Streifenwagen. Kumpel (K) nutzt die Situation aus und lässt Luft aus zwei Reifen des Streifenwagens ab. P1 und P2 müssen danach 45 Minuten warten, bis ein mobiler Kompressor vor Ort gebracht wird, bevor sie wieder losfahren können.

Aufgabe: Haben G und K sich wegen Tatbeständen des 27. Abschnitts des StGB strafbar gemacht?

2624 OLG Oldenburg 27.4.2011 – 1 Ss 66/11, NStZ-RR 2011, 338.
2625 Bejahend Fischer, § 305a Rn. 10.
2626 Verneinend die h.M. NK/Kargl, § 305a Rn. 12; M/R/Altenhain, § 305a Rn. 8; Nimtz, Strafrecht II Rn. 336.
2627 Brodag, BT 18. Teil Rn. 28.
2628 Fischer, § 305a Rn. 12.
2629 Brodag, BT 18. Teil Rn. 29.

Lösungshinweise:

A. Strafbarkeit des G

I. § 303 durch Graffito in der Unterführung

Bei der Wand handelt es sich um eine für G fremde Sache.

Fraglich ist, ob er diese beschädigt hat (Abs. 1). Die Substanz der Wand wurde nicht angegriffen, da bereits andere Schichten von Graffiti dort angebracht waren. Ausreichend wäre zwar auch die Beeinträchtigung der Sachfunktion und dies auch bei schon vorgeschädigten Gegenständen, allerdings ist die Funktion als Mauer weiterhin gegeben (s. Rn. 1371).

In Betracht kommt daher eine Veränderung des Erscheinungsbildes der Wand (Abs. 2), sofern diese nicht unerheblich ist. Auf einer bereits großflächig verschmierten Wand nimmt sich ein zusätzliches tag nicht auffällig aus (s. Rn. 1374). Der Tatbestand ist deshalb nicht verwirklicht.[2630]

II. § 303 Abs. 2 durch Graffito auf dem Waggon

Bei dem Waggon handelt es sich für G um eine fremde Sache. Ein Beschädigen kommt nicht in Betracht, da weder die Farbe in das Metall eindringt noch durch die Beseitigung das Metall abgetragen werden muss, weshalb nur ein Verändern des Erscheinungsbildes gem. § 303 Abs. 2 in Betracht kommt. Das äußerliche Ansehen des Waggons wurde durch das Aufsprühen verändert (s. Rn. 1373). Der Waggon war zuvor nicht verschmutzt, weshalb das Graffito auffällt. Die Veränderung war nicht nur vorübergehend und auch nicht nur unerheblich, da die Farbe direkt auf dem Waggon haftet und sich nicht einfach abwischen lässt, sondern nur mit Lösemitteln entfernt werden kann. § 303 Abs. 2 ist verwirklicht.

III. § 304 Abs. 2 durch Graffito auf dem Waggon

Der Waggon stellt einen Gegenstand von öffentlichem Nutzen dar (s. Rn. 1398). Das Besprühen verändert das Erscheinungsbild. Umstritten ist, ob durch die Veränderung der spezifisch öffentliche Nutzen beeinträchtigt wird. [2631] Die Nutzbarkeit als Beförderungsmittel ist weiterhin gegeben. Allerdings kann eine außerplanmäßige Reinigung zu einer vorübergehenden Herausnahme aus dem Verkehrsbetrieb führen, was hier nicht der Fall war. Nur vereinzelt will man schon den für potenzielle Nutzer abstoßenden Außeneindruck genügen lassen;[2632] überwiegend

2630 KG 23.11.2012 – (4) 161 Ss 249/12 (311/12), BeckRS 2013, 4002.

2631 OLG Jena 27.4.2007 – 1 Ss 337/06, NJW 2008, 776, zum Besprühen eines Verteilerkastens, den man in zweifelhafter Weise als Gegenstand von unmittelbaren öffentlichen Nutzen sehen will, allerdings zutreffend die Beeinträchtigung von dessen Nutzen ablehnt.

2632 HansOLG 4.12.2013 – 2 REV 72/13 (2), NStZ 2015, 37.

lässt man dies aber noch nicht ausreichen, weil sonst nicht ein Rechtsgut, sondern ein Unwohlsein geschützt würde.[2633] Deshalb ist § 304 nicht verwirklicht.

B. Strafbarkeit des K

I. § 303 Abs. 1 könnte durch das Ablassen der Luft aus zwei Reifen des Streifenwagens verwirklicht sein.

Beim Streifenwagen handelt es sich für den K um eine fremde Sache, die einem anderen gehört, bspw. einem Leasinggeber oder dem Land. Fraglich ist, ob durch das Ablassen der Luft eine Beschädigung hervorgerufen wurde. Darunter ist in erster Linie eine erhebliche Beeinträchtigung der Sachsubstanz durch eine körperliche Einwirkung zu verstehen, woran es hier fehlt, da die Reifensubstanz nicht betroffen ist. Ausreichend wäre auch eine nicht unerhebliche Beeinträchtigung der Funktionstauglichkeit zum bestimmungsgemäßen Gebrauch. Der Streifenwagen konnte für 45 Minuten nicht zum Fahren verwendet werden, was nach ganz überwiegender Ansicht eine erhebliche Beeinträchtigung darstellt (s. Rn. 1371).

II. Fraglich ist, ob § 305a durch das Ablassen von Luft aus den Reifen verwirklicht wurde. Zwar handelt es sich beim Streifenwagen um ein Kraftfahrzeug der Polizei gem. § 305a Abs. 1 Nr. 3, aber umstritten ist, ob dies teilweise zerstört wurde. Der Wortlaut ist enger als bei § 303 zu verstehen, es muss zu einer nachhaltigen Beeinträchtigung der Funktionsfähigkeit des Streifenwagens kommen. Daran fehlt es hier, weil die Reifen lediglich wieder aufgepumpt werden müssen und ein vorübergehender Ausfall des Streifenwagens nicht als dessen teilweise Zerstörung angesehen werden kann und lehnt § 305a ab; vereinzelt will man dies anders sehen, weil das Kfz unbenutzbar ist (s. Rn. 1407).

III. § 304 scheidet nach h. M. aus, weil der Streifenwagen nicht dem unmittelbaren Nutzen der Allgemeinheit dient (s. Rn. 1398).

2633 OLG Köln 17.11.2017 – III-1 RVs 285/17, BeckRS 2017, 133971; m. zust. Bsp. Jahn JuS 2018, 395, 396 m. w. N.

16. KAPITEL Gemeingefährliche Straftaten

A. Überblick über die Brandstiftungsdelikte

Für das Studium der in §§ 306–306f. normierten Brandstiftungsdelikte **1410** ist wesentlich, sich mit deren Systematik vertraut zu machen. Bei **§ 306** steht nach herrschender Auffassung die Verletzung fremden Eigentums im Vordergrund („qualifiziertes Sachbeschädigungsdelikt").[2634] Demgegenüber sind die Eigentumsverhältnisse bei der schweren Brandstiftung gemäß **§ 306a** unerheblich. Sanktioniert werden sollen Brandstiftungshandlungen, die für andere Menschen abstrakt (§ 306a Abs. 1) oder konkret (§ 306a Abs. 2) gefährlich sind. Realisieren sich die Gefahren, die durch Taten nach §§ 306, 306a geschaffenen wurden, und kommt es daher zu einer Verletzung vom Menschen, kann die Erfolgsqualifikation (§ 18) des **§ 306b Abs. 1** eingreifen. **§ 306b Abs. 2** ist hingegen eine übliche, also vorsätzliches Handeln erfordernde Qualifikation zu § 306a. Da die Vollendung der vorgenannten Tatbestände gerade in den Fällen der (teilweisen) Zerstörung durch Brandlegung zu einem frühen Zeitpunkt eintreten kann[2635], kompensiert **§ 306e** (Tätige Reue) die entfallene Rücktrittsmöglichkeit. Dieser persönliche Strafaufhebungs- bzw. Strafmilderungsgrund ist an § 24 angelehnt.[2636] Die Brandstiftung mit Todesfolge **(§ 306c)** ist eine weitere Erfolgsqualifikation zu § 306–306b. **§ 306d** ist ein Fahrlässigkeitsdelikt. **§ 306f** als konkretes Gefährdungsdelikt („Brandgefahr") bezweckt weitestgehend den Schutz der in §§ 306–306b genannten Tatobjekte.[2637]

B. § 306 Brandstiftung

I. Einführung

Der Tatbestand erfasst bestimmte Konstellationen der Sachbeschädigung **1411** durch Feuer. Die hohe Strafandrohung des Verbrechenstatbestands rechtfertigt sich richtigerweise nur durch eine **Kombination von Eigentumsverletzung und abstrakt gemeingefährlicher Verletzungshandlung** durch das

2634 Vgl. BT-Dr 13/8587, 87; BGH 4 StR 487/15, NStZ 2016, 605, 606. Hierzu sodann eingehender Rn. 1411.
2635 Rn. 1418ff.
2636 Grundlegend hierzu MüKo/Radtke, § 306f. Rn. 1ff.
2637 BeckOK/Kudlich, § 306f. Rn. 4.

Auslösen eines kaum kontrollierbaren Feuers.[2638] Der Schutz des Eigentums ergibt sich bereits aus dem Erfordernis fremder Tatobjekte. Die systematische Stellung des Tatbestands im 28. Abschnitt („Gemeingefährliche Straftaten“) legt nahe, dass diesem zudem ein Element der Gemeingefährlichkeit innewohnt.

1412 Hieraus ergibt sich folgende Konsequenz: Die **Einwilligung des Eigentümers** des betroffenen Objekts schließt die Rechtswidrigkeit der Tat aus.[2639] Sie steht der Eigentumsverletzung – trotz möglicherweise bestehender Gemeingefährlichkeit der Tathandlung – entgegen, sodass das Unrecht des Tatbestands zumindest nicht voll verwirklicht ist.[2640]

II. Prüfungsaufbau

1413

I. Tatbestandsmäßigkeit
   1. Objektiver Tatbestand
      - fremdes Tatobjekt nach § 306 Abs. 1 Nr. 1 - 6
      - Tathandlung: Inbrandsetzen oder durch eine Brandlegung ganz oder teilweise Zerstören
   2. Subjektiver Tatbestand
      - Vorsatz (§ 15)

II. Rechtswidrigkeit

III. Schuld

IV. Tätige Reue (§ 306e)

III. Tatbestand

1. Tatobjekte

1414 Die geschützten Tatobjekte sind § 306 Abs. 1 Nr. 1–4 zu entnehmen. **Gebäude (Nr. 1)** sind teilweise umschlossene, mit Grund und Boden verbundenen Räume, die dem Eintritt von Menschen zugänglich sind und deren Aufenthalt dienen können.[2641] **Hütten (Nr. 1)** sind kleiner. Sie müssen ein selbstständiges Ganzes bilden und eine nicht ganz geringfügige Boden-

2638 Details str., vgl. grundlegend: MüKo/Radtke, § 306 Rn. 3 ff.
2639 BGH 26.3.2003 – 1 StR 549/02, NJW 2003, 1824, 1824.
2640 MüKo/Radtke, § 306 Rn. 61.
2641 BGH 30.3.1954 – 1 StR 494/53, BGHSt 6, 107, NJW 1954, 1335, 1335.

fläche bedecken, sodass etwa Gartenhäuser oder Baubuden hierunter fallen.[2642] Die übrigen Tatobjekte können anhand ihres Wortlauts ausgelegt werden. Da der Kreis der genannten Tatobjekte nach seinem Wortlaut weit ist, ist im Hinblick auf den Schutzzweck des Tatbestands und seine hohe Mindestandrohung eine **restriktive Auslegung** geboten.[2643]

So dürfte seinem Wortlaut nach das Inbrandsetzen eines fremden Telefons unter § 306 Abs. 1 Nr. 2 (technische Einrichtung) fallen, was eine Ahndung als Verbrechen kaum rechtfertigen dürfte. Es wird daher teilweise gefordert, dass die Tatobjekte stets einen gewissen Wert oder eine Größe aufweisen müssen.[2644] Hierfür gibt indes der Gesetzeswortlaut keinen Anhalt. Da die technische Einrichtung in § 306 Abs. 1 Nr. 2 der Betriebsstätte gleichgestellt ist, ist im Hinblick auf diesen Sachzusammenhang richtigerweise jedenfalls zu fordern, dass der technischen Einrichtung für einen Betrieb eine nicht nur untergeordnete Bedeutung zukommt.[2645] Dies ist bei einem einzelnen Telefon eines Betriebs zu verneinen, bei der Telekommunikationsanlage im Gesamten hingegen zu bejahen.

Die Tatobjekte müssen für den Täter fremd sein, wobei insoweit auf Kenntnisse zu § 242 Abs. 1 oder § 303 Abs. 1 zurückgegriffen werden kann: Fremd ist eine Sache für den Täter, wenn sie im (Allein-, Mit- oder Gesamthands-)Eigentum einer anderen Person steht.

2. Tathandlungen

Als Tathandlungen kommen das „Inbrandsetzen“ oder das „durch Brand- **1415**
legung ganz oder teilweise Zerstören“ der geschützten Tatobjekte in Betracht.

Die Tatobjekte sind **in Brand gesetzt**, wenn Teile des Gegenstands, die für **1416**
den bestimmungsgemäßen Gebrauch wesentlich sind, so vom Feuer erfasst sind, dass diese selbstständig und daher ohne Fortwirken des Zündstoffes weiter brennen.[2646] Für die in der Praxis bedeutsame Frage, welche Teile eines Gebäudes als wesentlich einzustufen sind, ist nicht auf § 94 Abs. 2 BGB, sondern die Verkehrsanschauung abzustellen.[2647]

2642 Fischer, § 306 Rn 3a; OLG Karlsruhe 8.7.1981 – 3 Ss 28/81, NStZ 1981, 482.
2643 Allg. Meinung, vgl. nur MüKo/Radtke, § 306 Rn. 17 ff., Lackner/Kühl/Heger, § 306 Rn. 3.
2644 Sch/Sch/Heine/Bosch, § 306 Rn. 3; Lackner/Kühl/Heger, § 306 Rn. 2.
2645 So etwa Sch/Sch/Heine/Bosch, § 306 Rn. 5; MüKo/Radtke, § 306 Rn. 17.
2646 BGH 14.11.2013 – 3 StR 336/13, NStZ 2014, 404, 404 f.
2647 BGH 13.6.1961 – 1 StR 196/61, BGHSt 16, 109, NJW 1961, 1482, 1482.

> Wesentliche Teile eines Gebäudes sind jedenfalls solche, die im Falle ihrer Entfernung das Bauwerk selbst beeinträchtigen würden: Massive Türen, Wände, Dächer, Böden, Treppen. Demgegenüber zählt das Inventar (Beispiel: Schrank) nicht hierzu.[2648]

Die Rechtsprechung[2649] lässt teilweise die bloße Möglichkeit des Übergreifens des Feuers auf wesentliche Gebäudeteile genügen. Dies überzeugt angesichts des Gesetzeswortlauts („in Brand setzt") kaum.[2650]

> So vertritt der 3. Strafsenat des BGH in einer Entscheidung aus dem Jahr 2013[2651] folgende Auffassung zum Inbrandsetzen eines Gebäudes: Die Deckenverkleidung des Zimmers eines Wohngebäudes brannte. Nimmt man an, dass die Deckenverkleidung ohne Beeinträchtigung des Bauwerks entfernt werden kann, ist sie kein wesentlicher Bestandteil des Gebäudes. Ist der Brand der Deckenverkleidung indes geeignet, auf wesentliche Gebäudeteile – etwa die Zimmerdecke – überzugreifen, ist ein Inbrandsetzen eines Gebäudes durch den Brand der Deckenverkleidung anzunehmen.

1417 Zudem ist die **ganze oder teilweise Zerstörung des Tatobjekts durch Brandlegung** (Var. 2) unter Strafe gestellt. Hiermit trägt der Gesetzgeber der verbreiteten Verwendung feuerbeständiger und -hemmender Baustoffe Rechnung, die häufig ein Inbrandsetzen verhindern, da keine wesentlichen Gebäudeteile selbstständig brennen.[2652] Da die mit einer solchen Brandlegung einhergehende Ruß-, Gas- oder Rauchentwicklungen gleichermaßen Sach- oder Personenwerte gefährden können, sollen entsprechende Verhaltensweisen von der zweiten Tatbestandsalternative umfasst werden. Es empfiehlt sich eine **zweistufige Prüfung**: Zunächst ist zu fragen, ob das Tatobjekt ganz oder teilweise zerstört ist (**1. Stufe**). Entsprechend des Begriffsverständnisses bei der Sachbeschädigung (§ 303 Abs. 1) liegt eine gänzliche Zerstörung vor, wenn das Tatobjekt vernichtet ist oder seine bestimmungsgemäße Brauchbarkeit vollständig verliert. Im Hinblick auf die hohe Strafdrohung muss das nur „teilweise Zerstören" von einigem Gewicht sein.[2653]

2648 BGH 13.6.1961 – 1 StR 196/61, BGHSt 16, 109, NJW 1961, 1482, 1482.
2649 BGH 14.11.2013 – 3 StR 336/13, NStZ 2014, 404, 404 f.; BGH 12.9.2002 – 4 StR 165/02, BGHSt 48, 14, NJW 2003, 302, 302 f.
2650 Ebenso: Rengier, BT II § 40 Rn. 10.
2651 BGH 14.11.2013 – 3 StR 336/13, NStZ 2014, 404.
2652 BT-Drs. 13/8587, 26.
2653 BGH 12.9.2002 – 4 StR 165/02, BGHSt 48, 14, NJW 2003, 302, 303.

Bei einem Mehrfamilienhaus ist dies etwa der Fall, wenn eine Wohnung des Gebäudes für geraume Zeit nicht mehr nutzbar ist.[2654] Demgegenüber ist die fehlende Nutzbarkeit alleine eines Kinderzimmers keine geforderte teilweise Zerstörung des maßgeblichen (ganzen) Gebäudes.[2655]

Sind hingegen nicht zu Wohnzwecken dienende Gebäude betroffen, ist 1418
zunächst deren Zweck zu ermitteln und sodann zu fragen, ob Art und Umfang der Unbrauchbarkeit im Gesamten oder seiner zwecknötigen Teile die Annahme einer teilweisen Zerstörung rechtfertigen.[2656]

Ist etwa die Teeküche eines als Bürokomplex genutzten Gebäudes infolge von Rußentwicklung nicht nutzbar, liegt keine teilweise Zerstörung vor.[2657] Wird das Gebäude hingegen als Kaffeerestaurant genutzt und dient die Küche der Zubereitung von Heißgetränken, wäre eine andere Beurteilung angezeigt.

Liegt eine ganz oder teilweise Zerstörung vor, ist auf **2. Stufe** zu prüfen, ob diese durch Brandlegung herbeigeführt wurde. Eine Brandlegung ist jedes Verhalten, mit dem ein Brand herbeigeführt werden soll. Ob es letztlich zum Brand kommt, ist unerheblich.

Ausreichend ist daher etwa die bloße Explosion des Zündmittels.[2658]

Zu fordern ist („*durch*“ Brandlegung zerstört), dass sich in der Zerstörung 1419
gerade das der Brandlegung typischerweise anhaftende Risiko verwirklicht. Dies ist regelmäßig bei durch den Einsatz von Löschwasser oder sonstigen **Löschmitteln** verursachten Schäden der Fall. Die Wortlautgrenze („Zerstörung durch Brandlegung“) mag in diesen Konstellationen erreicht, aber nicht überschritten sein.[2659]

3. Übungsfall

Sachverhalt: 1420

B entzündet einen Schrank im Abstellraum der 4-Zimmer-Wohnung des G, die in einem Mehfamilienhaus gelegen ist und die G alleine bewohnt. Der

2654 BGH 14.12.2000 – 3 StR 414/00, NStZ 2001, 252, 252.
2655 BGH 14.7.2009 – 3 StR 276/09, NStZ 2010, 151, 152.
2656 Vgl. etwa BGH 20.10.2011 – 4 StR 344/11, BGHSt 57, 50, NJW 2012, 693, 694.
2657 Vgl. BGH 20.10.2011 – 4 StR 344/11, BGHSt 57, 50, NJW 2012, 693, 694.
2658 Vgl. etwa MüKo/Radtke, § 306 Rn. 55.
2659 Wrage, JuS 2003, 985, 985 f.

Schrank brennt vollständig nieder. Infolge der Rußentwicklung ist der Abstellraum der Wohnung für mehrere Wochen unbenutzbar. Strafbarkeit des B nach § 306 Abs. 1?

Lösungshinweise:

Das Wohnhaus ist als Gebäude im Sinne von § 306 Abs. 1 nicht in Brand gesetzt (Var. 1). Der einzig vom Feuer erfasste Schrank ist kein für den bestimmungsgemäßen Gebrauch des Gebäudes wesentlicher Teil. Fraglich ist, ob das Gebäude angesichts der Verrußung im Abstellraum durch Brandlegung teilweise zerstört ist (Var. 2). Das Tatbestandsmerkmal „teilweise zerstört" verlangt eine Zerstörung von einigem Gewicht.[2660] In der Wohnung des G ist lediglich der Abstellraum nicht nutzbar. Daher ist das maßgebliche gesamte Gebäude in seiner bestimmungsgemäßen Brauchbarkeit nicht wesentlich beeinträchtigt, so dass keine teilweise Zerstörung vorliegt. B hat sich daher nicht nach § 306 Abs. 1 strafbar gemacht.

C. § 306a Schwere Brandstiftung

I. Einführung

1421 Der Tatbestand schützt zumindest das Leben und die körperliche Unversehrtheit anderer Menschen. Für § 306a Abs. 1 Nr. 1 soll das „Wohnen als Mittelpunkt menschlichen Lebens“ weiterer Schutzzweck sein.[2661] Bereits hieraus ergibt sich, dass die Eigentumsverhältnisse an den Tatobjekten bei diesem Tatbestand irrelevant sind. **§ 306a Abs. 1** enthält ein **abstraktes Gefährdungsdelikt**, das auf der Annahme beruht, dass sich in den genannten Tatobjekten typischerweise Menschen aufhalten. **§ 306a Abs. 2** ist hingegen **konkretes Gefährdungsdelikt**, sodass ein Gefahrerfolg in Form der Gesundheitsgefährdung zu verlangen ist („in die Gefahr einer Gesundheitsschädigung bringt“).

II. Prüfungsaufbau § 306a Abs. 1

1422 I. Tatbestandsmäßigkeit

1. Objektiver Tatbestand
   - Tatobjekte gemäß § 306a Abs. 1 Nr. 1 - 3
   - Tathandlung: Inbrandsetzen oder durch eine Brandlegung ganz oder teilweise zerstören

2660 Rn. 1417.
2661 BGH 12.9.2002 – 4 StR 165/02, BGHSt 48, 14, NJW 2003, 302, 303.

2. Subjektiver Tatbestand
   - Vorsatz (§ 15)

II. Rechtswidrigkeit

III. Schuld

IV. Tätige Reue, § 306e

III. Prüfungsaufbau § 306a Abs. 2

I. Tatbestandsmäßigkeit 1423
   1. Objektiver Tatbestand
      - Tatobjekte gemäß § 306 Abs. 1 Nr. 1 - 6
      - Tathandlung: Inbrandsetzen oder durch eine Brandlegung ganz oder teilweise zerstören
      - Taterfolg: Gefahr einer Gesundheitsschädigung
      - spezifischer Gefahrzusammenhang zwischen Tathandlung und Taterfolg
   2. Subjektiver Tatbestand
      - Vorsatz (§ 15)

II. Rechtswidrigkeit

III. Schuld

IV. Tätige Reue, § 306e

IV. Tatbestand

1. § 306a Abs. 1

Die einzelnen Tatobjekte des § 306a Abs. 1 sind in den Ziff. 1–3 genannt. 1424

Nr. 1 umfasst Gebäude, Schiffe, Hütten und andere **Räumlichkeiten, die der Wohnung von Menschen dienen**. Voraussetzung ist stets, dass die Räumlichkeiten von ihren Bewohnern zumindest vorübergehend tatsächlich als Mittelpunkt ihrer privaten Lebensführung zu Wohnzwecken genutzt werden.[2662] Entscheidend ist also die Zweckbestimmung (**Widmung**). 1425

2662 BGH 21.9.2011 – 1 StR 95/11, NStZ 2012, 39, 39.

Es ist ausreichend, wenn Räumlichkeiten nur für bestimmte Zeiträume Wohnzwecken dienen.[2663]

> Daher fallen auch Ferien- oder Wochenendhäuser unter § 306a Abs. 1 Nr. 1.[2664]

An einer Wohnnutzung fehlt es hingegen, wenn das Gebäude leer steht oder der bisher einzige Bewohner verstorben ist.[2665] Zudem kann seitens der Bewohner jederzeit eine Aufhebung der Zweckbestimmung als Wohnstätte (sog. **Entwidmung**) erfolgen. Dies ist etwa anzunehmen, wenn der einzige tatsächliche Bewohner einer Räumlichkeit diese in Brand setzt, da sein Willensentschluss zur Aufgabe der Wohnung in der Brandlegung seinen Ausdruck findet. Sind hingegen mehrere Bewohner vorhanden, ist zu verlangen, dass sämtliche Bewohner ihren Willen zur Aufgabe des Wohnzwecks – etwa durch ihre Einverständniserklärung zur Brandlegung oder Mitwirkung hieran – nach außen manifestieren. Die Entwidmung kann nur durch die Bewohner und daher etwa nicht durch deren Vermieter oder andere dritte Personen erfolgen.[2666]

1426 **Nr. 2** umfasst **Kirchen** oder **andere der Religionsausübung dienende Gebäude**. Da diese Tatobjekte ohne zeitliche Einschränkung und unabhängig davon, ob sich zur Tatzeit Menschen in den Gebäuden aufzuhalten pflegen, schützt, scheint mit der Brandstiftung eines solchen Objekts nicht stets eine generelle Gefährlichkeit für Menschen einherzugehen. Die Regelung erscheint daher in kriminalpolitischer Hinsicht fragwürdig.[2667]

1427 **Nr. 3** schützt **Räumlichkeiten, die zeitweise dem Aufenthalt von Menschen dienen**. Voraussetzung ist, dass die Tat zu einer Zeit begangen wird, in der sich regelmäßig Personen in der Räumlichkeit aufhalten. Die tatsächliche Anwesenheit von Personen zum Tatzeitpunkt ist hingegen irrelevant.[2668]

> Wird also ein Bürogebäude regelmäßig von 08.00 Uhr bis 21.00 Uhr genutzt und erfolgt eine Brandstiftungshandlung zur Nachtzeit, ist § 306a Abs. 1 Nr. 3 nicht einschlägig. Dies gilt auch dann, wenn zum Tatzeitpunkt ausnahmsweise ein Angestellter anwesend war. Erfolgt hingegen die Brandsetzung zur Mittagszeit,

2663 BGH 1.4.2010 – 3 StR 456/09, NStZ 2010, 519.
2664 BGH 1.4.2010 – 3 StR 456/09, NStZ 2010, 519.
2665 BGH 28.6.2007 – 3 StR 54/07, NStZ 2008, 99, 99.
2666 Vgl. zur Entwidmung etwa BGH 28.6.2007 – 3 StR 54/07, NStZ 2008, 99, 99f.; BGH 13.10.1983 – 1 StR 492/83, BeckRS 1983, 5561; Fischer, § 306a Rn. 4a.
2667 Ebenso kritisch etwa: MüKo/Radtke, § 306a Rn. 22f.; Fischer, 306a Rn. 6.
2668 BGH 13.10.1983 – 1 StR 492/83, BeckRS 1983, 5561.

ist der Tatbestand erfüllt – auch wenn sich zum Tatzeitpunkt aufgrund des jährlichen Betriebsausflugs keine Personen im Gebäude aufhalten.

Da der Tatbestand ein abstraktes Gefährdungsdelikt darstellt, ist umstritten, ob in Konstellationen, in denen eine Gefährdung anderer Menschen ausgeschlossen werden kann, eine **teleologische Reduktion** vorzunehmen ist.[2669] Die Rechtsprechung hat eine solche Einschränkung des Tatbestands erwogen, wenn eine Gefahr für Menschenleben nach menschlichem Erfahrungswissen mit Sicherheit ausgeschlossen ist und sich der Brandstifter hiervon vor der Tat durch absolut zuverlässige lückenlose Maßnahmen vergewissert hat. Dies ist indes nur bei kleinen, insbesondere bei einräumigen Hütten möglich, bei denen auf einen Blick überschaubar ist, dass sich Menschen dort nicht aufhalten können.[2670] Bei größeren Objekten ist nach der Rechtsprechung ein sicherer Ausschluss von Gefahren für Menschen hingegen unmöglich[2671] und daher eine entsprechende Restriktion abzulehnen, da ansonsten die Grenzen zwischen abstraktem und konkretem Gefährdungsdelikt verwischen würden. 1428

Die **Tathandlungen** (Inbrandsetzen bzw. zumindest teilweise Zerstörung durch Brandlegung) entsprechen § 306 Abs. 1. Bei **gemischt genutzten Gebäuden** ist denkbar, dass nur ein Gebäudeteil, der nicht der Wohnung von Menschen (Nr. 1) oder zeitweise deren Aufenthalt dient (Nr. 3), vom Feuer betroffen ist. Diese Fälle erscheinen in ihrer rechtlichen Beurteilung problematisch. 1429

Beispielhaft wäre an das Inbrandsetzen einer im Erdgeschoss gelegenen Bäckerei außerhalb der Öffnungs- und Arbeitszeiten zu denken, wobei sich in den Geschossen des Gebäudes mehrere Wohnungen befinden.

Nach Auffassung der Rechtsprechung[2672] ist im Hinblick auf die Tathandlung des Inbrandsetzens entsprechend dem Deliktscharakter die abstrakte Gefährdung der von § 306a Abs. 1 geschützten Gebäudeteile in den Blick zu nehmen: Bei einem zusammenhängenden Gebäude soll ausrei-

2669 Zum Meinungsstand etwa übersichtlich Sch/Sch/Heine/Bosch, § 306a Rn. 2.
2670 Letztlich ist in der Rechtsprechung offengelassen, ob eine Einschränkung in diesen Konstellationen vorzunehmen ist, vgl. BGH 24.4.1975 – 4 StR 120/75, BGHSt 26, 121, NJW 1975, 1369, 1370; BGH 14.11.2013 – 3 StR 336/13, NStZ 2014, 404, 406.
2671 BGH 24.4.1975 – 4 StR 120/75, BGHSt 26, 121, NJW 1975, 1369, 1370.
2672 BGH 20.10.2009 – 3 StR 392/09, NStZ-RR 2010, 279; BGH 12.9.2002 – 4 StR 165/02, NJW 2003, 302.

chen, dass aufgrund der kaum vorhersehbaren Entwicklung eines Feuers die abstrakte Gefahr des Übergreifens des Brandes auf den von § 306a Abs. 1 geschützten Gebäudeteil bestand. Diese Auffassung gibt Anlass zur Kritik, da sich die bei § 306a im Vergleich zu § 306 erhöhte abstrakte Gefährlichkeit erst durch ein tatsächliches Übergreifen des Brandes auf die vom Tatbestand geschützten Objekte ergibt.[2673] Liegt keine Inbrandsetzen eines vom Tatbestand umfassten Gebäudeteils vor, ist das ganze oder teilweise Zerstören eines entsprechenden Gebäudeteils durch Brandlegung als Tathandlung in Betracht zu ziehen. Dies ist anzunehmen, wenn der geschützte Gebäudeteil infolge der brandbedingten Einwirkung seine Zweckbestimmung nicht mehr erfüllen kann.[2674]

In vorgenanntem Beispiel ist daher nach Auffassung der Rechtsprechung maßgeblich, ob die abstrakte Gefahr des Übergreifens des Brandes von der Bäckerei auf die Wohnungen bestand. Nach überzeugender anderer Auffassung kommt es hingegen auf die tatsächliche Ausweitung des Brandes auf die Wohnungen an.

2. § 306a Abs. 2

1430 Nach § 306a Abs. 2 macht sich strafbar, wer durch das Inbrandsetzen oder zumindest teilweise Zerstören einer in § 306 Abs. 1 Nr. 1–6 bezeichneten Sache einen anderen Menschen in die konkrete Gefahr einer Gesundheitsschädigung bringt. Auf die **Eigentumsverhältnisse** an den Tatobjekten kommt es nicht an, da sich der Verweis auf § 306 Abs. 1 nur auf die Ziff. 1–6, indes nicht auf das vorangestellte Tatbestandsmerkmal der Fremdheit bezieht. Zudem besteht im Hinblick auf die geschützten Rechtsgüter kein Anlass zu einer entsprechenden Einschränkung des Tatbestands.[2675]

1431 Der tatbestandliche Erfolg besteht in der **konkreten Gefahr der Gesundheitsschädigung**. Diese ist anzunehmen, wenn der Geschehensablauf über die ohnehin latente Gefährlichkeit hinausgehend in eine kritische Situation für die Gesundheit eines Menschen führt.[2676] Maßgeblich ist, dass nur noch vom Zufall abhängt, ob die Gesundheit einer Person verletzt wird oder nicht.[2677] Diese konkrete Gefahr ist durch die Brandstiftungshandlung herbeigeführt („*dadurch*"), wenn sich die typischerweise der Brandstiftungshandlung innewohnende Gefahr im Erfolg realisiert (spezifischer Gefahrzusammenhang).

2673 Katz JuS 2012, 691, 693 m. w. N.
2674 BGH 5.4.2018 – 3 StR 13/18, NStZ 2019, 27, 28.
2675 Vgl. BGH 15.3.2000 – 3 StR 597/99, NStZ-RR 2000, 209, 209.
2676 BGH 10.10.2013 – 2 StR 64/13, NStZ-RR 2014, 111, 111.
2677 BGH 10.10.2013 – 2 StR 64/13, NStZ-RR 2014, 111, 111.

Beispiele hierfür sind etwa die Gefahr von Verbrennungen oder einer Rauchvergiftung.[2678]

V. Rechtswidrigkeit

Die **Einwilligung** des Eigentümers des betroffenen Objekts kann Taten nach § 306a Abs. 1, 2 nicht rechtfertigen, da die durch die Tatbestände geschützten Rechtsgüter (Leben und körperliche Unversehrtheit) nicht zur Disposition des Eigentümers stehen. Erklärte sich indes die konkrete gefährdete Person mit der Vornahme der Tathandlung im Sinne von § 306a Abs. 2 einverstanden, wirkt die Einwilligung insoweit rechtfertigend.[2679] Bei § 306a Abs. 1 Nr. 1 schließt ein Einverständnis aller Bewohner mit den Brandstiftungshandlungen aufgrund der damit einhergehenden Aufhebung des Wohnzwecks – wie aufgezeigt – bereits den Tatbestand aus.[2680] **1432**

VI. Übungsfall

Sachverhalt:[2681] **1433**

A sieht auf einem entlegenen und menschenleeren Parkplatz das Wohnmobil des B, in dem dieser – wie A weiß – lebt. A entzündet das Wohnmobil. Nur eine Minute danach bemerkt der zufällig passierende Fußgänger F, dass das Feuer – wie von A beabsichtigt – die Außenwand des Wohnmobils erreicht hat. Da F Personen in dem Wohnmobil vermutet, klopft er heftig gegen dieses und weckt hierdurch den im Wohnmobil schlafenden B, sodass dieser das Wohnmobil, welches vollständig niederbrennt, unverletzt verlassen kann. Wäre der Brand nur wenige Minuten später bemerkt worden, hätte B eine Rauchvergiftung erlitten. Strafbarkeit des A nach § 306a?

Lösungshinweise:

Das Wohnmobil stellt eine andere Räumlichkeit im Sinne von § 306a Abs. 1 Nr. 1 dar, da es sich um ein nach allen Seiten abgeschlossenen Raumgebilde handelt. Da das Wohnmobil Mittelpunkt der privaten Lebensführung des B war, diente es Wohnzwecken. A setzte das Wohnmobil vorsätzlich in Brand und zerstörte es durch eine Brandlegung, sodass 306a Abs. 1 erfüllt ist. A hat sich zudem nach § 306a Abs. 2 strafbar gemacht. Das Wohnmobil ist ein Kraftfahrzeug im Sinne von § 306 Abs. 1 Nr. 4. B wurde konkret an seiner Gesundheit gefährdet, da es nur

2678 BeckOK/Kudlich, § 306a Rn. 20.
2679 Lackner/Kühl/Heger, § 306a Rn. 7.
2680 Vgl. Rn. 1425.
2681 Nach BGH 1.4.2010 – 3 StR 456, NStZ 2010, 519.

dem zufälligen Eingreifen des F geschuldet war, dass B keine Rauchvergiftung und weitere körperliche Schäden erlitt. Diese konkrete Gefahr ist „durch" die Brandstiftungshandlung eingetreten, da sich das typische Risiko der Brandlegung – Gefahr von Gesundheitsschäden infolge der Rauchgasentwicklung – verwirklicht hat. Überdies ist davon auszugehen, dass A den Eintritt einer konkreten Gesundheitsgefährdung des B zumindest billigend in Kauf nahm.

D. § 306b Besonders schwere Brandstiftung

I. § 306b Abs. 1

1434 § 306b Abs. 1 verlangt als Erfolgsqualifikation (§ 18) die zumindest fahrlässige Herbeiführung einer schweren Gesundheitsschädigung oder eine (einfache) Gesundheitsschädigung einer großen Zahl von Menschen. Den Begriff der **schweren Gesundheitsschädigung** verwendet das StGB an zahlreichen weiteren Stellen – etwa in §§ 113 Abs. 2 S. 2 Nr. 2, 225 Abs. 3 Nr. 1, 239 Abs. 3 Nr. 2, § 250 I Nr. 1c. Es kann auf die entsprechenden Ausführungen zu § 221 verwiesen werden.[2682] Eine **große Zahl von Menschen** ist nach höchstrichterlicher Rechtsprechung „jedenfalls" bei 14 Personen anzunehmen.[2683] Der Gefahrverwirklichungszusammenhang („durch eine Brandstiftung") verlangt, dass sich im Erfolg gerade das tatbestandstypische Brandstiftungsrisiko verwirklicht hat. Von besonderer praktischer Relevanz sind Konstellationen, in denen Retter und Helfer Geschädigte sind, wobei insoweit nach allgemeinen Regeln zu fragen ist, ob der Zurechnungszusammenhang gegeben oder infolge einer freiverantwortlichen Selbstschädigung unterbrochen ist. Maßgeblich ist, ob sich Retter vernünftigerweise zur Eingehung entsprechender Gefahren herausgefordert fühlen durften.[2684]

II. § 306b Abs. 2

1435 Nach **§ 306b Abs. 2 Nr. 1** muss der Täter durch eine Tat nach § 306a einen anderen Menschen vorsätzlich in die konkrete Gefahr des Todes bringen.[2685] **§ 306b Abs. 2 Nr. 2** qualifiziert die Absicht des Täters, eine andere Straftat zu ermöglichen oder zu verdecken. Es handelt sich um ein besonderes subjektives Merkmal, welches den subjektiven Mordmerkmalen der Ermöglichungs- und Verdeckungsabsicht (§ 211 Abs. 2) entspricht. Ob die aus Sicht des Täters zu verdeckende Straftat tatsächlich begangen wurde oder es im weiteren Verlauf zu der zu ermöglichenden Straftat kommt, ist

2682 Rn. 302.
2683 BGH 11.8.1998 – 1 StR 326/98, BGHSt 44, 175, NJW 1999, 299, 300.
2684 Eingehend hierzu Schütze, AT Rn. 123 ff.
2685 Vgl. zum Begriff der konkreten Gefahr bereits unter Rn. 1428.

unerheblich. „Andere Straftaten“ sind indes nicht solche, die mit der Brandstiftungshandlung zusammenfallen.[2686]

> Daher stellt eine tateinheitlich begangene Sachbeschädigung am Inventar (§ 303 Abs. 1) oder eine durch die Brandlegung beabsichtigte Tötung keine „andere Straftat“ dar. Demgegenüber ist dies bei einem beabsichtigten Versicherungsbetrug (§ 263) der Fall, da dessen Tathandlung die Täuschung des Vertreters der Versicherung (und daher ein über die Brandlegung hinausgehender Handlungsakt) ist.[2687]

§ 306b Abs. 2 Nr. 3 erfasst Konstellationen, in denen der Täter das Löschen **1436**
des Brandes verhindert oder wesentlich erschwert.

E. § 306c Brandstiftung mit Todesfolge

§ 306c ist Erfolgsqualifikation (§ 18) zu §§ 306–306b. Bezüglich des Todes **1437**
muss zumindest leichtfertiges Handeln als qualifizierte Form der Fahrlässigkeit[2688] vorliegen. Leichtfertigkeit kann nicht stets mit der vorsätzlichen Verwirklichung des Grunddelikts und daher der Brandlegung begründet werden. Notwendig ist vielmehr eine besondere Gefährlichkeit der Tathandlung, bei der sich die Gefahr des Eintritts des qualifizierenden Erfolges aufdrängt.[2689] Hinsichtlich der praktisch relevanten Konstellationen, in denen Helfer oder Retter getötet werden, sowie des Gefahrverwirklichungszusammenhangs kann auf die vorangegangenen Ausführungen zu § 306b verwiesen werden.[2690]

F. § 306d Fahrlässige Brandstiftung

§ 306d Abs. 1 Var. 1, 2 bestraft den, der in den Fällen der §§ 306 Abs. 1 oder **1438**
306a Abs. 1 fahrlässig handelt. Da sich § 306a Abs. 2 aus einem Handlungs- und Gefährdungsteil zusammensetzt, unterscheidet § 306d insoweit wie folgt: Derjenige, der die Brandstiftung vorsätzlich begeht und im Hinblick auf die Gefahr nur fahrlässig handelt, macht sich nach § 306d Abs. 1 Var. 3 strafbar. Handelt der Täter zudem im Hinblick auf die Brandstiftungshandlung lediglich fahrlässig, greift § 306d Abs. 2 mit verminderter Höchststrafe.

2686 BGH 15.3.2007 – 3 StR 454/06, BGHSt 51, 236, NJW 2007, 2130, 2131 f.
2687 BGH 19.8.2004 – 3 StR 186/04, NStZ-RR 2004, 366, 366 f. Zu verfassungsrechtlichen Bedenken im Hinblick auf die Mindeststrafe von 5 Jahre vgl. BeckOK/Kudlich, 306b Rn. 20.
2688 Schütze, AT Rn. 634.
2689 BeckOK/Kudlich, § 18 Rn. 11.
2690 Rn. 1434.

G. § 323c Abs. 1 Unterlassene Hilfeleistung

I. Einführung

1439 Der Tatbestand schützt nach herrschender Auffassung die **Individualrechtsgüter (Leben, Leib, Eigentum etc.) der Personen, die in Not oder gefährdet** sind.[2691] In den genannten Notsituationen statuiert die Norm eine Pflicht, Hilfe zu leisten, sofern dies erforderlich, möglich und zumutbar ist. Mittels dieser Strafandrohung soll also eine mitmenschliche Mindest-Solidarität gesichert werden. Der Tatbestand wird durch schlichtes Untätigbleiben erfüllt. Da überdies zwischen Täter und bedrohter Person kein besonderes Näheverhältnis oder gar eine Garantenbeziehung (§ 13) bestehen muss, also letztlich jedermann Täter sein kann, handelt es sich um ein **echtes Unterlassungsdelikt**. Bei diesem Vergehenstatbestand (§ 12 Abs. 2) ist der **Versuch** mangels ausdrücklicher Anordnung (§ 23 Abs. 1) nicht strafbar.

1440 In der **Fallbearbeitung** sollten zunächst in Betracht kommende unechte Unterlassungsdelikte erörtert werden. Ist der Täter etwa Garant für die körperliche Integrität der gefährdeten Person, würde eine Strafbarkeit wegen eines unechten Unterlassungsdelikts (vorsätzliche Körperverletzung durch Unterlassen, §§ 223 Abs. 1, 13) die Strafbarkeit nach § 323c Abs. 1 im Wege der Gesetzeskonkurrenz verdrängen. Ebenso erlangt § 323c Abs. 1 keine selbstständige Bedeutung, wenn sich der Täter bereits eines vorsätzlichen Begehungsdelikts strafbar macht und im Anschluss keine Hilfe leistet.[2692] Etwas anders gilt nur, wenn dem Opfer infolge der unterbliebenen Hilfeleistung ein weiterer Schaden droht als der, den der Täter gewollt hat.[2693]

> A schlägt B nieder und lässt ihn stark blutend alleine zurück. A hat sich durch den Schlag nach § 223 Abs. 1 strafbar gemacht. Eine Strafbarkeit nach § 323c Abs. 1, weil sich A nach seinem Schlag nicht um B gekümmert hat, tritt hinter der vorsätzlichen Körperverletzung zurück und wäre daher in der Fallbearbeitung nicht anzusprechen. Etwas anderes gilt, wenn B infolge des Zurücklassens in eine lebensgefährliche Situation gerät, die A nicht vorhergesehen hat.

2691 BGH 8.4.1960 – 4 StR 2/60, BGHSt 14, 213, NJW 1960, 1261; Lenk, JuS 2018, 229, 230.
2692 BGH 23.3.1993 – 1 StR 21/93, BGHSt 39, 164, NJW 1993, 1871; Rengier, BT II § 42 Rn. 22.
2693 BGH 23.3.1993 – 1 StR 21/93, BGHSt 39, 164, NJW 1993, 1871.

II. Prüfungsaufbau

I. Tatbestandsmäßigkeit 1441
   1. Objektiver Tatbestand
      – Tatsituation: Unglücksfall, gemeine Gefahr, Not
      – Unterlassen der Hilfeleistung (trotz Handlungsmöglichkeit)
      – Erforderlichkeit und Zumutbarkeit der Hilfeleistung
   2. Subjektiver Tatbestand: Vorsatz (§ 15)
II. Rechtswidrigkeit
III. Schuld

III. Tatbestand

1. Tatsituationen

Der Tatbestand verlangt zunächst das Vorliegen mindestens einer der drei 1442 genannten Notsituationen. **Unglücksfall** ist jedes „plötzliche Ereignis, das erheblichen Schaden an Menschen oder Sachen verursacht und weiteren Schaden zu verursachen droht".[2694] Irrelevant sind daher Personen- oder Sachschäden, die bereits eingetreten sind. Maßgeblich ist in diesen Fällen, ob durch das Untätigbleiben ein weiterer Schaden droht, also eine Gefahr durch die Hilfeleistung abgewendet werden kann. Ist das Opfer bereits verstorben, fehlt es hieran.

> Unglücksfälle können daher Verkehrs-, Arbeits- und sonstige Unfälle oder drohende Straftaten sein. Erkrankungen sind hingegen nach dem Plötzlichkeitskriterium nur dann ein Unglücksfall, wenn sich deren Verlauf rasch verschlimmert.[2695]

Fraglich ist indes, ob hinsichtlich der Gefahrprognose die **Perspektive** 1443 eines objektiven Betrachters zu dem Zeitpunkt, zu dem hätte Hilfe geleistet werden können (Ex-ante-Sicht), oder aber eine Rückschau (Ex-post-Sicht) maßgeblich ist.[2696] Die Rechtsprechung tendiert zu erstgenannter Auffassung, sodass selbst dann eine Strafbarkeit anzunehmen ist, wenn die Hilfeleistung zu dem Zeitpunkt, zu dem der Täter hätte handeln kön-

2694 BGH 10.3.1954 – GSSt 4/53, BGHSt 6, 147, NJW 1954, 1049, 1049.
2695 Sch/Sch/Hecker, § 323c Rn. 6 m.w.N.
2696 Zum Meinungsstand und den entsprechenden Argumenten ausführlich MüKo/Freund/Koch, § 323c Rn. 29ff.

nen, als geeignet erschien, die befürchtete Folge abzuwenden, sich aber im Nachhinein ergibt, dass diese unabwendbar war.[2697] Kritikwürdig hieran ist, dass der bloße Anschein einer Gefahrenlage zur Annahme eines objektiven Tatbestandsmerkmals ausreichen soll.[2698]

Beispiel[2699]: Eine Fahrzeugführerin F sinkt nach dem Einparken über dem Steuer zusammen. Die Umstände deuten auf eine lebensbedrohliche Herzattacke hin. Passant P schätzt diese Situation entsprechend ein, eilt F indes nicht zur Hilfe. Im Nachhinein stellt sich heraus, dass das Zusammensinken der bloßen Übermüdung der Fahrzeugführerin geschuldet war. Nach Auffassung der Rechtsprechung ist ein Unglücksfall zu bejahen, da nach der Ex-ante-Sicht eine lebensbedrohliche Situation vorlag. Nach der Gegenauffassung wäre P straffrei, da sich im Nachhinein ergab, dass gerade keine Gefahr für F vorlag.

1444 Problematisch ist die Einordnung von **Selbsttötungsversuchen**. Das aus dem Allgemeinen Persönlichkeitsrecht (Art. 2 Abs. 1 i. V. m. Art. 1 Abs. 1 GG) abgeleitete Recht auf selbstbestimmtes Sterben schließt nach jüngerer Rechtsprechung[2700] die Freiheit ein, sich das Leben zu nehmen. Eine solche Entscheidung ist nach der verfassungsgerichtlichen Rechtsprechung als Akt autonomer Selbstbestimmung zu respektieren.[2701] Dem würde es zuwiderlaufen, wenn eine unterlassene Verhinderung der Selbsttötung strafbewehrt wäre, sodass in diesen Fällen nach überzeugender herrschender Lehre ein Unglücksfall abzulehnen ist.[2702] Die obergerichtliche Rechtsprechung hält indes an der Einordnung eines Suizidversuchs als Unglücksfall fest.[2703] Damit soll etwa verhindert werden, dass bei Selbsttötungsentscheidungen, die nur scheinbar auf einer freien Willensbildung beruhen, Hilfeleistungen unterbleiben. Im Einzelfall aber soll nach Auffassung der Rechtsprechung die Hilfeleistung unzumutbar sein.

1445 Die (all)**gemeine Gefahr** beschreibt eine Situation, in der erheblicher Personen- oder Sachschaden für unbestimmt viele Personen droht.

2697 BGH 1.9.2020 – 1 StR 373/19, NStZ 2021, 236; BGH 8.4.1960 – 4 StR 2/60, BGHSt 14, 213, NJW 1960, 1261, 1262.
2698 Rengier, BT II § 42 Rn. 4.
2699 Nach AG Tiergarten 2.3.1990 – (255a) 52 Js 89/89 (143/89), NStZ 1991, 236.
2700 BVerfG 26.2.2020 – 2 BvR 2347/15, NJW 2020, 905.
2701 BVerfG 26.2.2020 – 2 BvR 2347/15, NJW 2020, 905.
2702 Str., vgl. mit weiteren Nachweisen Sch/Sch/Hecker, § 323c Rn. 8; Rengier, BT II § 8 Rn. 40, jeweils m. w. N.
2703 BGH 4.7.1984 – 3 StR 96/84, BGHSt 32, 367, NJW 1984, 2639; BGH 3.7.2019 – 5 StR 132/18, BGHSt 64, 121, NJW 2019, 3092.

Beispiele:

Erdbeben, Überschwemmungen, ein auf der Straße liegengelassener großer Gegenstand, der die Verkehrsteilnehmer gefährdet[2704]

Die **gemeine Not** meint eine Notlage für die Allgemeinheit, etwa der Ausfall der Wasserversorgung.[2705]

2. Tatbestandsmäßiges Verhalten

Das **tatbestandsmäßige Verhalten** ist das Unterlassen der Hilfeleistung. **1446**
Denklogische Voraussetzung des Vorwurfs tatbestandsmäßigen Unterlassens ist, dass der Täter nach seinen persönlichen Fähigkeiten überhaupt in der Lage ist, zu helfen.[2706] Das Merkmal der **Möglichkeit der Hilfeleistung** kann für den Inhalt der Pflichten maßgeblich sein, also den Pflichtenkreis einschränken bzw. modifizieren.

So ist es etwa dem Nichtschwimmer nicht möglich, das in Seenot geratene Kleinkind zu retten, da er das Kind schon nicht erreichen würde, sondern zuvor selbst ertrinken würde. Es ist ihm aber möglich, andere Helfer zu verständigen.[2707]

Der Gesetzeswortlaut spricht davon, dass die Hilfspflicht „**bei**" Unglücks- **1447**
fällen etc. besteht. Hieraus folgt entsprechend dem Schutzzweck nicht, dass der Verpflichtete selbst anwesend sein muss. Verpflichtet ist etwa im Grundsatz auch der weit vom Unglücksfall entfernte Arzt, der telefonisch über den Sachverhalt in Kenntnis gesetzt wird. Das Merkmal „bei" ist vielmehr im Sinne von „anlässlich" zu verstehen.[2708]

Es ist sodann festzustellen, welche Art der Hilfe im Einzelfall erforder- **1448**
lich und zumutbar gewesen wäre. Im Rahmen dieser Grenzen muss der Verpflichtete **möglichst sofort** und auf die **wirksamste Weise** helfen.[2709] Hierbei sind verfügbare Hilfsmittel (Mobiltelefon etc.) und Sonderwissen – etwa medizinische Kenntnisse eines Arztes – einzusetzen.[2710]

2704 Zu einer ähnlichen Konstellation BGH 28.6.1951 – 4 StR 270/51, BGHSt 1, 266.
2705 NK/Gaede, § 323c Rn. 8.
2706 Vgl. etwa BGH 4.12.2007 – 5 StR 324/07, NStZ 2008, 276, 277.
2707 Ähnliches Beispiel findet sich bei Rengier, BT II § 42 Rn. 12.
2708 BGH 22.3.1966 – 1 StR 567/65, BGHSt 21, 50.
2709 BGH 8.4.1960 – 4 StR 2/60, BGHSt 14, 213, NJW 1960, 1261, 1262; Wessels/Hettinger/Engländer, BT I Rn. 1060.
2710 BGH 3.4.1985 – 2 StR 63/85, NStZ 1985, 409; OLG Karlsruhe 10.8.1979 – 3 Ss 90/79, NJW 1979, 2360.

1449 **Erforderlich** ist die Hilfe dann, wenn sie notwendig ist, um die drohenden Schäden abzuwenden. Nicht erforderlich ist die Hilfe daher, wenn sich das Opfer selbst helfen kann. Von mehreren Personen, die in vergleichbarer Weise zur Hilfeleistung fähig sind, ist indes im Ausgangspunkt jeder Einzelne verpflichtet, die notwendigen Maßnahmen zu ergreifen.[2711] Leistet eine der Personen Hilfe, ist ein Tätigwerden der anderen Personen indes nicht mehr erforderlich.

1450 Für die Frage der **Zumutbarkeit** der Hilfeleistung sind – wie sich bereits aus dem Gesetzeswortlaut ergibt („den Umständen nach") – die Umstände des Einzelfalls maßgeblich. Das Merkmal ist begrenzendes Korrektiv zur weit gefassten Erforderlichkeit. Es sind jeweils die betroffenen Interessen des potenziell zur Hilfe Verpflichteten mit denen der gefährdeten Personen abzuwägen. Das Gesetz nennt exemplarisch zwei Fälle der Unzumutbarkeit der Hilfeleistung: die erhebliche Eigengefährdung und die Verletzung anderer wichtiger Pflichten. In die vorzunehmende Abwägung sind insbesondere die Bedeutung und Gefahrenlage für das bedrohte Rechtsgut, die Erfolgsaussichten der Hilfeleistung sowie die mit der Rettungshandlung verknüpften Risiken einzustellen.[2712] Der zur Hilfe Fähige hat eigene Belange umso eher zurückstellen, je größer die Gefährdung ist und je näher er zu dem Unfallgeschehen steht.[2713]

1451 Wenn sich der Dritte durch die Hilfeleistung der **Gefahr einer Strafverfolgung** aussetzt, ist dieser Aspekt in die Abwägung einzustellen, steht aber der Zumutbarkeit nach der Rechtsprechung regelmäßig nicht entgegen.[2714] Dies dürfte indes nicht gelten, wenn die Strafverfolgungsgefahr in keinem Zusammenhang mit der Notsituation steht, da dann der Selbstbelastungsfreiheit bedeutendes Gewicht zukommt.[2715]

1452 Die Tat ist **vollendet**, wenn der Täter diese Hilfsmöglichkeit nicht ergreift.[2716] Daher ist es unerheblich, wenn zu einem späteren Zeitpunkt andere Personen die notwendige Hilfe leisten. Dies gilt auch, wenn sich der Täter nach dem Verstreichenlassen der ersten Handlungsmöglichkeit umentscheidet, die gebotene Hilfe leistet und hierdurch sämtliche Gefahren abwehrt. Eine Straffreiheit über die Grundsätze der tätigen Reue (vgl. hierzu etwa § 306e) lehnt die Rechtsprechung[2717] ab.

2711 LK/Popp, § 323c Rn. 81.
2712 BGH 14.5.2013 – VI ZR 255/11, BGHZ 197, 225, NJW 2014, 64.
2713 BGH 14.11.1957 – 4 StR 532/57, NJW 1958, 390.
2714 Zum Meinungsstand ausführlich LK/Popp, § 323c Rn. 104 ff.
2715 Rengier, BT II § 13 Rn. 15.
2716 Teilweise wird ergänzend eine (nicht näher umschriebene) Kundgabe des Entschlusses, Hilfe zu verweigern, verlangt, vgl. etwa BGH 8.4.1960 – 4 StR 2/60, BGHSt 14, 213, NJW 1960, 1261, 1262.
2717 BGH 8.4.1960 – 4 StR 2/60, BGHSt 14, 213, NJW 1960, 1261, 1262.

Da der Tatbestand die Individualrechtsgüter der in Not geratenen Personen schützt, besteht Einigkeit darüber, dass der **Verzicht** der bedrohten Personen auf Hilfeleistung oder deren **Weigerung**, Hilfe anzunehmen, eine Strafbarkeit ausschließt, soweit das bedrohte Rechtsgut zur Disposition der betroffenen Person steht. Umstritten ist hingegen, ob dann bereits die Notsituation, die Hilfeleistungspflicht per se oder deren Erforderlichkeit entfällt oder aber das tatbestandsmäßige Unterlassen gerechtfertigt ist.[2718] Die dogmatische Einordnung erscheint von nur untergeordneter Bedeutung. Überzeugend ist es im Hinblick auf das geschützte Rechtsgut, dem Verzicht bereits tatbestandsausschließende Wirkung beizumessen.[2719] **1453**

IV. Übungsfall

Die vielfach vorbestraften A und B schlagen in deren Wohnung abwechselnd mittels Fäusten in das Gesicht des C. A tritt überdies mehrfach mit Springerstiefeln kräftig gegen Beine und Rücken von C. Zwischendurch kam es immer wieder zu Pause, in denen C nicht misshandelt wurde und A und B Bier tranken. Ebenso anwesend ist D, der die Gewalthandlungen mitbekommt, aber nicht einschreitet. Strafbarkeit von D?[2720] **1454**

D könnte sich nach § 323c Abs. 1 strafbar gemacht haben. Ein Unglücksfall für C liegt vor. Eine Straftat (Körperverletzungshandlungen von A und B) ist für das Opfer ein Unglücksfall, wenn – wie vorliegend – das Risiko erheblicher Verletzung besteht. Fraglich ist, ob D eine Hilfeleistung, die er unterließ, möglich war. Es erscheint fraglich, ob D überhaupt ein konkretes Tätigwerden möglich gewesen wäre, dass dazu geeignet gewesen wäre, die Gewalthandlungen zu unterbinden. Fraglich ist zunächst, ob es D möglich gewesen wäre, A und B durch körperliches Eingreifen von weiteren Schlägen abzuhalten. Hiergegen spricht bereits die Überzahl der Angreifer, der sich D gegenübersah. Auch ergeben sich keine konkreten Anhaltspunkte dafür, dass ein verbales Intervenieren die vorbestraften A und B veranlasst hätte, (weitere) Gewalthandlungen zu unterlassen. Zudem ist nicht ersichtlich, dass D rechtzeitig anderweitige Hilfe hätte mobilisieren können. Daher ist davon auszugehen, dass sich D mangels möglicher Hilfeleistung nicht nach § 323c Abs. 1 strafbar gemacht hat.

2718 Zum Meinungsstand ausführlich LK/Popp, § 323c Rn. 116 f.
2719 Ebenso: Sch/Sch/Hecker, § 323c Rn. 24; Wessels/Hettinger/Engländer, BT I Rn. 1062; Rengier, BT II § 42 Rn. 17.
2720 Nachgebildet: BGH 11.4.2017 – 2 StR 345/16, NStZ-RR 2017, 212.

H. § 323c Abs. 2 Behinderung hilfeleistender Personen

I. Einführung

1455 Der Tatbestand wurde durch das Gesetz zur „Stärkung des Schutzes von Vollstreckungsbeamten und Rettungskräften“ vom 23.05.2017 eingeführt.[2721] Der unterlassenen Hilfeleistung wird die Behinderung einer geleisteten oder beabsichtigten Hilfe in den in Absatz 1 beschriebenen Notsituationen gleichgestellt. Anlass für diese Gesetzesänderung war die Annahme, Medienberichte über Schaulustige, die bei schweren Unfällen verunglückte Personen mit ihren mobilen Telefonen fotografieren statt ihnen zu helfen, hätten zugenommen.[2722] Indes blieb im Gesetzgebungsverfahren die tatsächliche Zunahme solcher Fälle empirisch unbelegt.[2723] Geschützte **Rechtsgüter** des Tatbestands sind nach herrschender Auffassung die Individualrechtsgüter des in Not Befindlichen.[2724] Während der Tatbestand der unterlassenen Hilfeleistung die mitmenschliche Mindest-Solidarität absichert, gewährleistet Abs. 2 die „Mindest-Mindestsolidarität“, wonach hilfeleistende Personen nicht beeinträchtigt werden dürfen, wenn man selbst schon keine Hilfe leistet.[2725] Gerade wegen §§ 115 Abs. 3, 240, 323c Abs. 1 ist zweifelhaft, ob der Tatbestand erforderlich ist, um unangemessene Strafbarkeitslücken zu schließen.[2726]

II. Prüfungsaufbau

1456 I. Tatbestandsmäßigkeit
   1. Objektiver Tatbestand
      - Tatsituation: Unglücksfall, gemeine Gefahr, Not
      - Tathandlung: Behinderung einer Person, die einer anderen Person Hilfe leistet oder leisten will
   2. Subjektiver Tatbestand
      - Vorsatz (§ 15)

2721 BGBl. I 2017, 1226.
2722 BT-Drs. 18/9327, 9.
2723 Kritisch hierzu und zu möglichen Ursachen einer zunehmenden Medienberichterstattung vgl. Heger/Jahn, KriPoZ 2017, 113, 113.
2724 Übersichtlich Lenk, JuS 2018, 229, 230.
2725 Kubiciel, jurisPR StrafR 11/2017 Anm. 1.
2726 Ebenso: Heger/Jahn KriPoZ 2017, 113, 114; MüKo/Freund/Koch, § 323c Rn. 133. NK/Gaede, § 323c Rn. 18 geht davon aus, dass der Norm eine gewisse Berechtigung nicht abzusprechen sei, ihr aber keine große Bedeutung zukommen werde.

II. Rechtswidrigkeit

III. Schuld

III. Tatbestand

Bezüglich der **Tatsituationen** (Unglücksfall, gemeine Gefahr, gemeine Not) nimmt der Tatbestand auf § 323c Abs. 1 Bezug, sodass auf die dortigen Ausführungen verwiesen werden kann. Das Behindern muss sich auf eine **Person**, die **einer anderen Person Hilfe leistet oder dies will**, beziehen. Der Personenkreis ist daher nicht auf „professionelle Helfer" beschränkt; vielmehr wird jeder und daher auch etwa Verkehrsteilnehmer, die Erste Hilfe leisten, erfasst.[2727] Die (beabsichtigte) Hilfeleistung muss sich ausweislich des Wortlauts auf eine andere Person beziehen, sodass es nicht genügt, wenn jemand, der an der Unglücksstelle beschädigte Gegenstände aufräumt, gestört wird. Etwas anderes würde gelten, wenn ein Helfer gestört wird, der Unfallteile von der Straße entfernt, um den Abtransport einer schwerverletzten Person mittels eines Rettungswagens zu ermöglichen. In diesem Fall würde sich die Hilfeleistung auf die schwerverletzte Person beziehen. Nach Sinn und Zweck der Vorschrift ist zu fordern, dass die beabsichtigte, also ausstehende Hilfe in engem zeitlichem Zusammenhang zur Tathandlung geleistet werden soll. **1457**

Die Tathandlung „**Behindern**" umfasst entsprechend der zu § 115 anerkannten Definition jedes Verhalten, das die Hilfsmaßnahmen zumindest erschwert.[2728] Dem Wortlaut („behindert") ist zu entnehmen, dass das Vorgehen des Täters tatsächlich behindern gewirkt haben muss.[2729] Als tatbestandlicher Gefahrerfolg ist daher eine spürbare, nicht unerhebliche Störung der Rettungstätigkeit zu fordern.[2730] Indes ist nicht notwendig, dass sich die Tathandlung konkret nachteilig auf das Wohlbefinden der hilfsbedürftigen Person auswirkt.[2731] **1458**

Ein Behindern liegt daher vor, wenn das Beatmungsgerät des zur verletzten Person eilenden Notarztes beschädigt wird. Dies gilt auch dann, wenn ein anderer Arzt gleichzeitig die verletzte Person erreicht und ein anderes funktionstüchtiges

2727 Kubiciel, jurisPR-StrafR 11/2017 Anm. 1.
2728 BT-Drs. 18/9327, 10.
2729 NK/Gaede, § 323c Rn. 20.
2730 BT-Drs. 18/12153, 7.
2731 BT-Drs. 18/12153, 7.

Beatmungsgerät einsetzt. Demgegenüber unterfällt das schlichte „Gaffen" dem Tatbestand nicht. Etwas anders kann gelten, wenn „Gaffer" (vorsätzlich) Notfallgassen versperren.

1459 Problematisch erscheint, dass der Tatbestand rettungswillige Personen gar von einer Hilfeleistung abschrecken könnte.[2732] Gerade bei unübersichtlichen Unglücksfällen wird im Rahmen von (möglicherweise gar nach § 323c Abs. 1 geforderten und „gut gemeinten") Rettungsbemühungen gelegentlich anderen Helfern der Weg versperrt – etwa beim Vordringen zum Unglücksfall, um zu prüfen, ob es weiterer Hilfe bedarf, woraus sich Strafbarkeitsrisiken ergeben können.[2733] Diese mögliche abschreckende Wirkung stünde in diametralem Widerspruch zum Ansinnen des Gesetzgebers, Helfer und in der Folge in Not geratene Personen zu schützen. Richtigerweise ist der Tatbestand daher insoweit teleologisch einzuschränken – zumal der Bürger ansonsten im Zusammenspiel mit der Hilfspflicht aus § 323c Abs. 1 einem „kaum durchschaubaren Ge- bzw. Verbotsregime" ausgesetzt wäre.[2734]

2732 Heger/Jahn, KriPoZ 2017, 113, 116.
2733 Heger/Jahn, KriPoZ 2017, 113, 116. Zu diesen Beispielen und der Problematik im gesamten übersichtlich Lenk, JuS 2018, 229, 232.
2734 Lenk, JuS 2018, 229, 232.

17. KAPITEL Straßenverkehrsdelikte

A. § 316 Trunkenheit im Verkehr

I. Einführung

Der Tatbestand schützt die Sicherheit **des öffentlichen Straßen- sowie Bahn-, Schiffs- und Luftverkehrs**. Es handelt sich um ein abstraktes Gefährdungsdelikt.[2735] Die Strafandrohung knüpft an den Erfahrungssatz, das Führen von Fahrzeugen unter erheblichem Einfluss von Alkohol oder anderer berauschender Mittel gefährde die allgemeine Verkehrssicherheit, an. § 316 Abs. 1 enthält in seinem 2. Halbsatz eine spezielle Subsidiaritätsklausel: Der Tatbestand tritt zurück, wenn die Tat in § 315a oder § 315c mit Strafe bedroht ist. Diese Regel bezieht sich gleichermaßen auf § 316 Abs. 2.[2736] 1460

§ 316 ist – wie sich aus dem Strafrahmen ergibt – aus Sicht des Gesetzgebers der unteren Kriminalität zuzuordnen. Ergibt sich für die Ermittlungsbehörden der Verdacht einer Trunkenheitsfahrt, ist in prozessualer Hinsicht Folgendes zu beachten: Für eine Bestimmung des Blutalkoholgehalts durch eine **Blutentnahme** (§ 81a Abs. 1 StPO) ist nach § 81a Abs. 2 S. 2 StPO keine richterliche Anordnung erforderlich. Wird zur Begehung einer Straftat nach § 316 ein Kraftfahrzeug genutzt, ist nach § 69 Abs. 2 Nr. 3 eine Indiztat für die **Entziehung der Fahrerlaubnis** gegeben. Mit der Entziehung der Fahrerlaubnis werden inländische Führerscheine und solche, die von einem Mitgliedstaat der Europäischen Union ausgestellt wurden, eingezogen (§§ 69 Abs. 3 S. 2, 69b Abs. 2 S. 1). Bereits im Ermittlungsverfahren kann die Fahrerlaubnis vorläufig durch gerichtlichen Beschluss entzogen werden (§ 111a StPO). Daher sollte die Polizei bei solchen Fällen umgehend Kontakt zur Staatsanwaltschaft suchen, die einen Antrag auf vorläufige Entziehung der Fahrerlaubnis stellen kann. Zudem kann ein Führerschein zur Sicherung der Einziehung nach § 94 Abs. 3 StPO durch die Ermittlungsbehörden **sichergestellt** oder bei Gefahr im Verzug **beschlagnahmt** werden.[2737] Demgegenüber kommt eine **Einziehung** des zu einer Trunkenheitsfahrt genutzten Fahrzeugs – trotz teilweise behaupteten kriminalpolitischen Bedürfnisses – als Tatobjekt nicht in Betracht, da kein Verweis auf § 74 Abs. 2 existiert.[2738] 1461

2735 BayObLG 23.4.1968 – RReg. 2 b St 125/68, NJW 1968, 1732, 1733.
2736 Lackner/Kühl/Heger, § 316 Rn. 7.
2737 OLG Stuttgart 11.12.1968 – 1 Ss 666/68, NJW 1969, 760; vgl. zudem Müller, StPO Rn. 399ff.
2738 Ausführlich Kaltenbach, NZV 2024, 1, 1ff.

II. Prüfungsaufbau

1462 I. Tatbestandsmäßigkeit
   1. Objektiver Tatbestand
      – Führen eines Fahrzeugs
      – im Verkehr (§§ 315 - 315e)
      – Zustand der Fahruntüchtigkeit aufgrund des Genusses von Alkohol oder sonstiger berauschender Mittel
   2. Subjektiver Tatbestand
      – Vorsatz (§ 316 Abs. 1 i. V. m. § 15) oder Fahrlässigkeit (§ 316 Abs. 2)

II. Rechtswidrigkeit

III. Schuld

IV. Subsidiarität, § 306 Abs. 1 2. Hs.

III. Tatbestand

1463 **Fahrzeug** ist im Ausgangspunkt jedes zur Ortsveränderung bestimmte Fortbewegungsmittel zur Beförderung von Personen oder Gütern.[2739] Hierzu zählen neben maschinengetriebenen Fortbewegungsmitteln – etwa Kraftfahrzeuge im Sinne von § 1 Abs. 2 StVG, Schiffe und Straßenbahnen – auch solche, die mit Muskelkraft bewegt werden (Fahrräder etc.). Nach zutreffender Auffassung sind indes die besonderen Fortbewegungsmittel nach § 24 Abs. 1 StVO (Kinderwagen, Inline-Skates) keine Fahrzeuge. Diese sind nach der der StVO zu entnehmenden Wertung im Hinblick auf ihre Gefährlichkeit Fußgängern (und gerade nicht Fahrzeugen) gleichgestellt. Es ist kein Grund ersichtlich, § 316 ein umfassenderes Verständnis des Fahrzeugbegriffs zugrunde zu legen.[2740]

1464 § 316 ist ein **eigenhändiges Delikt**, da Täter nur der Führer eines Fahrzeugs sein kann. Ein Fahrzeug führt, wer es in Bewegung setzt oder in Bewegung hält.[2741] Hierbei ist erforderlich, dass der Täter zumindest einen Teil der dazu erforderlichen wesentlichen technischen Einrichtungen bedient.[2742] So führt auch derjenige ein Kfz, der es vom Beifahrersitz aus lenkt.[2743]

2739 BayObLG 24.7.2020 – 205 StRR 216/20, NZV 2020, 582.
2740 BeckOK StVR/Scholz § 316 Rn. 10 ff.
2741 BGH 27.10.1988 – 4 StR 239/88, BGHSt 35, 390, NJW 1989, 723.
2742 BGH 27.10.1988 – 4 StR 239/88, BGHSt 35, 390, NJW 1989, 723.
2743 BGH 9.7.1959 – 2 StR 240/59; BGHSt 13, 226; NJW 1959, 1883.

Von der Norm erfasst sind – wie sich aus dem Verweis auf §§ 315 bis § 315e ergibt – alle in diesen Tatbeständen genannten Verkehrsarten und daher neben dem Straßenverkehr auch der Bahn-, Schiffs- und Luftverkehr. Obgleich dem Wortlaut der Norm nicht zu entnehmen, sollen im Hinblick auf die systematische Stellung des Tatbestands („Gemeingefährliche Straftaten") und das Schutzgut (Verkehrssicherheit) lediglich Vorgänge im **öffentlichen Straßenverkehr** erfasst werden; wegen des uneingeschränkten Verweises auf die in §§ 315, 315a genannten Verkehrsarten sollen bei diesen hingegen auch private Vorgänge einbezogen werden.[2744] **1465**

Zum **öffentlichen Straßenverkehrsraum** können neben Flächen, die nach den wegerechtlichen Bestimmungen dem allgemeinen Verkehr gewidmet (Beispiel: Straßen, Brücken, Fußwege) sind, auch im Privateigentum stehende Flächen zählen. Der Straßenverkehr ist öffentlich, wenn er ungeachtet der Eigentumsverhältnisse entweder ausdrücklich oder mit stillschweigender Duldung des Verfügungsberechtigten für jedermann oder zumindest für eine allgemein bestimmte größere Personengruppe zur Benutzung zugelassen ist.[2745] Daher ist ein Parkplatz, der etwa Kunden eines Supermarkts zur Nutzung offen steht, öffentlicher Verkehrsraum, da grundsätzlich jedermann als Käufer in Betracht kommt und keine Beziehung zwischen dem Inhaber des Marktes und den Käufern besteht, die geeignet wäre, eine Unterscheidung zwischen Berechtigten und Nichtberechtigten zu ermöglichen.[2746] Indes genügt die Tatsache, dass eine Fläche mangels funktionierender Schrankenanlage oder anderer Vorkehrungen der Allgemeinheit zugänglich ist, nicht zur Annahme öffentlichen Verkehrsraums.[2747] Der Zugehörigkeit zum öffentlichen Verkehrsraum steht vielmehr häufig eine eindeutige, äußerlich manifestierte Handlung des Verfügungsberechtigten – etwa ein Hinweisschild auf einen „Privatparkplatz" –, die unmissverständlich erkennbar macht, dass ein öffentlicher Verkehr nicht geduldet wird, entgegen. Etwas anderes gilt nur, wenn sich trotz entsprechender erkennbarer Willensbekundungen des Verfügungsberechtigten die Nutzung durch die Allgemeinheit aufgrund längerer Übung eingebürgert hat, da dann von einer stillschweigenden Duldung des Verfügungsberechtigten auszugehen ist.[2748] **1466**

2744 BeckOK/Kudlich, § 316 Rn. 4; MüKo/Pegel, § 316 Rn. 4 m. w. Nw.

2745 BGH 17.3.1967 – 4 StR 33/67, NJW 1967, 1238; BeckOK/Kudlich § 315c Rn. 5.

2746 So statt vieler: OLG Saarbrücken 11.12.1973 – Ss (B) 139/73, NJW 1974, 1099, 1100.

2747 Vgl. zu vorgenannten Grundsätzen etwa BGH 30.4.1953 – 4 StR 42/53, BGHSt 4, 188, NJW 1953, 1153, 1153; BGH 17.3.1967 – 4 StR 33/67, NJW 1967, 1238, 1238 f.; Fischer § 315b Rn. 3 f.

2748 Zu dieser Konstellation lehrreich OLG Zweibrücken 11.11.2019 – 2 Ss 77/19, BeckRS 2019, 29003.

1467 **Fahruntüchtig**[2749] ist, wer nicht mehr fähig ist, sein Fahrzeug im Verkehr eine längere Strecke, und zwar auch bei plötzlichem Eintritt schwieriger Verkehrslagen, sicher zu steuern.[2750] Ursache dieser Unfähigkeit muss der Genuss alkoholischer Getränke oder sonstiger berauschender Mittel (Betäubungsmittel, Tabletten) sein. Die Fahruntüchtigkeit ist anhand der Gesamtbewertung sämtlicher Indizien im Rahmen der freien richterlichen Beweiswürdigung (§ 261 StPO) festzustellen, soweit nicht die im Folgenden darzustellenden allgemeinen Erfahrungssätze als Beweisregeln anerkannt sind.

1468 Steht eine **alkoholbedingte Fahruntüchtigkeit** im Raum, ist nach der Rechtsprechung im Hinblick auf die Beweisführung über die Fahruntüchtigkeit zwischen absoluter und relativer Fahruntüchtigkeit zu unterscheiden. Es handelt sich um zwei unterschiedliche Beweisführungsarten.[2751]

1469 Bei der **absoluten Fahruntüchtigkeit** handelt es sich um einen auf medizinisch-naturwissenschaftlichen Erkenntnissen beruhenden Erfahrungssatz, wonach ab bestimmten Promillewerten bestimmte Fahrzeugarten nicht mehr sicher geführt werden können, weil die Leistungsfähigkeit des Fahrzeugführers alkoholbedingt so vermindert ist, dass er den Anforderungen des Verkehrs nicht mehr genügen kann. Die Vermutung ist bei Überschreiten der Grenzwerte unwiderleglich; der Gegenbeweis ist also ausgeschlossen. **Kraftfahrer** sind im Straßenverkehr ab 1,1 ‰ absolut fahruntüchtig, wobei diese Rechtsprechung auf einem Gutachten des Bundesgesundheitsamts beruht.[2752] Für **Radfahrer** werden in der Rechtsprechung Werte zwischen 1,5 ‰ und 1,7 ‰ zur Annahme der absoluten Fahruntüchtigkeit genannt, wobei die jüngere Rechtsprechung von 1,6 ‰ ausgeht.[2753] Demgegenüber sind für den Bereich des **Wasserverkehrs** in der Rechtsprechung keine festen Grenzwerte anerkannt, da insoweit teilweise zwischen den befahrenen Gewässern und den Motorstärken differenziert wird.[2754] Ebenso hat die höchstrichterliche Rechtsprechung für den **Bahnverkehr** keinen Grenzwert absoluter Fahruntüchtigkeit anerkannt.[2755] Entsprechende Fallgestaltungen sind daher letztlich über die nachfolgend darzustellenden Grundsätze der relativen Fahruntüchtigkeit zu lösen. Im **Luftverkehr** dürfte angesichts der im Vergleich zum Straßenverkehr erhöhten Anforderungen im Wege eines Erst-recht-Schlusses zumindest der Grenzwert von 1,1 ‰ anzuerkennen sein.[2756]

2749 Ebenso kann von der Fahrunsicherheit gesprochen werden.
2750 BGH 3.11.1998 – 4 StR 395/98, BGHSt 44, 219, NJW 1999, 226.
2751 MüKo/Pegel, § 316 Rn. 32.
2752 BGH 28.6.1990 – 4 StR 297/90, BGHSt 37, 89, 95 f., NJW 1990, 2393, 2394 ff.
2753 Übersichtlich und m. w. N. BeckOK/Kudlich, § 315c Rn. 20.
2754 Hierzu im Detail MüKo/Pegel, § 316 Rn. 50.
2755 BayObLG 6.4.1993 – 1 St RR 59/93, NZV 1993, 239; Fischer, § 316 Rn. 28.
2756 MüKo/Pegel, § 316 Rn. 51.

Relative Fahruntüchtigkeit unterscheidet sich von der absoluten Fahruntüchtigkeit hinsichtlich der Art und Weise, wie die Fahruntüchtigkeit zu belegen ist. Sind die Grenzwerte der absoluten Fahruntüchtigkeit nicht erreicht, kann die Fahruntüchtigkeit nicht alleine durch einen Blutalkoholbefund belegt werden. Vielmehr ist im Einzelfall zu fragen, ob der Führer infolge des Alkoholkonsums nicht mehr in der Lage war, sein Fahrzeug im Straßenverkehr über eine längere Strecke, auch bei Eintritt schwieriger Verkehrslagen, sicher zu steuern.[2757] Es bedarf aussagekräftiger Beweisanzeichen von hinreichender Überzeugungskraft, die die Fahruntüchtigkeit belegen.[2758] Maßgeblich für die Beurteilung sind alle Umstände in der Person und ihrer Fahrweise.[2759] Dabei spielen Ausfallerscheinungen in Gestalt von Fahrfehlern eine entscheidende Rolle, wobei stets zu fragen ist, ob diese auf den Alkoholgenuss zurückzuführen sind. Je seltener ein bestimmter Fahrfehler bei nüchternen Fahrern vorkommt und je häufiger dieser erfahrungsgemäß von alkoholisierten Fahrern begangen wird, desto eher ist der Schluss, der Fehler ist auf die Alkoholisierung zurückzuführen, zulässig.[2760] Indes muss die zu fordernde Ausfallerscheinung nicht notwendig beim Fahren aufgetreten sein. Die Beeinträchtigung des Leistungsvermögens kann sich auch aus dem Verhalten des Beschuldigten vor oder nach der Tat, insbesondere bei einer Verkehrskontrolle, ergeben.[2761] Neben dem äußeren Verhalten spielt die Blutalkoholkonzentration eine Rolle. Je höher diese zum Tatzeitpunkt ist (und je näher diese an die absolute Fahruntüchtigkeit heranreicht), desto geringer sind die an die konkrete Ausfallerscheinung zu stellenden Anforderungen.[2762] 1470

Eine alkoholbedingte Ausfallerscheinung dürfte also in der Regel anzunehmen sein, wenn „Schlangenlinien" gefahren werden. Anderes gilt etwa bei der Überschreitung der zulässigen Höchstgeschwindigkeit oder der Weiterfahrt trotz eines Zeichens der Polizei zum Einfahren in eine Verkehrskontrollstelle.[2763] Ausfallerscheinungen außerhalb von Fahrfehlern können Beeinträchtigungen der Körperbeherrschung wie beispielsweise Stolpern oder Schwanken beim Gehen sein.[2764]

2757 BGH 22.4.1982 – 4 StR 43/82, BGHSt 31, 42, NJW 1982, 2612.
2758 BGH 2.6.2015 – 4 StR 111/15, BeckRS 2015, 13336.
2759 BGH 22.4.1982 – 4 StR 43/82, BGHSt 31, 42, NJW 1982, 2612.
2760 OLG Köln 3.8.2010 – 1 RVs 142/10, NJ 2011, 72.
2761 Vgl. nur BGH 2.6.2015 – 4 StR 111/15, BeckRS 2015, 13336.
2762 MüKo/Pegel, § 316 Rn. 58.
2763 OLG Köln 3.8.2010 – 1 RVs 142/10, NJ 2011, 72.
2764 BGH 22.4.1982 – 4 StR 43/82, NJW 1982, 2612.

Ist eine Blutalkoholkonzentration eines Fahrzeugführers unter 0,3 ‰ festgestellt, geht die Rechtsprechung nach dem Zweifelsgrundsatz davon aus, dass Ausfallerscheinungen nicht auf den Alkoholgenuss zurückzuführen sind und daher eine Fahruntüchtigkeit nicht vorliegt.[2765] Indes verlangt die Annahme relativer Fahruntüchtigkeit nicht, dass das Erreichen des vorgenannten Grenzwerts sicher festgestellt ist. Auch ohne Feststellung oder Nachweis einer konkreten Blutalkoholkonzentration kann eine Fahruntüchtigkeit nachgewiesen werden.[2766]

1471 Zur **drogenbedingten Fahruntüchtigkeit** existieren keine rechtsmedizinischen Erfahrungssätze, die denen der Alkoholisierung entsprechen. Der Beweis der Fahruntüchtigkeit kann nicht allein durch einen bestimmten Blutwirkstoffbefund geführt werden.[2767] Es bedarf vielmehr aussagekräftiger Beweisanzeichen hierfür. Es gelten die soeben dargestellten Grundsätze der relativen Fahruntüchtigkeit entsprechend.

1472 Die Tat kann sowohl **vorsätzlich** (§ 316 Abs. 1 i.V.m. § 15) als auch **fahrlässig** (§ 316 Abs. 2) begangen werden. Die justizielle Praxis neigt – wohl dem Pragmatismus geschuldet – häufig zur Annahme von (lediglich) fahrlässigem Handeln, obgleich die tatsächlichen (außerstrafrechtlichen) Konsequenzen der Unterscheidung für Betroffene (Wiedererlangung der Fahrerlaubnis nach einem Entzug gemäß § 69; Leistungspflicht von Rechtsschutzversicherungen) trotz identischen Strafrahmens nicht nur von geringer Bedeutung sind.[2768]

IV. Übungsfall

1473 ***Sachverhalt:***[2769]

F fährt auf einem **E-Scooter** *mit einer bauartbedingten Höchstgeschwindigkeit von 20 km/h zur Nachtzeit auf einem Radweg. Auf dem Roller hinter F steht B, der – wie auch F – während der Fahrt den Lenker festhält. Eine bei B entnommene Blutprobe ergab eine BAK von 1,2 Promille zum Zeitpunkt der Fahrt. Strafbarkeit des B?*

2765 BGH 26.2.1964 – 4 StR 496/63, BGHSt 19, 243, NJW 1964, 733.

2766 Zuletzt etwa BayObLG 13.2.2023 – 203 StRR 455/22 m.w.N.; BeckOK/Kudlich, § 315c Rn. 23.

2767 Vgl. nur BGH 2.8.2022 – 4 StR 231/22, NZV 2023, 570.

2768 Kritisch Fischer, § 316 Rn. 43.

2769 Fall leicht abgewandelt nach LG Oldenburg 7.11.2022 – 4 Qs 368/22, JuS 2023, 275, NZV 2023, 238.

Lösungshinweise:

Besondere praktische Bedeutung erlangten in der jüngeren Vergangenheit Fahrten unter Alkoholeinfluss auf E-Scootern. Zu fragen ist, ob sich B nach § 316 strafbar gemacht hat. Zunächst müsste der E-Scooter ein Fahrzeug sein. Nach der Verordnung über die Teilnahme von Elektrokleinstfahrzeugen am Straßenverkehr (eKFV) werden Elektrokleinstfahrzeuge mit elektrischem Antrieb und einer bauartbedingten Höchstgeschwindigkeit von nicht weniger als 6 km/h und nicht mehr als 20 km/h als Kraftfahrzeuge im Sinne des § 1 Abs. 2 StVG eingestuft.[2770] Da der E-Scooter des F im entsprechenden Leistungsbereich liegt, ist er ein Kraftfahrzeug im Sinne von § 1 Abs. 2 StVG und daher ebenso Fahrzeug nach § 316 Abs. 1. B müsste den E-Scooter geführt haben. Das Festhalten des Lenkers eines E-Scooters führt – anders als das Festhalten am Lenker eines Kraftrads – dazu, dass dieser in eine ganz bestimmte Richtung, nämlich geradeaus, gelenkt wird. Das In-der-Spur-Halten des E-Scooters ist daher ein genuiner Lenkvorgang, weil ein kontrolliertes Fortbewegen des E-Scooters, wenn sich beide Personen am Lenker festhalten, nur durch ein Zusammenwirken beider Fahrer möglich ist. Daher hat B eine wesentliche technische Einrichtung des Fahrzeugs bedient, sodass er – wie auch F – Führer eines Fahrzeugs im öffentlichen Straßenverkehr ist. Diese Bewertung des LG Osnabrück erfuhr in der Literatur weitestgehend Zustimmung.[2771] Nach anderer Auffassung[2772] hingegen könnte ein Führen mit der Argumentation, dass F den E-Scooter ohne das Zutun des B ohnehin in der Spur gehalten hätte und die Mitwirkung des B daher nicht erforderlich war, abgelehnt werden.

B müsste alkoholbedingt fahruntüchtig gewesen sein. Mangels Ausfallerscheinungen kommt lediglich eine absolute Fahruntüchtigkeit in Betracht. Die herrschende Auffassung der Rechtsprechung[2773] geht bisher davon aus, dass es nach den medizinisch-naturwissenschaftlichen Erkenntnissen wie bei den übrigen Kraftfahrzeugen ausgeschlossen ist, einen E-Scooter mit einer Blutalkoholkonzentration von über 1,1 ‰ sicher zu führen. Anlass, die für die übrigen Kraftfahrzeuge anerkannten Grenzwerte anzuheben, bestünde nicht, sodass diese auch für E-Scooter Geltung beanspruchen. B, der eine Blutalkoholkonzentration von 1,2 ‰ aufwies, war mithin absolut fahruntüchtig und hat den objektiven Tatbestand erfüllt. Mangels Angaben im Sachverhalt, die belegen, dass B seine Fahruntüchtigkeit erkannt hat, ist von fahrlässigem Handeln im Sinne von § 316 Abs. 2 auszugehen. B hat sich daher einer Trunkenheit im Verkehr strafbar gemacht. Fernab der Strafbarkeit (und daher der Falllösung) zu den Rechtsfolgen: Die Tat ist ein Regelfall der Entziehung der Fahrerlaubnis, vgl. § 69 Abs. 2 Nr. 3. Es bleibt abzuwarten, wie sich Gesetzgebung und die höchstrichterliche Rechtsprechung zu den sich im Zusammenhang mit E-Scootern ergebenden Problemstellungen – insbesondere der Frage der Entziehung der Fahrerlaubnis nach § 69 Abs. 1 – künftig positionieren.[2774]

2770 BayObLG 24.7.2020 – 205 StRR 216/20. Die übrigen in § 1 eKfV genannten Merkmale, die für die Einordnung als Elektrokleinstfahrzeug maßgeblich sind, erfüllen E-Scooter regelmäßig.

2771 Vgl. etwa Mitsch, NZV 2023, 197; Hecker, JuS 2023, 275; Kerkmann, NZV 2023, 238, ablehnend hingegen: Steinert, SVR 2023, 36.

2772 So etwa Steinert SVR, 2023, 36, 37 f.

2773 Ausführlich dazu KG 10.5.2022 – (3) 121 Ss 67/21 (27/21), BeckRS 2022, 13262; zur weiteren Rechtsprechung vgl. übersichtlich die Zusammenstellung von Kerkmann, NZV 2022, 413.

2774 Siehe Kerkmann, NZV 2023, 25.

B. § 315c Gefährdung des Straßenverkehrs

I. Einführung

1474 § 315c ist ein **konkretes Gefährdungsdelikt**, das etwa einschlägig ist, wenn die in § 316 beschriebene abstrakte Gefahr für den öffentlichen Straßenverkehr zu einer konkreten Gefahr führt (vgl. § 315c Abs. 1 Nr. 1a). Neben der Sicherheit des öffentlichen Straßenverkehrs schützt der Tatbestand die im Gesetz genannten Individualrechtsgüter Leib, Leben und Eigentum.[2775] Der Tatbestand ist zweistufig aufgebaut und unterschiedet zwischen dem in § 315c Abs. 1 Nr. 1 und Nr. 2 beschriebenen **Handlungsteil** und dem **Gefährdungsteil** (vgl. § 315c Abs. 1 2. Hs.: „und dadurch (...) gefährdet"). Abs. 1 stellt ein Vorsatzdelikt (vgl. § 15) dar. § 315c Abs. 3 regelt die Vorsatz-Fahrlässigkeitskombination (Nr. 1) sowie die doppelte Fahrlässigkeit (Nr. 2).

1475 Bedeutend ist die **Abgrenzung des Tatbestands zu § 315b.** § 315c („Gefährdung des Straßenverkehrs") sanktioniert vorschriftswidriges Verhalten im ruhenden und fließenden Straßenverkehr durch andere Verkehrsteilnehmer. Liegt keine der im Tatbestand genannten besonders gravierenden Fehlleistungen und kein verbotenes Kraftfahrzeugrennen (§ 315d Abs. 1) vor, gilt eine **Sperrwirkung**: Bloßes, über §§ 315c, 315d hinausgehendes verkehrswidriges Verhalten ist nicht strafbar, sondern allenfalls ordnungswidrig.[2776] Demgegenüber erfasst der gefährliche Eingriff in den Straßenverkehr nach § 315b grundsätzlich[2777] nur von außen kommende, verkehrsfremde Eingriffe (verkehrsfeindliche Außeneingriffe).

1476 Da der Gesetzgeber im Jahr 2021[2778] Regeln für **vollautomatisiertes autonomes Fahren** geschaffen hat, bleibt abzuwarten, wer für Verkehrsgefährdungen künftig strafrechtlich verantwortlich sein wird. Nach unserem derzeitigen herrschenden Verständnis gibt es beim vollautomatisierten autonomen Fahren wohl keinen Fahrzeugführer.[2779] So dürfte sich der Gesetzgeber insbesondere mit der Frage, ob und unter welchen Voraussetzungen die

2775 BGH NJW 20.10.1988 – 4 StR 335/88, NJW 1989, 1227, 1228.

2776 BGH 20.2.2003 – 4 StR 228/02, BGHSt 48, 233, 237, NJW 2003, 1613 bzgl. § 315b und § 315c. Anderes gilt freilich, wenn durch verkehrswidriges Verhalten Rechtsgüter anderer Verkehrsteilnehmer verletzt werden, vgl. etwa § 229.

2777 Zu den Ausnahmefällen Rn. 1507.

2778 Gesetz zur Änderung des Straßenverkehrsgesetzes und des Pflichtversicherungsgesetzes – Gesetz zum autonomen Fahren vom 12.7.2021, BGBl. 2021 I Nr. 48, 3108; Verordnung zur Regelung des Betriebes von Kraftfahrzeugen mit automatisierter und autonomer Fahrfunktion und zur Änderung straßenverkehrsrechtlicher Vorschriften vom 24.6.2022, BGBl. 2022 I Nr. 22, 986.

2779 Ebenso Magnus, NStZ 2023, 518.

Technische Aufsicht (§ 1f Abs. 2 StVG) als verbliebene menschliche Komponente autonomer Fahrvorgänge strafbar sein soll, befassen müssen.[2780] Es ist zu vermuten, dass gerade der Tatbestand der Straßenverkehrsgefährdung in den kommenden Jahren aufgrund dieser technischen und gesetzlichen Entwicklungen einer grundlegenden Umgestaltung bedarf.

In **prozessualer Hinsicht** kann auf die Ausführungen zu § 316[2781] verwiesen werden. Auch die Gefährdung des Straßenverkehrs stellt nach § 69 Abs. 2 Nr. 1 eine Indiztat für die Entziehung der Fahrerlaubnis dar. **1477**

II. Prüfungsaufbau

I. Tatbestandsmäßigkeit **1478**

1. Objektiver Tatbestand
   a) Handlungsteil:
   - Abs. 1 Nr. 1: Führen eines Fahrzeugs im Zustand der rauschbedingten (lit a.) oder einer infolge geistiger oder körperlicher Mängel bedingten Fahruntüchtigkeit (lit b.) im öffentlichen Straßenverkehr
   - Abs. 1 Nr. 2: grob verkehrswidrige Begehung einer der in lit. a–g genannten Verkehrsverstöße im öffentlichen Straßenverkehr

   b) Gefährdungsteil: Eintritt einer konkreten Gefahr für Leib oder Leben eines anderen Menschen oder eine fremde Sache von bedeutendem Wert

   c) Zurechnungszusammenhang zwischen Handlung und konkreter Gefahr
2. Subjektiver Tatbestand
   - Abs. 1: Vorsatz (§ 15)
   - Abs. 3 Nr. 1: Vorsatz bzgl. Handlungsteil (§ 15) und Fahrlässigkeit bzgl. Gefährdungsteil und Zurechnungszusammenhang
   - Abs. 3 Nr. 2: Fahrlässigkeit
   - Rücksichtslosigkeit in den Konstellationen des Abs. 1 Nr. 2

II. Rechtswidrigkeit

III. Schuld

2780 Magnus, NStZ 2023, 518.
2781 Rn. 1461.

III. Tatbestand

1. Handlungsteil

1479 Die in **§ 315c Abs. 1 Nr. 1a** umschriebene Handlung entspricht der Verwirklichung des objektiven Tatbestands des § 316. § 315c Nr. 1b knüpft indes nicht an den Genuss berauschender Mittel, sondern an geistige oder körperliche Mängel als Ursache der Fahruntüchtigkeit an.

> Beispiele körperlicher Mängel: Sehstörungen, Lähmungen, Fieber. Beispiele geistiger Mängel: Demenz, epileptische Anfälle, endogene und exogene Psychosen.[2782]

1480 **§ 315c Abs. 1 Nr. 2** ist durch besonders gravierende Verkehrsverstöße gekennzeichnet, die überwiegend aus sich selbst heraus verständlich sind (sog. „sieben Todsünden des Straßenverkehrs“).[2783] Die Unübersichtlichkeit einer Stelle (vgl. Nr. 2d, e) kann sich insbesondere aus der Beschaffenheit der Örtlichkeit ergeben (Nebel, Bewuchs oder parkende Fahrzeuge).[2784]

1481 Die Verstöße nach § 315c Abs. 1 Nr. 2 muss der Täter grob verkehrswidrig und rücksichtslos begehen. Während das Merkmal der groben Verkehrswidrigkeit ein objektives Kriterium ist, bezieht sich die Rücksichtslosigkeit auf die innere Tatseite und ist daher nach herrschender Auffassung subjektives Tatbestandsmerkmal (vgl. hierzu unten). **Grob verkehrswidrig** ist ein besonders schwerer Verstoß gegen Verkehrsvorschriften.[2785] Anhand der konkreten Verkehrssituation ist zu bewerten, ob die Sicherheit in besonders schwerem Maße beeinträchtigt wurde.[2786] Die Schwere kann nicht alleine aus dem eingetretenen Gefahr- oder gar Verletzungserfolg abgeleitet werden.[2787]

> Beispiele einer grob verkehrswidrigen Begehung: „Überholen“ eines Fahrzeugs auf der Autobahn durch Passieren eines Raststättengeländes mit hoher Geschwindigkeit und anschließendem Einbiegen in knappem Abstand vor dem früheren Vordermann auf die Autobahn[2788], Kolonnenspringen [2789], doppelte Überschreitung der zulässigen Höchstgeschwindigkeit[2790].

2782 Beispiele nach MüKo/Pegel, § 315c Rn. 36 f. m. w. N.
2783 Ebenso: Rengier, BT II § 44 Rn. 7.
2784 Lackner/Kühl/Heger, § 315c Rn. 16.
2785 Allgemeine Meinung, vgl. nur BeckOK/Kudlich, § 315c Rn. 40.
2786 Sch/Sch/Hecker, § 315c Rn. 27.
2787 Fischer, § 315c Rn. 13.
2788 OLG Frankfurt a. M. 4.10.1973 – 2 Ss 456/73.
2789 MüKo/Pegel, § 315c Rn. 80; Fischer, § 315c Rn. 13.
2790 OLG Karlsruhe 15.10.1959 – 1 Ss 162/59, NJW 1960, 546.

2. Gefährdungsteil

Es muss eine **konkrete Gefahr** für die im Gesetz genannten Rechtsgüter entstanden sein. Dies verlangt zunächst eine Sachlage, bei der es aus Sicht des Täters vom Zufall abhängt, ob ein Schaden eintritt. Das Geschehen darf für den Täter also nicht mehr kontrollierbar sein. Zweitens ist zu fordern, dass das Gefährdungsobjekt in eine riskante oder kritische Verkehrssituation gerät (sog. Beinahe-Unfall).[2791] 1482

Wird eine Kraftfahrstraße (im Kurvenbereich) entgegen der Fahrtrichtung befahren, mag es für den Täter nur noch vom Zufall – genauer: etwaigem Gegenverkehr – abhängen, ob es zu einer Schädigung anderer Verkehrsteilnehmer kommt. Kommt kein Verkehr entgegen, fehlt es indes am Eintritt einer kritischen Verkehrssituation. Das Verhalten ist lediglich abstrakt gefährlich und daher nur ordnungswidrig, indes nicht strafbar. Kommt es hingegen zu einer kritischen Begegnung mit dem Gegenverkehr, ist die Gefahr konkret und § 315c Abs. 1 Nr. 2 f. in Betracht zu ziehen.[2792]

Es muss eine konkrete Gefahr für die im Gesetz genannten Rechtsgüter 1483
„Leib, Leben oder fremde Sache von bedeutendem Wert" entstanden sein. Steht die konkrete Gefährdung von **Leib und Leben eines anderen Menschen** im Raum, ist zu fragen, wer „anderer" Mensch ist. Unstreitig zählt der nicht tatbeteiligte Beifahrer dazu. Nach Auffassung der Rechtsprechung ist indes der an der Tat als Anstifter oder Gehilfe (§§ 26 f.) beteiligte Mitfahrer kein „anderer" und daher kein taugliches Gefährdungsobjekt, da dieser auf Seite des Täters und nicht der vom Tatbestand geschützten Allgemeinheit stehe.[2793] Gleichermaßen höchst umstritten ist indes, wie sich in den **Konstellationen der einverständlichen Fremdgefährdung** die Einwilligung des allein gefährdeten Rechtsgutträgers – etwa eines Beifahrers – in seine Gefährdung auswirkt. Die Rechtsprechung erachtet eine entsprechende Einwilligung für unbeachtlich, da der Tatbestand – wie sich aus der systematischen Stellung im 28. Abschnitt („Gemeingefährliche Straftaten") ergebe – primär die Sicherheit des Straßenverkehrs, also die Allgemeinheit und nicht den einzelnen Beifahrer schütze.[2794] Nach anderer Auffassung hingegen sei die konkrete Gefährdung von dis-

2791 Hierzu etwa Rengier, BT II § 44 Rn. 13.
2792 Beispiel nach BGH 10.12 2009 – 4 StR 503/09, NStZ-RR 2010, 120.
2793 BGH 29.4.2008 – 4 StR 617/07, NStZ-RR 2008, 289, 289; BGH 12.12.1990 – 4 StR 531/90, NJW 1991, 1120. Mittäterschaft (§ 25 Abs. 2) des Beifahrers ist aufgrund der Eigenhändigkeit des Delikts nicht möglich.
2794 BGH 14.5.1970 – 4 StR 131/69, NJW 1970, 1380.

ponliblen Individualrechtsgütern für den Tatbestand kennzeichnend, sodass bereits ein tatbestandsausschließendes Einverständnis oder aber jedenfalls eine rechtfertigende Einwilligung anzunehmen sei.[2795]

1484 Die Fremdheit der **Sache** beurteilt sich – wie bei § 242 – nach den zivilrechtlichen Eigentumsverhältnissen. Der wohl herrschenden Auffassung[2796], die Wertgrenze für den bedeutenden Wert zwischen 1000 und 1300 Euro festzusetzen, hat der für Verkehrsstrafsachen zuständige 4. Strafsenats des Bundesgerichtshofs (bisher) eine Absage erteilt. Hiernach soll die **Wertgrenze weiterhin bei 750 Euro** liegen.[2797] Bei der Bestimmung des Gefährdungsschadens ist in zwei Schritten vorzugehen: Zunächst ist zu prüfen, ob der Wert der gefährdeten Sache über der Wertgrenze liegt. Ist dies der Fall, so ist zu fragen, ob ihr auch ein bedeutender Schaden gedroht hat, wobei der tatsächlich entstandene Schaden naturgemäß geringer sein kann als der allein maßgebliche Gefährdungsschaden.[2798]

1485 Von besonderer praktischer Relevanz ist die Frage, ob das **vom Täter geführte Kraftfahrzeug**, welches etwa geleast, geliehen, gestohlen oder aus anderen Gründen nicht in seinem Alleineigentum steht, als Schutzobjekt in Betracht kommt. Dies ist abzulehnen[2799], da das Fahrzeug notwendiges Mittel für die Durchführung der Tat ist und nicht gleichzeitig Tatmittel und Schutzobjekt des Tatbestands sein kann. Würde man das vom Täter geführte Fahrzeug in den Schutzbereich einbeziehen, würde eine Strafbarkeit ggf. von Zufälligkeiten abhängen.

3. Zurechnungszusammenhang

1486 Weiter muss der konkrete Gefährdungserfolg durch die in Abs. 1 Nr. 1, 2 beschriebenen Tathandlungen verursacht sein („und dadurch"). Die Voraussetzungen ergeben sich aus den allgemeinen Regeln der objektiven Zurechnung von Taterfolgen.[2800] Während sich die Schaffung einer rechtlich missbilligten Gefahr aus dem Gefährdungsteil ergibt, ist zu fragen, ob sich diese Gefahr tatbestandstypischerweise im Gefahrerfolg (konkrete Gefahr) niedergeschlagen hat. Von besonderer Bedeutung ist insoweit der Pflichtwidrigkeitszusammenhang.[2801]

2795 Vgl. etwa Sch/Sch/Hecker, § 315c Rn. 41 m. w. N.
2796 Vgl. mit weiteren Nachweisen MüKo/Pegel, § 315 Rn. 75.
2797 BGH 28.9.2010 – 4 StR 245/10, NStZ 2011, 215; zuletzt: BGH 29.1.2019 – 4 StR 593/18, NStZ-RR 2019, 125, 125.
2798 BGH 20.10.2009 – 4 StR 408/09, NStZ 2010, 216, 216 f.
2799 BGH 28.10.1976 – 4 StR 465/76, NJW 1977, 1109, 1110; BGH 18.12.1957 – 4 StR 554/57, BGHSt 11, 148, NJW 1958, 469; Fischer § 315c Rn. 15c m. w. N.; Rengier, BT II § 44 Rn. 22.
2800 Rengier, BT II § 44 Rn. 23. Zur Vertiefung hierzu Schütze, AT Rn. 99 ff.
2801 Vgl. Zimmermann, JuS 2010, 22, 24 f.

Steuert der infolge Alkoholkonsums fahruntüchtige Fahrzeugführer seinen Pkw bewusst auf die Gegenfahrbahn, um ein auf der Fahrbahn liegendes Opfer anzufahren, ist § 315c Abs. 1 Nr. 1a nicht erfüllt, da sich in der eingetretenen konkreten Gefährdung des Opfers nicht die spezifische Gefahr des vorangegangenen Alkoholkonsums, sondern die Verletzungs- oder gar Tötungsabsicht des Fahrzeugführers realisiert.[2802]

4. Subjektiver Tatbestand

Neben der (umfassenden) vorsätzlichen Begehung nach § 315c Abs. 1 (vgl. 1487
§ 15) kann der Tatbestand auch fahrlässig verursacht werden, wobei sowohl die Vorsatz-Fahrlässigkeit-Kombination (§ 315c Abs. 3 Nr. 1) als auch die Fahrlässigkeit im Gesamten (§ 315c Abs. 3 Nr. 2) bestraft werden.

Beispiel einer vorsätzlichen Begehung nach § 315c Abs. 1: A nimmt mit seinem Pkw dem vorfahrtsberechtigten B die Vorfahrt, weil er es eilig hat. Er nimmt billigend in Kauf, dass B ihn nicht rechtzeitig wahrnimmt und es zu einem (Beinahe-) Unfall kommt. Beispiel einer Vorsatz-Fahrlässigkeits-Kombination nach § 315c Abs. 1, Abs. 3 Nr. 1: Wie oben. Indes vertraut A fest darauf, dass B ihn rechtzeitig sieht und anhält, sodass es zu keinem Beinahe-Unfall kommen wird. Beispiel einer Fahrlässig-Fahrlässigkeits-Kombination nach § 315c Abs. 1, Abs. 3 Nr. 2: A übersieht den vorfahrtsberechtigten B, weshalb es zu einem Beinahe-Unfall kommt.

Als **besonderes subjektives Tatbestandsmerkmal**[2803] und täterbezogenes 1488
Merkmal im Sinne von § 28 Abs. 1[2804] ist in den Fällen des § 315c Abs. 1 Nr. 2 **rücksichtsloses Verhalten** gefordert. Hierfür wird ein gesteigertes Maß an subjektiver Vorwerfbarkeit verlangt. Handelt der Täter bewusst grob verkehrswidrig, liegt rücksichtsloses Verhalten nahe, da er sich regelmäßig aus eigensüchtigen Gründen über seine Pflichten gegenüber anderen Verkehrsteilnehmern hinwegsetzt. Handelt der Täter indes nur unbewusst verkehrswidrig, ist die Rücksichtslosigkeit nicht ausgeschlossen, aber häufig praktisch schwer nachzuweisen. Voraussetzung ist insoweit, dass der Täter aus Gleichgültigkeit Bedenken gegen sein Verhalten von vornherein nicht aufkommen lässt.[2805]

2802 Fallbeispiel nach BGH 9.10.2003 – 4 StR 127/03, NStZ-RR 2004, 108.
2803 Streitig, so etwa Sch/Sch/Hecker, § 315c Rn. 28; a. A. (besonderes strafbegründendes Schuldmerkmal) etwa BeckOK/Kudlich, § 315c Rn. 41.3. Praktische Bedeutung erlangt dieser Aspekt lediglich bei der Beurteilung der Strafbarkeit von Teilnehmern.
2804 Vgl. Radtke, JuS 2018, 641, 644 f.
2805 Vgl. zur Rücksichtslosigkeit übersichtlich Fischer, § 315c Rn. 14.

Keine Rücksichtslosigkeit liegt regelmäßig etwa bei Augenblicksversagen, Handlungen aus Bestürzung oder sonstiger Erregung vor.[2806]

IV. Übungsfall

1489 ***Sachverhalt:***

A fährt mit dem Pkw seiner Ehefrau E von seinem Wohnort zu einem 3 Kilometer entfernt gelegenen Supermarkt, wobei seine 17-jährige Tochter T auf dem Beifahrersitz Platz nimmt. A, der aufgrund des vorangegangenen Genusses mehrerer alkoholischer Getränke eine Blutalkoholkonzentration von 1,3 Promille aufweist, ist bewusst, dass die Fahrt aufgrund seines vorangegangenen Alkoholkonsums „schwierig werden könnte". Nachdem die Fahrt ohne besondere Vorkommnisse verlaufen war, parkt A seinen Pkw am Straßenrand in die einzige freie, sehr enge Parklücke rückwärts ein. Aus Unachtsamkeit stößt er hierbei mit dem Heck des Fahrzeugs gegen den ordnungsgemäß abgestellten Pkw des G, an dem hierdurch ein Sachschaden in Höhe von 2000 Euro entsteht. Bereits in der Vergangenheit hatte A in nüchternem Zustand mehrere „solche Parkrempler" zu verzeichnen. Strafbarkeit des A nach § 315c?

Lösungshinweise:

Während A den Handlungsteil des § 315c Abs. 1 Nr. 1a unproblematisch erfüllt hat, ist zu fragen, ob ein von § 315c Abs. 1 umfasstes Rechtsgut konkret gefährdet ist. Zunächst kommt die Tochter T als gefährdeter „anderer Mensch" in Betracht. Da die Fahrt zunächst ohne besondere Vorkommnisse verlaufen war und es nicht zu einem „Beinahe-Unfall" kam, ist eine konkrete Gefährdung für Leib oder Leben der T nicht eingetreten. Auch bei dem „Parkrempler" ist bei lebensnaher Sachverhaltsauslegung nicht davon auszugehen, dass hiermit die konkrete Gefahr einer Gesundheitsschädigung der T einherging. Überdies ist das im Eigentum der E stehende, von A geführte Fahrzeug als Tatwerkzeug nicht vom Schutzbereich des Tatbestands des § 315c umfasst. Jedoch ist das Fahrzeug des G als fremde Sache von bedeutendem Wert konkret gefährdet. Da der tatsächlich eingetretene Sachschaden in Höhe von 2000 Euro von bedeutendem Wert ist, gilt dieses Erst-Recht für den Gefährdungsschaden. Indes ist der Zurechnungszusammenhang zwischen der Fahruntüchtigkeit des A und der Gefährdung des Fahrzeugs des G zweifelhaft, da aufgrund der Vorkommnisse in der Vergangenheit wohl nicht mit der erforderlichen Sicherheit davon ausgegangen werden kann, dass A das Fahrzeug in nüchternem Zustand nicht touchiert hätte. A hat sich daher nicht nach § 315c Abs. 1 strafbar gemacht. Es verbleibt bei einer (nicht von der Fallfrage umfassten) umfassten Strafbarkeit nach § 316 Abs. 1.

2806 Fallbeispiele nach Fischer, § 315c Rn. 14a.

C. § 315d Verbotene Kraftfahrzeugrennen

I. Einführung

Da nach Auffassung des Gesetzgebers[2807], die im Gesetzgebungsverfahren indes nicht statistisch belegt wurde, eine zunehmende Anzahl illegaler Kraftfahrzeugrennen mit tödlichem Ausgang oder schweren Verletzungen zu verzeichnen war und das bisherige Recht Kraftfahrzeugrennen lediglich als verbotene Form der übermäßigen Straßenbenutzung als Ordnungswidrigkeit (§§ 49 Abs. 2 Nr. 5, 29 I StVO a.F.) sanktionierte, wurde der Tatbestand in § 315d im Jahr 2017[2808] eingeführt. Die kriminalpolitische Notwendigkeit des Tatbestands ist letztlich fraglich.[2809] Gegen § 315d Abs. 1 Nr. 3 sind vereinzelt **verfassungsrechtliche Bedenken** im Hinblick auf die fehlende Bestimmtheit (Art. 103 Abs. 2 GG) erhoben, die die obergerichtliche Rechtsprechung indes nicht teilt.[2810] **1490**

Bei Betrachtung des Tatbestands werden **Parallelen zu § 315c** sichtbar: Auch § 315d schützt neben der Sicherheit des öffentlichen Straßenverkehrs die Individualrechtsgüter Köper und Eigentum.[2811] In § 315d Abs. 1 werden bestimmte Formen der Kraftfahrzeugrennen bzw. des „Rasens" (§ 315d Abs. 1 Nr. 3) den sog. sieben Todsünden des § 315c Abs. 1 Nr. 2 gleichgestellt.[2812] Sanktioniert wird die mit den Tathandlungen einhergehende abstrakte Gefährdung der Verkehrssicherheit. Werden in den Konstellationen der Nr. 2 oder Nr. 3 zudem Körper oder Leben eines Menschen oder fremde Sachen von bedeutendem Wert konkret gefährdet, sind die **Qualifikationstatbestände der Abs. 2, Abs. 4** in den Blick zu nehmen. Realisiert sich die konkrete Gefahr und kommt es zu erheblichen Personenschäden, stellt § 315d Abs. 5 eine **Erfolgsqualifikation** (§ 18) zu § 315d Abs. 2 dar. **1491**

Ergibt sich der Verdacht einer Strafbarkeit, ist aus Sicht der Ermittlungsbehörden Folgendes zu erwägen: In den Fällen des § 315d Abs. 1 Nr. 1, 2, Abs. 2 ist aufgrund des Verweises in § 315 f. eine **Einziehung** des zur Tatbegehung verwendeten Kraftfahrzeugs als Tatobjekt nach § 74 Abs. 2 in das gerichtliche Ermessen gestellt. Bereits vor der richterlichen Entschei- **1492**

2807 BT-Drs. 18/10145, 7.
2808 BGBl. 2017 I 3532.
2809 Kritisch: Rostalski, GA 2017, 585.
2810 BVerfG 9.2.2022 – 2 BvL 1/20, NJW 2022, 1160; BGH 17.2.2021 – 4 StR 225/20, NJW 2021, 1173, 1174; die Verfassungsmäßigkeit bezweifelnd: AG Villingen-Schwenningen 16.1.2020 – 6 Ds 66 Js 980/19, JuS 2020, 277 (Vorlagebeschluss, Art. 100 Abs. 1 GG).
2811 BT-Drs. 18/10145, 9; Fischer, § 315d Rn. 2.
2812 Rengier, BT II § 44a Rn. 1.

dung kann eine Beschlagnahme zur Sicherung der Einziehung nach § 111b StPO in Betracht zu ziehen sein. Überdies indiziert die Tat die Entziehung der Fahrerlaubnis (§ 69 Abs. 2 Nr. 1a), sodass insoweit auf die Ausführungen zu § 316[2813] verwiesen werden kann.

II. Prüfungsaufbau § 315d Abs. 1

1493 I. Tatbestandsmäßigkeit

1. Objektiver Tatbestand
   - Abs. 1 Nr. 1: Ausrichten oder Durchführen eines nicht erlaubten Kraftfahrzeugrennens im öffentlichen Straßenverkehr
   - Abs. 1 Nr. 2: Teilnehmen an einem nicht erlaubten Kraftfahrzeugrennen im öffentlichen Straßenverkehr
   - Abs. 1 Nr. 3: grob verkehrswidriges Fortbewegen im öffentlichen Straßenverkehr mit nicht angepasster Geschwindigkeit
2. Subjektiver Tatbestand
   - Vorsatz (§ 15)
   - bei Abs. 1 Nr. 3: Rücksichtslosigkeit und Absicht, eine höchstmögliche Geschwindigkeit zu erreichen

II. Rechtswidrigkeit

III. Schuld

III. Grundtatbestand § 315d Abs. 1

1494 Das Kraftfahrzeugrennen oder das Fortbewegen mit nicht angepasster Geschwindigkeit muss „im Straßenverkehr" begangen werden. Aufgrund der systematischen Stellung im 28. Abschnitt des StGB („Gemeingefährliche Straftaten") und des § 315c entsprechenden Wortlauts ist hiermit lediglich der **öffentliche Straßenverkehr** gemeint.[2814] **§ 315d Abs. 1 Nr. 1** bestraft die Ausrichtung oder Durchführung nicht erlaubter Kraftfahrzeugrennen. Ein **Kraftfahrzeugrennen** ist ein Wettbewerb zwischen mindestens zwei Kraftfahrzeugführern, bei dem es zumindest auch darum geht, mit dem Kraftfahrzeug über eine nicht unerhebliche Wegstrecke eine höhere Geschwindigkeit als der andere oder die anderen teilnehmenden Kraftfahr-

2813 Rn. 1461.
2814 Jansen, NZV 2017, 214, 215.

zeugführer zu erzielen.[2815] Einer vorherigen ausdrücklichen Absprache der Kraftfahrzeugführer bedarf es nicht; der Entschluss zu einem Rennen kann spontan sowie konkludent gefasst werden.[2816] Zudem muss das Kraftfahrzeugrennen **unerlaubt** sein. Der Tatbestand ist verwaltungsrechts-akzessorisch: Die Erteilung der Erlaubnis zum Rennen richtet sich nach den verwaltungsrechtlichen Vorschriften (§ 46 Abs. 2 S. 1, 3 StVO). Unerheblich ist, ob eine erteilte Genehmigung rechtswidrig ist oder andererseits eine Genehmigung auf Antrag hätte erteilt werden müssen; maßgeblich ist allein deren (Nicht-)Vorliegen.[2817] **Ausrichter** ist der, der die Veranstaltung vorbereitet, organisiert und letztlich gestaltet.[2818] Während der Ausrichter also zwingend im Vorbereitungsstadium tätig werden muss, kann die das Rennen durchführende Person nur im Ausführungsstadium als Rennleiter agieren. Zu fordern ist, dass der **Durchführende** letztlich den Plan des Ausrichters vor Ort eigenverantwortlich umsetzt.[2819]

§ 315d Abs. 1 **Nr. 2** bestraft die Teilnahme an einem nicht erlaubten Kraft- **1495**
fahrzeugrennen. Der Begriff des **Teilnehmers** ist hierbei nicht entsprechend der Lehre zur Täterschaft bzw. Teilnahme (§§ 25 ff.), sondern vielmehr im umgangssprachlichen Sinne zu bestimmen. Teilnehmer an einem Rennen sind die jeweiligen Kraftfahrzeugführer, nicht aber mangels selbstständigen Mitwirkens am Wettbewerb bloße Mitfahrer. Gerade da der Versuch straflos ist (vgl. § 22 Abs. 1), stellt sich die umstrittene, in der höchstrichterlichen Rechtsprechung bisher ungeklärte Frage des Vollendungszeitpunkts.[2820] Richtigerweise ist hierfür zu verlangen, dass das Kraftfahrzeugrennen als solches bereits begonnen hat, da ohne Rennbeginn keine Teilnahme möglich ist.

> Beispiel: Straflos bleiben daher nach zutreffender Ansicht die Kraftfahrzeugführer, die an der Startlinie auf das verabredete Startzeichen warten, sofern diese vor dem Startzeichen von der Polizei gestellt werden.[2821]

§ 315d Abs. 1 **Nr. 3** verlangt gerade kein Kraftfahrzeugrennen, sondern soll **1496**
Fälle erfassen, „in denen nur ein einziges Fahrzeug objektiv und subjektiv ein Kraftfahrzeugrennen nachstellt".[2822] Tathandlung ist die Fahrt im öf-

2815 BGH 11.11.2021 – 4 StR 511/20, NStZ 2022, 292.
2816 BGH 11.11.2021 – 4 StR 511/20, NStZ 2022, 292.
2817 Jansen, NZV 2017, 214, 215; Zieschang, JA 2016, 721, 724.
2818 BeckOK/Kulhanek, § 315d Rn. 16.
2819 BeckOK/Kulhanek, § 315d Rn. 17.
2820 MüKo/Pegel, § 315d Rn. 21; BeckOK/Kulhanek, § 315d Rn. 26.
2821 Sch/Sch/Hecker, § 315d Rn. 7; a. A. hingegen Zieschang, JA 2017, 721, 725.
2822 BT-Drs. 18/12964, 5.

fentlichen Straßenverkehr mit nicht angepasster Geschwindigkeit. Die Geschwindigkeit ist unangepasst, wenn sie § 3 StVO nicht mehr entspricht. Neben den geregelten Höchstgeschwindigkeiten (§ 3 Abs. 3 StVO) sind die konkrete Verkehrssituation (Verkehrsaufkommen, Wetter- und Sichtverhältnisse) sowie die persönlichen Fähigkeiten des Fahrzeugführers zu berücksichtigen (§ 3 Abs. 1 StVO). Weiter verlangt der Tatbestand grob verkehrswidriges Verhalten des Täters. Insoweit kann auf die entsprechenden Ausführungen zu § 315c Abs. 1 Nr. 2 verwiesen werden.[2823] Die grobe Verkehrswidrigkeit kann nicht jeder § 3 StVO widersprechenden Geschwindigkeit entnommen werden. Erforderlich ist ein besonders massiver Geschwindigkeitsverstoß oder ein anderweitiger Verkehrsverstoß (vgl. etwa § 315c Abs. 1 Nr. 2a–e), der in Zusammenhang mit der nicht angepassten Geschwindigkeit steht.[2824] Zudem verlangt der Tatbestand in subjektiver Hinsicht neben dem Vorsatz (§ 15) und dem aus § 315c bekannten rücksichtslosen Verhalten[2825] die Absicht des Täters („um (…) zu"), eine höchstmögliche Geschwindigkeit zu erreichen. Gerade anhand dieses besonderen subjektiven Tatbestandsmerkmals soll der Renncharakter deutlich und strafbares Verhalten von alltäglich erheblichen (bloß ordnungswidrigen) Geschwindigkeitsverletzungen abgegrenzt werden.[2826] Höchstmögliche Geschwindigkeit meint kein vollständiges Ausreizen der Leistungsfähigkeit des Fahrzeugs. Es genügt, wenn die nach den situativen Gegebenheiten – also insbesondere der Verkehrslage, Strecken- und Witterungsverhältnisse, Motorisierung – maximal mögliche Geschwindigkeit (sog. relative Höchstgeschwindigkeit) erreicht werden soll.[2827] End- oder Zwischenziel des Täters im Sinne des dolus directus 1. Grades muss sein, diese Geschwindigkeit zu erreichen.[2828] Um dem den Tatbestand kennzeichnenden Renncharakter Rechnung zu tragen, verlangt der Bundesgerichtshof, dass sich diese Zielsetzung auf eine unter Verkehrssicherheitsgesichtspunkten nicht ganz unerhebliche Wegstrecke bezieht.[2829]

2823 Rn. 1488.
2824 BGH 17.2.2021 – 4 StR 225/20 - NJW 2021, 1173, 1174 f.
2825 Rn. 1488.
2826 BT-Drs. 18/12964 S. 6.
2827 BGH 17.2.2021 – 4 StR 225/20 – NJW 2021, 1173, 1175; OLG Stuttgart 4.7.2019 – 4 Rv 28 Ss 103/19, NJW 2019, 2787, 2788; OLG Köln 5.5.2020 – III-1 RVs 45/20, NStZ-RR 2020, 224, 226.
2828 BGH 17.2.2021 – 4 StR 225/20 - NJW 2021, 1173, 1175.
2829 BGH 17.2.2021 – 4 StR 225/20 - NJW 2021, 1173, 1175.

IV. Qualifikationstatbestand § 315d Abs. 2, Abs. 4

I. Verweis auf das vorab geprüfte (strafbare) Grunddelikt des § 315d Abs. 1 Nr. 2 oder Nr. 3 1497

II. Qualifikation des § 315d Abs. 2, Abs. 4

1. objektiver Tatbestand
   - Eintritt einer konkreten Gefahr für Leib oder Leben eines anderen Menschen oder fremde Sachen von bedeutendem Wert
   - Zurechnungszusammenhang zwischen Grunddelikt und konkreter Gefährdung
2. subjektiver Tatbestand: Vorsatz bzgl. Qualifikationstatbestand (§ 315d Abs. 2) bzw. Fahrlässigkeit (§ 315d Abs. 4)

§ 315d Abs. 2 als konkretes Gefährdungsdelikt verlangt in objektiver Hinsicht über § 315d Abs. 1 hinausgehend den Eintritt einer Gefahr für die genannten Rechtsgüter. Es handelt sich daher um eine Qualifikation zu § 315d Abs. 1 Nr. 2, 3, nicht aber zur Ausrichtung oder Durchführung eines unerlaubten Kraftfahrzeugrennens nach Nr. 1. Es empfiehlt sich stets vorab den Grundtatbestand zu prüfen, sodass (erneute) Ausführungen zur Rechtswidrigkeit und der Schuld sodann entbehrlich sind. § 315d Abs. 2 sanktioniert die vorsätzliche Gefährdung (§ 15). Bei Abs. 4 hingegen genügt – wie etwa bei § 315c Abs. 3 Nr. 1 – eine fahrlässige Herbeiführung der Gefahr, wobei § 15 bezüglich des Grundtatbestands stets vorsätzliches Handeln verlangt (Vorsatz-Fahrlässigkeitskombination). Die (praktisch kaum vorstellbare) Fahrlässigkeits-Fahrlässigkeits-Kombination ist in Abweichung zu § 315c Abs. 3 Nr. 2 nicht unter Strafe gestellt. 1498

V. Erfolgsqualifikation des § 315d Abs. 5

§ 315 Abs. 5 ist eine Erfolgsqualifikation (§ 18) zu § 315d Abs. 2. Voraussetzung ist daher stets, dass die Voraussetzungen des § 315d Abs. 2 vorliegen und daher die vorausgesetzte Gefährdung vorsätzlich herbeigeführt wurde.[2830] Schwere Folgen sind neben dem Tod die schwere Gesundheitsschädigung eines Menschen oder Gesundheitsschädigung einer großen Zahl von Menschen. Insoweit kann auf die inhaltsgleichen Regelungen in § 306b Abs. 1 verwiesen werden und die entsprechenden Grundsätze auf diesen Tatbestand übertragen werden. 1499

2830 Kritisch hierzu Kaltenbach, jurisPR-StrafR 9/2023 Anm. 3.

1500 **Fall:**[2831]

Zwei Beamte einer Polizeistreife wollen den innerorts vor ihnen fahrenden B einer allgemeinen Verkehrskontrolle unterziehen. B bemerkt das Anhaltesignal des Einsatzfahrzeugs und beschleunigt – ohne sich über andere Verkehrsteilnehmer und mögliche Gefahren Gedanken zu machen – seinen zunächst mit normaler Geschwindigkeit fahrenden Pkw bis auf eine Geschwindigkeit von mindestens 130 km/h, wobei er das Gaspedal seines mit einem Automatikgetriebe ausgestatteten Fahrzeugs vollständig durchdrückt. Er durchfährt anschließend mit dieser Geschwindigkeit einen längeren Straßenabschnitt mit der angeordneten Geschwindigkeitsbegrenzung auf 20 km/h. Ziel des B ist es, dem verfolgenden Streifenwagen zu entkommen, was er nur durch das Wegfahren mit der in dieser Situation höchstmöglichen Geschwindigkeit erreicht. Strafbarkeit des B?

B hat sich nach § 315d Abs. 1 Nr. 3 strafbar gemacht. Er bewegte sich mit einer § 3 Abs. 1, Abs. 3 StVO widersprechenden Geschwindigkeit im öffentlichen Straßenverkehr fort. Er handelte grob verkehrswidrig, da eine besonders massive Geschwindigkeitsüberschreitung (20 km/h vs. zumindest 130 km/h) vorlag. B handelte vorsätzlich und rücksichtslos, da es ihm einzig darauf ankam, sich der Verkehrskontrolle durch zügiges Fortkommen zu entziehen. Er setzte sich daher aus eigensüchtigen Gründen über seine Pflichten gegenüber anderen Verkehrsteilnehmern hinweg. B drückte das Gaspedal vollständig durch, um zügig voranzukommen und vor dem Polizeifahrzeug zu flüchten. Notwendiges Zwischenziel hierzu war aus Sicht des B das Erzielen der höchstmöglichen Geschwindigkeit für eine nicht nur unerhebliche Wegstrecke. Er handelte daher in der Absicht, die höchstmögliche Geschwindigkeit zu erreichen.

D. § 315b Gefährliche Eingriffe in den Straßenverkehr

I. Einführung

1501 Im Unterschied zur Gefährdung des Straßenverkehrs nach § 315c sanktioniert § 315b nicht vorschriftswidriges Verkehrsverhalten, sondern Eingriffe in den Straßenverkehr von außen, also von Personen, die selbst keine Verkehrsteilnehmer sind (**verkehrsfeindliche Außeneingriffe**). Fehlleistungen von Verkehrsteilnehmern sind in strafrechtlicher Hinsicht (abgesehen von den allgemeinen Vorschriften wie etwa §§ 222, 229) nur an §§ 315c, d zu messen (**Sperrwirkung**) und § 315b nicht anzuwenden.

2831 Nach BGH 29.4.2021 – 4 StR 165/20, NJW 2021, 615.

Der Tatbestand des gefährlichen Eingriffs in den Straßenverkehr schützt neben der **Sicherheit des Straßenverkehrs** die **Individualrechtsgüter** Leben, Leib und Eigentum. Bereits aus dem Wortlaut (vgl. § 315b Abs. 1 S. 1: „und dadurch (…) gefährdet") ergibt sich, dass es sich um ein **konkretes Gefährdungsdelikt** handelt. Die Struktur gleicht § 315c. Es ist zwischen dem in § 315b Abs. 1 Nr. 1–3 beschriebenen Handlungsteil, der eine abstrakte Gefahr für die vorgenannten Schutzgüter bewirken muss, und dem eine konkrete Gefahr erfordernden Gefährdungsteil (vgl. § 315c Abs. 1 2. Hs.: „und dadurch (…) gefährdet") zu unterscheiden.[2832] Hinsichtlich des Gefährdungsteils entspricht der Tatbestand § 315c. Subjektiv regelt § 315b Abs. 4 die Vorsatz-Fahrlässigkeitskombination; Abs. 5 sanktioniert die doppelte Fahrlässigkeit. Diese subjektiven Anforderungen gleichen also § 315c Abs. 3. Daher kann beim Studium des Tatbestands in großen Teilen auf zu § 315c erlerntes Wissen zurückgegriffen werden. **1502**

II. Prüfungsaufbau

I. Tatbestandsmäßigkeit **1503**
   1. Objektiver Tatbestand
      a) Handlungsteil: Verkehrsfremder Eingriff nach Abs. 1 Nr. 1–3, der die Sicherheit des öffentlichen Straßenverkehrs abstrakt beeinträchtigt
      b) Gefährdungsteil: Eintritt einer konkreten Gefahr für Leib oder Leben eines anderen Menschen oder einer fremde Sache von bedeutendem Wert
      c) Zurechnungszusammenhang zwischen Handlung und konkreter Gefahr
   2. Subjektiver Tatbestand
      - Abs. 1: Vorsatz (§ 15)
      - Abs. 4: Vorsatz bzgl. Handlungsteil (§ 15) und Fahrlässigkeit bzgl. Gefährdungsteil und Zurechnungszusammenhang
      - Abs. 5: Fahrlässigkeit

II. Rechtswidrigkeit

III. Schuld

IV. Qualifikation zu Abs. 1: Abs. 3 i. V. m. § 315 Abs. 3

2832 Zur Struktur BGH 4.11.2008 – 4 StR 411/08, NStZ 2009, 100, 101.

III. Tatbestand

1. Eingriffe nach § 315b Abs. 1

1504 Tatobjekte im Sinne von **§ 315b Abs. 1 Nr. 1** sind Anlagen oder Fahrzeuge. Anlagen sind alle dem Verkehr dienenden Einrichtungen. Gemäß § 315d sind am Straßenverkehr teilnehmende Schienenfahrzeuge in den Schutzbereich einbezogen. Die Tathandlungen des Zerstörens und Beschädigens entsprechen denen der Sachbeschädigung (§ 303 Abs. 1). Beseitigen bedeutet, die Tatobjekte an einen anderen Ort zu bringen, an dem sie ihre Funktion nicht mehr zu erfüllen vermögen.[2833]

1505 **§ 315b Abs. 1 Nr. 2** erfasst das Bereiten von Hindernissen. Hierunter fällt jede Errichtung eines mechanischen Verkehrshindernisses, das geeignet ist, den reibungslosen Verkehrsablauf zu hemmen oder zu gefährden.[2834] Entsprechend der Funktion des § 315b muss es sich hierbei grundsätzlich um einen verkehrsfremden Außeneingriff handeln.

Beispiele[2835]:

Errichtung einer Straßensperre durch auf die Fahrbahn geschobene Fahrzeuge; auf die Fahrbahn laufende Tiere; unzureichend gesicherte Baustellen.

Gleichermaßen in Betracht zu ziehen ist eine Strafbarkeit, wenn Gegenstände unfallbedingt auf die Fahrbahn gelangen und es der Garant im Sinne von § 13 – etwa ein zur Unfallstelle gerufene Polizeibeamter – anschließend unterlässt, die Unfallstelle entsprechend zu sichern und daher andere Verkehrsteilnehmer zu schützen.[2836]

1506 **§ 315b Abs. 1 Nr. 3** enthält mit dem ähnlichen, ebenso gefährlichen Eingriff eine Generalklausel als Auffangtatbestand. Zu fordern ist, dass das Gefährdungspotenzial den in Nr. 1 und Nr. 2 beschriebenen Verhaltensweisen gleichkommt.[2837]

Beispiele für unter § 315b Abs. 1 Nr. 3 zu subsumierende Außeneingriffe: Abziehen des Zündschlüssels durch den Beifahrer während der Fahrt, sodass die Lenkradsperre einrastet und die Steuerungslosigkeit des Fahrzeugs eintritt,[2838]

2833 Vgl. Fischer, § 315 Rn. 8.
2834 OLG Hamm 13.8.1965 – 1 Ss 788/65 - NJW 1965, 2167.
2835 Nach MüKo/Pegel, § 315b Rn. 31 f.
2836 MüKo/Pegel, § 315b Rn. 32.
2837 Sch/Sch/Hecker, § 315b Rn. 9.
2838 OLG Karlsruhe 19.1.1978 – 1 Ss 329/77, NJW 1978, 1391

Anbringen eines Einbahnstraßenschildes in entgegengesetzter Richtung[2839], Steinwürfe auf fahrende Fahrzeuge[2840]

Bei den in § 315 Abs. 1 Nr. 2 und Nr. 3 beschriebenen Tathandlungen sind Ausnahmen von dem Grundsatz, wonach der Tatbestand nur Eingriffe von außen erfasst, denkbar. Wenn ein (scheinbarer) Verkehrsvorgang nicht der Fortbewegung dienen soll, sondern zur Schädigung zweckentfremdet wird, besteht kein Grund zur Annahme einer Sperrwirkung und daher der strafrechtlichen Privilegierung des Fahrzeugführers. In diesen Konstellationen liegt nämlich nur dem äußeren Anschein nach ein Verkehrsvorgang vor. Ein solcher den Anwendungsbereich des § 315b eröffnender **verkehrsfeindlicher Inneneingriff** liegt nach neuerer Rechtsprechung vor, wenn **1507**

a) das Fahrzeug bewusst zweckwidrig in verkehrsfeindlicher Einstellung eingesetzt (**Pervertierungsabsicht**)
b) und das Fahrzeug mit mindestens bedingtem **Schädigungsvorsatz** – etwa als Waffe oder Schadenswerkzeug – missbraucht wird.[2841]

Eine Strafbarkeit bei Inneneingriffen nach § 315b Abs. 3, Abs. 4 ist daher praktisch nicht möglich, da fahrlässiges Handeln dem bewusst zweckwidrigen Einsatz des Fahrzeugs sowie dem Schädigungsvorsatz entgegen steht.

Ist das eigene Fortkommen primäres Ziel einer Fahrweise, so macht das in der gewollten Behinderung eines anderen Fahrzeugs liegende Nötigungselement allein das Verkehrsverhalten noch nicht zu einem gefährlichen Eingriff in den Straßenverkehr.[2842] Es würde neben der Zweckentfremdung am zumindest bedingten Schädigungsvorsatz fehlen. In den vielfach diskutierten Fällen der **Polizeiflucht** gilt zu § 315b Abs. 1 Nr. 3 daher Folgendes[2843]: Die bloße Flucht mit einem Kraftfahrzeug, um sich einer Polizeikontrolle zu entziehen, dient der Fortbewegung des Fahrzeugführers, sodass trotz eventuellen verkehrsordnungswidrigen Verhaltens bereits kein zweckwidriger Einsatz des Fahrzeugs vorliegt. Drängt der Flüchtende das ihn verfolgende Polizeifahrzeug hierbei indes von der Fahrbahn ab, um die Verfolgung zu unterbinden, setzt er sein Fahrzeug in verkehrsfeindlicher Einstellung ein. Zudem müsste der Flüchtende mindestens billigend in Kauf nehmen, durch sein Manöver fremdes Eigentum oder andere Per- **1508**

2839 BeckOK/Kudlich, § 315b Rn. 15.1; tateinheitlich wäre überdies § 315 Abs. 1 Nr. 3 gegeben.
2840 BGH 4.12.2002 – 4 StR 103/02, BGHSt 48, 119, NJW 2003, 836.
2841 Grundlegend BGH 20.2.2003 – 4 StR 228/02, BGHSt 48, 233, NJW 2003, 1613.
2842 BGH 20.2.2003 – 4 StR 228/02, BGHSt 48, 233, NJW 2003, 1613.
2843 BGH 20.2.2003 – 4 StR 228/02 BGHSt 48, 233, NJW 2003, 1613.

sonen zu schädigen. Vertraut er ernsthaft darauf, dass es zu keiner Schädigung kommt, sondern es bei einer bloßen (konkreten) Gefährdung bleibt, fehlt es am notwendigen Schädigungsvorsatz.

2. Qualifikationen

1509 **§ 315b Abs. 3,** der auf § 315 Abs. 3 verweist, normiert eine **Qualifikation** zu § 315b Abs. 1. Liegen die Voraussetzungen des Qualifikationstatbestands vor, wird die Tat zum Verbrechen (§ 12). Der Versuch ist daher ohne ausdrückliche Anordnung strafbar (§ 23 Abs. 1). §§ 315 Abs. 3 Nr. 1a, 315c Abs. 3 verlangen die Absicht, also zielgerichtetes Wollen (dolus directus 1. Grades)[2844], einen **Unglücksfall** herbeizuführen. Der Begriff des Unglücksfalls weicht von dem in § 323c angewendeten Verständnis ab. Zu fordern ist die Absicht, einen Schaden und nicht nur eine Gefährdung herbeiführen.[2845] Ob es letztlich zum Schadenseintritt kommt, ist ausweislich des Gesetzeswortlauts unerheblich.

Beispiele:

Rammen eines anderen Fahrzeugs mit 40 km/h[2846], Durchtrennen des Bremsschlauchs, um einen Unfall herbeizuführen[2847].

1510 Der in § 315b Abs. 3, § 315 Abs. 3 Nr. 1b normierte Qualifikationstatbestand der **Ermöglichungs**- und **Verdeckungsabsicht** folgt aus der Verknüpfung des § 315b mit weiterem Unrecht. §§ 315b Abs. 3, 315 Abs. 3 Nr. 2 ist eine Erfolgsqualifikation im Sinne von § 18. Zu fordern ist neben der Verwirklichung des Grundtatbestands aus § 315b der zumindest fahrlässig verursachte Eintritt der schweren Folge (schwere Gesundheitsschädigung oder Gesundheitsschädigung einer großen Zahl an Menschen), der auf die spezifischen Gefahren des Grunddelikts zurückzuführen ist. Diese Erfolgsqualifikation entspricht § 306b Abs. 1.[2848]

2844 BGH 4.9.1995 – 4 StR 471/94, NJW 1996, 329, 330.
2845 Fischer, § 315 Rn. 22; MüKo/Pegel, § 315 Rn. 89; OLG München 9.11.2005 – 4 StRR 215/03, NJW 2005, 3794.
2846 BGH 22.2.2001 – 4 StR 25/01, NStZ-RR 2001, 298.
2847 BGH 4.9.1995 – 4 StR 471/94, NJW 1996, 329.
2848 Zur Erfolgsqualifikation im Allgemeinen vgl. Schütze, AT Rn. 657 f.

E. § 21 StVG Fahren ohne Fahrerlaubnis

I. Einführung

§ 21 StVG ist nach allgemeiner Ansicht ein **abstraktes Gefährdungsdelikt**. Diesem liegt die Erwägung zugrunde, dass derjenige, der ein Kraftfahrzeug ohne die erforderliche behördliche Erlaubnis (§ 2 Abs. 1 StVO) führt, eine nicht mehr hinnehmbare Gefahr für andere Verkehrsteilnehmer sowie die Verkehrssicherheit im Allgemeinen darstellt.[2849] Richtigerweise ist diese abstrakte Gefahr in Fällen, in denen dem über eine Fahrerlaubnis verfügenden Täter ein Fahrverbot auferlegt wurde (§ 21 Abs. 1 Nr. 1 Var. 2 StVG), nicht gegeben. Ein Fahrverbot (§ 44, § 25 StVG) hat Sanktionscharakter und spricht dem Betroffenen seine Eignung, Fahrzeuge sicher zu führen, in Abweichung zu § 69 gerade nicht ab. Diesbezüglich sanktioniert der Tatbestand daher den schlichten Ungehorsam gegenüber einem gerichtlichen oder behördlichen Fahrverbot. Gerade vor dem Hintergrund der anderen Tatbeständen zu entnehmenden Rechtsidee des Selbstbegünstigungsprivilegs (vgl. § 258 Abs. 1, 5) ist der Tatbestand insoweit ein systemwidriges, kaum strafwürdiges „Unikum".[2850] 1511

Es handelt sich um ein Vergehen (§ 12 Abs. 1), sodass der **Versuch** mangels entsprechender Anordnung (vgl. § 22 Abs. 1) nicht strafbewehrt ist. 1512

§ 21 Abs. 3 StVG stellt als Sondervorschrift im Sinne von § 74 Abs. 2 die **Einziehung** des bei der Straftat verwendeten Kraftfahrzeugs (Tatobjekt) als eine Art Nebenstrafe unter den in der Norm genannten Voraussetzungen in das gerichtliche Ermessen. Vielfach dürften Verhältnismäßigkeitserwägungen (§ 74 f.) der Anordnung entgegen stehen, sodass diese Einziehungsmöglichkeit für die Praxis von untergeordneter Bedeutung ist.[2851] 1513

II. Strafbarkeit des Fahrzeugführers

Im Hinblick auf den Schutzzweck der Norm sowie die verwaltungsrechtlichen Vorschriften, wonach eine Fahrerlaubnis nur im öffentlichen Verkehrsraum erforderlich ist (§§ 1 Abs. 2, Abs. 3 StVG, 2 Nr. 1 FZV), erfasst die Norm lediglich den **öffentlichen Verkehrsraum**. 1514

Ohne Fahrerlaubnis im Sinne von § 21 Abs. 1 Nr. 1 Var. 1 StVG ist der, dem eine solche nicht erteilt wurde, sowie derjenige, dem eine erteilte Erlaubnis durch hoheitlichen Rechtsakt entzogen ist. Die **Erteilung der** 1515

2849 BVerfG 27.3.1979 – 2 BvL 7/78, NJW 1979, 1981; MüKo SVR/Weidig, § 21 Rn. 1.
2850 Überzeugend und ausführlich Mitsch, NZV 2007, 66, 66 ff.
2851 Zur praktischen Bedeutung Kaltenbach, NZV 2024, 1, 5.

Fahrerlaubnis als begünstigender Verwaltungsakt erfolgt durch Aushändigung des Führerscheins (§ 22 Abs. 4 S. 7 FEV). Wer über eine Fahrerlaubnis verfügt, handelt grundsätzlich lediglich ordnungswidrig, wenn er nicht im Besitz der entsprechenden Urkunde (Führerschein) ist (§ 4 Abs. 2 S. 2 i.V.m. § 75 Ziff. 4 FEV). Ob eine ausländische Fahrerlaubnis zum Führen von Kraftfahrzeugen im Inland berechtigt, bestimmt sich nach §§ 28, 29 FEV. Eine **Entziehung der Fahrerlaubnis** kann durch richterliche Entscheidungen (Beispiel: Entziehung nach § 69) oder behördliche Anordnung erfolgen. Zudem erfasst § 21 Abs. 1 Nr. 1 StVG in seiner 2. Var. Fälle, in denen der Täter zwar eine Fahrerlaubnis hat, ihm aber temporär nach § 44 oder § 25 StVG durch behördliche bzw. richterliche Entscheidung untersagt wurde, von dieser Gebrauch zu machen (**Fahrverbot**). Zu beachten ist, dass die jeweiligen richterlichen oder behördlichen Erkenntnisse ihre Wirkung erst mit Bestands- bzw. Rechtskraft entfalten. Während § 21 Abs. 1 Nr. 1 StVG nach allgemeinen Regeln Vorsatz (§ 15) voraussetzt, sanktioniert § 21 Abs. 2 Nr. 1 StVG mit geringerer Strafandrohung bloßes fahrlässiges Handeln. Gegebenenfalls ist der Tatbestandsirrtum (§ 16 Abs. 1) von einem Verbotsirrtum (§ 17) abzugrenzen.[2852] Maßgeblich ist, ob sich der Irrtum auf die tatsächlichen Voraussetzungen der Fahrerlaubnis oder aber deren rechtliche Tragweite bezieht.

> Hat der Betroffene keine Kenntnis von der durch Einwurf in den Briefkasten erfolgten Zustellung des ein Fahrverbot anordnenden Bußgeldbescheids, liegt ein den Vorsatz ausschließender Tatbestandsirrtum (§ 16 Abs. 1) vor. Geht der Betroffene hingegen irrtümlich davon aus, die Rechtskraft des Bußgeldbescheids und daher im konkreten Fall die Wirksamkeit des Fahrverbots (§ 25 Abs. 2 S. 1 StVG) trete erst einen Monat und nicht bereits zwei Wochen (vgl. § 67 Abs. 1 OWiG) nach Zustellung des Bescheids ein, liegt ein (regelmäßig vermeidbarer) Verbotsirrtum gemäß § 17 vor, der den Vorsatz unberührt lässt.

1516 **§ 21 Abs. 2 Nr. 2 StVG** nimmt in Gegensatz zu § 21 Abs. 1 Nr. 1 StVG keinen Bezug auf die Fahrerlaubnis, sondern auf den die Erlaubnis ausweisenden **Führerschein**. Da der fahrerlaubnisbezogene Verstoß schwerer wiegt als der dokumentbezogene Verstoß nach § 21 Abs. 2 Nr. 2 StVG, ist der Strafrahmen des § 21 Abs. 2 Nr. 2 StVG im Vergleich zu Abs. 1 niedriger und der Tatbestand daher subsidiär.[2853] Die Norm schließt die Strafbarkeitslücke bis zur Rechts- bzw. Bestandskraft der die Fahrerlaubnis entziehenden Ent-

2852 Zu dieser Abgrenzung bei § 21 StVG BayObLG 20.9.1999 – 1 St RR 215/99, NZV 2000, 133.
2853 MüKo SVR/Weidig, § 21 StVG Rn. 28.

scheidung. Kommt es zu einer strafprozessualen behördlichen Wegnahme des Führerscheins durch Beschlagnahme oder Sicherstellung gemäß § 94 StPO, greift der Tatbestand. Da der Betroffene nach Sicherstellung oder Beschlagnahme eines Führerscheins gem. § 94 Abs. 3 StPO auch nicht mit einem anderen gültigen Führerschein Kraftfahrzeuge führen darf, ist es unerheblich, wenn dieser im Besitz eines weiteren Führerscheindokuments ist.[2854] Ausweislich des Wortlauts, der an strafprozessuale Maßnahmen anknüpft, erfasst die Norm die (polizeiliche) Sicherstellung oder Beschlagnahme des Führerscheins zur Gefahrenabwehr nicht. Die Fahrt nach einer Sicherstellung des Führerscheins nach polizeirechtlichen Vorschriften (und ausgesprochenem polizeilichen „Verbot“, das Fahrzeug zu führen) ist daher nicht nach § 21 StVG strafbar.[2855]

Richtigerweise ist der Tatbestand zudem **teleologisch einzuschränken**, 1517
wenn der Führerschein lediglich zu Beweiszwecken nach § 94 StPO – etwa wegen des Verdachtes der Urkundenfälschung o. ä. – beschlagnahmt wird, da diese Maßnahme keinen Einfluss auf die materiell-rechtliche Fahrerlaubnis nimmt.[2856] Die Strafbarkeit würde sich in diesem Fall alleine nach § 21 Abs. 1 Nr. 1 StVG richten und davon abhängen, ob dem Betroffenen die Fahrerlaubnis von der Behörde erteilt wurde.

III. Strafbarkeit des Fahrzeughalters

§ 21 Abs. 1 Nr. 2 StVG bestraft den Fahrzeughalter, der es anordnet oder zu- 1518
lässt, dass jemand das Fahrzeug führt, der die dazu erforderliche Fahrerlaubnis nicht hat oder dem das Führen des Fahrzeugs nach § 44 oder § 25 StVG verboten ist. Der Tatbestand knüpft also an die Strafbarkeit des Fahrzeugführers nach § 21 Abs. 1 Nr. 1 StVG an. Entsprechend nimmt die Strafandrohung nach § 21 Abs. 2 Nr. 3 StVG auf die führerscheinbezogenen Konstellationen des § 21 Abs. 2 Nr. 2 StVG Bezug. Maßgeblich ist der Halterbegriff des § 7 StVG: **Halter** ist, wer das Kraftfahrzeug für eigene Rechnung in Gebrauch hat und die Verfügungsgewalt besitzt, die ein solcher Gebrauch voraussetzt.[2857] Während das **Anordnen** ein gezieltes Handeln erfordert, verlangt das **Zulassen** der Nutzung keine bewusste Willensentscheidung, sondern erfasst die Fälle, in denen der Halter die Fahrzeugnutzung ermöglicht. Halter dürfen demnach keine günstigen Bedingungen für die un-

2854 OLG Köln 22.1.1991 – Ss 586/90, NZV 1991, 360.
2855 OLG Köln 9.1.1968 – Ss 534/67, NJW 1968, 666. Der Betroffene handelt lediglich ordnungswidrig, vgl. oben.
2856 NK-GVR/Kerkmann, § 21 StVG Rn. 39.
2857 BGH 22.3.1983 – VI ZR 108/81, NJW 1983, 1492, 1493.

erlaubte Benutzung ihrer Fahrzeuge durch ungeeignete Führer setzen.[2858] Pönalisiert wird neben Vorsatztaten insbesondere das praktisch relevante fahrlässige Zulassen des Führens. Halter haben daher alles in ihren Kräften Stehende zu tun, um die Allgemeinheit vor der Benutzung ihres Fahrzeugs durch Unbefugte zu schützen.[2859] Hierbei sind an die Sorgfaltspflicht des Halters strenge Anforderungen zu stellen. So hat der Halter, der das Fahrzeug einem anderen überlässt, vorab zu prüfen, ob dieser im Besitz der erforderlichen Fahrerlaubnis ist. Er ist deshalb grundsätzlich verpflichtet, sich den Führerschein zeigen zu lassen, sofern er nicht zuvor sichere Kenntnis über das Vorhandensein einer Fahrerlaubnis erlangt hat.[2860]

> So ist der Ehegatte nach § 21 Abs. 1 Nr. 2, Abs. 2 Nr. 1 StVG strafbar, der seinen Schlüssel im ehelichen Haushalt so aufbewahrt, sodass es dem anderen Ehegatten, der bereits in der Vergangenheit das Fahrzeug ohne Fahrerlaubnis geführt hat, möglich ist, an diesen zu gelangen und das Fahrzeug in Betrieb zu nehmen.[2861]

IV. Übungsfall

1519 **Sachverhalt:**

A wird durch das Amtsgericht wegen einer Nötigung im Straßenverkehr zu einer Geldstrafe sowie einem dreimonatigen Fahrverbot (§ 44) verurteilt. Nach der Urteilsverkündung steigt A in seinen Pkw und fährt nach Hause. Strafbarkeit des A?

Lösungshinweise:

A bleibt straflos. Das vom Amtsgericht verhängte Fahrverbot (§ 44) ist mit der Urteilsverkündung nicht in Rechtskraft erwachsen, da die einwöchige Rechtsmittelfrist (§§ 314 Abs. 1, 341 Abs. 1 StPO) noch läuft. A war daher das Führen von Kraftfahrzeugen bei der Heimfahrt (noch) nicht nach § 44 verboten, sodass § 21 Abs. 1 Nr. 1 StVG nicht erfüllt ist. Anderes würde nur gelten, wenn Staatsanwaltschaft und Angeklagter auf die Einlegung von Rechtsmitteln (§ 302 StPO) wirksam verzichtet hätten. § 21 Abs. 2 Nr. 2 StVG wäre nur einschlägig, wenn der Führerschein aufgrund richterlicher Anordnung (§§ 111a StPO, 94 Abs. 3 StPO) sichergestellt oder beschlagnahmt wäre, wofür der Sachverhalt keine Anhaltspunkte liefert.

2858 BGH 8.6.1972 – 4 StR 50/72, NJW 1972, 1677, 1678.
2859 BGH 8.6.1972 – 4 StR 50/72, NJW 1972, 1677, 1678.
2860 Vgl. zu den Sorgfaltspflichten des Fahrzeughalters KG 16.9.2005 – (3) 1 Ss 340/05 (86/05), NJ 2006, 324 m. w. N.
2861 Details str., vgl. etwa LG Köln 17.7.1998 – 153–96/98, NZV 1999, 485.

F. § 142 Unerlaubtes Entfernen vom Unfallort

I. Vorbemerkungen

Die Vorschrift ist in ihrem Kern ein Vermögensgefährdungsdelikt.[2862] **Geschütztes Rechtsgut** ist die Feststellung und Sicherung der durch einen Unfall entstandenen zivilrechtlichen Ansprüche sowie die Abwehr unberechtigter Ansprüche.[2863] Daher legt der Tatbestand einem Unfallbeteiligten verschiedene Pflichten auf, die Feststellungen zu seiner Identität und dem Unfallhergang ermöglichen. Öffentliche Interessen – etwa an der Aufklärung und Ahndung von Unfällen – schützt der Tatbestand nicht.[2864] Da das Strafrecht vergleichbare Pflichten bei anderen deliktischen Schädigungen außerhalb des Straßenverkehrs nicht kennt, ist fraglich, ob die strafrechtliche Sonderbehandlung der Unfallteilnehmer zu legitimieren ist.[2865] Die hierzu angeführte „relative Anonymität der Unfallbeteiligten"[2866] dürfte auch in vielen anderen Bereichen, in denen es regelmäßig zu deliktischen Schädigungen kommt (Bsp.: Bereich des Umweltschutzes), gegeben sein.[2867] Daher überraschen wiederkehrende Forderungen und politische Bemühungen, den Tatbestand jedenfalls einzugrenzen, nicht. **1520**

Ein Blick auf die **Systematik des Tatbestands** ist für dessen Verständnis essenziell: § 142 Abs. 1 bestraft den Unfallbeteiligten (vgl. § 142 Abs. 5), der sich vor Ermöglichung der entsprechenden Feststellungen gegenüber anwesenden feststellungsbereiten Personen (Nr. 1) oder – sofern keine feststellungsbereiten Personen anwesend sind – ohne eine angemessene Zeit zu warten (Nr. 1) vom Unfallort entfernt. Hat sich der Unfallbeteiligte nach einer angemessenen Wartezeit entfernt oder ist sein dem Tatbestand unterfallendes Entfernen von einem Rechtfertigungs- oder Entschuldigungsgrund gedeckt, sind die notwendigen Feststellungen trotz Straflosigkeit weiterhin nicht getroffen. Hieran knüpft § 142 Abs. 2 an: In den in Nr. 1 und Nr. 2 genannten Konstellationen wird von dem Unfallbeteiligten im Nachgang verlangt, dass er die erforderlichen Feststellungen „unverzüglich nachträglich ermöglicht", wobei § 142 Abs. 3 Möglichkeiten zur Pflichterfüllung nennt. § 142 Abs. 2 bestraft also das Unterlassen nachträglicher Mitteilungen, so- **1521**

2862 Fischer, § 142 Rn. 2.

2863 BGH 11.4.2018 – 4 StR 583/17, NStZ 2018, 600, 601; BT-Drs. 7/2434, 4 f.; Sch/Sch/Sternberg-Lieben, § 142 Rn 1a.

2864 Lackner/Kühl/Heger, § 142 Rn. 1; BT-Drs. 7/2324, 4 f.

2865 Zumindest zweifelnd: BeckOK/Kudlich, § 142 Rn. 1; Fischer, § 142 Rn. 4 („Anachronismus"), anders hingegen: Lackner/Kühl/Heger, § 142 Rn. 1.

2866 So etwa LG Düsseldorf 6.5.2011 – 29 Ns 3/11, NStZ-RR 2011, 355, 356.

2867 Fischer, § 142 Rn. 4.

dass es sich um ein **echtes Unterlassungsdelikt** handelt. Letztlich schließen sich die vier Begehungsvarianten des Tatbestands gegenseitig aus: § 142 Abs. 1 Nr. 1 und Nr. 2 unterscheiden sich im Ausgangspunkt hinsichtlich der Anwesenheit feststellungsbereiter Personen an Unfallort. § 142 Abs. 2 kann nur eingreifen, wenn nicht bereits eine Strafbarkeit nach § 142 Abs. 1 gegeben ist. Die beiden Varianten des § 142 Abs. 2 knüpfen an verschiedene Aspekte an, die das vorangegangene Entfernen vom Unfallort (Einhaltung der Wartefrist nach Nr. 1 bzw. Rechtfertigungs- oder Entschuldigungsgrund nach Nr. 2) gestatteten. **§ 142 Abs. 4** enthält einen persönlichen **Strafaufhebungs- oder Milderungsgrund** mit einem eng begrenzten Anwendungsbereich.

1522 Der Tatbestand ist nach § 69 Abs. 2 Nr. 3 Indiztat für die **Entziehung der Fahrerlaubnis**, sofern der Täter weiß oder wissen kann, dass durch den Unfall ein Mensch getötet oder nicht unerheblich verletzt wurde oder an fremden Sachen ein bedeutender Schaden eingetreten ist. Die maßgebliche Grenze dürfte in letztem Fall bei etwa 1500 Euro anzusetzen sein.[2868] Gegebenenfalls kann eine einziehungssichernde Sicherstellung oder Beschlagnahme des Führerscheins nach § 94 Abs. 1, 3 StPO zu erwägen sein.

II. Prüfungsaufbau

1523 I. Tatbestandsmäßigkeit
- 1. Objektiver Tatbestand
  - a) Unfall im öffentlichen Straßenverkehr
  - b) Unfallbeteiligter (§ 142 Abs. 5)
  - c) Vorliegen einer der vier Begehungsvarianten
    - Abs. 1: Sichentfernen vom Unfallort vor
      - Nr. 1 Ermöglichung der Feststellungen zugunsten anwesender feststellungsbereiter Personen
      - Nr. 2 Ablauf einer angemessenen Wartezeit, ohne dass feststellungsbereite Personen anwesend waren
    - Abs. 2: Unterlassen der unverzüglichen Ermöglichung der Feststellungen nach Abs. 3 nach
      - Nr. 1 dem Entfernen nach Ablauf der angemessenen Wartezeit (Abs. 1 Nr. 2)
      - Nr. 2 berechtigtem oder entschuldigtem Entfernen vom Unfallort

2868 Vgl. hierzu etwa MüKo/v. Heintschel-Heinegg/Huber, § 69 Rn. 72: 1500 Euro; Lackner/Kühl/Heger, § 69 Rn. 7.

2. Subjektiver Tatbestand: Vorsatz (§ 15)

II. Rechtswidrigkeit

III. Schuld

IV. Tätige Reue, § 142 Abs. 4

III. Tatbestand

1. Unfall

Tatbestandliche Voraussetzung aller Begehungsvarianten ist das Vorliegen eines Unfalls im Straßenverkehr. **Unfall** ist ein zumindest für einen Beteiligten plötzliches und mit den typischen Gefahren des Straßenverkehrs zusammenhängende Ereignis, durch das ein nicht ganz belangloser Personen- oder Sachschaden verursacht wird.[2869] Ob ein **Schaden belanglos** ist, ergibt sich aus objektiven Maßstäben. Das ist im Hinblick auf das geschützte Rechtsgut des Tatbestands der Fall, wenn zivilrechtliche Schadensersatzansprüche vernünftigerweise nicht geltend gemacht werden. Bei einem Sachschaden dürfte die Grenze etwa bei 25 Euro zu ziehen sein.[2870] Bei Personenschäden ist die Erheblichkeitsschwelle bei geringfügigen Verletzungen, die nur kurzfristige Schmerzen verursachen und keiner ärztlichen Behandlung bedürfen, nicht überschritten, da dann nach den zivilrechtlichen Regelungen keine Schadensersatzansprüche bestehen.[2871] **1524**

Der Unfall muss mit den typischen Gefahren des Straßenverkehrs in einem **ursächlichen Zusammenhang** stehen. Dies ist neben Geschehnissen im fließenden Verkehr auch bei Schäden, die beim Be- und Entladen von Fahrzeugen verursacht werden,[2872] oder beim Anstoßen eines Einkaufswagens an ein Fahrzeug[2873] zu bejahen. **1525**

Umstritten sind Konstellationen, in denen **kein Kraftfahrzeug beteiligt** ist (Beispiel: Zusammenprall zweier Fußgänger auf einem Fußgängerüberweg). Richtigerweise können auch Kollisionen zwischen Fußgängern ein Unfall sein, da sich auch dann typische Gefahren des Straßenverkehrs realisieren können. [2874] § 142 Abs. 1 Nr. 1, wonach die Feststellung des „Fahr- **1526**

2869 BGH 27.7.1972 – 4 StR 287/72, BGHSt 24, 382, NJW 1972, 1960, 1960.
2870 Fischer, § 142 Rn 11.
2871 Zur Erheblichkeitsschwelle bei § 253 Abs. 2 BGB: BGH 27.5.1993 – III ZR 59/92, NJW 1993, 2173, 2175.
2872 Str. vgl. OLG Köln 19.7.2011 – 1 RVs 138/11, NStZ-RR 2011, 354. Übersichtlich zum Meinungsstand BeckOK/Kudlich, § 142 Rn. 6.2.
2873 OLG Düsseldorf 7.11.2011 – 1 RVs 62/11, NStZ 2012, 326.
2874 Lackner/Kühl/Heger, § 142 Rn. 6; Fischer, § 142 Rn 9.

zeugs“ zu ermöglichen ist, ist dahin gehend zu interpretieren, dass diese Pflicht nur im Falle der Beteiligung eines Fahrzeugs besteht.[2875]

1527 Unerheblich ist im Ausgangspunkt, wenn der Schaden von einem Beteiligten gewollt verursacht worden ist, also vorsätzliches Handeln vorliegt, solange sich das Geschehen für andere Beteiligte als Realisierung der für den Straßenverkehr typischen Gefahr darstellt.[2876]

Bewerfen die Insassen eines auf der Bundesautobahn fahrenden Kraftfahrzeugs einen vor ihnen fahrenden Pkw mit leeren Flaschen und beschädigen ihn, liegt zwar ein für einen Beteiligten plötzliches Ereignis vor. Dieses beruht aber nicht auf einer besonderen Gefahr, die dem Straßenverkehr eigen ist, sodass letztlich kein Unfall vorliegt.[2877]

1528 Der Unfall muss sich im Straßenverkehr (vgl. § 142 Abs. 1) ereignen. Hiermit gemeint ist ausschließlich der **öffentliche Straßenverkehr**[2878], da dieser die charakteristische Anonymität aufweist, die die Verhaltensgebote des § 142 rechtfertigen soll.[2879] Zur für diesen Tatbestand praktisch bedeutsamen Frage, wann der Verkehrsraum öffentlich ist, kann auf die Ausführungen zu § 316 verwiesen werden.[2880] Nicht erforderlich ist dagegen, dass der Schaden im öffentlichen Verkehrsraum eintritt.[2881]

Es genügt, wenn etwa ein Fahrzeug infolge eines Vorfahrtsverstoßes eines anderen Verkehrsteilnehmers von der (öffentlichen) Fahrbahn abkommt und ein auf einem Privatgrundstück parkendes Fahrzeug beschädigt.

2. Unfallbeteiligter (§ 142 Abs. 5)

1529 Als Täter kommt nur ein **Unfallbeteiligter** (§ 142 Abs. 5) in Betracht. Mittelbare Täterschaft oder Mittäterschaft durch nicht unfallbeteiligte Personen ist daher nicht möglich. Unfallbeteiligter ist derjenige, dessen Verhalten nach den Umständen zur Verursachung des Unfalls beigetragen haben kann, § 142 Abs. 5. Es handelt sich um einen Verdachtsbegriff, der keinen tatsächlichen Kausalbeitrag zum Unfall voraussetzt, sondern lediglich eine ex ante, nicht ganz unbegründete gegebene Verdachtslage.[2882]

2875 Rengier, BT II § 46 Rn. 4.
2876 OLG Jena 18.9.2007 – 1 Ss 191/07, NZV 2008, 366, 367.
2877 OLG Hamm 12.5.1982 – 7 Ss 343/82, NJW 1982, 2456, 2457.
2878 BGH 26.5.1955 – 4 StR 148/55, BGHSt 8, 263, 264, NJW 1955, 1078.
2879 MüKo StVR/Schwerdtfeger, § 142 Rn. 43; MüKo/Zopfs, § 142 Rn. 32.
2880 Rn. 1400.
2881 Fischer, § 142 Rn. 9.
2882 BayObLG 4.10.1999 – 2 St RR 177/99, NStZ-RR 2000, 140, 141.

Auf ein mögliches Verschulden des Verdächtigen kommt es nicht an.[2883] Der Beifahrer ist daher etwa Unfallbeteiligter, wenn der Verdacht besteht, dass er durch einen Griff in das Lenkrad oder eine unfallursächliche Anweisung an den Fahrer einen Beitrag zum Unfallgeschehen geleistet hat. Der Halter eines Fahrzeugs ist nicht per se Unfallbeteiligter. Zu fordern ist vielmehr ein Verhalten, das ein möglicherweise unfallrelevantes zusätzliches Gefahrenmoment geschaffen hat, etwa die Überlassung des Fahrzeugs an einen Fahruntüchtigen.[2884] Überdies muss der Unfallbeteiligte nach herrschender Auffassung[2885] zum Zeitpunkt des Unfalls am Unfallort anwesend sein. Praktisch relevant kann dieser Aspekt ohnehin nur werden, wenn der nicht fahrende Halter nach dem Unfall an die Unfallstelle kommt oder Beifahrer ist, da ansonsten das vom Tatbestand vorausgesetzte Entfernen nicht möglich ist.

Beispiel[2886]: Kommt der Führer eines Kraftfahrzeugs, das falsch geparkt war und dadurch einen Unfall mitverursacht hatte, nachträglich zum Unfallort, wird damit nach herrschender Auffassung keine Pflicht begründet, Feststellungen zu ermöglichen. Der Kraftfahrzeugführer darf sich wieder entfernen.

3. Tatsituation des § 142 Abs. 1 Nr. 1

Nr. 1 sanktioniert das **Sichentfernen** vom Unfallort, ohne dass der Täter die notwendigen Feststellungen zu Gunsten der anderen Unfallbeteiligten und Geschädigten ermöglicht. Denklogische Voraussetzung ist – in Abgrenzung zu Nr. 2 – die Anwesenheit **feststellungsbereiter Personen** am Unfallort. Dies sind in der Regel andere Unfallbeteiligte und Geschädigte (vgl. § 142 Abs. 3, Abs. 1 Nr. 1) sowie die Polizei. Sonstige Personen – etwa Passanten – zählen nur hierzu, wenn sie im Einzelfall bereit sind, die notwendigen Feststellungen zu treffen und an die Berechtigten weiterzugeben. Sind feststellungsbereite Personen anwesend, bestimmt § 142 Abs. 1 Nr. 1 zwei Pflichten des Unfallbeteiligten am Unfallort: **1530**

Zunächst verlangt § 142 Abs. 1 Nr. 1, dass der Unfallbeteiligte vor dem Verlassen der Örtlichkeit „zugunsten der anderen Unfallbeteiligten und der Geschädigten die Feststellung seiner Person, seines Fahrzeugs und der Art seiner Beteiligung durch seine Anwesenheit" ermöglicht (**passive Feststellungsduldungspflicht**). Dem genügt der Unfallbeteiligte durch sei- **1531**

2883 BGH 22.7.1960 – 4 StR 232/60, BGHSt 15, 1, NJW 1960, 2060.

2884 OLG Frankfurt a.M. 21.8.1995 – 3 Ss 222/95, NStZ-RR 1996, 86, 87.

2885 OLG Stuttgart 31.3.1992 – 1 Ss 124/92, NStZ 1992, 384, 384; OLG Köln 19.4.1988 – Ss 6/88-31, NJW 1989, 1683, 1684; Fischer § 142 Rn. 16; a. A. wohl Berz, NStZ 1992, 591.

2886 OLG Stuttgart 31.3.1992 – 1 Ss 124/92, NStZ 1992, 384.

ne bloße Anwesenheit, bis die für die Geltendmachung zivilrechtlicher Ansprüche notwendigen Feststellungen getroffen sind.

1532 Überdies hat Unfallbeteiligte diese Feststellungen durch seine „Angabe, dass er an dem Unfall beteiligt ist" (§ 142 Abs. 1 Nr. 1) zu ermöglichen (**aktive Vorstellungspflicht**). Es handelt sich um eine verfassungsrechtlich gebilligte Durchbrechung des Grundsatzes, dass der Täter nicht durch aktives Verhalten an der Aufklärung des Unfalls mitwirken muss.[2887] Seiner Vorstellungspflicht genügt der Unfallbeteiligte mit seiner Erklärung gegenüber den Berechtigten, möglicherweise an dem Unfall beteiligt zu sein.[2888] Damit soll verhindert werden, dass der Unfallbeteiligte, obwohl er am Unfallort verbleibt, nicht als solcher erkannt wird. Zu weiteren Angaben – etwa der Art der Beteiligung oder seinen Personalien – ist der Unfallbeteiligte gegenüber den feststellungsberechtigten Personen nicht verpflichtet.[2889] Tätigt der Unfallbeteiligte keine weiteren Angaben, ist er aufgrund der Feststellungsduldungspflicht bis zum Eintreffen der Polizei wartepflichtig.[2890] Gegenüber der Polizei besteht nach den allgemeinen prozessualen Regeln die Pflicht zu weiteren Angaben. Ist die Unfallbeteiligung bereits bekannt, entfällt die Vorstellungspflicht.[2891]

1533 Verzichten alle Berechtigten auf die Feststellungen, besteht keine passive Feststellungsduldungspflicht, sodass eine Strafbarkeit nicht in Betracht kommt.[2892] Ein solcher Feststellungsverzicht kann auch konkludent erklärt werden.

> Beispiele[2893] eines konkludenten Feststellungsverzichts: Wegfahren trotz Kenntnis der Unfallbeteiligung bedeutet, dass der Wegfahrende kein Interesse hat, Feststellungen zu anderen unfallbeteiligten Personen zu treffen; Schweigen des Berechtigten auf die Ankündigung eines Unfallbeteiligten, nunmehr die Unfallstelle verlassen zu wollen.

Problematisch sind Konstellationen, in denen der Verzicht durch Täuschung – etwa die Angabe unzutreffender Personalien durch den Unfallbeteiligten – erschlichen ist. Hier sind die Regeln zu der durch Täuschung erschlichenen rechtfertigenden Einwilligung anzuwenden, sodass die (kon-

2887 Sch/Sch/Sternberg-Lieben, § 142 Rn. 30. Zur Verfassungsmäßigkeit vgl. BVerfG 29.5.1963 – 2 BvR 161/63, BVerfGE 16, 191, NJW 1963, 1195.

2888 BayObLG 16.2.1984 – 1 St 327/83, NJW 1984, 1365; OLG Stuttgart 21.6.1982 – 3 Ss (12) 184/82, MDR 1982, 952; NK/Kretschmer, § 142 Rn. 58.

2889 OLG Stuttgart 21.6.1982 – 3 Ss (12) 184/82, NJW 1982, 2266.

2890 Rengier, BT II § 46 Rn. 26.

2891 BayObLG 1.10.1992 – 1 StRR 161/92, NJW 1993, 410.

2892 NK/Kretschmer, § 142 Rn. 94; Fischer, § 142 Rn. 30.

2893 NK/Kretschmer, § 142 Rn. 94.

kludente) Verzichtserklärung unwirksam ist, wenn sie auf die Täuschung zurückzuführen ist.[2894]

4. Tatsituation des § 142 Abs. 1 Nr. 2

§ 142 Abs. 1 Nr. 2 normiert eine **Wartepflicht**. Sind am Unfallort keine feststellungsbereiten Personen anwesend, muss der Beteiligte „eine den Umständen angemessene Zeit“ warten. Dieser recht unbestimmten gesetzlichen Formulierung ist mithin lediglich zu entnehmen, dass die Umstände des Einzelfalls für die Dauer maßgeblich sind und es daher keine starre zeitliche Grenze geben kann. Ein maßgeblicher Umstand ist im Hinblick auf das geschützte Rechtsgut insbesondere das Feststellungsinteresse der Berechtigten, welches sich im Ausgangspunkt nach der erkennbaren Schadenshöhe bestimmt. Zudem ist insbesondere zu fragen, ob und wann mit der Ankunft feststellungsbereiter Personen zu rechnen ist. Weiter ist zu berücksichtigen, welche Wartezeit dem Unfallbeteiligten zumutbar ist, wobei insbesondere das Interesse des Täters, den Unfallort zu verlassen, und die von ihm ergriffenen Maßnahmen zur Sicherung der Feststellungsmöglichkeit zu berücksichtigen sind.[2895] Die Praxis lässt häufig eine Wartezeit von etwa 30 Minuten genügen.[2896] **1534**

5. Tathandlung des § 142 Abs. 1

Als Tathandlung des § 142 Abs. 1 ist ein **Sichentfernen vom Unfallort** erforderlich. Der räumliche Bereich des **Unfallorts** geht über das umgangssprachliche Verständnis dieses Begriffs hinaus. Hierzu zählt nicht nur die Stelle, an der sich das schädigende Ereignis zugetragen hat, sondern auch die unmittelbare Umgebung, soweit der Unfallbeteiligte hier für feststellungsberechtigte Personen als solcher erkennbar ist.[2897] Der maßgebliche Radius bestimmt sich daher nach den Umständen des Einzelfalls; jedenfalls nicht hierzu zählen Orte außerhalb der Sichtweite der Unfallstelle.[2898] Für das Sichentfernen ist daher eine Ortsveränderung erforderlich. Es setzt nach herrschender Auffassung ein willentliches Verhalten voraus, sodass der Tatbestand etwa beim Abtransport eines Bewusstlosen oder der Anwendung von vis absoluta (Beispiel: vorläufige Festnahme) nicht erfüllt ist.[2899] **1535**

2894 OLG Stuttgart 21.6.1982 – 3 Ss (12) 184/82, NJW 1982, 2266, Fischer, § 142 Rn. 31a.
2895 NK/Kretschmer, § 142 Rn. 78.
2896 Rengier, BT II § 46 Rn. 34.
2897 OLG Stuttgart 31.3.1992 – 1 Ss 124/92, NStZ 1992, 384, 385; OLG Hamburg 27.3.2009 – 3–13/09, NZV 2009, 301, 301 f.; Fischer § 142 Rn. 20; MüKo/Zopfs, § 142 Rn. 47.
2898 OLG Hamburg 27.3.2009 – 3–13/09, NJW 2009, 2074, 2074; Fischer § 142 Rn. 20.
2899 Sch/Sch/Sternerg-Lieben, § 142 Rn. 43.

6. Unterlassen unverzüglicher Mitteilungen nach § 142 Abs. 2

1536 Nach § 142 Abs. 2 wird bestraft, wer sich nach Ablauf der Wartefrist (Abs. 2 Nr. 1) oder berechtigt bzw. entschuldigt (Abs. 1 Nr. 1) vom Unfallort entfernt hat, ohne dass er **unverzüglich nachträglich die erforderlichen Feststellungen** ermöglicht.

1537 Die Pflicht, Feststellungen nachträglich zu ermöglichen, wird (nur) durch die in § 142 Abs. 2 Nr. 1 und Nr. 2 beschriebenen Situationen begründet. Nach Ablauf der Wartefrist (Nr. 1) bezieht sich auf § 142 Abs. 1 Nr. 2. Berechtigt vom Unfallort entfernt sich (nur) derjenige, dem ein Rechtfertigungsgrund nach allgemeinen Regeln zur Seite steht. In Betracht kommt insbesondere der rechtfertigende Notstand (§ 34) oder sonstige Fälle rechtfertigender Pflichtenkollisionen, wenn sich der Täter etwa wegen eigener Verletzungen in das Krankenhaus begibt oder andere Verletzte dorthin bringt.[2900] Demgegenüber rechtfertigt die Erledigung wichtiger geschäftlicher Termine das Entfernen regelmäßig nicht.[2901] Entschuldigt entfernt sich, wer sich in einem die Schuldfähigkeit ausschließendem Zustand im Sinne von § 20 befindet oder sich auf Entschuldigungsgründe – etwa § 35 – berufen kann.[2902]

1538 Liegt eine solche Situation vor, ist der Unfallbeteiligte verpflichtet, die in § 142 Abs. 1 Nr. 1 genannten Feststellungen der Person, seines Fahrzeugs und der Art der Beteiligung **unverzüglich zu ermöglichen**.[2903] Abs. 3 nennt beispielhaft die praktisch bedeutsamsten Wege – Mitteilung gegenüber der Polizei oder dem Geschädigten – der Ermöglichung der Feststellungen samt entsprechender Inhalte. Weitere vorhandene Informationswege (telefonische Mitteilung, SMS, Nachricht in sozialen Netzwerken an Geschädigten etc.) stehen dem Täter im Grundsatz gleichermaßen offen. Der Täter muss die Feststellungen unverzüglich, also ohne schuldhaftes Zögern, ermöglichen. Die Frist läuft ab, wenn der Verpflichtete die ihm zur Verfügung stehende Zeit zur Ermöglichung der Feststellungen hat verstreichen lassen ohne tätig zu werden.[2904] Im Hinblick auf den Schutzzweck des Tatbestands ist die Länge der Handlungsfrist nach Art und Zeit des Unfalls, Schadenshöhe sowie Aufklärungsbedürftigkeit der zivilrechtlichen Verantwortlichkeit zu bemessen.[2905] Besteht infolge eines vermeidbaren Zuwartens die konkrete Gefahr, dass sich die Beweissituation verschlechtert, liegt keine unver-

2900 BGH 27.8.2014 – 4 StR 259/14, NStZ 2015, 265; BeckOK/Kudlich, § 142 Rn. 42; Fischer, § 142 Rn. 46f.
2901 BGH 21.6.1961 – 4 StR 544/60, BGHSt 16, 145, NJW 1961, 1933.
2902 Fischer, § 142 Rn. 47.
2903 Sch/Sch/Sternberg-Lieben, § 142 Rn 65.
2904 LK/Herb, § 142 Rn. 152.
2905 Sch/Sch/Sternberg-Lieben, § 142 Rn 65.

zügliche Meldung vor.[2906] Die Rechtsprechung verlangt, dass der Verpflichtete jede sich darbietende Chance zur Ermöglichung der Feststellungen nutzt, sofern ihm diese zumutbar ist.[2907] Er hat daher im eigentlichen Sinne kein Wahlrecht zwischen verschiedenen Mitteilungswegen.[2908] Das Unverzüglichkeitsgebot kann im Einzelfall dem Wunsch des Verpflichteten, die Einschaltung der Polizei zu vermeiden und den Geschädigten zu kontaktieren, entgegenstehen.[2909] Die einzelfallgeprägte Rechtsprechung lässt bei nächtlichen Unfällen mit eindeutiger Haftungslage und geringem Sachschaden die Tendenz erkennen, Meldungen bis zum frühen Vormittag (bis 9 oder 10 Uhr) des darauffolgenden Tages als unverzüglich anzusehen.[2910]

Umstritten ist, unter welchen Voraussetzungen der Unfallbeteiligte, der **1539** mangels Anwesenheit feststellungsbereiter Personen zunächst eine angemessene Zeit an der Unfallstelle gewartet hatte, durch einen **auf der Windschutzscheibe des Berechtigten angebrachten Zettel** mit seinen Kontaktdaten seiner nachträglichen Feststellungspflicht genügen kann.[2911] Der Feststellungspflicht kann genügt sein, wenn der Zettel den Feststellungsberechtigten erreicht und auf dessen Kontaktaufnahme hin weitere Angaben getätigt werden. Fraglich ist dann, ob diese Feststellungen unverzüglich ermöglicht wurden. Hier ist im Hinblick auf das Feststellungsinteresse des Berechtigten im Hinblick auf das konkrete Unfallgeschehen zu unterscheiden: Handelt es sich um einen Unfall mit eindeutiger Haftungslage (Bsp.: Kollisionen mit geparkten Fahrzeugen) und ist der Sachschaden nicht besonders hoch, erscheint die Mitteilung unverzüglich. Ist dagegen etwa die Haftungslage diffizil oder verschlechtern sich die Beweismöglichkeiten des Berechtigten aufgrund des etwa im Vergleich zur telefonischen Verständigung einer Polizeidienststelle einhergehenden Zeitverzugs, ist die Mitteilung verspätet. Erreicht die angebrachte Nachricht den Feststellungsberechtigten – egal aus welchem Grund (Windstoß, Witterungseinflüsse, Entfernung des Zettels durch Dritte o. ä.) – nicht, hat der Verpflichtete die Feststellungen (noch) nicht ermöglicht, da hierfür ein Erfolg der Bemühungen zu verlangen ist. Meldet sich also der Berechtigte während des Zeitraums, in dem ein entsprechender Unfall sowie die Nachricht an der Windschutzscheibe üblicherweise bemerkt wird, nicht, hat der Verpflichtete so-

2906 BeckOK/Kudlich, § 142 Rn 37; Sch/Sch/Sternberg-Lieben, § 142 Rn. 65; Fischer, § 142 Rn. 54.
2907 BGH 29.11.1979 – 4 StR 624/78, BGHSt 29, 138, NJW 1980, 896.
2908 NK/Kretschmer, § 142 Rn. 148.
2909 BGH 29.11.1979 – 4 StR 624/78, BGHSt 29, 138, NJW 1980, 896.
2910 MüKo/Zopfs, § 142 Rn. 110 m. w. N.
2911 Vgl. hierzu Hartman-Hilter, NZV 1992, 429; OLG Zweibrücken 15.2.1990 – 1 Ss 219/89, BeckRS 1990, 8081.

dann einen anderen Mitteilungsweg (Kontaktaufnahme zur Polizei o. ä.) zu wählen. Erfolgt diese Mitteilung unmittelbar nach Ablauf dieser Zeitspanne, wäre die (weitere) Meldung sodann richtigerweise noch unverzüglich erfolgt, weil der durch das Nichterreichen des Zettels einhergehende Zeitverzug dem Verpflichteten nicht vorzuwerfen ist. Teilweise[2912] wird in diesen Fällen eine unverzügliche Ermöglichung verneint und die Lösung letztlich über den subjektiven Tatbestand gesucht: Bis zu dem Zeitpunkt, zu dem der Verpflichtete von einer Kontaktaufnahme durch den Berechtigten ausgehen darf, unterliege er im Hinblick auf die Nichterfüllung seiner Pflicht einem Tatbestandsirrtum (§ 16 Abs. 1). Nach beiden Auffassungen ist im Ergebnis eine Strafbarkeit anzunehmen, wenn der Verpflichtete die Feststellungen nicht unverzüglich ermöglicht, nachdem der Zeitraum, innerhalb dem sich der Berechtigte üblicherweise meldet, vergangen ist.

1540 Der nachträglichen Feststellungspflicht genügt der Täter nicht, wenn er absichtlich die Feststellungen vereitelt, § 142 Abs. 3 S. 2.

Beispiel:

Der Täter beseitigt Unfallspuren an seinem Fahrzeug oder beeinflusst Zeugen.[2913]

7. Subjektiver Tatbestand

1541 Der Täter muss **vorsätzlich** handeln, § 15. Von besonderer praktischer Relevanz ist gerade bei Kollisionen mit parkenden Fahrzeugen die Frage, ob der Täter diese bemerkt hat und daher Vorsatz bezüglich des objektiven Tatbestandsmerkmals des Unfalls hat. Insoweit können bei hinreichenden tatsächlichen Anknüpfungstatsachen Sachverständige Feststellungen zur taktilen, akustischen und optischen Wahrnehmbarkeit einer Kollision treffen. Die Feststellungen können indes lediglich Grundlage der richterlichen Überzeugungsbildung (§ 261 StPO) sein. Die bloße (sachverständige) Feststellung der Wahrnehmbarkeit genügt zur Annahme des subjektiven Tatbestands nicht, da bei einer bloßen Wahrnehmbarkeit für den Unfallbeteiligten lediglich Fahrlässigkeit vorliegen würde. Daher ist die Überzeugung von der Tatsache, dass der Unfallbeteiligte die Kollision bemerkte und zumindest billigend in Kauf nahm, durch das Auffahren sei möglicherweise ein nicht ganz unerheblicher Fremdschaden entstanden, notwendig.[2914] Freilich wird diese Überzeugung vielfach in Fällen, in

2912 Hartman-Hilter, NZV 1992, 429, 431; OLG Zweibrücken 15.12.1990 – 1 Ss 219/89.
2913 Beispiele nach Lackner/Kühl/Heger, § 142 Rn. 30.
2914 Vgl. zu praktisch relevanten Vorsatzfragen etwa KG 21.12.2011 – (3) 1 Ss 389/11 (127/11), NZV 2012, 497; OLG Köln 3.5.2011 – III-1 RVs 80/11, NZV 2011, 510.

denen die Kollision akustisch, visuell und taktil wahrnehmbar war, gebildet werden können.

IV. Milderung oder Absehen von Strafe

§ 142 Abs. 4 enthält einen Strafaufhebungs- oder Milderungsgrund nach **1542**
§ 49 Abs. 1. Voraussetzung ist, dass der Unfallbeteiligte innerhalb von 24 Stunden nach einem Unfall außerhalb des fließenden Verkehrs, der ausschließlich nicht bedeutenden Sachschaden (Wertgrenze etwa 1500 Euro[2915]) zur Folge hat, freiwillig die Feststellungen nachträglich ermöglicht. Liegen die Voraussetzungen vor und wird nicht von Strafe abgesehen, ist der Strafrahmen gemäß § 49 Abs. 1 zu mildern. In der Praxis findet die Vorschrift kaum Anwendung.[2916]

V. Übungsfall

Sachverhalt: **1543**

A parkt sein Fahrzeug auf einem Supermarktparkplatz rückwärts in eine enge Parklücke ein, wobei er einen parkenden Pkw touchiert, an dem ein Sachschaden von 500 Euro entsteht. A ist sich unsicher, ob er den Pkw tatsächlich touchierte, und bittet seine Tochter T, auszusteigen und nachzusehen. Diese gibt nach kurzer Begutachtung an, keine Schäden gesehen zu haben. Aufgrund der Aufregung ist A, der seiner Tochter glaubt, die Lust auf einen Einkauf vergangen, sodass er den menschenleeren Parkplatz verlässt und nach Hause fährt. Nachdem A und T ihren Wohnort erreicht haben, berichtet T, sie habe vorhin gelogen und an beiden Fahrzeugen seien diverse Schäden vorhanden. In der Folgezeit unternimmt A, der nunmehr aufgrund der detaillierten Schilderung der T von den eingetretenen Schäden überzeugt ist, nichts. Strafbarkeit des A?

Lösungshinweise:

A könnte sich durch das Verlassen des Parkplatzes nach der Kollision gemäß § 142 Abs. 1 Nr. 2 strafbar gemacht haben. Es liegt ein Unfall vor, der sich im öffentlichen Verkehrsraum ereignete, da der Supermarktparkplatz allen Kunden und daher einem unbestimmten Personenkreis zur Nutzung offen steht. Es waren keine feststellungsbereiten Personen anwesend. Der Unfallbeteiligte A

2915 Str. vgl. Fischer, § 142 Rn. 64; MüKo/Zopfs, § 142 Rn. 131 mit zahlreichen Rechtsprechungsnachweisen zu Wertgrenzen.

2916 Fischer, § 142 Rn. 62; Sch/Sch/Sternberg-Lieben, § 142 Rn. 88: verschwindend geringe Anwendung; MüKo/Zopfs, § 142 Rn. 129: „Regelung findet in der Praxis nahezu keine Beachtung".

(§ 142 Abs. 5) hat sich unmittelbar nach der Kollision und daher vor Ablauf der Wartefrist entfernt, sodass der objektive Tatbestand erfüllt ist. A unterlag aber einem Tatbestandsirrtum (§ 16 Abs. 1), da er zum Zeitpunkt des Verlassens des Parkplatzes und daher bei Begehung der Tat keine Kenntnis von dem Eintritt eines nicht unerheblichen Sachschadens am anderen Fahrzeug hatte. Die möglicherweise fahrlässige Unkenntnis genügt nicht. Indes könnte sich A nach § 142 Abs. 2 Nr. 2 strafbar gemacht haben, da er die erforderlichen Feststellungen nach der Mitteilung von T, einen Schaden verursacht zu haben, nicht nachträglich ermöglichte. Zu fordern ist hierfür, dass sich A berechtigt oder entschuldigt vom Unfallort entfernt hat. Ausweislich des Gesetzeswortlauts ist hiermit das Vorliegen eines Rechtfertigungs- oder Entschuldigungsgrunds gemeint. Das vorsatzlose Entfernen kann dem berechtigten oder entschuldigten Entfernen nicht gleichgestellt werden, da dem der Gesetzeswortlaut als Auslegungsgrenze (Art. 103 Abs. 2 GG) entgegen steht.[2917] A bleibt daher straflos.

2917 BVerfG 19.3.2007 – 2 BvR 2273/06, NJW 2007, 1666; JuS 2007, 689.

18. KAPITEL Straftaten im Amt

A. Echte und unechte Amtsdelikte

Amtsdelikte sind **Sonderdelikte**, weil bei ihnen nur bestimmte Personen als Täter in Betracht kommen.[2918] 1544

Amtsdelikte werden in echte und unechte unterschieden. Bei **echt**en Amtsdelikten – wie bspw. den Bestechlichkeitsdelikten § 331 und § 332 – wirkt die Amtsträgereigenschaft **strafbegründend**; bei **unecht**en Amtsdelikten – wie bspw. der Körperverletzung im Amt (§ 340) – wirkt die Amtsträgereigenschaft hingegen „lediglich" **strafschärfend**.[2919] 1545

Das bedeutet, dass

- Täter eines **echten Amtsdelik**tes gem. § 25 nur die im Tatbestand genannte Amtsperson oder amtsnahe Person sein kann und externe Dritte (Anm.: die diese Eigenschaft also nicht aufweisen) nur Teilnehmer sein können.[2920] Da die Amtsträgereigenschaft ein sog. **besonderes persönliches Merkmal**[2921] darstellt, das bei einem echten Amtsdelikt strafbegründend wirkt, ist gem. § 28 Abs. 1 die Strafe des Teilnehmers zu mildern.
- ein **unechtes Amtsdelikt** für den entsprechenden Amtsträger einen Qualifikationstatbestand darstellt (wie bspw. § 340), der zugehörige Grundtatbestand (in vorliegendem Bsp. dann § 223) aber auch von außenstehenden Dritten begangen werden kann (§ 28 Abs. 2).[2922]

Amtsdelikte sind nicht ausschließlich in den §§ 331 ff. geregelt. 1546

So handelt es sich bspw. auch bei § 258a (Strafvereitelung im Amt) um ein unechtes Amtsdelikt (s. Rn. 1013).

B. Überblick zu den §§ 331 ff.

Der 30. Abschnitt des Besonderen Teils des StGB enthält zahlreiche Strafbestimmungen. 1547

2918 Rengier, BT II § 59 Rn. 1.
2919 Zum Ganzen Hilgendorf/Valerius, BT I § 7 Rn. 1.
2920 BeckOK/von Heintschel-Heinegg/Trüg, § 331 Rn. 2.1.
2921 Hierzu ausf. Schütze, AT Rn. 469 ff.
2922 BeckOK/von Heintschel-Heinegg/Trüg, § 331 Rn. 2.1.

Ein besonderes Augenmerk soll nachfolgend zunächst insbesondere auf die §§ 331 bis 334 gerichtet werden, die die **Vorteilsannahme** und **-gewährung** sowie die **Bestechlichkeit** und **Bestechung** unter Strafe stellen.

Sodann wird auf die **Körperverletzung im Amt** (§ 340) sowie – aufgrund ihrer besonderen Bedeutung für den polizeilichen Bereich – auf die **Aussageerpressung** (§ 343), die **Verfolgung Unschuldiger** (§ 344) und die **Verletzung des Dienstgeheimnisses und einer besonderen Geheimhaltungspflicht** (§ 353b) eingegangen.

C. Bestechungsdelikte

I. Vorbemerkungen

1548 Welches Rechtsgut bzw. welche Rechtsgüter genau und in welchem Verhältnis zueinander die §§ 331 bis 334 schützen, ist im Einzelnen umstritten.[2923] Abgestellt wird hierbei – in unterschiedlicher Ausprägung – auf die sog. **Lauterkeit des öffentlichen Dienstes** sowie das **Vertrauen der Allgemeinheit in diese Lauterkeit**.[2924]

1549 Die §§ 331 bis 334 lassen sich unter verschiedenen Gesichtspunkten systematisieren (s. nachfolgende Tabelle).

Tab. 11 §§ 331–334: Systematik

Vorschrift	Täterin/Täter	Dienstausübung/ Diensthandlung
§ 331 Abs. 1 = Vorteils**annahme**	(Europ.) Amtsträger/für d. öff. Dienst besonders Verpflichtete	pflichtgemäß
§ 333 = Vorteils**gewährung**	Jede/-r	pflichtgemäß
§ 332 Abs. 1 = Bestech**lichkeit**	(Europ.) Amtsträger/für d. öff. Dienst besonders Verpflichtete	pflichtwidrig
§ 334 = Bestech**ung**	Jede/-r	pflichtwidrig

Bei § 331 Abs. 1 (Vorteilsannahme) und § 332 Abs. 1 (Bestechlichkeit) sind Täterin oder Täter (Europäische) Amtsträger oder für den öffentlichen Dienst besonders Verpflichtete. Bei § 333 (Vorteilsgewährung) und § 334 (Bestechung) ist hingegen jede oder jeder taugliche Täterin oder Täter.

2923 Im Einzelnen hierzu MüKo/Korte, § 331 Rn. 2ff.
2924 Fischer, § 331 Rn. 2 m.w.N.; MüKo/Korte, § 331 Rn. 7; LK/Sowada, vor § 331ff. Rn. 29ff.

Bei § 331 Abs. 1 und § 333 Abs. 1 ist die Dienstausübung des (Europäischen) Amtsträgers oder für den öffentlichen Dienst besonders Verpflichteten pflichtgemäß, bei § 332 Abs. 1 und § 334 Abs. 1 ist bzw. wäre hingegen die Diensthandlung pflichtwidrig.

Was die Art der Tathandlung angeht, entsprechen sich § 331 und § 333 sowie § 332 und § 334 jeweils spiegelbildlich.

In der Fallbearbeitung empfiehlt es sich, mit §§ 331, 332 zu beginnen und **1550**
erst anschließend §§ 333, 334 zu prüfen.[2925]

§ 335 regelt **besonders schwere Fälle** der Bestechlichkeit und Bestechung. **1551**

II. Vorteilsannahme und Bestechlichkeit

§ 331 Abs. 1 und § 332 Abs. 1 beziehen sich auf die sog. *Nehmer*seite: Ein **1552**
(Europäischer) Amtsträger oder für den öffentlichen Dienst besonders Verpflichteter fordert, nimmt an oder lässt sich einen Vorteil versprechen. Die beiden Vorschriften unterscheiden sich dadurch, dass dies bei § 331 Abs. 1 für die (reguläre) Dienstausübung geschieht, wohingegen die Vorteilsannahme zur Bestechlichkeit (§ 332 Abs. 1) wird, wenn der Vorteil Gegenleistung für eine Diensthandlung ist, durch die Dienstpflichten verletzt werden oder würden.

1. Prüfungsaufbau der §§ 331 Abs. 1, 332 Abs. 1

I. Tatbestandsmäßigkeit **1553**

1. Objektiver Tatbestand
   - (Europ.) Amtsträger/für den öff. Dienst besonders Verpflichteter
   - Tatgegenstand: Vorteil
   - Tathandlung:
     - fordern

       oder
     - sich versprechen lassen

       oder
     - annehmen

2925 Eisele, BT I Rn. 1602.

- Dienstausübung (§ 331 Abs. 1)
  oder
  pflichtwidrige Diensthandlung (§ 332 Abs. 1)
- Unrechtsvereinbarung

2. Subjektiver Tatbestand
   Vorsatz

II. Rechtswidrigkeit

III. Schuld

2. Objektiver Tatbestand

a) Täterin/Täter

1554 Täterin bzw. Täter der Vorteilsannahme (§ 331 Abs. 1) und Bestechlichkeit (§ 332 Abs. 1) können nur Amtsträger, Europäische Amtsträger oder für den öffentlichen Dienst besonders Verpflichtete sein.

Wer jeweils hierunter fällt, kann den entsprechenden Definitionen in **§ 11** entnommen werden: **Abs. 1 Nr. 2** bzgl. der Amtsträger, **Abs. 1 Nr. 2a** bzgl. der Europäischen Amtsträger und **Abs. 1 Nr. 4** bzgl. für den öffentlichen Dienst besonders verpflichteter Personen.

b) Tatgegenstand

1555 Gegenstand der Tat aus §§ 331, 332 ist ein **Vorteil**, entweder für die **Täterin/den Täter** oder für einen **Dritten**.

1556 Unter einem solchen Vorteil ist jede Leistung des Zuwendenden zu verstehen, welche den Amtsträger oder einen Dritten **materiell oder immateriell** in seiner wirtschaftlichen, rechtlichen oder auch nur persönlichen Lage **objektiv besserstellt** und auf die er **keinen** rechtlich begründeten **Anspruch** hat.[2926]

Beispiele:

- Geld- oder Sachgeschenke, Gutscheine[2927], Einräumung von Rabatten (selbst wenn dies für den Amtsträger tatsächlich nicht wirtschaftlich vorteilhaft ist[2928]) und sonstigen Vergünstigungen, Einladungen zu Essen und ansonsten

2926 Fischer, § 331 Rn. 11 m.w.N. sowie § 332 Rn. 3.
2927 Hilgendorf/Valerius, BT I § 7 Rn. 12.
2928 BGH 11.4.2001 – 3 StR 503/00, NJW 2001, 2558, 2559, der beispielhaft einen erhöhten Preis anführt, auf den der Rabatt gewährt wird.

entgeltlichen Veranstaltungen (wie bspw. zu einer Fußballweltmeisterschaft[2929]), Beschaffung eines Arbeitsplatzes für Bekannte des Amtsträgers als Drittvorteil[2930]

(*materielle* Vorteile)

- Gewährung von Geschlechtsverkehr[2931]

(*immateriell*er Vorteil)

Nicht aber hingegen bspw. die bloße Befriedigung des Ehrgeizes oder der Eitelkeit des Amtsträgers[2932].

Auf den Wert der Zuwendung kommt es nach h. M. nicht an, sodass **auch geringwertige** Vorteile (z. B. Werbegeschenke) den §§ 331 ff. unterfallen.[2933] Teilweise wird bei sog. **sozialadäquaten Vorteilszuwendungen** der Begriff des Vorteils verneint.[2934] Überzeugender erscheint jedoch, die Frage der Sozialadäquanz von Zuwendungen im Rahmen der sog. Unrechtsvereinbarung zu erörtern (s. dazu näher Rn. 1570).[2935] 1557

c) Tathandlung

Mögliche Tathandlungen der Vorteilsannahme oder Bestechlichkeit sind das Fordern, das Sich-versprechen-Lassen und das Annehmen eines Vorteils. Diese Handlungsmodalitäten schließen sich nicht gegenseitig aus.[2936] 1558

Fordern ist das **einseitige Verlangen** eines Vorteils, das ausdrücklich oder konkludent, auch in versteckter oder verschleierter Form, erklärt werden kann.[2937] 1559

Eine Anregung bzw. ein Vorschlag erfüllt noch nicht die Voraussetzungen eines Verlangens.[2938]

Das **Sich-versprechen-Lassen** setzt die ausdrückliche oder konkludente **Annahme des Angebots** vom Vorteilsgeber voraus, dem Vorteilsnehmer 1560

2929 Hierzu BGH 14.10.2008 – 1 StR 260/08, NJW 2008, 3580 ff.
2930 MüKo/Korte, § 331 Rn. 83.
2931 BGH 7.4.2020 – 6 StR 52/20, NJW 2020, 2484, 2486.
2932 Dazu tendierend im Zusammenhang mit der Einwerbung sog. Drittmittel BGH 23.5.2002 – 1 StR 372/01, NJW 2002, 2801, 2804; im Übrigen und weiterf. bspw. Rengier, BT II § 60 Rn. 13.
2933 LK/Sowada, § 331 Rn. 34 sowie § 332 Rn. 4.
2934 S/S/W/Rosenau/Lorenz, § 331 Rn. 16.
2935 Ausf. dazu LK/Sowada, § 331 Rn. 34. Anders bspw. Eisele, BT I Rn. 1629, der für die Straflosigkeit auf die allgemeinen Grundsätze der objektiven Zurechnung abstellt.
2936 MüKo/Korte, § 331 Rn. 71.
2937 MüKo/Korte, § 331 Rn. 72 sowie § 332 Rn. 5.
2938 BeckOK/Trüg, § 331 Rn. 24.

später einen Vorteil zu gewähren; erforderlich ist eine entsprechende Willensübereinstimmung beider Seiten.[2939]

1561 **Annehmen** bedeutet die **tatsächliche Entgegennahme** eines – geforderten oder angebotenen[2940] – Vorteils[2941], mit dem Ziel eigener Verfügungsgewalt oder mit dem Ziel, den Vorteil einem Dritten zukommen zu lassen[2942].

Nach h.M. liegt aber kein Annehmen vor, wenn der Amtsträger den Vorteil nur entgegennimmt, um den Gewährenden zu **überführen**, da es dann am Willen fehlt, den Vorteil selbst zu behalten/einem Dritten zukommen zu lassen.[2943]

d) Dienstlicher Bezug und Unrechtsvereinbarung

1562 Bezugspunkt der Tathandlung ist bei § 331 Abs. 1 die **allgemeine Dienstausübung**, bei § 332 Abs. 1 eine **bestimmte, pflichtwidrige Diensthandlung.**[2944] Der Vorteil muss hierbei **für** die Dienstausübung bzw. als **Gegenleistung für** die pflichtwidrige Diensthandlung gefordert werden.

aa) Dienstausübung

1563 Für das Merkmal der **Dienstausübung** ist *kein* Bezug zu einer bestimmten, konkreten Diensthandlung erforderlich, es reicht vielmehr aus, dass der Vorteil für die **allgemeine dienstliche Tätigkeit**, d.h. die Wahrnehmung von Aufgaben in amtlicher Stellung, gewährt wird.[2945] Hierdurch wollte der Gesetzgeber Beweisschwierigkeiten insbesondere in Fällen, in denen sich eine Zuwendung nicht eindeutig einer Diensthandlung zuordnen ließ, vermeiden.[2946]

Erfasst werden auch Fälle von Zuwendungen als „Dankeschön", für „Wohlverhalten" oder allgemein zur „**Klimapflege**", die (noch) nicht auf eine bestimmte Diensthandlung als Gegenleistung abzielen.[2947]

Beispiel:

Bauunternehmer B überreicht dem Leiter des städtischen Bauamtes 50.000 Euro „auf gute Zusammenarbeit".

Keine Dienstausübung oder Diensthandlung sind **Privathandlungen** der Amtsperson, auch wenn sie bei Gelegenheit einer Diensthandlung, während

2939 Rengier, BT II § 60 Rn. 22.
2940 Fischer, § 331 Rn. 20.
2941 MüKo/Korte, § 331 Rn. 77 sowie § 332 Rn. 5.
2942 BeckOK/Trüg, § 331 Rn. 26.
2943 MüKo/Korte, § 331 Rn. 81 m.w.N., auch zur Gegenauff.
2944 Vgl. Rengier, BT II § 60 Rn. 27; Eisele, BT I Rn. 1603f.
2945 Eisele, BT I Rn. 1630. Liegt eine konkrete Diensthandlung vor, wird diese aber selbstverständlich auch erfasst, BeckOK/Trüg, § 331 Rn. 14.
2946 Vgl. BT-Drs. 13/8079, S. 15.
2947 Inkl. nachf. Bsp. Wessels/Hettinger/Engländer, BT 1 Rn. 1085.

der Dienstzeit oder unter Ausnutzung der im Dienst erworbenen Kenntnisse vorgenommen werden oder eine Dienstpflichtverletzung enthalten.[2948]

bb) Pflichtwidrige Diensthandlung

Eine Diensthandlung liegt nach der gefestigten Rspr. des BGH jedenfalls dann vor, wenn das Handeln zu den **dienstlichen Obliegenheiten** des Amtsträgers gehört und von ihm in **dienstlicher Eigenschaft** vorgenommen wird.[2949] 1564

Beispiele:[2950]

Erteilung von Genehmigungen, Bewilligung von Geldern, Bewachung von Gefangenen.

§ 336 stellt klar, dass der Vornahme einer Diensthandlung deren **Unterlassen** gleichsteht. 1565

Beispiel:[2951]

Polizeibeamter P konsumiert regelmäßig in der Gaststätte G kostenlos zwei Bier als Gegenleistung dafür, dass er bzgl. ihm bekannter Verstöße gegen das Gaststättengesetz nicht einschreitet.

§ 332 Abs. 1 fordert, dass durch die Vornahme der Diensthandlung (bzw. deren Unterlassen) die **Dienstpflichten verletzt** werden oder würden. 1566

cc) Unrechtsvereinbarung

§ 331 Abs. 1 fordert einen Vorteil **für** die Dienstausübung, § 332 Abs. 1 einen Vorteil als **Gegenleistung für** die Vornahme einer Diensthandlung. Erforderlich ist also eine sog. Unrechtsvereinbarung: Es muss die **zumindest stillschweigende Übereinkunft** zwischen Amtsträger und Zuwendendem bestehen, dass der Vorteil ein Äquivalent (= Gegenwert[2952]) für die Dienstausübung bzw. Diensthandlung darstellt.[2953] 1567

Dass angesichts der Regelung in § 331 Abs. 1 hierfür auch eine Verknüpfung mit der bloßen Dienstausübung genügt, liegt darin begründet, dass auch schon einem bewussten Handeln von Amtsträgern begegnet werden soll, mit dem ein **böser Anschein möglicher „Käuflichkeit"** erweckt wird[2954]. 1568

2948 Lackner/Kühl/Heger, § 331 Rn. 9 m. w. N.
2949 BGH 7.4.2020 – 6 StR 52/20, NJW 2020, 2484, 2485.
2950 Rengier, BT II § 60 Rn. 29.
2951 BGH 3.12.1997 – 2 StR 267/97, NStZ 1998, 194.
2952 Kindhäuser/Schramm, BT I § 71 Rn. 28a.
2953 BeckOK/Trüg, § 331 Rn. 27.
2954 BGH 2.2.2005 – 5 StR 168/04, NStZ 2005, 334, 335.

1569 Die (angestrebte) Unrechtsvereinbarung, die, so der BGH, „**Kernstück aller Bestechungsdelikte**“[2955] ist, erfordert, dass Ziel der Vorteilszuwendung ist, auf die künftige Dienstausübung (Anm.: bzw. vorzunehmende Diensthandlung) Einfluss zu nehmen und/oder die vergangene Dienstausübung (Anm.: bzw. vorgenommene Diensthandlung) zu honorieren.[2956] Als mögliche **Indizien** für eine regelmäßig vorzunehmende Gesamtschau stellt der BGH ab auf:

- die Plausibilität einer anderen – behaupteten oder sonst in Betracht kommenden – Zielsetzung,
- die Stellung des Amtsträgers und Beziehung des Vorteilsgebers zu dessen dienstlichen Aufgaben (bestehen bspw. dienstliche Berührungspunkte?),
- Vorgehensweise (besteht bspw. Heimlichkeit?),
- Art, Wert und Zahl der Vorteile.

Je nach Tathandlung unterscheidet sich der Grad der Verwirklichung der Unrechtsvereinbarung:

Beim Fordern wird sie **angestrebt** (was zur Vollendung genügt!), beim Sich-versprechen-Lassen wird sie **geschlossen** und beim Annehmen **realisiert**.[2957]

1570 Der Zusammenhang zwischen Dienstausübung und Zuwendung fehlt in Fällen sog. **Sozialadäquanz**, wobei als sozialadäquat solche Leistungen angesehen werden können, die der Höflichkeit oder Gefälligkeit entsprechen und sowohl sozial üblich als auch unter Gesichtspunkten des Rechtsgutsschutzes allgemein gebilligt sind.[2958]

Beispiele:

Kleines Werbegeschenk wie ein Kugelschreiber[2959]; Annahme eines Geburtstagsgeschenks aus dem Kreis der Kollegen im üblichen Rahmen[2960].

Welchen Wert die „übliche“ Zuwendung haben darf, hängt vom **Einzelfall** ab.[2961] Häufig wird von einer Obergrenze von 30 bis 50 EUR ausgegangen, wobei aber – **losgelöst von einer starren Wertgrenze** – insbesondere Stellung und Inhalt der Dienstaufgaben des Amtsträgers, die Nähe zwischen

2955 BGH 14.10.2008 – 1 StR 260/08, NJW 2008, 3580, 3582.
2956 Auch zu den folgenden Indizien BGH 14.10.2008 – 1 StR 260/08, NJW 2008, 3580, 3583.
2957 Rengier, BT II § 60 Rn. 45 f.
2958 Fischer, § 331 Rn. 25.
2959 Sch/Sch/Heine/Eisele, § 331 Rn. 40.
2960 LK/Sowada, § 331 Rn. 73.
2961 Rengier, BT II § 60 Rn. 20.

den dienstlichen Aufgaben und dem Anlass der Vorteilszuwendung sowie die (abstrakte) Möglichkeit der unlauteren Beeinflussung der Amtsführung zu berücksichtigen sein dürften.[2962]

> Speziell für **Beamtinnen und Beamte** ist dienstrechtlich die Regelung in § 42 Abs. 1 S. 1 BeamtStG zu beachten, wonach diese **keine** Belohnungen, Geschenke oder sonstigen Vorteile für sich oder eine dritte Person in Bezug auf ihr Amt fordern, sich versprechen lassen oder annehmen dürfen und Ausnahmen hiervon der Zustimmung des Dienstherrn bedürfen. Einzelheiten dazu (z. B. dazu, welche Zustimmung für die Annahme als allgemein erteilt anzusehen ist) regelt bspw. in Baden-Württemberg Nr. 32 der BeamtVwV.

Bezieht sich die Tat auf eine **künftige Handlung**, greift § 332 Abs. 1 bereits dann, wenn sich der Täter dem anderen gegenüber **bereit gezeigt** hat, bei der Handlung seine Pflichten zu verletzen (§ 332 Abs. 3 Nr. 1), oder sich – im Rahmen von Ermessensentscheidungen – bereit gezeigt hat, sich bei Ausübung des Ermessens durch den Vorteil beeinflussen zu lassen (§ 332 Abs. 3 Nr. 2). Ob der Amtsträger die künftige Diensthandlung später tatsächlich vornimmt, spielt dabei keine Rolle.[2963] **1571**

3. Subjektiver Tatbestand

In subjektiver Hinsicht setzen §§ 331 Abs. 1, 332 Abs. 1 (zumindest **bedingten) Vorsatz** voraus.[2964] **1572**

4. Rechtswidrigkeit

Bei der Vorteilsannahme nach § 331 Abs. 1 **entfällt die Strafbarkeit** gem. § 331 Abs. 3, wenn der Täter einen *nicht von ihm geforderten* (!) Vorteil sich versprechen lässt oder annimmt und die zuständige Behörde im Rahmen ihrer Befugnisse entweder die Annahme vorher **genehmigt** hat oder der Täter unverzüglich bei ihr Anzeige erstattet und sie die Annahme genehmigt. **1573**

Bei § 331 Abs. 3 handelt es sich um einen **Rechtfertigungsgrund**[2965], in der zweiten Variante (Situation der nachträglichen Genehmigung) nach h. M. jedenfalls dann, wenn die Einholung der vorherigen Zustimmung nicht möglich, die Annahme aber genehmigungsfähig und der Täter von der Erteilung der Genehmigung ausgegangen ist[2966].

2962 BeckOK/Trüg, § 331 Rn. 36; Fischer, § 331 Rn. 26 m. w. N.
2963 Hilgendorf/Valerius, BT I § 7 Rn. 26.
2964 BeckOK/Trüg, § 331 Rn. 43 und § 332 Rn. 11.
2965 Vgl. BGH 10.3.1983 – 4 StR 375/82, NJW 1983, 2509, 2513; Fischer, § 331 Rn. 35.
2966 Näher dazu Fischer, § 331 Rn. 36.

III. Vorteilsgewährung und Bestechung

1574 § 333 Abs. 1 und § 334 Abs. 1 beziehen sich auf die sog. *Geber*seite: Jemand bietet an, verspricht oder gewährt einem (Europäischen) Amtsträger, einem für den öffentlichen Dienst besonders Verpflichteten oder einem Soldaten der Bundeswehr[2967] einen Vorteil. Auch diese beiden Vorschriften unterscheiden sich dadurch, dass dies einmal (§ 333 Abs. 1) für die reguläre Dienstausübung geschieht, wohingegen die Vorteilsgewährung zur Bestechung (§ 334 Abs. 1) wird, wenn der Vorteil Gegenleistung für eine Diensthandlung ist, durch die Dienstpflichten verletzt werden oder würden.

§§ 333, 334 einerseits und §§ 331, 332 andererseits sind für Vorteilsgeber und -nehmer **abschließende Regelungen** – eine jeweilige Teilnahme (Anstiftung, Beihilfe) des Vorteilsgebers oder -nehmers an der Tat des anderen ist daher nicht möglich.[2968]

1575 § 333 und § 331 sowie § 334 und § 332 entsprechen sich jeweils spiegelbildlich. **Jede und jeder** ist daher taugliche Täterin bzw. tauglicher Täter der Vorteilsgewährung und Bestechung; begünstigt durch die Tat müssen bei § 333 Abs. 1 bzw. § 334 Abs. 1 (Europäische) Amtsträger, für den öffentlichen Dienst besonders Verpflichtete oder Soldaten der Bundeswehr sein.

Auch Amtsträger können Täter der §§ 333, 334 sein. Fordert bspw. Amtsträger A von seiner Kollegin K ein Schweigegeld dafür, dass er entgegen seiner Dienstpflicht ihre schwere dienstliche Verfehlung nicht anzeigt, macht sich K bei Erfüllung der Forderung nach § 334 Abs. 1 i. V. m. § 336 strafbar.[2969]

1576 Tathandlungen sind das **Anbieten, Versprechen oder Gewähren** eines Vorteils. Diese Tathandlungen entsprechen den Tathandlungen des § 331 (Anm.: bzw. § 332) **spiegelbildlich** („Anbieten – Fordern"; „Versprechen – Versprechen-Lassen"; „Gewähren – Annehmen").[2970]

Die Tat ist bereits mit dem Anbieten vollendet, der Vorteil muss hierfür nicht angenommen werden![2971]

2967 Dass diese in §§ 333 Abs. 1, 334 Abs. 1 gesondert genannt werden, hängt mit der früheren Fassung des § 48 WStG zusammen, näher hierzu Wessels/Hettinger/Engländer, BT 1 Rn. 1075.

2968 Vgl. Hilgendorf/Valerius, BT I § 7 Rn. 29; K/H/H, BT 1 Rn. 1084; Fischer, § 333 Rn. 10 sowie § 334 Rn. 6.

2969 Inkl. Bsp. Rengier, BT II § 60 Rn. 48 f.

2970 Fischer, § 333 Rn. 3 f. sowie § 334 Rn. 3.

2971 Sch/Sch/Heine/Eisele, § 333 Rn. 13 und § 334 Rn. 12; Erhardt Rn. 402.

Was die übrigen Voraussetzungen angeht, sei auf die obigen Ausführungen zu Vorteilsannahme und Bestechlichkeit verwiesen, welche entsprechend gelten. **1577**

IV. Sonderregelungen im richterlichen Bereich und besonders schwere Fälle der Bestechlichkeit und Bestechung

Die Absätze 2 der §§ 331 bis 334 sehen jeweils Sonderregelungen für **Richterinnen und Richter** (auch Schiedsrichter, s. hierzu auch § 337) und Mitglieder eines Gerichts der Europäischen Union vor. **1578**

§ 335 regelt **besonders schwere Fälle** der Bestechlichkeit und Bestechung mit einer Strafandrohung von Freiheitsstrafe von einem Jahr bis zu zehn Jahren (§ 335 Abs. 1 Nr. 1) bzw. Freiheitsstrafe nicht unter zwei Jahren (§ 335 Abs. 1 Nr. 2). **1579**

Als Regelbeispiele benennt der Gesetzgeber einen Vorteil großen Ausmaßes als Bezugspunkt der Tat (Abs. 2 Nr. 1), die fortgesetzte Annahme von Vorteilen, die als Gegenleistung dafür gefordert wurden, künftig eine Diensthandlung vorzunehmen (Abs. 2 Nr. 2), sowie die gewerbsmäßige oder bandenmäßige Begehungsweise (Abs. 2 Nr. 3).

V. Abschließender Fall

Sachverhalt:[2972] **1580**

Polizeibeamter P leitet eine Polizeidienststelle. In dieser Funktion kann er u. a. bei Stellenbesetzungen innerhalb der Dienststelle personelle Anliegen und Vorschläge ggü. der personalführenden Stelle äußern.

Im Rahmen eines der M, die beim LKA tätig ist, übertragenen Projektes zur Erstellung eines Vergleichs bestehender Leitbilder der Polizeidienststellen des gesamten Bundeslandes befragt die M auch den P. Im Anschluss an das Interview fragt P, ob M Interesse daran hätte, an seine Dienststelle zu wechseln, er habe eine Stelle im Auge, auf der er sich die M gut vorstellen könne. Die Nachfrage der M zur Art der Stelle übergeht P. Stattdessen sagt er, man könne an seiner Dienststelle Karriere machen und ob sie sich denn „hochschlafen" oder „nach oben schlafen" würde. Auf Ms überraschte Reaktion konkretisiert P, ob sie sich „dafür" hoch- bzw. nach oben schlafen würde. M weist das Ansinnen des P zurück.

Hat sich P nach den §§ 331 ff. strafbar gemacht?

2972 Nach BGH 7.4.2020 – 6 StR 52/20, NJW 2020, 2484.

Lösungshinweise:

Als Polizeibeamter ist P Amtsträger gem. § 11 Abs. 1 Nr. 2a). Mit seiner – wiederholten und konkretisierten[2973] – Frage, ob M sich „dafür" hoch- bzw. nach oben schlafen würde, forderte er die Gewährung von Geschlechtsverkehr, was einen Vorteil i. S. d. § 332 Abs. 1 darstellt. Dies sollte als Gegenleistung für eine pflichtwidrige Diensthandlung geschehen: Als mit Personalvorgängen befasster Dienststellenleiter gehörte es zu Ps dienstlichen Obliegenheiten, personelle Anliegen und Vorschläge zu unterbreiten. Der Äußerung des P wohnte inne, er werde für die Gewährung von Geschlechtsverkehr günstig bei künftigen Stellenbesetzungen mitwirken; P stellte also eine Einflussnahme bei Stellenbesetzungen in seiner Funktion als Dienststellenleiter, und damit eine Diensthandlung, in Aussicht (auch wenn die zu besetzende Stelle im Unklaren blieb), deren Pflichtwidrigkeit „aufgrund der Verknüpfung mit einer sexuellen Gunstgewährung auf der Hand liegt".[2974] P strebte hierbei eine Unrechtsvereinbarung dergestalt an, dass die pflichtwidrige Diensthandlung im Gegenzug gegen die Gewährung von Geschlechtsverkehr erfolgen sollte. Da beim nur einseitigen Fordern die Unrechtsvereinbarung nur angestrebt werden muss, ist die Tat bereits damit vollendet. Dass M das Ansinnen ablehnt, spielt hierbei keine Rolle. Da vorliegend eine Ermessensentscheidung von P gegeben ist, genügt gem. § 332 Abs. 3 Nr. 2, dass sich P der M ggü. bereit gezeigt hat, sich bei Ausübung des Ermessens durch den Vorteil (Gewährung von Geschlechtsverkehr) beeinflussen zu lassen.

Da P vorsätzlich, rechtswidrig und schuldhaft handelte, hat er sich gem. § 332 Abs. 1, Abs. 3 Nr. 2 strafbar gemacht.

D. Körperverletzung im Amt

I. Vorbemerkungen

1581 Ein Amtsträger, der während der Ausübung seines Dienstes oder in Beziehung auf seinen Dienst eine Körperverletzung begeht oder begehen lässt, wird gem. **§ 340 Abs. 1** wegen Körperverletzung im Amt mit einer Freiheitsstrafe von **drei Monaten bis zu fünf Jahren** bestraft.

§ 340 Abs. 1 enthält eine **Qualifikation** der vorsätzlichen Körperverletzung; der Grund der erhöhten Strafdrohung liegt in einer Verknüpfung der Amtstätigkeit mit dem Körperverletzungsdelikt.[2975]

1582 § 340 ist ein Sonderdelikt und ein **unechtes Amtsdelikt**[2976] (s. zu den Begriffen Rn. 1544 f.): Da das Grunddelikt der Körperverletzung von jedermann begangen werden kann, wirkt die Amtsträgereigenschaft nur straf-

2973 Dazu näher Kuhlen, Anm. zu BGH 7.4.2020 – 6 StR 52/20, JR 2020, 630, 631.
2974 BGH 7.4.2020 – 6 StR 52/20, NJW 2020, 2484, 2485 f., auch unter Hinweis auf das Prinzip der Bestenauslese aus Art. 33 Abs. 2 GG.
2975 BeckOK/Eschelbach, § 340 vor Rn. 1.
2976 Fischer, § 340 Rn. 1.

schärfend[2977], sodass Nichtamtsträger, die sich an der Tat beteiligen, § 28 Abs. 2 unterfallen.[2978]

Der **Versuch** der Körperverletzung im Amt ist über § 340 Abs. 2 unter Strafe gestellt. 1583

Die **§§ 224 bis 229** gelten gem. § 340 Abs. 3 entsprechend, sodass bspw. auch eine gefährliche Körperverletzung im Amt oder eine fahrlässige Körperverletzung im Amt[2979] begangen werden kann. 1584

II. Prüfungsaufbau des § 340 Abs. 1

I. Tatbestandsmäßigkeit 1585
  1. Objektiver Tatbestand
    - Amtsträger
    - Tathandlung:
      - Begehen einer Körperverletzung

      oder

      - eine Körperverletzung begehen lassen
    - während der Dienstausübung oder in Beziehung auf seinen Dienst
  2. Subjektiver Tatbestand

     Vorsatz

II. Rechtswidrigkeit

III. Schuld

III. Objektiver Tatbestand

Täterin bzw. Täter der Körperverletzung im Amt kann nur ein **Amtsträger** (s. § 11 Abs. 1 Nr. 2) sein. 1586

Mögliche Tathandlungen sind das Begehen oder das Begehen-Lassen einer Körperverletzung. 1587

Das **Begehen** einer Körperverletzung umfasst unstreitig Fälle der unmittelbaren Allein- oder Mittäterschaft.[2980]

2977 MüKo/Voßen-MacCormaic, § 340 Rn. 2.
2978 Hilgendorf/Valerius, BT I § 3 Rn. 98. S. hierzu auch das Fallbsp. in Schütze, AT Rn. 474.
2979 Wobei dann jedoch die Anwendung des Strafrahmens des § 229 geboten ist, KG 18.1.2000 (3) – 1 Ss 406/99 (116/99), NJW 2000, 1352.
2980 Fischer, § 340 Rn. 2b.

Nach h.M. umfasst das **Begehen-Lassen** Fälle der mittelbaren Täterschaft, der Anstiftung und Beihilfe sowie jede Beteiligung durch Unterlassen entgegen einer dienstlichen Verhinderungs(garanten)pflicht.[2981] Hierdurch werden diese Fälle zu einer **aktiven täterschaftlichen Begehung erhoben**, sodass die Strafmilderungen nach §§ 13 Abs. 2, 27 Abs. 2 S. 2 nicht zur Anwendung gelangen.[2982]

Beispiel für ein Begehen-Lassen:[2983]

Polizeibeamter P sieht während einer Streifenfahrt, wie ein Passant von einem anderen Passanten zusammengeschlagen wird, und unternimmt nichts.

1588 Das Begehen bzw. Begehen-Lassen einer Körperverletzung muss während der Ausübung des Dienstes des Amtsträgers oder in Beziehung auf seinen Dienst erfolgen. Zwischen der Dienstausübung und der Körperverletzung muss ein **innerer Zusammenhang** bestehen, der sich als Missbrauch der Amtsgewalt darstellt; ein bloß zeitlicher Zusammenhang genügt nicht.[2984]

Beispiel:

Polizist P schlägt den Beschuldigten bei einer Vernehmung, um die Aussage zu erzwingen.[2985]

Nicht aber:

Polizist P ohrfeigt im Dienst seinen Kollegen aus privaten Gründen.[2986]

Für die Variante „**während der Ausübung seines Dienstes**" genügt es also – nach nahezu einhelliger Auffassung – noch nicht, wenn der Amtsträger die Tat innerhalb seiner Dienstzeit begeht, vielmehr braucht es einen inneren, sachlichen Zusammenhang mit der Dienstausübung.[2987]

Die Variante „**in Beziehung auf seinen Dienst**" ist gegeben, wenn die Beteiligung an einer Körperverletzung außerhalb der Dienstzeit, aber in sachlichem Zusammenhang mit der Dienstausübung des Amtsträgers erfolgt.[2988]

2981 Fischer, § 340 Rn. 2b, hinsichtlich des Unterlassens aber differenzierend (wie diesbzgl. auch LK/Grünewald, § 340 Rn. 9); Rengier, BT II § 62 Rn. 4 m.w.N.
2982 Eisele, BT I Rn. 394.
2983 Nach LK/Grünewald, § 340 Rn. 10.
2984 Rengier, BT II § 62 Rn. 2.
2985 Nach Eisele, BT I Rn. 396.
2986 Nach Rengier, BT II § 62 Rn. 3.
2987 LK/Grünewald, § 340 Rn. 7.
2988 Inkl. nachf. Bsp. NK/Kuhlen/Zimmermann, § 340 Rn. 9.

Wie bspw. dann, wenn ein Polizist, der dienstlich mit einer Strafsache befasst ist, außerhalb der Dienstzeit seine Nachforschungen auf eigene Faust, aber als diensttuender Polizeibeamter auftretend, fortsetzt und dabei einen Betroffenen schlägt.

IV. Subjektiver Tatbestand

In subjektiver Hinsicht setzt § 340 Abs. 1 (zumindest **bedingten) Vorsatz** 1589
voraus.[2989]

V. Rechtswidrigkeit

Eine Rechtfertigung ist insbesondere aufgrund **staatlicher Eingriffsbe-** 1590
fugnisse möglich, im Einzelfall aber auch nach §§ 32, 34.[2990]

Durch den in § 340 Abs. 3 vorgenommenen Verweis auf die §§ 224 bis 229 ist klargestellt, dass auch eine **Einwilligung** gem. § 228 möglich ist.[2991]

E. Aussageerpressung

Wer als Amtsträger, der zur Mitwirkung an bestimmten, in **§ 343** Abs. 1 1591
Nr. 1–3 aufgelisteten Verfahren berufen ist, einen anderen körperlich misshandelt, gegen ihn sonst Gewalt anwendet oder androht oder ihn seelisch quält, um ihn zu nötigen, in dem Verfahren etwas auszusagen, zu erklären oder dies zu unterlassen, verwirklicht den Tatbestand der Aussageerpressung.

§ 343 Abs. 1 sieht einen Strafrahmen von Freiheitsstrafe von einem Jahr 1592
bis zu zehn Jahren vor; es handelt sich also um einen **Verbrechen**statbestand (s. § 12 Abs. 1).

Täterin oder Täter können nur **Amtsträger** i. S. v. § 11 Abs. 1 Nr. 2 sein. 1593
Nach h. M. handelt es sich bei § 343 um ein **echtes Amtsdelikt** (s. zum Begriff Rn. 1545), da er gegenüber dem Nötigungstatbestand des § 240 teils enger, teils weiter gefasst und somit verselbstständigt ist.[2992]

2989 BeckOK/Eschelbach, § 340 Rn. 18.

2990 Fischer, § 340 Rn. 3a.

2991 Zum diesbzgl. bestehenden Streitstand und dem Zusammenhang mit dem geschützten Rechtsgut bspw. – je mit unterschiedl. Auff. – Fischer, § 340 Rn. 7 und MüKo/Voßen-MacCormaic, § 340 Rn. 21.

2992 BeckOK/Valerius, § 343 Rn. 1 m. w. N. auch zur Gegenauff.

1594 Der oder die Amtsträger/-in muss jedoch zur Mitwirkung an einem der genannten Verfahren berufen sein. Ausweislich der Gesetzesbegründung setzt dies nicht unbedingt eine Zuständigkeit „im einzelnen Fall“ voraus; es genüge vielmehr, „vermöge seines amtlichen Aufgabenbereichs **allgemein zur Mitwirkung an Verfahren der betreffenden Art berufen**“ zu sein[2993], allerdings aufseiten der Verfahrensführung (also nicht als Verteidiger, Sachverständiger oder Zeuge)[2994].

Beispiele:[2995]

Richter, Staatsanwälte und Polizeibeamte in Straf- oder Unterbringungsverfahren.

1595 **Tathandlung** ist das körperliche Misshandeln, die sonstige Anwendung oder Androhung von Gewalt oder ein seelisches Quälen.

1596 In subjektiver Hinsicht setzt § 343 (zumindest **bedingten) Vorsatz** voraus; hinzukommen muss aber die **Absicht**, den Betroffenen zu **nötigen**, ihn also durch den Einsatz der Nötigungsmittel dazu zu veranlassen, gegen seinen Willen in dem Verfahren etwas auszusagen oder zu erklären oder eine solche Bekundung zu unterlassen.[2996]

Wird nicht zum Zwecke der Aussagegewinnung in einem Ermittlungsverfahren gehandelt, sondern **ausschließlich gefahrenabwehrrechtlich**, scheidet § 343 aus.[2997]

F. Verfolgung Unschuldiger

1597 Wer als Amtsträger, der zur Mitwirkung an einem Strafverfahren (außer bei der im Gesetzestext genannten Ausnahme, s. Rn. 1598) bzw. Verfahren zur Anordnung einer behördlichen Verwahrung berufen ist, absichtlich oder wissentlich einen Unschuldigen oder jemanden, der sonst nicht strafrechtlich verfolgt werden darf, strafrechtlich verfolgt oder auf eine solche Verfolgung hinwirkt, verwirklicht den Tatbestand der Verfolgung Unschuldiger (**§ 344**).

1598 § 344 **Abs. 1** sieht einen Strafrahmen von Freiheitsstrafe von einem Jahr bis zu zehn Jahren vor; es handelt sich also um einen **Verbrechen**statbe-

2993 BT-Drs. 7/550, S. 278. Insoweit enger LK/Zieschang, § 343 Rn. 15.
2994 BeckOK/Valerius, § 343 Rn. 3.
2995 NK/Kuhlen/Zimmermann, § 343 Rn. 4.
2996 Fischer, § 343 Rn. 10.
2997 Vgl. LG Frankfurt 20.12.2004 – 5/27 KLs 7570 Js 203814/03 (4/04), NJW 2005, 692, 695. Näher dazu – inkl. Streitstand – auch LK/Zieschang, § 343 Rn. 19.

stand (s. § 12 Abs. 1). § 344 **Abs. 2** senkt den Strafrahmen hingegen auf Freiheitsstrafe von drei Monaten bis zu fünf Jahren ab für die von Abs. 2 erfassten Verfahrensarten (Verfahren zur (selbstständigen[2998]) Anordnung einer nicht freiheitsentziehenden Maßnahme i.S.v. § 11 Abs. 1 Nr. 8 (bspw. die Entziehung der Fahrerlaubnis gem. §§ 61 Nr. 5, 69 ff.), Bußgeldverfahren, Disziplinarverfahren oder ehrengerichtliche/berufsgerichtliche Verfahren).

Auch bei § 344 handelt es sich nach h.M. um ein **echtes Amtsdelikt**[2999] **1599**
(s. zum Begriff Rn. 1545).

Der **Täter**kreis entspricht dem des § 343[3000], weshalb auf die dortigen Aus- **1600**
führungen verwiesen sei (Rn. 1593 f.).

Tathandlung ist es, einen Unschuldigen (also jemanden, der aus mate- **1601**
riell-rechtlichen Gründen nicht verfolgt werden darf, weil er bspw. die Straftat nicht begangen hat oder ein Rechtfertigungsgrund greift[3001]) oder jemanden, der sonst nach dem Gesetz nicht strafrechtlich verfolgt werden darf (bspw. wegen Verjährung, Immunität, Fehlen des Strafantrags bei absoluten Strafantragsdelikten[3002]), strafrechtlich zu verfolgen oder auf eine solche Verfolgung hinzuwirken.

Strafrechtliche Verfolgung ist jedes dienstliche Handeln im Rahmen eines Strafverfahrens, das, sei es auch nur mittelbar, durch verfahrensfördernde Maßnahmen auf die Sanktionierung einer bestimmten Person abzielt.[3003]

Das **Hinwirken auf eine solche Verfolgung** erfasst zum einen Handlungen, die die Strafverfolgung durch die zuständigen Amtsträger erst in Gang setzen sollen (wie bspw. die Erstattung einer Strafanzeige), zum anderen die bloße Teilnahme an der maßgeblich von anderen durchgeführten strafrechtlichen Verfolgung.[3004] Über diese Alternative wollte der Gesetzgeber sicherstellen, dass auch solche Amtsträger sicher erfasst werden, die „als Hilfsorgane handeln und deshalb nicht selbst Träger der Verfolgung sind".[3005]

2998 MüKo/Voßen-MacCormaic, § 344 Rn. 10.
2999 Fischer, § 344 Rn. 1; MüKo/Voßen-MacCormaic, § 344 Rn. 2.
3000 Fischer, § 344 Rn. 2.
3001 Sch/Sch/Hecker, § 344 Rn. 15.
3002 LK/Zieschang, § 344 Rn. 23.
3003 NK/Kuhlen/Zimmermann, § 344 Rn. 6.
3004 NK/Kuhlen/Zimmermann, § 344 Rn. 7.
3005 Inkl. nachf. Bsp. BT-Drs. 7/550, S. 279.

So kann ein Polizeibeamter § 344 verwirklichen, wenn er einen Unschuldigen festnimmt, ohne dem Staatsanwalt, der gutgläubig um die Festnahme ersucht hat, die Umstände mitzuteilen, aus denen sich die Unschuld des Festgenommenen ergibt.

Ein Verwirklichen ist auch durch **Unterlassen** möglich, wobei sich die Garantenstellung regelmäßig aus der Amtsträgerstellung ergeben wird.[3006]

1602 In subjektiver Hinsicht setzt § 344 **mindestens bedingten Vorsatz** hinsichtlich der Stellung als Verfolgungsorgan voraus.[3007]

Hinzukommen muss aber, dass die strafrechtliche Verfolgung bzw. das Hinwirken hierauf **absichtlich oder wissentlich** geschieht. Absichtlich handelt der Täter, wenn es ihm auf die Verfolgung des Unschuldigen – wenn auch nur als Zwischenziel – ankommt; hierbei reicht es nach h. M. aus, wenn die Unschuld des Betroffenen für möglich gehalten wird.[3008] Wissentlich handelt hingegen, wer die Unschuld oder Nichtverfolgbarkeit des Betroffenen und die Unzulässigkeit seiner strafrechtlichen Verfolgung sicher kennt.[3009]

G. Verletzung des Dienstgeheimnisses und einer besonderen Geheimhaltungspflicht

1603 Wer ein Geheimnis, das ihm u. a. als Amtsträger anvertraut worden oder sonst bekanntgeworden ist, unbefugt offenbart und dadurch wichtige öffentliche Interessen gefährdet, verwirklicht den Tatbestand (Abs. 1) der Verletzung des Dienstgeheimnisses und einer besonderen Geheimhaltungspflicht (**§ 353b**).

1604 Geschützt werden **wichtige öffentliche Interessen**, die durch die unbefugte Offenbarung von Geheimnissen gefährdet werden.[3010]

1605 § 353b ist ein **echtes Sonderdelikt** und, soweit der Täter Amtsträger ist, ein **echtes Amtsdelikt** (s. zum Begriff Rn. 1545).[3011]

3006 LK/Zieschang, § 344 Rn. 19.
3007 Fischer, § 344 Rn. 5.
3008 Sch/Sch/Hecker, § 344 Rn. 18; MüKo/Voßen-MacCormaic, § 344 Rn. 27.
3009 NK/Kuhlen/Zimmermann, § 344 Rn. 17.
3010 LK/Vormbaum, § 353b Rn. 2, dort, wie auch in MüKo/Puschke, § 353b Rn. 2 f., auch zum Streit um das konkret geschützte Rechtsgut mit entspr. Nachw.
3011 Fischer, § 353b Rn. 2; BeckOK/Heuchemer, § 353b Rn. 1; MüKo/Puschke, § 353b Rn. 4, auch m. w. N. zu a. A.

Den Kreis **möglicher Täterinnen und Täter** des § 353b Abs. 1 umschreiben die dortigen Nr. 1 bis 4 (vgl. hierzu auch die Definitionen in § 11 Abs. 1 Nr. 2, Nr. 2a und Nr. 4). 1606

Tathandlung des **§ 353b Abs. 1** ist das unbefugte (also ohne Rechtfertigung[3012]) Offenbaren (öffentliches Bekanntmachen oder Mitteilung an einen Unbefugten[3013]) eines Geheimnisses, das einem in der im Gesetz genannten Eigenschaft anvertraut worden oder sonst bekanntgeworden ist. 1607

Geheimnisse sind Tatsachen, die nur einem begrenzten Personenkreis bekannt und zudem geheimhaltungsbedürftig sind.[3014]

Beispiele:[3015]

- Erlass eines Haftbefehls,
- Mitteilungen über Inhaftierungen,
- Erkenntnisse über laufende polizeiliche Ermittlungsverfahren (bspw. Durchsuchungstermine),
- Erkenntnisse aus polizeilichen Informationssystemen (auch Negativauskünfte!), *nicht* aber: in ZEVIS recherchierte Daten von Kfz-Haltern, die im Rahmen einer einfachen Registerauskunft nach § 39 Abs. 1 StVG jedermann zu den gesetzlich genannten Zwecken übermittelt werden dürfen[3016],
- Klausuraufgaben eines Prüfungsamtes.

§ 353b Abs. 2 erweitert die Strafbarkeit auf Gegenstände (also körperliche Sachen[3017]) und Nachrichten (also mündliche Mitteilungen[3018]), zu deren Geheimhaltung jemand in der im Gesetz umschriebenen Weise verpflichtet ist, sofern der/die Täter/-in diese unbefugt an einen anderen gelangen lässt oder öffentlich bekanntmacht. 1608

Sowohl bei § 353b Abs. 1 als auch bei § 353b Abs. 2 ist erforderlich, dass durch die Tathandlung wichtige öffentliche Interessen **konkret**[3019] **gefährdet** werden. Diese Gefahr kann vor allem **unmittelbar** durch das Bekanntwerden des Geheimnisses entstehen; nach h.M. reicht grds. aber auch eine **mittelbare** Gefährdung aus, die darin bestehen kann, dass das Ver- 1609

3012 Fischer, § 353b Rn. 18.
3013 BeckOK/Heuchemer, § 353b Rn. 11.
3014 BGH 9.12.2002 – 5 StR 276/02, NJW 2003, 979.
3015 Aus MüKo/Puschke, § 353b Rn. 29f. m.w.N. und vielen weiteren Bsp.
3016 BGH 15.11.2012 – 2 StR 388/12, NStZ-RR 2013, 110, 112.
3017 Fischer, § 353b Rn. 17.
3018 Fischer, § 353b Rn. 17.
3019 Lackner/Kühl/Heger, § 353b Rn. 11.

trauen der Allgemeinheit in die Unparteilichkeit, Unbestechlichkeit und Funktionsfähigkeit der öffentlichen Verwaltung erschüttert wird.[3020]

1610 In subjektiver Hinsicht setzt § 353b (zumindest **bedingten) Vorsatz** voraus.[3021] Handelt die Täterin oder der Täter bei § 353b Abs. 1 hinsichtlich der Gefährdung wichtiger öffentlicher Interessen lediglich fahrlässig, greift § 353b Abs. 1 S. 2.

1611 § 353b Abs. 3a sieht einen **Rechtfertigungsgrund** für Beihilfehandlungen von **Medienangehörige**n i. S. d. § 53 Abs. 1 S. 1 Nr. 5 StPO vor, wenn sie sich auf die Entgegennahme, Auswertung oder Veröffentlichung des Geheimnisses bzw. des Gegenstandes oder der Nachricht, zu deren Geheimhaltung eine besondere Verpflichtung besteht, beschränken. Hierdurch sollen Medienangehörige im Zeitraum nach der Vollendung des § 353b möglichst umfassend geschützt werden.[3022]

1612 Zur **Strafverfolgung** erforderlich ist gem. § 353b Abs. 4 S. 1 eine sog. **Ermächtigung**. Das Ermächtigungserfordernis dient dazu, nicht strafwürdige Fälle auszuscheiden; auch können Ermittlungen, die zu weiterer Interessenverletzung führen würden, vermieden werden.[3023]

Wer die Ermächtigung erteilt, ist in § 353b Abs. 4 S. 2 geregelt.

> Steht im landespolizeilichen Bereich eine Strafbarkeit gem. § 353b im Raum, ist gem. § 353b Abs. 4 S. 2 Nr. 4 die oberste Landesbehörde, also das jeweilige Innenministerium, für die Erteilung der Ermächtigung zur Strafverfolgung zuständig.

Ob die Ermächtigung erteilt wird, hat die **Staatsanwaltschaft** zu klären[3024], s. hierzu auch Nr. 212 Abs. 1 RiStBV.

3020 Fischer, § 353b Rn. 22 f. Für den polizeilichen Bereich bspw. auch BGH 15.2.2024 – 5 StR 283/23, NStZ-RR 2024, 245, 248.

3021 Sch/Sch/Perron/Hecker, § 353b Rn. 20.

3022 Zum Ganzen BT-Drs. 17/3355, S. 8.

3023 LK/Vormbaum, § 353b Rn. 64; MüKo/Puschke, § 353b Rn. 96, der darauf hinweist, dass damit der Vorwurf politischer Ausübung der Ermächtigungsentscheidung einhergehen kann, diese Strafverfolgungsvoraussetzung aber als gesetzgeberische Grundentscheidung zu respektieren sei.

3024 LK/Vormbaum, § 353b Rn. 68.

Stichwortverzeichnis, verweist auf Randnummern